図解でよく分かる建築構造入門

江尻憲泰
Ejiri, Norihiro

X-Knowledge

CONTENTS
目次

1章 構造基礎

2章 構造力学

3章 構造計算

4章 地盤

5章 耐震設計

6章 構造実務

メインイラスト　キタハラケンタ
ブックデザイン　米倉英弘（細山田デザイン事務所）
DTP　TKクリエイト（竹下隆雄）
印刷　シナノ書籍印刷

※　本書は2014年発刊の『改訂版　最高に楽しい建築構造入門』を大幅に加筆修正のうえ、再編集したものです

1章 構造基礎

001

建築における構造とは何だ？

建築の構造は人間の骨にあたります。骨と違うのは目に見えない構造もあれば目に見える構造もあることです。

建築構造は身体の「構造」と同じ!?

多くの人が「構造」という言葉に裏方的なイメージをもっています。一般的な説明では、「建築構造」は生物の骨に、給水・排水や電気配管・設備は血管や消化器官に、窓や仕上げは皮膚としてたとえられます。説明を聞いても多くの人が、建築構造は見えないところの話だと考えています。

「構造」は至る所にある!?

生物にはカブトムシに代表されるような外殻構造をもつ虫や、サイの角のように皮膚が非常に固くなり、「構造」と同等の強度の皮膚をもつ生物もいます。建築構造でも人間の骨のように内部に隠れている「構造」もあり、目に見える「構造」や仕上げと兼用で建物を支えている「構造」もあります。ガラスの方立ては建築本体ではありませんが、風から内部空間

建築構造のおもな要素

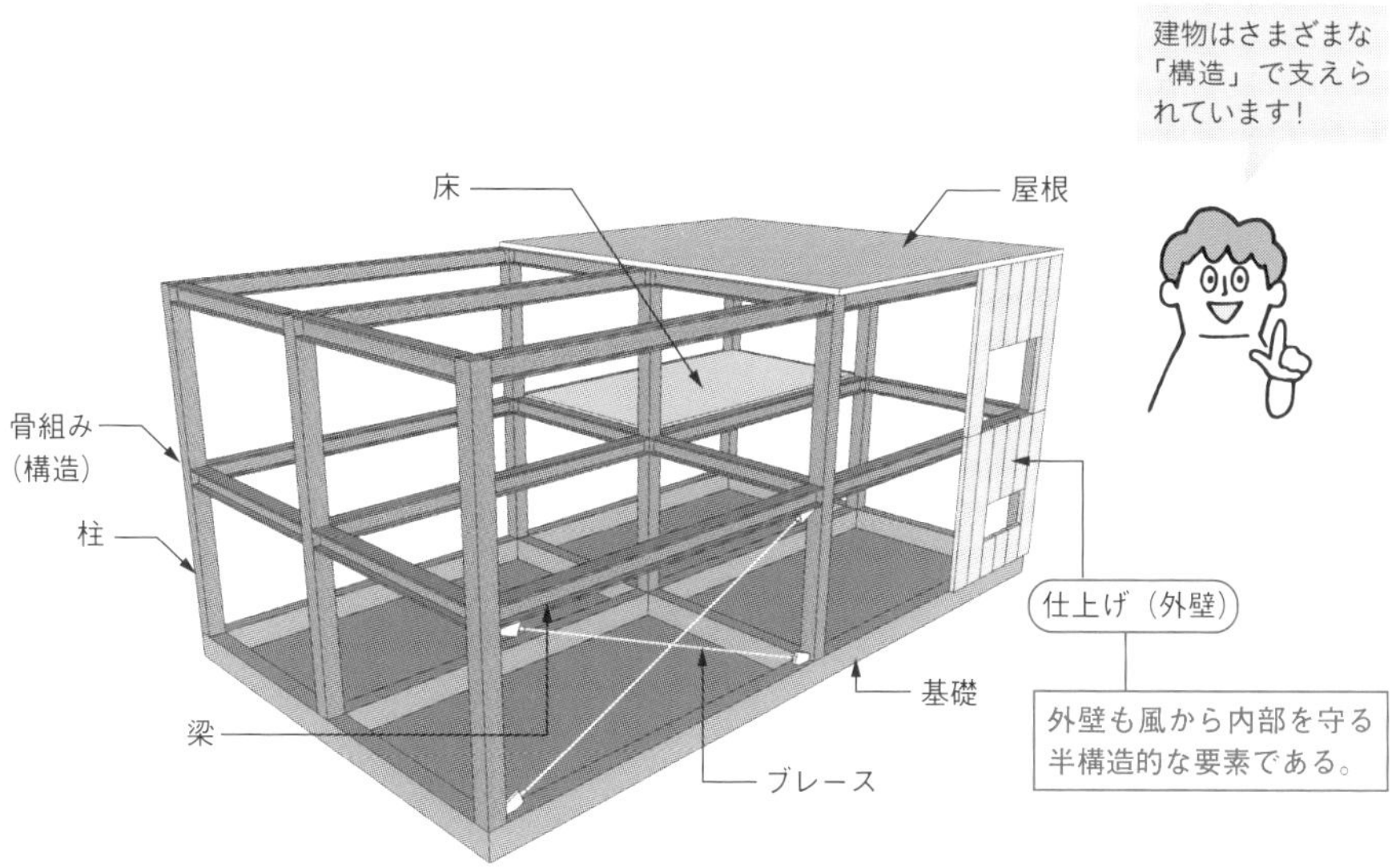

建物はさまざまな「構造」で支えられています！

床
屋根
骨組み（構造）
柱
仕上げ（外壁）
外壁も風から内部を守る半構造的な要素である。
基礎
梁
ブレース

を守っている「構造」です。

また、本棚は重い本を地球の重力から支えているので、立派な「構造」といえます。ポスターを支持している小さな画びょうやシャーペンの芯なども小さな「構造」です。日常のあらゆるところに「構造」が存在しています。

内側から建物を支える建築構造も柱や梁の大きさによっては表に現れます。鉄筋コンクリート造の建物内に家具を配置するときに、柱型が邪魔になった経験があるのではないでしょうか。一見、裏方ですが、「構造」は日常生活に影響しています。ギリシャの神殿では、柱が屋根を支えているだけではなく、柱の形そのものがデザインされ、芸術作品となっています。実は、構造は裏方ではなく、さまざまなところで表に出てきています。

構造設計者は力学や数学、経験を利用して、重力や地震など外力に対して安全性を確保するよう「構造」をデザインします。こうした「構造」は私たちの身の周りの至る所にあります。外力に対して抵抗することにより人が利用できる空間のことを「建築

建築構造の理論の発達

構造の理論は、太古の昔からありましたが、16世紀から17世紀にかけて急速に発展しました。

アルキメデス
（B.C.287頃〜B.C.212）

てこの原理

てこの原理を利用して力のつり合いを考えていた。

レオナルド・ダ・ビンチ
（1452〜1519）

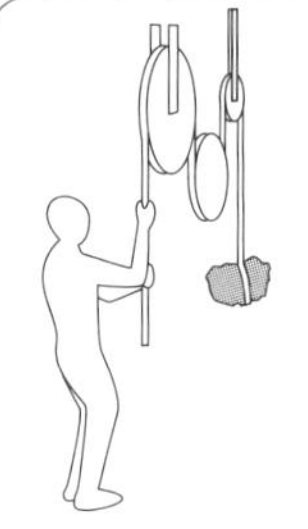

揚重の原理

滑車を利用した力のつり合いにより重い石の揚重方法を提案。ダ・ビンチは多才で、建築家でもあった。

ガリレオ・ガリレイ
（1564〜1642）

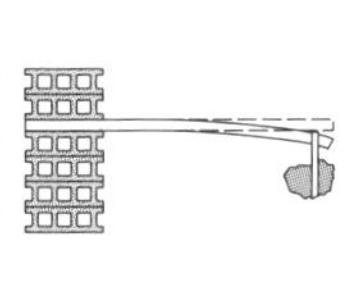

梁の実験

梁の実験により計算方法を考案。実験を行い、理論を考えるという現代の技術基礎となっている。

アイザック・ニュートン
（1642〜1727）

現代

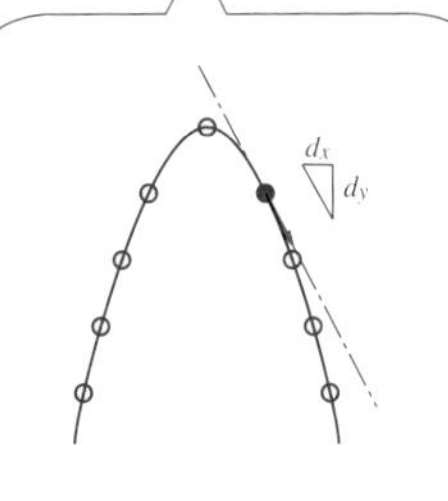

微分・積分

微分・積分の理論により、梁や柱の理論式を導いたり振動方程式を解いたりと、現代の建築工学の基礎となっている。

「構造」は身の回りにたくさんあるんだ。建築構造のイメージが変わったかな？

構造」と定義してよいのではないかと筆者は考えています。

構造設計は「安全」を設計する！

「構造設計」には明確な定義がありません。時代とともに「建築設計」が分化し、「構造設計」という分野ができました。多くの構造設計事務所が活動し始めたのは戦後のことで、それほど長い歴史はありません。構造設計者により業務内容が異なっているのが現状です。とはいえ、ほとんどの人が共通に認識していることがあります。それは、重力や地震・風などの外力に対する「安全」を設計する業務であること。「安全」には火災時の避難に対することや環境ホルモンなど人の健康に関わることなどもありますが、構造設計者が担当するのは、重力や地震・風のときに建物が壊れないように設計することです。

「構造設計」の業務内容

どのように安全性を設計するのでしょうか？　現代はコンピューターが発達しています。建築基準法では安全性に関わる多くの技術的な規則が法律化されていますが、コンピューターが応力計算をして、膨大な規則に照らし合わせて安全性を確認してくれます。しかし、構造設計者は、コンピューターに計算をさせる部分は「構造計算」と呼び、「構造設計」とは区別しています。

それでは「構造設計」とは、何をするのでしょう

身近にある「構造」

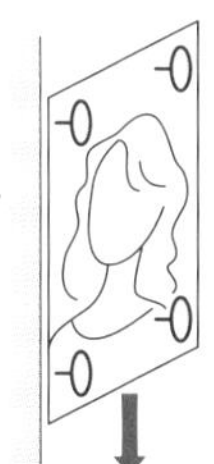

重力に抵抗してポスターを支持している小さな画びょうは「構造」そのもの。

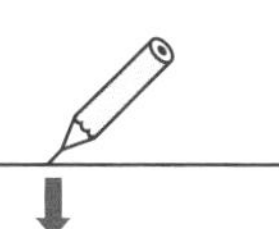

筆圧に抵抗している鉛筆の芯も小さな「構造」。

構造設計の業務とその流れ

構造設計の業務は、構造計算をして構造図を作成するだけではありません。
構造デザインから現場監理まで多岐にわたる業務を行います。

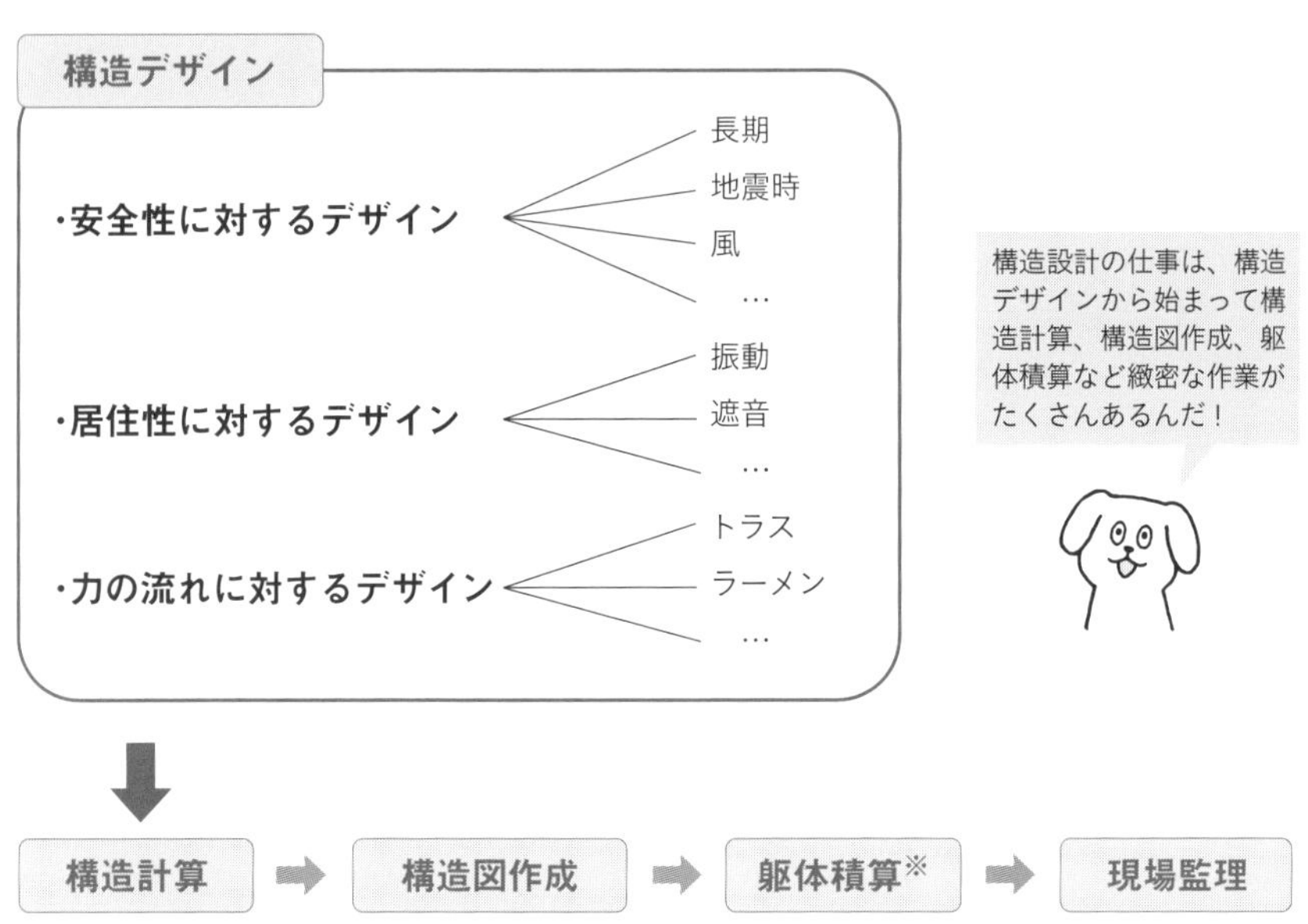

※：最近では積算事務所が行う。

か？　安全を確保するには、柱と梁のフレームにブレースをたくさん入れれば強度が上がります。しかし、ブレースのためにドアや窓が取り付かなくなれば、建物としては機能しません。構造設計者は意匠設計者とともに、どこにブレースを入れると効率がよいのかを考えて、調整します。また、大地震時の安全性を確保するために柔らかい建物にするか、建物をひたすら固くして振動を押さえて地震に対する安全性を確保するのか、その建物の用途に合わせて考えていきます。構造設計者のなかには、意匠設計者・設備設計者と協働してさまざまなシステムを考え、安全性を考えるとともに部材断面を調整し、芸術性の高い建物を構造の面から設計する人々も多くいます。

構造計算とは？

主として荷重や応力の算出、断面の安全性の計算を行うことをいいます。最近では、コンピューターが使われることが多く、コンピューターに計算をさせる部分を「構造計算」と呼ぶことが多くなりまし

構造設計者の位置づけ

構造設計者は、意匠設計者や設備設計者とともに「設計者」の一部門として重要な役割を担っています。

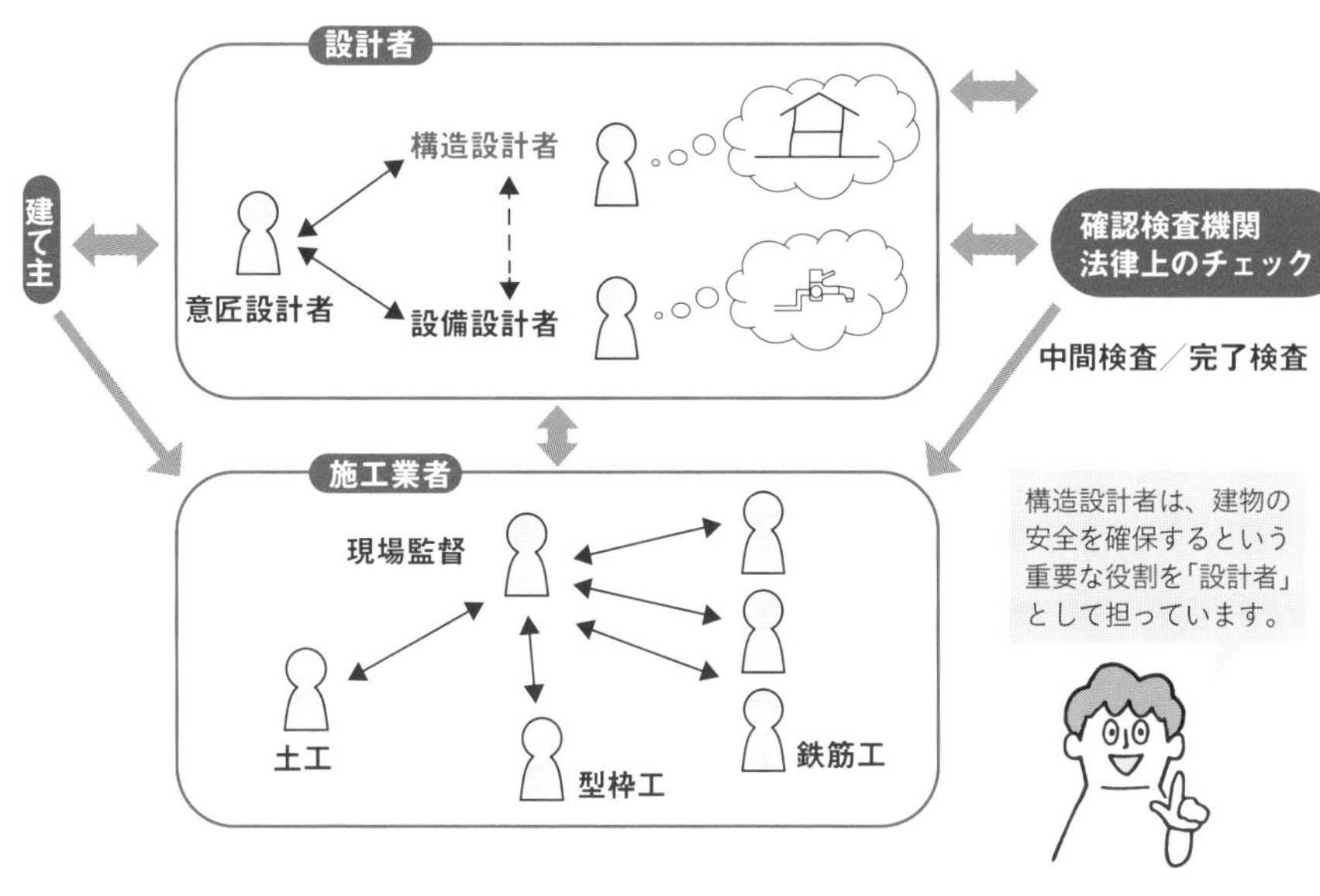

た。

構造計算には、構造力学や材料力学の知識が重要ですが、この部分はコンピューターが行うので知らなくても計算ができてしまいます。しかし、コンピューターの結果が必ずしも正解であるとは限りません。構造設計・計算では構造力学や材料力学の知識を身につけることが基本です。

構造の感覚

002

構造のセンスを磨こう！

上（鉛直方向）から、横（水平方向）から力が加えられた時に、力がどう流れるのかをイメージできるようにしましょう。

荷重や外力によって「力の流れ」はどう変化する？

建築構造は工学分野に属し、1と0の区分けがハッキリしているように思われがちですが、構造を勉強していくと、1や0で割り切れない構造的感覚が非常に重要になってくるのがわかります。

「力の流れ」をつかめ！

川の水は川の中央では多く流れ、川岸では水の量が少なかったり、カーブしている部分では、内側が急速に流れたり、外側がゆっくりだったりと変化します。「川の流れ」と同様に「力の流れ」も変化するものです。

構造設計に熟練すると、「力の流れ」がわかるようになるといわれています。地球上の物体はすべて重力の影響を受けていますから、建物内に荷物を運び込むと、建物は重力に逆らって物を支えなければな

建築構造の主な要素

鉛直荷重の力の流れ

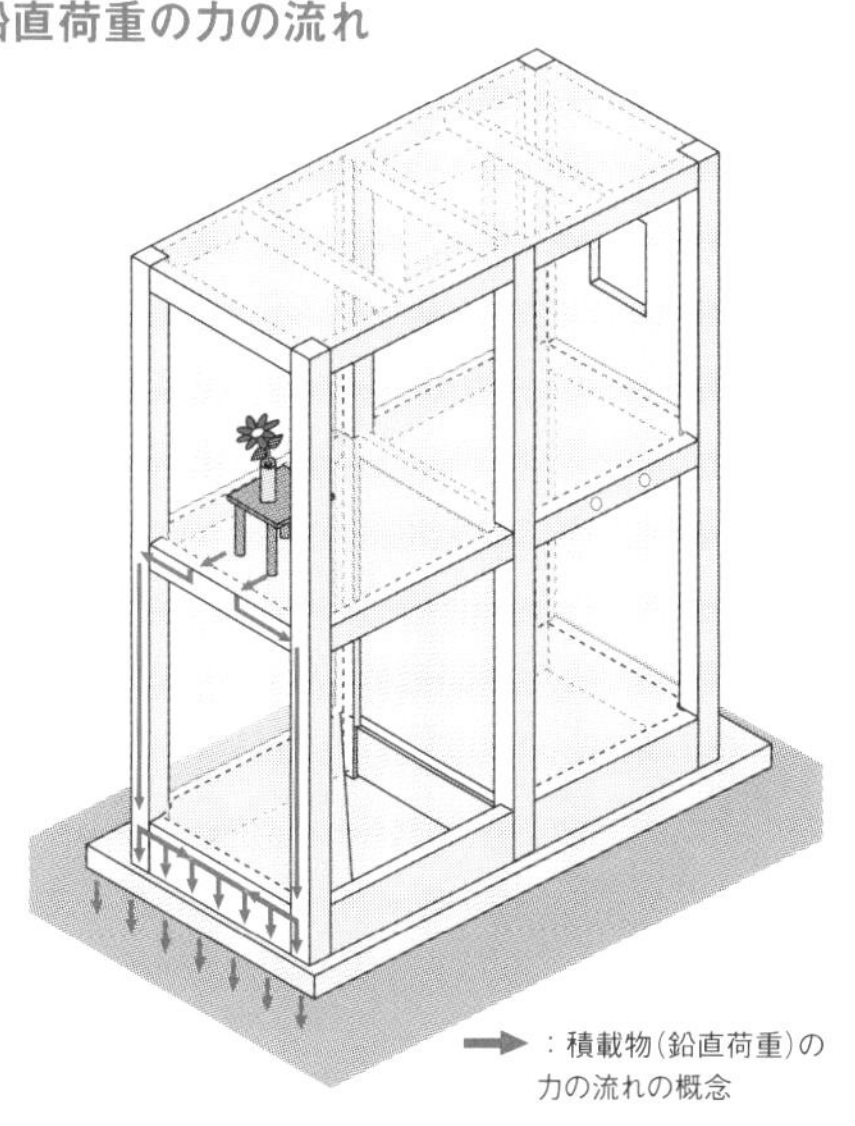
➡：積載物(鉛直荷重)の力の流れの概念

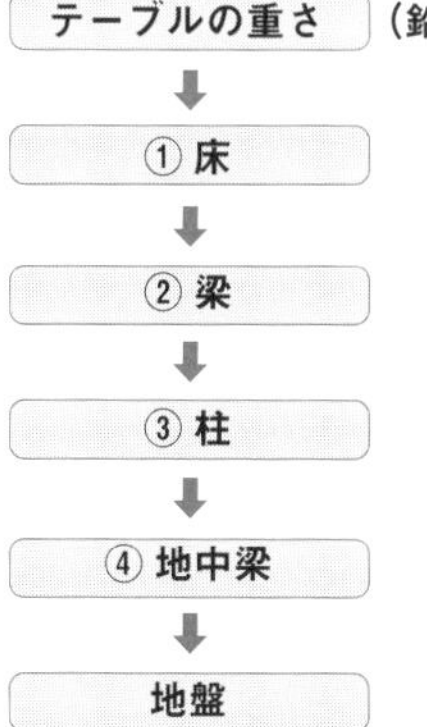

(鉛直荷重)

鉛直荷重と水平荷重では力の伝わり方（力の流れ）が違います。荷重や外力が建物内をどのように伝わるのか、理解しよう！

水平荷重の力の流れ

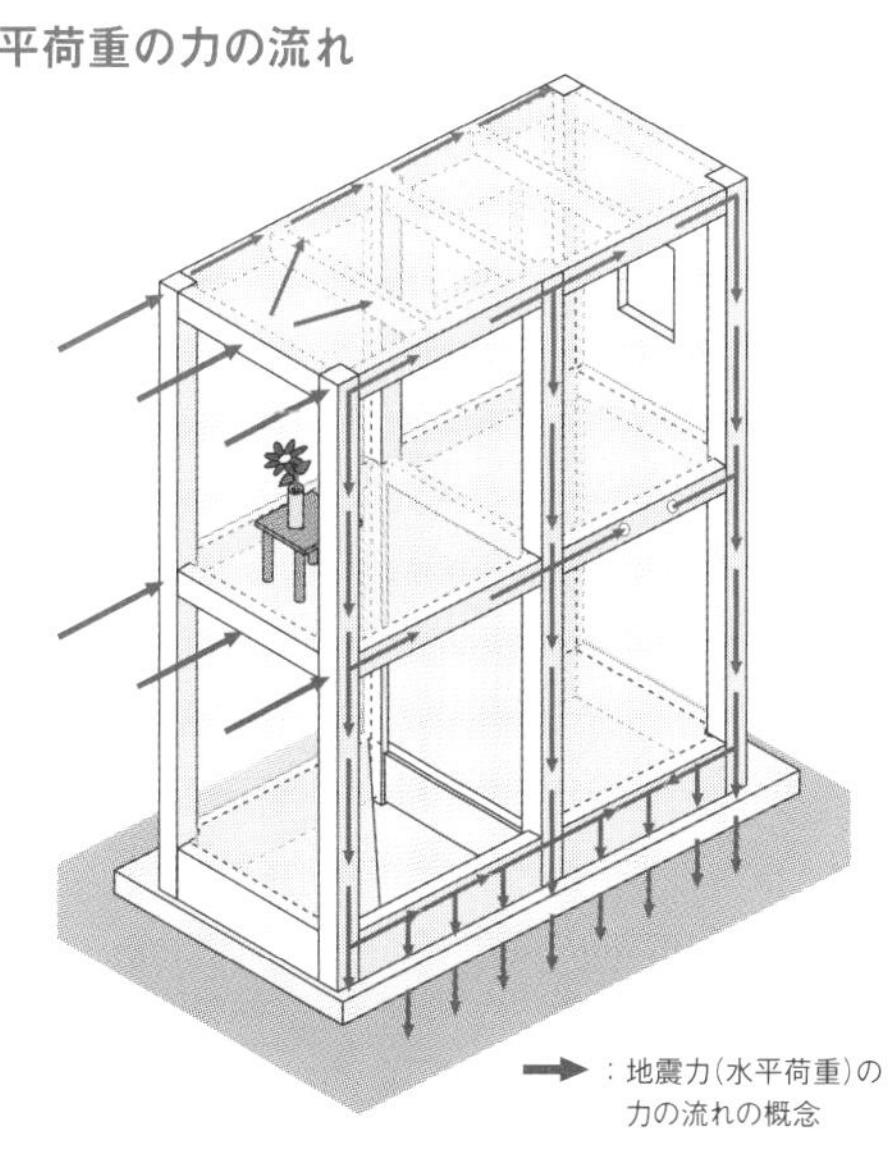
➡：地震力(水平荷重)の力の流れの概念

地震力 (水平荷重)

⬇

①屋根

⬇

②梁

⬇

③柱

⬇

④地中梁

⬇

地盤

構造のセンスを養う

薄い鉄板におもりをつける

断面が小さいと大きくたわみます。同じ荷重でも、部材断面が大きいとたわみ量が小さくなります。構造的感覚を養うには、身近なものでいろいろと試してみるとよいでしょう。手すり一つとっても、細いもの、太いものといろいろ。押したときの感覚は、それぞれ異なります。

厚い鉄板におもりをつける

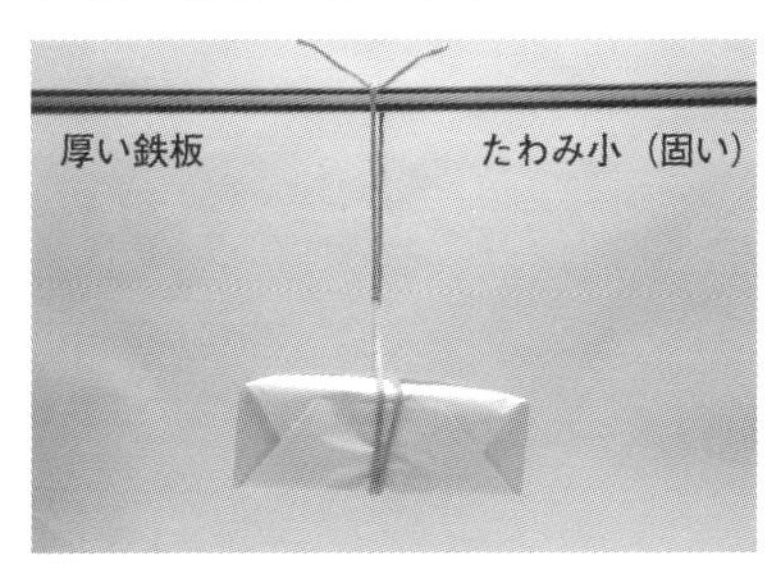

部材断面一つをとってみても、たわみ量が大きく変わるんだね！

りません。

単純に説明すると荷重は、床から小梁、小梁から大梁、そして柱へと伝わり、最後に基礎から地盤へと流れていきます。何だ、簡単だと思われるかもしれません。厄介なのは、力や温度変化を受けると材料が変形するということです。荷重の大きさや載荷される位置により柱・梁の変形量が変わります。また、柱や梁の大きさ・強度により力の流れる量が変わります。

壊れることを想定する

構造設計者は「力の流れ」だけではなく、最終的に建物がどのように壊れるかもイメージしながら設計しています。建物は安全につくらなければならないのに、壊れることを考えるとは何事かと思われるかもしれません。しかし、壊れ方をイメージして設計することは安全性を高めるうえで重要なのです。自然災害は100％予想できるものではありませんし、予想をしていたより大きな外力が作用する場合があるかもしれません。また、経年劣化により部材の性能が想定より落ち込んでいるかもしれません。

では、どのように設計するのでしょうか？　一言でいえば、人命を守るために、床をいかに落下させないかを考えます。柱が折れると床は落ちますが、梁は端部が壊れても梁が柱にぶら下がってさえいれば、床が落ちることはありません。したがって、一般的には柱より先に梁が壊れるように設計します。柱や梁の大きさを調整して梁が先に壊れる構造とするのです。

建築基準法は合理的な考え方

ちなみに日本の建築基準法では、中小規模の地震に対しては建物が壊れないこと、大地震に対しては建物が部分的に壊れても人命は守ることを想定しています。明文化されていませんが、わかりやすく合理的な考え方です。

構造の材料

003

建築材料の特性をつかめ

木やコンクリートなどさまざまな材料があり、それぞれの特性を理解して材料を選ぶことが重要です。

建築材料を決めるには材料を知ることから！

日本で建築構造として使われる材料は限定されています。主要な材料は、木・鉄鋼・コンクリートの3つです。まずは、これら3つの材料の特質を熟知する必要があります。

木・鉄鋼・コンクリートの特性

材料について、構造の側面からは強度や非常に強い荷重状態での挙動、最終的な壊れ方が重要ですが、それ以外に建築の環境や施工方法などにも大きく影響します。そのため比重や熱伝導率・線膨張係数などの材料特性だけでなく、材料にあった接合方法についても、勉強をしておく必要があります。

一般的には木は古くから使われ、鉄鋼とコンクリートは新しい材料と思われがちですが、実はこれら3つとも非常に歴史のある材料です。鉄鋼やコンクリー

木材・鋼材・コンクリートの特性

値を比較して、それぞれの特徴を把握することが構造を理解する第一歩です［※1］。

	木材	鋼材	コンクリート
単位重量（比重）	8.0[kN/m^3]［※2］ (0.8)	78.5[kN/m^3] (7.85)	23[kN/m^3] (2.3)
ヤング係数［※3］	8～14×10^3 [N/mm^2]	2.05×10^5 [N/mm^2]	2.1×10^4 [N/mm^2]
ポアソン比	0.40～0.62	0.3	0.2
線膨張係数	0.5×10^{-5}	1.2×10^{-5}	1.0×10^{-5}
基準強度［※4］	F_c＝17～27 [N/mm^2] F_b＝22～38 [N/mm^2]	F_c＝235～325 [N/mm^2]	F_c＝16～40 [N/mm^2]
長期許容応力度	曲げ 8.0～14 [N/mm^2] 引張り 5.0～9.0 [N/mm^2] 圧縮 6.5～10.0 [N/mm^2]	曲げ［※3］ 157～217 [N/mm^2] 引張り 157～217 [N/mm^2] 圧縮［※3］ 157～217 [N/mm^2]	引張り 0.5～1.3 [N/mm^2] 圧縮 5.3～13.3 [N/mm^2]

※1: 数値は一般的に使われている材料の目安
※2: 実務では安全をみて実際の密度より大きな値に設定する
※3: 156～158頁参照
※4: 座屈、局部座屈がない場合

その他の建築構造材料

コンクリートブロック

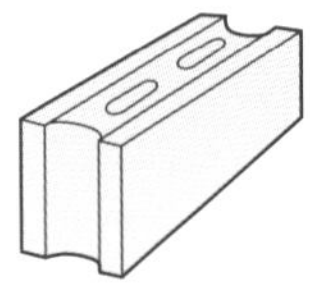

塀によく使われる。

石

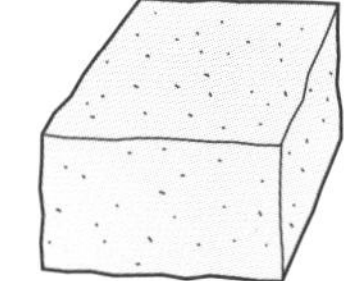

ヨーロッパの古い建物に多い。

土(土壁)

土壁の場合に建築材料として使える。

膜

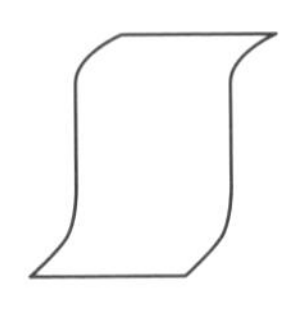

大空間の構造で使われる。

ステンレス

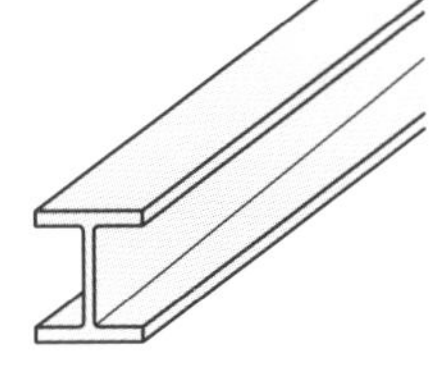

非常に耐久性が高く、近年建築に使われるようになった。

アルミ

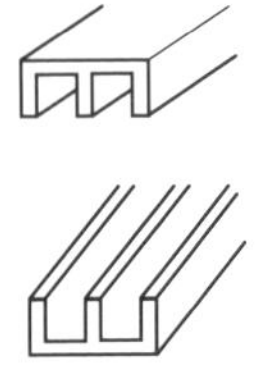

金属製の材料。軽く加工が容易。

トは20世紀に入り、計算方法や技術が進化しました。技術的には木造が少し遅れましたが、ここ20年くらいの間に急速に技術が進んでいます。

木は日本では古くから建築材料として使われています。現在では、戸建て住宅の多くは在来工法による木造建築で、小規模建築に使われています。近年、木造計算方法が発達し、高層建築にも使われ始めました。

鉄とコンクリートも歴史のある材料

鉄（鉄鋼）の歴史は非常に古く、建築物に本格的に使われ始めたのは19世紀の終わりごろからです。強度が高く、延性があるので、大スパン建築や超高層ビルに使われています。コンクリートもまた古い材料の一つで、鉄鋼と組み合わせて鉄筋コンクリート造として使われるようになってからは100年ほどの歴史があります。鉄鋼と組み合わされることにより急速に発達し、日本では集合住宅のほとんどは鉄筋コンクリートによる建物です。

JIS規格とJAS規格

JIS規格

鉄鋼などの鉄系の材を使う場合の規格。たとえば「JIS G 3101」という規格番号に対して、「一般構造用圧延鋼材」という名称や「SS330」といった材料記号がつけられ、強度や性質が規定されている。

JAS規格

木材を使う場合の材料の規格。「構造用製材は、針葉樹を材料とするもの」などの定義や強度や性能、ホルムアルデヒド放散量などの適合基準が設けられている。

安全性を確保するための規格

建築に使用する材料は、強度や性質が可能な限り一定である必要があります。ばらついた材料を使った建物を設計するとき、安全性を確保するためには、強度が最小となる場合で設計を行わなければならず、不経済です。また、剛性が大きくばらつく場合は、固い材に力が集中してしまう可能性もあります。そのため、建築材料は規格が設けられています。

建築基準法では、鉄系の材料についてはJIS規格（日本産業標準）、木系の材料についてはJAS規格（日本農材規格）を使うことになっています。規格を構造材料の観点から見る場合に均質であるということだけでなく、強度（許容応力度）が規定されていることも重要です。

主要な構造材

004 構造材に鉄鋼とコンクリートと木がなぜ使われる？

それぞれの材料の特徴を知れば建築の構造材に使われるのも納得です。

大型建築物によく使われる鉄鋼

鉄の歴史は古く、千年以上前に遡ります。以前は「鉄（iron）」と呼ばれていましたが、脆性的な（もろい）壊れ方をするので大型の構造物に適していません。現在では成分を調整された「鉄鋼（steel）」に変わりました。ちょうどエッフェル塔が建設された19世紀後半が鉄から鉄鋼へ変わる過渡期でした。

鉄鋼の強みとは？

鉄鋼の最大の特徴は何といっても強度。圧縮強度はコンクリートの10倍近くあります。その強度が高いという特徴から建設現場での加工が難しく、工場で加工し現場で組み立てることになります。

工場では、おもに「焼き入れ」といって鋼を加熱・冷却することにより硬くし、強くする方法と、「焼きなまし」といって鋼を加熱保持し、加工性を改善し

人類の鉄の歴史

人類が鉄を使い出したのは5000年前にもさかのぼると考えられ、1600年前には高純度の鉄製の柱が建造されています。

日本の建築で鉄鋼が本格的に使われるようになったのは、第2次世界大戦後からなんだ。

B.C.3000年
鉄製の装身具
(鉄のビーズ)

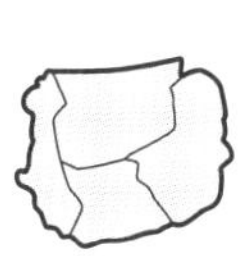

人類が鉄をつくり出す以前のもので、隕鉄(いんてつ)を加熱しハンマーで叩くなどしてつくったものと考えられている。

A.C.415年
デリーの鉄柱

インド、クトゥブ・ミナール内にある錆びない鉄柱。99.72%の高純度の鉄製。

1889年
エッフェル塔

万国博覧会のために2年2ヵ月で建造された錬鉄製の塔。建設当時312.3m。

1894年
秀英舎印刷工場

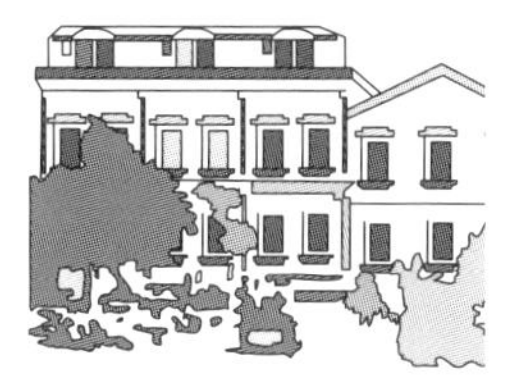

日本初の鉄骨造。造船技師・若山鉉吉による設計。地上3階地下1階建て、高さ36尺。1910年の火災により全焼し、再建するも1923年の関東大震災により倒壊。

たり内部ゆがみを除去したりする方法で加工を行います。ただし、木やコンクリートに比べて比重が大きいため、ソリッドな部材として使用することはほとんどなく、軽くするとともに性能を確保するためボックス形(箱形断面)やH形断面の部材が使われます。また、工場でつくられるため材料が均質で品質が高く、きめ細かな管理がなされることから、製作部材の精度が高いのも特徴です。

鉄鋼には弱みもある

しかし、鉄鋼は熱伝導率が高く熱が伝わりやすいので、特に寒冷地では断熱に十分注意する必要があります。また、鉄鋼は燃えないので、火事に強いと思われがちですが、温度が上がると軟化し、荷重が支持できなくなるので非常に危険です。そのために温度上昇を防ぐ耐火被覆が必要となります。鉄は強度があるので断面自体を小さくすることは可能ですが、耐火被覆や断熱材により結局、鉄筋コンクリート部材と同じ断面になってしまったということもよくあります。

鉄鋼のおもな性質

鉄鋼の特性は次のとおりです。

①木、コンクリートに比べて重い
（比重 7.85。コンクリートは2.3、木材は1.0以下）
②加工が難しい。手間がかかる
③熱伝導率が大きく、熱を伝えやすい
④強度が大きい
⑤燃えないが温度が上昇すると軟化する
⑥木・コンクリートに比べて材料が均質
⑦錆びる（水や酸素により酸化する）
⑧延性がある（ゴムのように伸びる性能）

重い（比重が大きい）

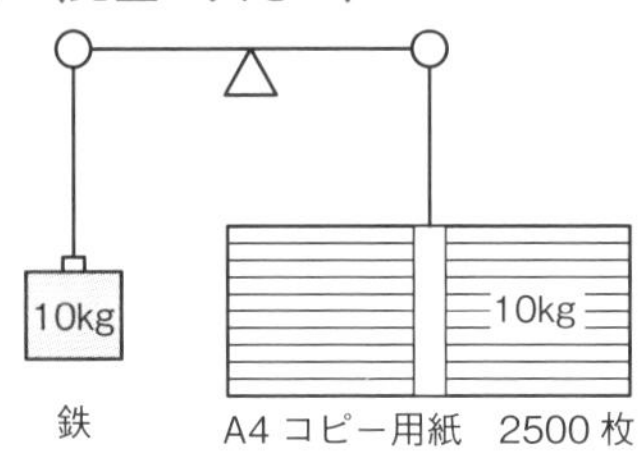

温度が上がると軟化する

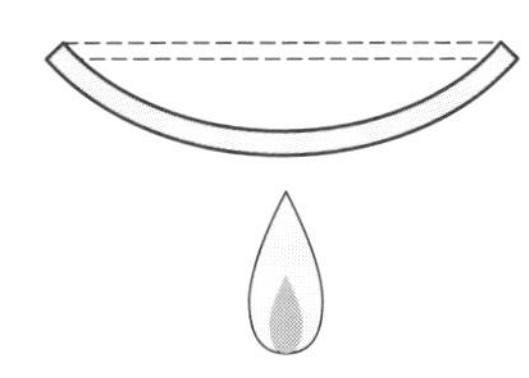

熱伝導率が大きい

錆びる

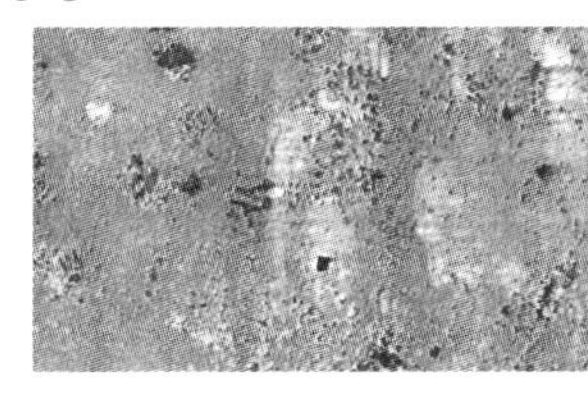

また、鉄は「腐らない」と安心してはだめです。鉄は水と空気で錆びが進行します。錆びが進行すると表面が雲母のようにはがれ始め、断面が欠損してしまうこともあります。外部に露出する部分は、発錆への十分な対策を行うか、欠損を考慮した設計を行うなどの処置が必要です。

鉄骨造でH形鋼が使われるのは強度・剛性が高く、軽量だから

建築の構造材料として使用される鋼材は通常、**JIS規格材**を使います。おもな規格材には建築構造用圧延鋼材（SN材）、一般構造用圧延鋼材（SS材）、溶接構造用圧延鋼材（SM材）、建築構造用炭素鋼管（STKN材）、一般構造用炭素鋼管（STK材）などがあります。材の表記としては「SS400」などのように、前半に材料の種類を表すアルファベット、後ろに材料強度を表す数字を組み合わせます。そ

鋼材の形状

鋼材にはさまざまな形状があります。寸法は規格により定められているので「鋼材表」により確認する必要があります。

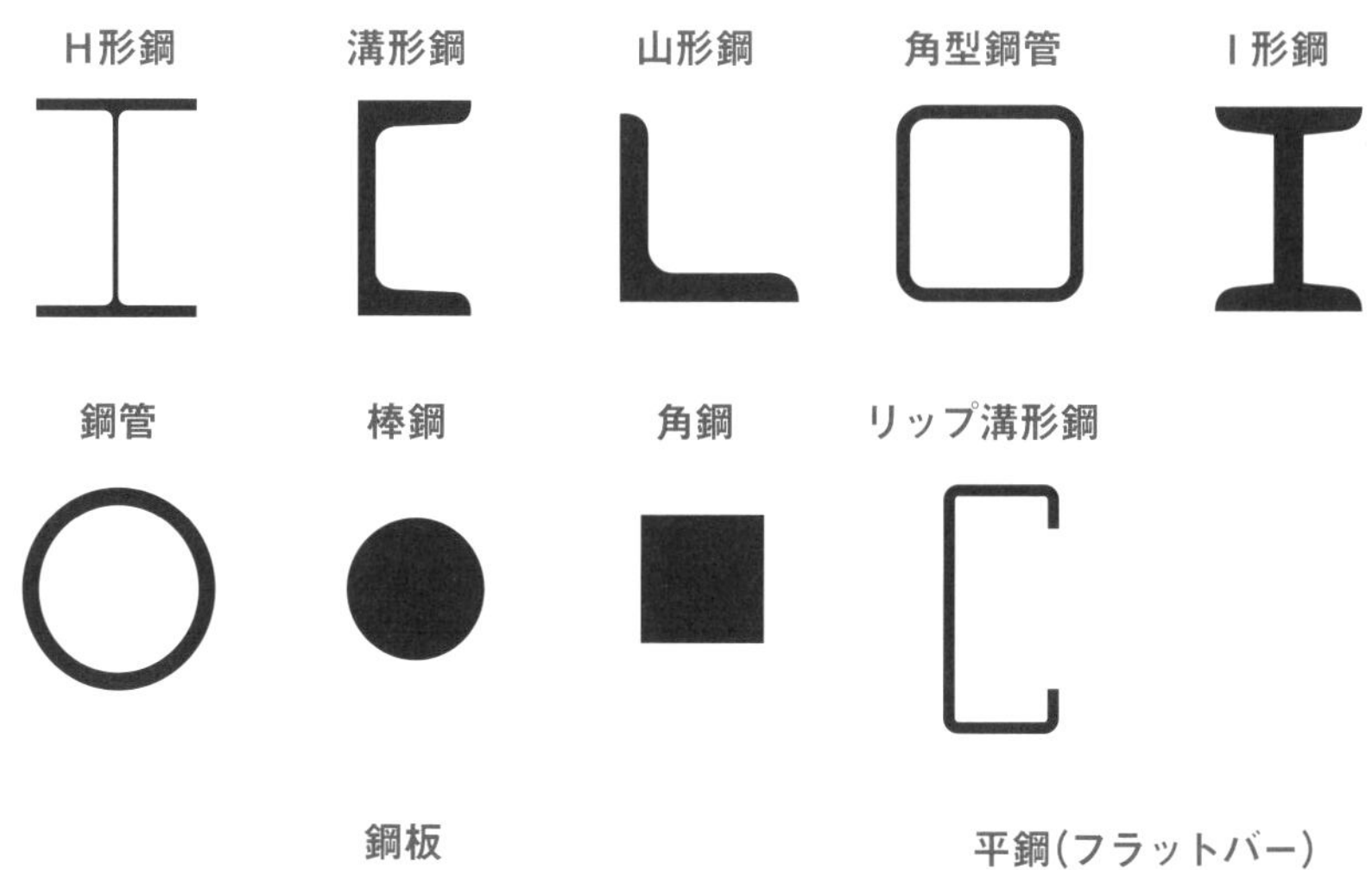

して、材の種類によって変わりますが、溶接性を表すA、B、Cのアルファベットをつける場合もあります。

鉄鋼は、単純に鉄ではなく、いろいろな成分が調整、付加されることによって、さまざまな性質の鉄鋼材料がつくられます。使い方や環境、施工性などを考え、材料を選ぶ必要があります。

形鋼の特徴と種類

鉄鋼は他の建築材料に比べて強度や剛性は高く、比重が非常に大きい材料です。鉄鋼は木造や鉄筋コンクリートと同様に、矩形の断面材とすると非常に重い部材となってしまいます。材料費も高くなり、揚重(ようじゅう)も大変です。そこで、剛性・強度が大きいという性質を利用し、H形やL形など、圧延や板を折り曲げた形状の形鋼として利用します。

鋼材の形状にはH形鋼・I形鋼・山形鋼・溝形鋼・鋼管・平鋼・棒鋼・鋼板などがあり、一般的にはJISの圧延鋼の規格品が使われます。圧延鋼の特徴は、完全な板ではないためにエッジ部分が斜めに

鋼材の規格

建築材料の日本および国際的な規格には次のようなものがあります。

JIS	日本産業規格
ISO	国際標準化機構
BS	英国規格
DIN	ドイツ規格協会
ANSI	米国国家規格
ASTM	米国材料試験協会

H形鋼の寸法の見方は、次のとおりです。

H − 00 × 00 × 00 × 00 × 00

↑ H ↑ B ↑ t_1 ↑ t_2 ↑ r

フランジ
ウェブ
t_1
H
r
t_2
B

形鋼は多くのメリットがあるんだね。でも、形状の確認など注意も必要だ！

鋼材の種別と使用範囲

鋼材等種別		おもな使用範囲
建築構造用圧延鋼材	SN400A	塑性変型性能を期待しない部位、部材に使用。溶接を行う構造耐力上主要な部分への使用はしない
	SN400B SN490B	一般の構造部位に使用
	SN400C SN490C	溶接加工時を含め、板厚方向に大きな引張り応力を受ける部位・部材に使用
建築構造用圧延棒鋼	SNR400A SNR400B SNR490B	アンカーボルト、ターンバックル、ボルトなどに使用
一般構造用圧延鋼材	SS400	SN材に規格がない鋼材に使用
溶接構造用圧延鋼材	SM400A SM490A SM490B	SN材の補完材料
建築構造用炭素鋼管	STKN400W STKN400B STKN490	パイプトラス構造部材、パイプ鉄塔、工作物、梁貫通孔に使用
一般構造用炭素鋼管	STK400 STK490	STKN材の補完材料に使用
一般構造用角形鋼管	STKR400 STKR490	BCP（冷間プレス成形角形鋼管）、BCR（冷間ロール成形角形鋼管）の補強材
一般構造用軽量形鋼	SSC400	仕上材取付用2次部材、工作物に使用

（『建築鉄骨設計基準・同解説』（建設大臣官房官庁営繕部・監修）をもとに作成）

鋼材にはさまざまな種類があり、それぞれ使用範囲が定められています。この表をしっかりと頭に入れて、適切な鋼材を選びましょう！

コンクリートの歴史

B.C.2589年頃（エジプト）
ピラミッド

目地に石灰（コンクリート）が使われている。

A.C.128年（ローマ）
パンテオン

コンクリートでドームがつくられている。

1908年（第一期工事）
小樽港

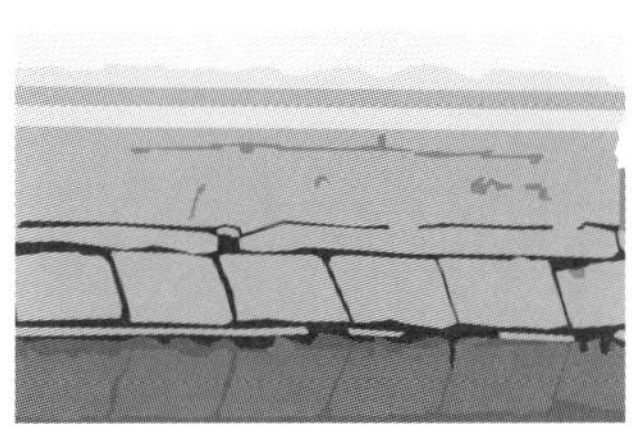

日本で最初のコンクリート構造物。

なっている材もあること。また、H形鋼ではフランジとウェブの交差部にR状のフィレットがあります。形鋼を取り扱う場合は正確な形状を把握しておく必要があります。

JIS外の寸法の部材を用いる場合には、鋼板や平鋼を利用して組み立てて一つの材とする場合もあります。この場合は、BH（ビルトエイチ）というように「ビルト（B）」という用語を前につけて形鋼と区別しています。

コンクリートが長年使われているのには理由がある

コンクリートは、非常に長い歴史をもち、古くはピラミッドの目地材として使われています。ヨーロッパでは、パンテオンのドーム部分がコンクリート構造としては有名です。日本での歴史は新しく、明治に入ってからヨーロッパより技術が導入されていま

コンクリートの材料

骨材とセメントと水を練った生コンクリートが固まり、コンクリートとなります。

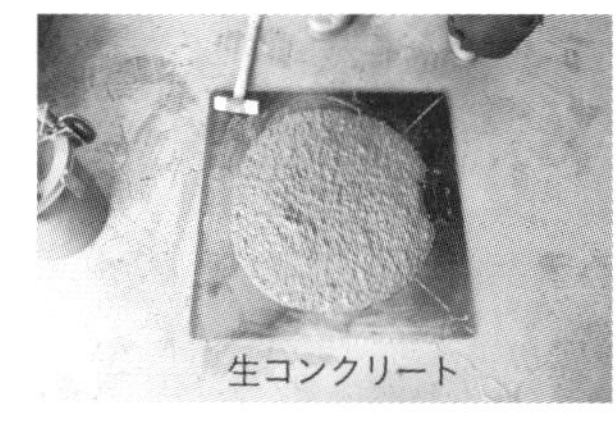

コンクリートのおもな性質

コンクリートの特性は次のとおり。

①骨材（砂・砂利）とセメントと水でつくられる
②鉄鋼に比べて比重は小さいが、構造体としては重い（比重 2.3。鉄筋コンクリートは 2.4、鉄鋼は 7.85）
③燃えない
④複雑な形状が可能
⑤品質は現場の施工に大きく依存する
⑥中性化する（アルカリ性がなくなること）
⑦引張り力に弱い（ひび割れが起きやすい）
⑧比熱が大きい（温まりにくく、冷めにくい）

重い

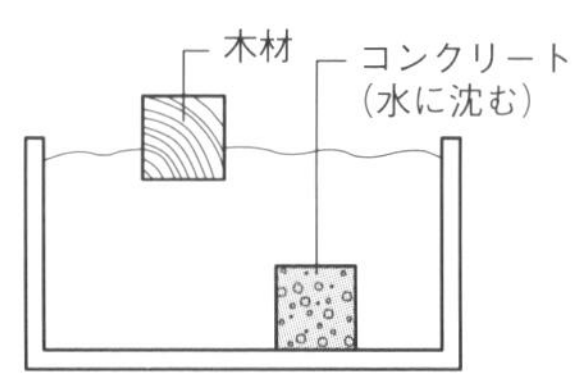

燃えない

複雑な形状が可能

中性化

引張り力に弱い

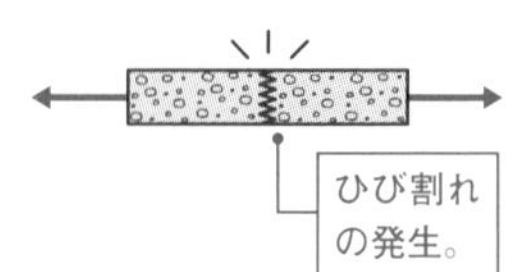

コンクリートの種類と工法

種類	特徴
普通コンクリート	普通骨材（砂利・砕石・高炉スラグなど）を使用したコンクリート
早強コンクリート	早く強度が出るコンクリート
マスコンクリート	ダムのように大きな断面に使われるコンクリート。セメントの水和熱による温度上昇で有害なひび割れが入るおそれがある部分のコンクリート
暑中コンクリート	気温が高くなり、水分が急速に蒸発するなどの悪影響が出るのを防ぐ仕様のコンクリート
寒中コンクリート	凍結や温度低下による耐久性低下を防ぐ仕様のコンクリート
水密コンクリート	圧力水が作用するような場所に使用できるコンクリート
高炉セメントコンクリート	塩化物遮蔽性や化学抵抗性が大きいため、塩害やアルカリ骨材反応などの化学的な耐久性に優れている
現場打ちコンクリート	構造物を建設する場所に支保工・形枠を組み、現場でコンクリート打設を行うこと。「場所打ちコンクリート」ともいう
プレキャストコンクリート	現場で組み立て・設置を行うために、工場などであらかじめ製造されたコンクリート製品、またはこれを用いた工法
繊維補強コンクリート	合成繊維や鋼繊維などをコンクリート部材複合した材。「FRC」と略される。連続繊維を織物として巻き付けたり貼り付けたりして補強されたものを「連続繊維補強コンクリート」、数ミリから数センチに短く切った短繊維を混入して補強されたものを「短繊維補強コンクリート」と呼ぶ

す。北海道の小樽港の護岸擁壁が最も古く、今から100年ほど前に築造されています。また、最初から鉄筋とコンクリートが組み合わされたのではなく、鉄筋の替わりに竹が使われたこともあります。そして、鉄筋の形も最初は角棒や楕円の棒が使われたりしていましたが、やがて丸鋼が使われるようになり、現在使われている丸鋼の周りに節が付いた異形棒鋼が使われるようになりました。

コンクリートの最大の特徴

生コンクリートは、砂と砂利とセメントを水で練り混ぜることによりつくられます。セメントは石灰石よりつくられ、砂・砂利・水は自然の産物なので、実をいうと生コンクリートはエコな建築材料なのです。ただし、今日の生コンクリートは施工性をよくし、水量を減らして密実なコンクリートとするために少量の薬品を添加しています。

コンクリートの最大の特徴は、現場で自由に施工が可能なことです。型枠材料を持ち込めるところであれば、どんな場所でも施工が可能となります。ま

鉄筋コンクリートの歴史

鉄筋コンクリートといえば、建物や橋などに多く使われていますが、最初は建築物に使ったわけではなかったのです！

鉄筋コンクリート前夜

（1850年）

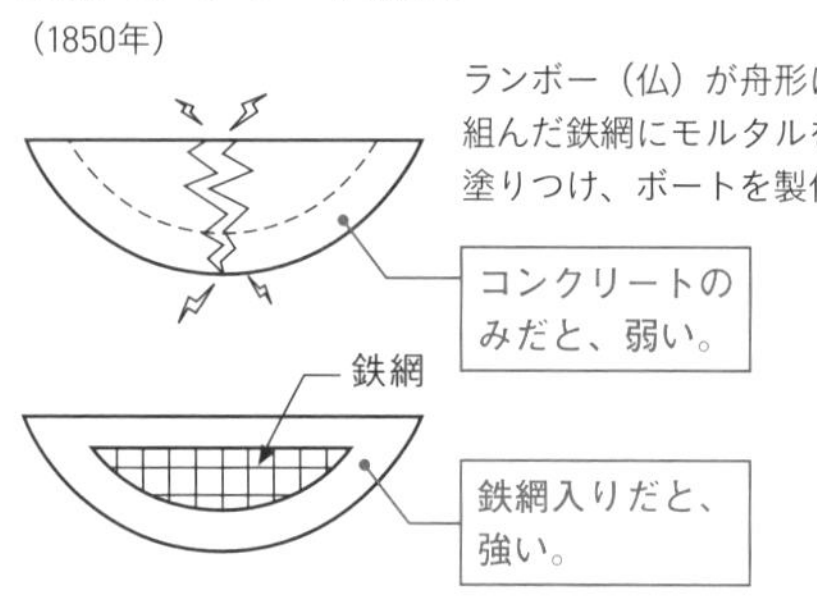

ランボー（仏）が舟形に組んだ鉄網にモルタルを塗りつけ、ボートを製作。

鉄筋コンクリートの発明

（1867年）

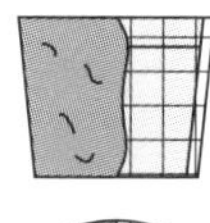

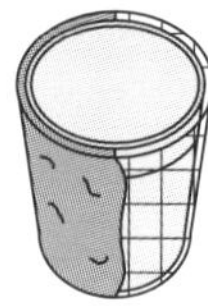

モニエ（仏）はセメントモルタル植木鉢を鉄網で補強することを発明した。

日本の鉄筋コンクリート造建物

（1904年）

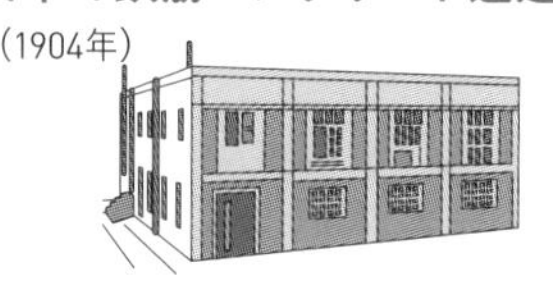

日本で最も古い鉄筋コンクリート造建物。真島健三郎が設計した佐世保海軍工廠内にあるポンプ小屋。

現代の鉄筋コンクリート造

（2010年1月4日　開業）

高さ828mのブルジュ・ハリファ。636mまでRC造（コンクリートポンプ打設高さ636m。163階建て）、それより上部は鉄骨造。

た、重量が重いため、完成した建物は遮音性がよく、集合住宅に用いられることも多くあります。しかしながら、現場で施工するため品質管理が大変です。生コンクリート材料の調合方法、現場と工場までの距離、現場での打設方法、その日の天気、気温などさまざまな要因が品質に関与します。ひび割れには、単位水量が関係し、できるだけ少ない水で施工した方がよいのですが、水が少ないと型枠への充填性が悪くなります。まだ固まっていないコンクリートは、本当に生ものなのです。

お互いの弱点をカバーする鉄筋コンクリート造

鉄筋コンクリート構造が急速に発達したのは、バブル期と呼ばれる1980年代後半~90年代初頭です。それまでは、高層ビルは鉄骨造がほとんどでしたが、バブル期に高層のマンションの需要が急激に

鉄筋コンクリートのおもな性質

多くはコンクリートとほぼ同じですが、鉄筋と組み合わせるため、性質が異なります。

①鉄筋はかぶり厚により耐火性・耐久性が確保される

3cmのかぶり厚で、2時間の耐火性、30年の耐久性がある

「かぶり厚」とは、鉄筋表面からコンクリート表面までの最短距離を指します。

②コンクリートはアルカリ性で鉄筋を保護する

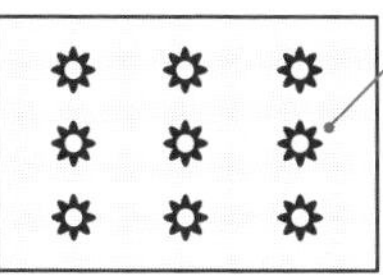

コンクリートのアルカリ性により鉄筋の周りに不動態皮膜がつくられ、鉄筋の酸化を防ぐことができる。

③コンクリートのひび割れに対する抵抗や引張り強度を鉄筋が負担する

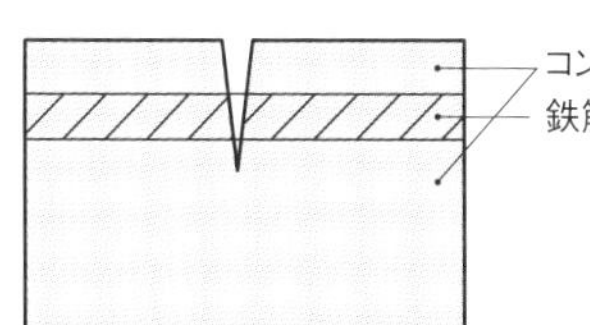

鉄筋コンクリートには、熱伝導率が若干大きくなる（鉄筋を通じて熱が伝わる）という性質もあります。

④コンクリートと鉄筋の線膨張係数がほぼ等しい

増え、遮音性能に優れたRC造が高層・超高層建築の主流となりました。

鉄筋コンクリートの最大の特徴

鉄筋コンクリートの最大の特徴は、「コンクリートと鉄筋の線膨張係数がほとんど同じであること」と、「**圧縮力をコンクリートが、引張り力を鉄筋が負担していること**」です。実際には、コンクリート自体も引張り力に対してある程度は有効なのですが、引張り強度が低く、品質が不安定であることから計算上は無視をしています。

　コンクリートがひび割れると欠陥であると即断されがちですが、ひび割れ性能に影響する引張り力が計算上無視されているので、ひび割れが入ることは当然なのです。ただし、微細なひび割れがある程度計算上許容できるものだとしても、漏水など実質的な被害が生じる場合もあるので、コンクリートの特徴を把握して設計することが重要です。

鉄筋コンクリートと鉄骨の違い

鉄筋コンクリート造（RC造）は鉄骨造と違い、ピン（123頁参照）のディテールをつくることが難しく、ほとんどの場合、柱・梁の接合部等は剛（123頁参照）の状態で施工されています。また、RC造は鉄骨造に比べ、品質にばらつきがあり、収縮など複雑な挙動を示すという面もあります。

そのほか、鉄骨には延性という地震に対して有利な性質があるのですが、鉄筋コンクリートの場合は部材が短いと脆性的な破壊を起こしやすいので、注意して設計する必要があります。

研究が進み見直され始めた木造建築

日本の木造建築は非常に古い歴史があります。607年に創建されたと伝わる法隆寺は現存する最古の木造建築であり、一部は今でも千年以上前の状態が保たれています。しかし、木造建築が工学的にアプローチされ始めたのは、鉄骨造やRC造よりも新しく20～30年前。それまでは筋かいや土壁を多く配置し、壁量を確保することで計画されていました。木造建築は、この30年間に、木のめり込みや耐力壁の地震時の考え方が整理され、定量的計算が可能になったのです。

木の特徴からみた長所と短所

木の最大の特徴は加工の容易さです。強度は鉄の1／20程度ですが、強度が低いので人力加工が可能です。また、その接合も簡単で、釘や接着剤、ねじにより人力で施工できます。加工が簡単なことから、古くは釘など金物類を使わず、ほぞなどにより組み立てていました。

しかし、材料は自然の産物であるため不均一で、産地や森林のメンテナンス状況、木自体の生育環境（南北方向など）で材質が変わります。材が均質でないために、施工後に反りやねじれが生じてしまいます。強

木材のおもな性質

木材の特性は次のとおり。
①鉄やコンクリートに比べて軽い（水に浮かぶ。比重が1.0以下）
②加工が容易（人力で切断可能。接着剤・釘・木ねじで接合が簡単）
③熱伝導率が小さい
④水や薬液により腐朽する。また、シロアリなど虫による被害を受けやすい
⑤多くの種類があり、性質が異なる
⑥含水率により強度が変わる（水分が少ないほど強度が高い）
⑦円状に成長（年輪）するため、切り出し方により材の性質が違う
⑧材が一様ではない（鉄やコンクリートに比べてばらつきが大きい）
⑨異方性がある（長さ方向や円周方向で剛性や強度が異なる）

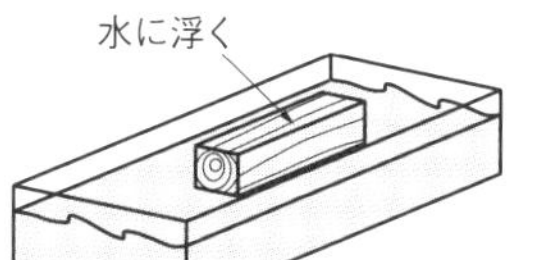

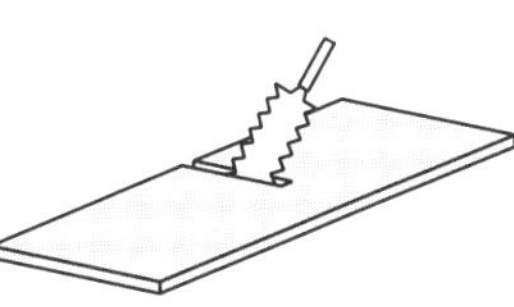

熱伝導率が小さい

切り出し

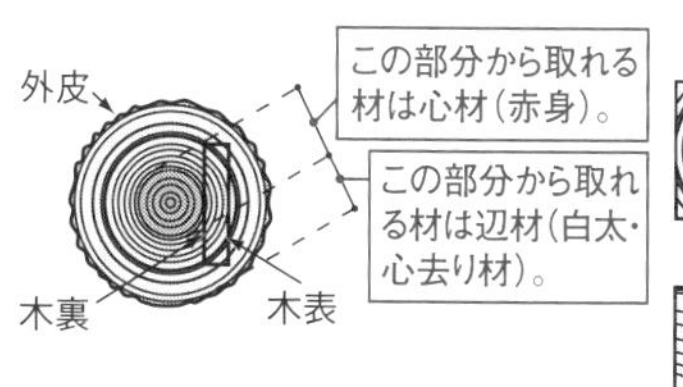

燃える

木材にはさまざまな性質があります。樹種によっても性質が大きく異なりますので、適材適所で使用することが重要だ。

木の構造

・心材　木材の断面の樹心に近い部分で、赤味を帯びている。
・辺材　木材の断面の樹皮に近い木質部で、白または黄色味を帯びていて樹液が多い。

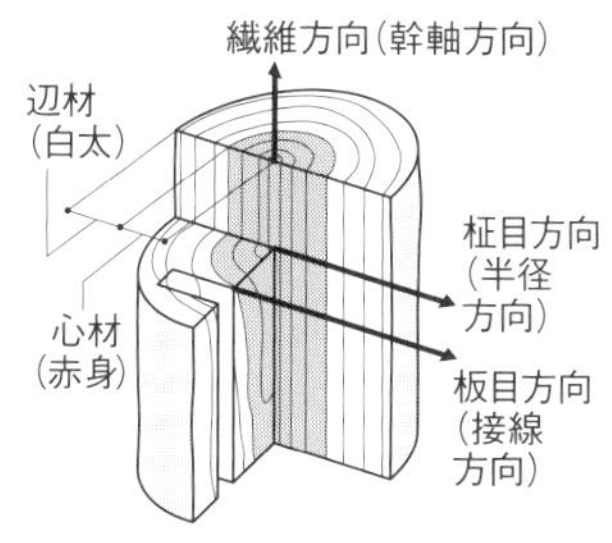

木造建築はここ20年間で大幅に進化しているんだ。長所と短所を知って新たな木造建築に挑戦しよう！

ベイマツ

強度が高く、加工性もよい。樹脂（脂）が多いため、シロアリがつきやすい。大量に輸入されている。

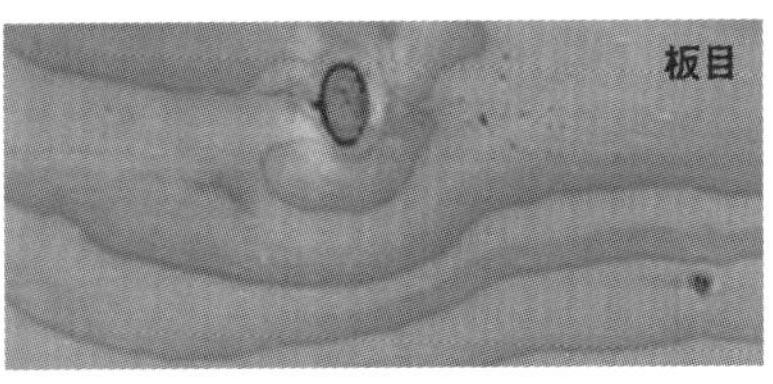

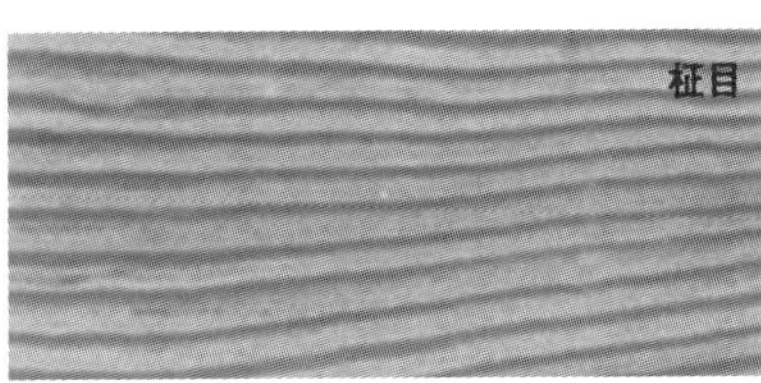

ツガ

強度は比較的小さいが、耐久性に優れている。木が白く、釘の保持力が高い。カナダや北米産のベイツガも多い。

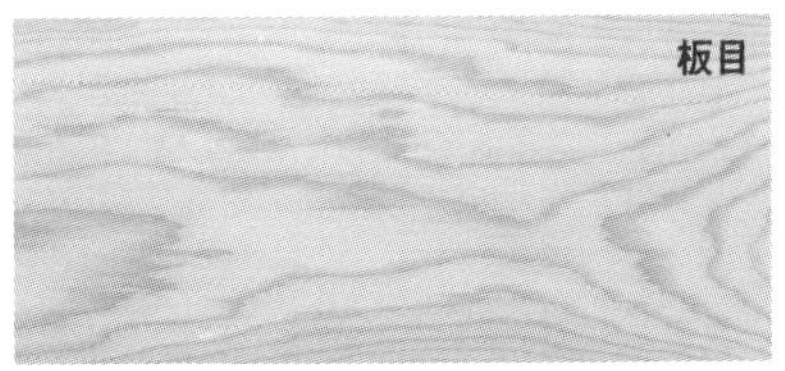

度も含水率に大きく依存します。切り出したばかりの木は含水率が60％以上もあるので、建材として使うには20％以下とします。なお、細胞膜間の水がすべてなくなると12％程度の含水率（平衡含水率）になります。平衡含水率以下に乾燥が進むと細胞壁内の水分が外に出るため、強度が低下するので要注意です。

最大の欠点は、虫害や腐朽に弱いという性質です。虫食いで欠損したり、水があたって乾湿をくり返すと腐ってしまい、耐久性が他の材料に比べて劣ります。しかし、木材は補修が簡単なため、メンテナンスさえ行えば何年でも維持可能です。最近では、どのような仕様にすれば耐久性が上がるかの研究が進み、鉄骨造やRC造と同等の耐久性に近づいているのではないでしょうか。

木の構造的な特徴とは

構造力学的な特徴は2つあります。1つは大きな変形が許容されるということ。施工誤差や材間の隙が他の構造よりも大きいため、変形をしてから構造強度を発揮します。もう1つは、めり込みです。コンクリートや鉄骨では局部的な変形はそれほど重要ではありませんが、木は剛性が小さいために局部が大きく変形するので、その変形が全体の変形へ影響を与えます。

構造材のおもな樹種

木の種類は非常に多く、針葉樹と広葉樹に大別できます。一般住宅の構造材としては、下記のような針葉樹が圧倒的に多く使われています。

スギ

日本では、非常に多い。柔らかく加工が容易。古くから建材として使われている。

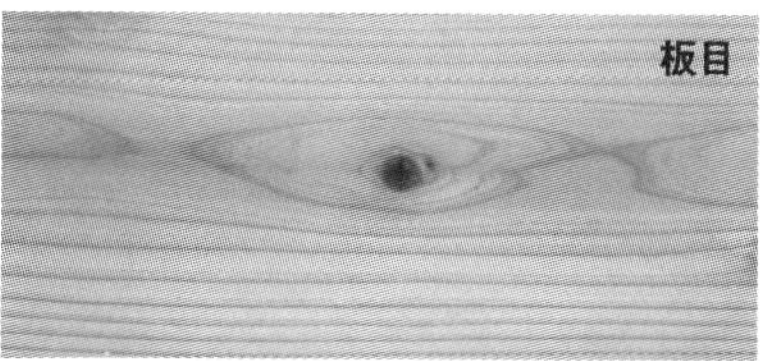

ヒノキ

材質は緻密・均質で強度・耐久性ともに高く、加工性にも優れている。高級材として使われる。

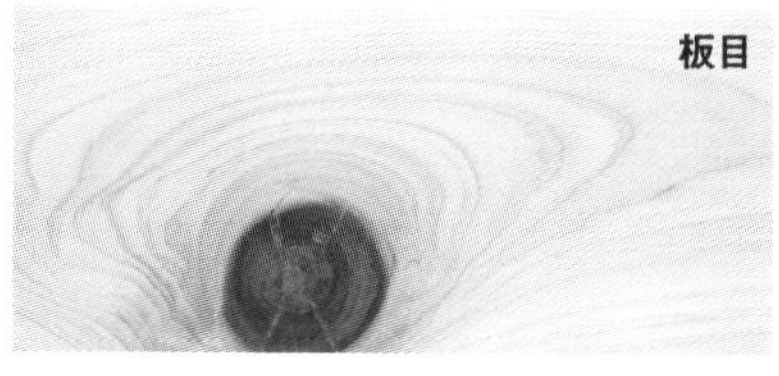

column

建築構造に特殊な材料は使えるの？

世の中は日進月歩でいろいろな材料が開発される一方で、古くからある材料でも視点を変えると構造材料として利用可能な材料も数多くあります。建築の主構造として使えなくても利用場所を考えて使っていけば、将来、建材として使うことができるようになるかもしれません。

可能性のある特殊な材料

展示物は建築と違い、制約が少ないためいろいろな構造体にチャレンジできます。筆者が構造技術者として参加したプロジェクトでは、炭素繊維、チタン、FRP、紙、廃材の粉末を利用した発泡材、発泡ウレタン、ポリエチレン、アクリル、竹など、さまざまな材料を利用して構造体が製作され、建材として可能性のある材料は世の中にいっぱいあることを実感しています。アクリルは強度が大きいのですが、クリープが大きかったり、切ると白くなったりするので、透明な状態に戻すのに苦労します。ポリエチレンは薬液に強いため有効な接着剤が少ないなど、素材によってさまざまな性質があるので、その素材の性質を確かめながら設計・製作をする必要があります。

いま、一番可能性を感じている材料は竹です。竹は1～2年で成長するので、炭素を固定するスピードが早く環境によい材料です。日本では認められていませんが、世界の多くの国で建材として使われています。竹にも多くの種類があり、中南米ではグァドゥア竹、バングラデシュではボラック竹が建材として使われています。日本でも真竹は割れやすいのですが、孟宗竹などは建材として可能性があります。

その他、外国で使われていて日本であまり使われない材としては、土があります。日本では木造住宅の一部として土壁を用いることが可能ですが、外国では土でできたブロック造の家など、もっと積極的に使われています。建築基準法で認められているレンガなどもあまり使われていませんが、構造材料としての可能性はあります。解析技術が進み、いろいろな材料を使える可能性が昔に比べると増えてきているのではないでしょうか。身近な素材を見回してみてください。

さまざまな構造素材

建物の構造材というと木材・鉄筋コンクリート・鋼などが代表ですが、
新たな構造材としてさまざまな素材が試みられています。

ガラス

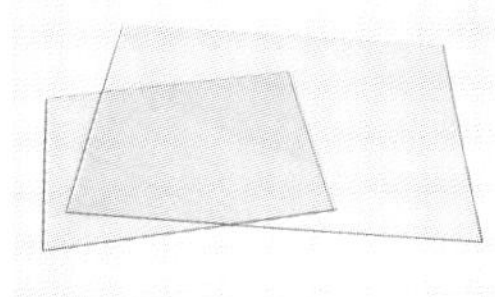
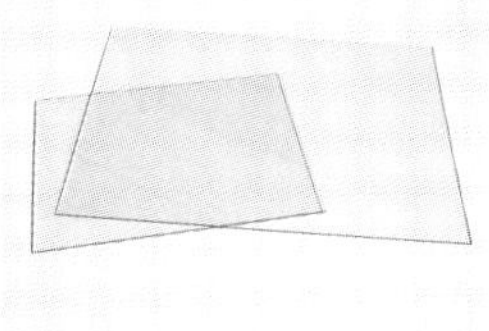

PE(ポリエチレン)

土

発泡ウレタン

FRP(ガラス繊維強化プラスチック)

竹

竹は世界中に生育しています。日本では建材として認められていませんが、多くの国で建材として使われている有効な材料です。

広がる複合材料

ETFE(フッ素樹脂)袋＋空気

膜構造によるブロックを積み重ねた組積造。空気も構造になる例。

FRP＋紙のハニカム

紙のハニカムをFRPでサンドイッチしたパネルを組み合わせた折板構造。

ハチの巣はハニカム構造の例。

土＋竹(小舞下地)

昔からの土壁構造。

発泡ウレタン＋ロープ

ロープで下地をつくり、発泡ウレタンを吹き付けた。

炭素繊維より線＋パネル

ランダムに配置されたより線でテーブルを安定させている。

荷重とは

005

作用する方向や時間で荷重は異なる

大きく分けると垂直方向に働く力と水平方向に働く力、長時間働く力と短時間働く力があります。

作用する方向の違いで垂直荷重と水平荷重がある

建物にはさまざまな外力が働いています。外力は荷重とも呼ばれます。荷重には、鉛直方向（上下方向）に働く荷重や水平方向に働く荷重など、作用している方向の違いがあります。また、絶えず働いている荷重や一時的に作用している荷重など作用時間による違いもあります。作用方向の違いでは主として**鉛直荷重**と**水平荷重**（**水平力**）が、作用時間では**長期荷重**と**短期荷重**があります。これの荷重を適切に評価し建物の安全性を確保することが重要です。

鉛直荷重の種類

鉛直荷重にもさまざまな荷重があります。地球には重力が働いているので、建物は鉛直方向（正確には地球の中心に向かって）に荷重が生じています。この荷重のことを建築の分野では**固定荷重**といいます。建

鉛直荷重と水平荷重（水平力）の代表

鉛直荷重

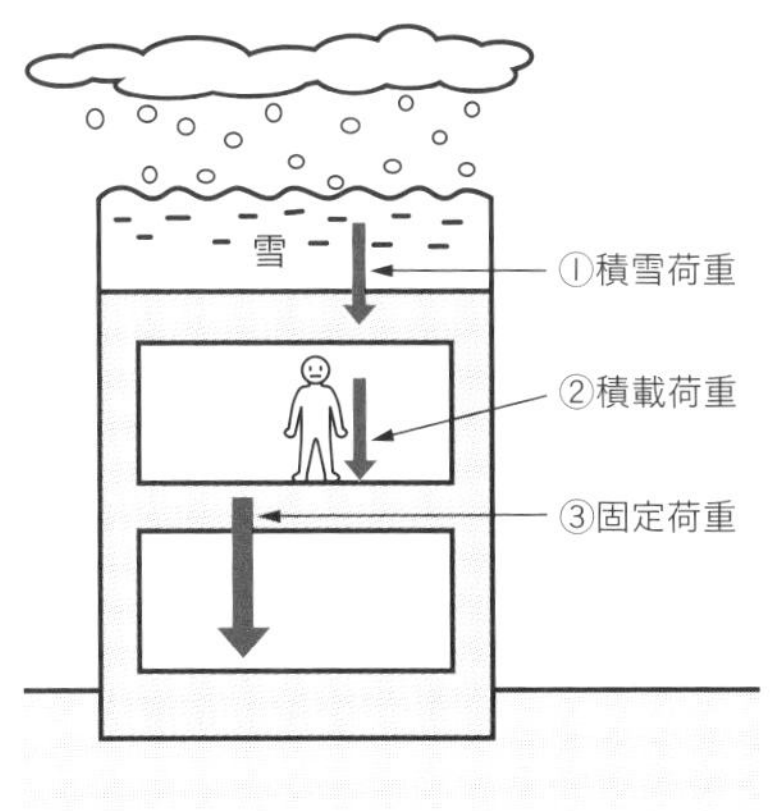

荷重の歴史①

ニュートンが「万有引力」を発見

（1665年）

リンゴの実が木から落ちるのを見たことがきっかけだといわれている。鉛直荷重の概念が生まれた瞬間でもある。

水平荷重（水平力）

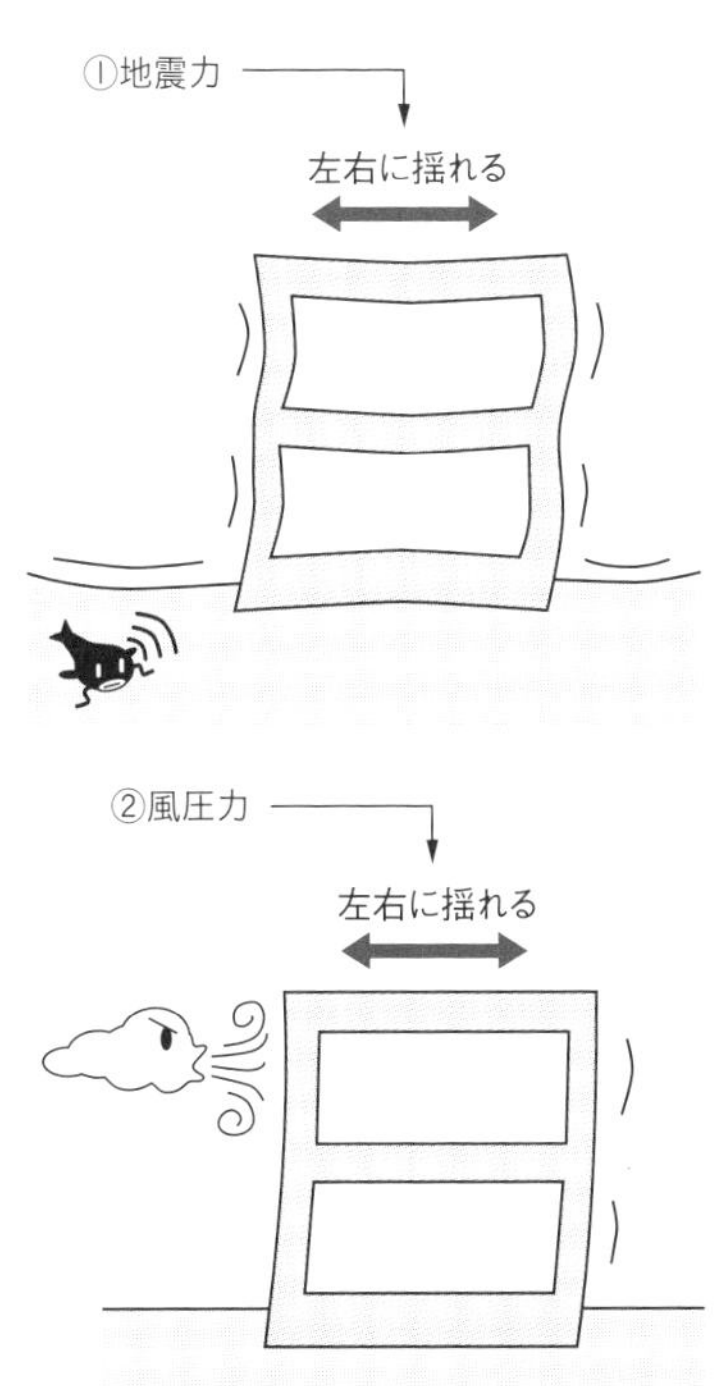

荷重の歴史②

佐野利器が「家屋耐震構造論」を発表

（1915年（大正4年））

建物に作用する地震時の水平力 F を、建物自重 W に係数（震度）k を乗じて定める考え方が提示されている。その後、耐震設計法として「震度法」が提案され、水平荷重（地震力）が歴史に登場した。

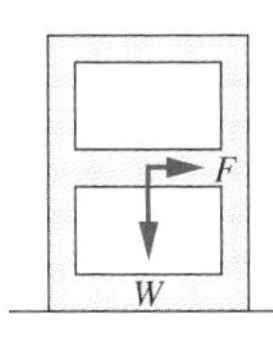

$$F = kW$$

$$k = \frac{\text{地震の最大加速度}}{\text{重力の加速度}}$$

そのほかの外力

建物には鉛直荷重と水平荷重のほかにも、①地盤や地下水によって基礎にかかる土圧・水圧、②ものがぶつかったり人が室内で飛び跳ねたりするときに生じる衝撃荷重、③日射の熱や寒暖の差などによって部材が膨張・収縮することで生じる温度応力、④設備機器などの移動による振動によって生じる繰返荷重などが作用します。

土圧・水圧

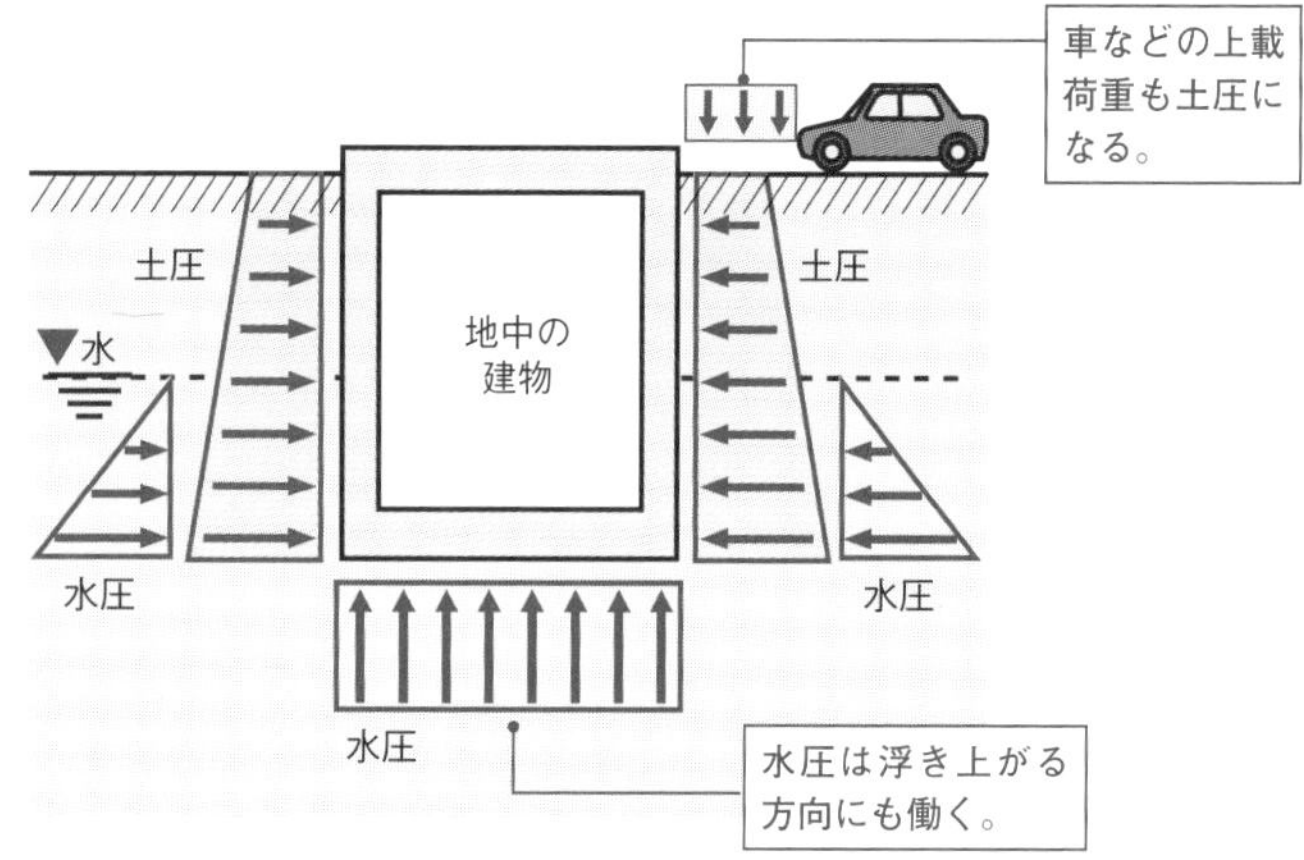

衝撃荷重

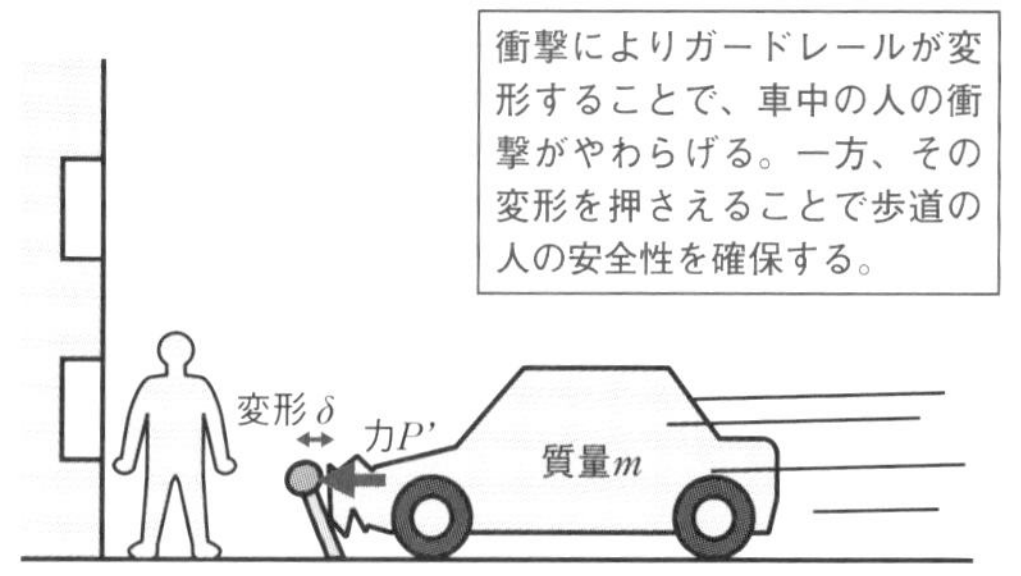

温度応力

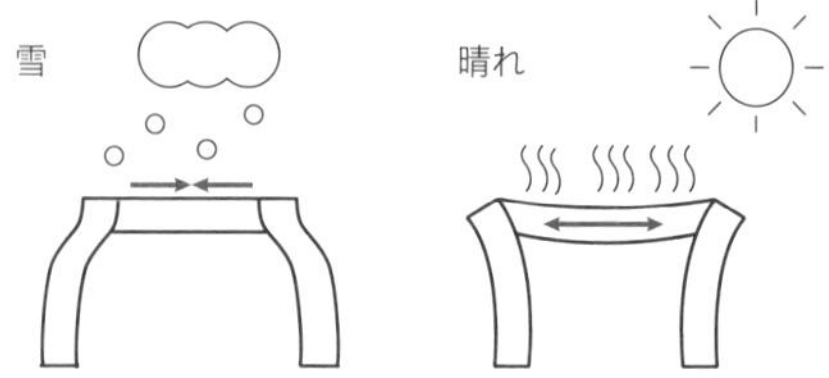

建物にはあらゆる方向からさまざまな外力が働いているんだね。これらの外力を考慮しながら構造設計を行っていくんだ!

荷重の組み合わせ

構造計算を行うときには固定荷重（G）、積載荷重（P）、地震力（K）、風荷重（W）のそれぞれの性質から組み合わせを考慮して設計を行います。

一般区域

長期	$G+P$
短期	$G+P+K$
	$G+P+W$

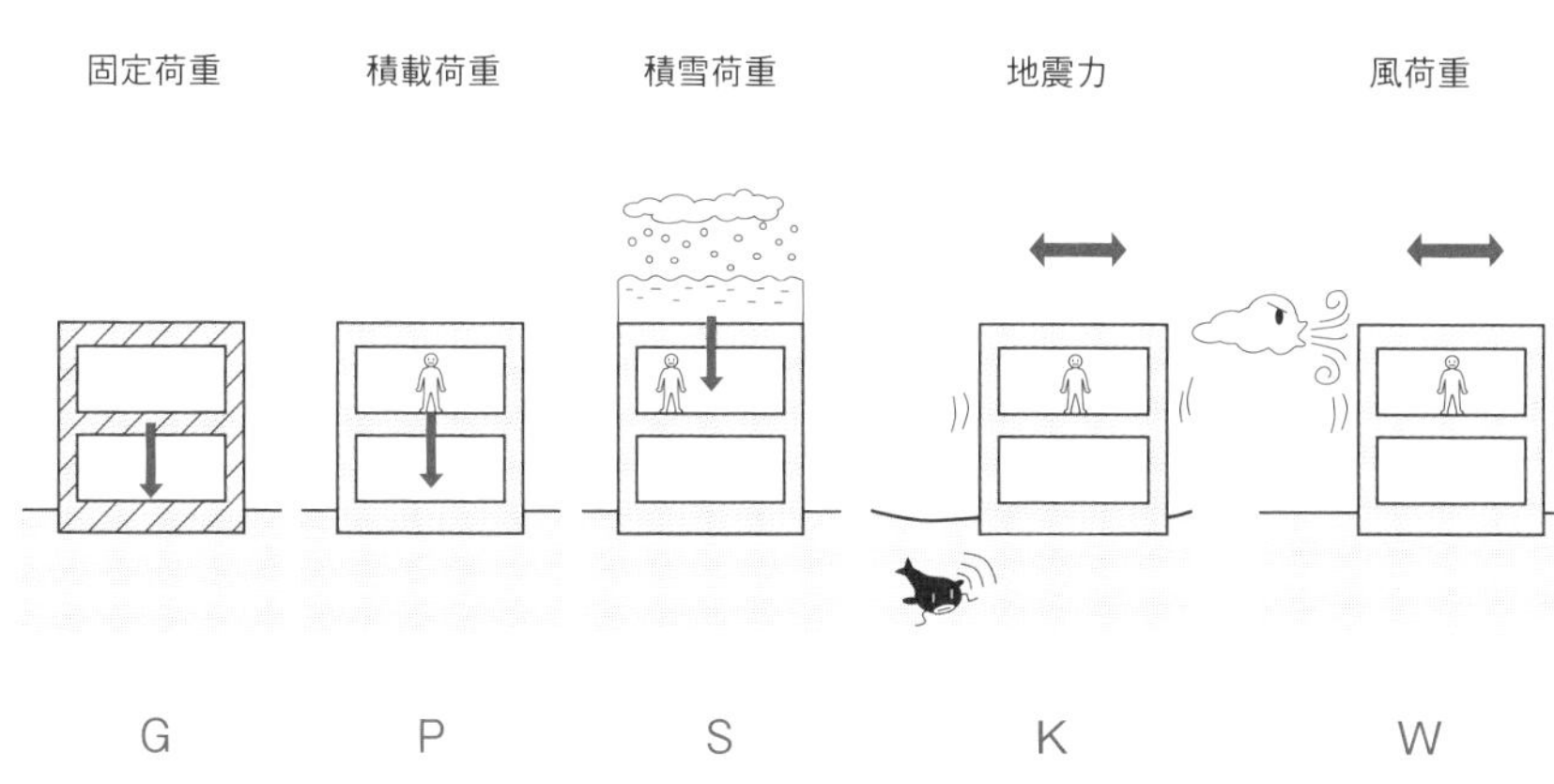

物が完成すると家具が運び込まれますが、このような移動可能な荷重のことを固定荷重と区別して積載荷重といいます。北国では雪が積もりますが、積雪荷重も鉛直荷重です。

水平荷重の種類

水平荷重にもまた、さまざまな荷重があります。日本には地震が多く、建物が横に揺れて棚から物が落ちてきた経験がある人も多いのではないでしょうか。近年では大規模な地震も多く、超高層ビルが大きく揺れているのを目撃した人もいるかもしれません。

横に揺れる荷重は水平力（水平荷重）で、地震力は水平荷重の一つです。日本には毎年多くの台風がきます。台風が近づいたとき窓に手をあてると、窓ガラスが風により変形していることがわかります。風の力で屋根の瓦や看板が飛ぶこともあります。この風による荷重を風荷重（風圧力）と呼んでいます。

さまざまな荷重

006 建物に働く荷重には何がある？

風による荷重、地震による荷重をはじめ建物に働く荷重にはさまざまな種類があります。

構造計算の基本「固定荷重」は動かないもので、死んだ荷重!?

固定荷重は、建物の構造設計をするうえで最初に把握しなければならない荷重です。力の方向がつねに一定で変動することがないため、**死荷重**（Dead Load：DL）とも呼ばれています。

固定荷重にあたるもの

固定荷重には、柱・梁・床などの構造躯体や、外壁や床・天井などの仕上げ材などの荷重が含まれます。設備の荷重は通常、積載荷重に含められますが、特に重い設備を設置するときは固定荷重として扱う場合もあるので注意が必要です。このほか、配管や耐火被覆材の荷重なども固定荷重に含まれます。

固定荷重の算出のしかた

固定荷重を算出するには、部材や仕上材の単位あたりの重量に注目します。おもな構造材料の単位あたりの重量は次のとおりです。

建築基準法施行令84条には、建物の部分、種別と単位面積あたりの荷重が規定されており、さまざまな荷重があります。実際の設計では、実状に合わせた構造計算をするために、メーカーのカタログや資料などを参考にして使う部材の荷重を計算します。

構造計算をするうえでは、荷重は非常に重要です。まず応力計算ができるようになる前に、荷重の感覚をしっかりと身につけましょう。

建物の固定荷重とは

固定荷重は実際に使う部材の荷重をひろいます。

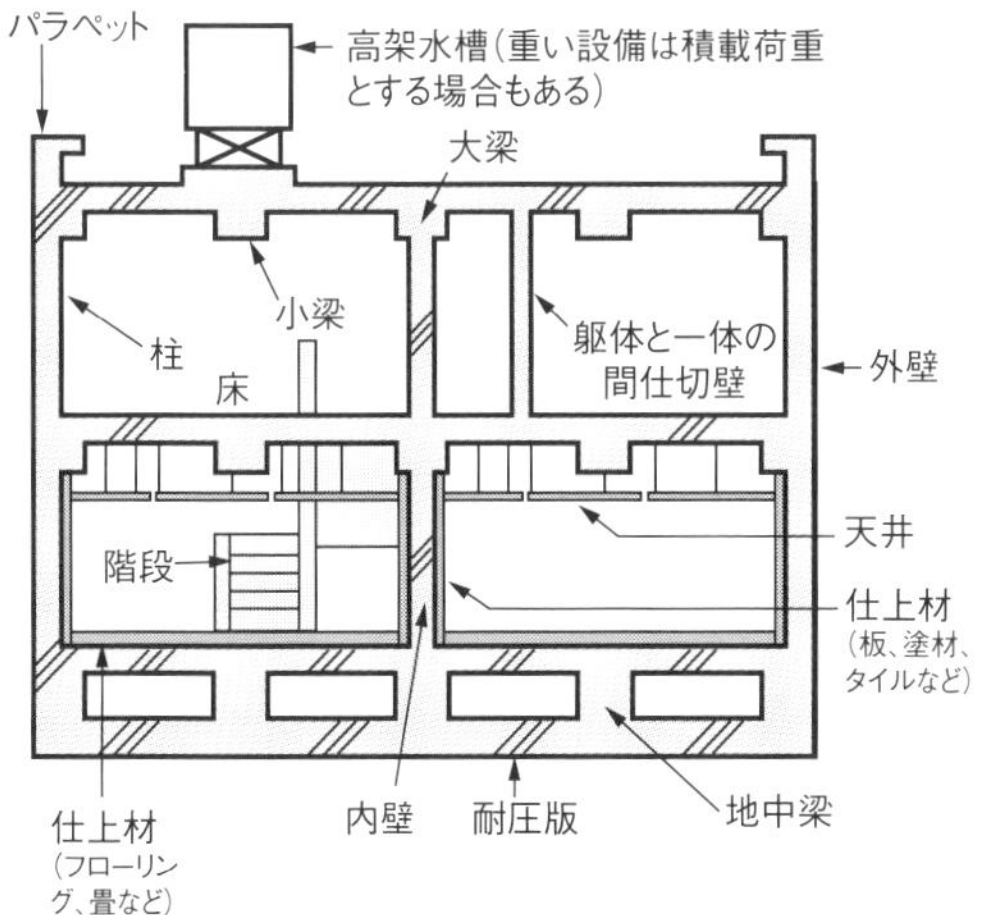

材料の比重

材料名		比重
石	花崗岩（みかげ石）	2.65
	大理石	2.68
	粘板岩（スレート）	2.70
セメント	普通ポルトランドセメント	3.11
金属	鋼	7.85
	アルミニウム	2.72
	ステンレス	7.82
木材	スギ	0.38
	ヒノキ	0.44
	ツガ	0.51

構造材の単位重量

木	8 [kN/m^3]
鉄鋼	78 [kN/m^3]
コンクリート	23～24 [kN/m^3]
（軽量コンクリートならば 17～21 [kN/m^3]）	

屋根・床・壁の固定荷重

屋根の単位面積あたりの荷重例

仕上げ	略　図 （寸法単位：mm）	屋根面 $1m^2$の重量 （N/m^2）
シート防水	防水シートㄗ2 ―① ならしモルタルㄗ30 ―② 2 30	① 40 ② 600 計 640
亜鉛鉄板瓦棒葺き	亜鉛鉄板－瓦棒ㄗ0.6 ―① フェルト ―② セメント板ㄗ15 ―③ 垂木 ―④ 母屋（軽量鉄骨）―⑤ ※1	① 60 ② 10 ③ 90 ④ 30 ⑤ 70 計 260
和形粘土瓦葺き（引掛け桟瓦）	引掛け桟瓦（葺き土あり）―① 野地板 ―② 垂木 ―③ ※2	① 790 ② 100 ③ 40 計 930

※1：施行令では200N/m²（下地および垂木を含み母屋を含まない）。
※2：施行令では980N/m²（下地および垂木を含み母屋を含まない）。

床の単位面積あたりの荷重例

仕上げ	略　図 （寸法単位：mm）	床面 $1m^2$の重量 （N/m^2）
カーペット張り	タイルカーペットㄗ7 7	60
畳敷き	畳ㄗ55 ―① 捨板ㄗ12 ―② 木軸下地 ―③ 55 12 60 ※3	① 200 ② 80 ③ 40 計 320

※3：施行令では340N/m²（床板および根太を含む）。

壁の単位あたり面積の荷重例

仕上げ	略　図 （寸法単位：mm）	壁面 1㎡の重量 （N/㎡）
せっこうプラスター	せっこうプラスターㄗ3 ―① モルタルㄗ20 ―② 20 3	① 60 ② 400 計 460
耐火間仕切り（1時間）	鋼製スタッド ―① けい酸カルシウム板ㄗ8×4 ―② 97 ※4	① 260 ② 100 計 360

※4：鋼製スタッド重量は壁高により増減する。

建物の重さの感覚を身につけるには、まず身近なものの重さを知ることから！　詳しくは65頁を見てみよう。

出典：『建築物荷重指針を活かす設計資料1』（日本建築学会、2016年）

建築基準法で定められた積載荷重

建物の積載荷重とは？

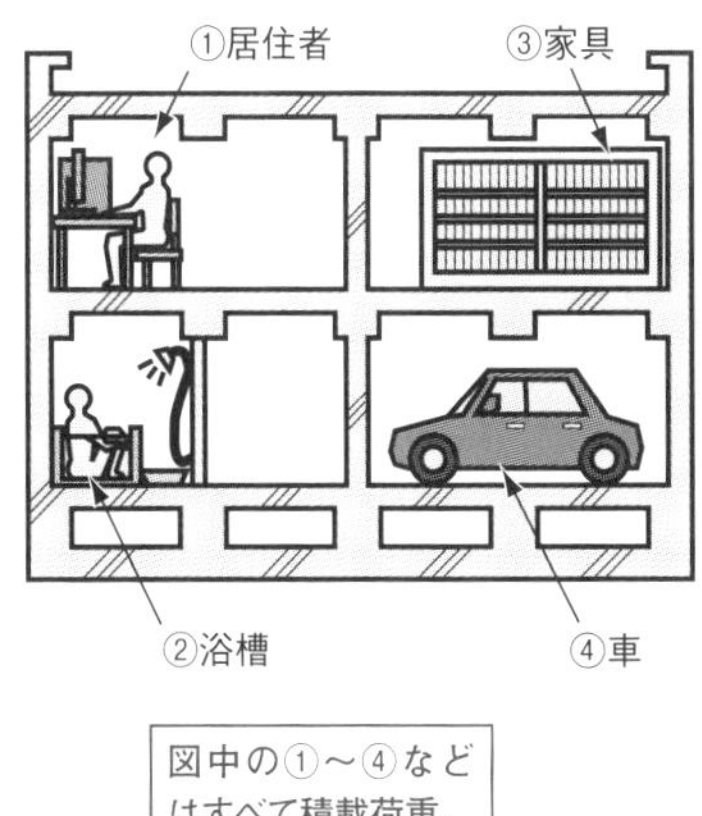

図中の①～④などはすべて積載荷重。

構造計算用の積載荷重（令85条）

室の種類 ＼ 構造計算の対象			(い) 床・小梁の構造計算をする場合 (N/m²)	(ろ) 大梁、柱または基礎の構造計算をする場合 (N/m²)	(は) 地震力を計算する場合 (N/m²)
(1)	住宅の居室、住宅以外の建築物における寝室または病室		1,800	1,300	600
(2)	事務室		2,900	1,800	800
(3)	教室		2,300	2,100	1,100
(4)	百貨店または店舗の売り場		2,900	2,400	1,300
(5)	劇場、映画館、演芸場、観覧場、公会堂、集会場、その他これらに類する用途に供する建築物の客席または集会室	固定席の場合	2,900	2,600	1,600
		その他の場合	3,500	3,200	2,100
(6)	自動車車庫および自動車通路		5,400	3,900	2,000
(7)	廊下、玄関または階段		(3)から(5)までに揚げる室に連絡するものにあっては、(5)の「その他の場合」の数値による		
(8)	屋上広場またはバルコニー		(1)の数値による。ただし、学校または百貨店の用途に供する建物にあっては、(4)の数値による		

右表は、一級建築士試験に出るゾ！しっかり覚えよう。

「積載荷重」とは生きているように動く荷重!?

積載荷重とは、建物の中の人や家具などの移動可能なものの荷重です。固定荷重と違い、載荷位置や荷重の大きさにばらつきが生じるために、建物の用途や居室の種類により構造計算の対象部位ごとに建築基準法施行令85条に計算用の数値が定められています。

積載荷重は3つに分類される

積載荷重としては、床・小梁計算用、柱・大梁・基礎計算用（別名：ラーメン用）、地震力計算用の3種類の荷重が設定され

床用＞柱・大梁・基礎用＞地震用

の順番に値が小さくなります。

床には積載物が直接置かれるので、集中して載荷されることを想定しています。小梁は、床よりは集

海外の積載荷重からわかるコト

海外の基準でも積載荷重が設定されています。
計算方法が違うため比較はできませんが、用途などお国柄が出ています。

カナダの積載荷重［単位:kPa(kN/m²)］

Table 4.1.5.3. *(continued)*
Specified Uniformly Distributed Live Loads on an Area of Floor or Roof
Forming Part of Sentence 4.1.5.3.(1)

Use of Area of Floor or Roof	Minimum Specified Load, kPa
Residential areas (within the scope of Article 1.3.3.2. of Division A)	
Sleeping and living quarters in apartments, hotels, motels, boarding schools and colleges	1.9
Residential areas (within the scope of Article 1.3.3.3. of Division A)	
Bedrooms	1.9
Other areas	1.9
Stairs within *dwelling units*	1.9
Retail and wholesale areas	4.8
Roofs	1.0(1)(5)
Sidewalks and driveways over areaways and *basements*	12.0(1)(5)
Storage areas	4.8(4)
Toilet areas	2.4
Underground slabs with earth cover	(5)
Warehouses	4.8(4)

(British Columbia『The British Columbia Building Code 2018』より抜粋)

日本の基準ではトイレの積載荷重がないので、悩まされるが、カナダではトイレの積載荷重があるので、参考になる。

中国の積載荷重［単位:kPa(kN/m²)］

表 5.1.1　民用建筑楼面均布活荷载标准值及其组合值、频遇值和准永久值系数

项次	类别	标准值(kN/m²)	组合值系数 ψ_c	频遇值系数 ψ_f	准永久值系数 ψ_q
1	(1) 住宅、宿舍、旅馆、办公楼、医院病房、托儿所、幼儿园	2.0	0.7	0.5	0.4
	(2) 试验室、阅览室、会议室、医院门诊室	2.0	0.7	0.6	0.5
2	教室、食堂、餐厅、一般资料档案室	2.5	0.7	0.6	0.5
3	(1) 礼堂、剧场、电影院、有固定座位的看台	3.0	0.7	0.5	0.3
	(2) 公共洗衣房	3.0	0.7	0.6	0.5
4	(1) 商店、展览厅、车站、港口、机场大厅及其旅客等候室	3.5	0.7	0.6	0.5
	(2) 无固定座位的看台	3.5	0.7	0.5	0.3
5	(1) 健身房、演出舞台	4.0	0.7	0.6	0.5
	(2) 运动场、舞厅	4.0	0.7	0.6	0.3
6	(1) 书库、档案库、贮藏室	5.0	0.9	0.9	0.8
	(2) 密集柜书库	12.0	0.9	0.9	0.8

(『中华人民共和国住房和城乡建设部　中华人民共和国国家质量监督检验检疫总局　联合发布(2012年版)』より抜粋)

漢字で書かれているので、何となく用途が判断できる。国により注目される荷重が違うこともわかる。

中的に載荷される確率が小さいのですが、細かく小梁を配置することもあるので、床とほぼ同じ条件になります。大梁や柱は床や小梁を通じて積載物の荷重が伝達され、床・小梁用よりもばらつく確率が小さく、積載荷重の値が小さくなっています。地震時については、建物全体で水平力に抵抗し、ばらつきが小さくなるので、積載荷重値は小さくなります。

すべての用途について積載荷重を覚えるのは難しいので、まず第一歩は住宅の居室の積載荷重を覚えるといいでしょう。柱・梁・基礎用の積載荷重は1300N／m²（≒130kg／m²）。1m×1mの範囲に大人2人の荷重となるので、自分の体重を考えると何となく感覚がわかるのではないでしょうか。

実際の建物の用途はさまざまで、建築基準法の積載荷重だけでは足りません。いろいろな規準類に荷重の値が示されていますが、似たような用途の荷重を用いて計算を行います。場合によっては確率を考慮して積載荷重を計算する場合もあります。

ピアノや本棚など、特に荷重の大きいものを設置する場合、建物の部分に集中的に大きな荷重が載荷

地震力を計算する

地震力は、建物のある階に働く地震層せん断力として求めるんだ。計算方法をしっかりと身につけておこう！

地震層せん断力(Q_i)の計算式

$$Q_i = C_i \times W_i$$
$$C_i = Z \times R_t \times A_i \times C_0$$

Q_3	w_c	$W_3 = w_c$
Q_2	w_b	$W_2 = w_b + w_c$
Q_1	w_a	$W_1 = w_a + w_b + w_c$

Q_i：i階に作用する地震層せん断力
C_i：i階の層せん断力係数
W_i：i階の地震力を求めるときの重量
Z：地域係数(0.7～1.0)
R_t：振動特性係数[※]
A_i：地震層せん断弾力係数の高さ方向への分布
C_0：標準せん断力係数(中小地震時C_0=0.2)

地盤の性状や建物の高さと構造形式などで決まる建物の固有周期で変わる。

※：52頁参照

振動特性係数(R_t)の特徴

地盤の硬軟	固い←→柔らかい	
	小 ⟶ 大	
建物の高さ	高い←→低い	
	小 ⟶ 大	
構造種別	S	RC
	小	大

地震層せん断力係数の高さ方向の分布図(A_i)

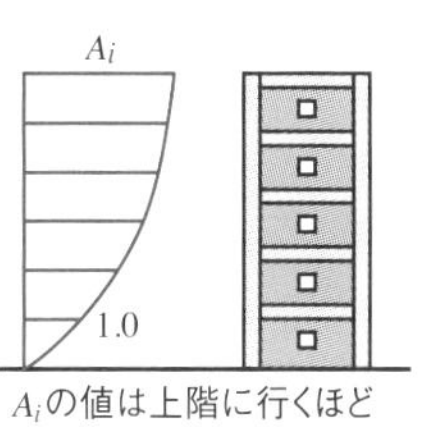

A_iの値は上階に行くほど大きくなる。

屋上塔屋などの地震層せん断力(Q)

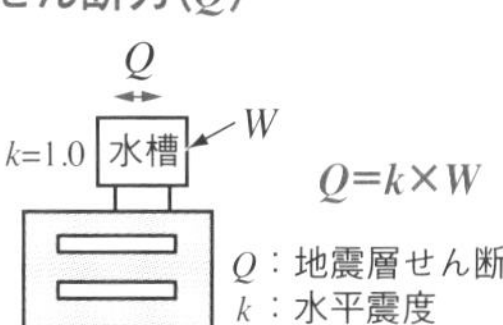

$Q = k \times W$

Q：地震層せん断力
k：水平震度(k=1.0で計算)
W：屋上設備などの重量

されるために、別途、考慮して計算を行います。住宅の床用積載荷重は、180kg／m²。木造の住宅に大きなピアノなどを載荷する場合は要注意です。

長期荷重と短期荷重

設備荷重に関しての判断は設計者によって分かれます。重く、床や壁などに固定し、移動がないものは固定荷重とし、床などに固定せず、移動が考えられるものは積載荷重とする場合があります。

地震力は地震時に建物に働く地震層せん断力のこと

建物は、地震の揺れを受けると**地震力**（**水平力**）が生じます。水平力は建物の重量の何割が水平力になるかを表す指標、**地震層せん断力**（Q_i）として評価します。具体的には、**地震層せん断力係数**（C_i）と建築物の重量をかけて算出します。水平力は建物が

地下の地震力の求め方

地下部分の地震層せん断力
$Q_{地下}$は次式で求めます。

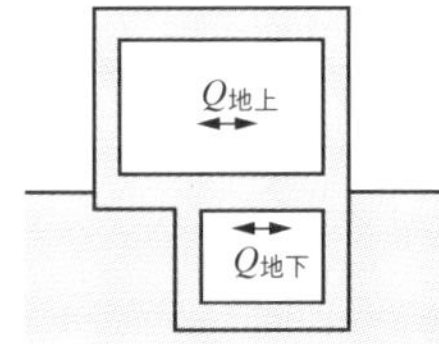

$$Q_{地下} = Q_{地上} + k \times W_{地下}$$

$Q_{地上}$：建物地上部分の地震層せん断力
k：水平震度
$W_{地下}$：建物地下部分の重量

地下部の水平震度
kは次の式で求めます。

$$k \geqq 0.1\left(1 - \frac{H}{40}\right) Z$$

k：水平震度
H：建築物の地下部分の各分の地盤面から深さ
Z：地域係数

重いほど大きくなります。

地震層せん断力の求め方

地震層せん断力係数は、地域係数（Z）、振動特性係数（Rt）、地震層せん断力係数の高さ方向の分布係数（Ai）、標準せん断力係数（Co）を乗じて求められます。「地域係数」は、過去の地震記録をもとに定められた低減係数で、0.7～1.0の範囲で地域別に値が決められています。「振動特性係数」は、建物の固有の揺れ方（固有周期）と地盤の固さの関係で定められた低減係数です。地盤の固さは3種類に分類されており、同じ固有周期の建物ならば、柔らかい地盤ほど揺れが大きくなります。「地震層せん断力係数の高さ方向の分布係数」は、建物の高さ方向での揺れの変化を求める係数です。高い階ほど揺れが大きくなるので、係数も大きくなります。「標準せん断力係数」は、重力加速度に対する地盤面での建物に生じる水平力の割合で、建築基準法施行令88条で数値が定められています。

構造計算では、各階で地震力に対する安全性を確

地震のメカニズム

地震波にはP波・S波・表面波があり、波は地盤が固いほど速く伝わります。地盤中を横波（せん断波）が伝わる早さをせん断波速度Vsといい、Vsは地盤の固さの目安になります。

地震発生のメカニズムと地震波の伝わり方

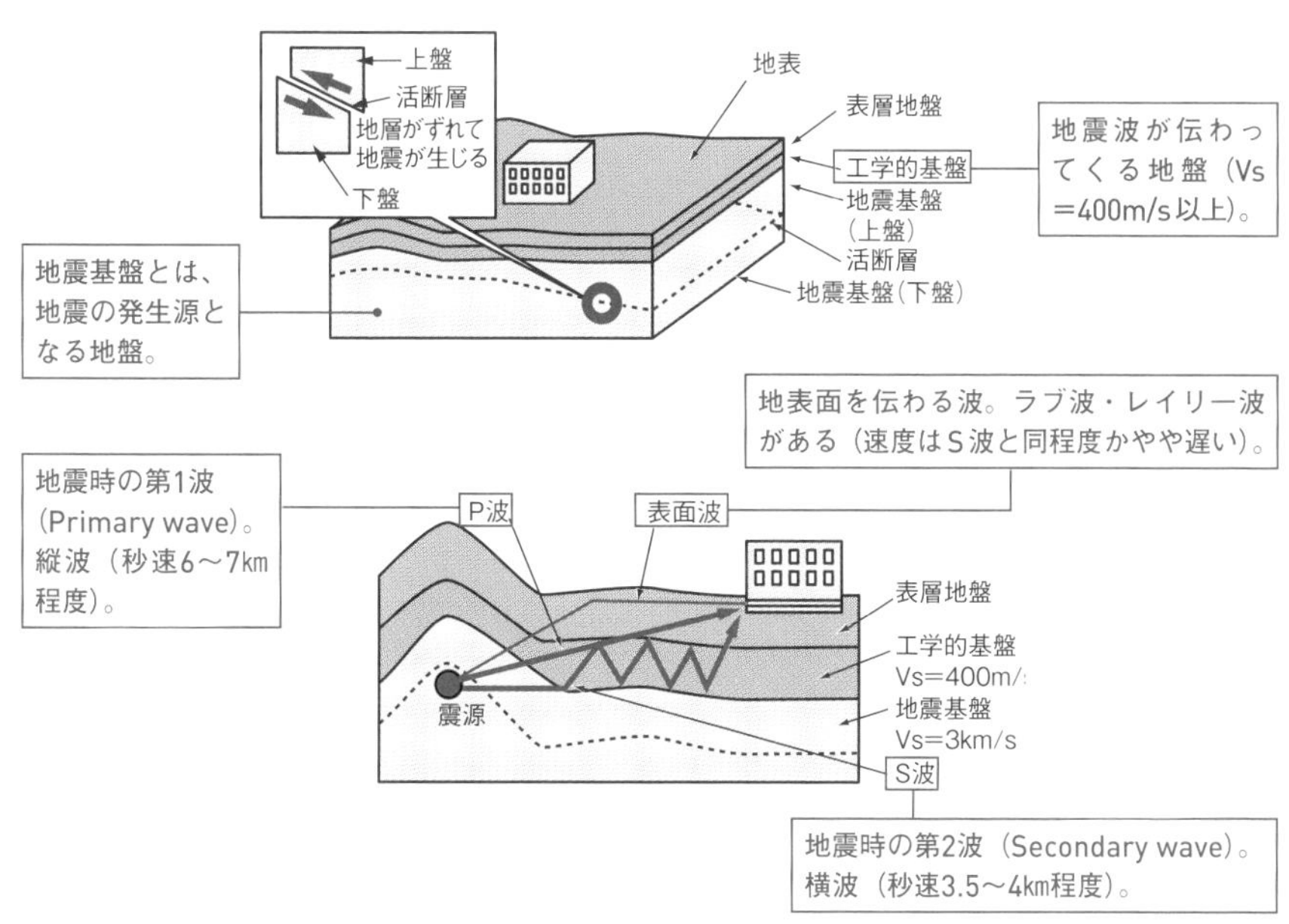

過去のおもな地震被害

発生日	地震の名称	マグニチュード	最大震度	特徴
1923. 9. 1	大正関東地震	7.9	6	石造り・レンガ造りの洋館が崩壊
1948. 6.28	福井地震	7.1	6	戦後復興期のバラック建築が多く、不安定な構造の建物が倒壊
1995. 1.17	兵庫県南部地震	7.3	7	壁量が少ない建物（ピロティ等）、S造の柱脚、S造/RC造の柱梁接合部の被害が目立つ
2003. 9.26	十勝沖地震	8.0	6弱	津波の被害があった
2004.10.23	新潟県中越地震	6.8	7	旧耐震基準の耐震診断・改修の促進へ 非構造部材（天井等）の耐震性能の再確認へ
2007. 7.16	新潟県中越沖地震	6.8	6強	
2011. 3.11	東北地方太平洋沖地震	9.0	7	津波の被害が甚大
2016.4.14～	熊本地震	7.3	7	震度7を2回記録。新耐震基準以降に建てられた住宅の全壊、損傷が甚大

認します。地震力の算出に用いる建物の重量は、地震力を求める任意の階以上の重量（固定荷重と積載荷重）としなければなりません。

また、これまで述べた地震力の算出式は地上部のもので、地下部の地震力については別途、構造計算する必要があります。地下では、地盤の横抵抗を考慮することができるので、水平力の算出方法が異なります。このほか、建物の屋上に設けられた煙突や水槽などは大きな地震力となるため、算出の方法が異なるので注意が必要です。

地盤の違いで建物の揺れ方は大きく異なる

地震動は活断層で発生し、地盤を伝わって建物に到達しますが、固い地盤と柔らかい地盤では地震波の伝わり方が違います。固い地盤では地震波の伝搬速度が速く、生じた波がそのままに近い状態で建物に伝わります。一方、柔らかい地盤では伝わる速度は遅く、柔らかい地盤の層厚が大きいと地震力が大きく増幅されます。

地盤種別3種の特徴と注意点

建築基準法で地震力を算出するときに、上記の地盤の性質を考慮するために地盤を固さに応じて3種類の地盤種別に分類しています。「地盤種別」とは、地盤の揺れ方に着目した地盤区分で、地盤の固有周期をもとに地盤種別を分けることが多く、耐震設計では、一般に地盤種別に応じて設定された地震力を用います。

基本的には、固有周期0.2秒未満の固い地盤（1種地盤）、固有周期0.2秒以上0.6秒未満の中間的な固さの地盤（2種地盤）、0.6秒以上の軟弱地盤（3種地盤）に分けます。固有周期とは、建物や地盤の応答値が一番大きくなる周期のことです。固有周期が短いほど、地盤は固くなります。建物も同様で、固有周期が短くなるほど剛な建物となります。

さらに、地震力は地盤と建物の固有周期に応じて

耐震設計上の地盤種別・振動特性係数

耐震設計上の地盤種別は、設計地震動を設定する際に、地盤条件の影響を考慮するために規定されたもので、式より算出される地盤の固有周期をもとに次のように1種～3種に区分されています。

耐震設計上の地盤種別

地盤種別	地盤の固有周期T_g（s）	備考
1種（硬質）	$T_g < 0.2$	良好な洪積地盤および岩盤
2種（普通）	$0.2 \leqq T_g < 0.6$	1種、3種いずれにも属さない地盤（中間の地盤）
3種（軟質）	$0.6 \leqq T_g$	沖積地盤のうち軟弱地盤

振動特性係数 R_t は地盤種別と大きくかかわる

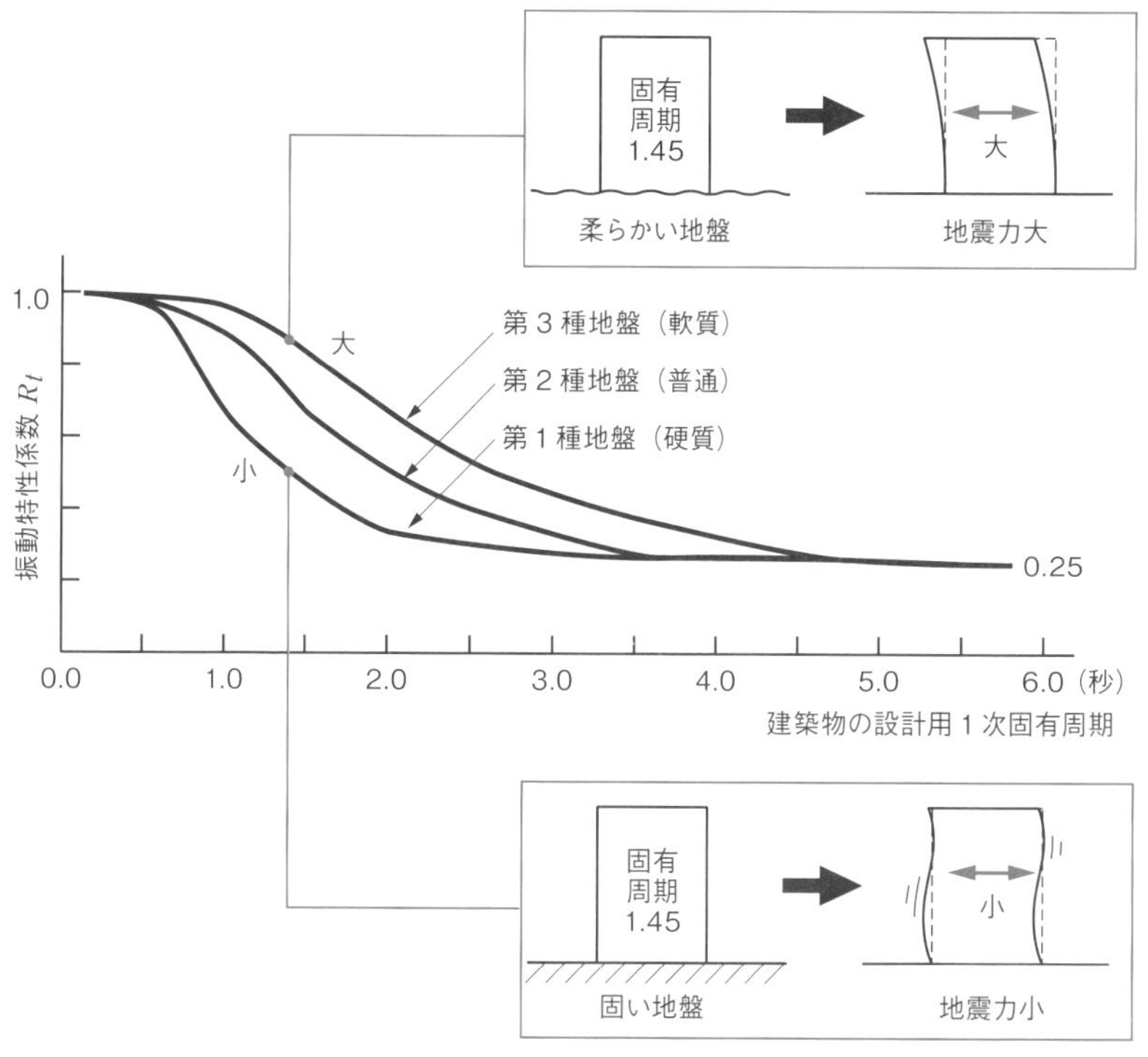

地震層せん断力（地震力）$Q=Z \cdot R_t \cdot A_i \cdot C_o \cdot W_i$（47頁 参照）

振動特性係数 R_t の求め方

建物が受ける地震力は、建物の固有周期T、建物を支持する地盤種別に応じた値T_cにより変化します。地盤がわかれば、建物の揺れ方の特性（振動特性）がわかるというわけです。振動特性係数R_tは次のようにして算出できます。

（昭和55年建設省告示1793号を一部改変）

$T<T_c$ の場合	$R_t=1$
$T_c \leqq T<2T_c$ の場合	$R_t = 1 - 0.2\left(\frac{T}{T_c}\right)^2$
$2T_c \leqq T$ の場合	$R_t = \frac{1.6\ T_c}{T}$

T：次の式によって計算した建築物の設計用1次固有周期（単位：秒）

$$T=h\ (0.02+0.01\,\alpha)$$

h：当該建築物の高さ（単位：m）

α：当該建築物のうち柱・梁の大部分が木造または鉄骨造である階（地階を除く）の高さの合計のhに対する比

Tc：建築物の基礎の底部（剛強な支持杭を使用する場合にあっては、当該支持杭の先端）の直下の地盤の種別に応じた数値（単位：秒）

第1種地盤＝0.4、第2種地盤＝0.6、第3種地盤＝0.8

変わります。つまり、固い地盤上の柔らかい建物、軟弱地盤上の固い建物などの組み合わせで地震力は変わるのです。振動特性係数（Rt）は、3つの場合に分類されます（上図参照）。

地盤種別と基礎

基礎には、直接基礎や杭基礎があり、地盤種別を考える場合に注意が必要です。直接基礎の場合は、地盤から地震の波が伝わるので直下の地盤の種別が影響します。杭基礎の場合は、通常杭の先端が剛強な支持地盤に支持されているため、建築基準法上では、支持杭先端の地盤により地盤種別を決定することになっています。

杭はN値が50の地盤に支持されることが多く、1種地盤として地震力を算出しそうになりますが、必ずしも安全側（地震力が大きくなる）とは限りません。杭と地盤が互いに干渉して地震の波が建物底盤に伝わるので、安全側に2種地盤とするのが一般的です。基礎については296頁でも詳しく解説しているので参照してください。

日本のおもな台風被害

台風の名称	発生月	最大瞬間風速、被害状況
室戸台風	1934.9	60m/s以上、死者2,702人、不明334人、負傷者14,994人
枕崎台風	1945.9	75.5m/s、死者2,473人、行方不明者1,283人、負傷者2,452人
伊勢湾台風	1959.9	55.3m/s、死者4,697名、行方不明者401名、負傷者38,921名、住家全壊40,838棟、半壊113,052棟
第2室戸台風	1961.9	84.5m/s、死者194名、行方不明者8名、負傷者4,972名、住家全壊15,238棟、半壊46,663棟
第2宮古島台風	1966.8	85.3m/s、負傷者41名、住家損壊7,765棟
第3宮古島台風	1968.9	79.8m/s、死者11名、負傷者80名、住家損壊5,715棟
沖永良部台風	1977.9	60.4m/s、死者1名、負傷者139名、住家全半壊・流失2,829棟
平成27年9月 関東・東北豪雨	2015.9	30.9m/s、死者8人、負傷者80人、住家全壊81棟、半壊7,044棟、一部損壊384棟
平成29年7月 九州北部豪雨	2017.6～7	45.0m/s、死者39人、行方不明者4人、負傷者35人、住家全壊309棟、半壊1,103棟、一部破損94棟
令和元年 房総半島台風	2019.9	58.1m/s、死者1人、負傷者150人、住家全壊342棟、半壊3,927棟、一部破損70,397棟
令和元年 東日本台風	2019.10	43.8m/s、LP915hPa、死者96人、行方不明者1人、負傷者484人、住家全壊2196棟、半壊12,001棟、一部破損14,553棟

地盤のよし悪しとは？

地盤がよい悪いという話をよくしますが、木造住宅にとってよい地盤であっても、RC造住宅にとってよい地盤であるとは限りません。地盤を考える場合は、当該敷地にどんな規模の建物が建つのか考えて、地盤を読み解く必要があります。

風荷重は風力係数と速度圧をかけて算出する

建物に風が当たると、前面には建物を押す力、後面には引張る力が発生します。この風によって壁面に生じる力を**風圧力**と呼んでいます。風圧力の大きさには風の速度が影響しています。速度が速いほど風圧力は大きくなりますが、速度に応じて面に生じる圧力が**速度圧**です。

速度圧・風荷重・風圧力の求め方

一般に速度圧（q）は、建物が高くなるほど大きくなる傾向にあります。また、近くに風を有効に遮るほかの建築物や防風林等がある場合は、風速は小さくなるため、速度圧を1／2まで減らして構造計算することが認められています。しかし、周辺環境は変わる可能性が高く、慎重に考える必要があります。

風圧力（W）は、国土交通大臣が定めた風力係数（Cf）と速度圧（q）を乗じて算出します（次頁参照）。風力係数は建物の形状や風を受ける面（見付面［受圧面］）の方向によって値が異なります。風の吹き方は複雑で、建物の各部分部分で異なり、形状によっても変わります。形状や風や受ける面ごとの風力係数の算出方法は、平成12年建設省告示1454号に規定されていますので、チェックしておきましょう（57頁参照）。

風圧力（W）に**見付面積**（受圧面積）を乗じると**風荷重**（P）が求まります。高さによって風圧力が変わるので、一般的には風荷重は各階ごとに計算します。2階床面に作用する水平力は、1階および2階階高の1／2の見付け面積（次頁図参照）に風圧力を乗じたものとなります。

実際の建物が風を受けると風は見付面に沿って流れるので、建物の隅部は他の部分よりも大きな力が作用することになります。部分的な設計するために、仕上げ材の風荷重算出方法として平成12年建設省告示1458号に規定されているので、その式を用いて隅角部等各部位の仕上げ材の耐力を検討する必要があります。

建物の形が異なれば風から受ける力も異なる

風が吹いたときに建物に生じる力は複雑です。板状の建物に正面から風が吹いた場合と丸い建物に正面から風が吹いた場合とでは、風による影響は大き

速度圧・風圧力・風荷重の計算式

速度圧の計算式

①計算式

$$q=0.6\times E\times V_0^2 \qquad E=E_r^2\times G_f$$

- q ：速度圧（N/m²）
- E ：周辺の状況に応じて国土交通大臣が定めた方法により算出した係数
- V_0：基準風速（m/s）各地域ごとに建築基準法で定められている（右図）
- E_r：平均風速の高さ方向の分布を表す係数
- G_f：突風などの影響を考慮した係数（ガスト影響係数）

②「基準風速分布図」と「風速と風荷重の関係」

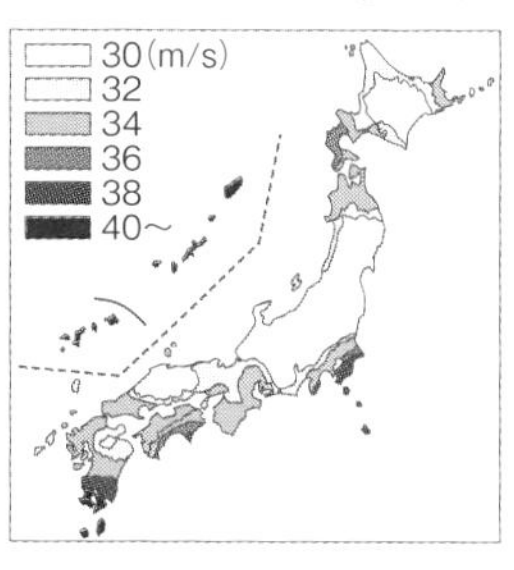

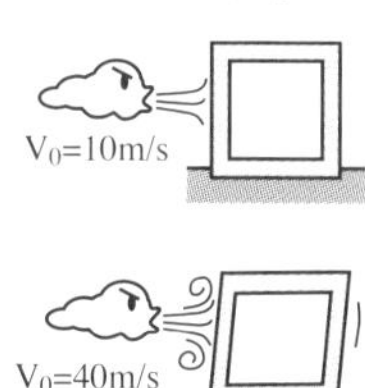

風荷重は、自動車が建物に衝突するのと同じ。スピードが速いほど大きな荷重となる。

③E_rの値

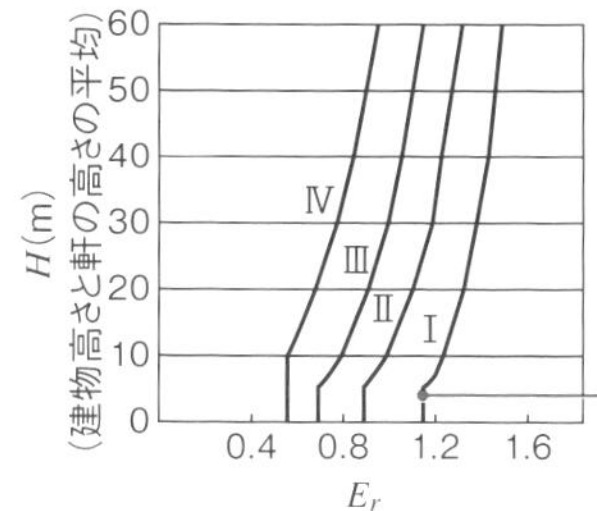

グラフから、低い建物ではErは一律で、高い建物では、上にいくほど大きくなることがわかる。なお、Ⅰ〜Ⅳは地表面粗度区分を示す。

④G_fの値（H≦10mの場合）

地表面粗度区分	Gf
Ⅰ（都市計画区域外で海岸沿い）	2.0
Ⅱ（田畑や住宅が散在している）	2.2
Ⅲ（通常の市街地）	2.5
Ⅳ（大都市）	3.1

H：建物高さと軒の高さの平均値

風圧力の計算式

$$W=q\times C_f$$

- W ：風圧力（N/m²）
- C_f：風力係数（56頁参照）
- q ：速度圧（N/m²）

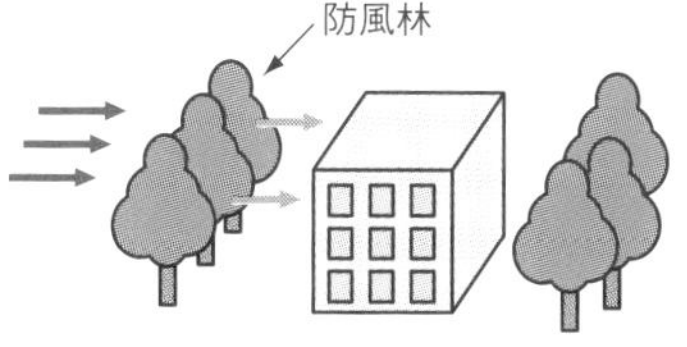

風に対する障害物があると風圧は小さくなる。

風の強い地域では、地震力よりも風圧力に注意して設計する必要があるんだ。

風荷重の計算式

$$P=W\times 見付面積$$

- P ：風荷重（N）
- W ：風圧力（N/m²）

ただし、木造の場合は各階の床面から1.35mの高さから上部の外壁の見付面積を採用。

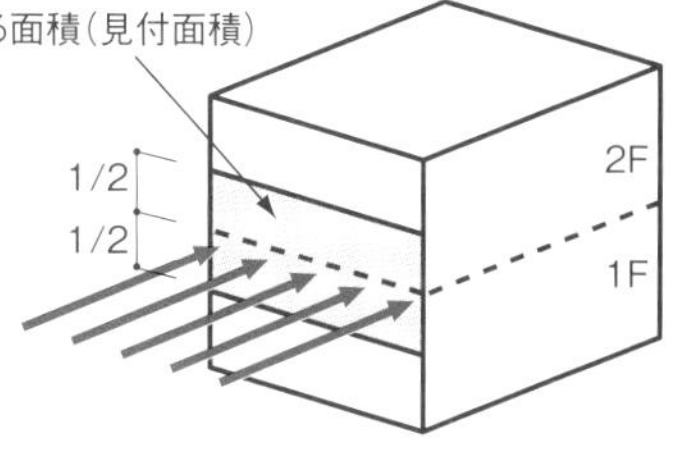

く違います。また、同じ形状の建物でも、窓や戸が完全に密閉された建物と扉や窓が解放されている建物でも、風から受ける力は大きく違います。

風力係数を用いて風の影響を算出

建築基準法では、建物形状により異なる**風力係数**という概念を用いて風の影響を算出します。風速より求められる風圧力を風力係数により増減させて、建物に生じる力（設計で用いる外力）を算出するというものです。風力係数は建物の密閉状態で変わるため、外圧および内圧による係数を組み合わせることにより風力係数（ピーク風力係数）を算出します。

風力係数に影響する大きな要因は、屋根の勾配です。屋根勾配が急なほど受ける風圧力は大きくなるのですが、力の方向が複雑です。風下面の屋根は持ち上げる方向に働く吹き上げ荷重となります。風上側の屋根は、屋根を下向きに押す吹き下げ荷重となりますが、水平に近い屋根では吹き上げ荷重となります。

ここで気をつけなければいけないのが、風の挙動は複雑で局部的に非常に大きな荷重が生じることです。建物全体に生じる風荷重と局部に生じる荷重は違うことを考慮し、建築基準法では外装用の風力係数と建物用の風力係数が異なります。四角い建物の場合、コーナー部分の風荷重が非常に大きくなるので、方立てなど耐風部材の設計は一律にはできません。

周辺環境によって風荷重は変わる

なお、建築基準法上では、風荷重を算出するときに地表面の粗度を考慮しますが（前頁参照）、実際には隣の建物が50m先にあるか、0.5mの近さにあるか、正面に大きな建物があるかないか、いつも吹いている風の方向はどの方向かなどさまざまな要因で風荷重は変わります。

ほとんどの場合、建築基準法をもとに設計していれば問題はないのですが、大きな建物では周辺環境を考慮して風洞実験を行い、風荷重を算出する場合もあります。風荷重は、周辺環境を考えながら設計することが重要です。

建物の風力係数の求め方

前項で、風圧力は速度圧と風力係数の積としました。

$$W = q \cdot C_f$$

W:風圧力(N/m^2)　q:速度圧(N/m^2)　C_f:風力係数

では風力係数 C_f とは何でしょうか？

$$C_f = C_{pe} - C_{pi}$$

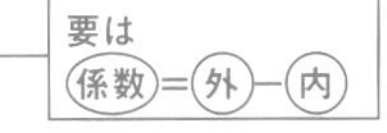

C_{pe}：建築物の外圧係数　C_{pi}：建築物の内圧係数

C_fを考慮することで、建物のいろいろな部分の風圧力を求めることができます。

外圧係数C_{pe}と内圧係数C_{pi}

	外圧係数C_{pe}	内圧係数C_{pi}
特徴	風圧力を求めたい部位の位置により値が異なる。	建物の形状により値が異なる。
数値	屋根面（風上側）−1.0 屋根面（風下側）−0.5 風 壁面（風上側）0.8kz 壁面（風下側）−0.4 側壁面（風上側）−0.7 側壁面（風下側）−0.4 ⊖は壁が引張る力、⊕は壁を押す力	①閉鎖型の場合 ②開放型（左：風上開放型、右：風下開放型）の場合 風　0 および−0.2 通常は不利側に働く0を採用。 風　風上開放 0.6 風　風下開放 −0.4

※：表中の外圧係数の数値は、「閉鎖型の建築物で陸屋根の場合」を示す。
kz：平成12年建設省告示1454号第3第2項の表による。

風力係数を求めよう

例題

右図のような四角い建物の色のついた壁面の風力係数C_fを求めよ。

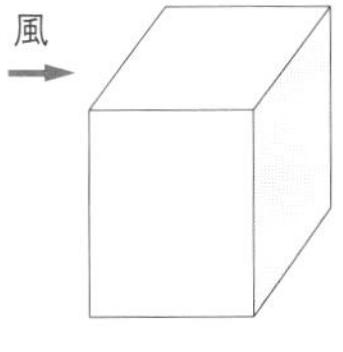

解答

$C_f = C_{pe} - C_{pi}$
上記表より、$C_f = -0.4 - 0 = -0.4$

屋根材の風力係数

屋根葺き材に対する風力係数は、屋根の形状に応じた値とします。

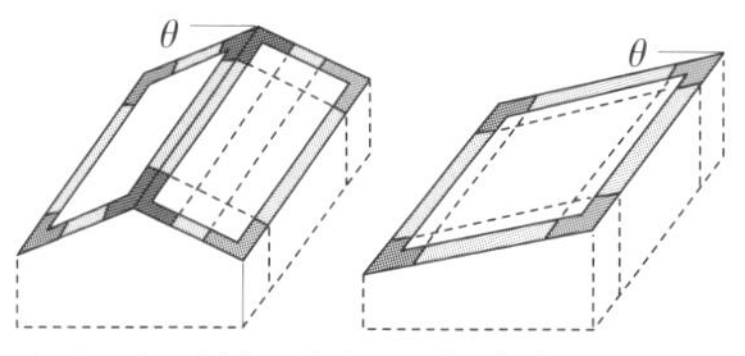

切妻屋根（左）、片流れ屋根（右）

切妻屋根、片流れ屋根の負の外圧係数C_{pe}

θ ＼ 部位	10度以下の場合	20度	30度以上の場合
の部位	-2.5	-2.5	-2.5
の部位	-3.2	-3.2	-3.2
の部位	-4.3	-3.2	-3.2
の部位	-3.2	-5.4	-3.2

（『2020年版 建築物の構造関係技術基準解説書』（全国官報販売協同組合）より）

代表的な屋根

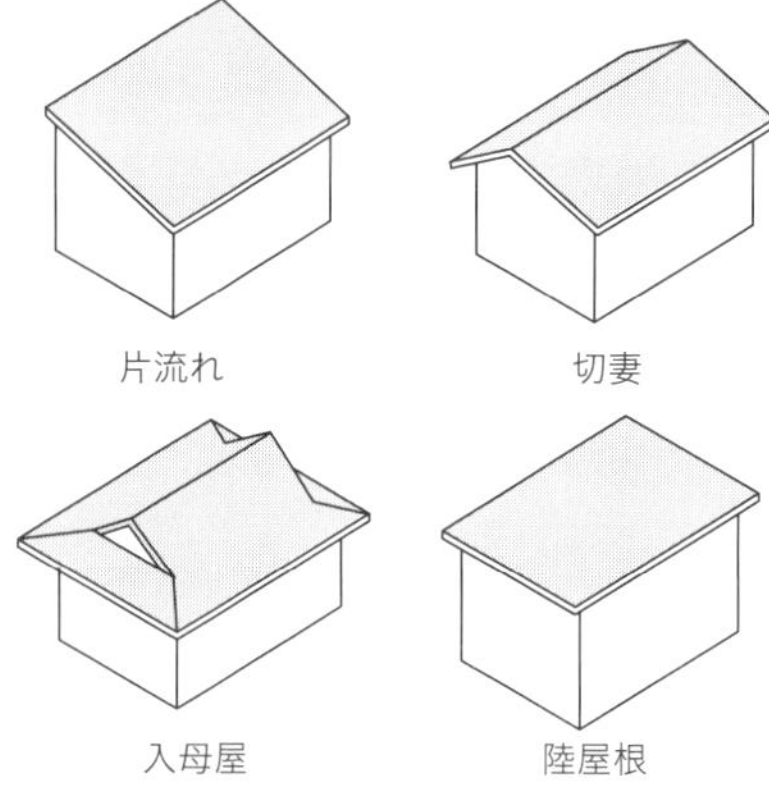

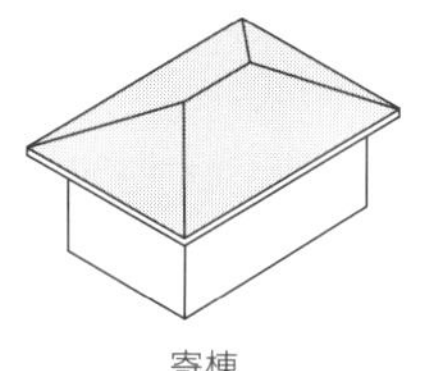

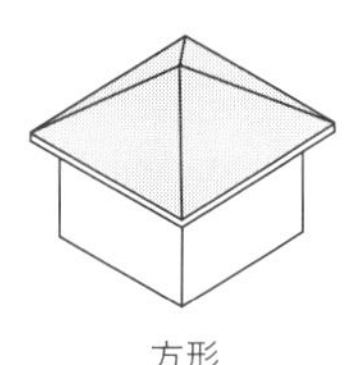

建物が風から受ける力は、風力係数を用いて算出するんだ。その算出法も覚えるんだよ！

外装材の風圧力

構造計算に用いる風荷重の数値は、建物の構造計算用（前頁）と、外装材の安全性を確認する計算用（下記）では変えて考える必要があります。

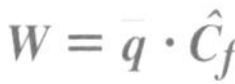

$$W = \bar{q} \cdot \hat{C}_f$$

W：風圧力（N/㎡）
$\bar{q}$：平均速度圧
（$\bar{q} = 0.6\, E_r^2\, V_0^2$）
E_r：平均風速の高さ方向の分布を表す係数
V_0：基準風速（m/s）
$\hat{C}_f$：ピーク風力係数。屋根の形状や部位により告示中に示されている。

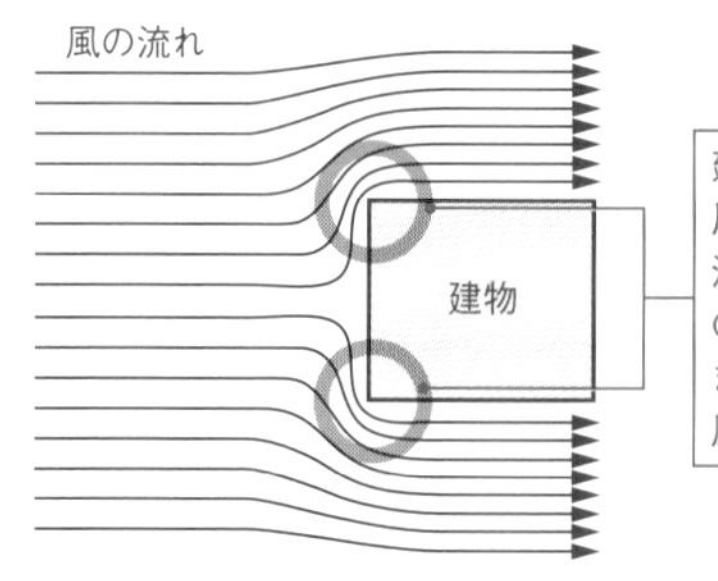

建物にぶつかった風が建物に沿って流れるため、建物の隅部には風が集まり非常に大きな風荷重が生じる。

近年の雪による被害

地震と比べ、積雪による被害がそれほど多くないことから、建築基準法では積雪に関して細かく規定されていません。しかしながら、積雪量は多く、現在でも積雪による家屋の倒壊が起こっています。

名　称	時　期	最深積雪量と被害状況
三八豪雪（昭和38年豪雪）	1963年1月－2月	新潟県長岡市318cmなど 住宅全壊753棟、半壊982棟
四八豪雪（昭和48年豪雪）	1973年11月－1974年3月	秋田県横手市259cmなど 建物倒壊503戸
五六豪雪（昭和56年豪雪）	1980年12月－1981年3月	新潟県長岡市255cmなど 住宅全壊165棟、半壊301棟
五九豪雪（昭和59年豪雪）	1983年12月－1984年3月	新潟県上越市高田292cmなど 住宅全壊61棟、半壊128棟
一八豪雪（平成18年豪雪）	2005年12月－2006年2月	新潟県新潟市422cmなど 住宅被全壊18棟、半壊28棟
発達した低気圧による大雪・暴風雪	2014.2	群馬県草津町128cm、死者26人、負傷者701人、 住宅全壊16棟、半壊46棟、一部破損585棟
発達した低気圧及び強い冬型の気圧配置に伴う大雪・暴風	2021.1	新潟県上越市高田213cm、負傷者2人、 住宅一部破損12棟

地域によって取り扱いが異なる積雪荷重

積雪荷重は、思いのほか難しいので要注意です。建築基準法上では、積雪の深さや積雪がある期間で積雪荷重に対する取り扱いを区分けしています。垂直積雪量が１m以上の区域や年間に30日以上の積雪がある地域を**多雪区域**としています。多雪区域では、積雪を長期荷重と考えるのですが、一般地域（多雪区域外）では、短期的な荷重として考えます。

基準法と条例で定める積雪量

積雪量については、建築基準法では50年の間に起こりうる積雪量（50年再現期待値）として標高や海率で計算されますが（建築基準法施行令86条、平成12年建設省告示１４５５号）、おおむねほとんどの行政で、どのくらいの積雪量か、多雪区域であるかどうかを条例で定めています。

区域で異なる積雪荷重

積雪荷重は一般区域では短期荷重、多雪区域では長期荷重として区分され、「積雪の単位重量」が異なります。また、他の外力（荷重）との組み合わせも一般区域と多雪区域では異なるので、注意が必要です。

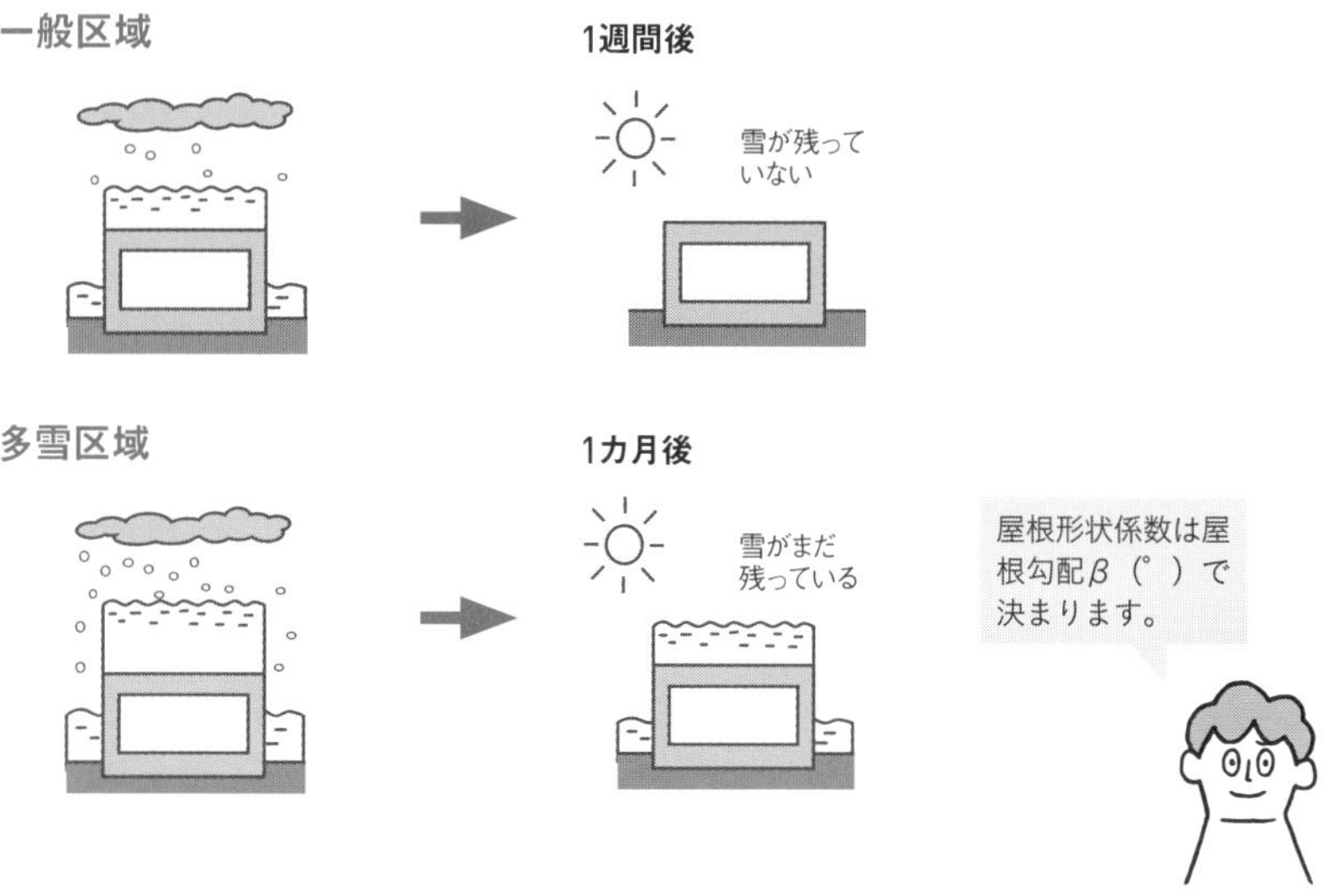

積雪荷重の求め方

積雪荷重（N/m^2）
＝積雪の単位重量（N/m^2/cm）×垂直積雪量（cm）×屋根形状係数

「積雪の単位重量」とは積雪量（深さ）1cmで1m^2あたりの重量を指し、一般区域では20[N/m^2]、多雪区域では30[N/m^2]。

荷重の組み合わせの違い

	長期（常時、積雪時）		短期（地震時、暴風時、積雪時）	
一般区域	$G+P$		$G+P+K$ $G+P+W$ $G+P+S$	積雪しても、すぐに雪が溶けてしまうため、積雪荷重は短期の荷重として扱う。
多雪区域	$G+P$ $G+P+0.7S$	積雪した雪はすぐには溶けない。そのため、積雪荷重は、長期の荷重として扱う。ただし、最大積雪深の0.7倍として計算する。	$G+P+K$ $G+P+W$ $G+P+S$ $G+P+K+0.35S$ $G+P+W+0.35S$	積雪時に地震が起こる可能性はあまり高くないので、地震力の計算の際は、最大積雪深の0.35倍した積雪荷重で計算する。

G：固定荷重　P：積載荷重　K：地震力による荷重　W：風圧力による荷重　S：積雪による荷重

積雪に対する設計

実際の積雪は、さらに複雑です。北海道のように乾燥した地域の雪はさらさらですが、新潟ではじめじめしているので重い雪になります。また、屋根の先端部では、雪が溶け、滑り、凍る現象がくり返されることにより、つがもりが生じて非常に重くなる場合もあります。
積雪に対する設計を行う場合は、その地域の雪の性質を熟知する必要があります。

つがもりとは、軒先に垂れ下がった雪が成長して、壁面側に尖った形状となること。

積雪荷重は建築基準法と各自治体の条例で定められているけど、屋根など建物の形状も考慮しなければなりません。

建築基準法では、1cmごとに1m^2につき2kg（20N）以上と定められています。しかし、積雪量が多いほど雪は締め固められて重量が重くなるので、一般地（1m未満の積雪量）では、1cmあたり2kg（20N）／m^2の重さ、1m以上の地域では1cmあたり3kg（30N）／m^2の重さがあると考えて設計をします。具体的には、1cmごとの1m^2あたり積雪量もまた条例で定められています。

また、屋根に勾配がある場合は雪が滑り落ちるので、積雪量を1mまで低減して設計してもよいことになっています。しかし、落雪による事故を防ぐため、勾配屋根でも雪止め（落雪防止の突起）を設けることもあり、その場合は積雪量を低減せずに設計を行います。このような建物を耐雪型と呼びます。

注意しなければいけないのは、屋根の形状により雪がたまりやすい部分があるため、行政で定められた積雪深により単純に設計できないことです。特に風力係数のように定められてはいませんが、建物形状に注意して雪の偏載積雪量を設定する必要があります。

建物は温度荷重により季節で伸び縮みする

日本は四季があり、季節により温度が変わります。人は温度の変化で風邪をひくなど、季節により体調が変わります。建物は変わりがないように見えますが、建物も季節の変化に大きく影響されます。夏場の陸屋根の温度は100度近くになることもあるのです。

温度荷重を考慮した設計

物は温度により伸び縮みする性質があり、材料により伸び縮みする量が異なります。建築基準法では、温度に対する設計荷重等は特に定められていません。また、確認申請手続きで計算を求められることもほとんどありません。地震、風や積雪荷重は、過去に建物の倒壊事故が起きているために建築基準法で最低限の安全性を確保するために荷重が定められています。しかし、**温度荷重**については過去に倒壊例はないので、荷重や計算方法について定められていません。

ところが、温度による荷重をきちんと考慮して応力計算を行うと非常に大きな応力となります。一般的な建物では、部材間の緩みや建物全体の変形により温度応力が解放されるので安全性に支障がないのですが、体育館のような大きな屋根や非常に長い建物、温度差の大きな地域、異種の材料を組み合わせた建物では、温度による荷重を考慮して設計を行う必要があります。

温度荷重については法規上の規定がないので、理科年表などの資料を参考に温度を設定して設計を行います。また、南面と北面で大きく温度が異なる可能性がある場合などは、温度分布を考慮して解析を行います。

温度差の大きな地域では、温度応力に対して冬場と夏場の温度差を考慮して建物を計画する場合もありますが、平均気温に近い季節に建物をつくれば、温度応力は半分になります。つまり施工時期も建物の温度荷重に対する性能に影響するのです。

気温の変動による部材の変形量

温度が1℃上がったときの物質の長さが変化する割合を線膨張係数（線膨張率、通常αで表す）といい、変化する温度に線膨張係数と元の部材の長さを掛け合わせると、温度変化によって部材が伸びる量を計算できます。線膨張係数は物質（部材）によって異なります。

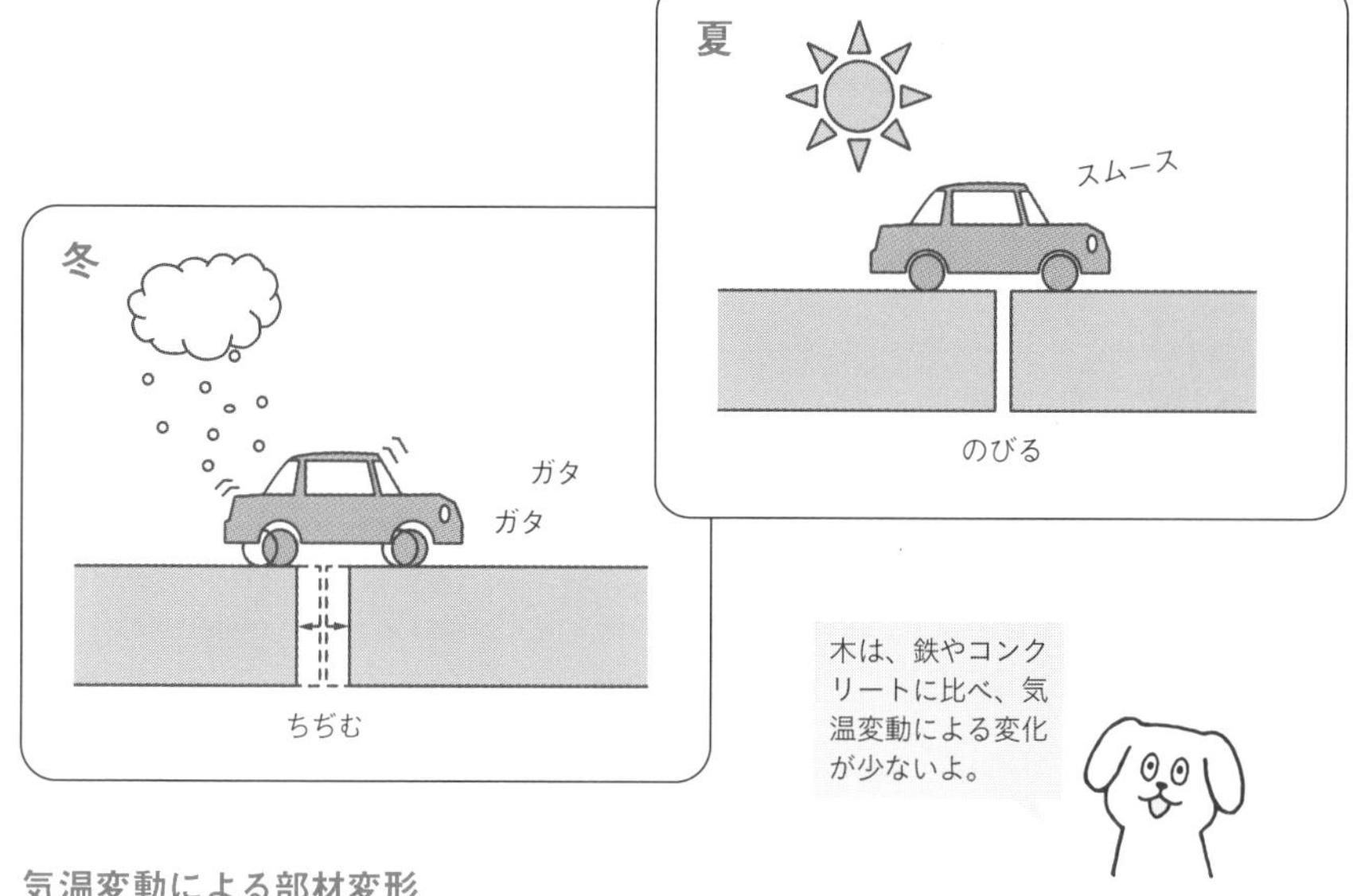

木は、鉄やコンクリートに比べ、気温変動による変化が少ないよ。

気温変動による部材変形

①求め方

温度×線膨張係数×部材長さ
＝温度によってのびる量

たとえば
鉄10mで温度が10度上がると
部材の変形量は
$10\times1\times10^{-5}\times10=10^{-3}$ m（1mm）

②おもな部材の線膨張係数

部材	線膨張係数 α（1/℃）
鉄	1×10^{-5}
コンクリート	1×10^{-5}
木	$3〜6\times10^{-6}$（繊維方向） $35〜60\times10^{-6}$（繊維と直行方向）

10mの部材が気温変動で変形する量

木が鉄やコンクリートに比べ、変形量が少ないことがわかる。

	最低気温～最高気温（2010年）	温度差	10mの部材の変形量（最低気温と最高気温）		
			鉄	コンクリート	木
北海道（札幌）	−12.6℃～34.1℃	46.7度	4.67mm	4.67mm	2.10mm（繊維方向）
東京	−0.4℃～37.2℃	37.6度	3.76mm	3.76mm	1.69mm（繊維方向）
沖縄（那覇）	9.1℃～33.1℃	24.0度	2.40mm	2.40mm	1.08mm（繊維方向）

大規模建築の温度応力の解析例

大規模な建築の場合はコンピューター上で応力解析し、シミュレーションします。
そのうえで夏季温度応力と冬季温度応力の解析図を作成します。

①相当外気温度を設定する

	T_0	a	α_0	J	T_{SAT}
夏季（最高温度）	40.0	0.8	25	1,000	72.0
冬季（最低温度）	−11.5	0.8	25	0	−11.5

T_0：外気温度、a：日射吸収率、α_0：熱伝導率、J：日射量、
T_{SAT}：相当外気温度

②基準温度を設定する

基準温度は、当該地における年平均気温とする。
（平均気温（℃）　13.0℃とする）

③設計用温度変化を場所ごとに確認

	位置	気温	基準温度	温度変化
夏季	エリア1	72.0℃	13.0℃	59.0℃
	エリア2	40.0℃	13.0℃	27.0℃

	位置	気温	基準温度	温度変化
冬季	エリア1	−11.5℃	13.0℃	−24.5℃
	エリア2	−11.5℃	13.0℃	−24.5℃

④解析図を作成する

夏季温度応力（解析図）

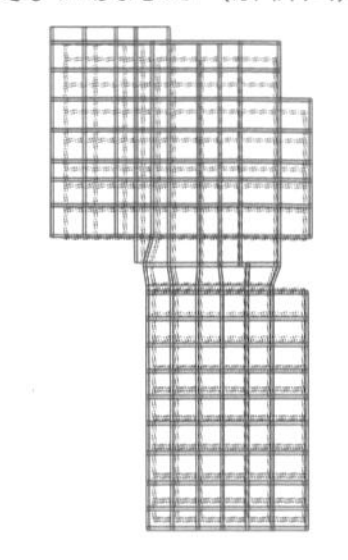

冬季温度応力（解析図）

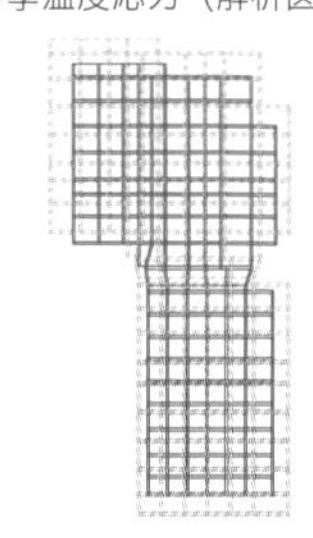

仕上げも影響与える温度荷重

建物の温度荷重には、仕上げも大きく影響します。当然、黒い色では温度が高くなります。外断熱工法であれば、躯体自身も外部の気温から保護されます。タイル張りの建物と打ち放しの建物では、打ち放しの建物の方が大きく影響します。屋上緑化した建物では、重くなりますが、温度変化は少なくなります。また、RC造ではひび割れが多い建物ほど、温度応力は解放されます。逆に温度変化の激しい部位ではひび割れが生じやすく、劣化にも影響します。

column

身近な重さと比べる建物の重さ

重さ（荷重）の計算は構造の安全性を確認する第一歩です。したがって、重さを知ることは、構造的な感覚を養う第一歩でもあります。まずは身近なものの重さを知り、いろいろ比較をすると建物がどのような荷重を支えているかがわかります。

1[kgf]=9.8[N]

質量 × 加速度 ＝ 力

つまり、質量1[kg]の物の場合、
1[kg]×9.8[m/s2]＝ 9.8[kg・m/s2]
＝ 9.8[N]

身近な重さ

			[SI単位系]
人の体重	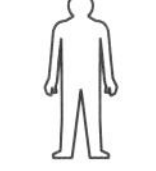	60[kgf] →	588[N]
車1台	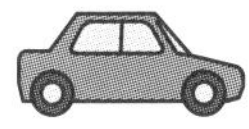	1[tf]＝1,000[kgf] →	9,800[N]
スクーター		100[kgf] →	980[N]
水10リットル		10[kgf] →	98[N]

住宅の身近な重さ

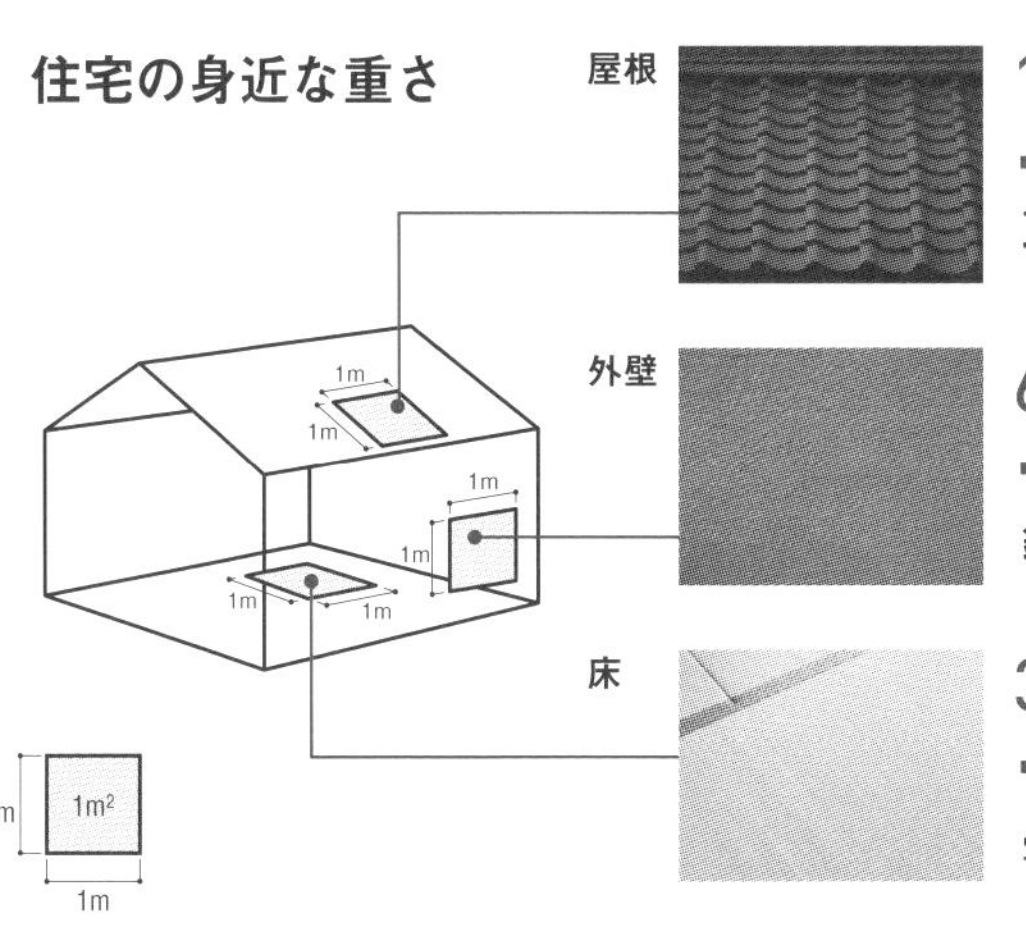

屋根
$100[kgf/m^2]$
→ $980[N/m^2]$
瓦葺き（葺き土あり）
（建築基準法施行令84条（固定荷重）より）

外壁
$65.3[kgf/m^2]$
→ $640[N/m^2]$
鉄網モルタル（下地を含み軸組を含まない）
（建築基準法施行令84条（固定荷重）より）

床
$34.7[kgf/m^2]$
→ $340[N/m^2]$
畳敷き
（建築基準法施行令84条（固定荷重）より）

構造種別

007 押さえておきたい構造種別には何がある？

さまざまな種類の構造がありますが
代表的な構造種別はこの3つです。

木造

鉄骨造

RC造

まずは木造・鉄骨造・RC造の違いを知ることから

構造種別とは主として使われる材料による分類のことです。基本は「木造」「鉄骨造」「鉄筋コンクリート造（RC造）」があり、まずはこの3つの構造を知る必要があります。

構造種別が違うと計算方法も異なる

木造とは、主要な構造が木材でつくられた建物のことで、おもに住宅建築に使われます。近年では、大規模建築でも用いられるようになっています。木造は大スパンに向いていないため、梁の一部を鉄骨とする木造鉄骨併用構造もあります。

鉄骨は強度が高いので、鉄骨造は大スパン構造や高層ビル建築に使われています。東京タワーや日本一高い東京スカイツリーも鉄骨造です。

RC造は、集合住宅によく使われる構造です。火

構造種別の比較

建築構造の主要な木造・鉄骨造・RC造を比較すると、次のようになります。

各構造の比較

①重さ（建物として見た場合）

③経済性

②耐震性

≒

≧

④形状の自在度

>

>

上記は一般的な傾向を示し、建徳規模や設計条件により大きく変わります。

その他の構造

①構造ごとの特徴

構造	特徴
鉄骨鉄筋コンクリート造（SRC造）	鉄骨と鉄筋コンクリートの合成構造
レンガ造・ブロック造	レンガやブロックを積み上げた建築構造（組積造）
膜構造	主要な骨組みを鉄骨や木で組み膜を貼りつけた構造（骨組膜構造）や、空気により膜を膨らませた空気膜構造がある。
併用構造（混構造）	2以上の構造を組み合わせた構造

②SRC造のイメージ

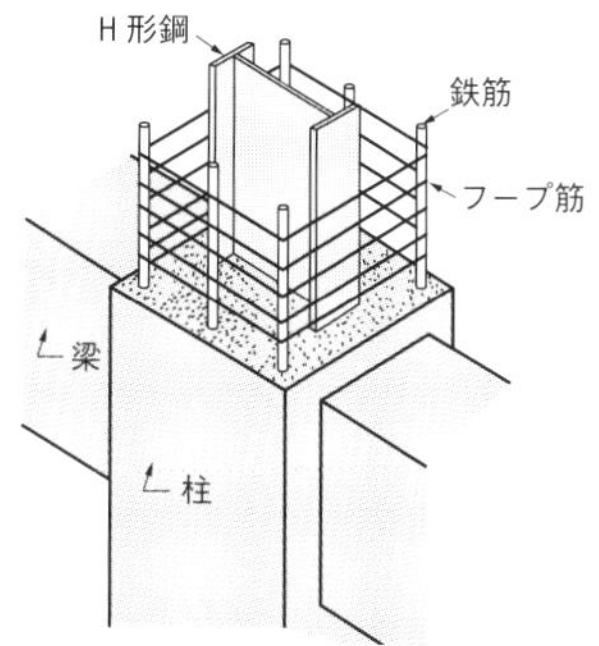

構造種別による行政手続きの違い

構造の種類により特性が異なるため、建物を建てるための行政手続きが変わります。
おもな違いには次のようなものがあります。

木造

・平屋または延べ面積が500m²以下のものは、4号建築物と呼ばれ、建築確認申請時に審査簡略化の特例が認められている。

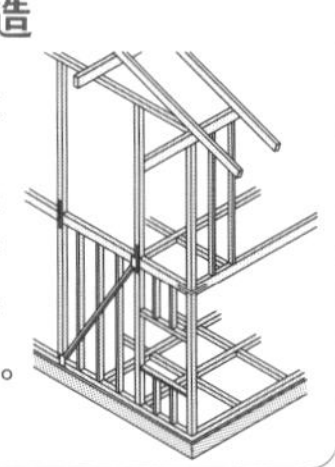

RC造

・2階建て以上または、延べ面積が200m²を超えるものは、確認申請が必要
・高さ20mを超える建物は構造計算適合性判定が必要

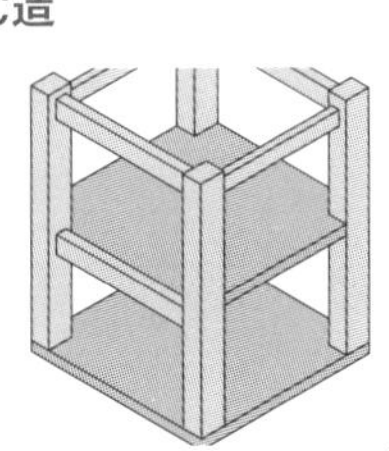

鉄骨造

・2階建て以上または、延べ面積が200m²を超えるものは、確認申請が必要
・地上階数4以上は構造計算適合性判定が必要

建物の構造が異なると、構造の特性だけでなく構造計算の方法や行政手続きなども違ってくるので注意が必要ですね。

災に強いため、火災が広がりやすい地域などに適しています。

これらの構造を組み合わせた構造は併用構造（混構造）と言います。積雪量の多い雪国では、木造は雪に埋まってしまうと腐りやすいため、1階部分をRC造、2階・3階を木造とする建築も多くあります。

ちなみに、鉄骨鉄筋コンクリート造は、鉄筋コンクリート部材の中に鉄骨（形鋼）が配置されたものなので、混構造ではありません。

そのほかにもいろいろな材料があります。建築基準法上で認められた構造材では、レンガやブロック、ステンレス、アルミもあります。また、特別に認定を受けた膜も構造材として利用可能です。

構造種別を選択する場合は、それぞれの特徴を把握して選択していくことが重要です。構造計算においても、木造の計算方法、鉄骨造の計算方法、RC造の計算方法それぞれの特徴に合わせて計算方法が異なり、強度の比例関係だけで断面の大きさの比較はできないので注意が必要です。

英語表記の意味

S造	Sは“steel”の略で鉄骨造
RC造	RCは“Reinforced Concrete”の略で鉄筋コンクリート造
SRC造	SRCは“Steel Reinforced Concrete”の略で鉄骨鉄筋コンクリート造
PC造	PCは“Prestressed Concrete”の略でプレストレス・コンクリート造
PCa造	PCaは“Precast Concrete”の略でプレキャスト・コンクリート造。

さまざまな構造材の特性をつかんでおこう。構造が違うと、構造計算の方法まで違うんだ！

構造材の可能性

防火や耐久性などの研究や実績が不十分なため、建築基準法では、まだ認められていませんが、少しずつ構造体としての活用が試みられている材として紙や竹、炭素繊維、チタンなどもあります。時代が変わると、いろいろな構造材が使われるようになるかもしれません。

構造形式

008 柱と梁だけで本当に安全なの？

柱と梁がしっかり組まれていれば安全です。

骨組み＝構造がどう組まれているかが重要

建築物は、さまざまな種類の材料による部材をさまざまに組み合わせてつくられます。この組み合わせ方を**構造形式**と呼んでいます。

少し前までは、構造形式のことを「骨組み形式」といっていました。なぜ、構造形式に代わったかはわかりませんが、骨組み形式とは動物の骨のイメージがあり、感覚的にはわかりやすいかもしれません。しかし、最近の建物は、構造を見せる建物も多く、必ずしも動物の骨のように隠れてはいないので、構造形式の方が適切なのかもしれません。

覚えておきたい構造形式

建築の勉強を始めると、真っ先に耳に入るのが「ラーメン構造」です。食べ物のラーメンと同じ言葉なので、すぐに覚えられます。では、どんな構造な

建築のおもな構造形式

構造形式には伝統的なものから新しいものまでさまざまな形式がありますが、代表的な構造形式をあげるとすれば、次のようなものがあります。

ラーメン構造

ブレース構造

壁式構造

在来軸組工法

各構造のおもな構造形式

鉄筋コンクリート造（RC造）の主流	ラーメン構造 壁式構造 耐震壁付きラーメン構造
鉄骨造の主流	ラーメン構造 ブレース構造
木質構造の主流	在来軸組工法 枠組み壁工法（2×4）

そのほかの構造形式

構造形式には伝統的なものから新しいものまでさまざまな形式がありますが、代表的な構造形式をあげるとすれば、次のようなものがあります。

構造形式には多くの種類があるんだ。構造形式は建築の基本中の基本だから、しっかりと頭に入れておこう！

- **シェル構造**
- **木質構造**
  - 木質ラーメン構造
  - 伝統工法
- **組積造**
- **テンセグリティ**
- **トラス構造**
- **ドーム構造**
- **テンション構造**
- **膜構造**

組積造（レンガ、石）

トラス構造（階段）

組積造（嵌合ドーム）

組積造（膜構造）

組積造＋木造

構造形式は組み合わせて用いられることも多いんだ！

のでしょうか？　柱と梁ががっちり門形に組まれた架構です。ラーメン構造は現代建築の代表格で、高層住宅や事務所ビルなど住宅を除く、建築物のほとんどはラーメン構造といっても過言ではありません。大学で習う構造力学では、ラーメン構造の計算まで勉強することになります。

ヨーロッパの古い町並みには、石やレンガを積み上げた組積造（メーソンリー）の建物があります。日本の住宅では木造による在来軸組工法が代表的な構造形式です。一方、木による枠組み壁工法（別名「2×4工法」）は、日本でもかなり普及していますが、アメリカやカナダでは、住宅建築の主流です。集合住宅ではRC造の壁を耐震要素として用いた耐震壁付きラーメン構造や、壁式構造といって柱がない壁のみでできた構造が主流です。

皆さんは小学校や中学校の古い鉄骨でできた体育館に大きな×印の部材を見たことがあるでしょう。この構造形式をブレース構造といいます。また、体育館の屋根には、三角形を組み合わせてつくられた梁（トラス構造）で支えられた建物も多くあります。このトラス構造は橋で発達しました。

ほかにもあるさまざまな構造形式

そのほかにも、たくさんの構造形式があります。すべてを解説する余裕はありませんが、シェル構造・ドーム構造・ケーブル構造等々のほか、近年では機械的に力をコントロールするための**免震構造**や**制振構造**（106・107頁参照）もあります。

実際の設計では建物の用途やコスト・安全性・意匠性などさまざまな条件を考慮して構造形式が採用されています。

主要な構造形式

009

よく使われる構造形式の特徴とは？

構造形式にはさまざまな種類があり特徴もそれぞれ。構造によって水平力に抵抗する部材の呼び方も異なります。

	面材	斜材
木造	耐力壁	筋交い
鉄骨造	—	ブレース
鉄筋コンクリート造	耐震壁	—

梁と柱が剛接合で一体化したフレーム「ラーメン構造」

建築構造に携わる人にとって必ず覚えるべき最重要用語が「ラーメン」です。ラーメンは、ドイツ語から来た外来語です。

ラーメン構造とは？

建築でいうラーメンとは、簡単な説明では柱と梁で構成されたフレームのことです。柱と梁が剛につながれている必要があります。剛がイメージしにくい場合は、回転するピンで接合されたフレームが横力を受けてパタンと倒れてしまうことを思い浮かべると、イメージできるのではないでしょうか。柱と梁が剛につながれていると、梁が曲がる場合は柱も同時に曲がる、という特徴があります。

同じラーメン構造といってもいろいろな種類があるので、76頁にまとめておきます。いろいろな建築計画に応じて使い分けられます。

実務では、これらのラーメン構造のフレーム内に耐震壁を設けた**耐震壁付きラーメン構造**やブレースを設けた**ブレース付きラーメン構造**なども普及した構造です。

ラーメン構造の特徴

ラーメン構造の建築計画上の特徴としては、柱と梁で構成されたフレームなので、間仕切り壁の配置が自由であり、部材は大きくなりますが全面ガラス貼りとすることも可能なので、建築計画の自由度が高く、開放的であることがあげられます。

構造上の特徴としては、仕口の設計や剛接合部の施工が重要となります。靭性に優れた構造性能を有している骨組みなので、高層ビルによく用いられています。

鉄筋コンクリート造（RC造）では各部材のせん断破壊や付着割裂、鉄骨造では接合部強度や局部座屈などに注意が必要ですが、近年、高強度せん断補強筋の普及や設計手法が発達し、改善されています。

建築におけるラーメン構造と身近なラーメン構造

建物のほか、ラーメン構造は日常、至る所で見受けられます。電柱などは、地面に固定された片持ち形式となっているで、一種のラーメン構造といえます。また、人がボールを水平に持ち上げたときは、胴が柱、腕が梁で、肩の部分で剛接されたラーメン構造となります。

ラーメン構造は接合部が剛接合となっている。

ボールを持つ人も
ラーメン構造。

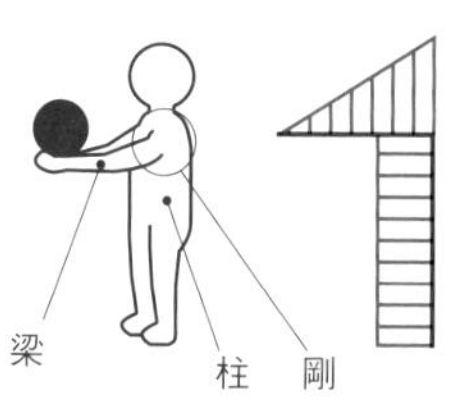

ラーメン構造の特徴とおもな種類

ラーメン構造の特徴

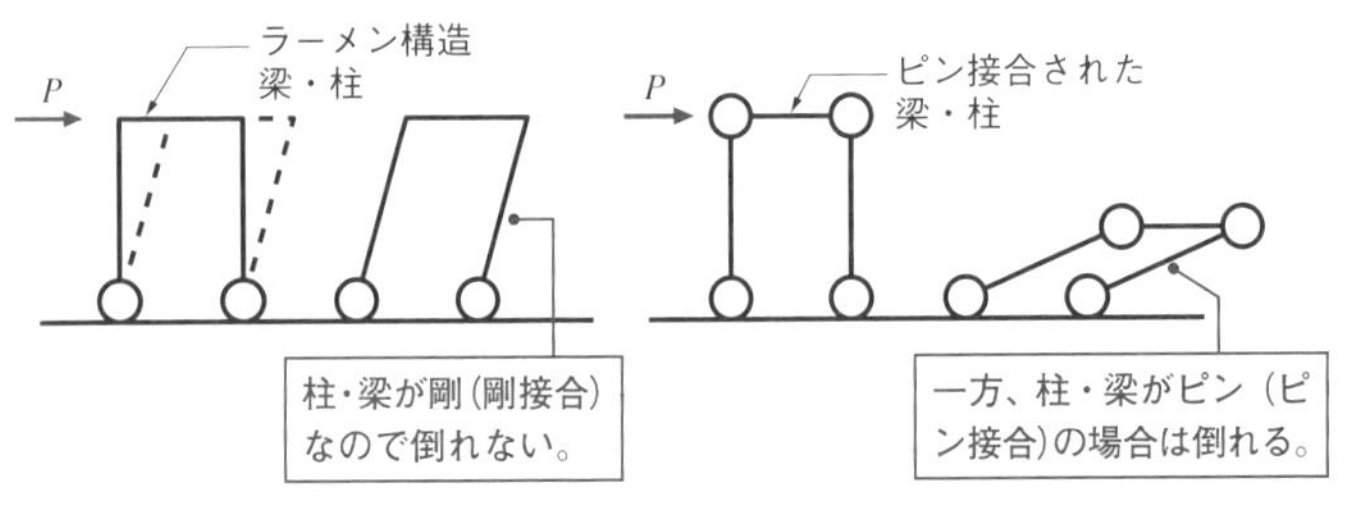

ラーメン構造は、梁と柱が剛接合でつながれているから、水平力が梁に作用すると、その応力がそのまま柱に伝わるんだ！

いろいろなラーメン構造

①門形ラーメン

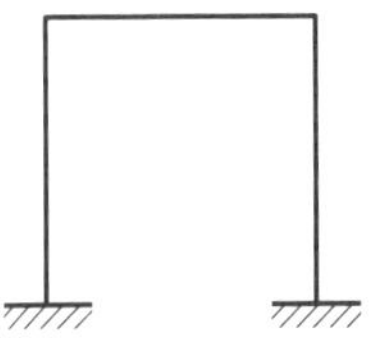

②山形ラーメン

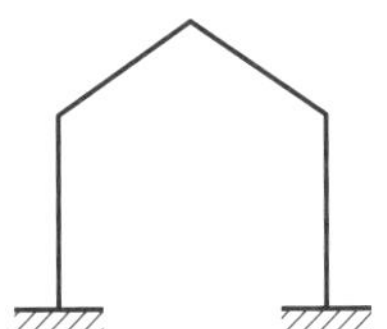

③アーチ形ラーメン

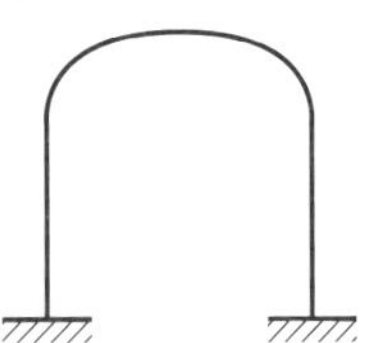

④異形門形ラーメン

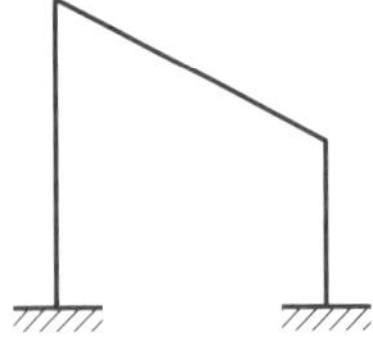

⑤3ヒンジ山形ラーメン

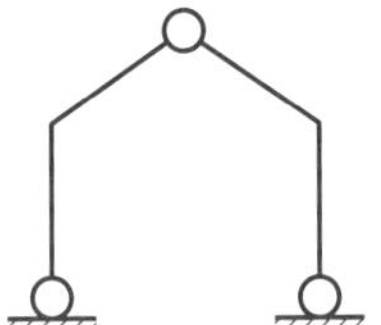

⑥タイバー付山形ラーメン

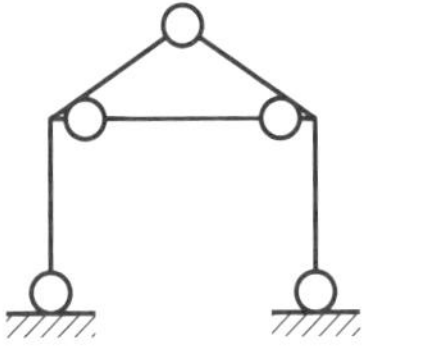

写真でみるラーメン構造

門形ラーメン構造（折れ板）

強度と経済性に優れた折版をラーメン構造にした構造。

RCラーメン構造

柱、梁、スラブをRCとしたラーメン構造。奥には耐震壁も見える。

ブレース構造の特徴

右図に示すようにばらばらの柱・梁・ブレースの部材が、プレートとボルトで組立てられた構造です。特徴は次の2点です。

①水平力は、ブレースが負担
②ブレース配置のバランスが悪いと1カ所に力が集まってしまう可能性がある

ブレース構造とは？

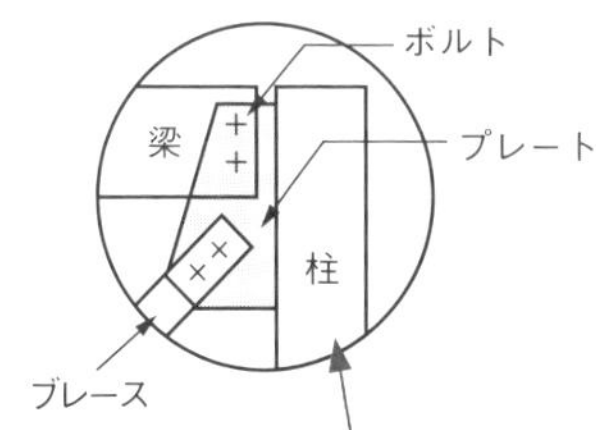

ターン
バックル

ブレースが水平力を負担する

①ブレースなし

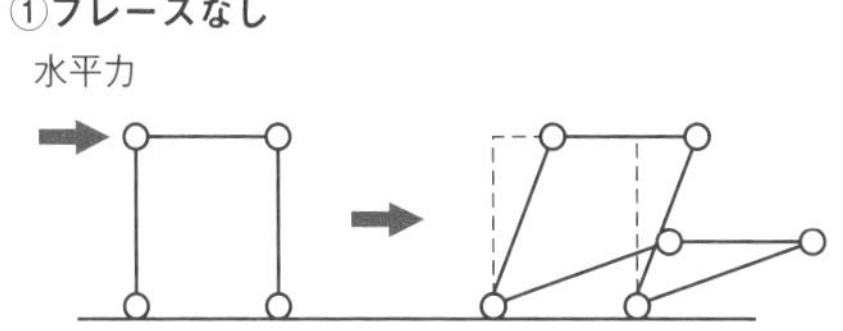

②ブレースあり

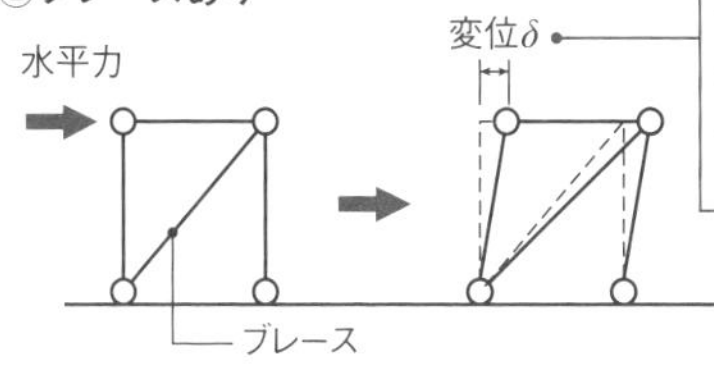

ブレースがあることで水平力による変形量が小さくなる。

施工は簡単だが安全性の確保に注意が必要な「ブレース構造」

ブレース構造とは、柱・梁・ブレースがピン接合により接続された構造で、鉛直荷重が柱と梁により支持され、水平力はブレースによって抵抗するという構造形式。基本的に鉄骨造で用いられます。

すべての部材をピン接合で接続することが可能なので施工が簡単です。しかし、ブレースが破断すると架構が不安定になって倒壊してしまうため、ブレースに十分な安全性を確保して設計をする必要があります。不安定になりやすい欠点を補うため、柱と梁を剛に接続したラーメン構造としてラーメン構造フレームの中にブレースを配置した**ブレース付きラーメン構造**も多く用いられています。

ブレース構造の設計上の注意点

ブレースで用いられる材料としては、丸鋼、平鋼、

ブレース構造の形状の種類

ブレース構造にはさまざまな形状があります。形状によって、水平力に対する抗力や用途、施工の手間や経済性などが異なります。開口（窓・ドア）の位置によってブレースの形状を決めることもあります。

片ブレース

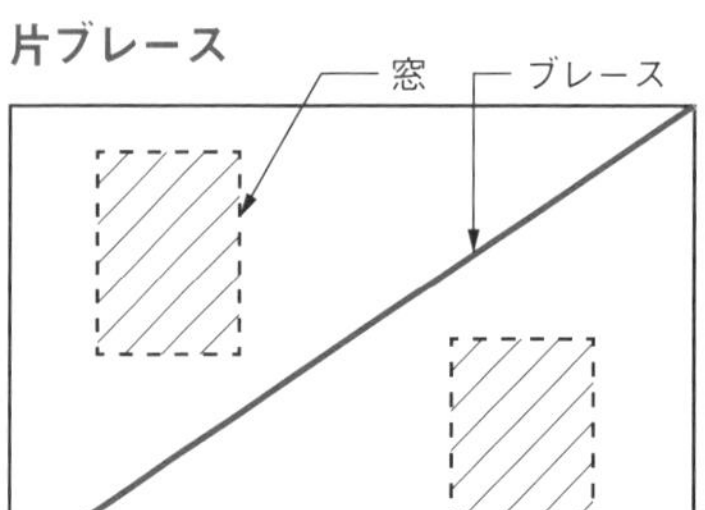

最も簡単なブレース。一斜材の座屈長さが長くなる。開口はブレースをよけて設ける。

X形ブレース

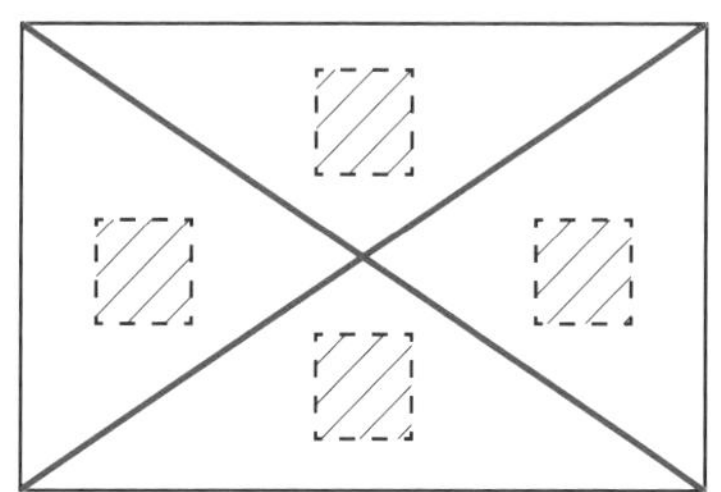

丸鋼・平板などが用いられ、壁面を薄くしたい場合に有効。

V形ブレース

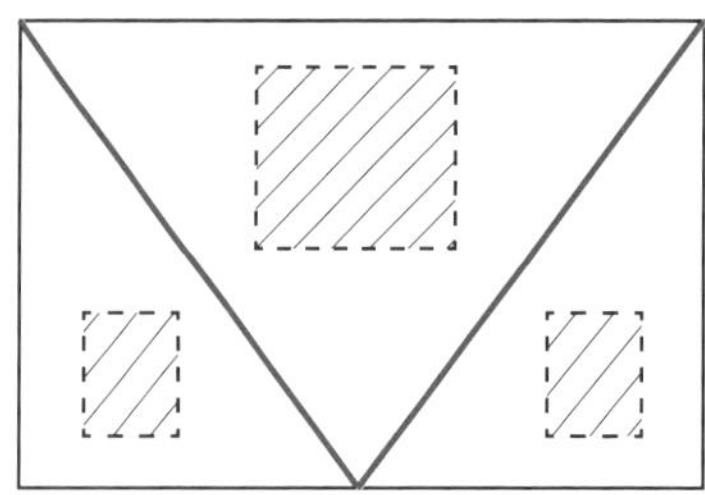

X形ブレースよりも開口がとりやすく、施工が簡単で経済的。

K形ブレース

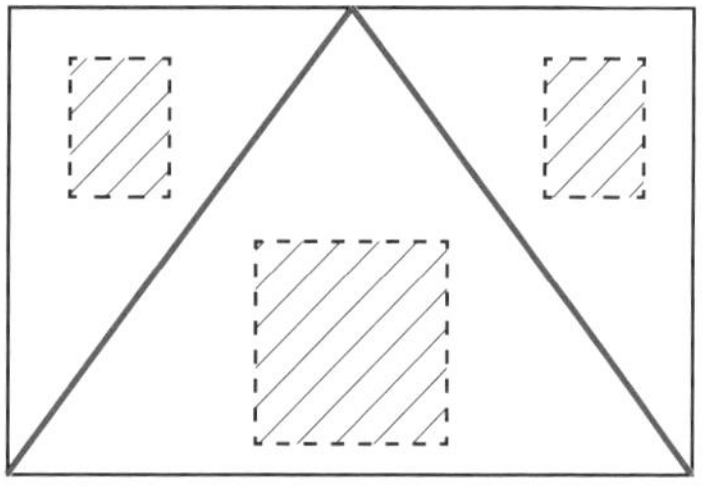

X形ブレースよりも開口部を大きくとることができる。

マンサード型ブレース

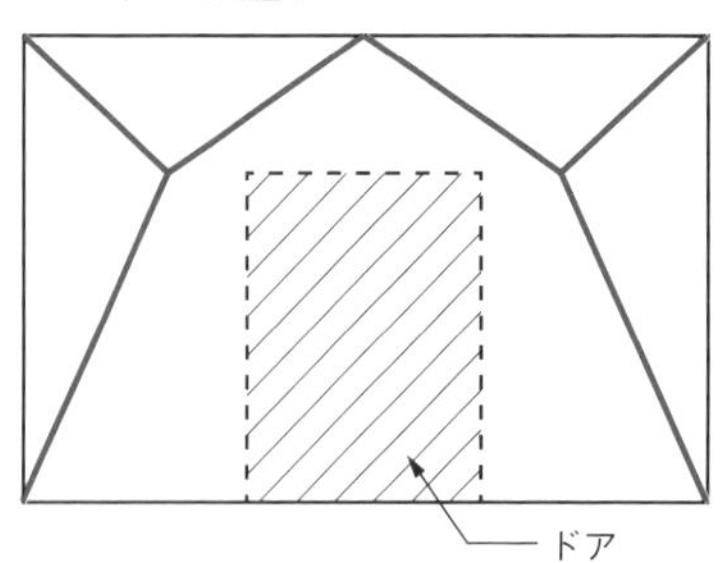

座屈にも対応したブレース。他のブレースに比べてコストがかかる。ドアなど大開口を設けられる。

ブレース構造にもいろんな種類があるんだ。形鋼を用いる場合は、接合個所が多くなることもあるから、形状だけでなく材料にも要注意だよ！

そしてL形、溝形、H形鋼などの形鋼が用いられます。

丸鋼や平鋼のブレースは**引張りブレース**と呼ばれ、引張り力にのみ有効であるため、クロスに配置する必要があります。引張りブレースは緩んでしまうこともあるため、丸鋼ブレースではターンバックルを取り付けて、ブレースが張られた状態にします。

一方、形鋼のブレースは、圧縮力や引張り力の両方に有効なブレースとして設計することが可能ですが、引張り力のみ有効なブレースとして用いることもできます。圧縮力に有効なブレースとして設計する場合は、座屈に対して気をつける必要があります。

座屈性能を上げるためにブレース端部をラーメンフレームに剛接することも有効です。なお、端部はボルト接合されることが多く、ボルト穴の欠損のため、ブレース軸断面の性能が確保できない場合も多いので注意が必要となります。

RC造でもブレース構造は可能ですが、圧縮側の性能と引張り側の性能が著しく異なり、引張り方向には、ひび割れによる剛性低下が考えられるため設計が難しく、ほとんど用いられていません。

鉄骨造での注意点

鉄骨は、降伏後に延び能力があるとはいえ、ブレースに用いた場合、降伏した時点で急激に剛性が落ちるため、脆性的な挙動となり危険です。

低降伏点鋼を用いて、早期にブレース降伏させ、ブレースの変形能力を利用して制振構造とする構造方法もあります。

部材にかかる応力は軸力だけ！三角形の「トラス構造」

部材を三角形になるように接合してつくる構造を、トラス構造といいます。接合部は節点といい、構造計算上は自由に回転できるピン接合として取り扱います。

長いスパンの架構が可能で、鉄による橋の発達と

トラス橋の発展

鉄骨造の初期は、橋の発展とともにありました。

ブリタニア橋

世界最初の錬鉄製箱桁橋。錬鉄の量産が可能になりつくられたが、当時は蒸気機関車だったので、煙が大変だった（イギリス、1850年）。

フォース橋

2スパン以上の架構で、中央にヒンジを設けたゲルバー橋（イギリス、1890年）。

写真:『新しい建築のみかた』(斎藤公男著、小社刊)

ともに発展し、さまざまな三角形の組み合わせがあります。

トラス構造が強い理由

基本的には、トラスを構成する部材は、曲げモーメントやせん断力が生じず、軸力（引張り・圧縮）のみが伝達されます。一般的には鉄や木材などの材料は曲げに弱く、軸力には強い傾向があります。したがって、軸力のみを負担するトラスを構造体とすれば、曲げモーメントを負担する梁と比べると、少ない材積（部材の量）で強い構造を実現することができます。

実際にトラス構造を利用したトラス梁は、建築としては体育館や工場など、大きなスパンの屋根を支える構造形式として使われることが多くあります。さまざまな組み合わせが可能で、三角形のつくり方により、構造強度だけではなく、大スパン架構では仕上げで隠すことも難しいので、意匠的なデザイン性も兼ねています。

トラスの分類と種類

トラスは、おもに3つに大別されます。

(1) 長方形・台形タイプ
(2) 三角形タイプ
(3) 立体トラス

(1) は橋に使われますが、大スパン架構の建築にも応用できます。
(2) は工場などの大架構の屋根に使われます。「洋小屋」と呼ばれる場合もあります。
(3) はトラスを立体的に組み合わせたもの。平面的なトラスに比べて施工が難しくなります。

トラス構造にすれば軸力だけを伝達するから、強度がぐんと高まるんだ!

(1)長方形・台形タイプ

①プラットトラス

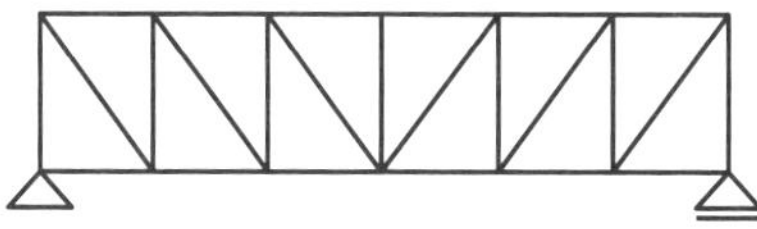

②ハウトラス

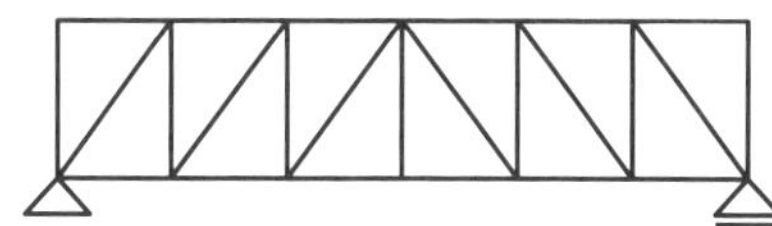

③Kトラス

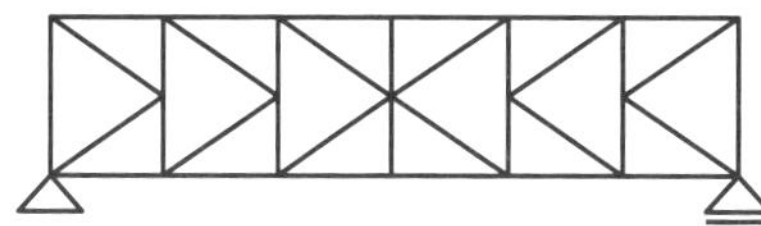

④ワーレントラス

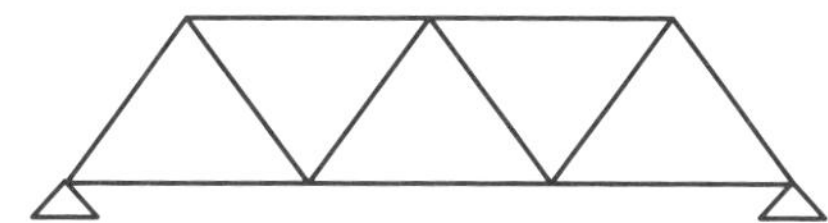

(2)三角形タイプ

①キングポストトラス

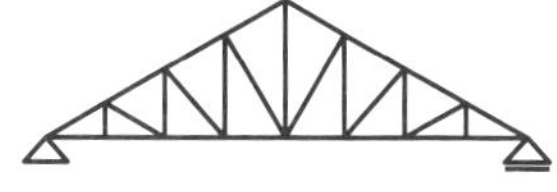

②クイーンポストトラス

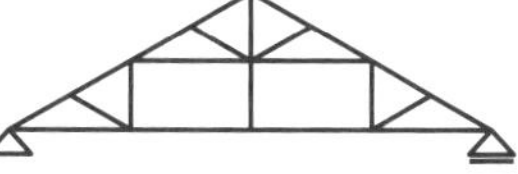

③フィンクトラス

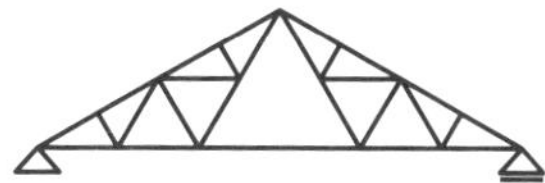

(3)立体トラス

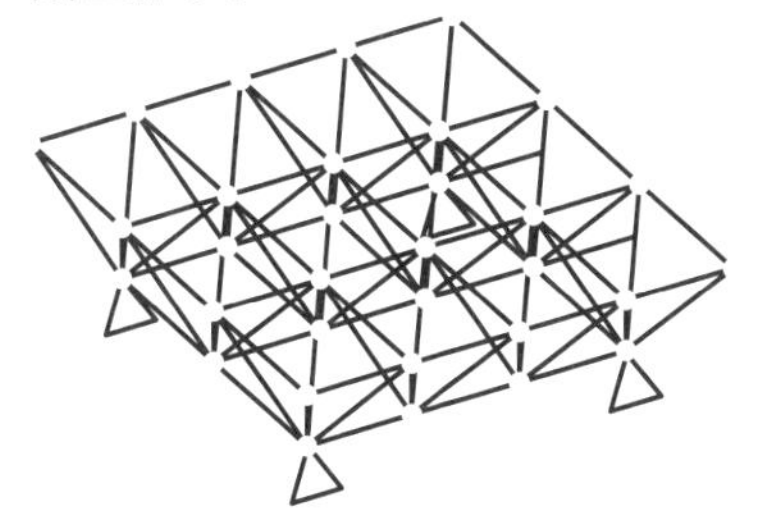

特殊なトラス

下図のような梁で、斜材を設けず節点を剛とした構造を「フィーレンディールトラス」といいます。フィーレンディールトラスのように、ラーメン構造を細かく分割することによって、トラス梁と同じように強度のある梁になりますが、節点（交点）がすべて剛接合となるため、厳密にはトラス構造ではありません。

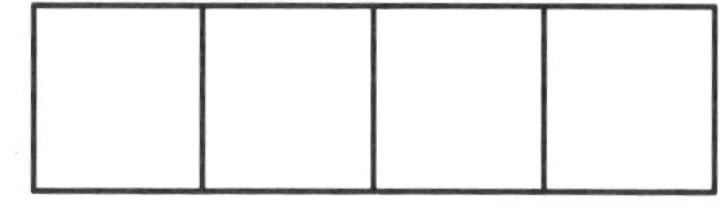

トラス梁の設計は高度の技量が必要

トラス梁を設計する場合、トラスが伝達する軸力の大きさを算出し、軸材の耐力がそれ以上であることを確認します。圧縮力に対しては座屈をしないように、引張り力に対しては断面欠損に注意しなければならないので、設計は簡単ではありません。詳細は省きますが、ブレース構造と同様に座屈のために接合部を剛接合とする場合も多くあります。また、大スパンでは温度応力による伸縮が大きいため、気温の変化を十分に考慮するのはもちろん、継手位置や現場への搬入方法など施工上の検討も重要となるため、高度な設計者の技量が要求されます。

剛性が大きいので配置に注意が必要な「耐震壁」

耐震壁は、水平力（地震や風などの力）に抵抗する能力をもつ壁のことで、柱・梁のラーメンフレームで拘束されています。耐震壁は大きな剛性、強度があるのですが、脆性破壊を起こしやすい部材です。できるだけ変形能力を確保するために、柱・梁断面は壁を拘束するのに十分な大きさの断面が必要となります。

耐震壁の設計時の重要なポイント

耐震壁は剛性が大きいため、偏って配置すると建物がすぐに偏心してしまいます。耐震壁は平面的にバランスよく配置しなければなりません。また、立面的（上下階）にも同一構面内に配置した方がよく、連続した壁の下階の**耐震壁**がないと柱に大きな軸力が生じ、建物の倒壊につながる可能性があります。

耐震壁に大きな開口があるとせん断力が負担できなくなるために、開口の大きさは制限されます。また、開口周辺では応力が大きくなるので、RC造では**開口補強筋**を配置します。この開口補強筋は非常に重要なのですが、スイッチ類が開口際に設けられ、電気設備と干渉する場合も多く、気をつける必要が

耐震壁･耐力壁の特徴

耐震壁・耐力壁は、水平力（地震や風などの力）に抵抗する能力をもつ壁です。耐力壁は、建物がねじれて倒壊することを防ぐために、建物の片方に 偏ることなく、バランスよく配置します。一般的に、建物の外周部付近に多くの耐力壁があるとねじれに強いです。

木造の耐力壁の種類

①筋かい耐力壁
（鉄筋φ9以上、壁倍率1）

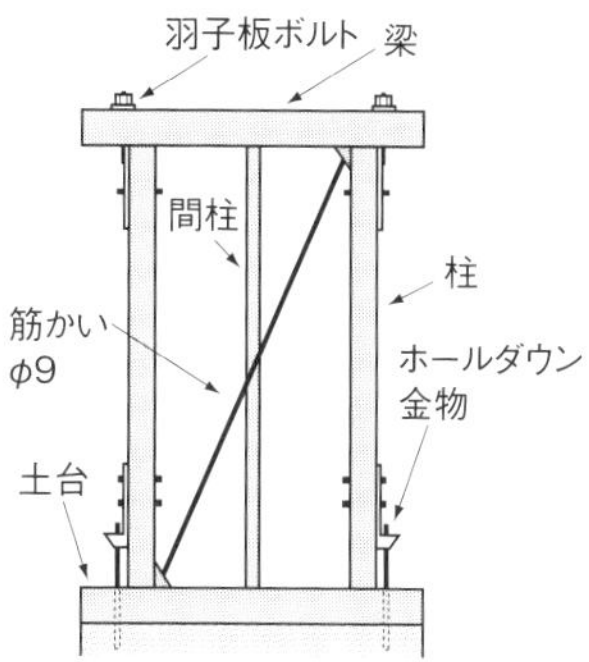

②筋かい耐力壁
（木材30×90、壁倍率1.5）

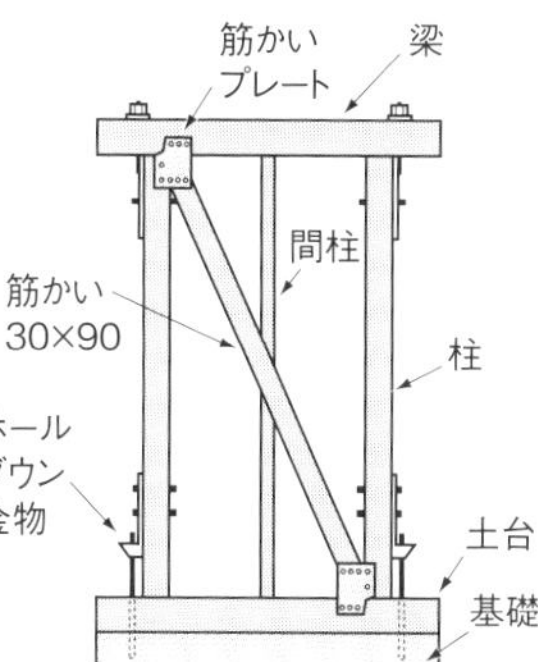

水平力への安全性確保は重要です。耐震壁・耐力壁の特性と種類を頭に入れておこう。

③面材耐力壁
（構造用合板7.5㎜[※1]厚以上､壁倍率2.5）

④土壁（壁倍率0.5）[※2]

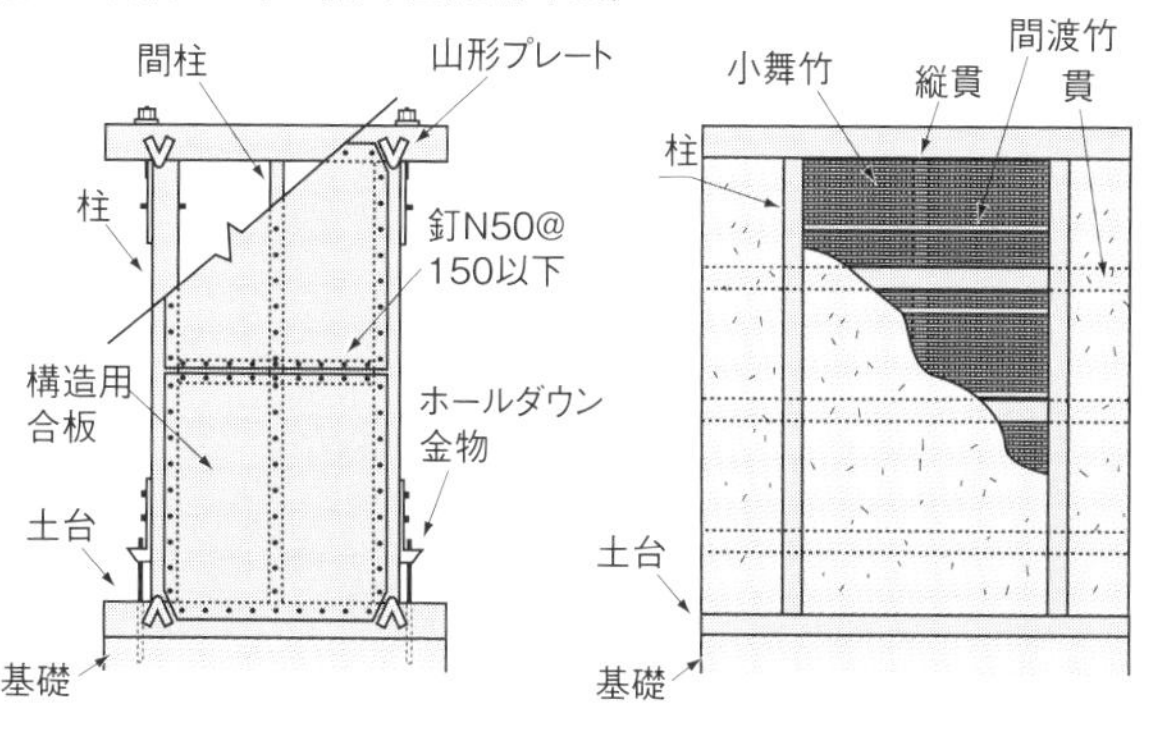

耐震壁は大きな剛性と強度がある一方で、設計によっては脆性破壊を起こしやすいんだ。慎重な設計が必要だよ！

※1：めり込み等を考慮すると9㎜以上が望ましい
※2：令46条、告示仕様では、1.0～1.5となる

RC造の耐震壁開口の寸法と開口補強

RC造の場合、耐震壁として認められる開口の寸法には、開口周比が0.4以下でなければならないなど、条件が定められています。また、開口の周りは鉄筋で補強する必要があります。

耐震壁として認められる開口の寸法

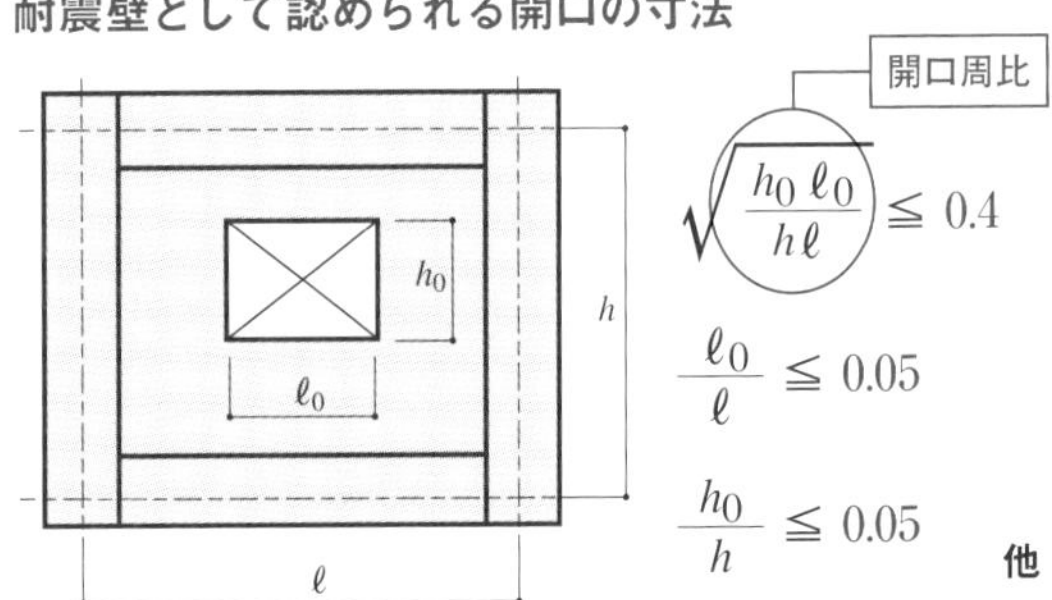

鉄筋による開口補強

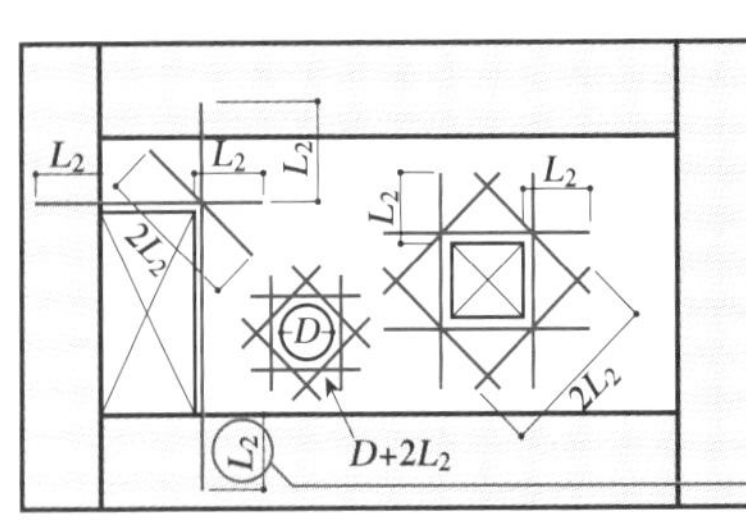

開口補強の例。

あります。

他にも注意事項があります。直角のコーナーは応力集中によりひび割れが生じやすいために、誘発目地を設けたり、開口が大きく耐震壁にならないときには、柱や大梁との境にスリットを設けて、柱や大梁に過大な応力が生じないようにしたりすることもあります。開口寸法は重要なので、建築基準法では、開口寸法を設計図に記載することになっています。

耐震壁とは違う挙動となりますが、ラーメンフレーム外の雑壁にも注意が必要です。雑壁とはいえ、剛性に応じて地震力を負担するため、雑壁自体が壊れたり、雑壁を受けている小梁やスラブが壊れたりする可能性もあるので、雑壁にスリットを設けることもあります。

「耐力壁」と「耐震壁」

木造の筋かいや構造合板が貼られた軸組―いわゆる耐力壁は、RC造の耐震壁同様、水平力に対して抵抗する部材です。

名前の由来は不確かですが、木造では地震力、風

壁式コンクリート構造の名称

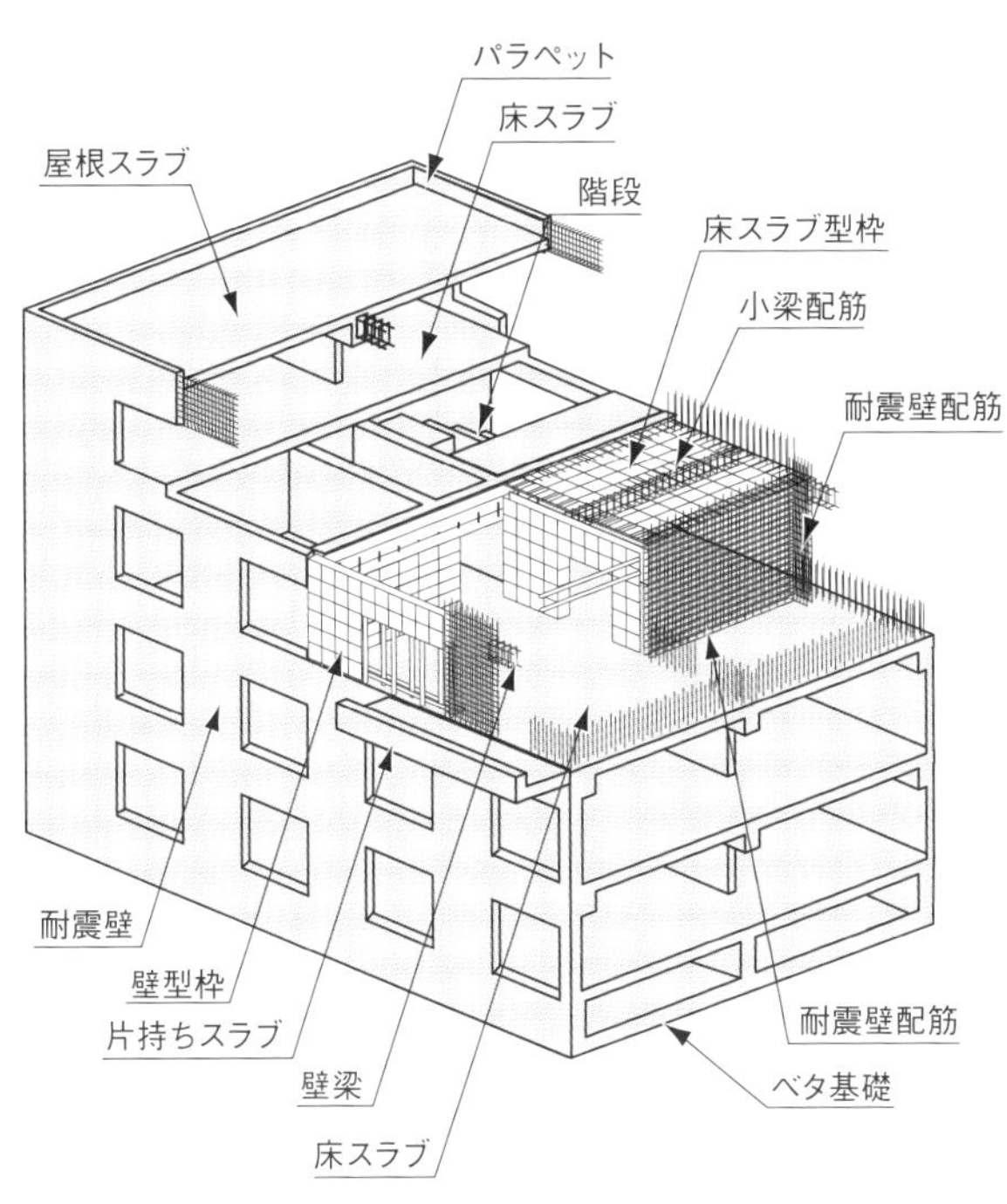

壁式構造の壁の縦横筋。壁式構造は柱がないのが特徴。開口の大きさも限られ、写真からも少し小さい感じがする。

壁式構造は、一戸建て住宅でいうと2×4工法のようなものだね。一般的にはRC造の5階建て以下の建物に採用されているんだ！

荷重ともに水平力として影響が大きいので「耐力壁」、鉄筋コンクリート造では、重いため地震力のほうが大きく、風荷重があまり問題とはならないために、「耐震壁」と名前がついたのではないかと推測されます。

さまざまな規定がある「壁式構造」

RC造のなかでも**壁式構造**は歴史が新しく、戦後に普及した構造形式です。戦後の住宅不足を解消するために、木造住宅と同様に壁量を計算する程度で簡易的に安全性を確認できる構造として、壁式構造の集合住宅が多く建てられました。

壁式構造の長所と短所

壁式構造は壁量を確保する構造です。多くの耐震壁を有するため地震に強く、今まで大地震でも被害

壁式構造に類似した構造

壁式構造に類似した構造はいくつもあります。その代表的なものは次のような構造があります。

壁式構造

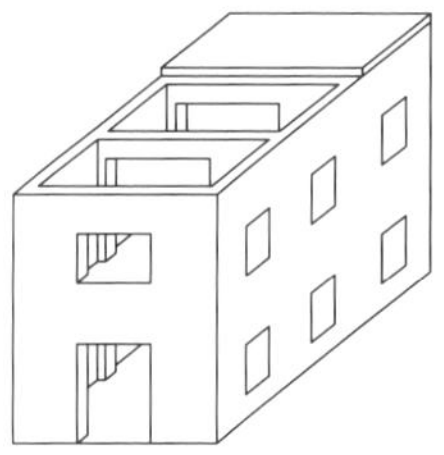

X方向・Y方向ともに壁により力に抵抗する。

壁式ラーメン構造

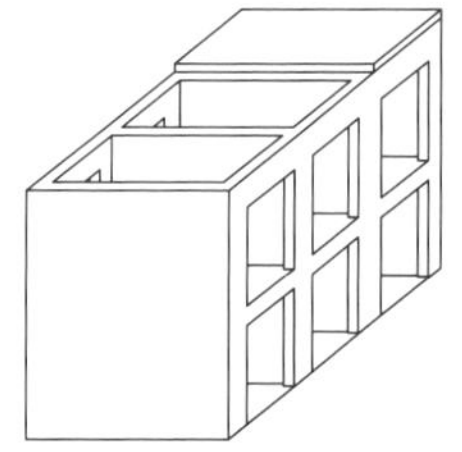

X方向は壁、Y方向は平たい柱と梁を配置することで、一方向をラーメン構造として考える構造。

壁ラーメン構造

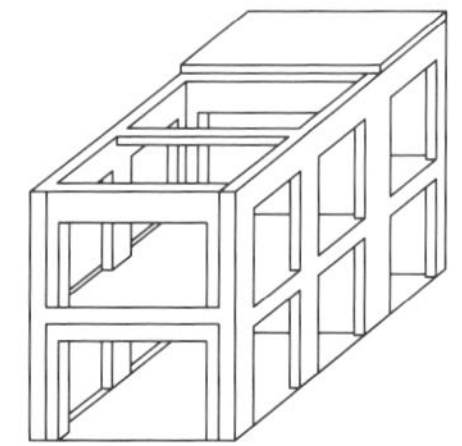

X、Y方向ともに平たい柱と平たい梁を配置することで、両方向をラーメン構造として考える構造。

厚肉床壁構造（薄肉ラーメン構造）

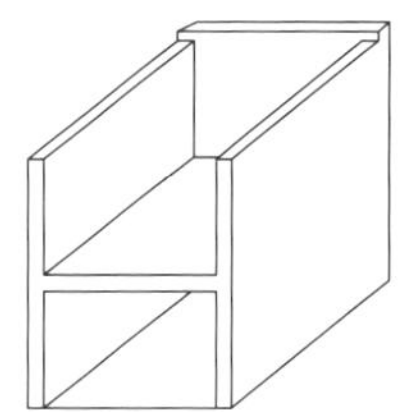

水平部材（床・屋根）と垂直部材（壁）で構成されるラーメン架構と考える構造。

中層壁式フラットビーム構造

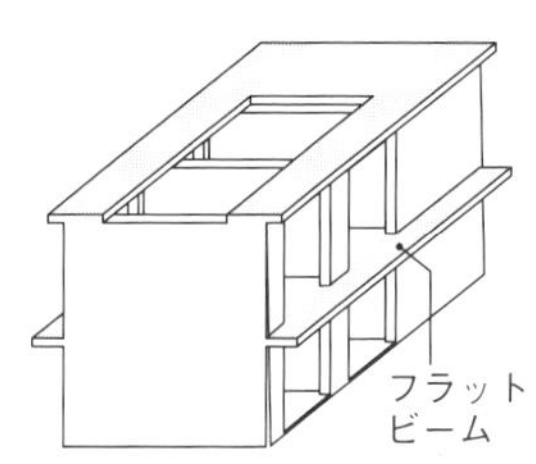

X方向は壁、Y方向は平たい柱と水平方向に平たい梁（フラットビーム）を配置し、水平力をフラットビームで負担する構造。

厚肉床壁構造（薄肉ラーメン構造）の建物は、壁式構造とラーメン構造の特性を足し合わせたような構造。スペースと開口が広くとれる。（プライム建築都市研究所・前橋の家新築工事）

壁式構造の建物はどれも柱がないので、広いスペースがとれるんだ。

がほとんどないといわれています。耐震壁付きラーメン構造と異なる点は、鉛直荷重の支持方法です。耐震壁付きラーメン構造ではラーメンフレームが、壁式構造では壁が鉛直荷重を支持します。

壁式構造の利点は、柱型がないため部屋の角が有効に使えることです。また、型枠の加工が簡単で、ラーメン構造と比較して経済性があります。欠点としては開口部の取り方が制限されることや、壁厚と梁幅が同じ場合、配筋が難しいこと、壁が薄いので電気配線の打ち込みが難しいことなどがあげられます。

設計上守らなければならない規定

壁式構造の建物を設計する場合、簡易的な計算のため、守らなければならない仕様が多くあります。たとえば梁せいを450㎜以上とすること、階高を3.5ｍ以下とすること、壁のコーナーをT字やL字とすることなど多くあります。これらの規定を外す場合は、保有水平耐力計算や耐力を十分に確保することなど、外す規定により設計上考慮する事項が異なります。

壁式構造は低層建物に用いられる構造形式ですが、中高層建物の構造として、壁式構造に準ずる桁方向の壁を厚くして柱とした**壁式ラーメン構造**や、梁をフラットにした**中層壁式フラットビーム構造**もあります。

壁式プレキャスト鉄筋コンクリート造

壁式構造に準じた構造形式として、壁式プレキャスト鉄筋コンクリート造があります。工場で配筋をして、壁のパネルを製作し、パネルの状態で現場に運び組み立てます。現場での施工工期が短く、量産化に適しています。

近年、鉄筋工の能力が低下し、数も少なくなってきている現状を考えると、将来的に増える構造形式かもしれません。

さまざまな構造形式

010 構造形式にはほかに何がある？

シェル構造をはじめ、新しい膜構造や古くからある組積造など、多種多様です。

貝や卵は身近なシェル構造。

空気膜の身近な例。膜の内外の気圧差と膜の張力で形が保持されている。

小さい子どもが遊ぶ「あやとり」は身近な小さなケーブル構造。

薄い曲面板の構造で、大スパンも可能なシェル構造

シェル構造は薄い曲面板からなる構造で、**曲面板構造・貝殻構造**とも呼ばれます。曲面を形成するのに適した鉄筋コンクリート造（RC造）でつくられることが多い構造形式で、適切に応力を流す設計を行えば、柱の少ない薄い板厚で大スパン架構が実現可能です。

シェル構造を設計するポイント

シェル構造（**薄肉シェル**）は、一様な曲面で鉛直荷重に対して引張りや圧縮の応力で地盤まで力を伝えます。しかし、薄いために、局部的な集中荷重を加えられると卵を割るときのように容易に崩壊する危険性があり、開口部分などの補強が必要となります。このような荷重に抵抗するために面内の応力のみを考えていたのでは危険なので、板の厚み方向の応力

シェル構造の種類と応力の流れ

薄肉球形シェル構造

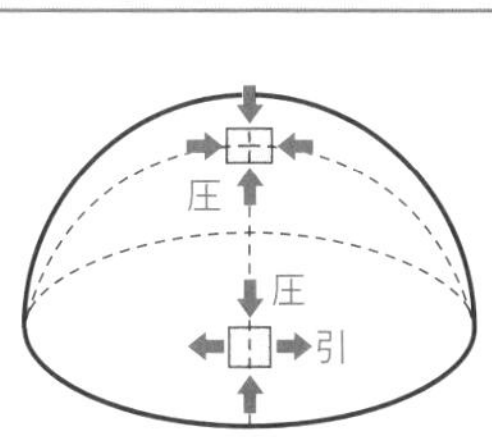

半球形状を利用したシェル。

厚肉球形シェル構造

せん断
圧
圧
引
せん断

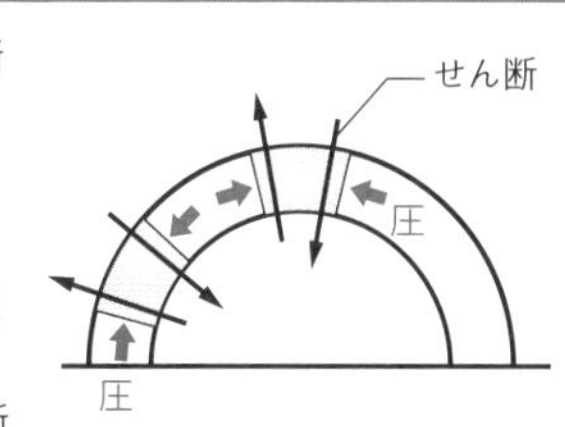

薄肉球形シェルに厚みをもたせたシェル。
球面と直交方向のせん断力に抵抗。

円筒シェル構造

圧
圧
圧
引
圧

円筒形状のかまぼこ型のシェル。

EPシェル構造

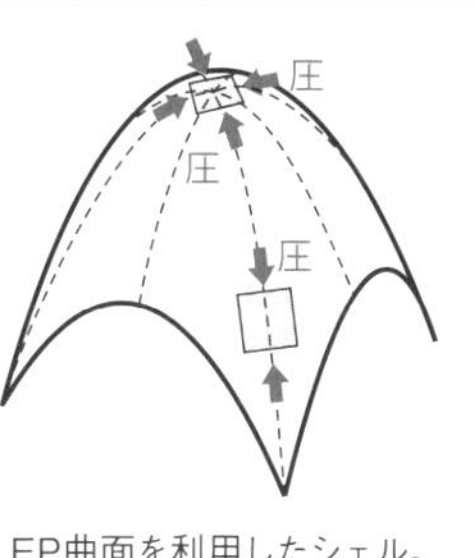

EP曲面を利用したシェル。

HPシェル構造

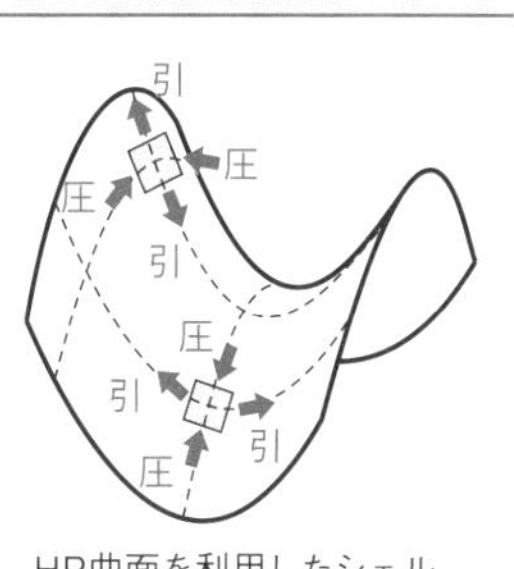

HP曲面を利用したシェル。

を考えて厚い板とする場合もあります（**厚肉シェル**）。

右記はRC造によるシェル構造をおもに説明しましたが、鉄骨造でもシェル構造は可能です。鉄骨造の場合、鉄板を曲面状とした構造も考えられますが、一般的には細い線材をトラスやアーチ状に組んで曲面を構成したラチスシェルが採用されています。面は立体的に材を組んだ複層ラチスや、面厚が小さい単層ラチスがあります。鉄骨の加工技術で曲面の構成や鉄筋コンクリートシェルと同じようにさまざまな曲面を実現することも可能です。ラチスシェルはナゴヤドームなどの多くのドーム球場に採用されています。

鉄骨造は強度が高いとはいえ、スパンに対して高さ（ライズ）は高い方が構造的に安全です。しかし、大スパンで採用されることが多く、できるだけ低いライズとする必要があるので、建物自体の座屈に注意して設計を行います。

シェル構造の場合、座屈といっても直線上の部材が座屈するのではなく、面を構成している材が局部的に窪んだように変形を起こします。

シェル構造の実例

シェル構造の実例として、エドワルド・トロハのほか、フェリックス・キャンデラや坪井善勝などが構造設計した芸術的な作品が多くあります。

東京カテドラル聖マリア大聖堂（設計：丹下健三、構造：坪井善勝）、RC造・HPシェル構造。

写真:『新しい建築のみかた』(斎藤公男著、小社刊)

コンピューターが発達する前は、微分・積分を駆使してシェル構造を計算していたけど、現代ではコンピューターの能力が発達し、構造解析は有限要素解析プログラムにより応力計算が行われ、自由な曲面のシェル構造も設計されているんだ。

ロス・マナンティアレス・レストラン（設計・構造：フェリックス・キャンデラ）、RC造・HPシェル構造。

写真:『新しい建築のみかた』(斎藤公男著、小社刊)

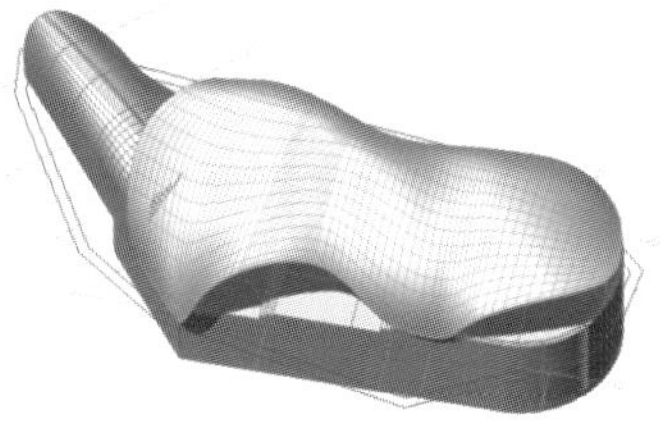

韓国の住宅（設計：隈研吾建築都市設計事務所、構造：江尻建築構造設計事務所）。

ナゴヤドーム（設計：竹中工務店）、S造・半球シェル構造。

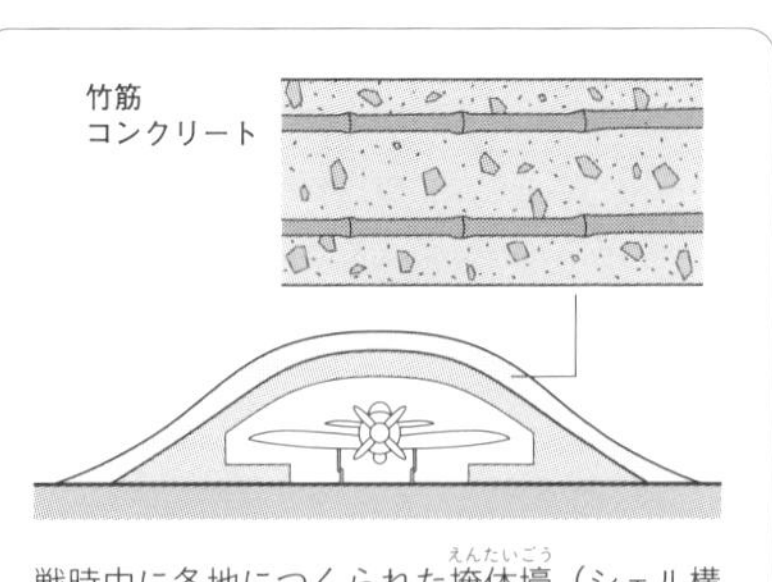

戦時中に各地につくられた掩体壕（えんたいごう）（シェル構造の飛行機格納庫）と竹筋コンクリート。

シェルは一様な応力状態には非常に強いのですが、応力が場所により大きく異なると壊れやすい構造です。積雪による偏分布荷重や温度による荷重、施工順番による荷重など変化する応力に対する検討を行う必要があります。

戦中には、戦闘機の格納庫が日本各地にシェル構造でつくられていました。戦中で鉄筋がなかったため、竹を鉄筋がわりに使った竹筋コンクリート造も多くつくられ、その一部は現存しています。

東京ドームからテントまでさまざまな種類がある膜構造

膜構造とは、引張り専用材である膜材を用いた構造です。一口に膜構造といってもいろいろな構造形式があります。スタジアムのようなシンボリックな大きな空間からテントのような仮設建築まで、特殊な構造ではありますが、広く利用されている構造です。膜構造の建築物は軽量で明るい空間を自由なデザインでつくることができるという特徴があります。

膜構造の種類と特徴

膜自体またはケーブル材を吊り下げる吊り構造を**サスペンション膜構造**といいます。ケーブルや膜材に大きな張力を与えることによって成立します。キャンプで使う三角形のテントもサスペンション膜構造の一種です。そのほか、ワイヤーロープを張りめぐらせるザイルネット方式や膜のみで構造となるメンブレン方式があります。

東京ドームのように建物内部の気圧を上げることにより屋根の膜材を膨らませる構造は**空気膜構造**（1重膜構造）です。2重に膜材を設置し、膜どうしの間に空気を送り込み、圧力を上げる2重膜構造もあります。空気膜構造では、膜が空気圧により全体が引張り応力になっている必要があります。局部的な荷重により部分的に膜材の引張り応力がなくなると成立しなくなるため、さまざまな荷重状況を想定して設計する必要があります。

膜構造のおもな形式

膜構造を構造形式として確立した人物はフライ・オットーです。膜構造とは、引張材である膜材料とその他の圧縮部材を組み合わせて構成するという手法。おもな形式として次の3つがあげられます。

①吊り構造(サスペンション膜構造)

つくば万博 '85 中央駅シェルター(1985年)。ケーブルと膜を組み合わせた構造。ケーブルに張力を加えることで形が決定される。

写真:『新しい建築のみかた』(斎藤公男著、小社刊)

②骨組み膜構造

東京料金所トールゲート(2020年)。鉄骨のフレームに膜を組み合わせた構造。

③空気膜構造

東京ドームは空気膜構造(1重膜構造)。

写真:『新しい建築のみかた』(斎藤公男著、小社刊)

膜状の部材を吊ったり骨組に張ったりという行為は、テント・天幕など世界各地に見られましたが、これが構造力学の世界で扱われたのは20世紀以降のこと。

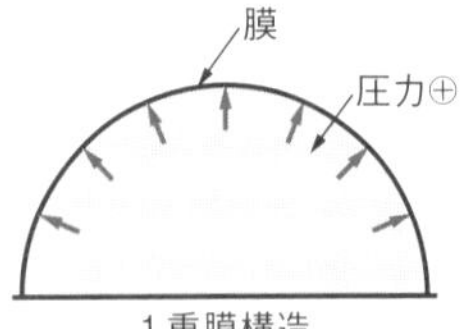

1重膜構造

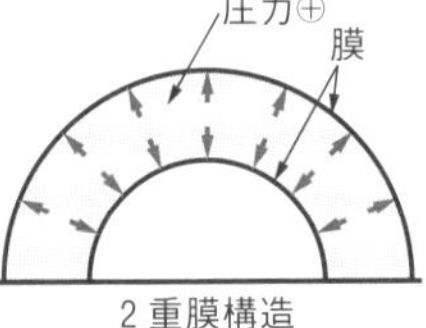

2重膜構造

空気膜構造では、膜で覆った空間に空気を送り込み、内部圧力を高めた空気膜を形成して、自重と外力に抵抗している。1重膜構造と2重膜構造があり、2重膜構造は、2重に貼った膜の間に空気を送り込んで空気膜のようにするもので、これによって剛性の高いパネルのようなものとなり、全体として曲げに抵抗することができる。

変わった膜構造

膜構造は自由なデザインが可能で透光性が高く、しかも自重が軽いため経済性・耐震性に優れているなどの利点があり、新たな膜構造の建築が次々に開発されています。

上海ギャラリープロジェクト。ETFE（エチレンテトラフルオロエチレンポリマ共重合体：Ethylene-Tetrafluoroethylene copolymer）をボックス状に貼り合わせ、中に空気を入れてブロックにした部材を組積させている。組積造と空気膜構造の複合構造。

膜構造でも比較的簡単な構造として**骨組み膜構造**があります。鉄骨などの材料でフレームをつくり、そのフレームに膜材を貼り付ける構造です。基本的には、骨組み材が水平力や鉛直力を支持します。

膜の材料は、PTFE（ポリテトラフルオロエチレン）材が多く用いられています。PTFE材の特徴として光の透過性があり、大きな明るい空間をつくることが可能になります。最近では、完全に透明なETFE材も膜構造に用いられるようになってきています。

身近な膜構造

身近な膜構造には、夏の暑い日によく見かける子ども用のプールがあります。円筒になったチューブに空気を入れて水の側圧に抵抗しています。そのほかにも、ビニールハウスは、骨組み膜構造の簡単な例です。オープンカーの幌も同様です。デパート壁面に吊り下げられた布でできた広告は、サスペンション構造の一種です。上下のヒモでテンションを加えられ風に対して形状を保持しています。

橋だけではなく建築でも使うケーブル構造

ケーブル構造は、ケーブルやワイヤーなど、引張り専用の線材で構成された構造です。大きな空間をつくるのに適した構造形式で、多くの橋にケーブル構造が採用されています。

細い材で大きなスパンを支持できるので、ケーブルの張り方でシンボリックな空間をつくることができます。

ケーブル構造は当初、橋梁で使用されていましたが、建築に使われるようになりました。日本で有名なケーブル構造の建築に国立代々木競技場があります。

より身近な身体感覚のケーブル構造としては、ハンモックがあります。そのほかにも日本の景色の一部になっていますが、電柱間の電線も自重の（たまに鳥が止まっていますが）ケーブル構造です。

ケーブル構造の計算のポイント

ケーブルのほとんどは寄り線と呼ばれる細い線が編まれてつくられています。太いケーブルでは、寄り線がさらに組み合わされて作られます。恒久的構造に用いられることも多く、橋梁などで用いられるケーブルは大きな耐久性が要求されることから、表面が被覆されています。建築で多く用いられるケーブル構造は、**張弦梁構造**（ちょうげんばり）です。上弦を鉄骨や木材などの剛性がある材料とし、上弦材と下弦のケーブル材をポスト材（支柱）で結ぶことにより、上弦材が小さくなります。下弦はケーブル材なので軽快な空間となります。

ケーブル構造の計算は、少し特殊です。通常の鉄骨造やRC造の建物計算では微少変形といって、ほとんど変形を起こさないことが前提となっていますが、ケーブル構造の場合は、大きく変形するために、微少変形の理論では危険な設計になってしまいます。ケーブル構造では、大きく変形すること（大変形）を考慮した計算（「幾何学的非線形解析」といいます）を

ケーブル構造の原理

ケーブル構造とは膜構造と同様に張力構造の一つで、引張り力により成り立っている構造形式です。橋梁をはじめ建築でも活用されています。

ケーブル構造はてこの原理と同じ

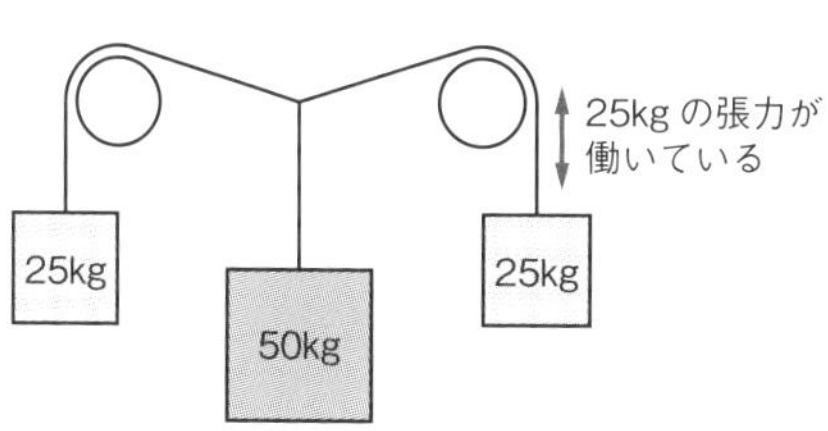

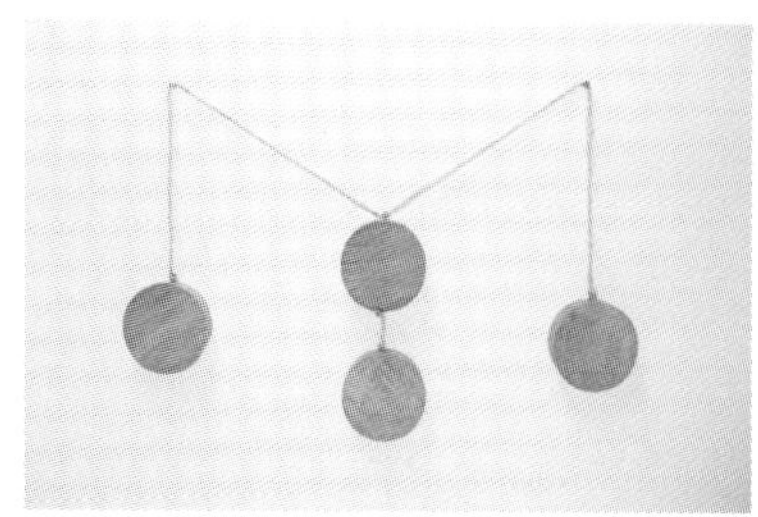
てこの原理と同様にバランスでつり合う。

たわんだものが張力により水平になる

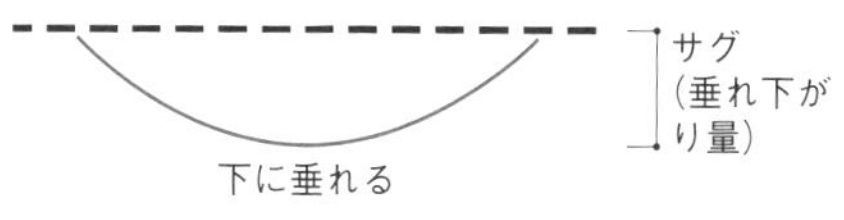

ヒモ（ケーブル）に力を入れていない状態。

ヒモ（ケーブル）を両側から引張った状態。力はヒモを介してつり合っている。

ケーブル材料

ケーブル（左：1×19、右：7×19）

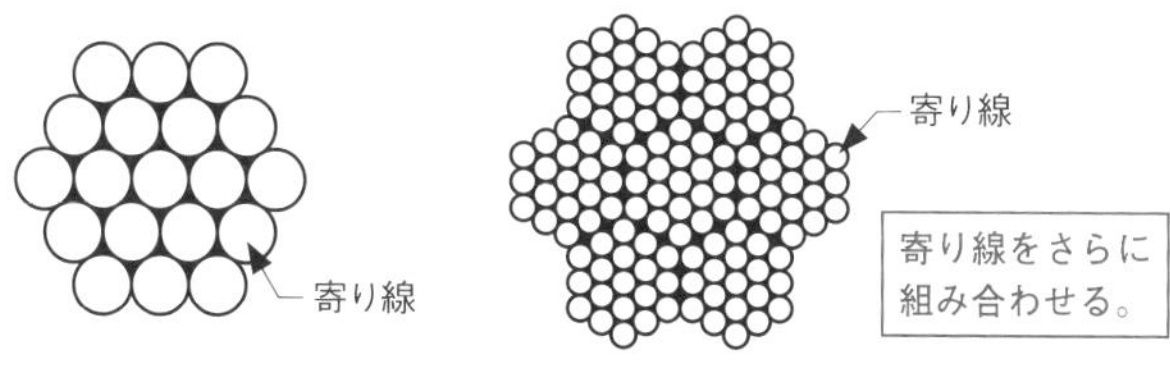

テンセグリティ構造とは?

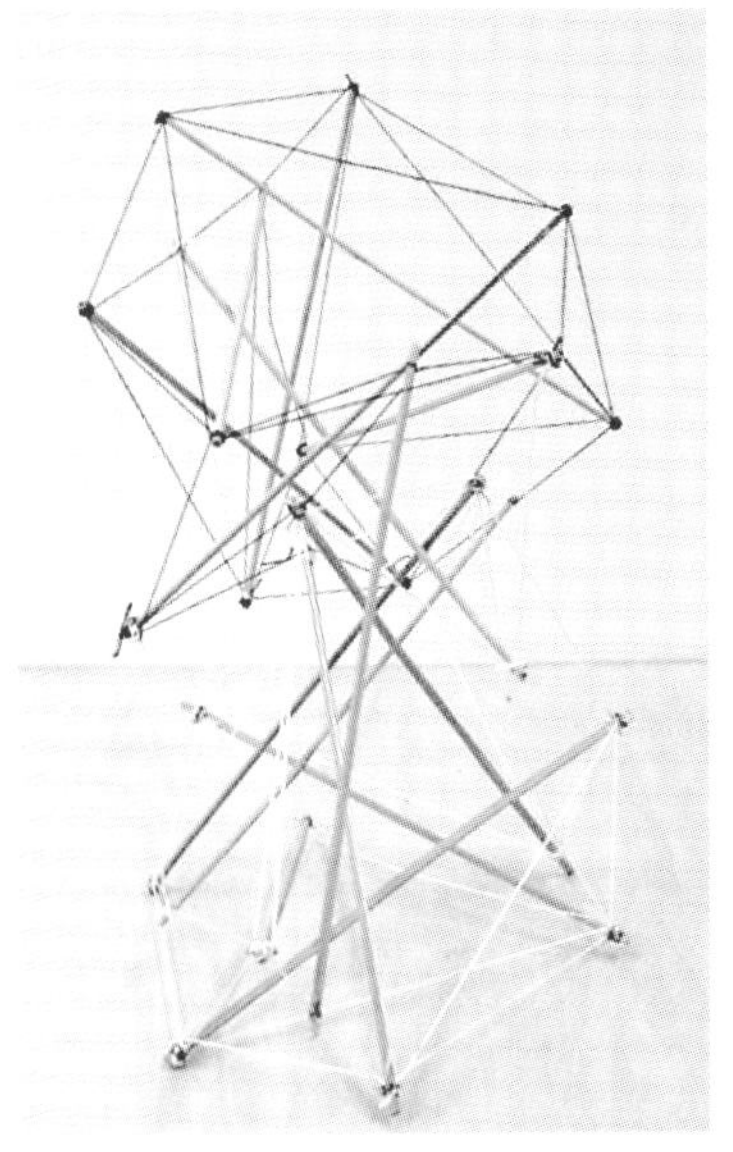

テンセグリティは圧縮材をワイヤーで支えた構造で、ケーブル構造の一種ともいえます。圧縮材どうしは接続されておらず、張力材とのバランスによって成立している（圧縮力と引張り力の両方で成立している）ような不思議な構造です。
テンセグリティ（tensegrity）とは、Tension（張力）とIntegrity（統合）からつくった造語です。

部材を極限まで減らしていったとき、テンセグリティ構造は最適な形状の一つだとも考えられています。

行います。ケーブル構造は、大きなスパンに比し、剛性が小さいため、風に大きく影響されます。アメリカのタコマ橋が横風のために落橋した有名な事故例があります。ケーブル構造は、剛性が小さく変形が大きいことから偏分布荷重や風による吹き上げ、温度変化による応力に対して計算を行う必要があるとともに、施工時緊張力の導入順番もその形状に大きく影響するため、施工段階での検討も必要となります。

古くから使われてきた構造形式、組積構造

建築基準法施行令52条には、**組積造**（そせきぞう）の材料としては、レンガや石、コンクリートブロックその他の組積材と規定されています。その他の組積材がどのような材料であるかを明示した資料はありません。施行令52条の2には、組積材の目地部全部にモルタル

組積造の特徴

組積造では、建材を積み上げて壁面をつくり、壁によって屋根や天井などの上部構造物を支えます。中東など、建築材に適した木材が入手困難であった地域では、土や日干しレンガ・石材などを用いて建築されました。木造建築が主流だったヨーロッパでも、オリエントから優秀な石造技術が伝えられると、防火の目的などで組積式を用いた石造建築が広まりました。

組積造は、基本的には壁式構造。水平力に抵抗できる強度さえあれば、まだまだ可能性のある構造なんだ！

組積造のボールト

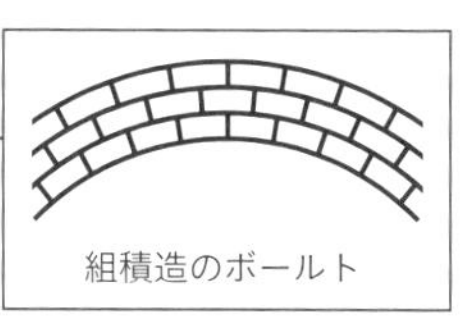

写真のボールトはレンガを曲面状に何層も重ねることで屋根や床をつくる工法。スペインカタロニア地方の建物に見られる。
組積造のボールトを利用することで、梁を入れずにレンガだけで屋根や床をつくることができる。

が行きわたることを規定しているので、ある程度固い材料が想定されていると思われます。

組積造の材料は？

建築基準法では明示されていませんが、一般的には組積造はある大きさをもった材を積み重ねてできる構造形式と定義できます。積み重ねられる強度があれば、どのような材でも組積材となります。海外では日干しレンガ・レンガ・石・木・氷などの材料が組積された例があります。木材の組積については、丸太組工法や校倉（あぜくら）造りがあります。なお、丸太組工法は平成14年国交省告示411号で規定されています。ちょっと変わったところでは、無筋コンクリート造が組積造に準ずる構造形式として、施行令80条で規定されています。

組積造が日本で普及しない理由

組積造は非常に古くからある構造形式で、ピラミッドはその代表です。施工方法は比較的簡単なのですが、組積材は重く施工が大変です。その反面、素人

さまざまな組積造

組積造は古くからの構造形式ですが、古い建物だけでなく、古い形式を現代に生かした新しい組積造の建築物など、さまざまな建築物があります。

代表的な組積造の建築物

石灰岩を組積してつくられたエジプトのピラミッド①は組構造の建築物である。②富岡製糸場。木のフレームの内側にレンガの壁が見える。

木を使った組積造の建築物

木材の組積造では、角材を井桁に組み合わせて積み上げ、壁にした正倉院宝庫の校倉（あぜくら）造り（写真③）や現代のログハウス（写真④）などがある。

木を組積した新しい建築物

写真⑤は筆者が手掛けたCOEDA HOUSE（静岡）。通常柱に用いられる角材を組積してつくられている（設計：隈研吾建築都市設計事務所）。写真⑥は施工途中の写真。角材を積み上げただけの構造であることがわかる。

組積の材料

コンクリートブロックは、組積造（メーソンリー）の一種です。組積の材料としては、ブロックのほかにレンガ・石などもあります。変わった組積としては、氷や土のブロックによる家もあります。

レンガの組積造

氷の組積造

土（日干しレンガ）

でも見よう見まねで施工ができます。また、少しむくりをつけて平面的にレンガを並べていくと、アーチの効果により組積で床面がつくれます。

日本の組積文化には、お城の堀があります。自然の石をランダムに積み上げた石垣から整然と積んだ石垣、なかには石垣が反っているものもあります。一部壊れたところもありますが、多くは長い年月、地震にも耐えてきています。

しかし、残念ながら、関東大震災で多くのレンガ造建物が倒壊したために、危険な建物との認識が一般化し、普及している工法とはいえません。壁式構造と同じように、もともと壁量を確保して水平力に抵抗する構造なので、適正な壁量を確保すれば安全な建物として設計可能です。

鉄筋を通し補強すればブロック造でも建築可能

ブロック造は組積造の一種です。孔の空いた直方体のコンクリートブロックを積み重ねて建物を建設します。ブロックは安価で、中実のコンクリートに比べると軽いので人力での持ち運びが可能です。ゴミ置き場や自転車置き場などの簡易的な建物に使われることも多いのですが、小さく持ち運びやすいので、高層ビルの間仕切り壁にも多く使われていました。

最も多い利用例が、戸建て住宅の境界塀です。施

おもなブロック造

ブロック造のおもな特徴は次の2つです。
①工場生産のコンクリートブロックを現場で組積する
②鉄筋を挿入して補強し、積み上げる

コンクリートブロック造

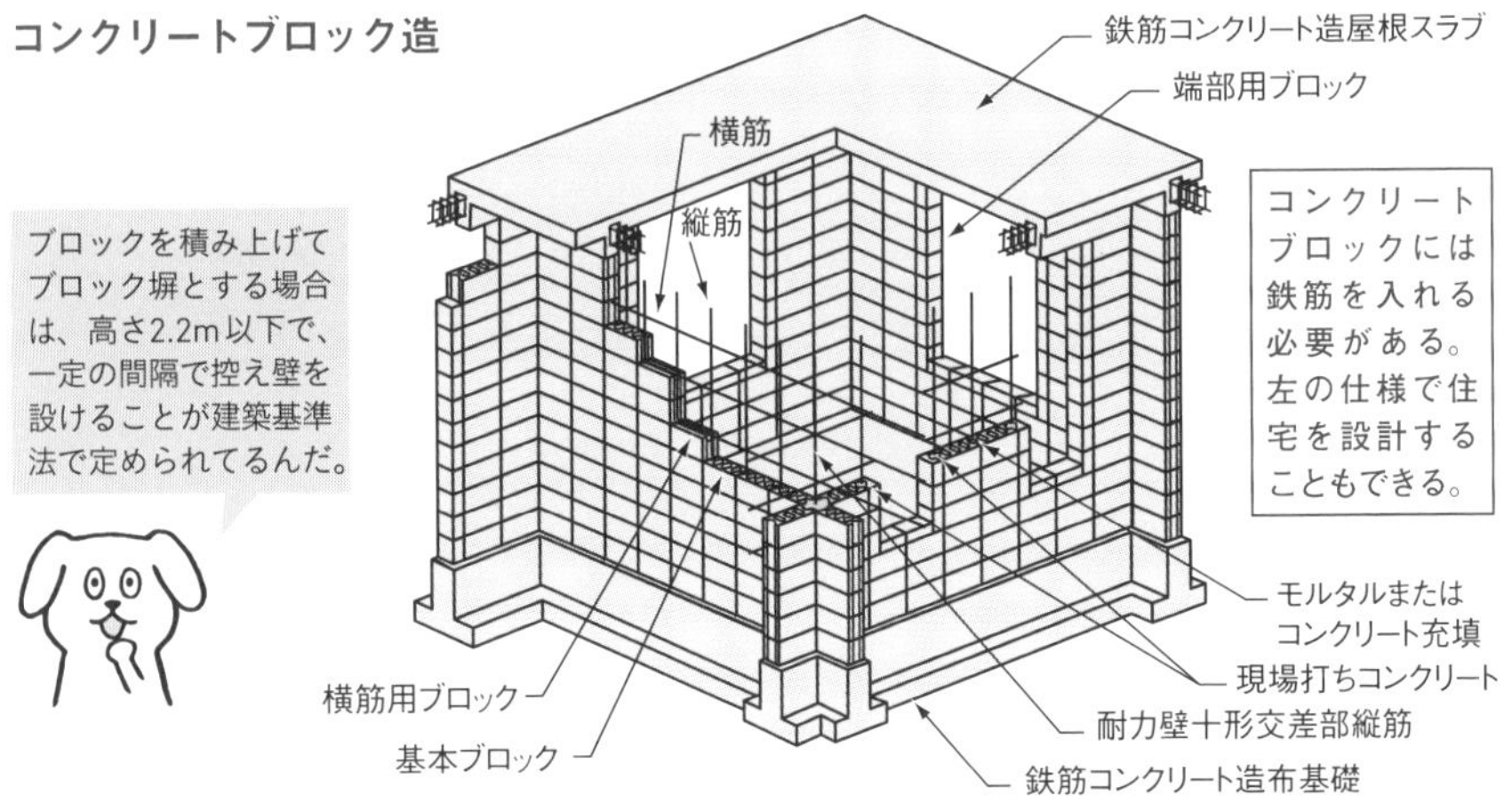

型枠ブロック造

耐力壁端部縦筋D13以上
現場打ち
コンクリート
開口部下縁の横筋
D13以上
縦筋
D10以上
横筋D10
以上
t：150, 180, 200
30以下
390
h：190
1枚壁の例
2h/3以下

通常目にするコンクリートブロックとは少し形が異なる。このブロックを型枠として内にコンクリートを入れていく。

（出典：『構造用教材（1995改）』日本建築学会）

コンクリートブロック壁（塀）

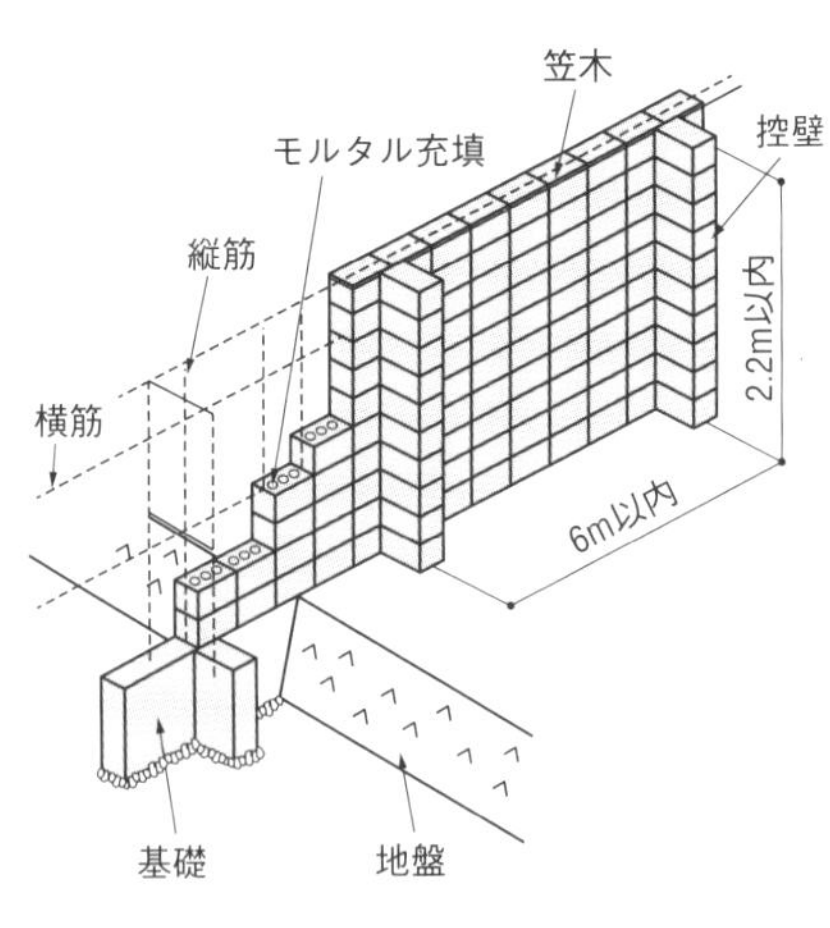

町中でよく見かけるコンクリートブロック。これも鉄筋を入れることが必要。

（出典：『構造用教材（1995改）』日本建築学会）

ブロック造の目地

芋目地

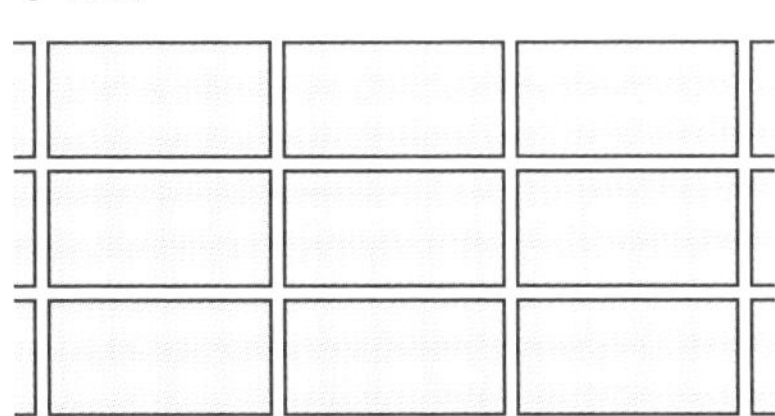

コンクリートブロックの孔に鉄筋を通す場合は通常、縦・横とも目地が一直線となる芋目地となる。

馬目地

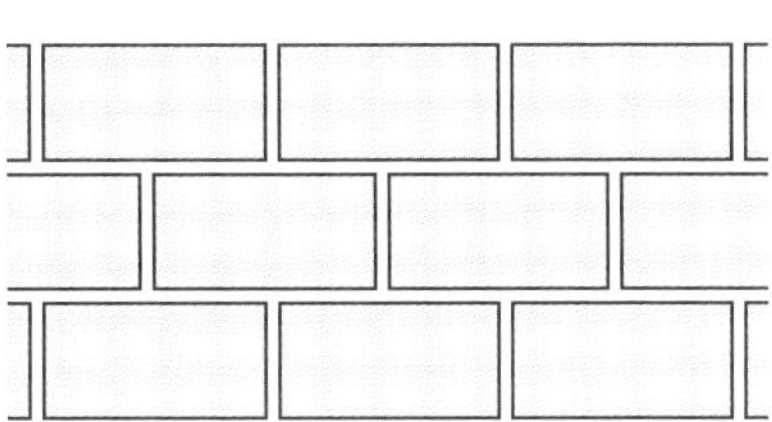

鉄筋を通さないブロック造では馬目地（破れ目地）にしたほうが、剛性・強度とも増す。

工が簡単、人力で運べるので、どんな狭いところでも施工できます。

ブロック造の特徴と設計方法

ブロック造といっても、ブロックだけでは崩れやすいので、ブロックの孔の中に鉄筋を通して配置し、コンクリートを詰めます。また、各段ごとにコンクリートにより水平性を確保するとともに、ブロックどうしを緊結します。床位置には、RC造の臥梁を設けて床を支持するとともに、ブロックに鉛直および水平荷重を伝えます。

このような建物の場合、正確には**補強コンクリートブロック造**といいます。なお、補強コンクリートブロック造より耐震性を向上させた**型枠コンクリートブロック造**もあります。

設計方法の詳しい説明は省きますが、基本的には壁式鉄筋コンクリート造と同様に、壁量を多く確保することにより鉛直荷重および地震に対する性能を確保します。

ブロックの種類にはA種からC種まであります。A種は重量が軽く強度も小さい、C種は重量が重く強度も大きいブロックです。

コンクリートブロック壁は非常に多く、いろいろなところで見かけます。昔は、特に厳しい基準もなく施工が可能であったため、無筋のブロック塀も多いので、注意が必要です。

column

小さな構造

——どんなものにでも構造はある——

さまざまな小さな構造

	分類	構法	材料
①	昔からある材料や構法を応用したもの	嵌合・組積	木材、石、布、紙、磁石、竹
②	新しい材料や構法を試す過程で出来上がったもの	接着、持たれかけ構法	PTE、PE、アクリルとハニカムのパネル
③	実在の建築や物の一部分を抽出したもの	単純梁構造、ドーム	炭素繊維より線、発泡スチロール
④	日用品を構造体としたもの	ドーム	傘、防災頭巾

「構造」というと、大きな建築や土木を支える複雑な架構、難しい理論のことを思い浮かべる人が多いかもしれません。しかし、どんな小さな「もの」にも構造があります。たとえば、紙に鉛筆で字を書くとき。紙と鉛筆の間や、指と鉛筆の軸との間にも、支点、力、反力などの関係、つまり構造があります。これらがバランスよくつり合ってはじめて紙に字が書けるのです。椅子やテーブル、棚などの家具も構造なくしては成り立ちません。

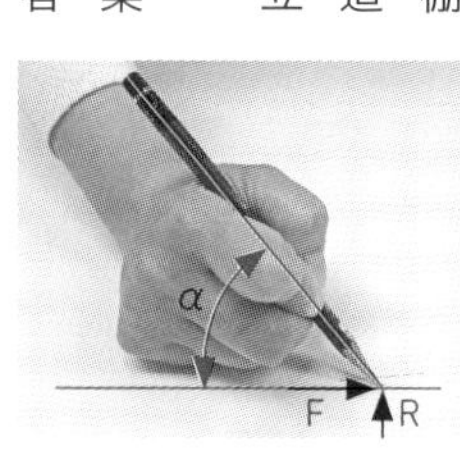

家具以上、建築未満のものを筆者は「小さな構造」と呼んで、たくさんつくってきました。これらを分類すると、①古くからある材料や構法を応用したもの、②新しい材料や構法を試す過程で出来上がったもの、③実在の建築や物の一部分を抽出したもの、④日用品を構造にしたもの、などに分けられます。

「小さな構造」はモニュメントやインスタレーションとして依頼されたものもありますが、手弁当の実験や試作もたくさんあり、経済的には厳しいです。しかし、実際に自分で材料を扱い、組み立てる作業を通して体得される「構造的なカン」はとても大切です。「小さな構造」を通して、基本を確認したり、建築全体を俯瞰する力が養われたり、新しいアイディアが生まれたり……「小さな構造」から得られるものにはとても大きなものがあります。

構造基礎
構造力学
構造計算
地盤
耐震設計
構造実務

小さな構造の実例

①［左・中］板の嵌合によるパビリオン。強度試験も実施（上海パビリオン/中国 2013年）。［右］棒状の大理石の嵌合。

②ペーパーハニカムをFRP板で挟んだパネルを持たれかけ構法で自立させた。強度試験、有限要素法による構造解析も実施（Paper Snake/韓国 2005年）

③［左］炭素繊維より線を使って耐震補強したオフィスビル（小松マテーレ本社/石川 2015）。［中・右］しなやかさと強さを応用したパビリオン（Tokyo Tower ×湯道/東京 2016年）

④傘の骨組みと布とファスナーで構成したパビリオン（洋傘のドーム/イタリア 2008年）

011 地震に対する建物の構造には何がある？

地震に対しては大きく分けて次の3つの方式で抵抗します。

耐震構造

制振構造

免震構造

地震に抵抗する方法は耐震・免震・制振

建物が受ける地震の被害を小さくするには、大きく分けて3つの方法があります。

1つ目は建物強度を大きくすること（耐震構造）。2つ目は地盤から建物に伝わる地震力を低減させる構法とすること（免震構造）。3つ目は建物が受ける地震力に抵抗する装置を用いること（制振構造）です。制振構造は耐震構造に分類されることもあります。

建物の強度で地震に抵抗する耐震構造

耐震構造とは、地震時に建物が受ける水平力に対して、部材の強度で抵抗するように設計された構造

耐震構造

耐震構造とは、柱・梁などの部材の強度を上げる、壁を耐震壁にする、壁にブレースを設けるなどして、構造躯体の強度で地震力に抵抗する構造です。通常の一般的な建物は耐震構造で設計されています。

阪神・淡路大震災や東日本大震災を経験した日本の建築にとって、耐震と制震は重要な課題だ。それぞれの基本構造など、しっかりと理解しておくんだよ！

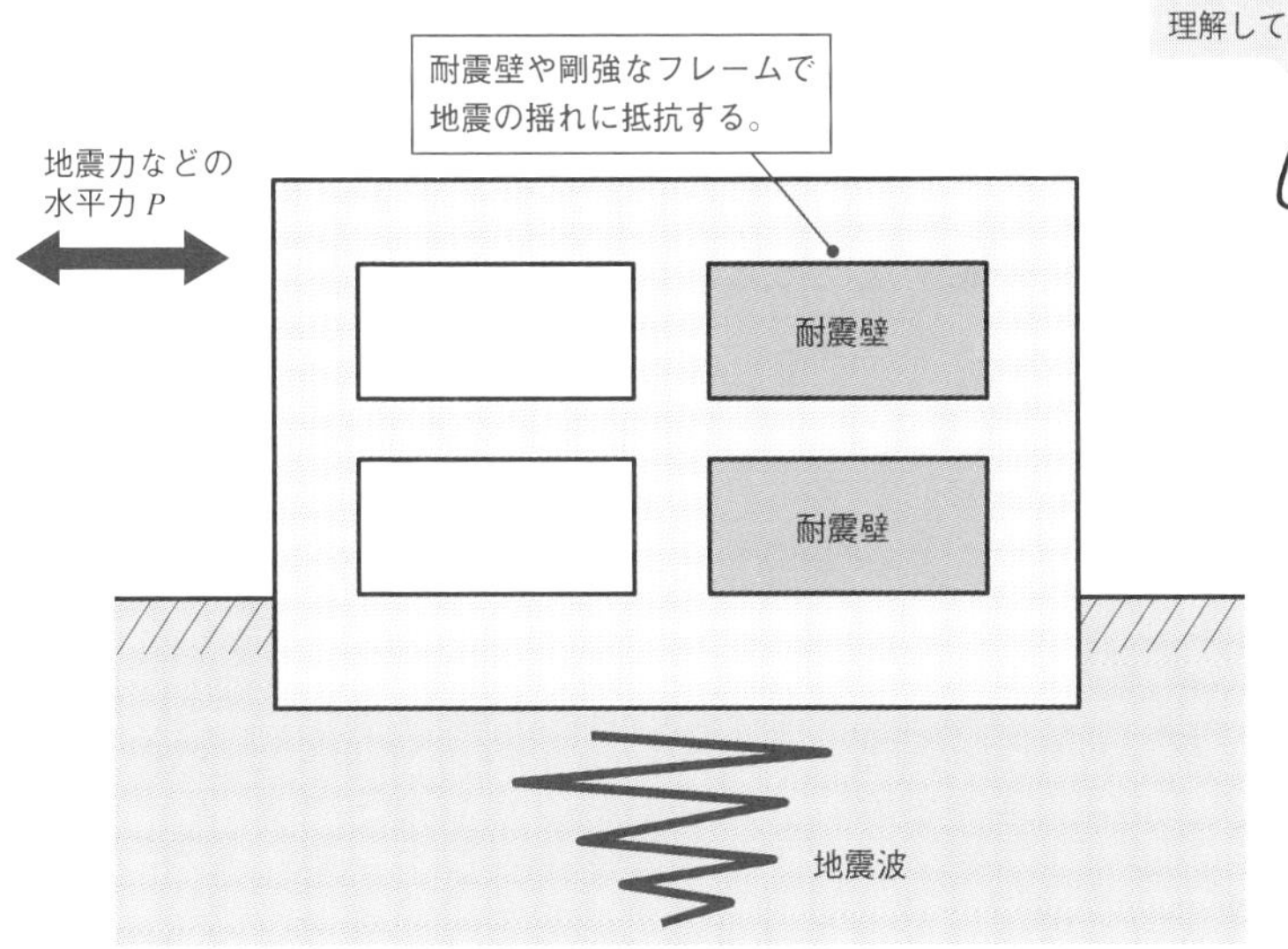

…です。

耐震要素となるおもな部材は、柱と梁で構成されたラーメンフレーム・壁（耐震壁）・ブレースで、鉄筋コンクリート造（RC造）のラーメン構造・耐震壁付きラーメン構造・壁式構造や、鉄骨造のラーメン構造・ブレース構造の建物が耐震構造となります。木造は耐力壁の設置（壁量の確保）が義務づけられているため、基本的には耐震構造の建物として設計されます。部材の断面が大きいほど抵抗できる地震のエネルギーが大きくなるため、耐震構造の建物では一般に柱や梁の断面が大きくなります。

耐震構造の建物を設計する場合、建物の耐用年限中に「少なくとも1回は遭遇するだろう中小規模地震」では大きな損傷はせず、「ごくまれに遭遇する大地震」では倒壊しない性能を確保しなければなりません。

中小規模地震では部材を絶対に壊さない設計とすることにより地震力に抵抗し、大地震時には部材が部分的に降伏することで地震エネルギーを吸収して抵抗します。

制振構造

制振構造とは、ダンパーなどの制振装置に地震のエネルギーを吸収させ、建物が受ける地震力を軽減する構造です。オイルダンパーや粘弾性ダンパーなど、電気を使わないパッシブ制振と、地震が発生したときに機械を用いて地震とは反対の方向の振動を起こすアクティブ制振があります。超高層のオフィスビルや超高層マンションの多くが制振構造で設計されています。

写真は車に使われるダンパー。建築物の制震には、車のダンパーと同じしくみのものが使われる。

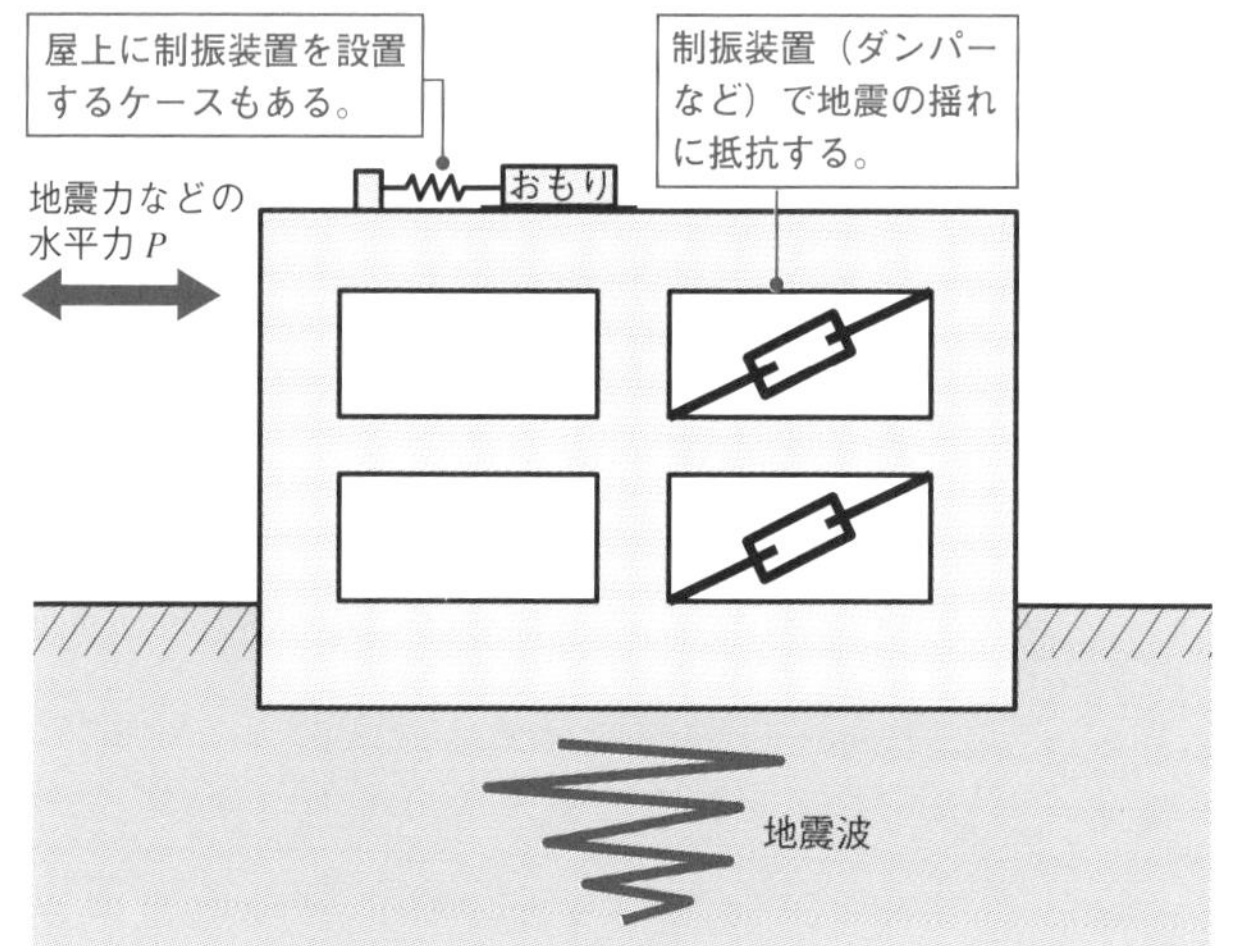

ダンパーなどが地震エネルギーを吸収したり、柱や梁より先に制振部材が降伏することで地震エネルギーを吸収するんだ！

装置を利用して地震に抵抗する制振構造

制振構造は、建物が受ける地震力に対して、装置を利用して地震力に抵抗する構造です。装置に地震のエネルギーを吸収させ、建物が受ける地震力を軽減させます。

制振装置にはエネルギー吸収型と振動制御型の2つがあります。エネルギー吸収型の代表的な装置は**ダンパー**です。ダンパーは建物が受けた地震力を熱エネルギーに変えることで、地震力を低減します。ダンパーには、オイルダンパー、粘弾性ダンパー、鋼材ダンパーなどがあります。ダンパーが地震エネルギーを吸収するので、柱や梁などの部材断面の大きさを比較的抑えることができます。

一方、建物の屋上部分におもりを設置し、おもりの振れで地震の揺れをコントロールする制振方法もあります。機械を使わず装置を調整するだけで揺れ

免震構造

免震構造とは、積層ゴムなど水平方向に変形しやすい免震装置を基礎部分などに設置して、建物の固有周期を長くすることで地震波との共振を防ぎ、地震力を低減する構造です。ダンパーなどで地震力を減衰させる装置も設置します。超高層のビル・マンションのほか大型病院などに多く採用されています。

免震構造には基礎免震のほか、免震層の位置によって地上階免震、中間階免震・柱頭免震があります。建物の立地条件などで選択します。既存の建物に免震層を設けることもできます。

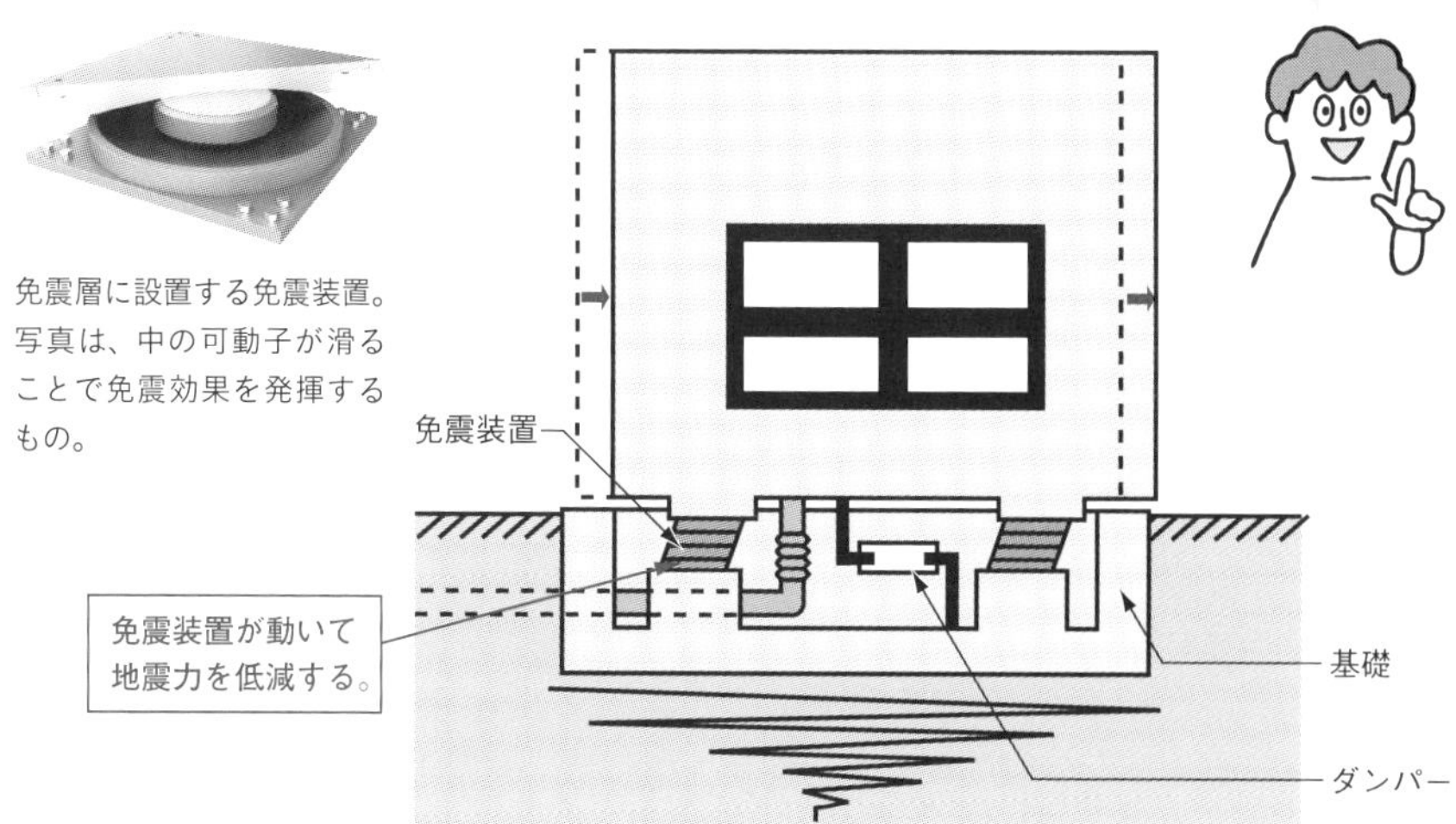

免震層に設置する免震装置。写真は、中の可動子が滑ることで免震効果を発揮するもの。

をコントロールする**パッシブ制振**と、機械で地震時の振れを調整する**アクティブ制振**があります。

制振構造は地震だけでなく、超高層建築や塔などの風による振動への対策としても有効です。

装置を利用して地震が伝わりにくくする免震構造

免震構造とは、建物に非常に柔らかく大きく変形する部分（免震層）を設けて、地盤から建物に伝わる地震力を低減するシステムです。

免震構造を設計するポイント

地震波で影響力の大きい周期のことを**卓越周期**（218頁参照）といいます。地震時に、地震波の卓越周期と建物の固有周期が同じになると揺れが重なり、建物は激しく揺れる（共振する）ことになります。地震波の卓越周期は、一般的には1～2秒くらいです。免

免震構造の設計時の注意点

①クリアランスをとる

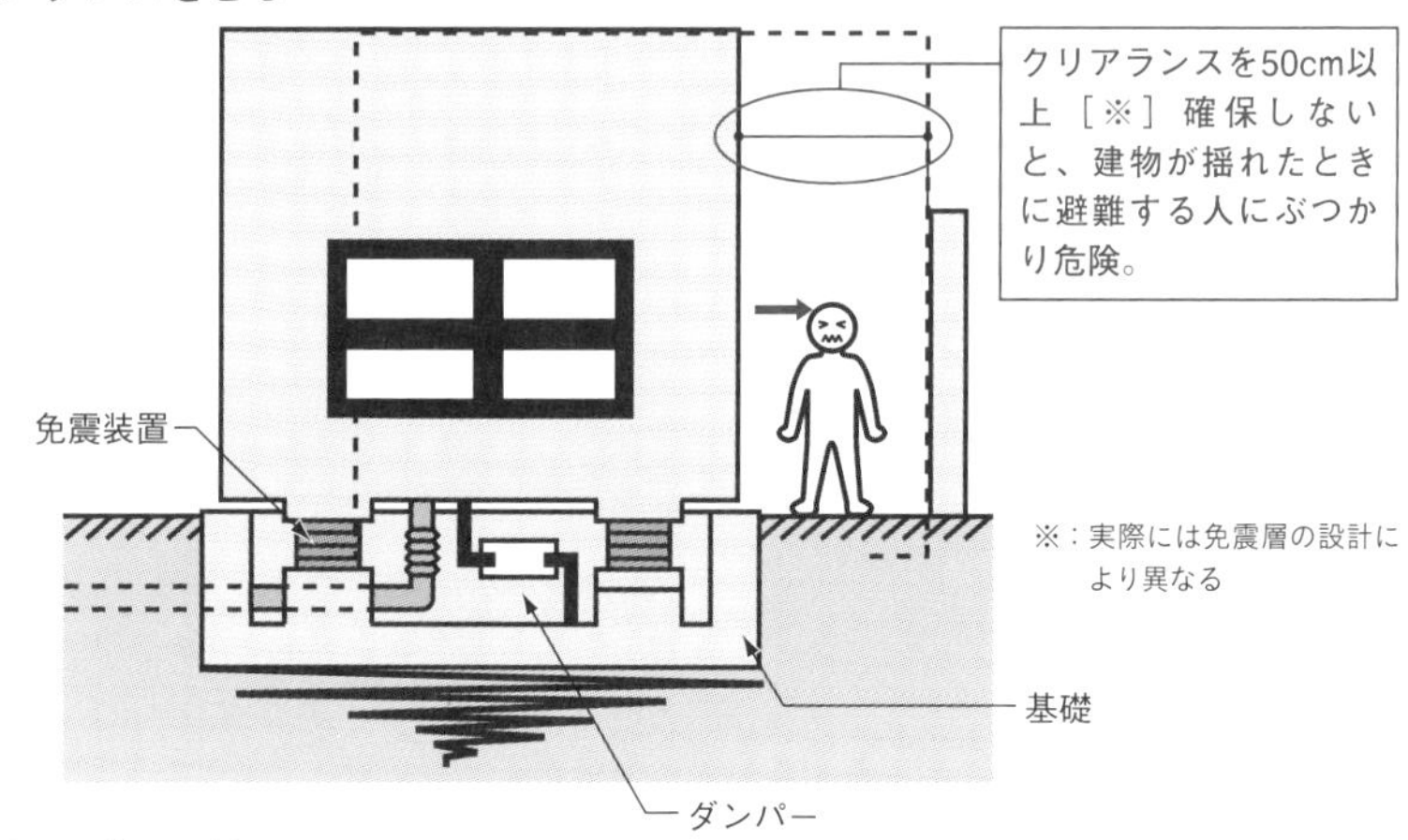

②フレキシブル配管

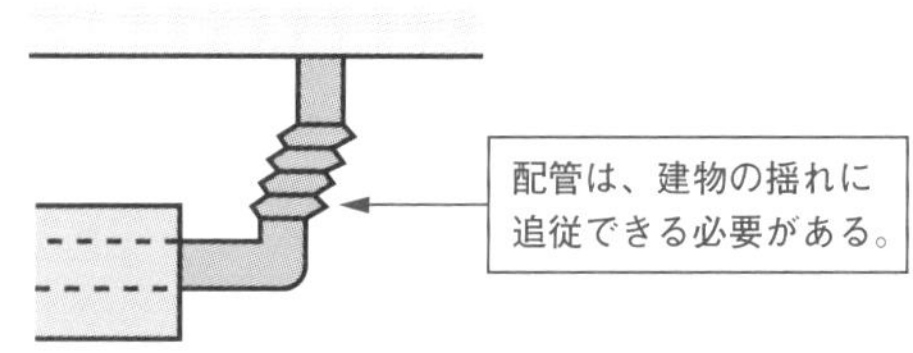

配管は、建物の揺れに追従できる必要がある。

震装置を使うと、建物の固有周期が3～4秒になり、地震波の周期と建物の固有周期が重なるのを防ぐことができます。建物は免震装置だけでは揺れが止まらないので、ダンパーと呼ばれる地震力を減衰させる装置も設置します。

免震では、免震層を基礎部分に設ける**基礎免震**が多く採用されていますが、建物の任意の階に設けることも可能です。基礎免震では、基礎の上部に免震装置を置き、その上に建物本体を載せます。免震装置には、ゴムと鉄板が交互に挟まれた積層ゴムが使われることが多いのですが、積層ゴムは剛性が大きいため、RC造や大きな建築に用いられ、比較的重量の軽い戸建住宅では転がり支承や滑り支承（次頁図）が用いられます。

免震計画で注意すべきは、隣接地とのクリアランス（すき間）の確保です。免震建物は地震時に大きく移動するため、隣地とのクリアランスを十分に確保しなければなりません。また、将来のメンテナンスも考えて、免震層に人が入って作業ができるだけのスペースを確保することも必要です。さらには、免

免震装置の種類

積層免震ゴム

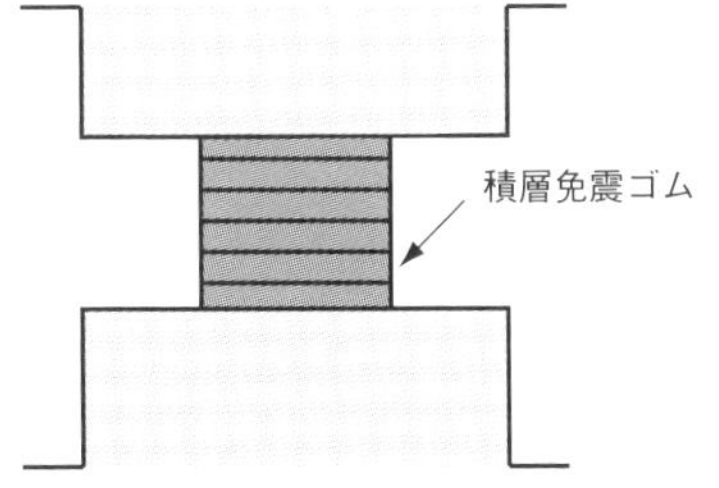

積層免震ゴムの変形で地震力を低減。

転がり支承

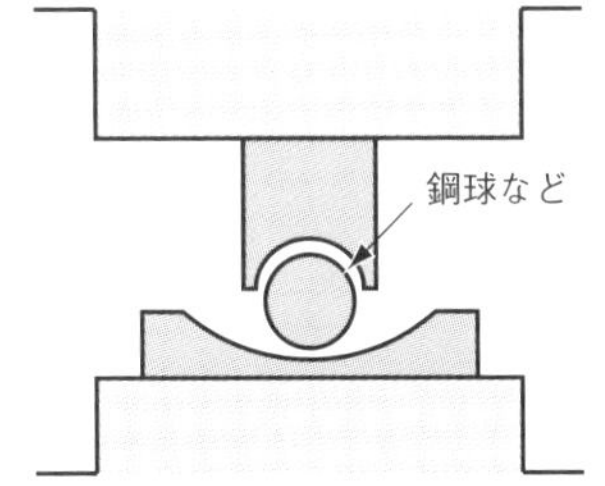

鋼球などが転がることで地震力を低減。

滑り支承

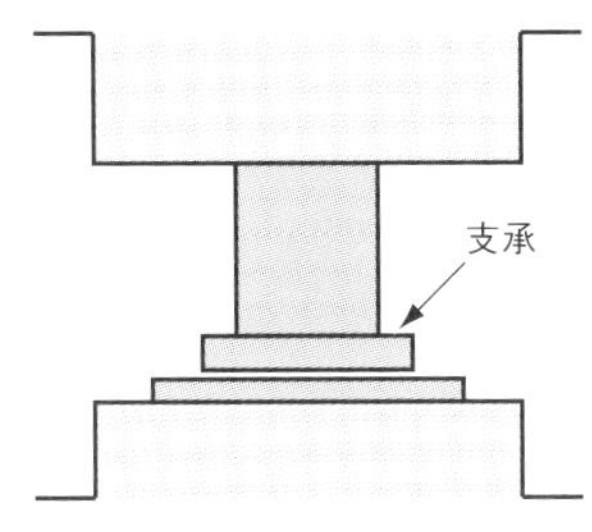

ステンレス板等の上を支承が滑ることで地震力を低減。

震建物は強い風でも揺れる可能性があるので、強い風が日常的に吹く場所では、居住性に影響がないかも考慮する必要があります。

長周期地震動への対応

以前は、地震の固有周期は1~2秒とされてきましたが、多くの地震計が設置されたことや地震のメカニズムに対する知見が増えたことで、最近では、3秒を超える長周期地震があることがわかってきました。免震装置を設計するうえでは、この長周期地震動に対する検討も十分に行われる必要があります。

column

名建築から学ぶ力の流れと構造

古来、人々はより広く、より高い空間を確保するために、煉瓦の組積でアーチやドームをつくったり、立体トラスでシェルをつくったりと試行錯誤を繰り返してきました。産業革命以降は新しい材料が続々と登場したので、新しい構造への挑戦も次々と行われてきました。成功して現在も使われている構造は、いかにうまく力を流し、地盤に伝えているかという共通点があります。

力の流れをとても合理的に美しく表現している建築として、国立屋内総合競技場（現国立代々木競技場第一体育館、設計：丹下健三、構造設計：坪井善勝、1964年竣工）があります。吊り屋根構造として有名で次頁図のように、1組のケーブル構造をメインとして、鉄骨造の屋根を吊っています。屋根から伝わる力は境界アーチで受けていますが、これは圧縮リングでもあり、この圧縮リングの内側はスタンドになっています。

もうひとつ、異なった考え方の例としてアオーレ長岡（設計：隈研吾、構造設計：筆者、2012年竣工）紹介します（112頁図参照）。この施設はアリーナと2棟の市庁舎と広場（通称ナカドマ、マエニワ）からなります。3棟は鉄筋コンクリート造（RC造）による耐震壁付きラーメン構造ですが、この地域は多雪区域であり、また2004年の中越地震の震源地が近いことなど荷重条件が厳しい上に、ナカドマを覆う約50mスパンの屋根が求められました。

3棟の建物で囲まれたナカドマの屋根には、鉄骨トラス（ワーレントラスとフィーレンディールトラスの複合トラス）が採用されています。そして、同じ構法をアリーナ棟の屋根にも採用し、2枚の大きな屋根で、高さの異なる3棟の建物をつなぐことにしました。このトラス屋根には、通常は免震システムで使われる滑り支承とダンパーを用いて、建物本体に入力する水平力が低減される方法「連結制振システム」が採用されています。

国立屋内総合競技場はすべての荷重を上から順に地盤に伝えている一方で、アオーレ長岡は地震や風などの水平力を減衰させてから地盤に伝えているという違いがあります。

国立屋内総合競技場の構造

構造設計の世界では、目に見えない力（荷重）が伝達する様子を“力が流れる”と表現します。国立屋内総合競技場は、この力が流れる様子がよくわかる名建築です。吊り材により生じた下向きの力はメインケーブルや圧縮リングを伝わり、水平方向の荷重は、構造躯体でバランスし、鉛直方向の荷重は地盤に伝わります。

力の流れ

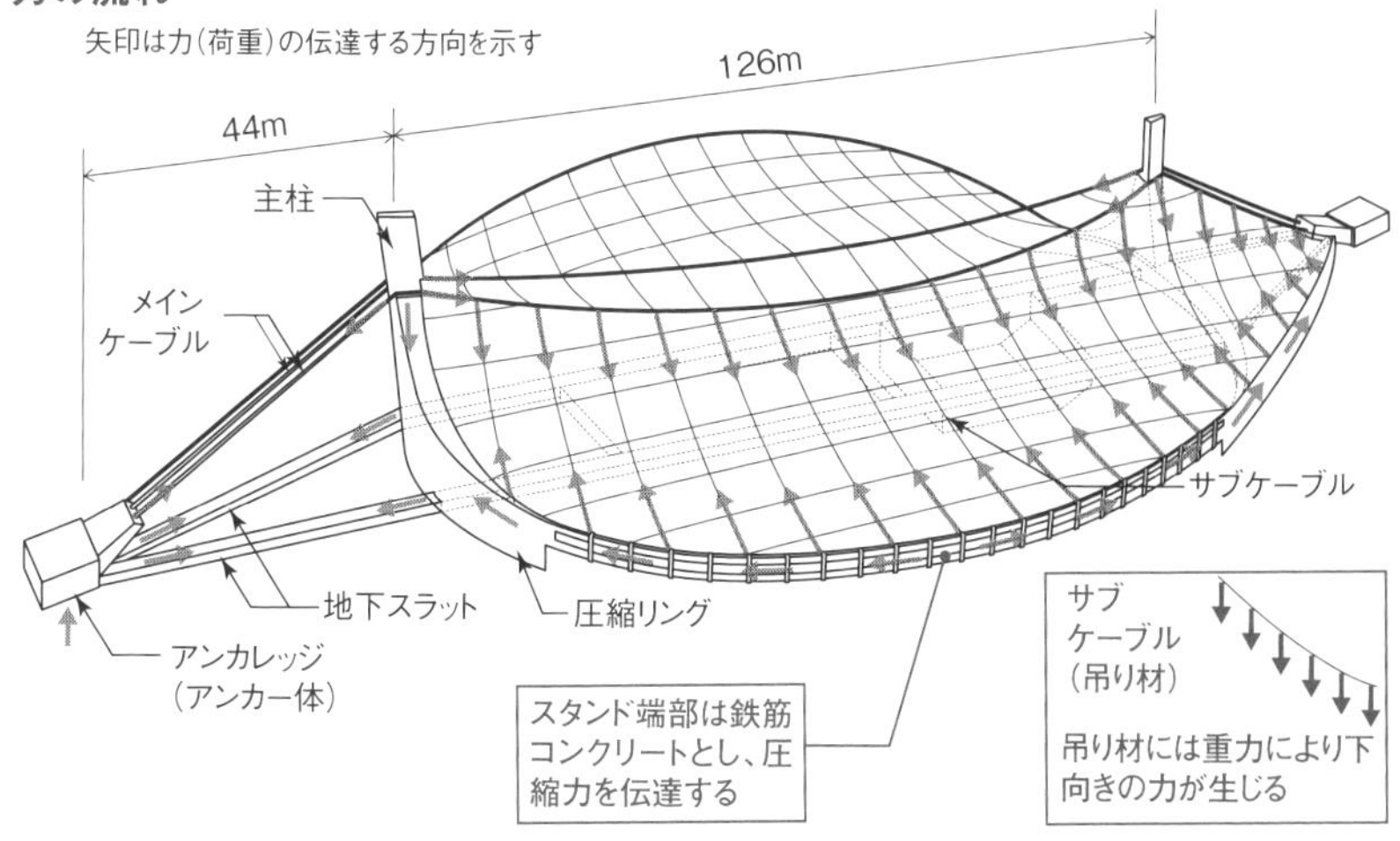

ケーブル吊り屋根と構造

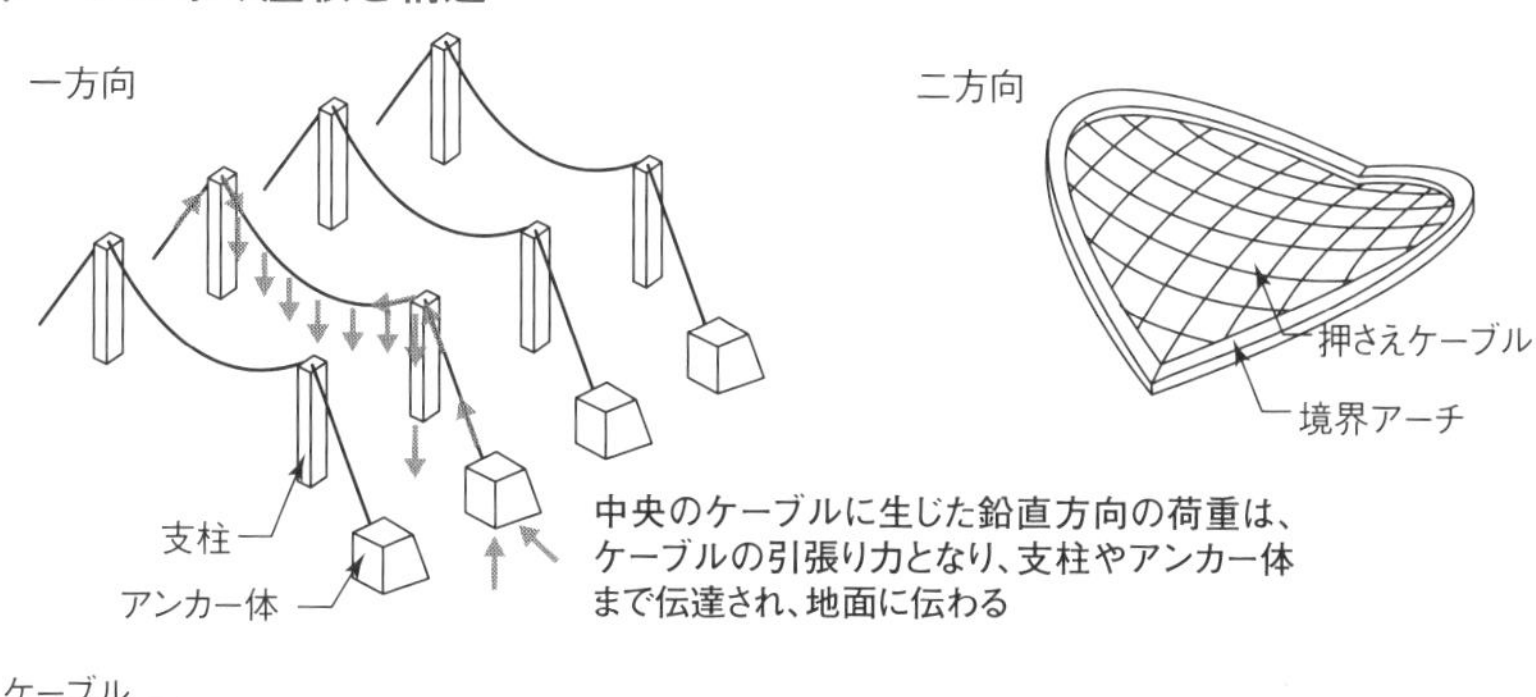

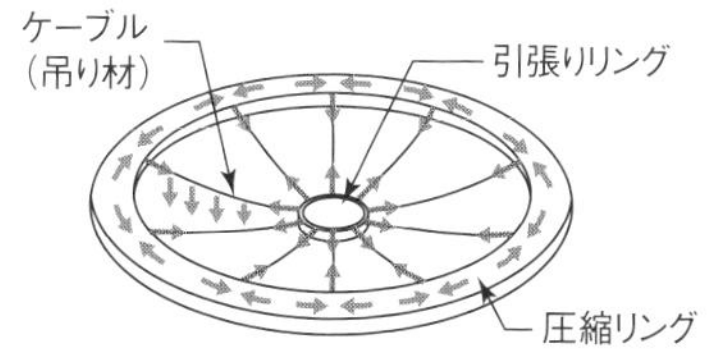

吊り材（ケーブル）に生じた鉛直方向の荷重は、ケーブルの引張り力となる。外周のリングは内向きに一様に力が生じているので、リングが縮まる方向に力が働き、圧縮力が生じるため「圧縮リング」といわれる。逆に内側のリングでは外向きに力が生じるため「引張りリング」となる

アオーレ長岡の構造

ナカニワを囲んだ3棟の建物からなる施設で、大きなトラス屋根が特徴。屋根は中庭を覆うだけでなく、大きな積載荷重に耐え、地震力や温度応力を低減させるシステムが組み込まれています。

上｜マエニワよりナカドマを見る
下｜鉄骨トラス屋根を見上げる

平面

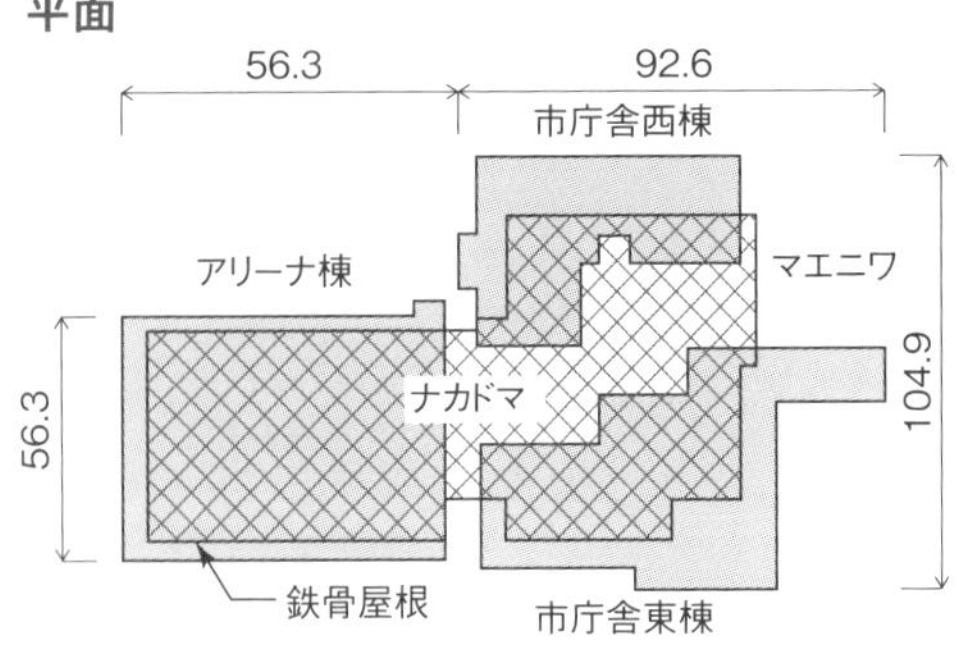

鉄骨屋根の連結概念図

屋根から本体への力の流れ

屋根には「①支承」「②水平ダンパー」「③鉛直ダンパー」からなる制振システムが採用されています。それぞれ次のような役割を担っています。

A：屋根自重、積雪荷重などの鉛直荷重を下部RC建物へ伝達する　→①支承

B：温度応力・ひずみに対して変形を拘束しない　→①支承・②水平ダンパー

C：鉄骨屋根に生じる地震力を下部のRC造建物に伝達する　→②水平ダンパー

D：地震時鉄骨屋根の上下動に対し支承の浮き上がりを生じさせない　→③鉛直ダンパー

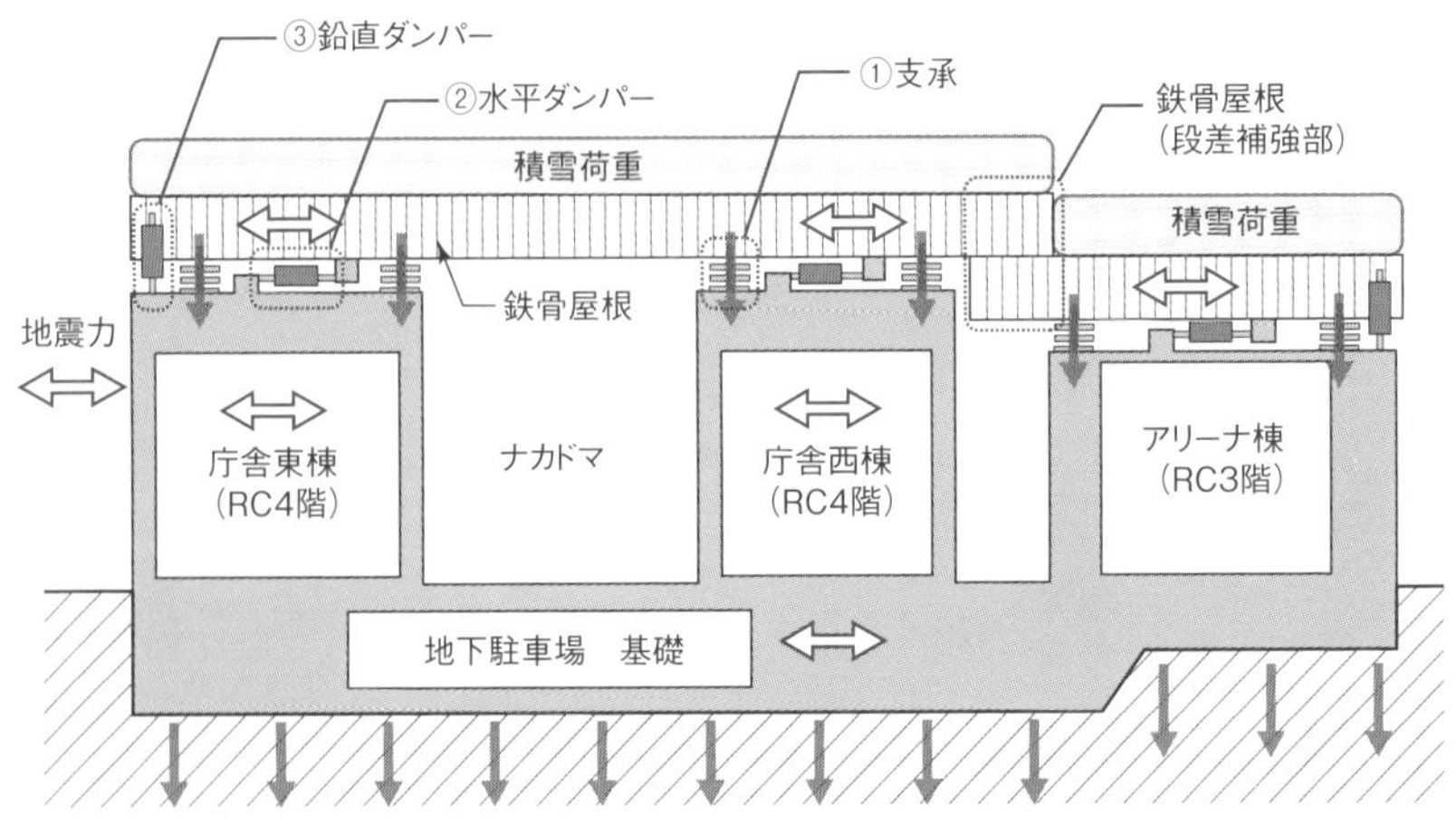

2章 構造力学

012

建築構造で使用するSI単位とは？

建築で使う単位は国際単位系の「SI単位」と決められています。

SI単位でも日常的な感覚をもてるように、日頃から心がけましょう。

SI単位は世界共通の基本単位である

少し前までは、構造計算を行うときには工学単位系（mks単位系）やcgs単位系が使われていました。実際には単位系は厳密ではなく、架構の応力を取り扱うときにはtやmの単位、部材断面を取り扱うときにはkgやcmが用いられていました。しかし、1991年にJIS Z 8203（国際単位系（SI）およびその使い方）が規定されたため、**SI単位**への移行が始まりました。

1999年に移行の猶予期間が終わり、現在では建築基準法もすべてSI単位に変わっています。確認申請業務においてもSI 単位を用いることが義務づけられています。

建築で必要な単位―SI単位と尺貫法

SI単位では、応力度など力の単位としては㎜、N

建築で使用する単位

建築で使用する単位は以下の表のとおりです。最初に戸惑うのが、「質量」と「重量」の違いかもしれません。質量と重量の関係は〈重量＝質量×重力加速度〉で、重量は重力加速度によって変わります。重力加速度は9.80665 m/s^{2}ですので、

1kg × 9.80665 m/s^2＝1kgf（キログラム重）＝9.80665 N

となります。端数が出るので実際は1 kgf ≒ 9.8 N や1 kgf ≒10 N で計算します。

国際単位系(SI)[基本単位]

分類	単位記号	備考
長さ	m	メートル　meter
質量	kg	キログラム　kilogram
重量	kgf	重量キログラム　kilogram-force
力	N	ニュートン　newton
時間	s	秒　second

構造力学に関する単位

分　類	単位記号(カッコ内はCGS単位系)	関連のある用語
断面1次モーメント	cm^3、mm^3	図心
断面2次モーメント	cm^4、mm^4	たわみ、曲げ剛さ
断面係数	cm^3、mm^3	曲げ応力度
曲げ応力度	N/mm^2(kg/cm^2、t/m^2)	断面係数
ヤング係数	N/mm^2(kg/m^2、t/m^2)	たわみ、曲げ剛さなど

SI単位は、普段日常的に使っている単位と違うから注意が必要だね。まずはSI単位に慣れることが大切だよ！

知っておきたい日本の単位

建築で用いられている日本の単位(尺貫法など)

分類	単位	備考
長さ	**間**(けん)	6尺＝1.818 m
	尺(しゃく)	1尺＝0.303 m
	寸(すん)	1寸＝0.1 尺＝0.0303 m
	分(ぶ)	1分＝0.1 寸＝0.00303 m
面積	**坪**(つぼ)	1坪＝3.305 m^2
	畳・帖(じょう)	1帖＝0.5 坪＝1.6525 m^2
長物	**束**(そく)	束ねたものを数える
	丁(ちょう)	木材系の細い物を指す場合に使う
	本(ほん)	柱や梁を指す場合に使う
その他	**石**(こく)	木材の体積を示す
	組(くみ)	建具などを指す場合に使う

伝統的な建物はもちろん、住宅建築についても日本の単位が使われていることが少なくない。建築現場だけでなく、多くの建材も「尺貫法」の寸法体系でつくられている。

頻繁に使われているのは面積の「坪」でしょう。畳2帖分の広さだね。ほかの日本の単位も頭に入れて、戸惑わないようにしておこう！

ギリシャ文字と記号を覚えよう

建築構造で使う記号には、ギリシャ文字とアルファベットを多く使用します。読み方を覚えるようにしましょう。

ギリシア文字の読み方

大文字	小文字	呼び方	大文字	小文字	呼び方	大文字	小文字	呼び方
Α	α	アルファ	Ι	ι	イオタ	Ρ	ρ	ロー
Β	β	ベータ	Κ	κ	カッパ	Σ	σ	シグマ
Γ	γ	ガンマ	Λ	λ	ラムダ	Τ	τ	タウ
Δ	δ	デルタ	Μ	μ	ミュー	Υ	υ	ウプシロン
Ε	ε	イプシロン	Ν	ν	ニュー	Φ	ϕ	ファイ
Ζ	ζ	ジータ	Ξ	ξ	クサイ	Χ	χ	カイ
Η	η	イータ	Ο	ο	オミクロン	Ψ	ψ	プサイ
Θ	θ	シータ テータ	Π	π	パイ	Ω	ω	オメガ

が使われます。N（ニュートン）は、１kgの質量をもつ物体に１m／s^{2}の加速度を生じさせる力として定義される単位です。人の体重などを表す日常で使われkgfの単位に対して１kgf＝９・８０６６５Nとなります。１kgf≒10Nと覚えておくと簡単です。

SI単位系でもkgを使いますが、kgは質量を表す単位です。kgfとkgは違う単位なので気をつける必要があります。kgfは、重力が作用した重量を表す単位です。

日本では、古くは尺貫法が使われていました。構造計算で用いられることはありませんが、住宅を設計するときや伝統的建築物の検討を行うときなど寸法が尺貫法の表記で用いられていることもあるので知っておく必要があります。また、木造住宅では、図面は㎜表記されていても、窓や柱スパンなど、モジュールとして尺貫法の単位が今でも多く使われています。

構造設計業務で用いられることはありませんが、積算や建築コストを検討するときに〝坪単価〟も慣例的に使われているので、面積を表す「帖」「坪」も建

建築構造でよく使う記号

	記号	由来
力	N ：軸方向力 M ：曲げモーメント Q ：せん断力	N：Normal kraft（独）軸力 M：Moment（独）曲げ Q：Querkraft（独）せん断
応力度	σ_c ：圧縮応力度 σ_t ：引張り応力度 σ_b ：曲げ応力度 τ ：せん断応力度	c：compression（圧縮） t：tension（引張り） b：bending（曲げ）
許容応力度	f ：許容応力度 f_c ：許容圧縮応力度 f_t ：許容引張り応力度 f_b ：許容曲げ応力度 f_s ：許容せん断応力度 f_k ：許容座屈応力度	f：force（力） s：shear force（せん断力） k：knicken（独）（座屈）

記号	備考
A	断面積
E	ヤング係数
e	偏心距離
F	材料の基準強度
G	せん断弾性係数
H	水平反力
h	高さ
I	断面2次モーメント
i	断面2次半径
K	剛度
k	剛比
l	スパン※
ℓ_k	座屈長さ
P	力
P_k	座屈荷重
R	反力
S	断面1次モーメント
V	鉛直反力
W	荷重
w	等分布荷重・等変分布荷重
Z	断面係数
δ	たわみ
ε	縦ひずみ度
$\theta \cdot \phi$	角度・たわみ角・節点角
Λ	限界細長比
λ	細長比

※：本書では読みやすさを重視し、Lもしくはℓで表記した。

築業界では必要な単位です。

SI単位の問題点もある

単位は、現在SI単位が使われていますが、問題も多く抱えています。通常、体重には、kgfが使われるのですが、構造計算ではNが使われるので、なかなか感覚としてどのくらいの荷重なのかが、以前よりつかみにくくなってしまいました。

また、曲げ応力度などはN/mm^2という非常に小さい単位なので、何十トン、何百トンという非常に大きな荷重を扱う構造計算の世界では、非現実的な有効数字を相手に計算を行うことになってしまいます。

力のつり合い

013

力のつり合いを計算するとき、何が必要？

力がつり合っているときは、水平方向の力、垂直方向の力、回転しようとする力（曲げモーメント）、それぞれの合計が0になります。

同じ力で綱引きをすると、綱は動かない。

支点からの距離の遠い1人と距離の近い2人がつり合っている。

つり合うときはいろんな力の合力が0になる!?

建物が安定するためには、作用させた力と反力が必ずつり合っていなければなりません。構造計算では、つり合いの方程式を用いて、作用させた力と反力がつり合っていることを確認します。

つり合いの方程式の考え方を理解しよう

つり合いの方程式は、すべての方向（垂直・水平・回転方向）に対して、作用する力と反力を足し合わせると0になることを確認する計算式です。

つり合いの方程式の考え方：
すべての方向に作用する力 ＋ 反力 ＝ 0

力がつり合わないと物体は動き出します。建築は動いてはいけないので、必ず作用する力と反力がつり合います。

力のつり合い式

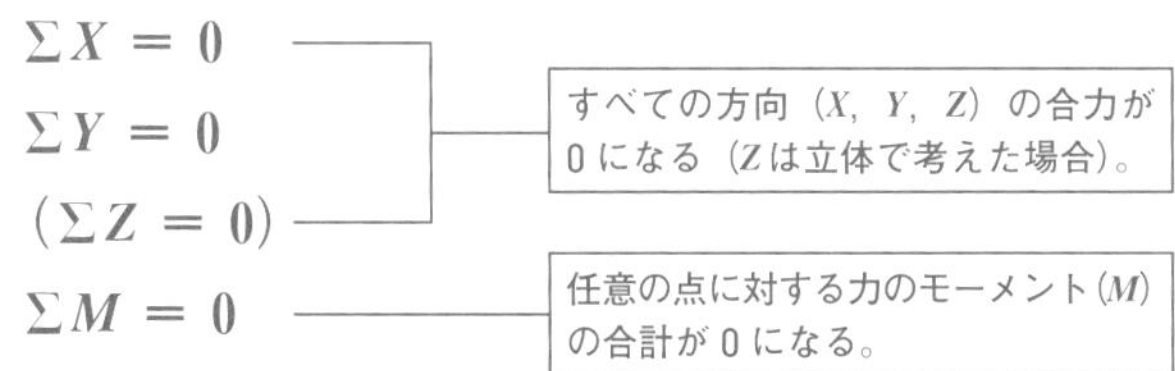

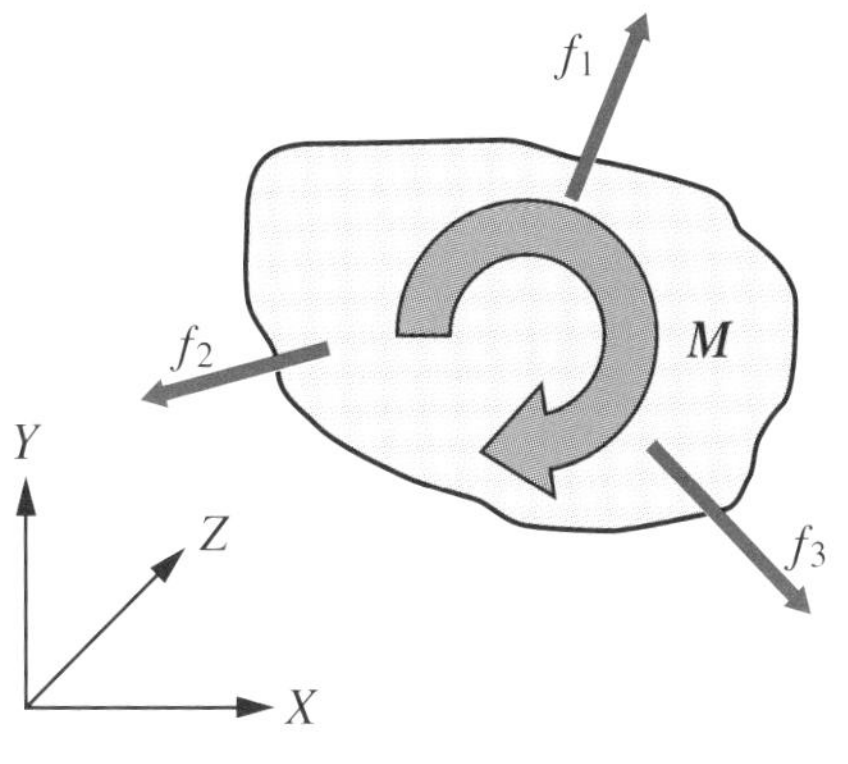

力を考える場合は座標で考えます。数式で書くと難しく思えてしまいますが、上式は単純に動かない物体はすべての方向で力がつり合っていることを示しています。

Mは回転モーメントを表します。詳しくはX軸周りの回転、Y軸周りの回転、Z軸周りの回転があります。

直線的に作用する力の場合、作用させた力を垂直・水平方向に合成・分解して求めた力と同じだけの反力が、支点（反対方向の力が生じている作用点）の各方向に生じていると考え、確認を行います。

回転方向の力（曲げモーメント）に対して発生する各支点の反力は、曲げモーメントを支点間距離で割って算出した値となります。もし曲げモーメントが作用する位置が変わったとしても、両支点に生じる支点反力の値は変わりません。

構造計算での確認ポイント

実際の構造計算で、確認する場面として最も多いのは、長期の鉛直荷重です。固定荷重や積載荷重は、計算すると簡単に建物総重量として算出されるので、支点の鉛直方向の反力を足し合わせた力が建物総重量と一致しているか確認を行います。

モーメントとは？

モーメントとは、物体に回転を生じさせる力のことです。モーメントの大きさは、作用する力と回転

力のつり合いは昔から考えられている

力のつり合いは、構造力学の初歩です。紀元前の昔から考えられています。

アルキメデスが証明した「てこの原理」

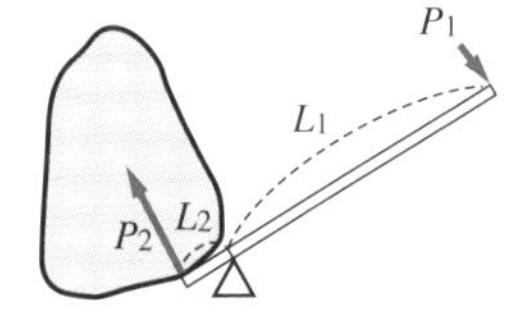

支点から遠いL_1の点に働く小さな力P_1は、支点に近いL_2の点に大きな力P_2を生ずる（てこの原理）。

てこの原理によれば、小さな力で重い物を動かせる。

ダ・ヴィンチは「てこの原理」を応用した

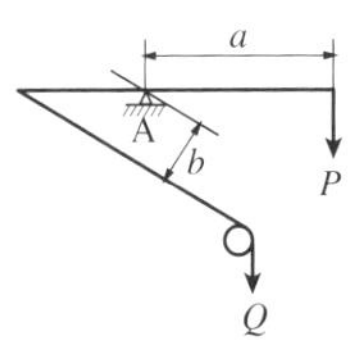

ダ・ビンチは複雑なてこを考えていた。

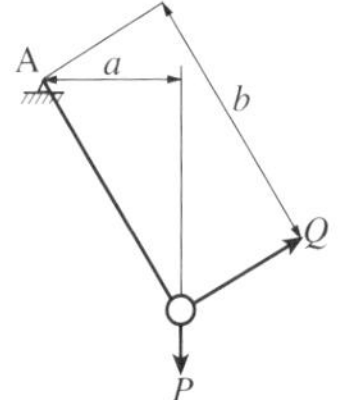

これこそベクトルの問題！

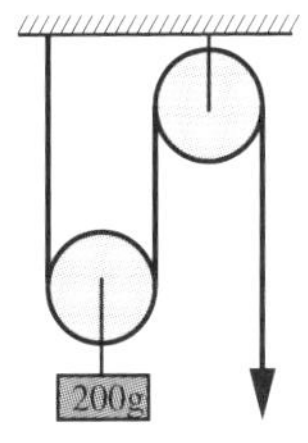

滑車の問題。小さな力で大きな物を持ち上げられる。

中心とその作用線との距離の積で表されます。また一対の平行で大きさが等しく、逆方向の力が作用するとモーメントを生じます。このような2力を偶力といいます。

力の方向と大きさはベクトルを使って計算する！

構造計算で力を扱う場合は、大きさ（量）だけではなく、作用する方向についても検討しなければなりません。力の方向と大きさを考えるときベクトルという概念を用います。建物にはさまざまなベクトルが作用していますが、構造計算ではそれらのベクトルを合成・分解しながら部材の安全性を確認します。

力のベクトルの考え方

ベクトルは矢印を使って表します。矢印の長さで

ベクトルって何？

ベクトルとは方向と大きさをもつ量のことで、矢印で表します。矢印の向きが力の作用する方向で、矢印の長さが作用する力の大きさとなります（矢印の長さ＝力の大きさは任意に決めます）。

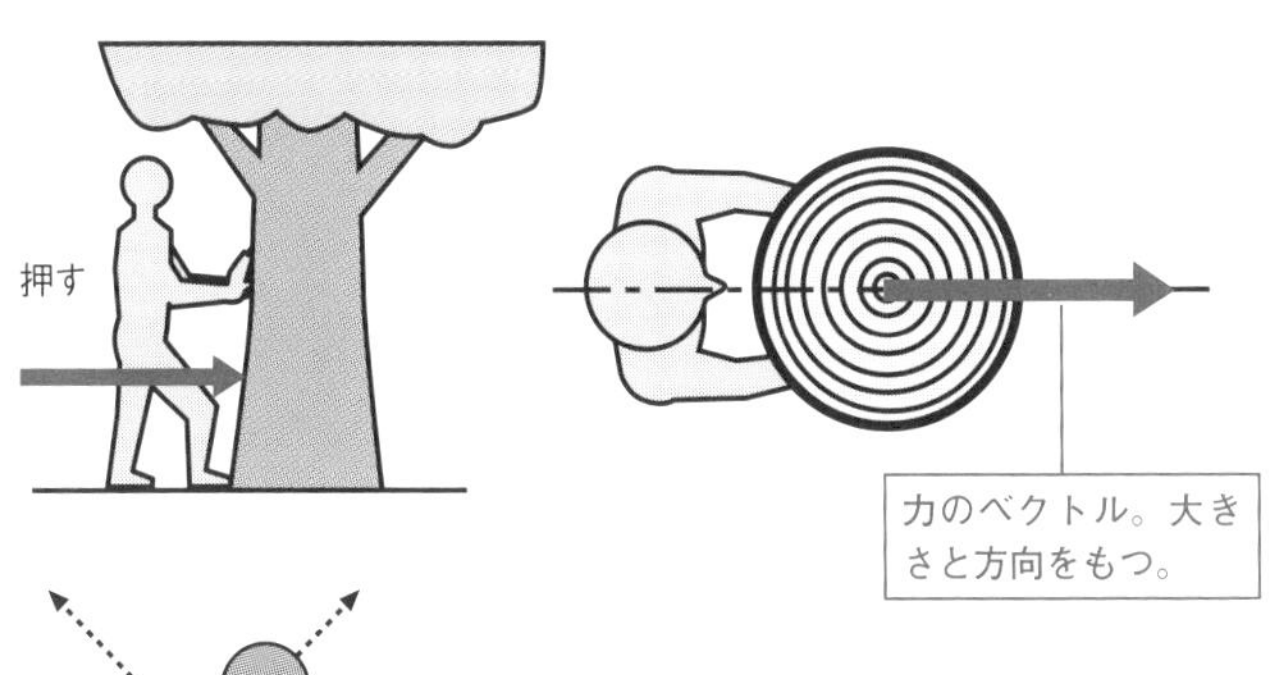

ジョサイア・ウィラード・ギブズ
（1839〜1903）

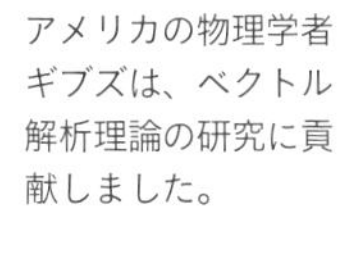

アメリカの物理学者ギブズは、ベクトル解析理論の研究に貢献しました。

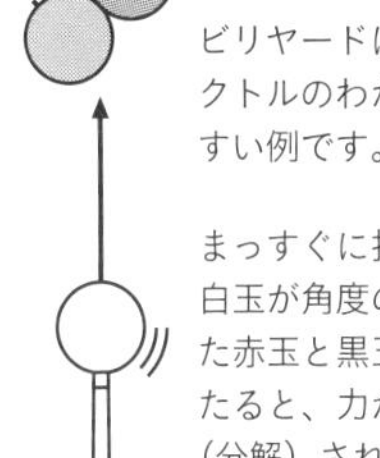

ビリヤードは、ベクトルのわかりやすい例です。

まっすぐに打った白玉が角度のついた赤玉と黒玉にあたると、力が分散（分解）されます。

力の方向と大きさを計算するにはベクトルを使うんだ。まずはベクトルの考え方を理解しておこう！

力の大きさを、矢印の向きで力の作用する方向を示しますが、ベクトルの長さは10kNで何センチといった決まりごとはないので、任意に決めます。

ベクトルの重要な性質の一つは、合成することが可能なことです。複数のベクトルが同一線上にある場合は、力の量の和（あるいは差）が合成した力（合力）となります。

たとえば、木を押す大人の後ろから、子どもが同じ方向に力を加えたとします。大人が木を押す大きな力と、子どもが大人を押す小さな力は同一線上にあるため、力を足し合わせた量が木に生じるベクトル（力）の総量です。もし子どもと大人が互いに反対方向に木を押した場合は、木に生じるベクトルは子どもの力と大人の力の差になります。

複数のベクトルが同一線上にない場合で、力が2つのときは、それぞれのベクトルを1辺としてつくられる平行四辺形の対角線の長さが合成したベクトルの量、向きがベクトルの方向です（平行四辺形の法則といいます）。

2つ以上の力を合成する場合は、まず任意の2つ

さまざまな力の合成

方向と大きさのある力はベクトルで表すことができます。2つ以上の力を合成する場合は、次のようにベクトルを使用して計算することができます。

同一方向に作用する2つの力の合成

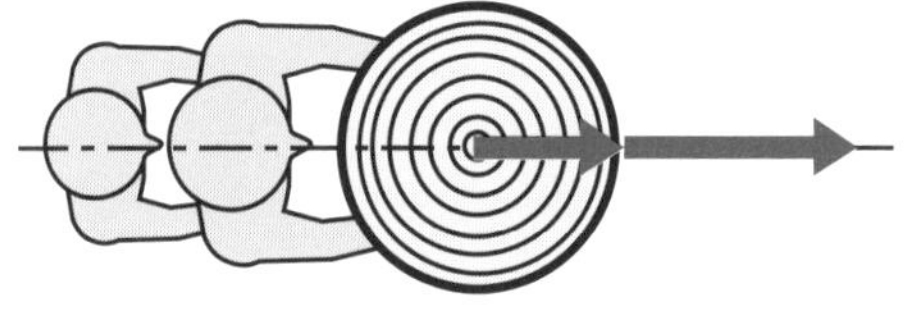

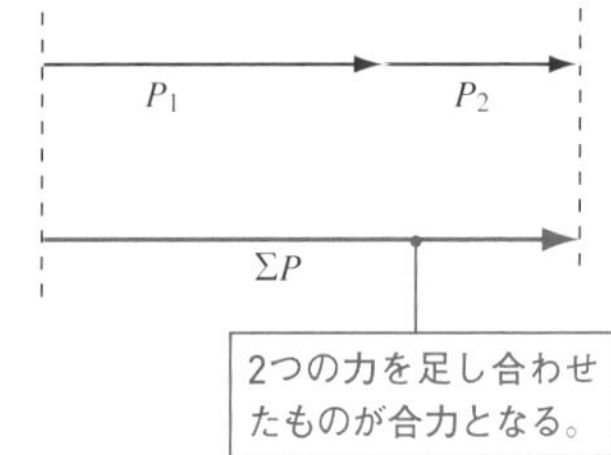

1点に作用する2つの力の合成

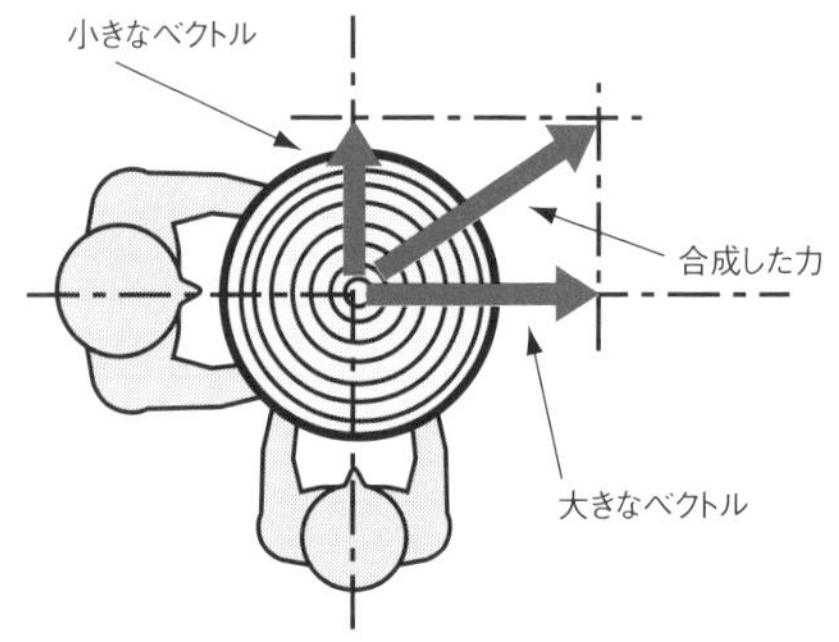

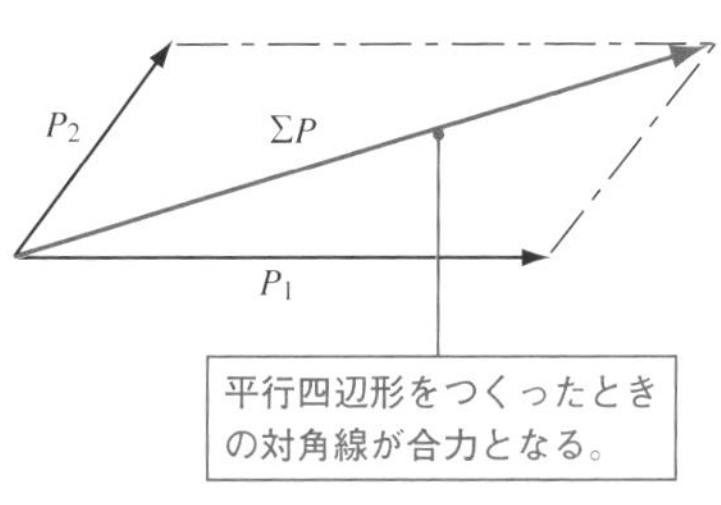

1点に作用する3つ以上の力の合成

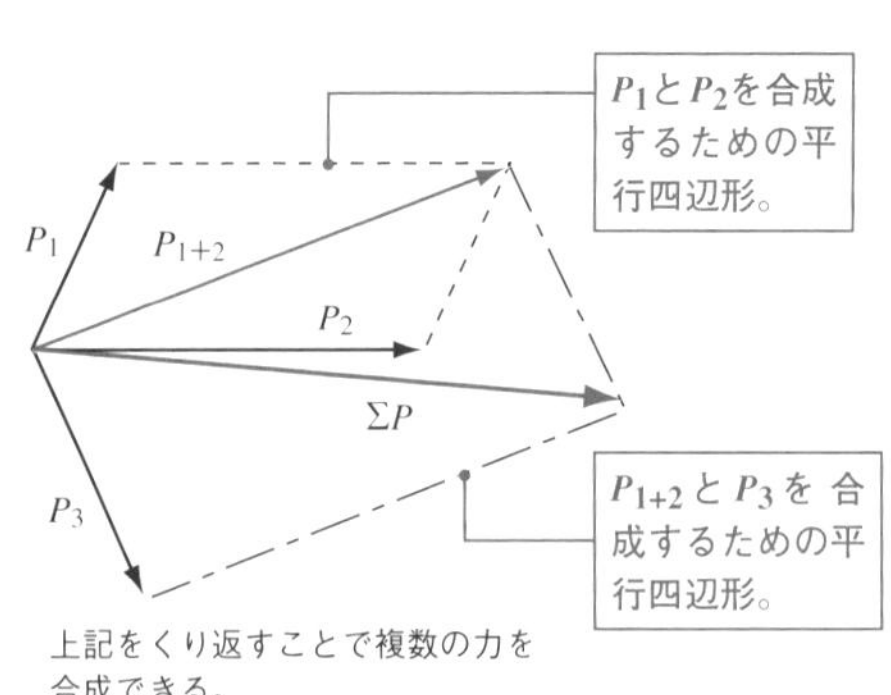

P1とP2を合成するための平行四辺形。
P1
P1+2
P2
ΣP
P3
P1+2とP3を合成するための平行四辺形。
上記をくり返すことで複数の力を合成できる。

平行方向の力の合成

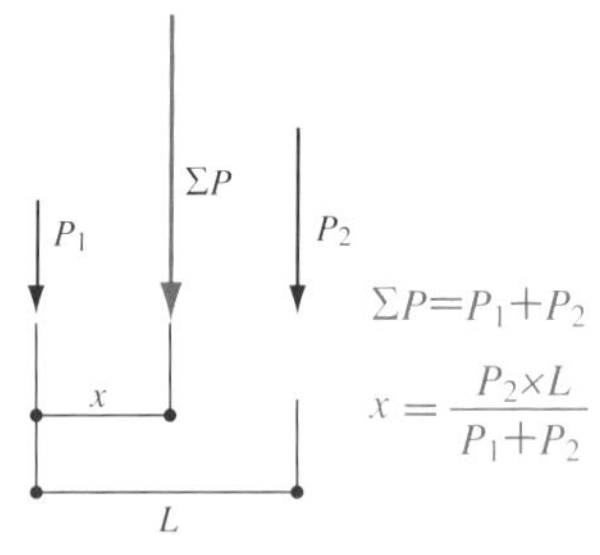

$$\Sigma P = P_1 + P_2$$

$$x = \frac{P_2 \times L}{P_1 + P_2}$$

合成方法の逆も成り立ち、同じ方法で力を「分解」できるよ。

のベクトルを辺にもつ平行四辺形をつくり、ベクトルの方向と量を求めます。次に、その対角線ベクトルと残りのベクトルを辺にした平行四辺形をつくり、対角線を求めます。これをくり返し、最終的な対角線の長さがすべてのベクトルを合成した力の量、方向となります。

どんな種類の支点かに注目する

ある物体にある方向から力が加わったとき、その物体が動かなければ加力方向と逆方向に同じ力が発生しています。この力を**反力**といいます。

たとえば机に本を置くと、重力により机に下向きの力が生じます。机は重力に逆らって本を支えるので、本には重力と反対向きの力（反力）が生じています。

支点の反力って何?

支点の代表格には回転移動端・回転端・固定端があります。回転移動端には鉛直反力のみが、回転端には鉛直反力と水平反力が、固定端には鉛直反力・水平反力・回転反力のすべてが作用します。

回転移動端

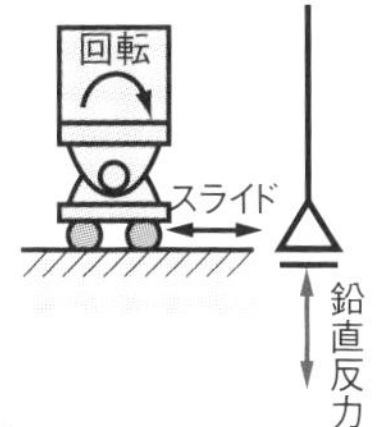

例:ローラースケート

回転端

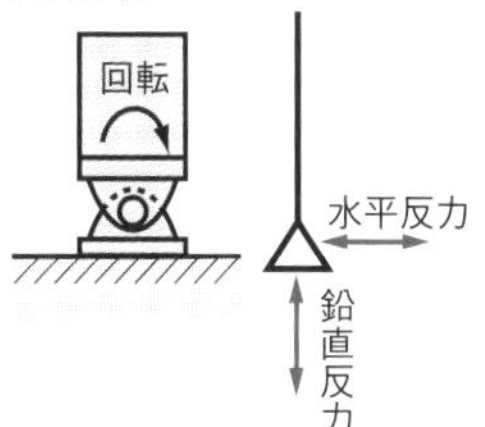

例:コンパス

固定端

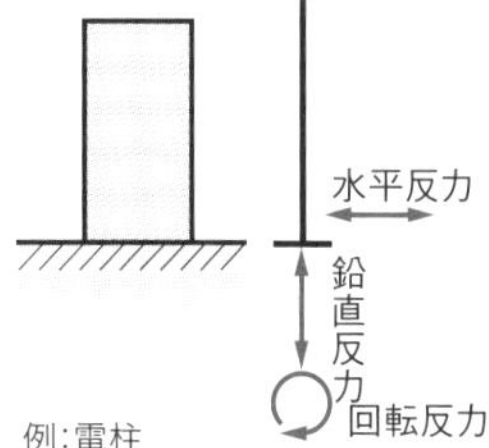

例:電柱

建築物でみてみると

①回転端の例

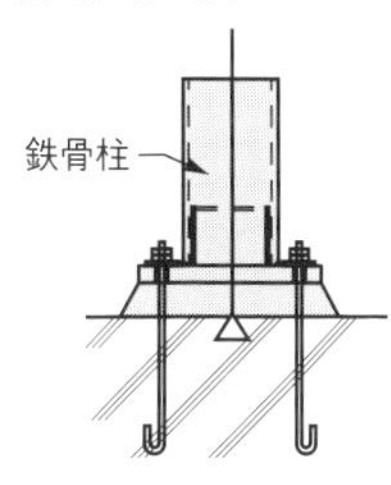

鉄骨造の露出柱脚は、回転端として設計する。

②固定端の例

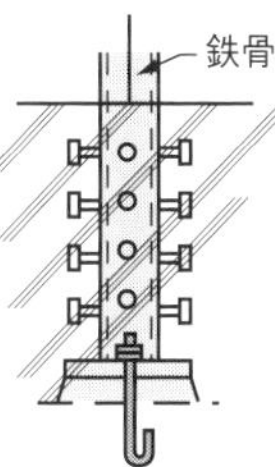

鉄骨の埋込柱脚は、固定端として設計する。

支点には反力が生じるんだ。支点に生じる反力は支点の種類によって違ってくるから、支点ごとにしっかりと覚えておこう！

反力の求め方

単純梁の場合

①鉛直方向の力に対する反力

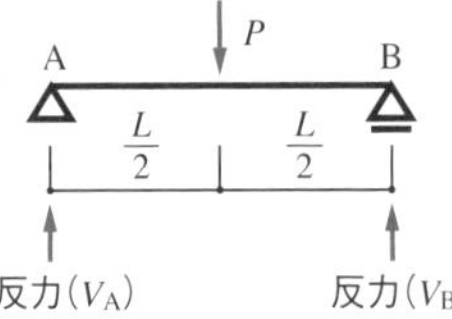

力のつり合い式より

$$\begin{cases} V_A + V_B - P = 0 \\ \dfrac{L}{2}P - L \times V_B = 0 \end{cases}$$

上記からV_A・V_Bを求める

②曲げモーメントが中央に作用した場合の反力

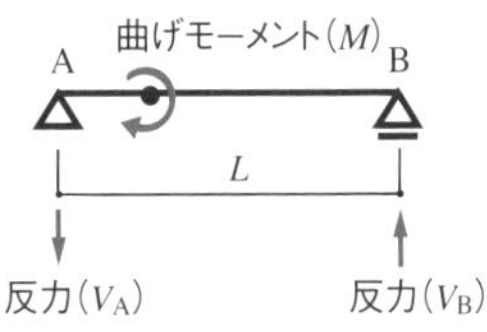

力のつり合い式より

$$\begin{cases} V_A + V_B = 0 \\ M - V_B \times L = 0 \end{cases}$$

上記からV_A・V_Bを求める

③斜め方向の力に対する反力

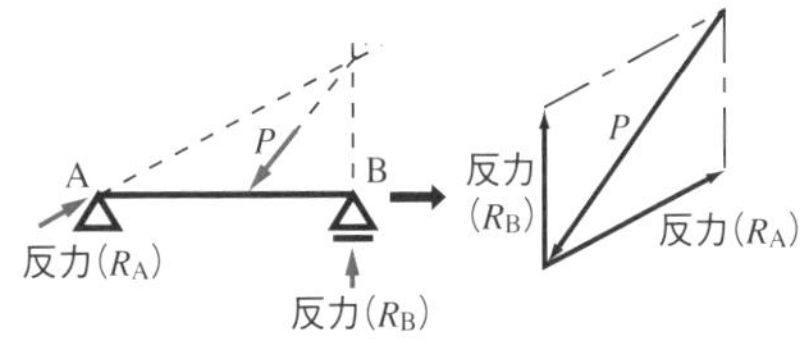

左図のように、支点A・Bに生じる反力R_A・R_Bを求める場合は、外力PをR_A・R_Bの方向に分解するように平行四辺形を作図する。

ラーメンの場合

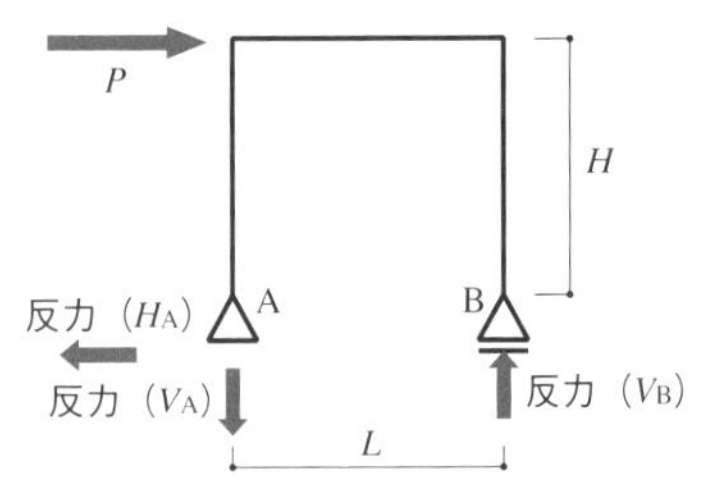

力のつり合い式より

$$\begin{cases} V_A + V_B = 0 \\ P + H_A = 0 \\ M_A = P \times H - V_B \times L = 0 \end{cases}$$

上記からV_A・V_B・H_Aを求める

建物が安定するためには、作用する力と反力が必ずつり合っていなければなりません。構造計算では、つり合いの式を用いて確認します。

よく使う力の表記

鉛直反力をV、水平反力をH、回転の反力をMで表します。基本的にはどのような記号を使ってもよいのですが、上記の記号がよく使われます。

V	vertical reaction	鉛直反力
H	horizontal reaction	水平反力
M	moment of reaction	回転の反力

それぞれ英語表記の頭文字を使っています。このように構造で使う慣例的な記号は他にも多くあります。

L	length	長さ
P	power	力
T	tention	引張り

支点に発生する反力を求める

作用する方向によって、**鉛直反力**（V）、**水平反力**（H）、**回転反力**（M）の3種類に分けられています。力が自由に分解できることを考えると、どのような方向に区分してもよいのですが、実務で建物を設計するうえでは便宜的に3種類に分けて考えます。

反力は、支点に発生します。支点には、回転移動端・回転端・固定端などいろいろな種類があります。その支点の種類によって発生する反力が異なります。

回転端（ピン支点）の場合、回転が自由であるため回転（モーメント）反力は発生しませんが、水平・鉛直方向は拘束されているのでそれぞれの方向に反力が生じます。

回転移動端（ピン・ローラー支点）の場合は、ある方向には自由に水平移動できるのですが、鉛直方向への移動が拘束されているので、鉛直反力のみが生じることになります。

固定端は、垂直・水平・回転のいずれの方向にも動かないので、すべての方向に反力が生じます。

反力を求めるときには、物体が移動しないかぎり、各方向の力の合計は0になるという力のつり合いの性質を利用して計算を行います。

力のつり合い式：

$\Sigma X=0$（水平方向の力の和が0）

$\Sigma Y=0$（垂直方向の力の和が0）

$\Sigma M=0$（支点に生じる回転反力の和が0）

014 荷重をかけた梁はどんな力がかかるのか？

梁に荷重をかけると梁の内部に荷重につり合う力「応力」が発生します。

曲げモーメントやせん断力が発生する。

荷重が大きいほど大きな力が部材にかかる！

部材に荷重（外力）が加わると、外力につり合う力が部材内部に生じます。この力を**応力**といいます。外力の作用によって生じる応力は、基本的には「軸力（N）」「曲げモーメント（M）」「せん断力（Q）」の3つに分類することができます。実際には「ねじり応力（T）」（138頁参照）もありますが、わかりやすくするために先に3つを解説します。

応力には軸力・曲げモーメント・せん断力がある！

軸力は、材の軸方向に作用する力のことで、引張り力と圧縮力の2つがあります。引張り力は材を引き伸ばそうとしたときに生じる応力のこと、圧縮力は材を押しつぶそうとしたとき部材内部に生じる力です。構造計算では、軸力は部材断面に均等に作用

構造基礎
構造力学
構造計算
地盤
耐震設計
構造実務

応力(軸力・せん断力・曲げモーメント)とは?

軸力(N)

①引張り荷重の場合

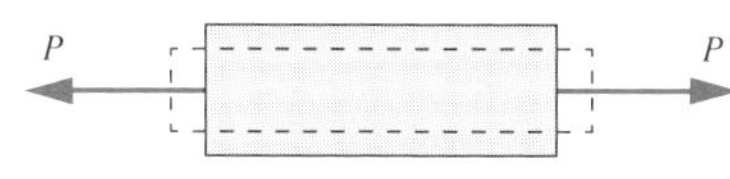

②圧縮荷重の場合

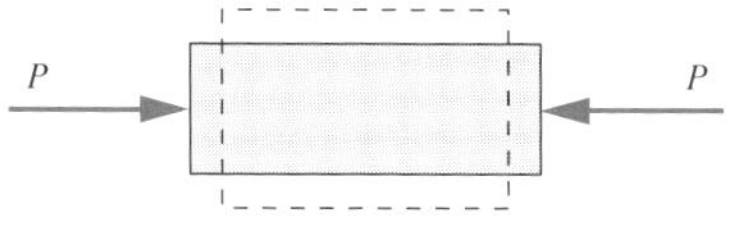

物が押されたり引張られたりするときに生じる力。

曲げモーメント(M)

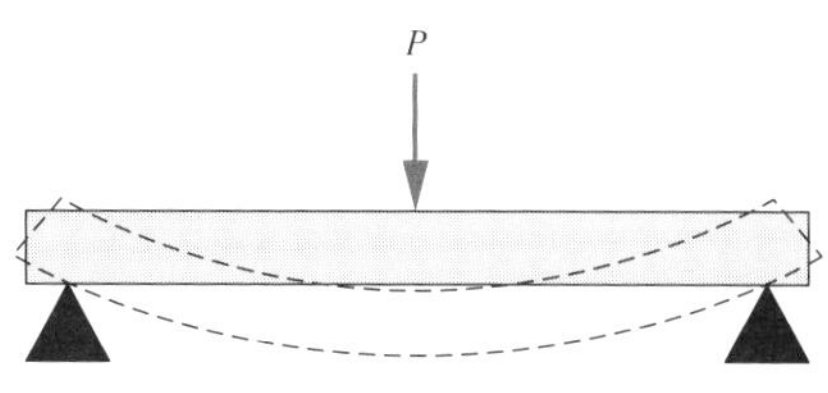

物が曲線状に折り曲げられるときに生じる力。

応力がわからないと、
構造計算はできない。
3つの応力をしっかり
と理解しましょう!

せん断力(Q)

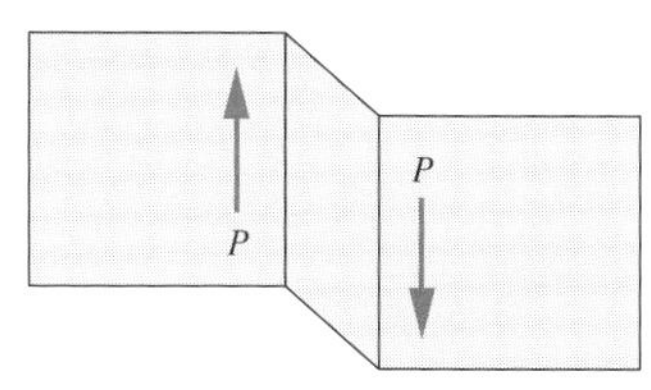

平行四辺形に変形するときに生じる力。

ねじり応力(T)

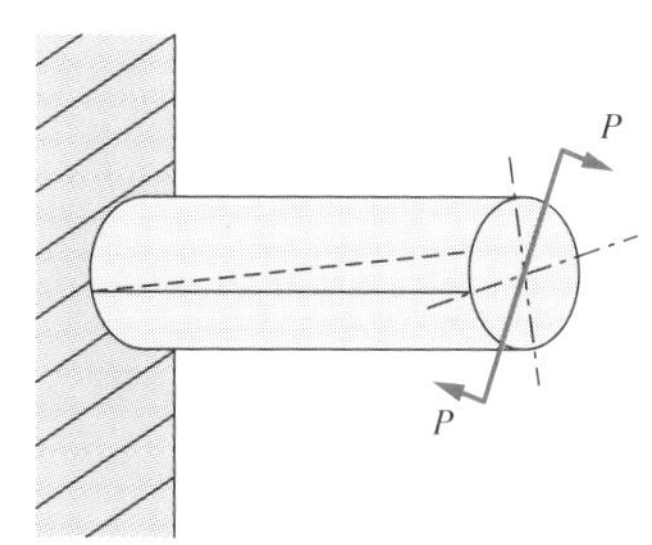

ぞうきんを絞るように、ねじ曲げられたときに生じる力。

応力を表す記号

日本では、曲げモーメント、せん断力、軸力をそれぞれM、Q、Nで表すことが多いのですが、初めは違和感があるかもしれません。曲げモーメントは、モーメント(Moment)という語から何となくわかるのですが、残りの2つがわかりづらい気がします。せん断力、軸力は右記のようにドイツ語から引用されているようです。

せん断力	Q:Querkraft(独)
軸力	N:Normalkraft(独)
ねじり応力	T:Torsion(英)

クールマンの片持ち梁の応力軌跡

下記の図はクールマンが考えた応力軌跡図です。応力図としてはわかりにくいのですが、力の流れを作図によって視覚化しようと試みたことが伺えます。

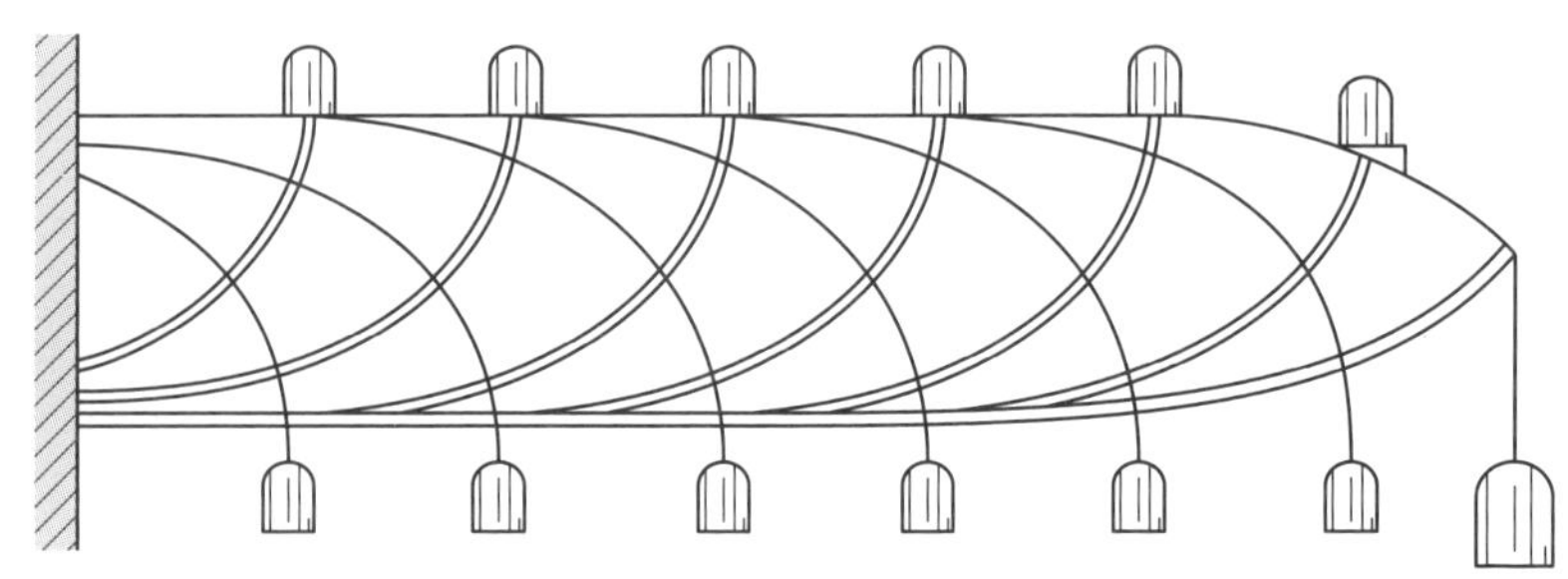

カール・クールマン

(1821〜1881)

図式解法によってあらゆる種類の構造解析を試みた。鉄道橋の解析で有名。

片持ち梁の応力とたわみを目で見えるように描いているんですね。これを計算するのって難しそう……

するものとして取り扱います。

曲げモーメントは、部材を湾曲させようとする力のこと。部材断面に均等に生じず、凹状に変形している側では圧縮力が、凸状に変形している側では引張り力が生じています。

軸力や曲げモーメントと比較して、理解しづらいのが**せん断力**です。せん断力は、材を軸方向・直行方向にずらす（切断する）際に発生する力です。せん断力を利用した身近なものにハサミがありますが、2枚の刃で紙を上下にずらして切断するときに生じている力がせん断力です。せん断力が生じると、部材は平行四辺形に変形します。ここで注意が必要なのは、軸力は独立していますが、せん断力の大きさと曲げモーメントの大きさは密接に関係していることです（132頁参照）。

曲げモーメント・せん断力はそれぞれ単独では発生しません。たとえば、梁に荷重がかかった場合、梁とそれを支える柱には、曲げ応力と軸力が同時に発生します。部材の構造の安全性を確認する場合は、軸力・曲げモーメント・せん断力を複合的に考慮して構造計算をする必要があります。

部材がたわむのは曲げモーメントのせい!?

曲げモーメントは、部材を曲げようとした時に生じる応力のことです。曲げモーメントが生じている部材は湾曲します。薄い板の上に乗った時に板が湾曲してしなる経験をした人も多いのではないでしょうか。曲げモーメントは、長い梁ほど大きくなる性質があります。

部材の場所ごとで異なる曲げモーメントの分布をつかもう！

曲げモーメントによる応力は軸力やせん断力と違い、部材断面で均等ではありません。凹状に変形している側では圧縮力、凸状に変形している側では引張り力が生じています。圧縮力と引張り力の境界は

写真でわかる曲げモーメント

厚い板におもりをのせてもたわまない。

薄い板におもりをのせるとたわんでしまう。

曲げモーメントとは?

曲げモーメントは、片持ち梁をイメージするとわかりやすくなります。端部ではは部材はまっすぐですが、先端に行くほど曲がります。

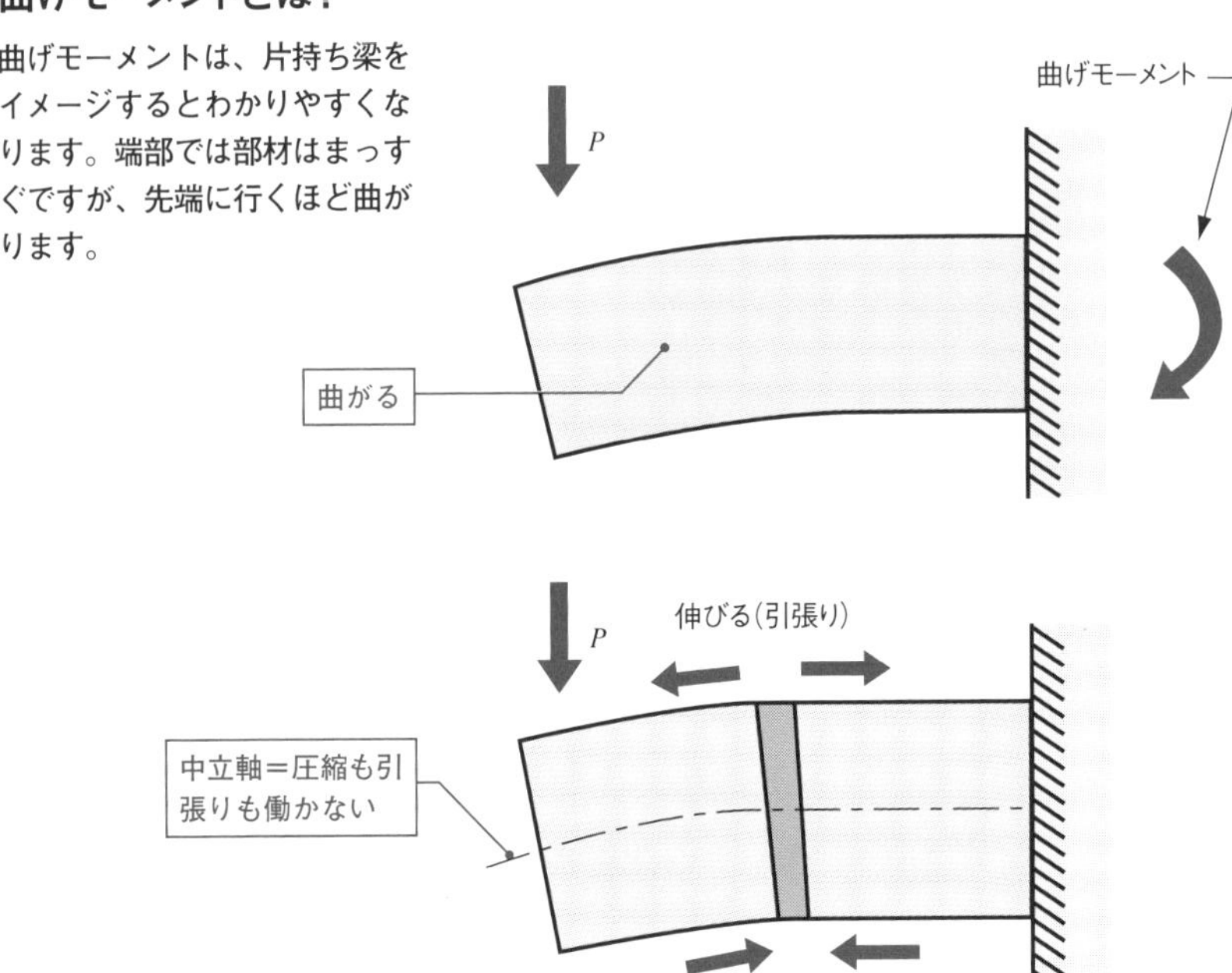

中立軸と呼んでいます。

構造設計の実務では、まず曲げモーメントに対して部材が設計されます。壊れる場合でも部材はできるだけ曲げモーメントにより壊れるように設計されます。鉄骨造の接合部の位置や鉄筋の継手位置は、曲げモーメントの小さいところが安全です。

建物の各部のたわみ（変形）も曲げモーメントによる影響が大きく、曲げモーメントの分布を把握することは、構造設計を行ううえで一番の基本となります。

曲げモーメント図の描き方

曲げモーメント図は、建築では一般的に引張り力が働く側が凸状になるように描きます。次頁図のように、たとえば両端がピンの単純梁の場合、中央部では下端に引張り力が生じるので下側に膨らんだ図とします。等分布荷重を受けるラーメン架構の梁端部では上側引張り力となり、中央では下側が引張り力となるために、端部では上側、中央では下側に描かれます。

曲げモーメントの応力図

曲げモーメント図は、応力の大小を表現するとともに、下側が引張りになる応力を［+］、上側が引張りになる応力を［−］と表現することが一般的です。しかしながら、コンピューターが発達した現代では、+・−にこだわらないほうがよいかもしれません。曲げモーメント図は引張り側に図を描くことを基本としましょう。

曲げモーメントに限らず応力図は建築士試験によく出るので、しっかりとマスターしておきましょう！

両端ピン単純梁の場合

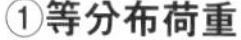

①等分布荷重

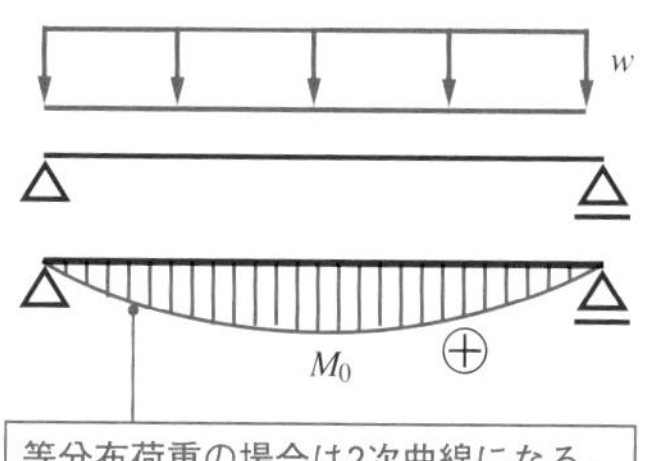

②集中荷重

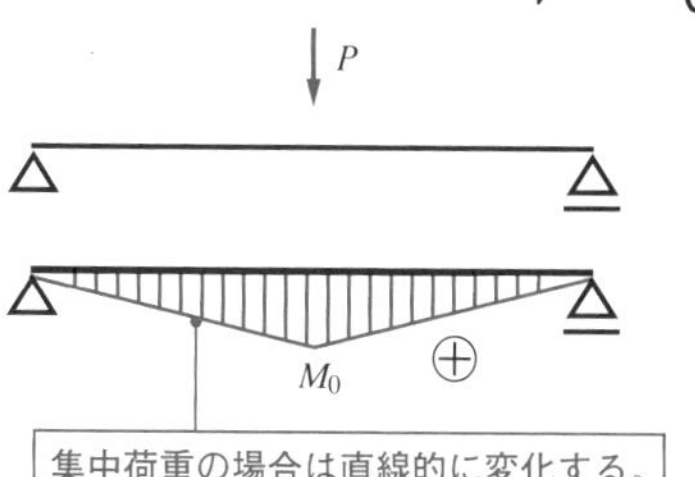

ラーメン架構の場合

①等分布荷重

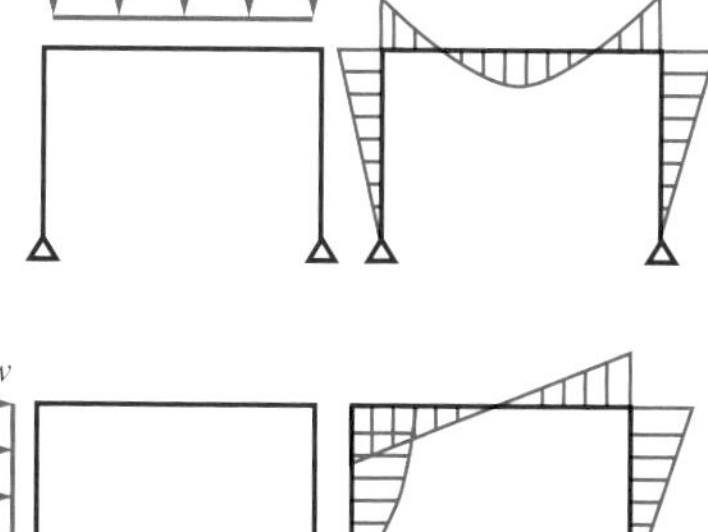

②集中荷重

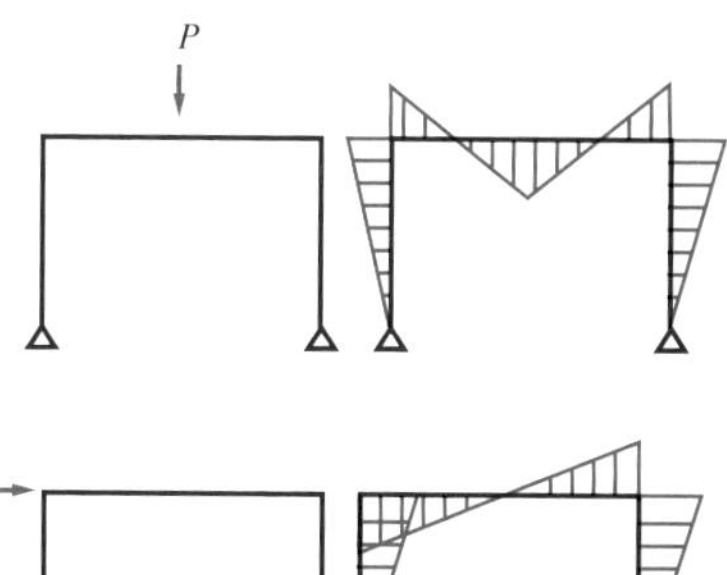

曲げモーメントの分布を把握することが重要なんだ。応力図も描けるようにしておこう！

写真でわかるせん断力

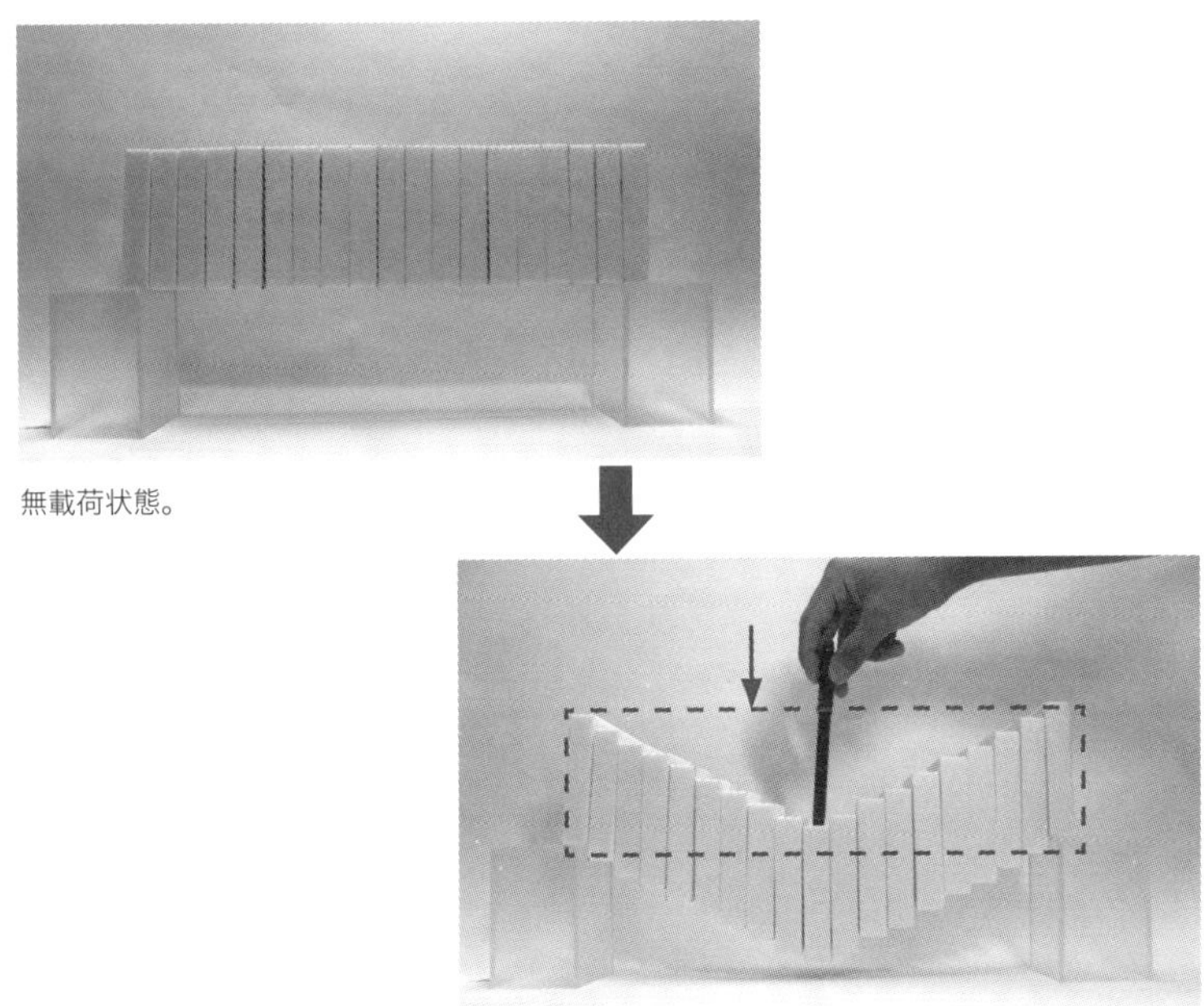

無載荷状態。

集中荷重をかけた状態。外力により曲げ変形が生じる。

部材にズレを起こす力がせん断力！

軸力や曲げモーメントと比較して**せん断力**（剪断力）は、わかりづらく敬遠されがちです。しかし、せん断力を理解することは非常に重要です。柱や梁などに曲げ破壊が起きても建物はすぐに倒壊しませんが、部材がせん断破壊を起こすと、建物の倒壊や部材落下の可能性が高いために、せん断破壊が起きないように建物を設計します。

せん断力＝平行四辺形に変形するときの力

せん断力は、材を軸方向と直交方向にずらす（切断する）際に発生する力のことをいいます。せん断力を説明するためによく使われるものにハサミがあります。ハサミは2枚の刃で紙を上下にずらすことにより切断します。この切断するとき、紙に生じる

せん断力とは?

せん断力は、物を平行四辺形に変形させる力のことです。

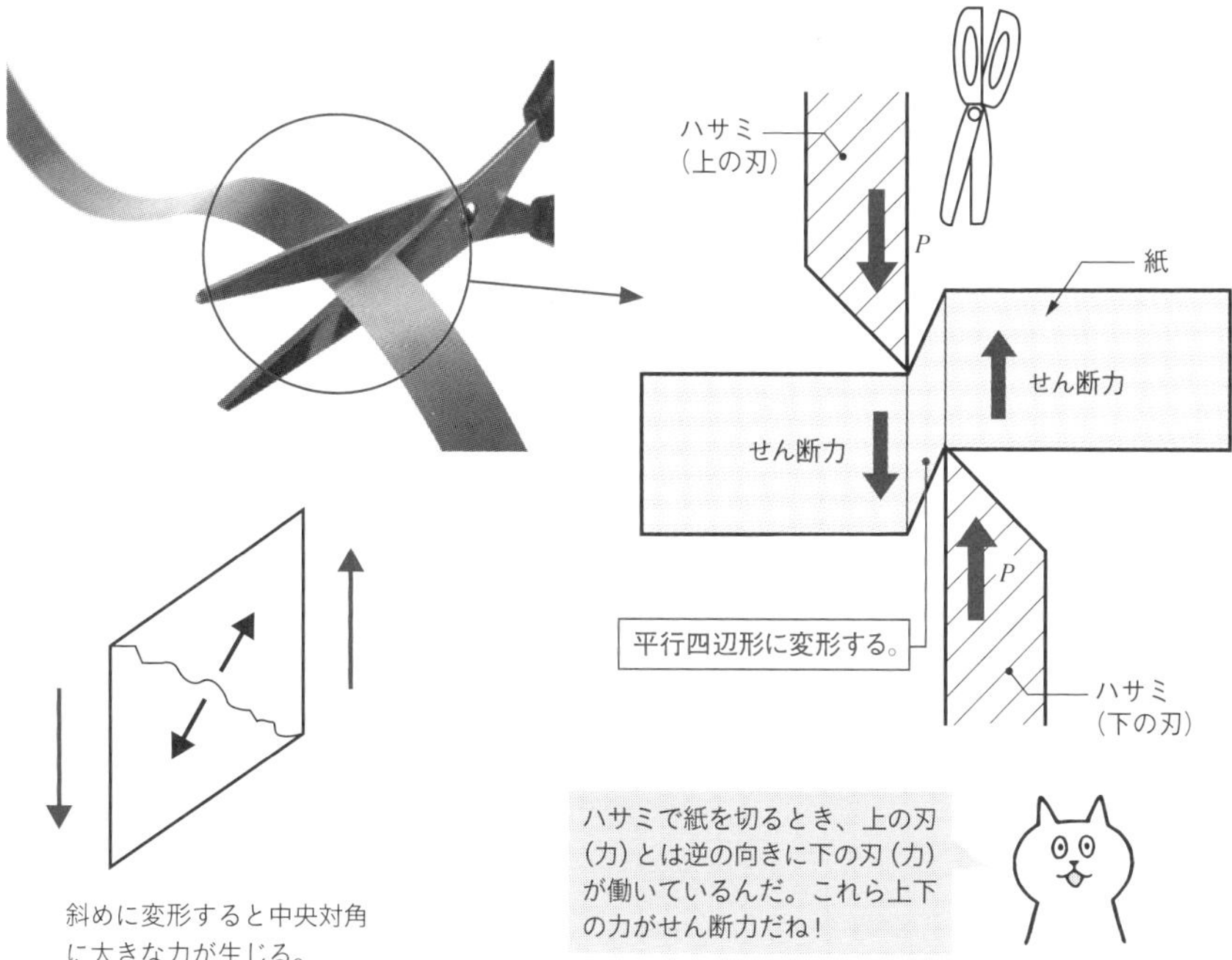

斜めに変形すると中央対角に大きな力が生じる。

力がせん断力となります。

微視的に見ると、せん断力が生じると、部材は平行四辺形に変形します。部材が平行四辺形に変形するときの力のことをせん断力と理解してもよいでしょう。

大地震後の写真で、壁や柱に斜めのひび割れや亀裂を見たことがあるのではないでしょうか。四角い物を無理に斜めに変形させると大きな力が対角線上に生じるため、斜めにひび割れが生じます。

梁のせん断応力図の描き方

梁の**せん断応力図**を描くには、部材にかかるせん断力を上下に振り分け、一方を部材上部に、もう一方を部材下部に突出するように描きます。たとえば、単純梁に集中荷重がかかる場合、荷重がかかる点を中心として上下に等分にせん断力を描きます。平行四辺形をイメージして右回転する方向に応力が生じている場合を「+」、左回転の場合を「−」としています。一般的には、梁では上を「+」、柱では左を「+」としています。

せん断力の応力図

応力は「応力図」で表します。せん断力の応力図を描く場合は、部材にどのような応力がどれほどの大きさで生じているかわかるように、符号（＋・－）を書き込みます。等分布荷重と集中荷重では応力図の形が違うので注意が必要です。

単純梁の場合

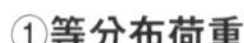

①等分布荷重

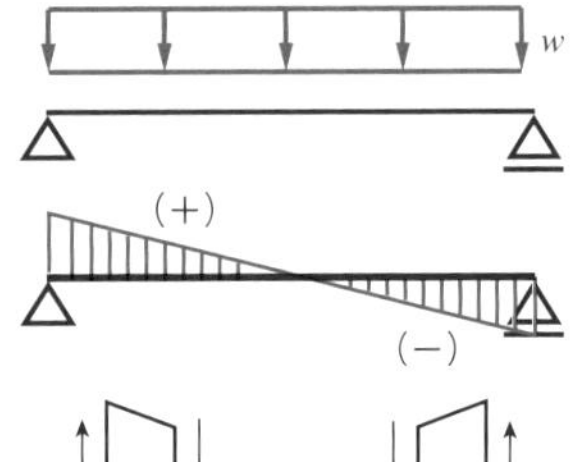

②集中荷重

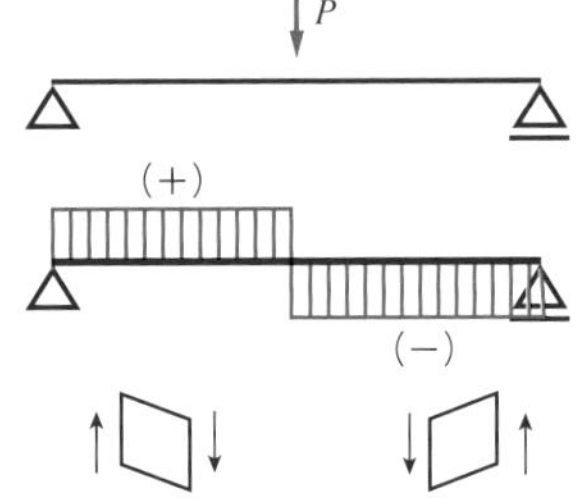

せん断力の符号は、右回転（時計回り）の力の向きを「＋」、左回転（反時計回り）の力の向きを「－」とします。

3ヒンジ式ラーメンの場合

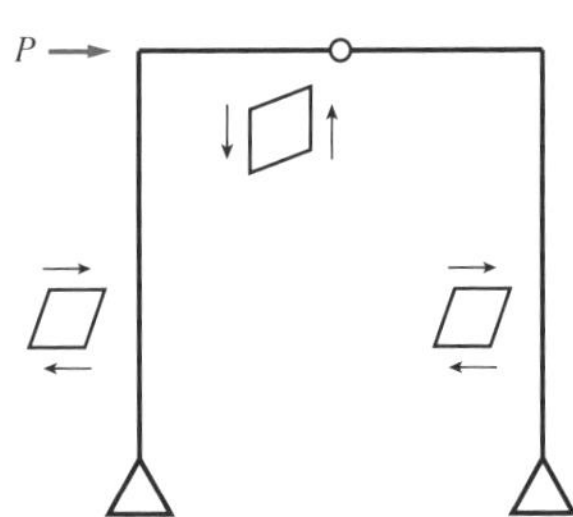

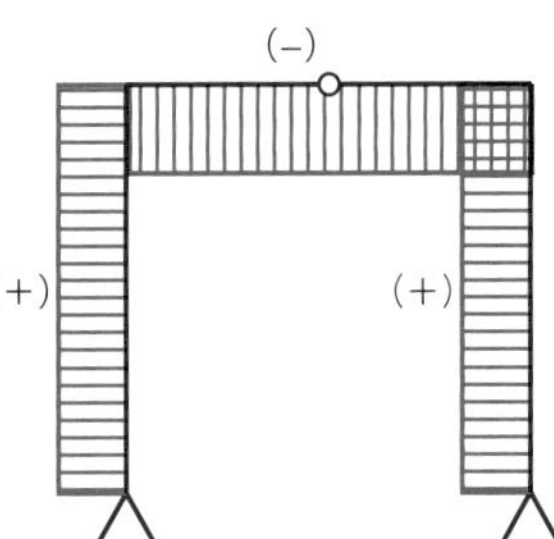

建物を設計するうえでせん断力を理解しておくことは必須！ここでしっかりと理解しよう。

せん断力と曲げモーメントの関係

曲げモーメントとせん断力には深い関係があります。

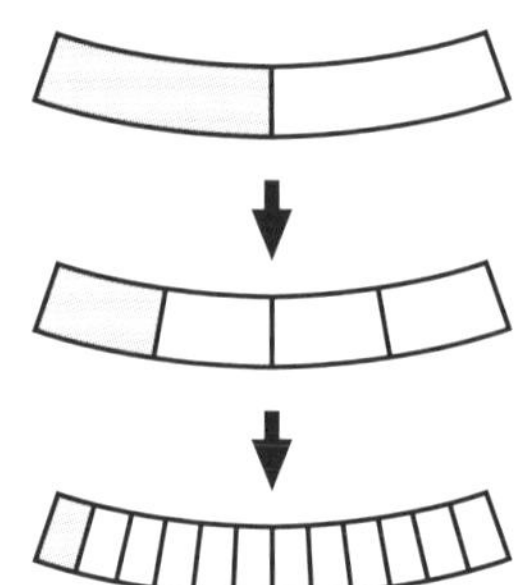

微細な平行四辺形を集めると、曲げモーメントによる変形となる。

写真でわかる軸力

軸方向に圧縮力が作用した状態。

軸方向に引張り力が作用した状態。

軸力には圧縮力と引張り力の2種類がある！

軸力とは材の軸方向に作用する力のことで、**引張り力**と**圧縮力**の2種類があります。引張り力は材を引き伸ばそうとしたときに、圧縮力は材を押しつぶそうとしたときに、それぞれ部材内部に生じる力です。

軸力は部材断面内に均等に作用します。実際には押されると真ん中が膨らみ、引張られると真ん中が縮みますが、構造計算上では、中央部の断面は変化しないものとして計算を行います。

軸力の応力図の描き方

軸力の応力図は、部材に沿って応力を描きます。応力の描き方は、圧縮力の場合は内側、引張り力は外側といった説明がされることもありますが、柱の場合では部材の左右、梁の場合では上下のいずれの方

軸力とは?

軸力0の部材

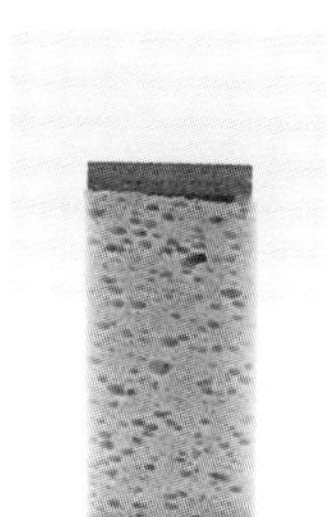

押すと圧縮力が生じる

引くと引張り力が生じる

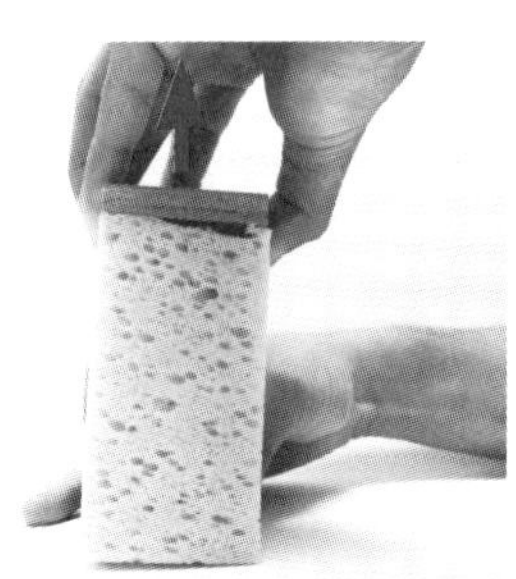

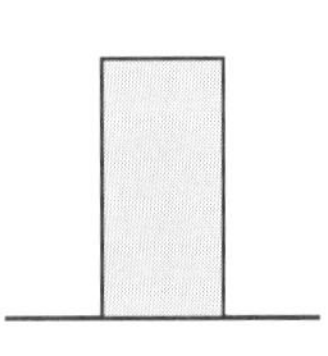

軸力が加わっていない状態。

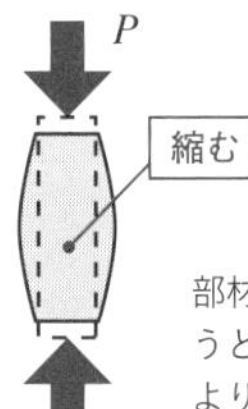

圧縮力

部材を押しつぶそうとする圧縮力により、部材の中央が縮む。

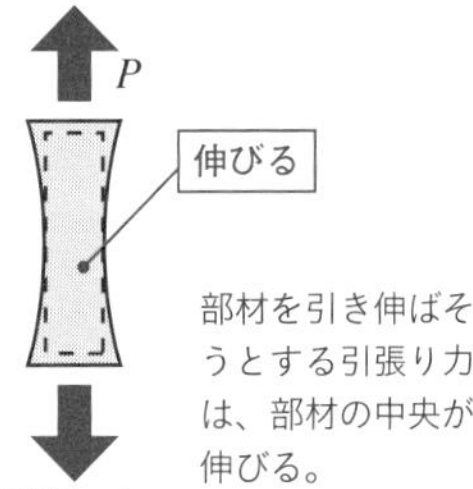

部材を引き伸ばそうとする引張り力は、部材の中央が伸びる。

引張り力

引張り力は、同じ力の場合、長いものほど伸びる量が多い!

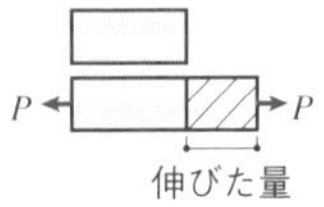

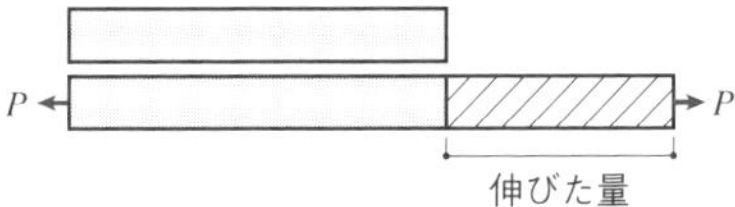

トラス部材は軸力?

トラス部材はすべて軸方向の力で抵抗していますが、
全体としては曲げモーメントにより抵抗しています。

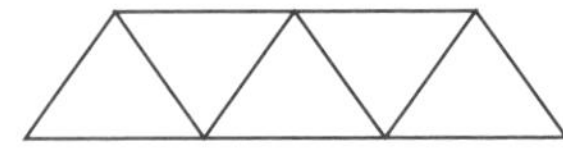

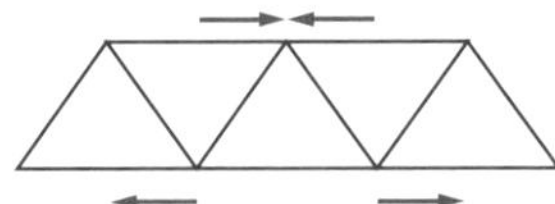

軸力の応力図

部材の応力を図で表したものが応力図ですが、圧縮か引張りかわからなくなるので応力の符号（＋・－）を入れます。軸力では圧縮力を「－」、引張力を「＋」とします。

鉛直方向等分布荷重の場合

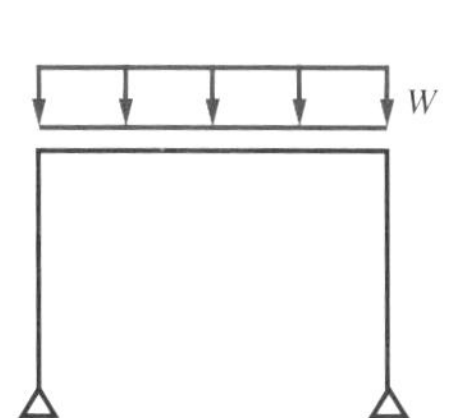

軸力は方向を判断することが難しい。応力図では、引張り側に＋、圧縮側に－の記号を付けて区別する。

(－)　(－)

軸力の応力図は、応力の方向と符号に注意しましょう。

水平荷重の場合

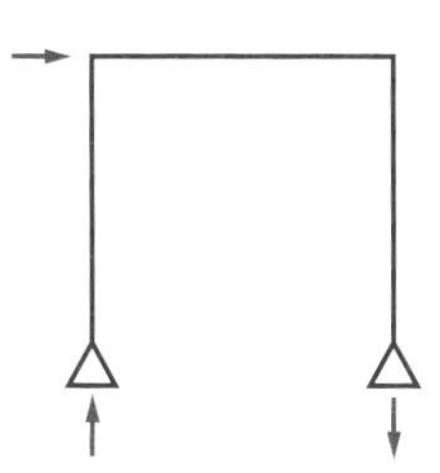

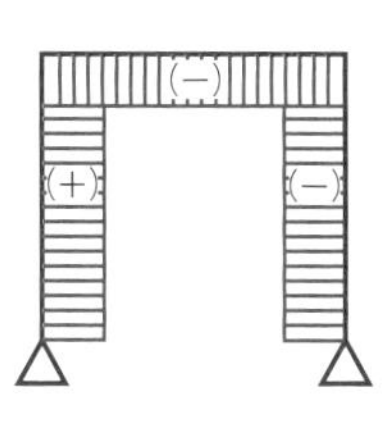

向に描いても圧縮力と引張り力の描く方向を混在させなければ問題ありません。

ただし、圧縮側は「－」（マイナス）の記号、引張り側には「＋」（プラス）の記号については、概ね統一されています。

軸力・曲げモーメント・せん断力を複合的に考える

軸力・曲げモーメント・せん断力は、それぞれ単独で発生するわけではありません。

たとえば、ラーメンフレームに荷重がかかった場合、梁とそれを支える柱には、曲げ応力と軸力が同時に発生します。軸力は忘れられがちですが、構造の安全性を確認する場合は、軸力・曲げモーメント・せん断力を複合的に考慮して構造計算する必要があります。

なお、圧縮力は注意が必要で、部材が長い場合は「座屈」という部材が曲がる現象が生じます（141頁参照）。

ねじれ変形(ねじれ)のしくみ

ねじれ変形とは？

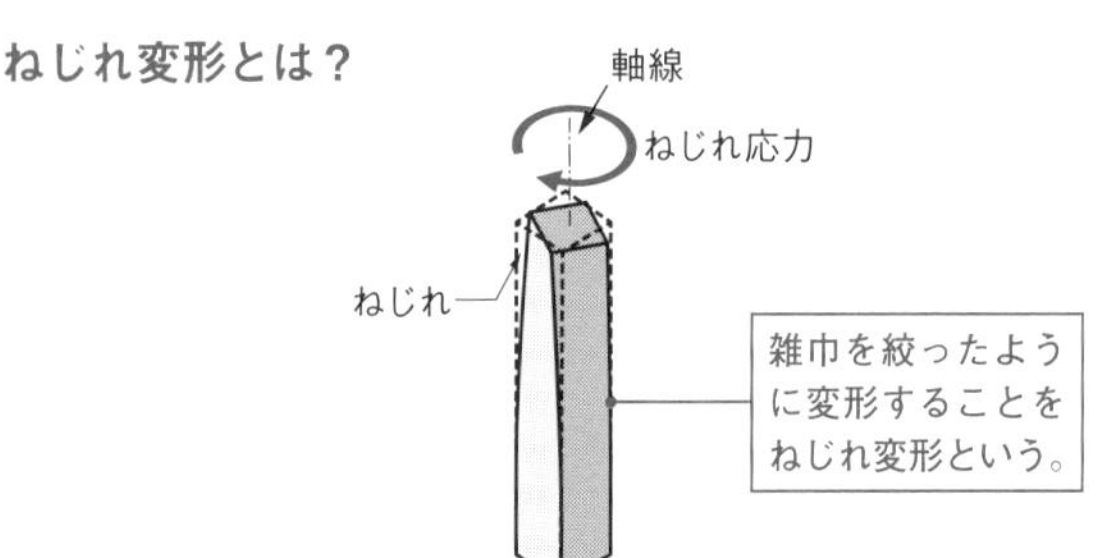

RC梁のねじり力の例

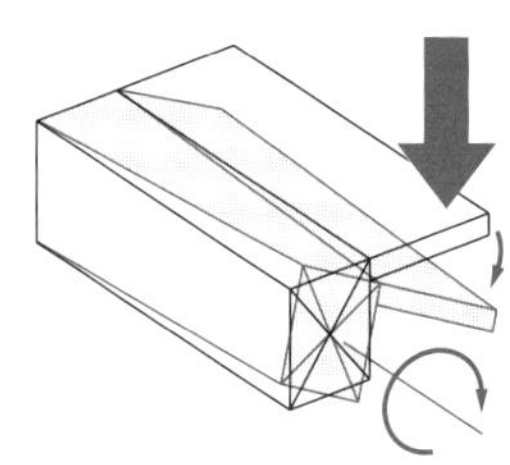

RC梁端部に片持ちのスラブがつく場合、片持ちスラブに力が加わると梁にはねじり力が発生する。

鉄骨梁ねじり力の例

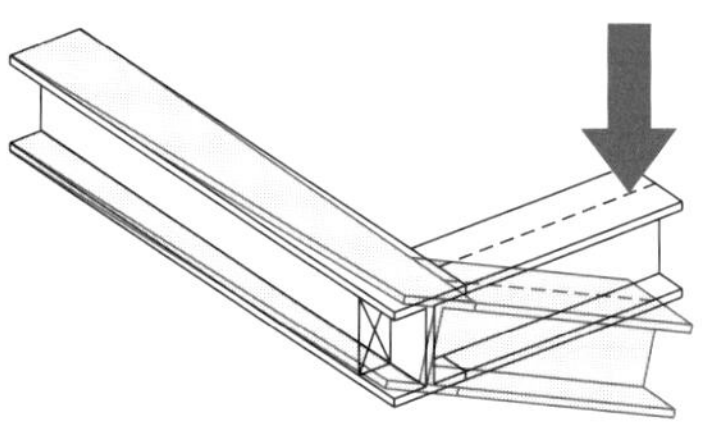

鉄骨梁の端部に片持ちの梁がつく場合、梁にねじり力が発生する。部材がこのような変形をするため、ねじり力を考える必要が出てくる。

ねじり力は雑巾を絞ったときのように変形させる力のこと！

ねじれとは、雑巾を絞るときのように部材を軸周りに回転させる力のことです。円筒状に材を見ると、せん断力と同じように平行四辺形の変形を起こしています。**ねじり力**は、基本的にはせん断変形と同じ性質の応力です。

片持ちスラブの取り付いた梁は、スラブに反力が生じるとねじられます。道路上の信号機も、片持ちスラブの例と同様です。風荷重にねじられやすく、台風のときなどには先端が大きく回転方向に動いています。

ねじり力の算出のしかた

ねじりの力は、丸棒をねじった状態を考えるとよくわかります。ねじられたときには、丸棒の中心から同一半径の部分は均一に変形するものと考えます。

ねじれの計算方法

ねじり力は、基本的には回転させる力（応力）です。断面内の回転（モーメント）からせん断応力度を求めます。一般に応力度は、正方形の単位ユニットを考えますが、ねじり力では円周上の単位ユニットを考えます。

ねじられた後の丸棒の微小面積d_Aに作用するせん断応力度τ

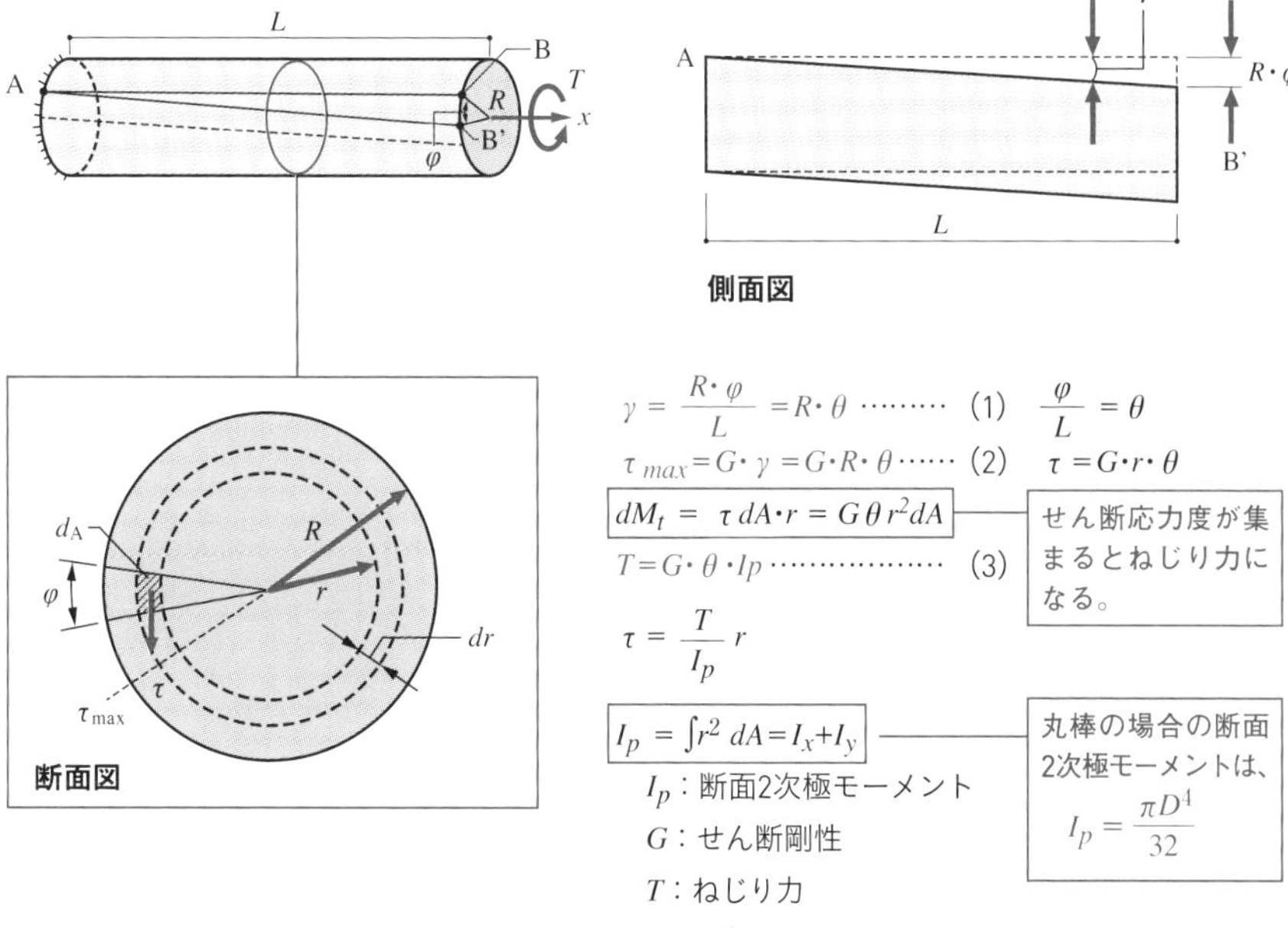

I_p：断面2次極モーメント
G：せん断剛性
T：ねじり力
θ：単位長さあたりのねじり角
M_t：ねじりモーメント
D：直径

微小面積の考え方

ねじり応力を考えるとき、微小面積の考え方に注意が必要。

①曲げ応力度の場合

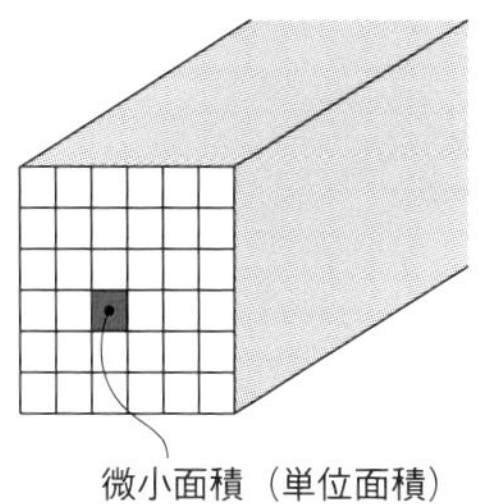

②ねじり応力度の場合

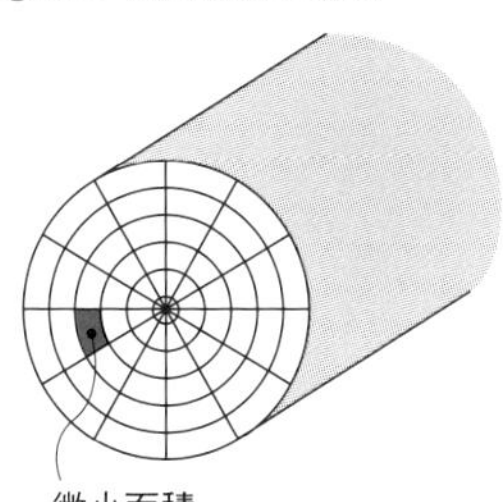

RC造梁のねじれ

RC造の築のねじれに対しては、ちょっと特殊で軸方向筋とあばら筋で抵抗します。

$$T \leq \frac{4 b_T^2 D_T f_S}{3}$$

T :設計用ねじりモーメント
b_T :梁幅
D_T :梁せい
f_S :許容せん断力

ねじりモーメントに対して必要な閉鎖形あばら筋1本の断面積a_1は次式で求めます。

$$a_1 = \frac{T x}{2 {}_w f_t A_0}$$

T :設計用ねじりモーメント
x :閉鎖形あばら筋の間隔
${}_w f_t$:あばら筋のせん断補強用許容引張り応力度
A_0 :閉鎖形あばら筋の中心で囲まれるコンクリート核の断面積

ねじりモーメントに対して必要な軸方向筋全断面積a_sは次式で求めます。

$$as = \frac{T \varphi_0}{2\ {}_s f_t A_0}$$

T :設計用ねじりモーメント
φ_0 :閉鎖形あばら筋の中心で囲まれるコンクリート核の周長
${}_s f_t$:軸方向筋の許容引張り応力度
A_0 :閉鎖形あばら筋の中心で囲まれるコンクリート核の断面積

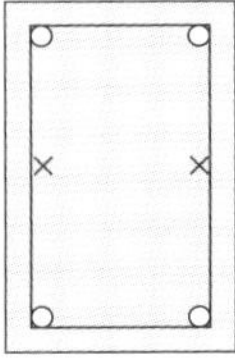
一般的な配筋。腹止め筋（図中の×）は主筋より細い。

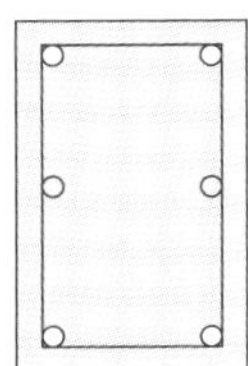
ねじれに強くするために主筋と同じ径の腹止め筋を入れている。

軸方向にも変形しているのですが、非常に小さいので無視します。

円周上の変形を考えると、前頁の図のように平行四辺形になり、せん断ひずみの式が使えます。回転方向の変形角をφとすると、せん断ひずみγは前頁の式(1)となり、せん断応力も式(2)のように書き表せます。θは長さ方向の単位長さあたりのねじり角です。これらの式からせん断応力とねじりモーメントの関係式（式(3)）が導かれます。

ここで、I_pは断面2次極モーメントです。この断面2次極モーメントの詳しい説明は省略しますが、簡単な式で、強軸方向と弱軸方向の断面2次モーメントを加算した値となります。

座屈とは空き缶を踏みつけたときに曲がる現象

垂直方向に直立している棒の軸方向に圧縮荷重を

形状による座屈の違い

座屈による変形は、ものの形状ごとに異なります。日頃から、身近なものに力を加え、座屈変形するかを把握しておきましょう。

空き缶を上から踏みつけると、缶の側面（円筒部）が曲がる。この現象を座屈という。

円筒の座屈　角筒の座屈　十字形の座屈　鉄筋の座屈

フープ筋あり　フープ筋なし

フープ筋があると座屈が拘束される（変形しない）。

加えると、圧縮応力が生じます。柱幅に比べて柱の長さが4倍程度以上になると、単純な圧縮応力だけではなく、棒の中央部に曲がりが発生して、材の圧縮強さよりも小さな力で柱は折れ曲がってしまいます。このような現象を**座屈**といいます。

座屈荷重と座屈強さを計算する方法

座屈はいろいろなところに生じます。板の場合、海草のように波を打ったり、缶ではヒダヒダになってつぶれます。アルミ缶などつぶして遊んだことがある人もいるのではないでしょうか。日頃、意識はしていませんが、いろいろなところに座屈現象が生じています。

座屈を計算するには、**オイラーの式**が基本となります（143頁参照）。座屈は不思議なことに材の強度ではなく、材の剛性（固さ）に関係します。材の材軸に対して横方向への曲がりやすさが座屈へつながるので、剛性が大きく影響するからです。また、材端の条件も横への曲がりやすさにつながるので、座屈荷重に大きく影響します。

座屈強さを決める条件

①柱の材端条件
②柱の材質（ヤング係数）
③柱の長さ
④断面2次モーメントが小さい中立軸を中心に起こる

H形鋼は右図のように弱軸方向に曲がりやすい特徴がある。

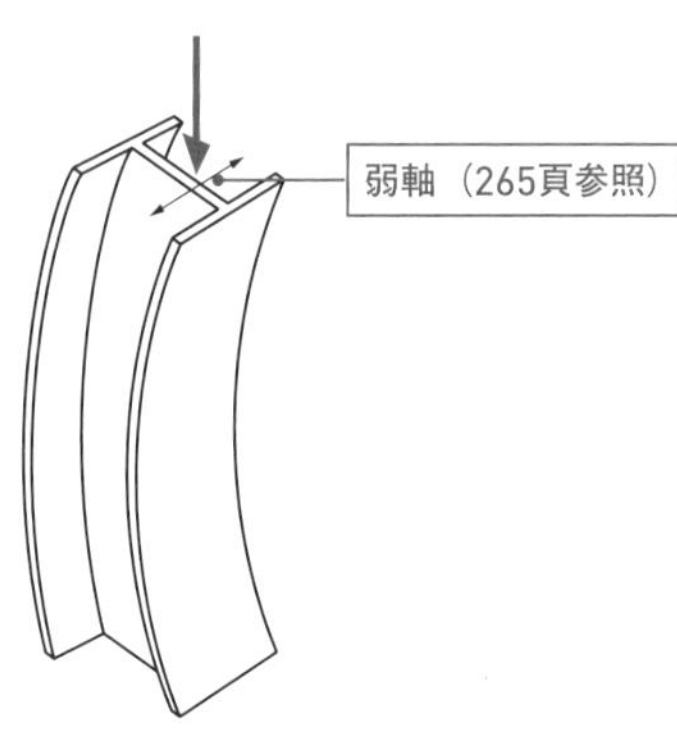

鉄骨部材は強度が大きいのですが、形鋼として使うので、座屈の検討が重要となります。H形鋼梁では、上図のように弱軸方向に曲がりやすいために横補剛を設けたり、カバープレートを設けたりして座屈に対して抵抗します。柱では細長比の規定があり、部材長さを断面2次半径で割った値（細長比）が200以下であるように設計をします。

鉄筋コンクリート部材では、それほど問題にはならないのですが、座屈を防ぐために建築基準法施行令77条で柱の幅を高さ（支点間距離）の1／15以上とすることが規定されています。また、梁や柱のせん断補強筋も、コンクリートが割れた場合に主筋が外にはみ出さないようにするための座屈止めとしての役割もあります。

座屈荷重と座屈長さを求めよう

座屈を起こす限界の荷重を座屈荷重といい、細長比などを使って次式で求めます。細長比とは、柱の座屈を防ぐための太さや長さの設計目安です。なお、座屈という現象は部材端部の支持条件が大きく関係します。

細長比λの求め方

$$\lambda = \frac{\ell_k}{i}$$

λ ：細長比
ℓ_k ：座屈長さ
i ：断面2次半径

座屈荷重の求め方（オイラーの式）

$$N_k = \frac{\pi^2 EI}{\ell_k{}^2}$$

N_k ：座屈荷重
I ：断面2次モーメント
E ：ヤング係数
π ：円周率
ℓ_k ：座屈長さ

断面2次半径iの求め方

$$i = \sqrt{\frac{I}{A}}$$

i ：断面2次半径
I ：断面2次モーメント
A ：断面積

断面2次モーメントの
求め方は168頁参照

部材端部の支持条件で変わる座屈長さℓk

支持条件	固 ℓ 固	ピン ℓ 固	ピン ℓ ピン	固 水平移動 ℓ 固	ピン 水平移動 ℓ 固	自由 水平移動 ℓ 固
座屈形状						
座屈長さ ℓ_k	0.5ℓ	0.7ℓ	ℓ	ℓ	2ℓ	2ℓ

レオンハルト・オイラー
（1707～1783）

数学者であったオイラーは物の変形に興味をもち、物理学の分野にも多大な功績を残しています。たわみの曲線について研究を進めたオイラーは、現代でも基本となっている座屈荷重の式を導き出しました。

015 応力の公式で一番重要なのはどれだ？

応力の公式の基本はこの3つ。□には形式や荷重の種類によって異なる数値が入ります。

曲げモーメント $M_C = \frac{PL}{\square}$

せん断力 $Q_A = \frac{P}{\square}$

たわみ $\delta_C = \frac{PL^3}{\square EI}$

単純梁と両端固定梁の公式は必須だ！

梁の断面を決定する際には、梁が荷重を受けたとき、梁に生じる力（曲げモーメントやせん断応力）がどのくらいかを知る必要があります。次頁に梁の応力（M、Q）とたわみ量（δ）を算出する公式を紹介します。梁端部の固定方法によって公式が異なりますが、単純梁と両端固定梁の公式を覚えておけば、基本的な梁の応力を算出することができます。なお、梁の端部の条件としては、固定、ピン支持のほかに連続梁がありますが、連続梁は隣り合う梁の剛性により応力が複雑に変わるので、通常はコンピューターで計算します。そのためここでは省略します。

応力の公式の使い方

①単純梁の公式

単純梁は梁が両端の支点だけで支えられる静定構

荷重の状態

	モデル図	例	内容
①集中荷重	P / A C B	床にかかる荷重	部材の一点に集中して作用する荷重 (例)床にかかる人の荷重
②等分布荷重	w / A B	雪 / 屋根にかかる荷重	部材に均一に作用する荷重 (例)屋根にかかる雪の荷重
③等変分布荷重	w	地下 / 壁にかかる荷重	一定の割合で変化する荷重 (例)地下の壁にかかる土圧
④三角形分布荷重	w	この梁にかかる荷重	三角形の分布で作用する荷重 (例)梁にかかるスラブの荷重
⑤台形分布荷重	w	この梁にかかるスラブの荷重	台形の分布で作用する荷重 (例)梁にかかるスラブの荷重

床の荷重を等分布と表現しましたが、実際には、床の短辺と長辺の比によって変わります。床の荷重分布としては、三角形分布や台形分布が一般的ですが、実務では長辺と短辺の比が2を超えると等分布荷重として応力計算をしています。

①三角形分布荷重（正方形の床の場合）

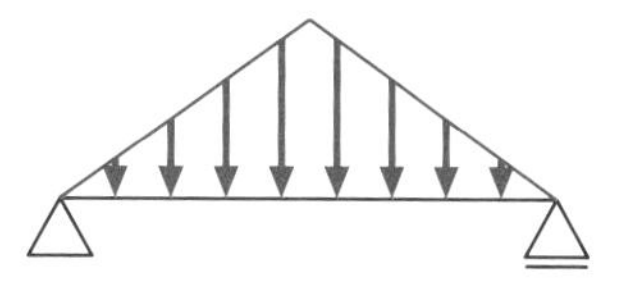

②台形分布荷重（長方形の床の場合）

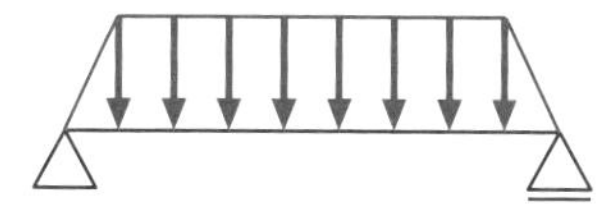

③等分布荷重（短辺と長辺の比が2以上の床の場合）

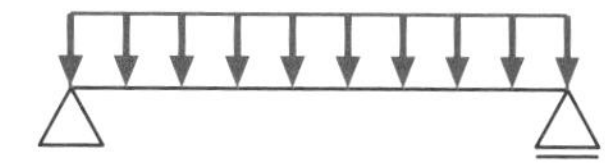

集中荷重の公式（単純梁）

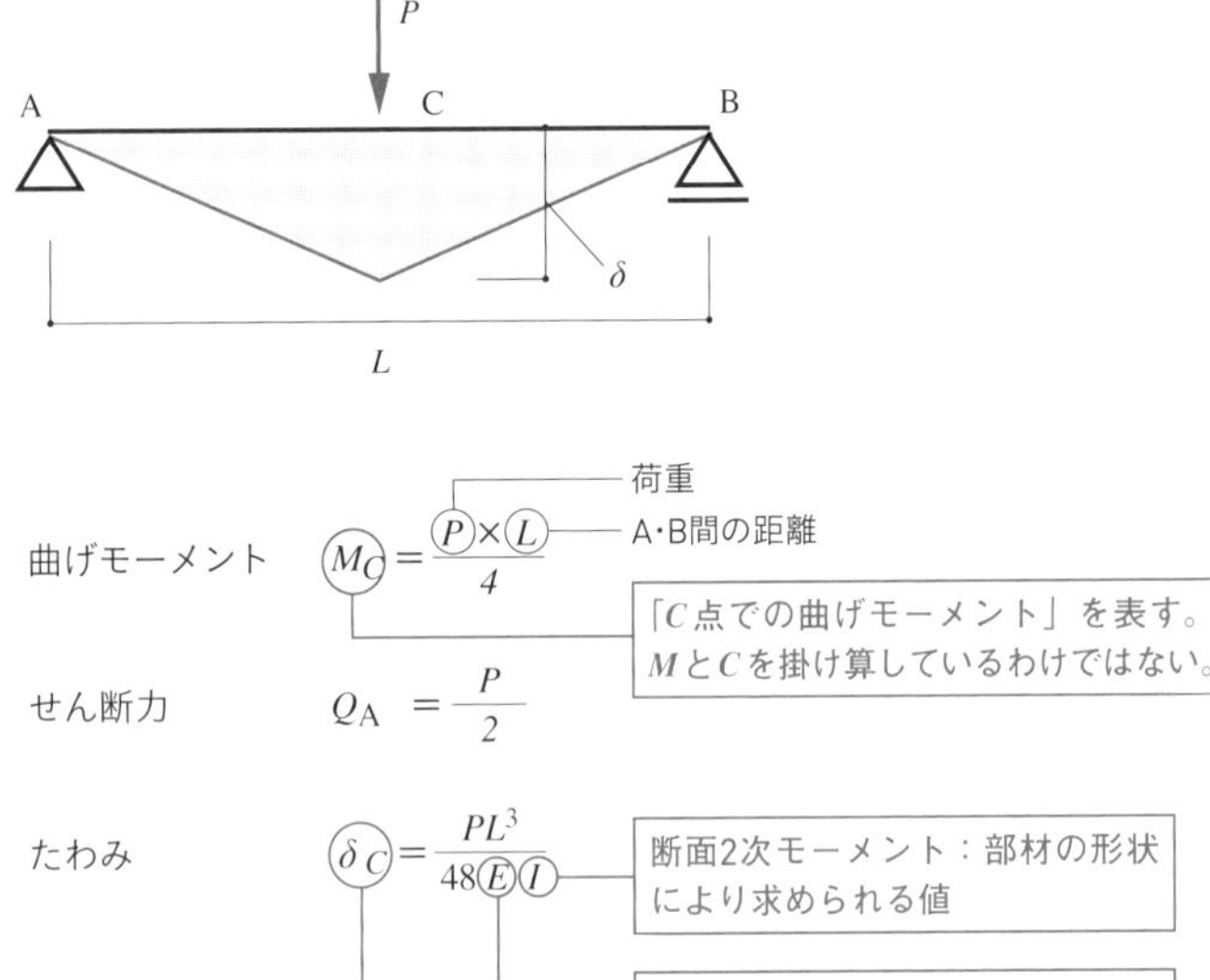

造（176頁参照）で、一方が自由に回転できる回転端（ピン）、もう一方が水平方向に移動する移動端（ローラー）からなり、応力は中央部で最大となります。

端部を固定することが難しい木造の梁を設計する場合や鉄筋コンクリート造（RC造）・鉄骨造の小梁に単純梁の公式が利用されます。

②両端固定梁の公式

両端固定梁は、梁の両端部が剛接合になる梁のことです。ただし、現実の柱・梁の接合部を考えると完全な固定状態をつくり出すことは困難で、実際はピンと剛の中間ぐらいの性質をもつと考えられます。非常に剛性の高い柱などに接続された梁などに両端固定梁の公式を用います。

③梁に載荷される荷重の考え方

応力を算出する際に、荷重をどう扱うかで公式が変わります。梁の自重や梁にかかる床の荷重によって生じる応力を算出する場合は通常、梁に等分布荷重がかかっているものとして応力を計算します。一方、大梁に小梁がかかる場合は、小梁から伝達される荷重を集中荷重とみなして、応力を算出します。

単純梁とは両端の支点だけで支えられる梁のこと

単純梁とは、梁が両端の支点だけで支えられる静定構造です。厳密には、一方が自由に回転できる支点（ピン接合）、もう一方が自由に回転できるとともに水平方向に移動可能な移動端（ローラー）からなります。

ただし、構造力学の初歩の段階では、次頁の写真のような両端ピンの場合も同じたわみや応力であると考えてください。

等分布荷重と集中荷重での計算のポイント

次頁図のように、単純梁に等分布荷重が載荷された場合の曲げモーメント図は、中央部が反曲点（曲げモーメントの傾きが0となる点）となる放物線状になり、曲げモーメントの値は中央部が最大値です。せん断力の分布は、中央から端部にいくにつれて端部に伝わる荷重が比例して増えていくので、中央の点（せん断力は0）を中心とした点対称の三角形状の分布となります。

中央に集中荷重が載荷された場合の曲げモーメントは、三角形状に分布します。せん断力は、中央の荷重が両端の支点まで流れ、中央部から支点まで1／2Pの一様な分布になります。

たわみの公式は、等分布荷重ではスパンの4乗に比例し、集中荷重では載荷状態により係数が変わりますが、3乗に比例します。なお、等分布荷重でも集中荷重でも、ヤング係数Eと断面2次モーメントIに反比例します。

単純梁の計算が実務でも重要な理由

実務においても単純梁の計算は必要となります。木造住宅では、梁の両端部を固定することが難しく、両

単純梁の公式

荷重状態図	曲げモーメント図	最大曲げモーメント M	最大せん断力 Q	最大たわみ δ
①等分布荷重		$M=\frac{wL^2}{8}$	$Q=\frac{wL}{2}$	$\delta=\frac{5wL^4}{384EI}$
②1点集中荷重		$M=\frac{PL}{4}$	$Q=\frac{P}{2}$	$\delta=\frac{PL^3}{48EI}$
③2点集中荷重		$M=\frac{PL}{3}$	$Q=P$	$\delta=\frac{23PL^3}{648EI}$
④3点集中荷重		$M=\frac{PL}{2}$	$Q=\frac{3}{2}P$	$\delta=\frac{19PL^3}{384EI}$

w：単位長さあたりの荷重、P：集中荷重、E：ヤング係数、L：梁長さ、I：断面2次モーメント（168頁参照）

写真でわかる単純梁と荷重

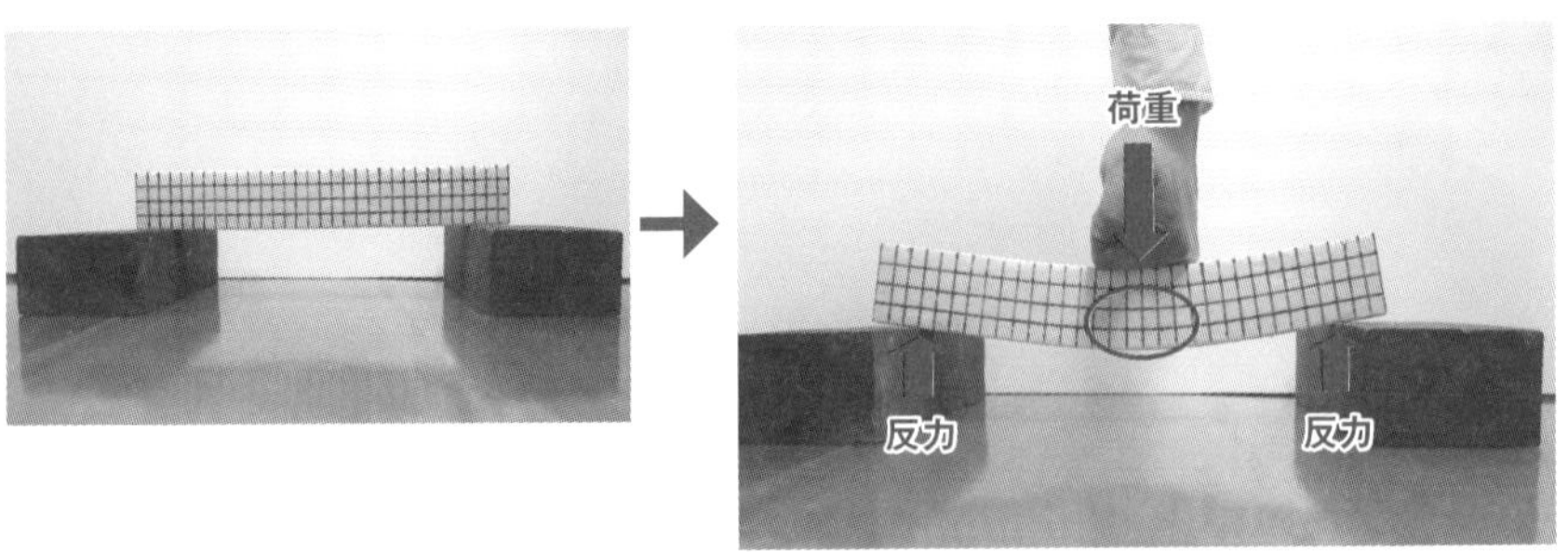

荷重をかけると梁の下側が伸びることがわかる。

単純梁の曲げモーメント

単純梁の曲げモーメントは下図のように、片持ち梁の公式から導けます。

片持ち梁

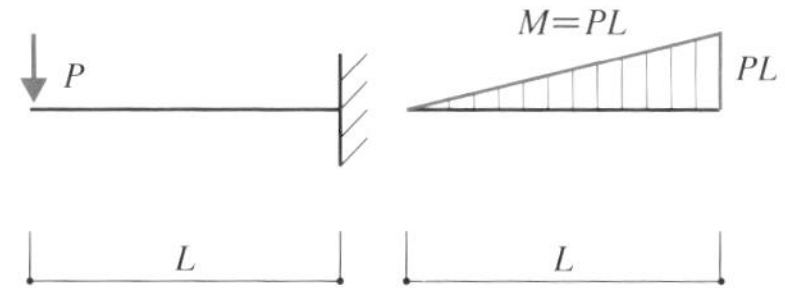

単純梁

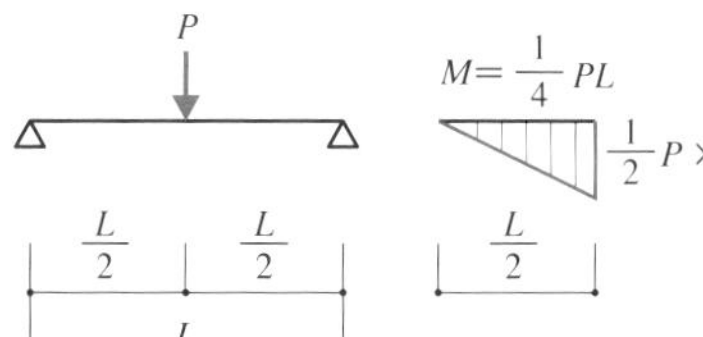

単純梁の計算は実務でも不可欠な知識なんだ。計算方法をしっかりと押さえておこう！

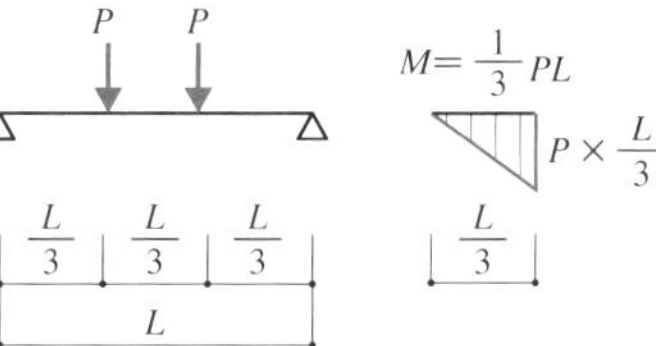

単純梁の計算に挑戦しよう

例題

右図のように、長さ6mの単純梁に2 kN/mの等分布荷重をかけたとき、梁にかかる最大の曲げモーメント・せん断力・たわみを考えましょう（$E=2.05\times10^5$（N/mm^2）、$I=2.35\times10^8$（mm^4）とする）。

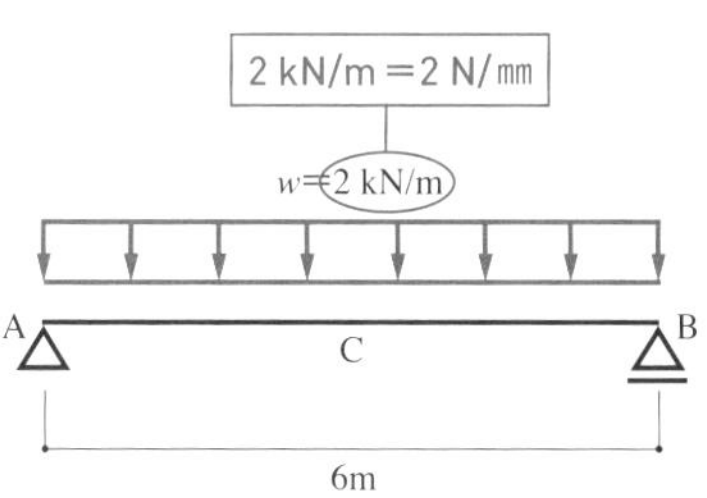

解答

①C点における曲げモーメントを求める

$$M_C=\frac{wL^2}{8}=\frac{2\times6^2}{8}=9\,\mathrm{kN\cdot m}$$

②梁ABにかかる最大せん断力を求める

$$Q=\frac{wL}{2}=\frac{2\times6}{2}=6\,\mathrm{kN}$$

③C点におけるたわみを求める

$$\delta=\frac{5wL^4}{384EI}=\frac{5\times2\times\left(6\times10^3\right)^4}{384\times2.05\times10^5\times2.35\times10^8}$$

$$=0.70\mathrm{mm}$$

半剛とは？

端部ピンと端部剛の中間的な性質の部材端を「半剛」といいます。絵に描くときは下記のように端部にバネの絵を描きます。
小梁を設計するときは、両端ピンで設計することが多いのですが、実際には完全なピンはないので、端部に曲げモーメントが生じても安全性が確保されているように、ゆとりをもたせる必要があります。

端がピン状態になるので、単純梁の公式を使用して応力やたわみを算出して設計を行います。鉄骨造やRC造の小梁も同様に、単純梁として設計を行っています。また、たわみは床の揺れやすさや水平性に大きく関わるので、非常に重要です。

両端固定梁は等分布荷重と集中荷重で異なる

両端固定梁は、梁の両端部が非常に剛性の高い部材に剛に接合されている梁のことです。構造力学では、単純梁の応力と並んで、両端固定梁の公式は基本的な式です。

両端固定梁は単純梁より性能がよい

両端固定梁は両端部が曲がらないためにたわみが小さくなります。単純梁（147頁参照）と比較すると等分布荷重の場合、たわみは1／5になります。最大曲げモーメントも2／3程度なので、梁としての性能が非常によくなります。なお、集中荷重の場合には、たわみは1／4、曲げモーメントは1／2になります。

両端固定端の曲げモーメント

等分布荷重の曲げモーメント図の描き方は、単純梁と同様に放物線を描きます。ただし、単純梁では、端部で0（部材線の端点に一致）であったのですが、端部で曲げモーメントが生じているために次頁図のように部材線より上に放物線の終わりがきます。なお、曲げモーメントの曲線は、部材線に対して引張り力が生じる方に描きます。

次に、両端固定梁のせん断力は、単純梁と同様に両端部に対称に生じるので、せん断力分布は単純梁と同じになります。

集中荷重の曲げモーメント図では、次頁図のように単純梁と同様に三角形の分布になるのですが、等分布荷重の場合と同様に端部に曲げモーメントが生じるので、部材線より上部（引張り力が働く方）に線

両端固定梁の公式

荷重状態図	曲げモーメント図	曲げモーメント M （中央MC 端部ME）	最大せん断力 Q	最大たわみ δ
①等分布荷重 (w, A, B, L)	M_E, A, B, M_C	$M_C=\dfrac{wL^2}{24}$ $M_E=-\dfrac{wL^2}{12}$	$Q=\dfrac{wL}{2}$	$\delta=\dfrac{wL^4}{384EI}$
②1点集中荷重 (P, A, B, L)	M_E, A, B, M_C	$M_C=\dfrac{PL}{8}$ $M_E=-\dfrac{PL}{8}$	$Q=\dfrac{P}{2}$	$\delta=\dfrac{PL^3}{192EI}$
③2点集中荷重 (P, P, A, B, $\frac{L}{3}$, $\frac{L}{3}$, $\frac{L}{3}$, L)	M_E, A, B, M_C	$M_C=\dfrac{PL}{9}$ $M_E=-\dfrac{2PL}{9}$	$Q=P$	$\delta=\dfrac{5PL^3}{648EI}$
④3点集中荷重 (P, P, P, A, B, $\frac{L}{4}$, $\frac{L}{4}$, $\frac{L}{4}$, $\frac{L}{4}$, L)	M_E, A, B, M_C	$M_C=\dfrac{3PL}{16}$ $M_E=-\dfrac{5PL}{16}$	$Q=\dfrac{3}{2}P$	$\delta=\dfrac{PL^3}{96EI}$

w：単位長さあたりの荷重、P：集中荷重、E：ヤング係数、L：梁長さ、I：断面2次モーメント
注：M_CのCは中央（Center）の略、M_EのEは端部（End）の略

両端固定と両端ピンのたわみの違い

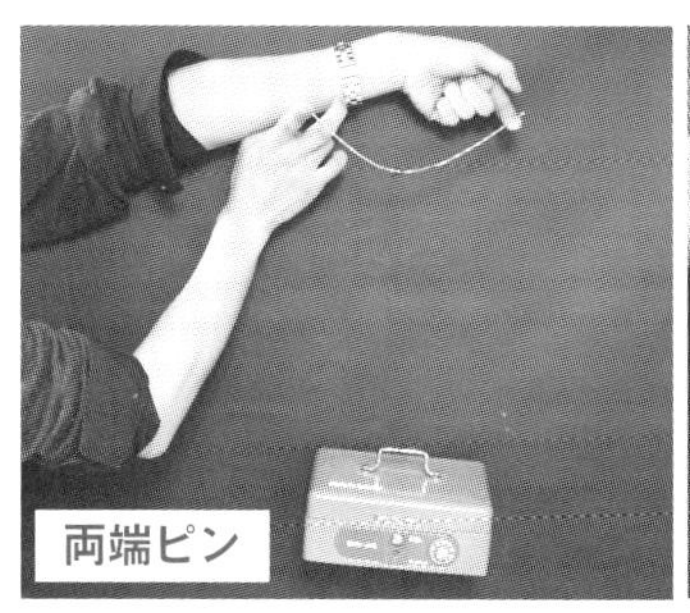

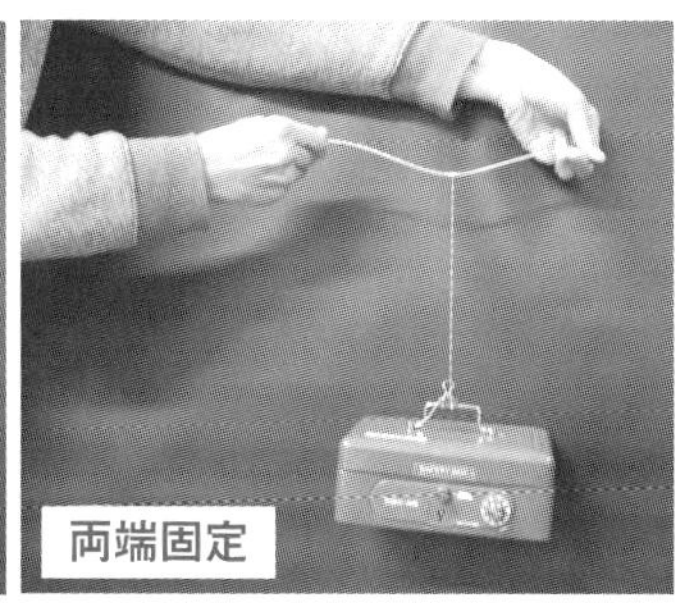

両端ピン［写真左］に比べ、両端固定の場合はたわみが小さくなる（性能がよくなる）［写真右］。

両端固定梁の計算に挑戦しよう

例題

右図のように長さ6mの両端固定の単純梁に2 kN/mの等分布荷重をかけたとき、梁にかかる最大の曲げモーメント・せん断力・たわみを検討しよう（$E=2.05\times10^5$（N/mm²）、$I=2.35\times10^8$（mm⁴）とする）。

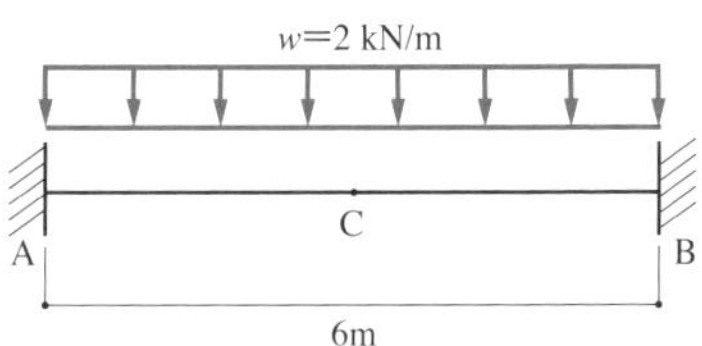

解答

①C点における曲げモーメントを求める

$$M_C=\frac{1}{24}wL^2=\frac{1}{24}\times2\times6^2=3\,\mathrm{kN\cdot m}$$

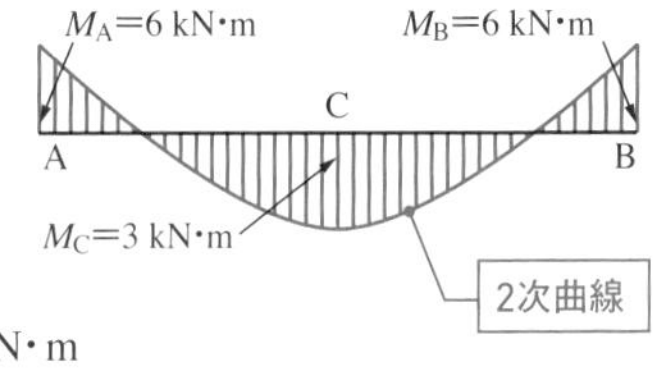

なお、$M_A=M_B=-\frac{1}{12}wL^2=-\frac{1}{12}\,2\times6^2=-6\,\mathrm{kN\cdot m}$

②梁ABにかかる最大せん断力を求める

$$Q=\frac{wL}{2}=\frac{2\times6}{2}=6\,\mathrm{kN}$$

③C点におけるたわみを求める

$$\delta=\frac{wL^4}{384EI}=\frac{2\times\left(6\times10^3\right)^4}{384\times2.05\times10^5\times2.35\times10^8}=0.14\,\mathrm{mm}$$

を描きます。せん断力分布は、等分布と同様に単純梁の場合と同じです。

ただし、現実の部材の接合部を考えると完全な固定状態をつくり出すことは困難で、実際は両端ピンと両端剛の中間くらいの性質をもつ梁と考えられます。そのため安全側をみて、両端ピンとして設計することもあります。非常に剛性の高い柱などに接続された梁などは、両端固定に近く、両端固定の梁の公式を用いて設計することも可能です。

片持ち梁の設計は躯体との接合部に注目！

片持ち梁とは、片側を柱や他の梁に固定され、反対側は支持されていない梁のことです。片持ち梁の先端は、たわみやすく、曲がってしまうと、建物の印象を崩すことにもなります。木造の屋根では、たわみにより雨漏りの可能性もあり、単純梁に比べて

各構造の片持ち梁

木造

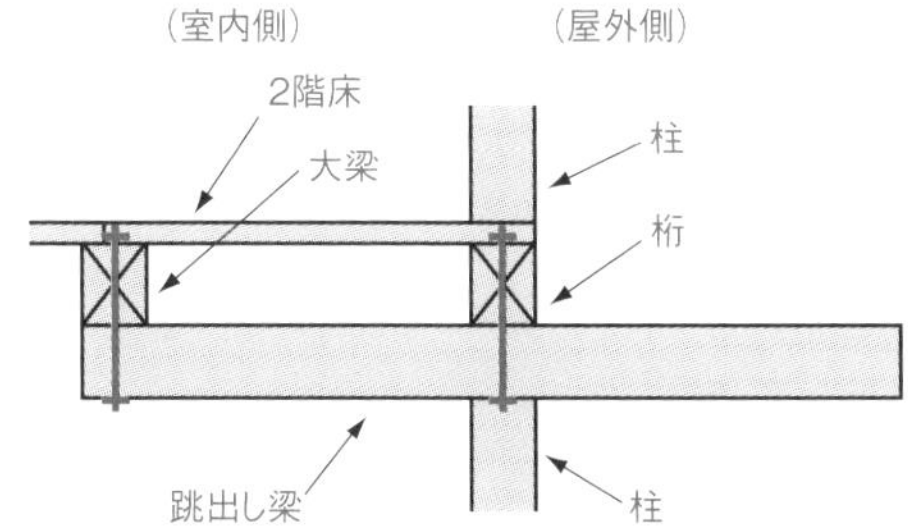

RC造

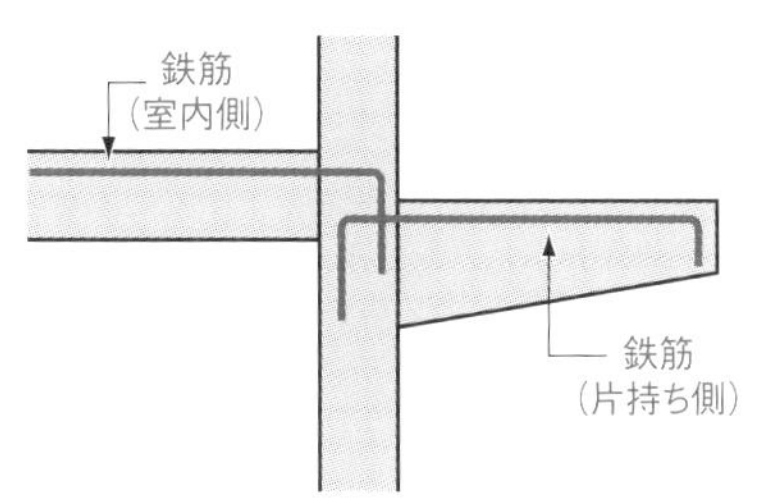

鉄骨造

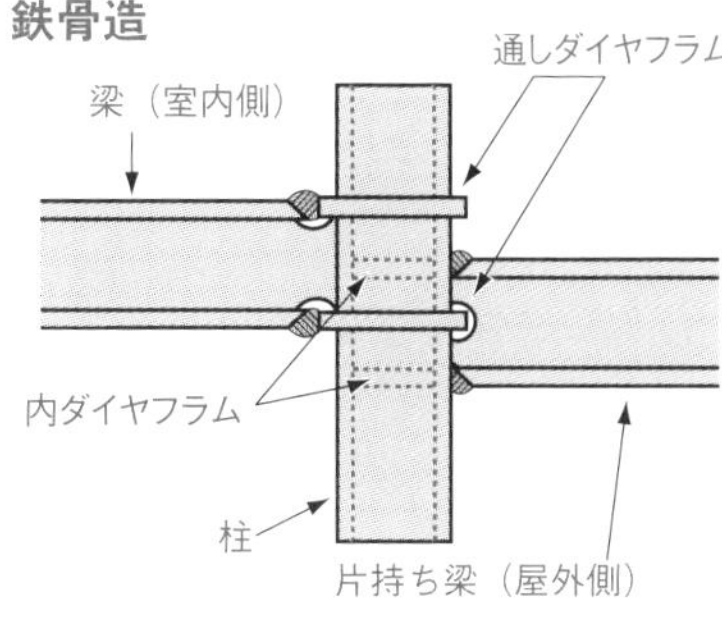

応力以上にたわみが重要になります。

鉄骨造の片持ち梁の場合、スパンに対するたわみは1／250以下に設計しなければなりません。参考までに、RC造の片持ちスラブでは、たわみを防ぐためスパンに対して1／10以上のスラブ厚の確保が望ましいとされています。

片持ち梁は、梁を片側だけで支える不安定な構造をしています。構造部材の一つですが、外側に取り付くので建物の表情をつくる重要な部材にもなります。

木造・RC造・鉄骨造の片持ち梁

同じ片持ち梁でも、構造種別によって実際の仕様は異なります。

木造

木造の場合、片持ち部分と躯体の接合部が重要です。通常は、内部から桁の下を通して梁を持ち出す方法（跳出し桁）、片持ち梁と桁の接合部に金物を設ける方法、あるいは方杖（ほうづえ）と引寄せ金物を組み合わせて支持する方法もあります。

片持ち梁の公式

荷重状態図	曲げモーメント図	最大曲げモーメント M	最大せん断力 Q	最大たわみ δ
①等分布荷重		$M=-\dfrac{wL^2}{2}$	$Q=-wL$	$\delta=\dfrac{wL^4}{8EI}$
②1点集中荷重		$M=-PL$	$Q=-P$	$\delta=\dfrac{PL^3}{3EI}$
③偏心集中荷重		$M=-Pb$	$Q=-P$	$\delta=\dfrac{PL^3}{3EI}\left(1+\dfrac{3a}{2b}\right)$

w：単位長さあたりの荷重、P：集中荷重、E：ヤング係数、L：梁長さ、I：断面2次モーメント

翼は片持ち梁!?

写真のように、飛行機の翼は片持ち梁の構造となっています。浮力が翼に上向きの力を与えています。

片持ち梁の計算に挑戦してみよう

例題

右図のように長さ6mの片持ち梁に2kN／mの等分布荷重をかけたとき、梁にかかる最大の曲げモーメント・せん断力・たわみを検討しよう（$E=2.05\times10^5$（N/㎟）、$I=2.35\times10^8$(㎜^{4})とする）。

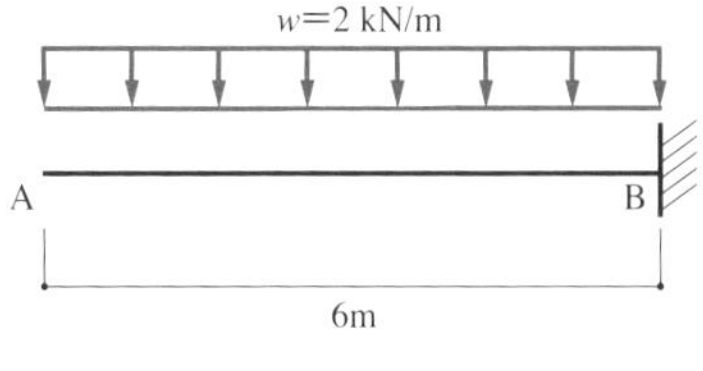

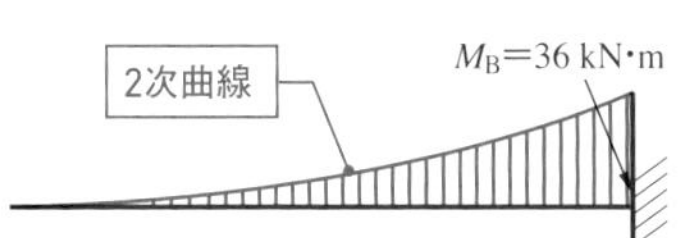

解答

①B点における曲げモーメントを求める

$$M_B = -\frac{wL^2}{2} = -\frac{2\times6^2}{2} = -36\ \mathrm{kN\cdot m}$$

②梁ABにかかる最大せん断力を求める

$$Q = -wL = -2\times6 = -12\ \mathrm{kN}$$

③A点におけるたわみを求める

$$\delta = \frac{wL^4}{8EI} = \frac{2\times\left(6\times10^3\right)^4}{8\times2.05\times10^5\times2.35\times10^8} = 6.73\ \mathrm{mm}$$

RC造

RC造の場合は配筋方法に注意しなければなりません。片持ち梁に生じる引張り応力は、鉄筋を通じて梁や柱に伝わります。片持ち梁と建物内の大梁に段差がある場合、片持ち梁の鉄筋は柱に定着させますが、その際、片持ち側と反対側の柱主筋の近くにアンカー（定着）します。片持ち梁と内部の大梁が同じ高さにあり連続している場合は、片持ち梁に生じる応力が柱と大梁の剛性に応じて分配されるので、剛性に応じてそれぞれのアンカー鉄筋の本数を決める必要があります。

鉄骨造

鉄骨造の片持ちでは、木造やRC造に比べると接合が容易なため、大きな片持ちとすることができます。ただし振動しやすいので、片持ち梁の剛性をより大きくし、できるだけたわみを少なくします。片持ち梁と大梁の間に段差がある場合は、ダイヤフラムの納まりが難しくなるので、段差は200㎜以上確保する必要があります。

016 構造計算で知っておくべき法則・定理とは？

ばねの伸びで有名なフックの方式をはじめマックスウェル・ベッティの定理やモールの定理などがあります。

伸びていない状態。力はかかっていない。

ビヨ〜〜〜ン

伸びた状態。力がかかっている。

建物もばねと同じように伸縮する「フックの法則」

構造計算を行ううえで非常に重要な考えに**フックの法則**（左式）があります。高校の物理で習う$F=kx$というばねの公式と基本的な考え方は同じです。建築構造では、微少な単位面積あたりの力（応力）と変位（ひずみ）として考えますが、比較すれば、同じ式であることがわかります。

フックの法則

$$\sigma = E\varepsilon$$

σ：応力度
E：弾性係数
ε：ひずみ

断面は変化しないものとして計算する

一つ、構造計算を行ううえで重要な決まりごとを覚えておく必要があります。158頁の図にあるように、材料はどんな材でも一般的には伸びれば断面が縮み、

構造基礎

構造力学

構造計算

地盤

耐震設計

構造実務

フックの法則とは?

ロバート・フック（Robert Hooke）は、1678年にばねの伸びと荷重力に関する実験から「弾性範囲内では応力とひずみは正比例する」ことを発見しました。その関係を表したのが、

$$\frac{\text{応力}}{\text{ひずみ}} = \text{比例定数（弾性係数）} \cdots \text{フックの法則}$$

この式の比例定数を弾性係数といい、材料固有の値となります。

ロバート・フック
(1635〜1703)

弾性係数を最初に測定したのはトーマス・ヤング（Thomas Young）で、弾性係数のことをヤング係数といいます。ヤング係数の記号は、Eがよく使われています。さきほどの式にあてはめると、

$$E = \frac{\sigma}{\varepsilon}$$ （E：ヤング係数、σ：応力、ε：ひずみ）

おもな構造材のヤング係数Eは次のようになっています。

木	E=8〜14×10^3 [N/mm^2]
鉄鋼	E=2.05×10^5 [N/mm^2]
コンクリート	E=2.1×10^4 [N/mm^2]

トーマス・ヤング
(1773〜1829)

フックの法則は、ひずみと弾性係数をかけたものが応力と比例関係にあるともいえますね。

ばねの公式とフックの法則

ばねの公式

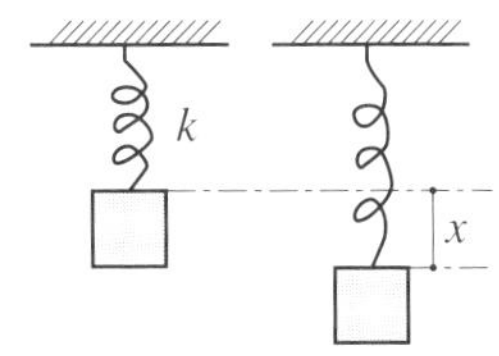

$F=kx$

F：力
k：弾性定数・ばね定数
x：変形

建築構造で用いるフックの法則は、ばねの公式と同じです。

鉄鋼の応力―ひずみ曲線

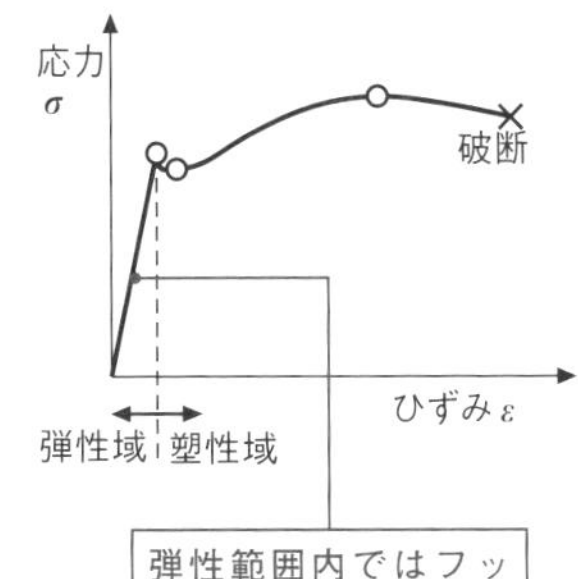

ばねの公式、思い出したかな？ フックの法則は構造力学の重要事項だから、しっかり覚えよう！

部材内部に生じる応力とひずみ

部材に荷重（外力）が加わると部材内部に応力が働き、ひずみが発生します。ひずみは同じ部材だと長いほど変形量も大きくなります。

部材に荷重を加える

①引張り力

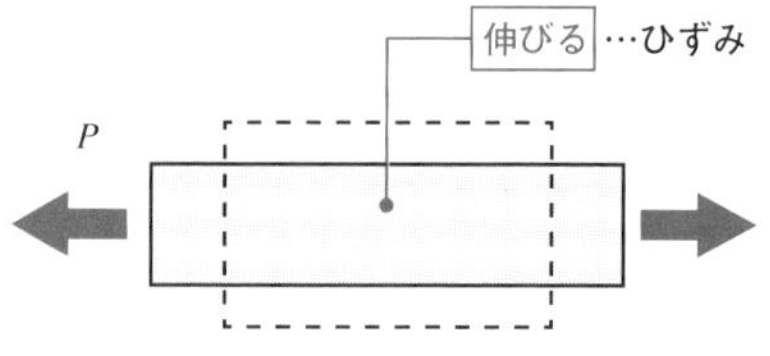

②圧縮力

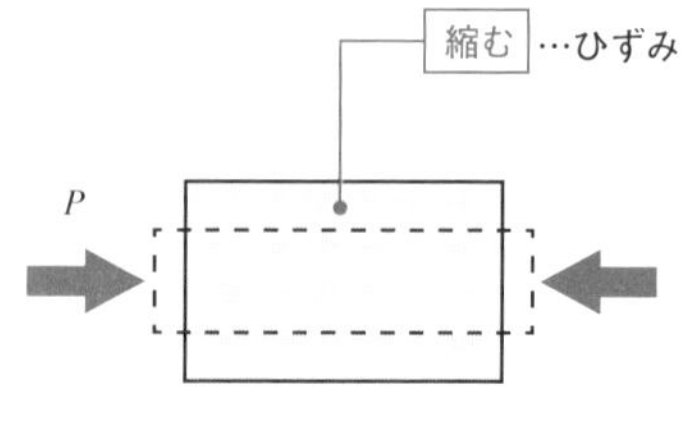

部材に生じるひずみ量の計算

①単位面積あたりの応力σ

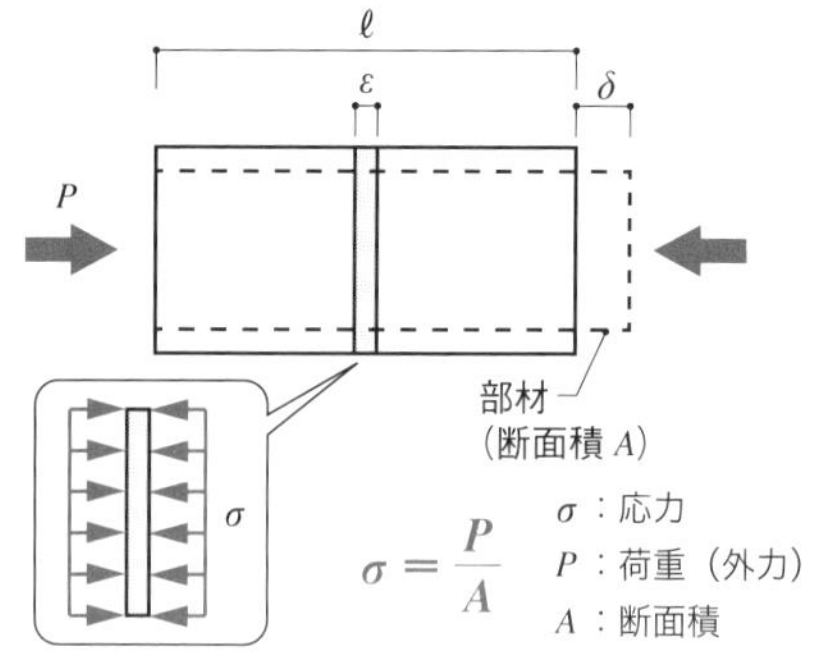

②ひずみ量δの計算式

$$\delta = \int_0^{\ell} \varepsilon dx = \frac{\sigma}{E}\ell$$

δ：ひずみ（変形）量
ℓ：部材長
ε：ひずみ

圧縮すれば断面が膨らみます。

建築の分野では、材料がある程度固いため、それほど膨らんだり縮んだりする影響は小さいので、「平面保持の仮定」という概念を用いて、材が伸びても縮んでも断面は変化しないものとして計算を行います。この仮定は、軸方向の力を受けたときだけでなく、せん断力や曲げモーメントなど、すべての応力について建築構造の世界では共通に用いられます。

同じ材では長いほど変形量が大きい

断面はつねに一定のため、単位長さあたりのひずみ量を長さ方向に足し算をしていくと、材全体の伸び量や縮み量になります。数学的な表記では積分で表します。感覚的な表現をするのであれば、同じ力を受けている材の場合、長ければ長いほど変形量が大きくなります。

材料の伸び縮みの性質を表す弾性係数Eをヤング係数といいますが、建築で使う材料の中では、鉄鋼が一番大きく2.05×10^5 N／mm^{2}で、コンクリートはおおむね10分の1、木では約20～30分の1となります。

モールの定理① 片持ち梁のたわみ

①荷重条件

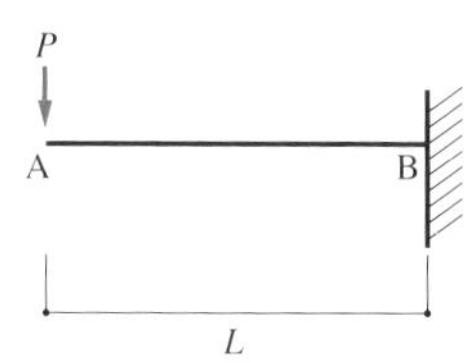

②変形の状態

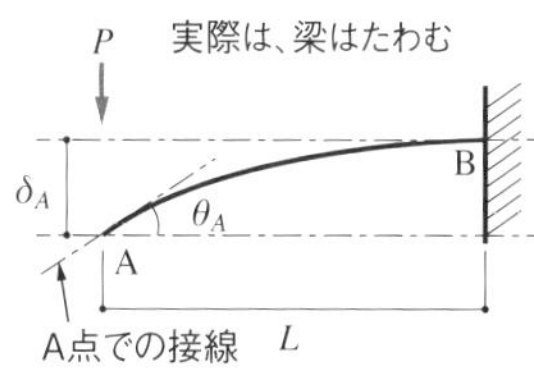

③曲げモーメント図

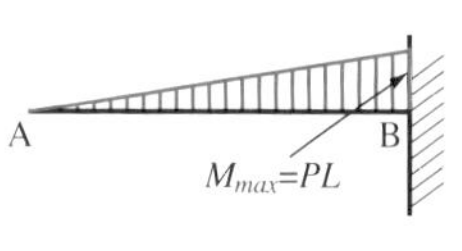

④反対側から荷重をかける

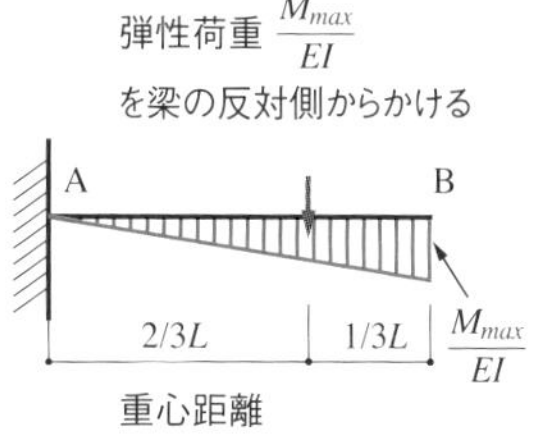

⑤弾性荷重によるせん断力

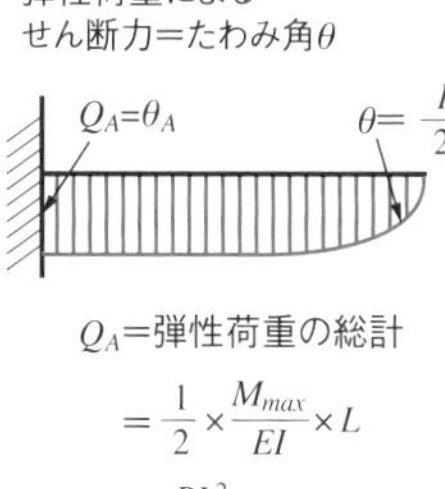

Q_A＝弾性荷重の総計

$$=\frac{1}{2}\times\frac{M_{max}}{EI}\times L$$

$$=\frac{PL^2}{2EI}=\theta_A$$

⑥弾性荷重による曲げモーメント

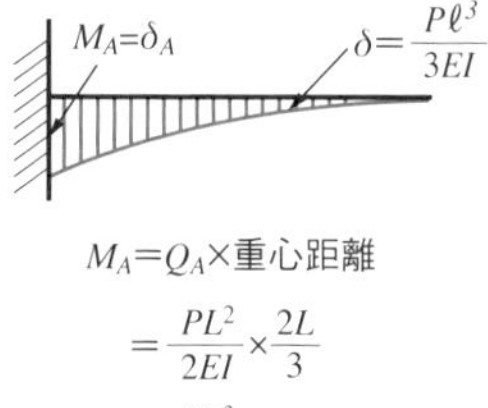

$M_A=Q_A$×重心距離

$$=\frac{PL^2}{2EI}\times\frac{2L}{3}$$

$$=\frac{PL^3}{3EI}=\delta_A$$

梁のたわみを計算する定理

前項（146頁）では、応力のとても重要な公式を紹介しました。最大たわみの公式には、なぜこんな数字がつくのかと思った方も多いのではないでしょうか。たわみの求め方には2つの有名な定理があります。それが「モールの定理」と「マックスウェル・ベッティの定理」です。それぞれの考え方を理解すると、公式の数字の意味も納得できるはずです。

モールの定理でたわみを求める

モールの定理は、ドイツ人土木技師オットー・モールにより発表された定理です。梁の荷重Pは弾性荷重、せん断力Qはたわみ角θ、曲げモーメントMは、たわみδにそれぞれ対応するというものです。

上図①のように片持ち梁の端部に荷重Pをかけると、実際には梁ABは②のように円弧を描いてたわ

モールの定理② 単純梁のたわみ

①荷重条件

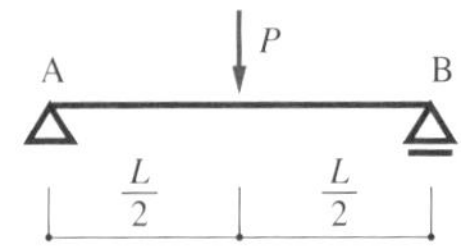

②変形の状態

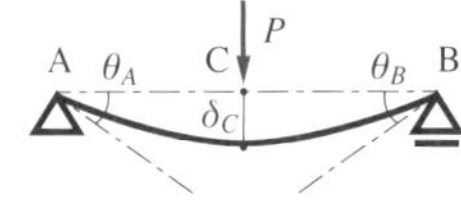

③曲げモーメント図

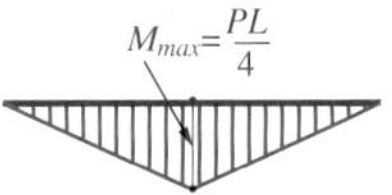

④反対側から荷重をかける

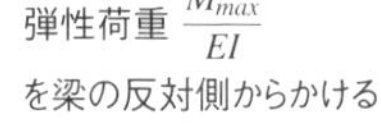

弾性荷重 $\frac{M_{max}}{EI}$

を梁の反対側からかける

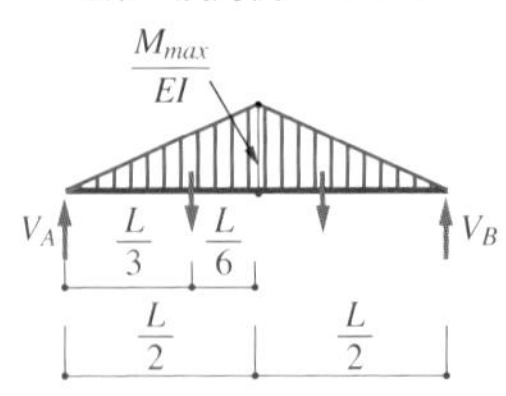

⑤弾性荷重によるせん断力

弾性荷重による
せん断力=たわみ角θ
Q_Aは④の三角形の左側半分の面積に等しい

$$Q_A=\frac{1}{2}\times\frac{L}{2}\times\frac{M_{max}}{4EI}$$

$$=\frac{PL^2}{16EI}=\theta_A$$

左右対称なので

$Q_A=Q_B=\theta_A=\theta_B$

$Q_B=\theta_B$

$Q_A=\theta_A$

⑥弾性荷重による曲げモーメント

M_{max}はC点の左側のモーメントの和

$M=V_A\times\frac{L}{2}$ −④の三角形の荷重×重心距離

$$=\frac{PL^2}{12EI}\times\frac{L}{2}-\frac{PL^2}{16EI}\times\frac{L}{2}\times\frac{L}{3}$$

$$=\frac{PL^3}{48EI}=\delta_C$$

$\delta_C=\frac{PL^3}{48EI}$

みます。ここで、梁に生じた曲げモーメントを梁の剛性EIで除した値を荷重Pの反対側から梁に与えます。この荷重を**弾性荷重**または**仮想荷重**といいます。さらに、自由端と固定端の位置もはじめの条件と逆にします。この時、弾性荷重によるせん断力は、図④の各点におけるたわみ角、その最大面積は梁の端部Aにおけるたわみ角となります。B点は固定されているのでB点の角度は0です。弾性荷重による曲げモーメントは各点における梁のたわみ量を表します。そして、最大たわみは最大せん断力と重心距離の積になるというわけです。

単純梁の場合も考え方は同じです。ただし、単純梁では片持ち梁の時に行った支点の入れ替えは行いません。上図①のような単純梁の中央に荷重Pがあるとき、梁②のように変形し、③のようなモーメントが生じます。この曲げモーメントを梁の剛性EIで除した値を弾性荷重として、生じたモーメントの反対側に置きます。この弾性荷重によるせん断力Qが梁のたわみ角θです。最大たわみ角θは荷重Pの位置ではなく、両端の支点の位置になります。荷重が

マックスウェル・ベッティの相反定理①

荷重が1つの場合

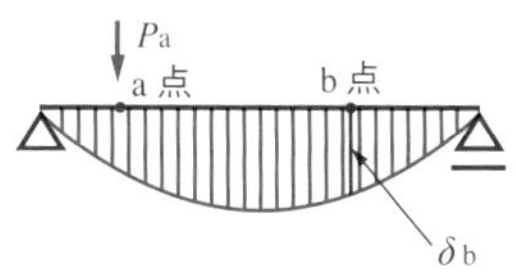

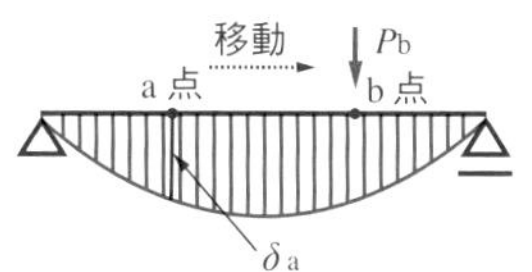

$P_a \cdot \delta_b = P_b \cdot \delta_a$
$P_a = P_b = P$ とすると、
a点に加えた力Pをb点に移動させたとき、下記関係が成り立つ。

$$\delta_{ba} = \delta_{ab}$$

δ_{ba}：a点にPを加えたときのb点でのたわみ
δ_{ab}：b点にPを加えたときのa点でのたわみ

（例1）

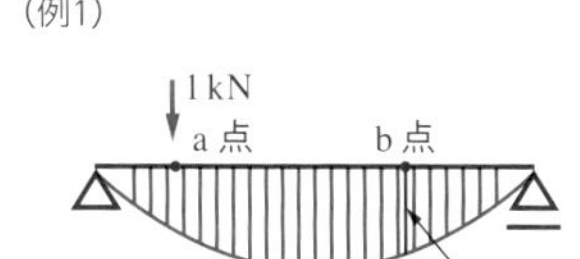

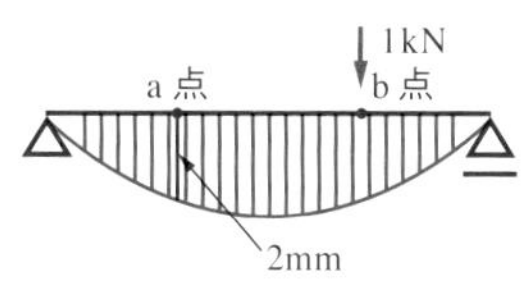

（例2）

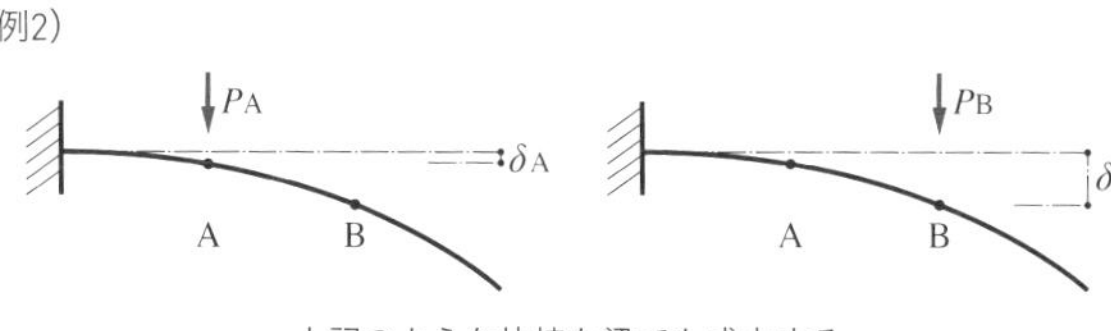

上記のような片持ち梁でも成立する。

中央部にあるときはA点、B点におけるたわみ角θ_A、θ_Bは等しくなります。荷重Pの位置が梁の中央でない時は、両端のたわみ角が異なるので注意が必要です。弾性荷重による曲げモーメントを求めると、梁の各点におけるたわみ量が求められます。最大たわみ量は荷重Pの位置になります。

マックスウェル・ベッティの定理で複数の荷重のたわみが求められる

マックスウェル・ベッティの相反定理は、正確には**マックスウェルの相反定理、ベッティの相反定理**です。マックスウェルの相反定理は荷重と変位の関係、ベッティの相反定理は荷重群と変位の関係を示しています。

マックスウェル・ベッティの相反定理の使い方

マックスウェル・ベッティの相反定理はそれほど難しくはありません。よく単純梁をモデルとして説明されるので、本書も単純梁を用いて説明をします。

マックスウェル・ベッティの相反定理②

荷重が複数の場合

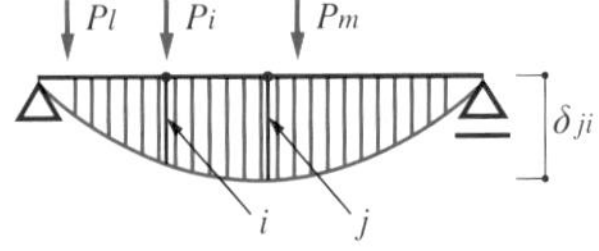

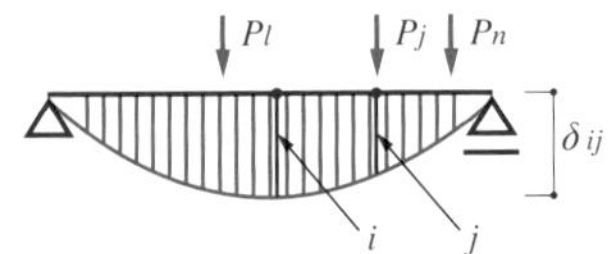

外力が複数の場合、下記関係が成り立つ。

$$\sum_{i=1}^{m} P_i \delta_{ij} = \sum_{j=1}^{n} P_j \delta_{ji}$$

上記は、複数の荷重が載荷された場合も、荷重が1つの場合と同様の原理が成り立つことを示しています。

マックスウェル・ベッティの定理を使って解いてみよう!

例題

b点にPを加えると、下図のようなたわみが測定されたとする。

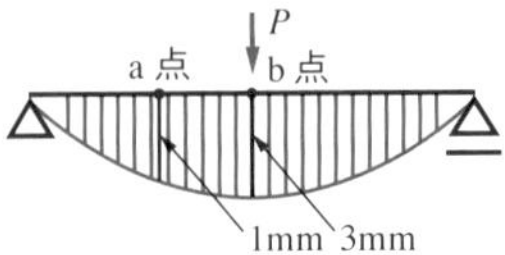

それでは、下図のような力を加えたときのb点のたわみを求めましょう。

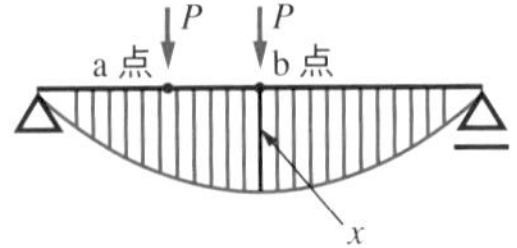

解答

まずPがb点に作用したとき、a点では1mmのたわみが測定された。よって、マックスウェル・ベッティの相反定理より、Pをa点に移動させたとき、b点でも同じく1mmのたわみとなる。

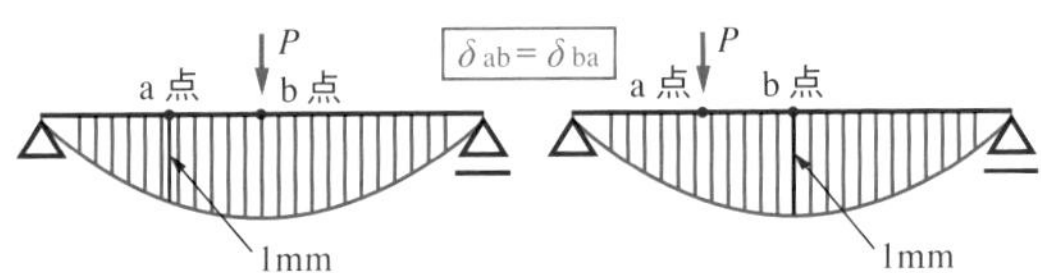

したがって、a点・b点にPを加えたときのb点のたわみは、重ね合わせの原理により

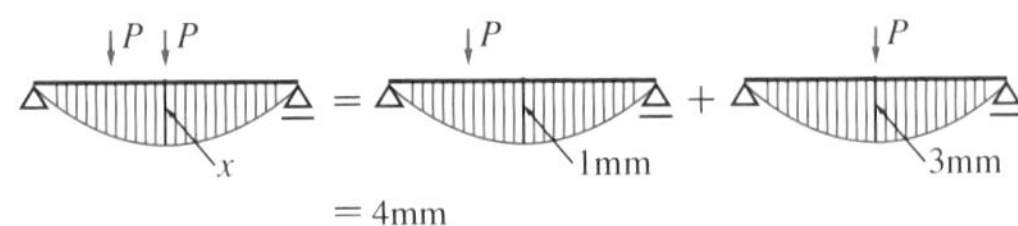

$= 4\text{mm}$

4mmとなる。

たわみを求めるには、$\delta_{ba} = \delta_{ab}$だったね!

カスティリアーノの定理

ほかにも憶えておきたい定理にカスティリアーノの定理があります。荷重が作用した部材内に蓄えられた全ひずみエネルギーVを荷重P_iで微分したものは、力の作用方向の変位δに等しいというものです。

たわみを計算するときに用いられます。

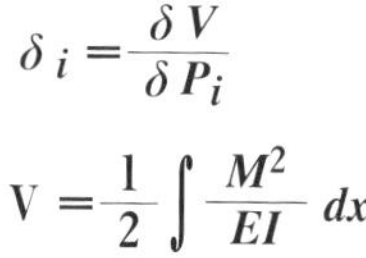

$$\delta_i = \frac{\delta V}{\delta P_i}$$

$$V = \frac{1}{2}\int \frac{M^2}{EI}\,dx$$

E：ヤング係数
I：断面2次モーメント
M：曲げモーメント

161頁図のように単純梁上のa点に荷重P_aが載荷されたときにb点の変位がδ_bであったとします。今度は、b点に荷重P_bが作用したときには、a点の変位がδ_aであったとすると$P_a \cdot \delta_b = P_b \cdot \delta_a$が成立します。このとき、$P_a = P_b = P$であるとすると、$\delta_a = \delta_b$となります。このような現象をマックスウェル・ベッティの相反定理といいます。この定理は弾性の構造体であれば必ず成立します。片持ち梁の場合にも同じことがいえます。

具体的にどのような使い方がされるのでしょうか。さまざまな本で、荷重Pが移動したときのたわみの影響線を描くことに応用されていると紹介されていますが、実務上の話をすると、あまり影響線を考えません。荷重と変位の関係を感覚的に理解ができていればよいのではないでしょうか。感覚的理解をしやすいと思われる例題の解法を前頁に書いておきますので、参考にして下さい。

応力度

017 応力度とはいったい何だ？

部材に力（応力）が加わったときの単位面積当たりの力（応力）のことを応力度といいます。

単位面積あたりの応力の大きさのこと

応力度とは、ある部材に力（応力）が加わったときに、その部材に生じている単位面積あたりの応力のことをいいます。建築で使われる部材は、さまざまな大きさや材料があるために、定量的に安全性を確認するために応力度という単位面積あたりの応力による比較を行います。

軸応力度・曲げ応力度・せん断応力度とは？

応力度には、基本的に**軸応力度**、**曲げ応力度**、**せん断応力度**の3種類があります。それぞれ力の加わり方が違います。なお、力が加わると部材は変形するのですが、変形後の断面で応力度を算出するのではなく、変形前の断面で応力度を考えます。

軸応力度とは、部材の軸方向に押されたり伸ばさ

応力度の基本

応力度とは、ある部材に力が加えられたときの「単位断面積あたりの応力」のことで、次の式で求めることができます。

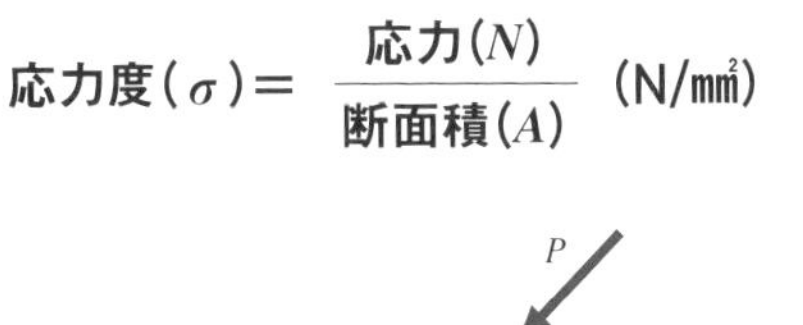

$$応力度(\sigma)=\frac{応力(N)}{断面積(A)}\ (\mathrm{N/mm^2})$$

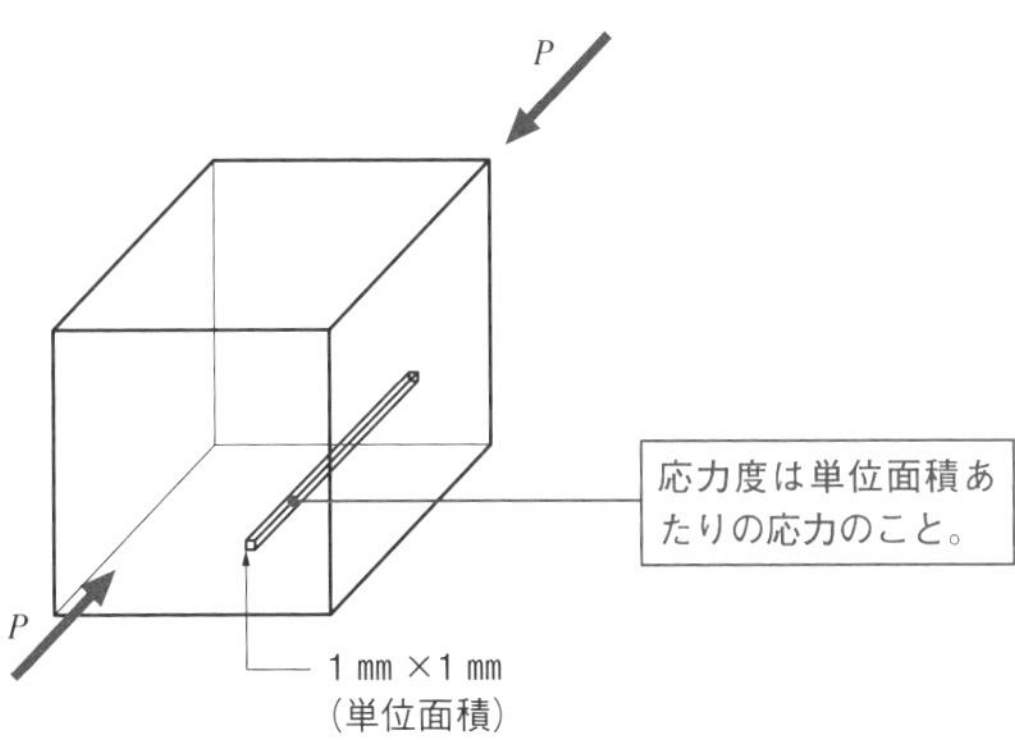

れたりしたときに生じる応力度で、前者の状態のときの単位面積あたりの応力を**圧縮応力度**、後者を**引張り応力度**といいます。応力度の算出方法は簡単で、応力を断面積で割って算出します。

　曲げ応力度は少し複雑です。均質な材料でつくられた部材が曲げられると、次頁の曲げ応力度の図のように応力度が分布します。圧縮側と引張り側で力が生じている方向は異なりますが、同じ大きさの三角柱で表される分布となります。また、圧縮側と引張り側が0になる部分を**中立軸**といいます。そして曲げ応力度は均一ではなく、部材の最外辺部の応力度が大きくなります。この応力度のことを**最大曲げ応力度**または**縁**(ふち)**応力度**と呼び、曲げモーメントを断面係数で割ると算出できます。

　せん断応力は、軸応力や曲げ応力のような軸方向に生じる応力ではなく、切断面に生じる力となります。通常、せん断力は曲げ応力に応じて生じていますが、純粋にせん断力のみが生じている場合は、**単純せん断応力度**といい、せん断応力を断面積で割った値となります。

応力度の種類と求め方

軸応力度（σ：シグマ）の計算式

①引張り応力度（σ_t）

$$\sigma_t = \frac{\text{引張り応力}（N）}{\text{断面積}（A）} \quad (\mathrm{N/mm^2})$$

②圧縮応力度（σ_c）

$$\sigma_c = \frac{\text{圧縮応力}（N）}{\text{断面積}（A）} \quad (\mathrm{N/mm^2})$$

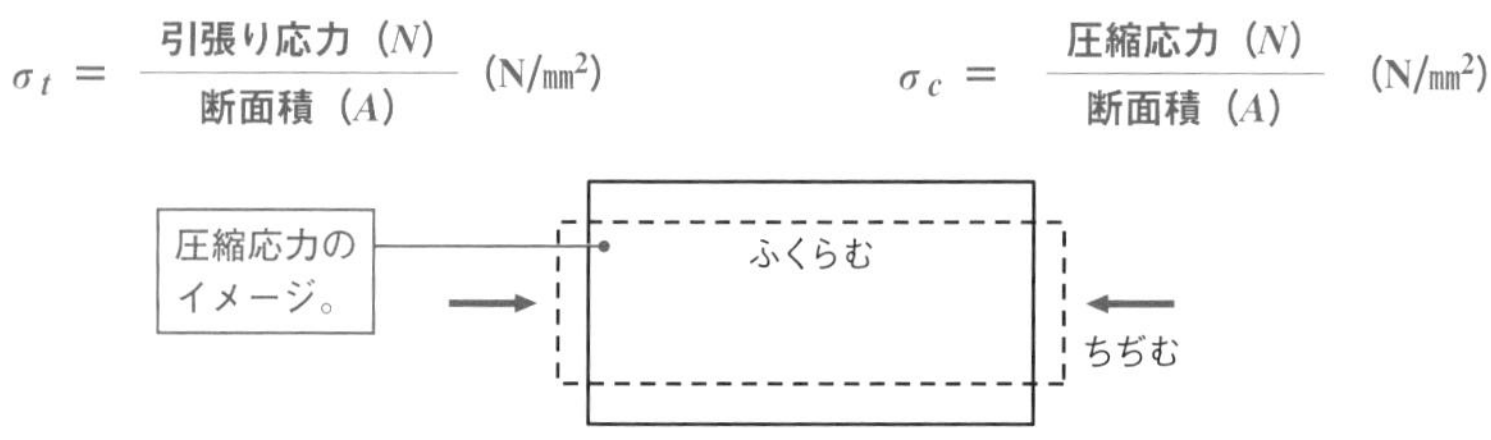

曲げ応力度（σ_b：シグマ）の計算式

$$\sigma_b = \frac{\text{曲げモーメント}（M）}{\text{断面係数}（Z）} \quad (\mathrm{N/mm^2})$$

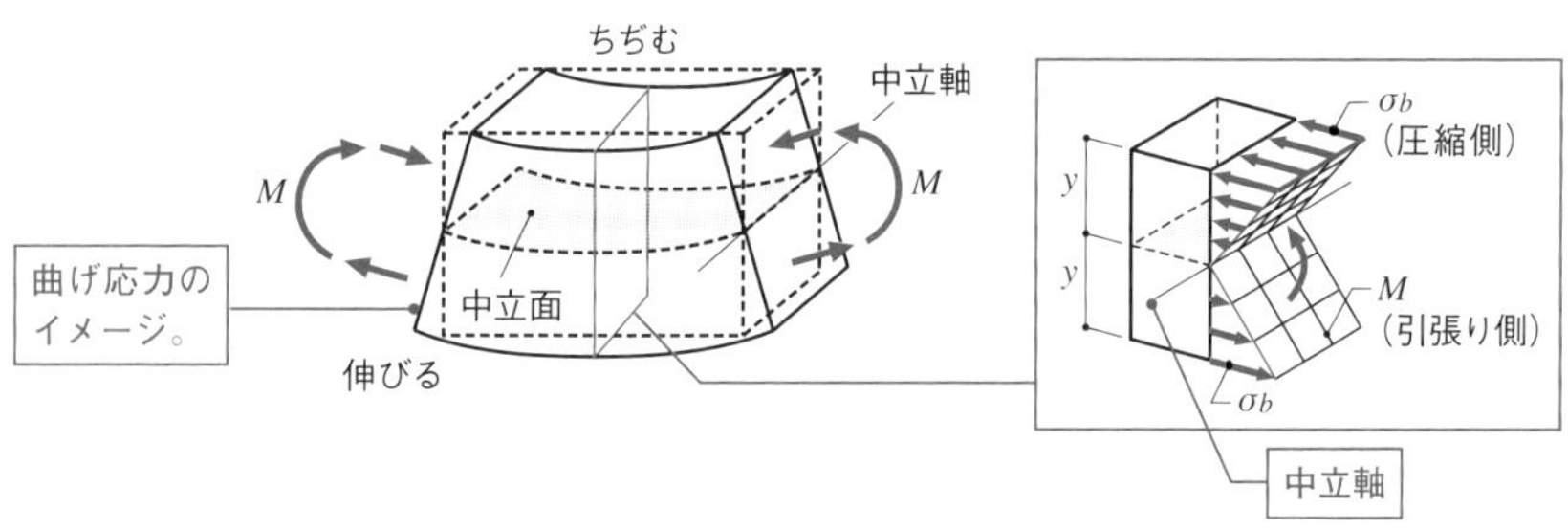

せん断応力度（τ：タウ）の計算式

最大せん断応力度（τ）は次式で求める。

$$\tau = \frac{\text{せん断力}（Q）}{\text{部材の断面積}（A）} \quad (\mathrm{N/mm^2})$$

せん断力がかかると、部材は右図のように平行四辺形になるような変形をする。

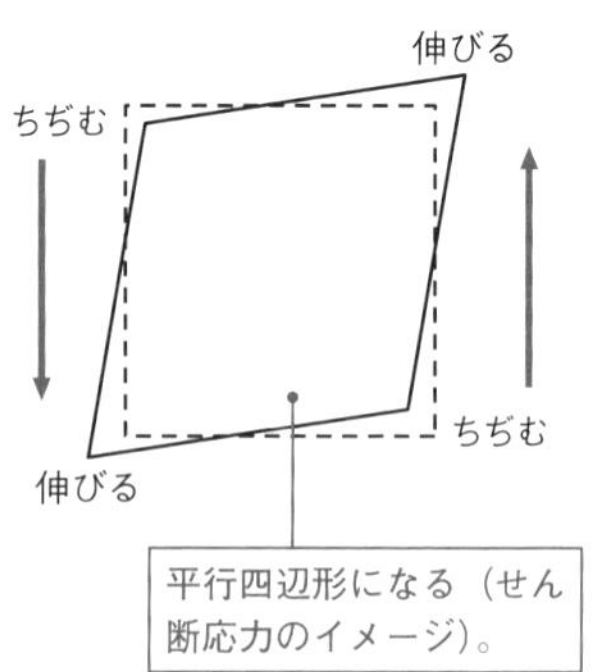

梁材のせん断応力度

梁には、せん断力と同時に曲げモーメントが加わります。そのため、梁断面のせん断応力度（曲げを伴うせん断応力度）は単純せん断応力度のように一様な分布ではなく、下図のように放物線分布になります。

最大せん断応力度（τ_{max}）を求めるには、一般の断面の場合、下記の式で求めることができます。

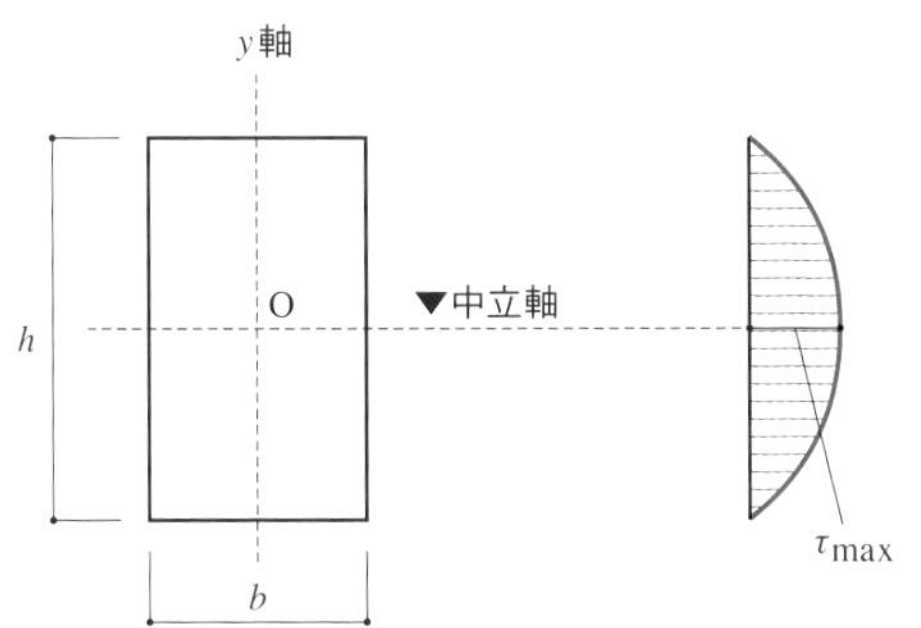

$$\tau_{max} = k \times \frac{\text{せん断力}}{\text{部材の断面積}}$$

k：断面の形によって決まる係数
$k = 1.5$（断面が長方形）
$k = \frac{4}{3}$（断面が円形）

部材の特質を表す断面性能

部材に発生した応力や断面の安全性の確認のために、断面の性質を数値化する必要があります。建物の構造計算をする際に、最低限押さえておくべき断面の性質は、①断面積、②断面2次モーメント、③断面係数、④断面2次半径の4つです。座屈に関係する⑤幅厚比も含め、これらは構造計算をする際の基礎となる数値となり、求めるための公式もあります。

断面性能を求める5つの方法

①断面積（A）
断面積は、軸応力やせん断応力を求めるのに必要な性質です。形鋼などの断面積を求める場合、計算対象となる応力で断面部分を決めなければなりません。たとえばH形鋼のせん断応力を計算する場合、せ

断面性能の公式

断面性能を求める公式はいくつもありますが、まずは基本となる公式を覚えておかなければなりません。

基本の公式（長方形断面）

①断面積（A）　$A = B \times H$

②断面係数（Z）　$Z = \dfrac{1}{6} B \times H^2$

③断面2次モーメント（I）　$I = \dfrac{1}{12} B \times H^3$

④断面2次半径（i）　$i = \dfrac{h}{\sqrt{12}}$

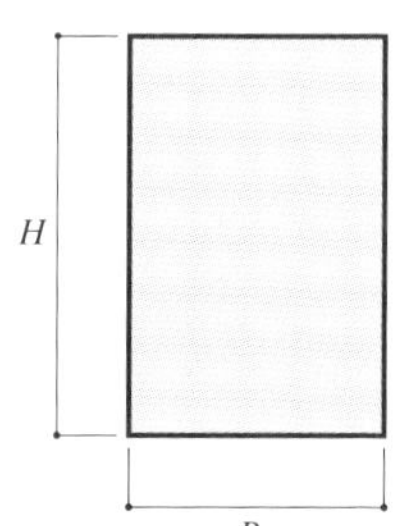

座屈に関係する幅厚比

幅厚比は座屈に関係する。幅厚比も断面性能を決める1つ。

$$幅厚比 = \frac{b}{t}$$

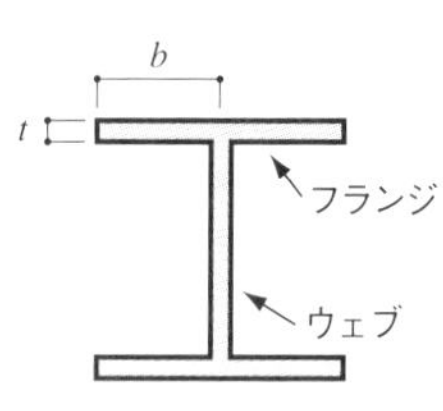

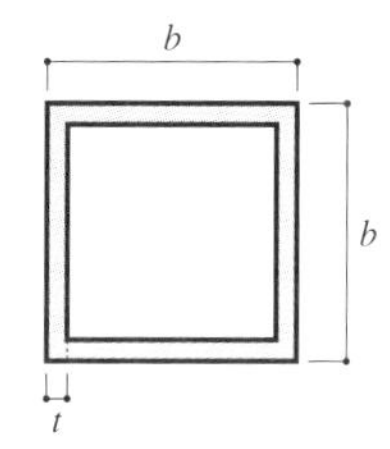

ん断力に有効な部分はウェブになるため、断面積にフランジ部分は含みません。

②断面2次モーメント（I）

断面2次モーメントは、梁や柱の変形に関わる重要な性質で、値が大きいほど部材の曲げ性能は高くなります（変形しにくくなります）。部材が複雑な断面形状をもつ場合は、計算しやすい形に分けて断面2次モーメントを算出し、それらを足し引きして算出します。

③断面係数（Z）

断面係数は、断面最外縁の応力度を算出するときに用いる性質です。断面係数の値が大きくなるほど、断面が強いことになります。最外縁の応力度は、鉄骨造の断面計算やコンクリートのひび割れを計算するときなどに必要となります。

④断面2次半径（i）

断面2次半径は、座屈に関係する性能を表し、細長比（λ）を算出するために用います。細長比は、柱などの圧縮部材の安全性を確認する指標です。

⑤幅厚比

特殊な形状の考え方

断面の形状が円形の場合とH形の場合の断面性能の公式は、次のようになります。

円形の場合

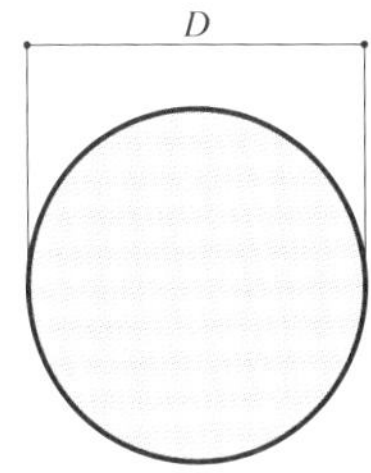

①断面積（A）

$$A = \pi \frac{D^2}{4}$$

②断面係数（Z）

$$Z = \pi \frac{D^3}{32}$$

③断面2次モーメント（I）

$$I = \pi \frac{D^4}{64}$$

H形の場合

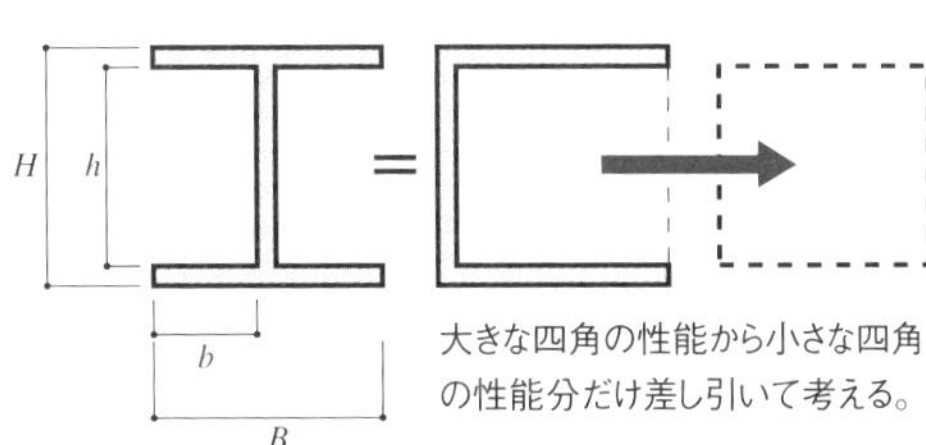

H
h
b
B
大きな四角の性能から小さな四角の性能分だけ差し引いて考える。

①断面積（A）

$$A = B \times H - 2 \times b \times h$$

②断面係数（Z）

$$Z = I \div \frac{H}{2}$$

③断面2次モーメント（I）

$$I = \frac{1}{12} B \times H^3 - 2 \times \frac{1}{12} b \times h^3$$

断面の形状によって断面性能の公式が異なります。注意して覚えよう！

幅厚比は、圧縮フランジ（263頁参照）などの突出幅の厚さの比です。局部的な座屈が起きないかを確認する指標で、値が大きいほど座屈しやすくなります。H形鋼のフランジ部分の座屈性能を確認するときなどに用います。

column

応力の状態を表す「モールの応力円」

モールの応力円は、任意の点、任意の方向での応力状態を図的に表す手段です。地中（地盤）の応力状態を確認する際によく使われますが、地盤のほか構造体すべての応力状態をモールの応力円で考えることが可能です。有限要素解析などにより平面板の応力を算出しますが、平面板の中の応力状態は、モールの応力円の原理にしたがっています。

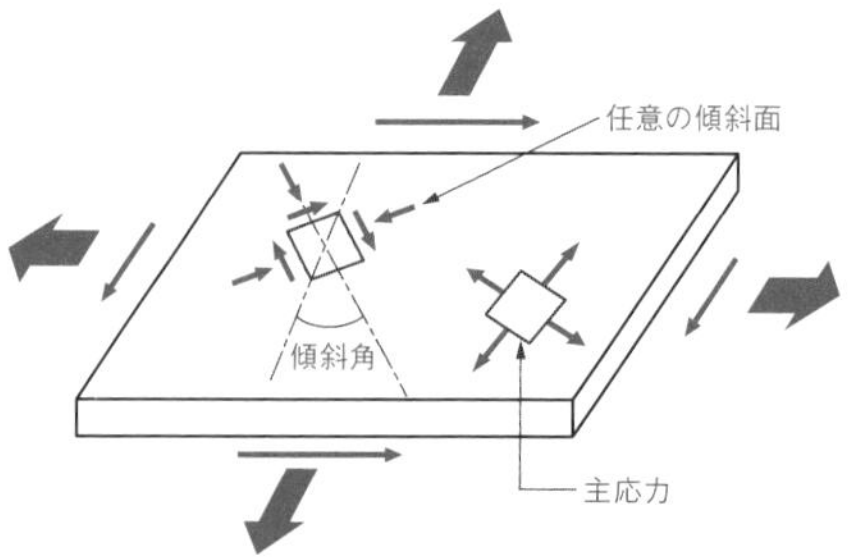

モールの応力円について、難しく感じる人も多いと思います。理解への第一歩は、「応力とは見る場所、見る方向によって変わるもの」と体感することです。ここで、川に1枚の板を入れるとします。流れに直交するように入れると大きな力が生じますが、流れと平行になるよう板を入れると抵抗がなくなります。同じ川の流れなのですが、板の角度により水の流れに対する抵抗する力が変わります。応力も同じです。

荷重を載荷された物体の内部の応力は、物体が動かない平衡状態であれば、内部の応力は、任意点の任意傾斜角（任意傾斜断面）で必ずつり合っています。モールの応力円はこの性質を利用しています。作図の際は、縦軸をせん断応力度、横軸を軸方向応力度（引張り方向）とします。

傾斜断面の角度を連続的に変化させると中心座標が（$(\sigma_x+\sigma_y)/2, 0$）で、半径がr（次頁の式(1)）の円になります。傾斜角を回転していくと、せん断力が0になる傾斜角度があります。この傾斜角での応力度を主応力度といいます。なお、円の最頂部はせん断応力度が最大値となり、このときの傾斜角度は、主応力断面に対して45度となります。この円は、次頁の式(2)で表されます。

特殊な平面応力状態に単純せん断があります。単純せん断と呼ばれる状態のときのモールの応力円は、$\tau=0$、$\sigma=0$を原点とした円になります。

このグラフの円からわかるように、主応力の一方向は引張り方向の応力、直交方向は引張り応力と大きさが同じ圧縮応力になります。なお、純粋なせん断応力状態になるのは、主応力方向の45度に傾斜した断面となります。

モールの応力円の表示方法

基本の応力状態

$$r=\sqrt{\left(\frac{\sigma_x-\sigma_y}{2}\right)^2+\tau_{xy}^2}\quad\cdots(1)$$

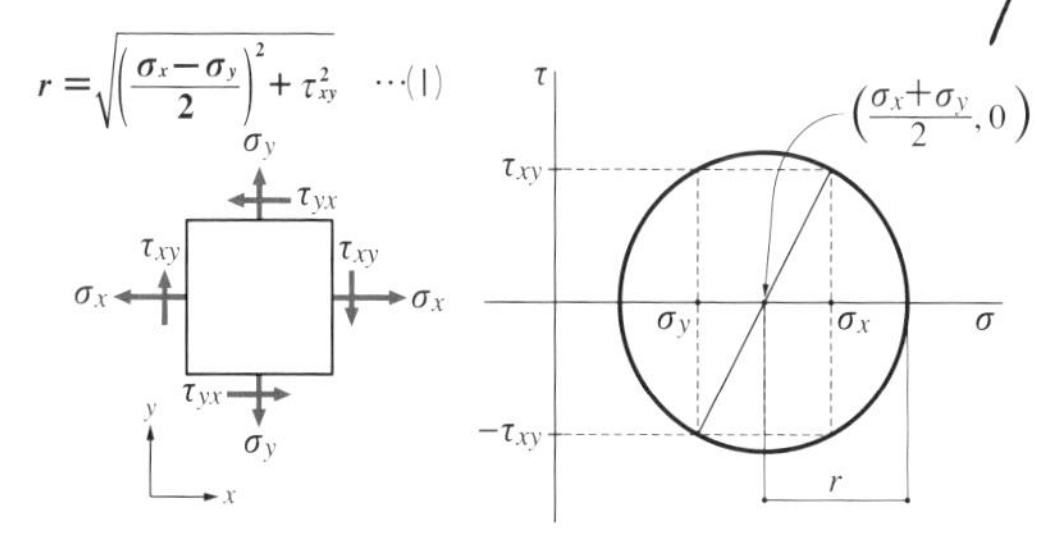

傾斜断面の角度を連続的に変化させると中心座標が $((\sigma_y+\sigma_x)/2,\ 0)$ で、半径が r の円になる。

主応力断面における応力状態

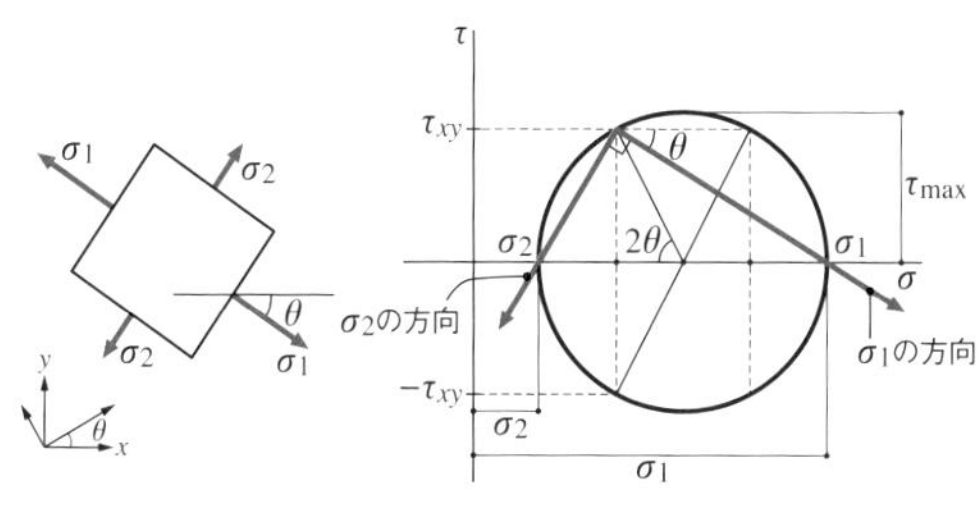

主応力状態とは、せん断応力 τ が0で、軸方向応力 σ が最大（または最小）となる角度での応力状態をいう。σ の最大値（最小値）はモールの応力円のグラフで τ 軸の0の位置となる。また、そのときの角度は左図のようになる。

任意の傾斜断面の応力状態

$$\left(\sigma_v-\frac{\sigma_x+\sigma_y}{2}\right)^2+\tau_{uv}^2=\left(\frac{\sigma_x-\sigma_y}{2}\right)^2+\tau_{xy}^2\quad\cdots(2)$$

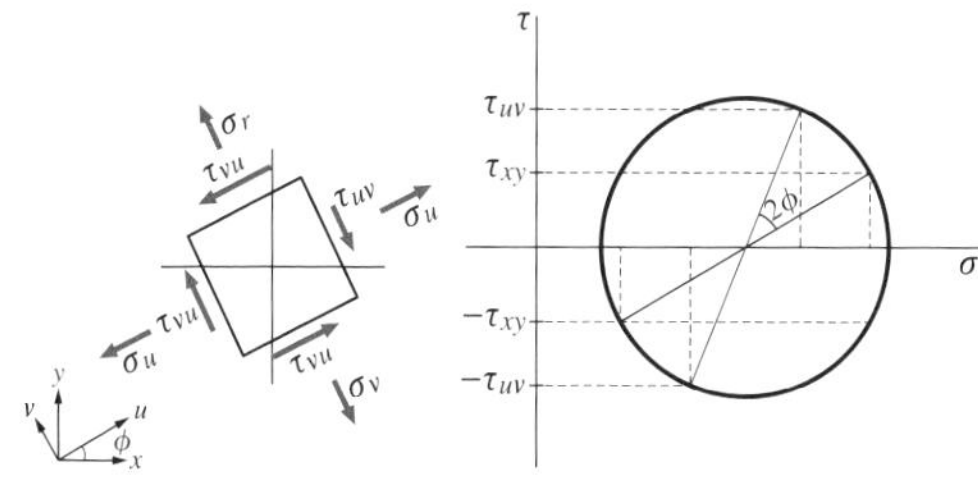

任意の角度での応力状態も簡単に算出できる。計算式によると左式のように複雑になるが、グラフからは簡単に算出することができる。

単純せん断の応力状態

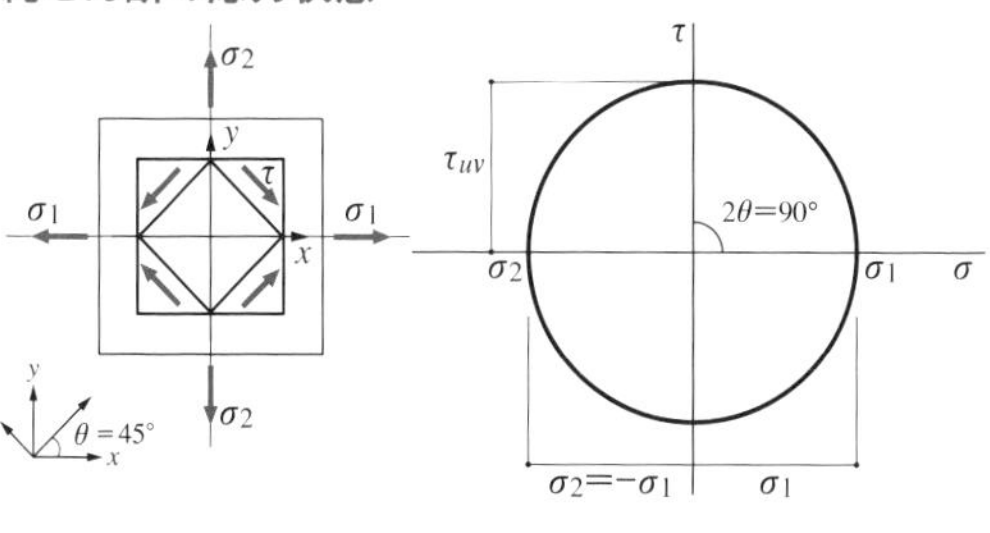

特殊な場合だが、せん断応力のみが生じている場合がある。それは、$\sigma_1=\sigma_2$ の場合で、σ_1 と σ_2 に対して45度の傾斜での応力状態である。モールの応力円で表すと左図のようになる。

応力計算

018

応力計算にはどんな方法がある？

現在の主流は剛性マトリックス法ですが固定モーメント法やたわみ角法、D値法などさまざまな計算方法があります。

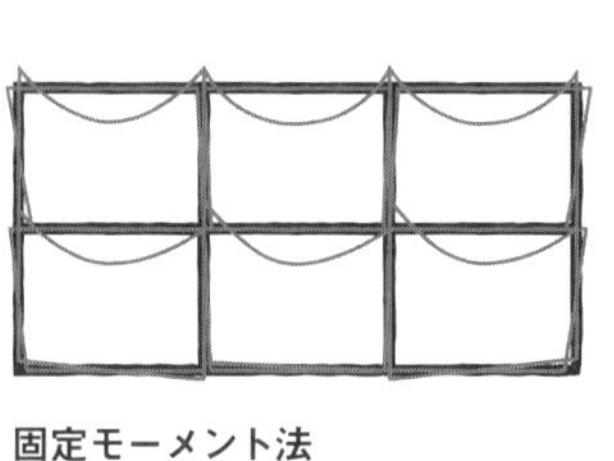

固定モーメント法

D値法

コンピューターによるものから手計算によるものまでさまざま

建物の安全性を確保するためには、想定される外力に対して、各柱や梁にどのような応力が生じているかを確認する必要があります。応力を計算する方法には、いろいろあります。

現在ではコンピューターを使った**剛性マトリックス法**による計算が主流です。つまり、プログラムの中身を理解していなくても応力計算が可能になったわけですが、計算結果が正しいかどうか、どこに柱を設ければ有効か、柱や梁の大きさはどのくらいが妥当かなど、構造計画を考えるためには基本的な計算方法を理解しておく必要があります。

応力を算出する構造計算の手法

基本的な構造計算方法としては、**たわみ角法**（撓角法）があります。たわみ角法は部材端部に生じる

応力計算の基本的な考え方

部材を線材に単純化した
要素として構成

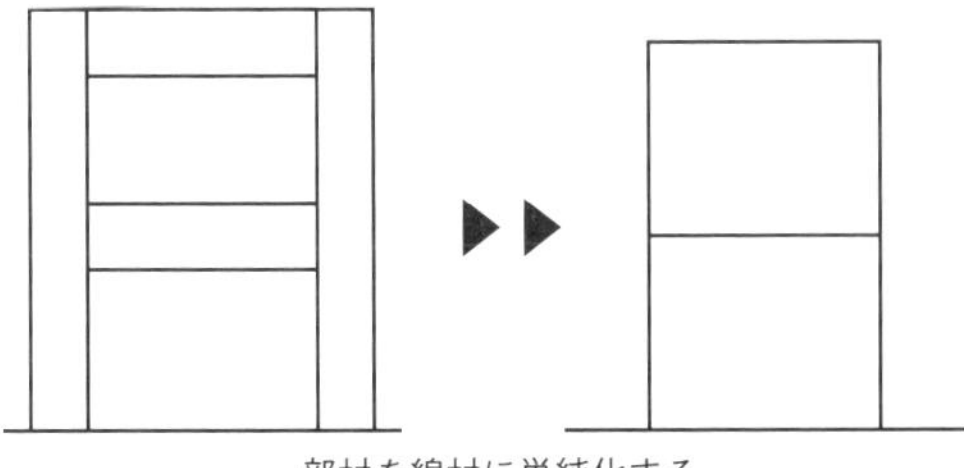

部材を線材に単純化する。

応力計算のおもな方法

たわみ角法

基本的な解法。建物階数が多いと方程式が多くなり、解くのに時間がかかる。

固定モーメント法

以前は鉛直荷重による応力を計算するときによく用いられた。

D値法

多層建物用に解きやすく開発した計算方法、水平力による応力を計算するときによく用いられた。

マトリックス法

コンピューター向きの計算方法、立体構造物も解ける。現代ではほとんどこの方法による。

モーメントと変形角から応力を算出する方法です。正確な応力を計算できるのですが、大きな構造体を計算することが大変なために簡易的な方法が開発されました。

　鉛直荷重による応力を計算するときに用いられた方法が、**固定モーメント法**です。大梁が負担する荷重に対する応力（固定端モーメント、せん断力）を算出し、そのモーメントを隣接する柱や大梁の剛性に応じて分配ながら応力計算を行います。

　一方、水平方向の応力計算に適した方法として**D値法**があります。D値法では最初に柱および柱に取り付く梁の剛性に応じて水平方向の荷重を角柱に分配します。分配されたせん断力と柱長さから生じる曲げモーメントを算出し、さらに大梁に分配する方法です。

　先に述べた**剛性マトリックス法**は、個別の部材ごとの剛性マトリックスから全体剛性マトリックスをつくり、それを外力とつり合わせて行列を解いていく方法です。コンピューターの発達によって、大きなマトリックスを解くことが可能となったので普及

コンピューターによる応力計算（剛性マトリックス法）

コンピューターで応力計算をするには、建物をモデル化し、コンピューターに入力。

建物のモデル化

構造躯体

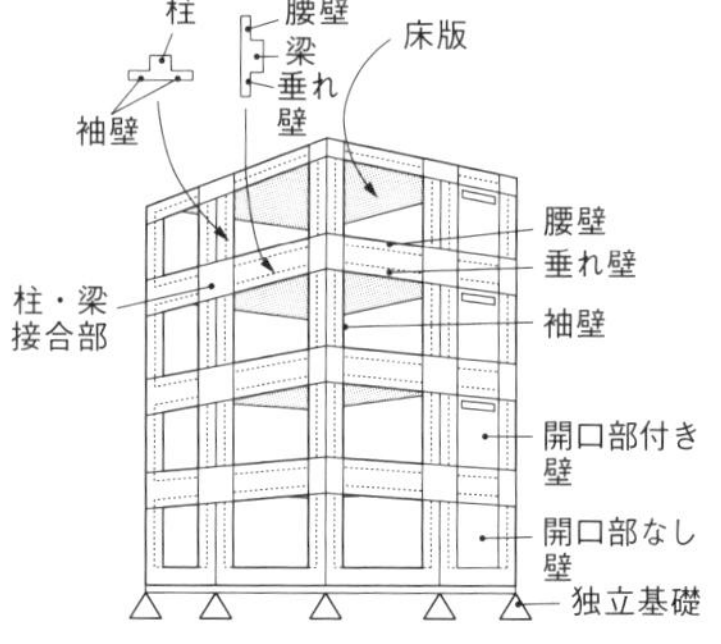

建築構造物を部材（柱、梁、壁、床、基礎など）と接合部との集まりと考えるところから建物のモデル化が始まる。有限要素法（FEM）を使用すれば、この程度のモデル化で計算が可能。

線材置換モデル

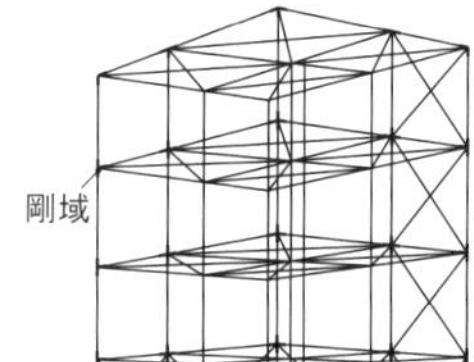

さらに簡単化したモデルにする。袖壁付き柱、腰壁・垂れ壁の剛性をも考慮に入れた線材に置き換える。柱梁接合部は、変形のない剛域として取り扱う。壁・床も、剛性を評価した線材（ブレース）にモデル化する。

コンピューターによる計算

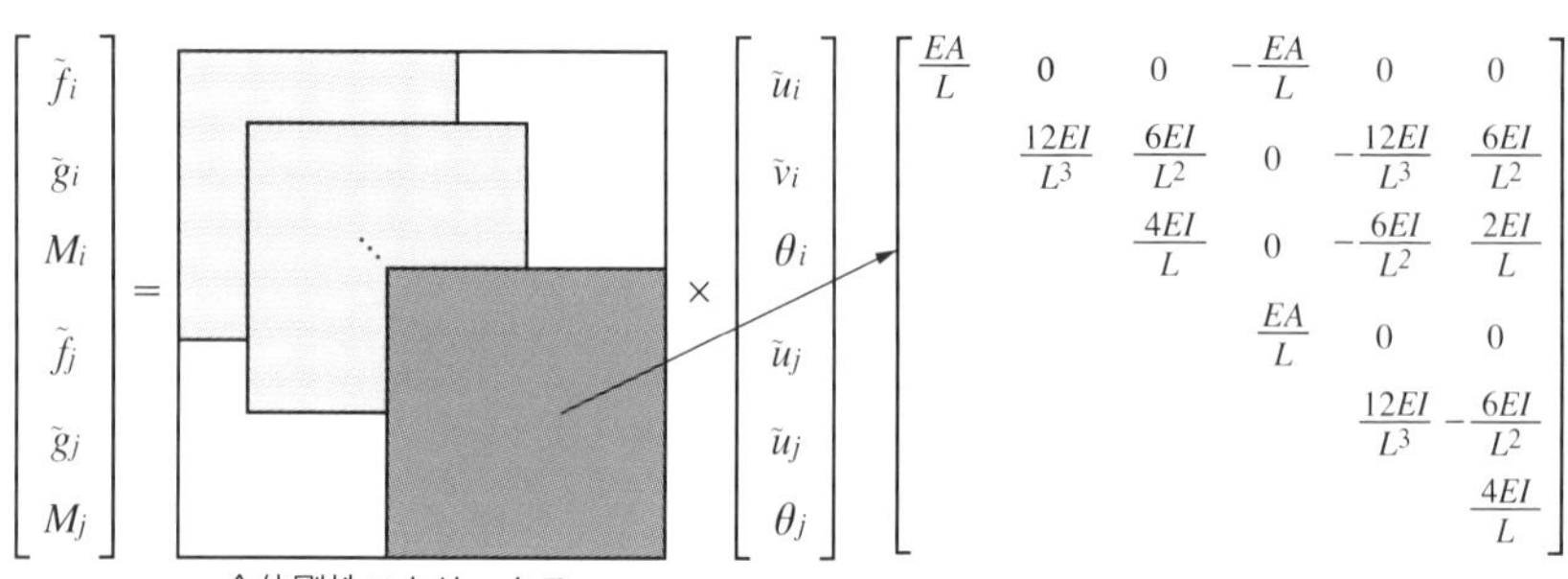

コンピューターの内では下記のように計算がされている。
$\{P\} = [K]\{\delta\}$

しました。**有限要素法**も剛性マトリックス法の一種です。

現代の構造計算

構造計算には荷重の算出、固定荷重・積載荷重・その他の外力による応力の算出、断面算定などがありますが、現在これらのほとんどはコンピューターで計算されています。

構造計算業務を一貫して行うプログラムのことを一貫計算プログラムといいます。現在使われているほとんどの一貫計算プログラムは、架構を入力して積載荷重などの荷重を入力すると主架構の許容応力度計算から保有水平耐力計算までを行うことができます。

荷重の算出だけ、断面算定だけ、などのように構造計算の一部だけを行うプログラムを部分プログラムといいます。

静定・不静定

019 構造上安定しているのはどれだ？

不静定次数が高いものほど、構造上は安定しています。

4本の足がある右側が最も安定している。

不安定と不静定、何が違う!?

建物の部材にかかる力と反力がつり合うと、建物は動かずに形状が維持されます。一方、荷重と反力がつり合わないと、建物は倒れます。構造力学では前者の状態を**安定**、後者を**不安定**といいます。安定は、さらに**静定**と**不静定**の2つの状態に分けることができます。

不静定次数の大きさがカギとなる！

静定とは、支点や節点が1カ所壊れると建物全体が壊れる状態のことをいい、不静定とは、1カ所の支点または節点が壊れても構造全体が壊れない状態です。不静定構造で、節点が1カ所ずつ壊れていったとき、最終的に構造が不安定になるまでに壊れる節点の数（次数）を不静定次数と呼びます（次式）。剛節接合部数は、一つの部材に対し剛接された部材数

安定（静定・不静定）と不安定の違い

建物には安定と不安定があり、安定には静定と不静定があります。不安定と安定（静定）・安定（不静定）のイメージは次のようになります。

不安定

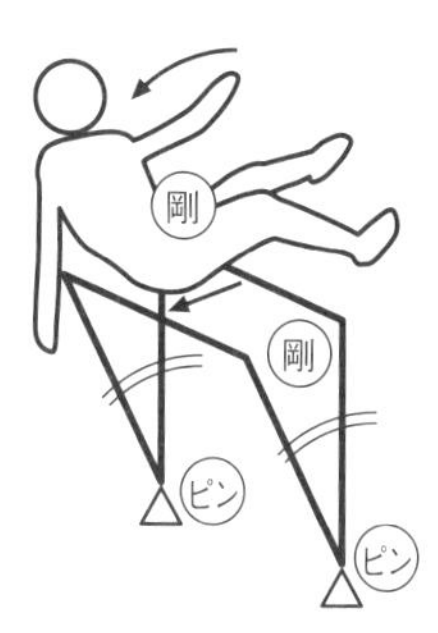

2本足だけでは倒れる。

安定（静定）

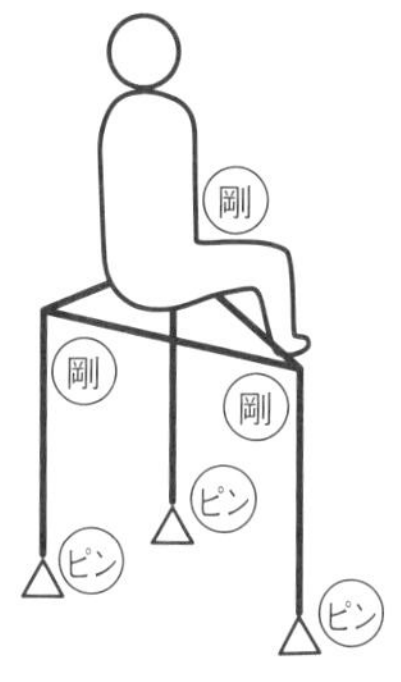

3本足では安定で静定。

安定（不静定）

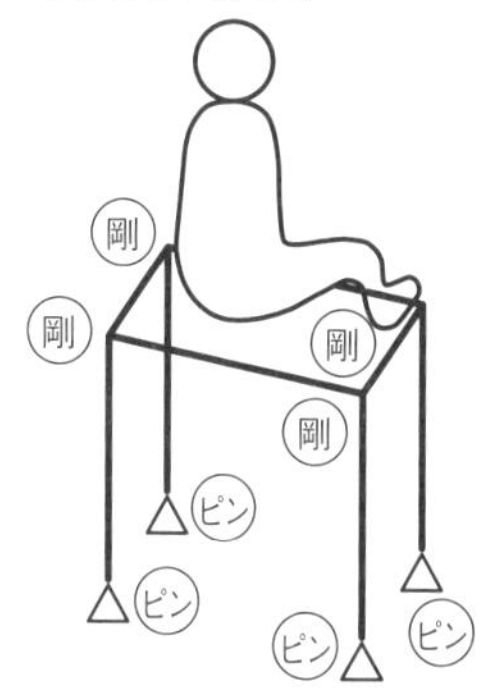

4本足では、1本足を取ったとしても安定する。

まず大事なのは安定か不安定かだよ。「不静定」も安定だから、くれぐれも勘違いしないようにね！

です。

不静定次数＝
反力数＋部材数＋剛節接合部数−節点数×2

不静定次数が高いほど、構造上安定した建物といえます。２つの建物を比較した場合、たとえ構造計算上、建物の強度（耐力）が同じだとしても不静定次数が違うと、実際の構造の安全性は異なります。たとえば、鉄骨ラーメン構造と部材がすべてピン状態で接合された鉄骨ブレース構造では、構造計算上同じ耐力となるように設計した場合、ラーメン構造の不静定次数の方が大きいので、不静定次数が小さいブレース構造より安全性が高くなります。

建物の安全性を許容応力度計算で確認する場合では、部材はすべて壊れないことが条件になるので、不静定次数はそれほど重要ではありません。一方、部材の接合部を計算上一つずつ壊しながら構造の安全性の限界値を確かめる保有水平耐力計算をする場合、最終的にはヒンジ（ピン）の数が多くなり、静定構造を経て不安定構造となった時点がその建物の保有

安定・不安定の判別

建物が安定か不安定かを判別するには不静定次数mを求め、$m \geqq 0$なら安定、$m<0$なら不安定となります。不静定字数の計算式はほかにもいろいろと提案されています。本書の式はその一例です。複雑な架構になると下式では静定でも、実際には不安定となる場合があるので注意が必要です。

安定・不安定の判別式

$m=n+s+r-2k>0$ ……安定（不静定）
$m=n+s+r-2k=0$ ……安定（静定）
$m=n+s+r-2k<0$ ……不安定

m：不静定次数
n：反力数
s：部材数
r：剛節接合部数（下図）
k：節点数

剛節接合部数rの考え方

剛節の梁
①
③
剛節の柱
②
⑤
④
ピン節の梁
ブレース

①
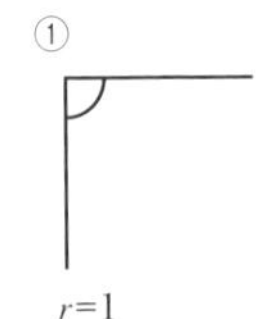
$r=1$

②
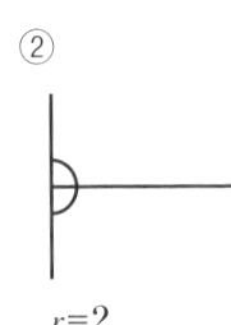
$r=2$

③
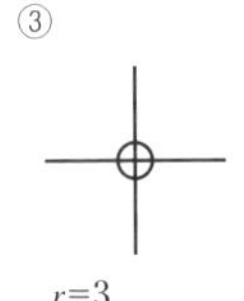
$r=3$

④
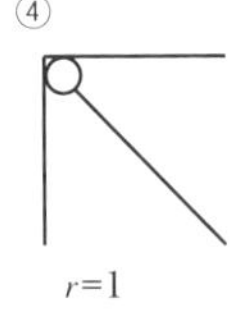
$r=1$

⑤
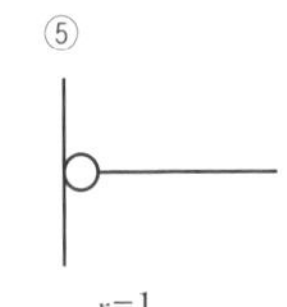
$r=1$

安定・不安定の判別例

	特徴	判別例
不安定	不安定は構造として自立しない 不安定	P 加力 反力 反力 反力 $n=3$　$s=4$　$r=0$　$k=4$ 以上を判別式に代入 $m=3+4+0-2\times4=-1<0$ ∴不安定
安定（静定）	静定は1カ所をピンに変えると自立しない（不安定になる） 1カ所ピンへ P 静定　不安定	P 加力 反力 反力 反力 反力 $n=4$　$s=3$　$r=1$　$k=4$ 以上を判別式に代入 $m=4+3+1-2\times4=0$ ∴安定（静定）
安定（不静定）	不静定は1カ所をピンに変えても自立する 1カ所ピンへ P 不静定　静定	P 加力 反力 反力 反力 反力 $n=4$　$s=3$　$r=2$　$k=4$ 以上を判別式に代入 $m=4+3+2-2\times4=1>0$ ∴安定（不静定）

水平耐力となります。大地震時の安全性に対しては、安定・不安定は大切な概念となります。

文字にすると逆に感じる人がいるかもしれませんが、静定構造よりも不静定構造のほうが安定しています。なお、剛な支点や節点が壊れることを「ヒンジが生じる」といいます。

応力の算出方法

020

応力を簡単に計算する方法とは？

手計算で計算する方法はいろいろありますが、いずれも流れをつかめばそれほど難しくはありません。

MBA
MAB
C
D

応力の計算は、現在ではほとんど剛性マトリックス法によりコンピューターで計算しますが、手計算による方法を体得すると力の流れがわかります。

手計算による弾性範囲の応力計算方法は、たわみ角法（撓角法とも呼ばれる）や固定モーメント法、D値法があります。昔の計算書では、主として固定モーメント法で長期鉛直荷重による応力計算、D値法を水平力による応力計算に用いていました。

長期鉛直荷重の応力なら固定モーメント法

固定モーメント法とは、節点を固定端に置き換えてモーメントを求め、置き換えた固定端に発生したモーメントを、部材の剛比によって分配し処理していくことで、不静定ラーメン全体のモーメントを求める方法です。

まず節点に載荷されたモーメントを、剛性（剛度）

剛性・剛比の求め方

剛性（剛度）Kと剛比kは次式で求めます。

剛性K

$$K = \frac{I}{L}$$

I：断面2次モーメント
L：部材長さ

剛比k

$$k = \frac{K}{K_0}$$

K：剛度
K_0：標準剛度

有効剛比

他端固定：有効剛比 $k_a = k$
到達率 ＝ 0.5

他端ピン：有効剛比 $k_a = 0.75k$
到達率 ＝ 0

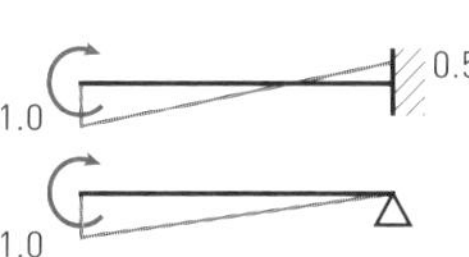

の比率に応じて各部材に振り分けます。計算を簡単にするために通常、標準剛度で剛性を基準化（剛比）します。また、部材の剛性は端部の条件に応じて変わります（有効剛比）。他端が固定されている場合は算出された剛比そのものですが、ピンの場合の有効剛比は0・75倍となります。

振り分けられたモーメントは他端に伝達されますが、端部の固定状況により伝達されるモーメントが変わります（到達率）。固定端（柱と梁が剛節された節点は、固定端と考える）の場合、半分のモーメントが伝わります。ここで端部が支点であれば、支点の剛性は無限大と考えるので、伝達されたモーメントは支点がすべて負担します。柱と梁の節点では、伝達されたモーメントがさらに剛比に応じて分配されます。

回転に注目するたわみ角法

モールの定理（159頁参照）やマックスウェル・ベッ

固定モーメント法でモーメントを求めよう

例題

早速、下図の不静定ラーメン全体のモーメントを求めてみましょう。

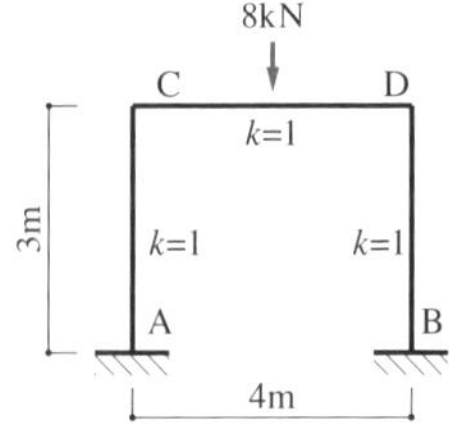

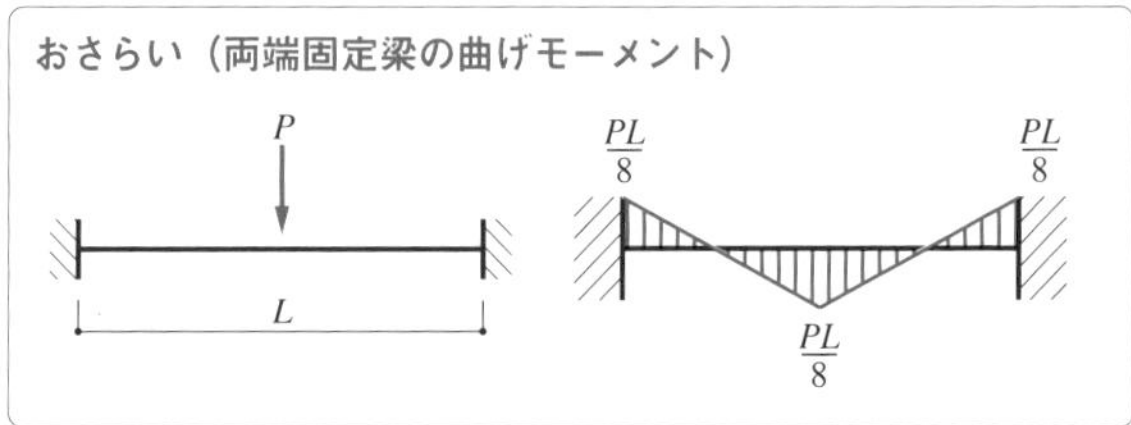

解答

①梁CDの両端を固定端と仮定したときの応力を求める

$$M_C = \frac{PL}{8}$$
$$= 4\ \text{kN·m}$$

これは不つり合いのモーメント。

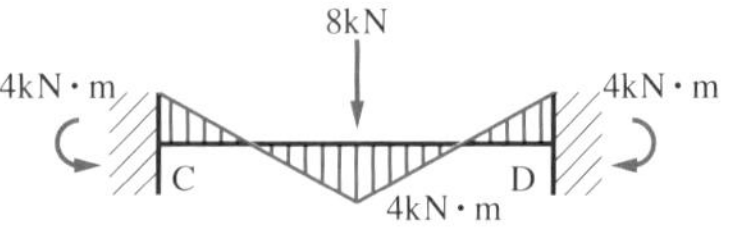

②分配モーメントの 1/2 が到達モーメントになるので、①で求めた不つり合いのモーメントの符号を変えて解放モーメントとし、剛比に応じて分配モーメントを求める

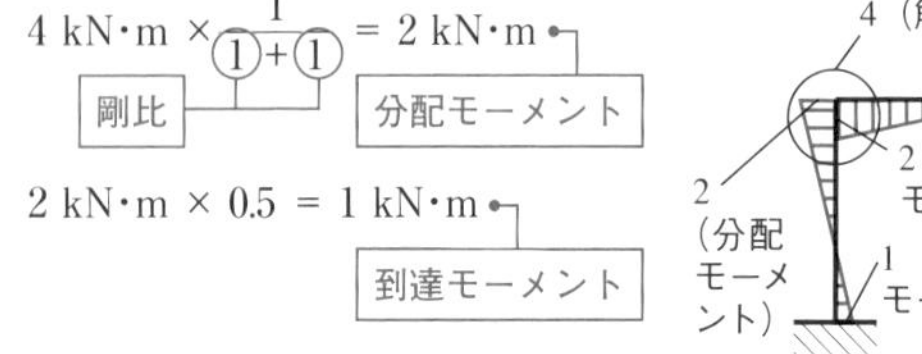

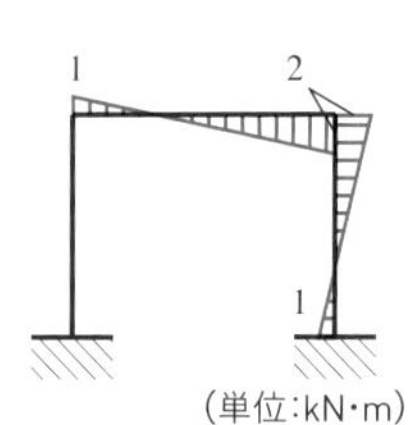

③　②で生じた不つり合いのモーメントを解放モーメントに直し、分配する

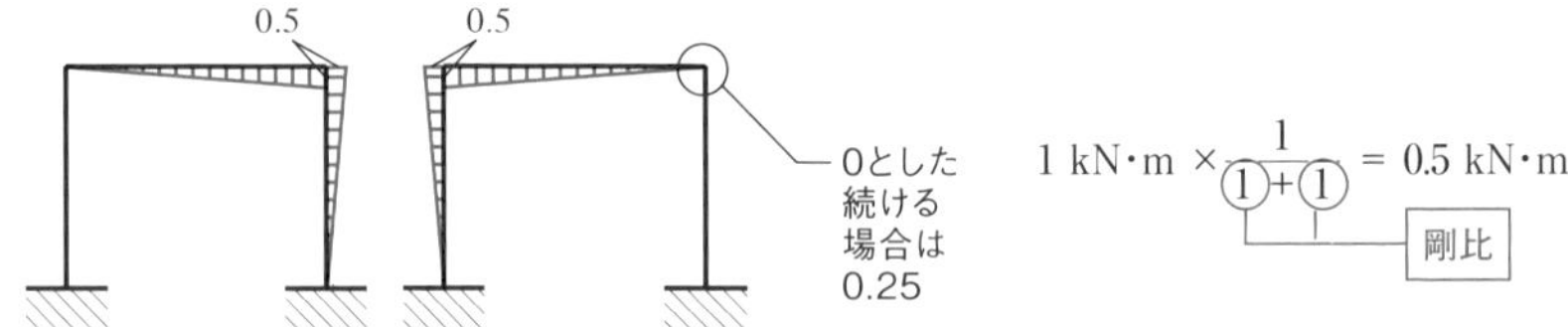

④以上より、①、②、③で求めたモーメントを合計する

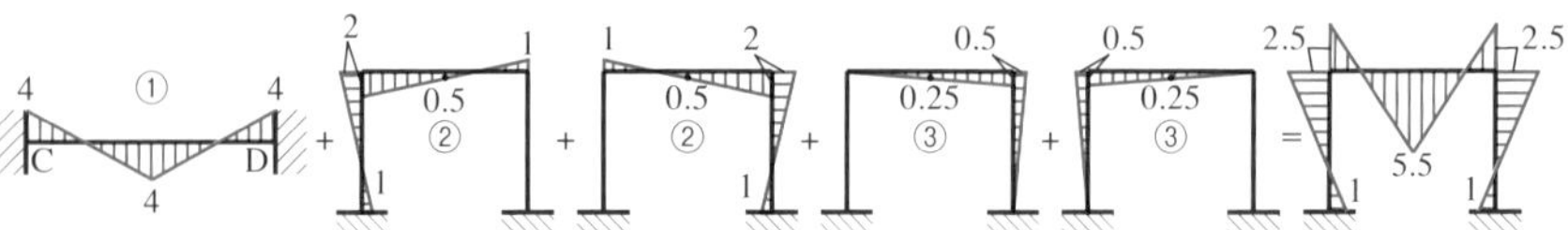

中央のモーメントは（4.0＋4.0）－2.5＝5.5 kN·m

たわみ角法と公式

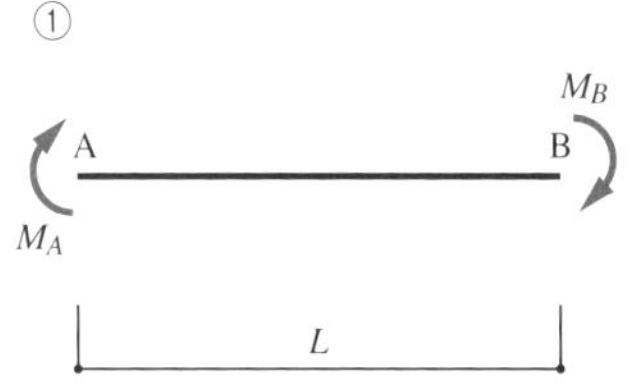

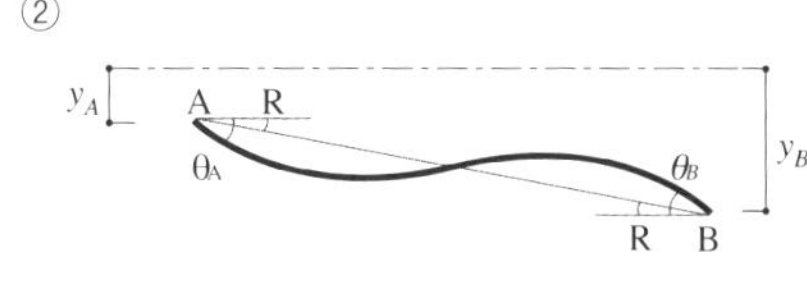

たわみ角法の公式

$$M_A = \frac{2EI}{L}(2\theta_A + \theta_B - 3R) + C_A$$
$$M_A = \frac{2EI}{L}(\theta_A + 2\theta_B - 3R) + C_B$$
（1）式

$$M_A = 2EK_0(2k\theta_A + k\theta_B + 3kR) + C_1$$
$$M_B = 2EK_0(k\theta_A + 2k\theta_B + 3kR) + C_2$$
（2）式

E：ヤング係数
I：断面二次モーメント
L：部材長さ
θ_A：A点側の節点角
θ_B：B点側の節点角
R：部材角

$$R = \frac{y_A - y_A}{\mathrm{L}}$$

C_A：A点側の節点角
C_B：B点側の節点角

ティの相反定理（161頁参照）では、支点は変位しないことを前提として、荷重条件をもとにたわみ量を求めました。しかし、一般的に構造物の部材は荷重を受けた時、支点は変位を伴って変形します。つまり、元の位置から移動や回転をしながらたわむということです。この回転することに着目して部材のたわみ量やたわみ角を求める方法を**たわみ角法**と呼びます。

上図①のように梁ABの両端に曲げモーメントM_A、M_Bがある時、梁は②のように変形して、両端にθ_A、θ_Bの回転角が生じます。この回転角を未知数のまま用いて、モーメントとの関係を表したものがたわみ角法の公式です。

実際の構造体の解析では、(1)式は固定モーメント法（181頁参照）で述べた剛性Kや剛比kを用いて、(2)式のように表すこともあります。標準剛度K_0は構造物全体で共通の値をとるか、最も小さな値をとります。これは多層ラーメンや連続ラーメンなどの実際の構造体を解くときに非常に有用な公式なので、ぜひ覚えてほしいです。

水平荷重の応力ならD値法

1990年頃までは、設計実務では鉛直荷重による応力は固定モーメント法、水平力による応力は**D値法**により算出されていました。

水平力によるせん断力は、各柱の剛性に応じて負担されます。D値法とは、柱の剛性に応じてせん断力を分配し、各柱やフレームの応力を算出するので水平力による応力計算が比較的簡単にできます。D値とは、**せん断力分割係数**です。

D値法の計算ポイント

D値法は、簡単には次の①～④の手順によります（詳細は次頁参照）。

①層せん断力を、下式によってその層の各柱・壁に分割します。

各柱のD値は、各柱の剛比に、取り付く梁や柱脚の条件による補正係数 a を掛け合わせて求めます。

$$Q_n = \frac{D_n}{\Sigma D_n} \times Q$$

Q_n：柱の負担せん断力
D_n：柱または壁のせん断力分割係数
ΣD_n：その層のせん断力分割係数の総和
Q：その層のせん断力

②曲げモーメントを求めたい柱の層位置や上下の梁の剛比の割合、上下の層高比を考慮して、反曲点高比（y）を求めます。計算も可能ですが、通常、表より求めます。

③柱の反曲点高比および各柱の負担せん断力より、柱の曲げモーメントを描きます。

④上下の柱の曲げモーメントより梁の剛性に応じて梁の曲げモーメントを描きます。

せん断力は、柱や耐震壁の剛性に応じて分配されます。そのせん断力に対して柱には曲げモーメントが生じます。そして、柱の上下の剛性に応じて、柱頭・柱脚に曲げモーメントが分配されます。極端には、上部の梁の剛性が0であれば片持ち状態と同じで、せん断力による曲げモーメントは、すべて柱脚

D値法で水平荷重による応力を求めよう

例題

ラーメンの負担する曲げモーメント・せん断力をD値法を用いて求めましょう。

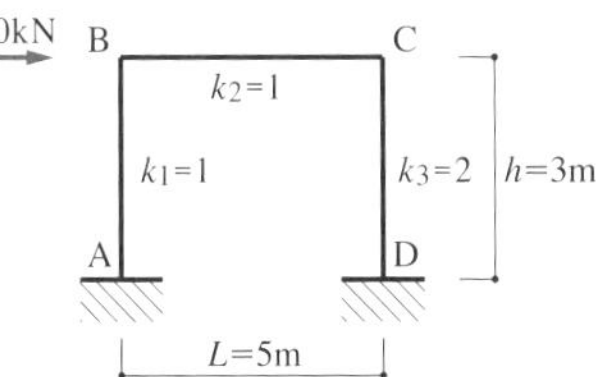

（k：柱・梁の剛比）

解答

①各柱のD値（せん断力分割係数）を求める

$$D = ak$$

D：柱のせん断力分割係数（D値）
a：$\bar{k}$によって決まる剛性係数
$\bar{k}$：柱に対する梁の平均剛比
k：柱の剛あ比

aと$\bar{k}$は下表から求める。

	一般階	最下階（固定）	最下階（固定）
形状（kは剛比）	k_1 k_2 k_c k_3 k_4	k_1 k_2 k_{c1}	k_1 k_2 k_{c1}
$\bar{k}$ 平均剛比	$\bar{k} = \dfrac{k_1 + k_2 + k_3 + k_4}{2k_c}$	$\bar{k} = \dfrac{k_1 + k_2}{k_{c1}}$	$E = \dfrac{k_1 + k_2}{k_{c1}}$
a 剛性係数	$a = \dfrac{\bar{k}}{2 + \bar{k}}$	$a = \dfrac{0.5 + \bar{k}}{2 + \bar{k}}$	$a = \dfrac{0.5 + \bar{k}}{1 + 2\bar{k}}$

それぞれ最下階の柱であることから、

(1) 柱ABについて

$$\bar{k} = \frac{k_2}{k_1} = 1$$

$$a = \frac{0.5 + \bar{k}}{2 + \bar{k}} = 0.5$$

したがって、$D = ak_1 = 0.5$

(2) 同様にして柱CDについて

$$\bar{k} = \frac{k_2}{k_3} = 0.5$$

$$a = \frac{0.5 + \bar{k}}{2 + \bar{k}} = 0.4$$

したがって、$D = ak_3 = 0.8$

➡次頁に続く

②各柱のせん断力を求める

(1)　柱ABについて

$$Q_1 = \Sigma Q \times \frac{D}{\Sigma D}$$

$$= 10 \times \frac{0.5}{0.5+0.8} = 3.85\ \text{kN}$$

この式で各柱のせん断力Qを求める。
ΣQ：層の総せん断力
ΣD：層の柱のD値の総和

(2)　柱CDについて

$$Q_2 = \Sigma Q \times \frac{D}{\Sigma D}$$

$$= 10 \times \frac{0.8}{0.5+0.8} = 6.15\ \text{kN}$$

③柱の反曲点高比yを求める

$$y = y_0 + y_1 + y_2 + y_3$$

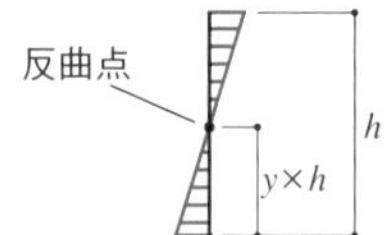

y_0：標準反曲点高比
y_1：上下の梁の剛比変化による修正値
y_2：上層の層高変化による修正値
y_3：下層の層高変化による修正値

次項の表からピックアップする。

モーメントが0となる点を反曲点といいます。反曲点高比yに柱の高さhをかけると実際の反曲点の高さが出ます。

(1)　柱ABについて、188頁の表（□印）より
$y = y_0 = 0.55$
(2)　柱CDについて、188頁の表（○印）より
$y = y_0 = 0.65$

④各柱の曲げモーメントを求める

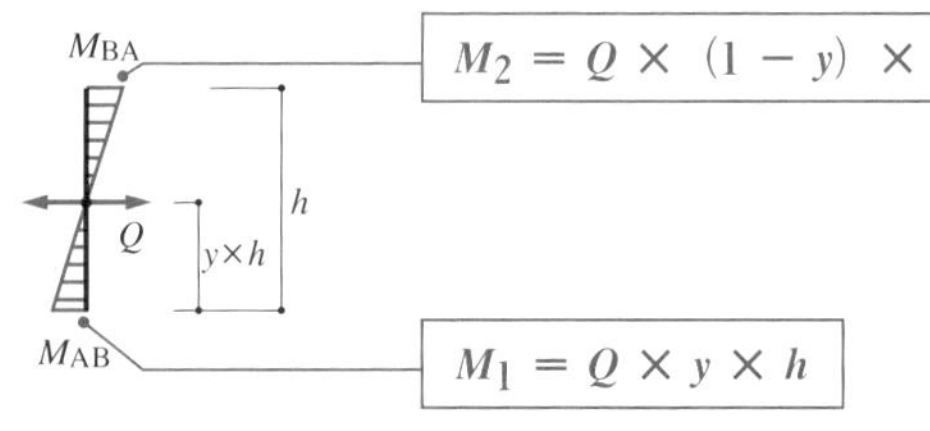

$$M_2 = Q \times (1-y) \times h$$

$$M_1 = Q \times y \times h$$

Q：柱のせん断力
y：反曲点高比
h：柱の高さ

(1)　柱ABについて

$M_{AB} = Q1 \times y \times h$
$= 3.85 \times 0.55 \times 3$
$= 6.35$ kN･m
$M_{BA} = Q1\,(1-y)\,h$
$= 3.85 \times (1-0.55) \times 3$
$= 5.19$ kN･m

(2)　柱CDについて

$M_{DC} = Q2 \times y \times h$
$= 6.15 \times 0.65 \times 3$
$= 11.99$ kN･m
$M_{CD} = Q2 \times (1-y) \times h$
$= 6.15 \times (1-0.65) \times 3$
$= 6.46$ kN･m

⑤梁のモーメント・せん断力を求める

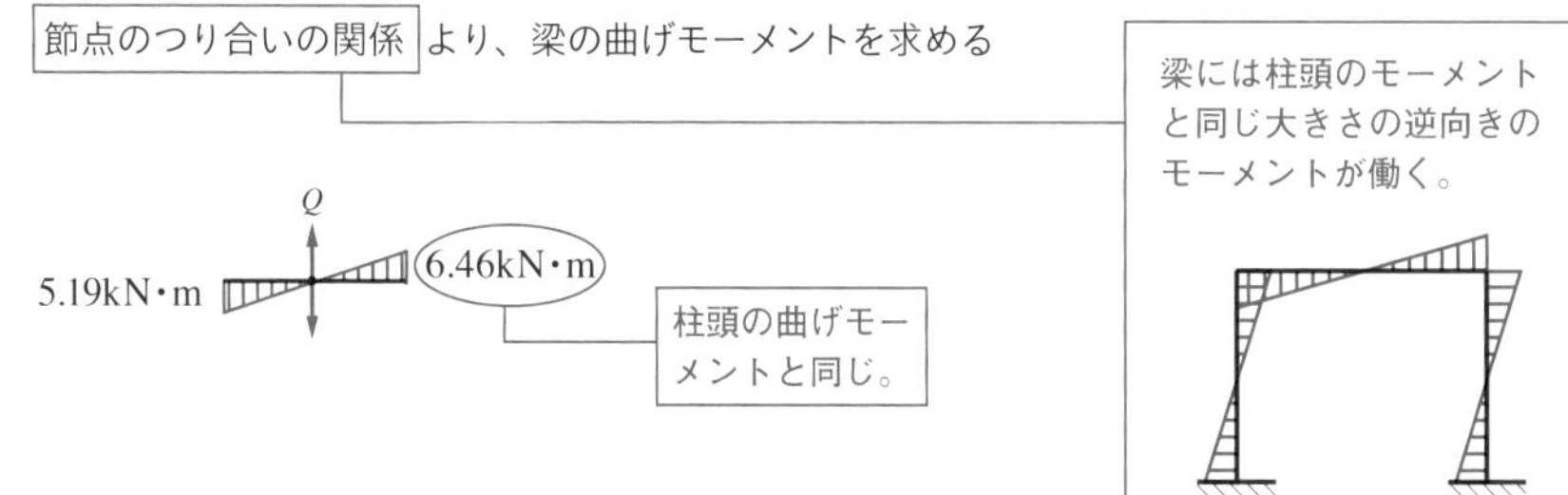

梁のせん断力Qは

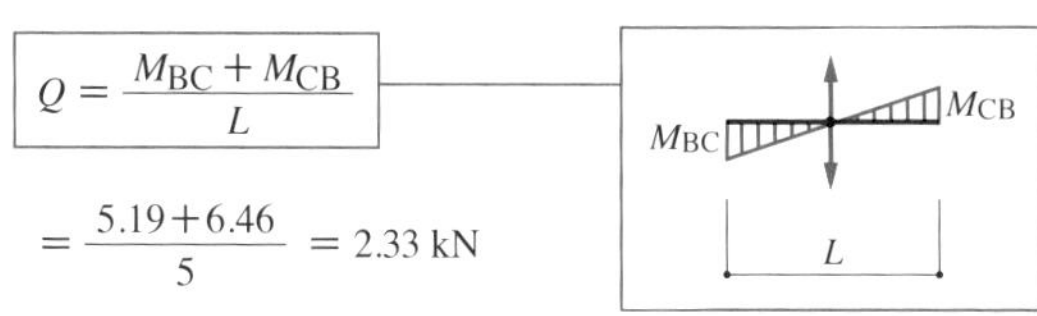

$$Q = \frac{M_{BC} + M_{CB}}{L}$$

$$= \frac{5.19 + 6.46}{5} = 2.33\ \mathrm{kN}$$

⑥まとめ

①～⑤より下図のように曲げモーメントとせん断力が求まる

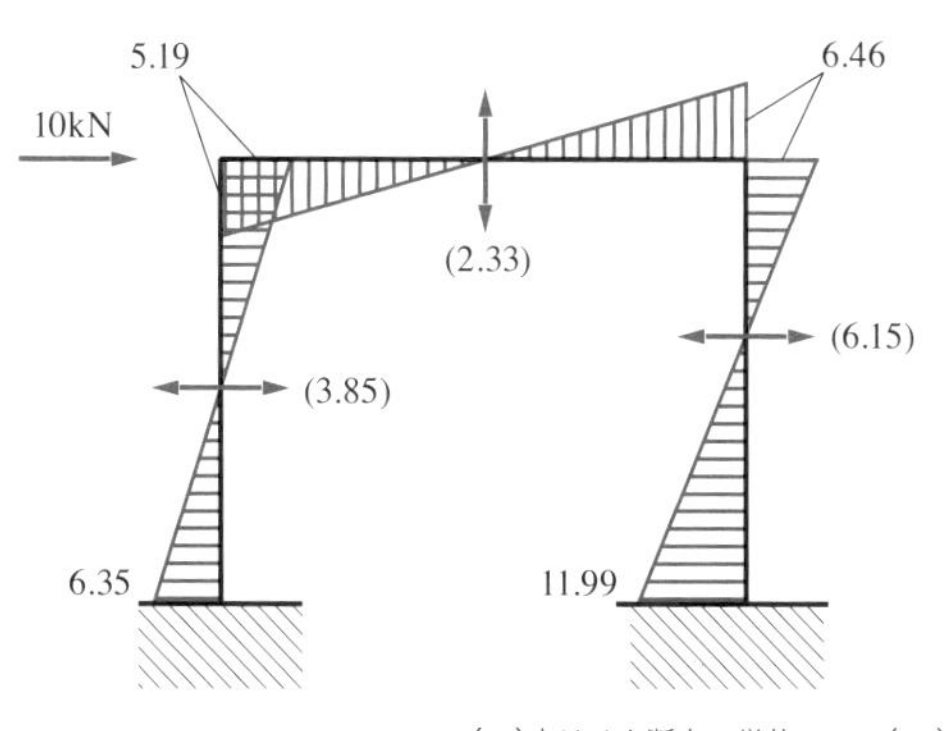

(　)内はせん断力　単位:kN・m(kN)

力は剛比の大きい方が負担。計算により水平力10kNを剛比の大きい柱が多く負担していることがわかるね。

D値法は武藤清博士が開発し、1947年に建築学会で発表し普及しました。計算機がない時代には非常に有効な手段で、水平力による応力計算を行う場合に多く利用されました。D値法により、水平方向の変位量の計算も可能です。コンピュータによる応力解析が主流になった今でも、力の流れを理解するには非常によい計算方法です。

反曲点高比を求めるためのy_0・y_1・y_2・y_3

標準反曲点高比 y_0（等分布荷重）

層数	層位置	$\bar{k}$													
		0.1	0.2	0.3	0.4	0.5	0.6	0.7	0.8	0.9	1.0	2.0	3.0	4.0	5.0
1	1	0.80	0.75	0.70	0.65	0.65	0.60	0.60	0.60	0.60	0.55	0.55	0.55	0.55	0.55
2	2	0.45	0.40	0.35	0.35	0.35	0.35	0.40	0.40	0.40	0.40	0.45	0.45	0.45	0.45
	1	0.95	0.80	0.75	0.70	0.65	0.65	0.65	0.60	0.60	0.60	0.55	0.55	0.55	0.50

上下の梁の剛比変化のための修正値 y_1

α_1 \ $\bar{k}$	0.1	0.2	0.3	0.4	0.5	0.6	0.7	0.8	0.9	1.0	2.0	3.0	4.0	5.0
0.4	0.55	0.40	0.30	0.25	0.20	0.20	0.20	0.15	0.15	0.15	0.05	0.05	0.05	0.05
0.5	0.45	0.30	0.20	0.20	0.15	0.15	0.05	0.10	0.10	0.10	0.05	0.05	0.05	0.05
0.6	0.30	0.20	0.15	0.15	0.10	0.10	0.10	0.10	0.05	0.05	0.05	0.05	0.0	0.0
0.7	0.20	0.15	0.10	0.10	0.10	0.05	0.05	0.05	0.05	0.05	0.05	0.0	0.0	0.0
0.8	0.15	0.10	0.05	0.05	0.05	0.05	0.05	0.05	0.05	0.0	0.0	0.0	0.0	0.0
0.9	0.05	0.05	0.05	0.05	0.0	0.0	0.0	0.0	0.0	0.0	0.0	0.0	0.0	0.0

k_{B1} k_{B2} k_{B3} k_{B4}

k_B上 $= k_{B1} + k_{B2}$

$\alpha_1 = k_B$上$/k_{B2}$下

k_B下 $= k_{B3} + k_{B4}$

α_1：最下層は考えなくてよい
上梁の剛比が大きいときには逆数をとって$\alpha_1 = k_B$下$/k_{B2}$上としてy_1を求め、符号を負（－）とする

上下の層高変化による修正値 y_2、y_3

α_2上	α_3下 \ $\bar{k}$	0.1	0.2	0.3	0.4	0.5	0.6	0.7	0.8	0.9	1.0	2.0	3.0	4.0	5.0
1.6	0.4	0.15	0.10	0.10	0.05	0.05	0.05	0.05	0.05	0.05	0.05	0.0	0.0	0.0	0.0
1.4	0.6	0.10	0.05	0.05	0.05	0.05	0.05	0.05	0.05	0.05	0.0	0.0	0.0	0.0	0.0
1.2	0.8	0.05	0.05	0.05	0.0	0.0	0.0	0.0	0.0	0.0	0.0	0.0	0.0	0.0	0.0
1.0	1.0	0.0	0.0	0.0	0.0	0.0	0.0	0.0	0.0	0.0	0.0	0.0	0.0	0.0	0.0
0.8	1.2	−0.05	−0.05	−0.05	0.0	0.0	0.0	0.0	0.0	0.0	0.0	0.0	0.0	0.0	0.0
0.6	1.4	−0.10	−0.05	−0.05	−0.05	−0.05	−0.05	−0.05	−0.05	−0.05	0.0	0.0	0.0	0.0	0.0
0.4	1.6	−0.15	−0.10	−0.10	−0.05	−0.05	−0.05	−0.05	−0.05	−0.05	−0.05	0.0	0.0	0.0	0.0

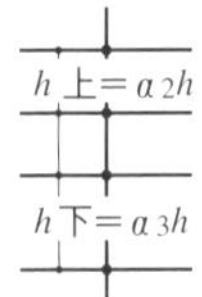

α_2：h上$/h$から求める
上層が高いときに正となる

α_3：h下$/h$から求める
ただし、最上層についてはy_2最下層についてはy_3を考えなくてよい

部で負担します。逆に柱脚ピンであれば、柱頭ですべて曲げモーメントを負担します。

トラスなら切断法と節点法！

トラス部材を設計するための応力の解析方法はたくさんあります。最近ではほとんどの場合、コンピューターで算出していますが、計算機がない時代は手計算により解いていました。幸いトラスは軸力しか生じず、力のつり合いを考えることが可能であるため、略算法がいくつか考案されています。代表的な略計算方法は切断法と節点法です。

切断法は、トラス自体が動いていないかぎり、トラスのどの個所を切っても力がつり合う性質をもつことを利用して、つり合い式より応力を算出する方法です。同様に、トラスが動いていないかぎり節点での力も必ずつり合うので、節点での力のつり合いを考えて応力を算出するのが**節点法**です。

切断法では、トラスの任意（応力を算出したい部材）の位置で切断した場合を想定します。切断位置では材軸方向に沿って応力が生じているので、材軸方向に矢印を描きます。あとは任意の節点、任意の方向に対して力がつり合っているので、つり合い方程式をつくり、各部材の軸力を算出します。次頁の例では、ちょうど3部材のうち2部材に生じる力がA点で交わるので、A点周りのモーメントに対するつり合いより残りの1部材の軸力を算出しています。

節点法では、節点の周りにある部材や反力を、矢印（ベクトル）を使い時計回りで力の流れを示力図に描きながら応力を算出します（実際には時計回りである必要はありませんが、慣れるまでは時計回りで考えた方が理解しやすいと思います）。最初に、任意の点を部材や反力によって仕切られる部分を仮に番号をつけます（各領域の境には反力や部材があります）。領域をまたぐときにその作用線を描きます。それぞれの交点を結んだベクトルが各部材に生じている応力になります。節点法の作業をくり返し、トラス全体を1つの示力図で表す方法をクレモナ図法といいます。

切断法で計算しよう

例題

切断法は、トラスのどの個所でも力がつり合うという性質を利用して、一部の部材の軸力を、つり合い式を用いて算出する方法。ここでは下図の上弦材Aの軸力N_1を求めましょう。

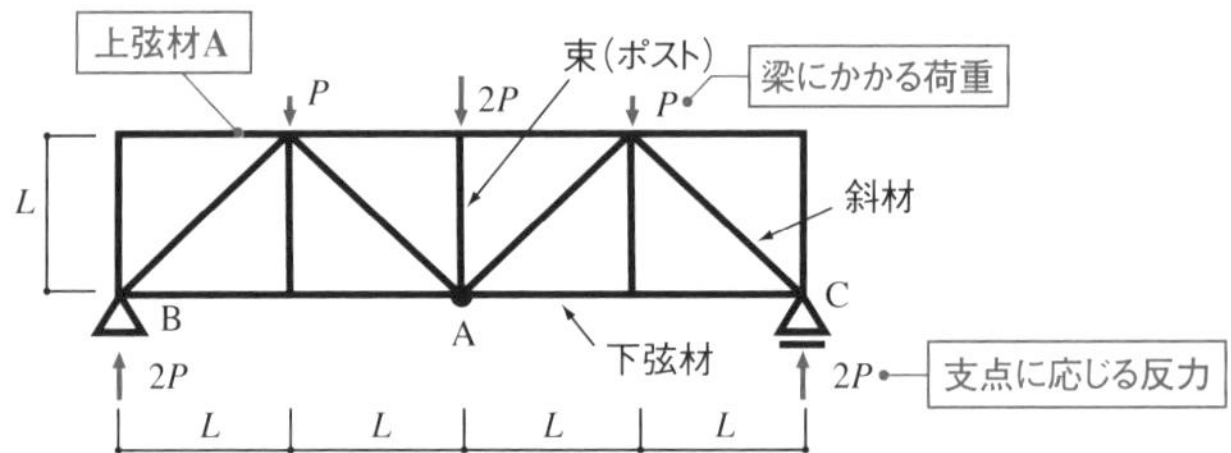

つり合い式はトラスでも成立するんだ。

$$\begin{cases} \Sigma X=0 \\ \Sigma Y=0 \\ \Sigma M=0 \end{cases}$$

解答

任意の場所を切断し、軸力を求めるA点回りの回転モーメントは0なので $\Sigma M_A=0$

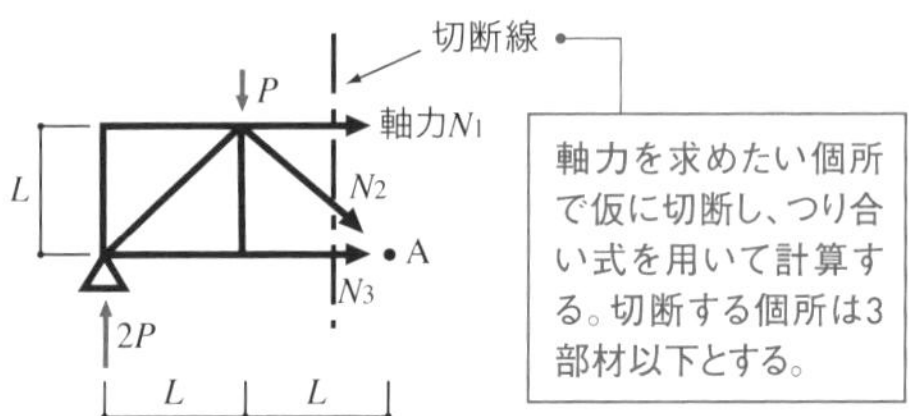

$$\Sigma M_A=2P\times 2L-P\times L+N_1\times L=0$$

$$\therefore \quad N_1=-3P$$

N_2とN_3はA点方向のベクトルなので、モーメントは0となる。

なお

$\Sigma Y=0$

$-N_2\times\sin45^\circ+2P-P=0$

$N_2=\sqrt{2}\,P$

$\Sigma X=0$

$N_1+N_2\cos45^\circ+N_3=0$

$N_3=2P$

19世紀の後半は「トラスの力学」が発展した時期です。1862年にリッターは著書のなかでリッターの切断法について触れています。ちなみに、ワーレントラスの特許の取得は1848年であり、有名なスコットランドのゲルバー橋の完成は1890年です。19世紀は本格的に構造力学に基づく橋梁の設計が始まった時代です。

節点法で計算しよう（示力図を使った図式法）

例題

節点法は、節点での力のつり合いを考え、応力を算出する計算法です。2つ以下の未知の軸力の節点を選んで、示力図を描いて求めます。ここでは図のAC・ABの軸力を求めます。

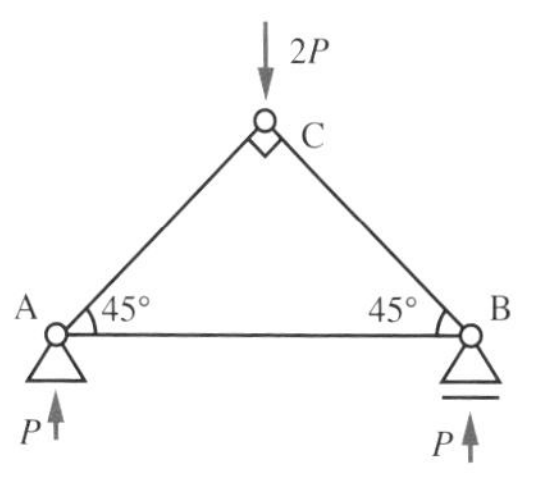

トラスの節点の前提条件

トラスの節点は、節点を取り出して見てみると、節点に作用する力はつり合っている（左図）。このとき3つの矢印は必ずとじる（右図）。

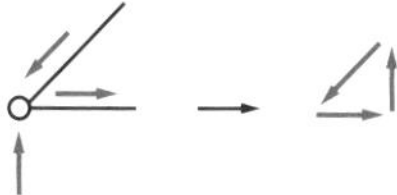

解答

①示力図を描く

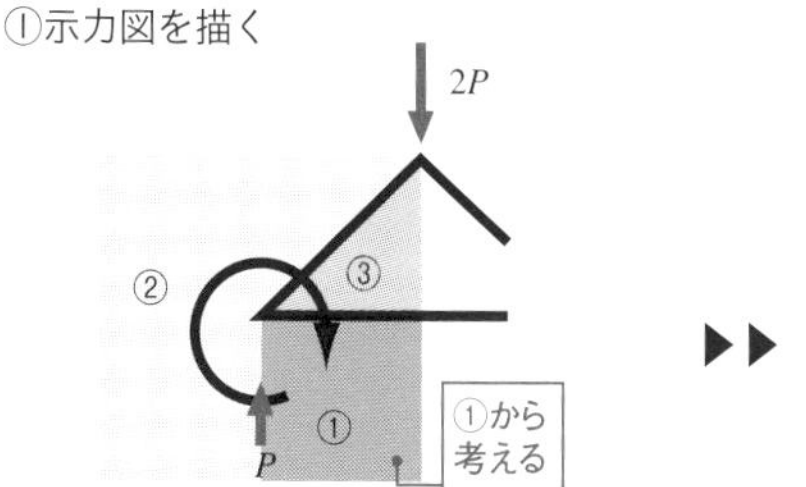

各節点について示力図を描くと各部材の応力がわかる。

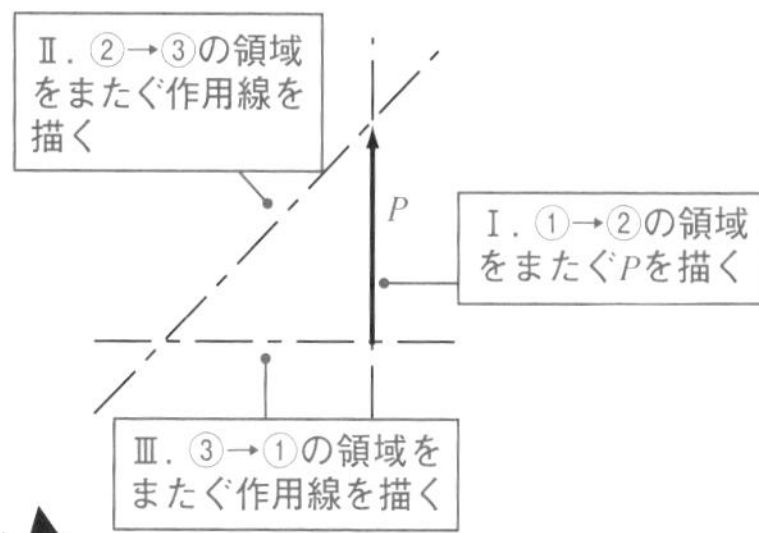

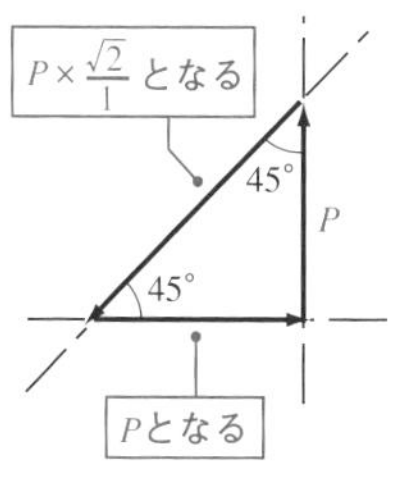

AC・ABの軸力が問われているので節点Aについて考えればいいんだね！

②軸力を求める

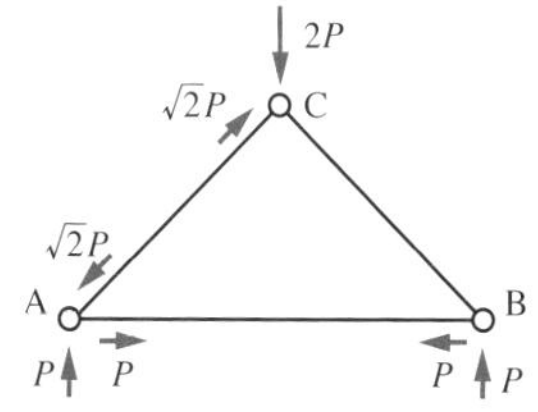

したがって、AC＝$\sqrt{2}P$（圧縮）
AB＝P　（引張り）

実務ではほとんど使用されていないけど、力の流れを理解するためには切断法と節点法は知っておくべき計算方法なんだ！

021

部材が降伏するとどうなる？

部材は降伏すると塑性変形して、最後は破壊します。

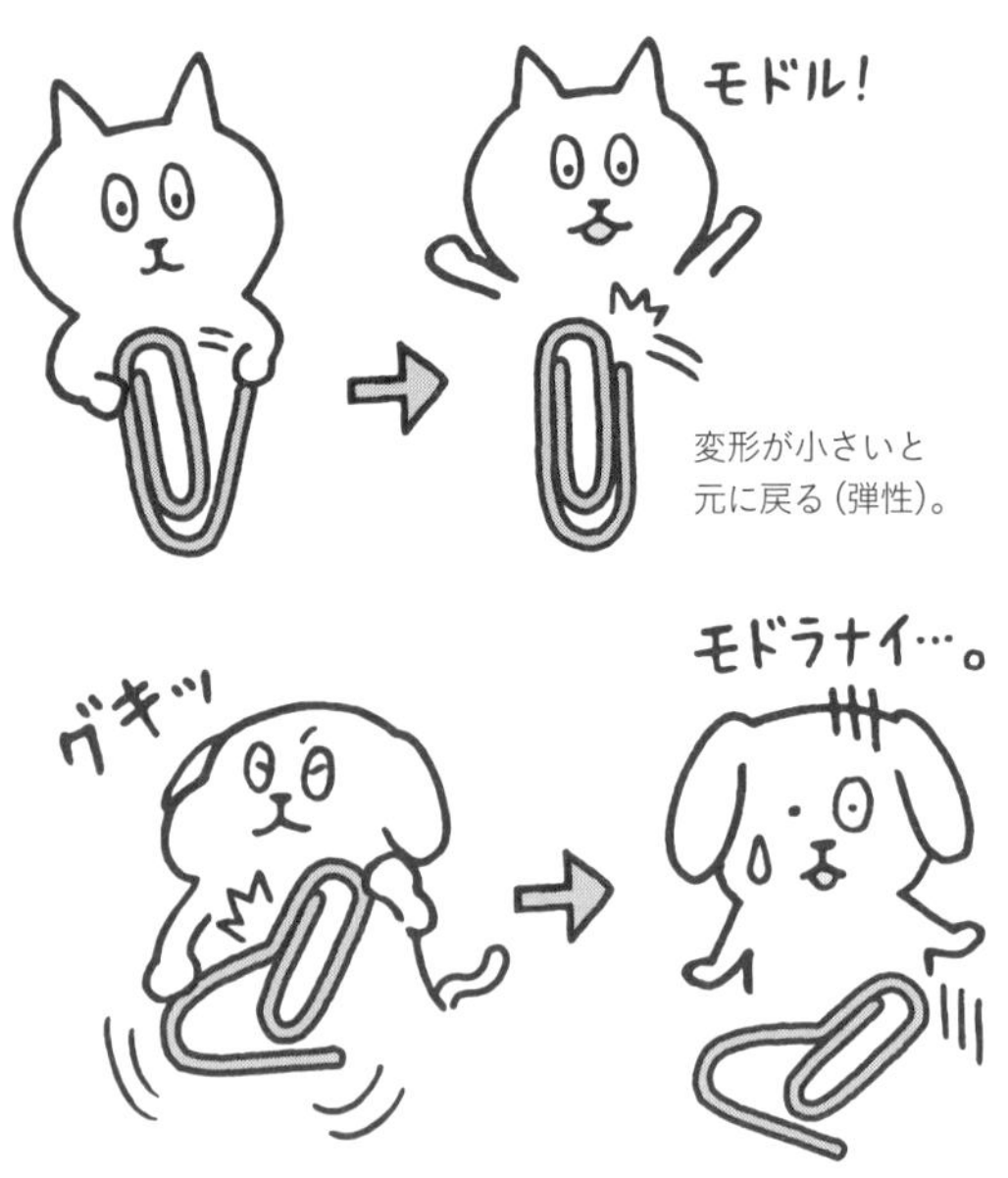

変形が小さいと元に戻る（弾性）。

変形が大きいと元に戻らない（塑性後）。

弾性と塑性

弾性という言葉を耳にしたことがある人は多いと思います（156頁「フックの法則」参照）。物を変形させて元の形状にもどる性質が**弾性**です。元にもどる性質に反して元にもどらなくなる性質のことを**塑性**といいます。

鉄鋼の場合、塑性の状況がよくわかります（次頁上のグラフ）。平鋼を引張ると、最初は引張る力と変位が比例します（傾きが弾性率）。その後、降伏点を超えると材料の真ん中が大きくくびれ始め、引張る荷重はほぼ一定状態になり、変位が大きくなると破断します。引張り荷重と変位が比例している領域が**弾性範囲**（弾性域）です。また、引張る荷重がほぼ一定で変位が進む領域のことを**塑性範囲**（塑性域）といいます。建物全体も、部材が降伏していく過程で同じような弾塑性の挙動を示します。通常、ヤング係数と呼ばれている常数は、弾性範囲の荷重と変位の

鉄鋼部材の変形と弾塑性

鉄鋼の場合、弾性域を超えると応力は上昇しなくなり、ひずみが大きくなっていきます。その境界を降伏点（上降伏点）といいます。降伏点を超えると、いったん応力が下がりますが、その後、応力はほぼ一定状態となり、ひずみが拡大し、最後に破断してしまいます。

鉄鋼の荷重 - 変位曲線図

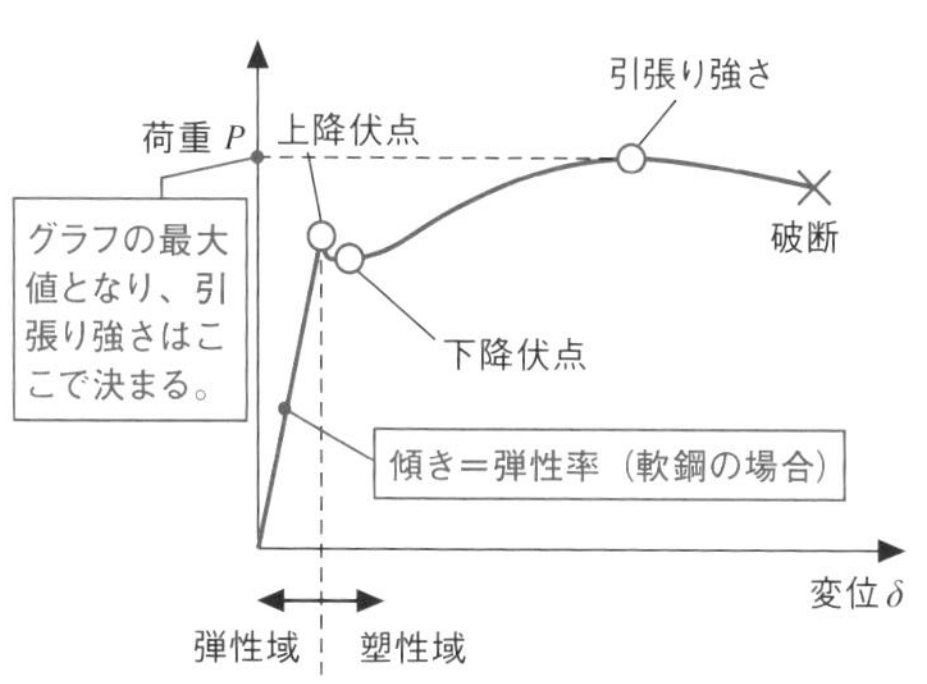

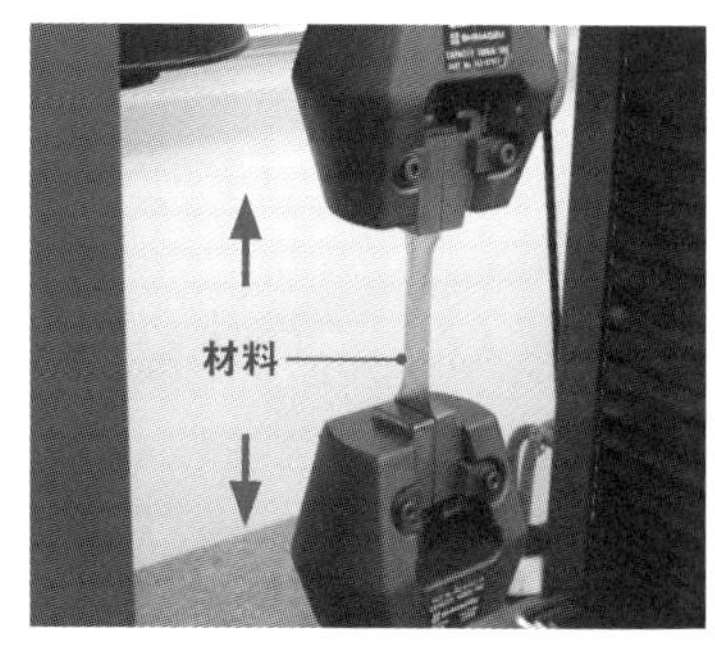

材料に引張り力を加え、破断するまでの弾塑性などを測定する引張り試験。引張り強度・降伏点・延性・脆性などや左のような荷重 - 変位曲線図がわかる。

関係です。材料によらず同じ値となります。なお、本項では、すべて「荷重」と「変位」という用語を用いていますが、荷重が載荷されると部材の内部に応力が生じます。この単位あたりの応力は、応力度（σ）といい、変位にあたる単位あたりの変形はひずみと呼びます（詳しくは156、158頁参照）。

材料による脆性・延性の違い

降伏点を過ぎて、ほとんど変形をせずに破断してしまう性質のことが**脆性**（ぜいせい）で、降伏点を過ぎて変形が進んでいく性質を**延性**（えんせい）（または**靭性**（じんせい））といいます。材料が延（の）びる能力は、建物の安全性を確保するうえで非常に重要です。同じ荷重で降伏（破断）したとしても、延び能力のある材料では、その力に対して今度は、変形をすることによって抵抗することになります。その能力（エネルギーの吸収能力）は、グラフ上の面積を計算することによってわかります。

次頁下のグラフのように、コンクリートの場合は、鉄鋼と違い、降伏域でも山形のような曲線になり、その後壊れます。木材の場合は、降伏域はほとんどな

延び能力の重要性

①延び能力が高い（延性）材料の場合

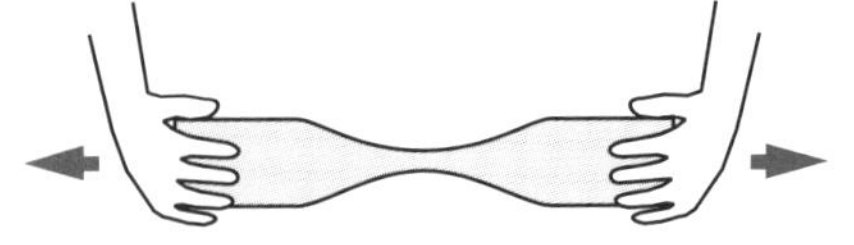

降伏点を過ぎても延びる（延性）

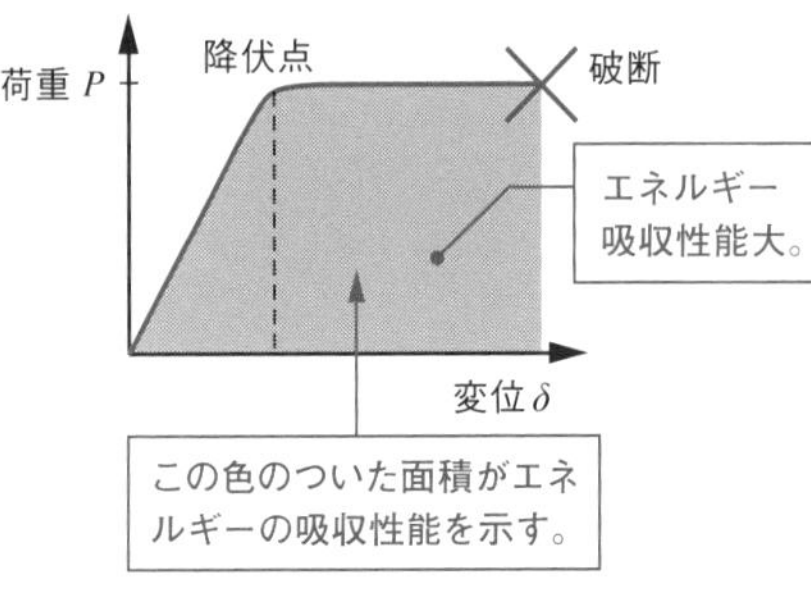

②延び能力が小さい（脆性）材料の場合

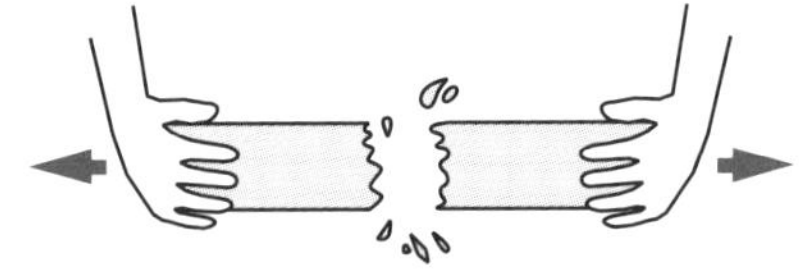

降伏点を過ぎて、
ほとんど変形せず、破断（脆性）

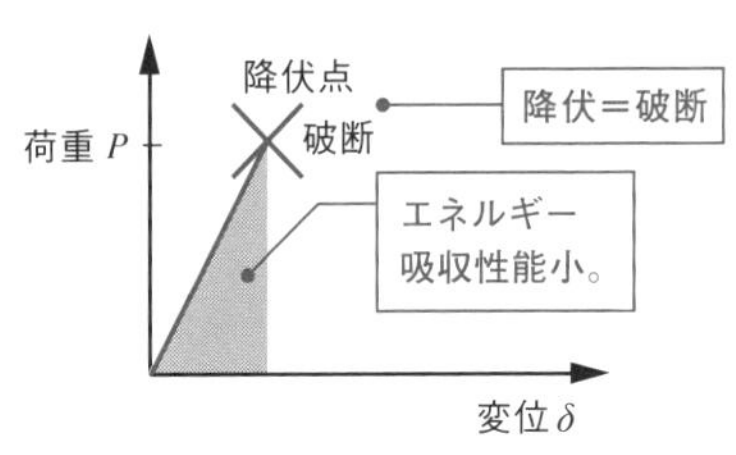

材料による弾塑性の違い

コンクリートや木材は鉄鋼などの金属材料とは塑性域が異なり、曲げ強さが非常に小さく、塑性域もほとんどないという特徴があります。

材料によって変形のしかたが違うんだ。建物の安全性を確保するためには、材料の弾塑性つかんでおく必要がある！

①鋼材の場合

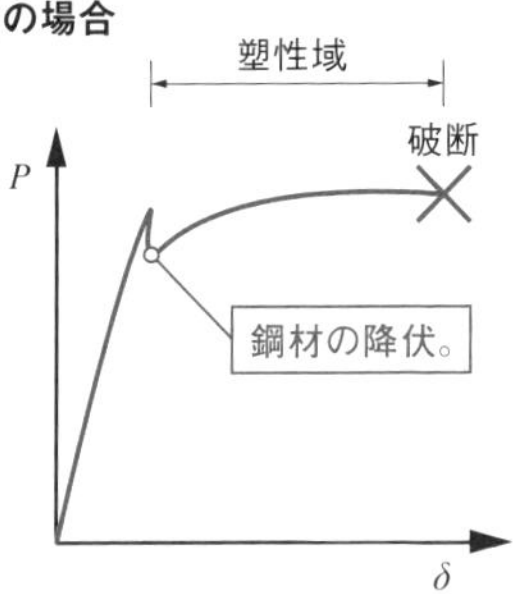

②鉄筋コンクリートの場合

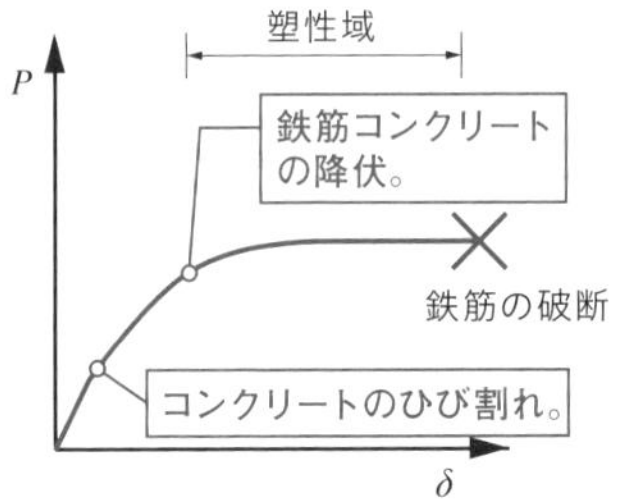

③木材の場合

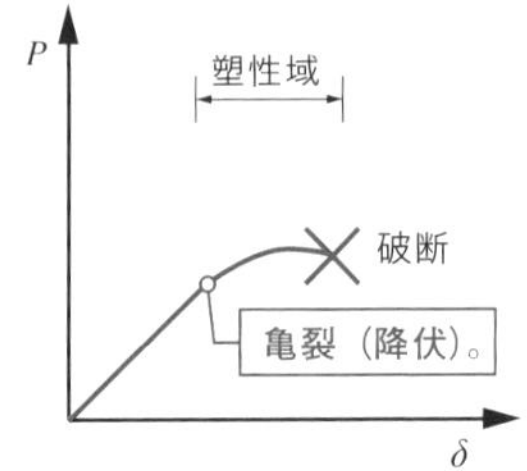

保有水平耐力とは?

保有水平耐力とは、建物が水平方向に力を受けたときに倒壊に至る水平力を意味します。

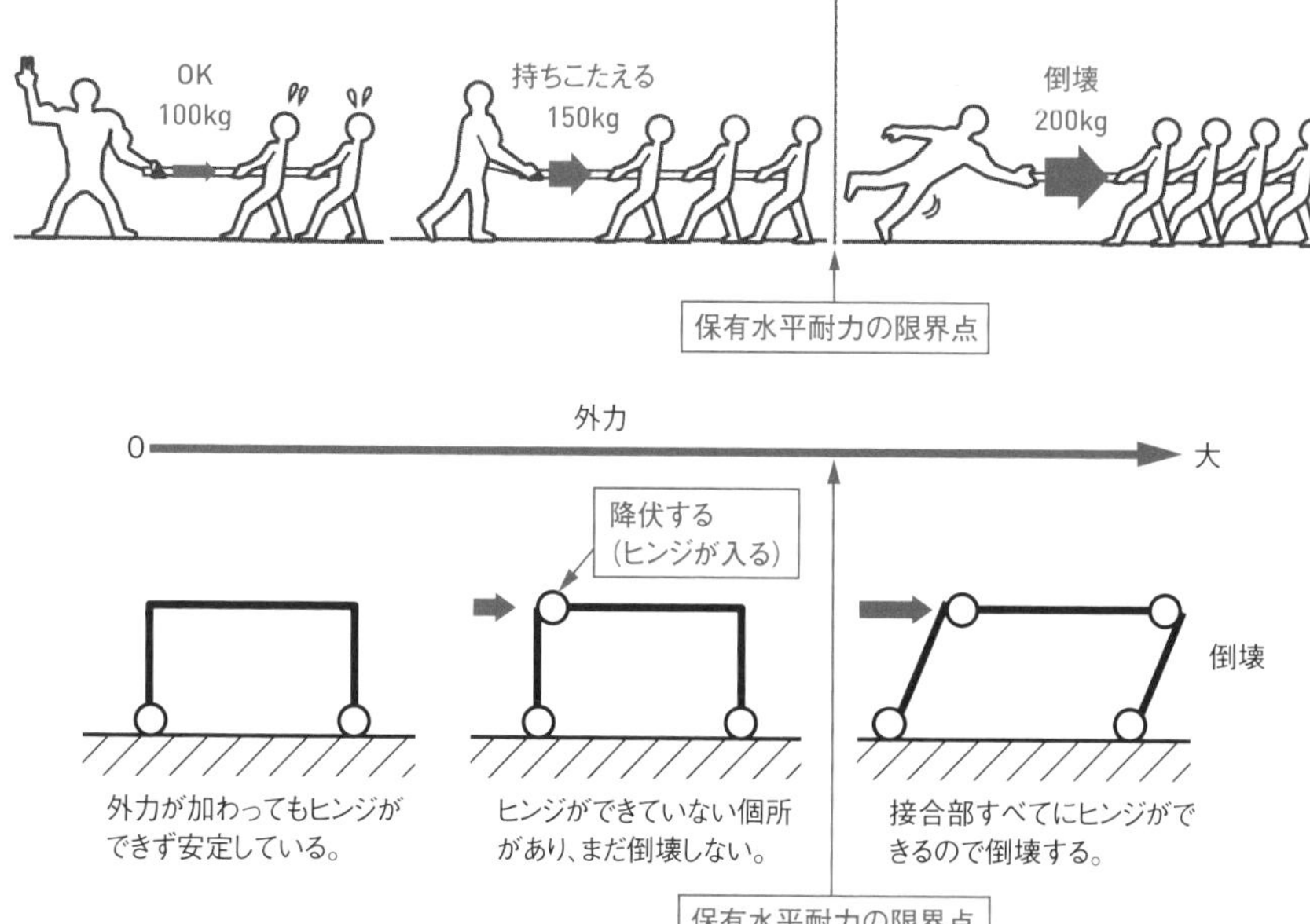

く破壊に至っています。このように材により性質が異なるので、材料の特性をよく知ることが大切です。

保有水平耐力とは水平方向の力にどれだけ耐えられるか

建物の安全性を確認する方法に、建物の保有水平耐力が必要保有水平耐力以上であることを計算して確かめる方法があります。

建物は水平方向に大きな力を受けると倒壊します。この倒壊直前の水平力のことを**保有水平耐力**といいます。建物の保有水平耐力は、柱や梁・耐震壁の各部材の耐力を計算し、各部材の壊れ方から建物の保有水平耐力を算出します。計算方法には、節点振り分け法・仮想仕事法・極限解析法・荷重増分(ぞうぶん)法などがあります。

一方、建物に必要とされる保有水平耐力を**必要保有水平耐力**といいます。これを計算するには、部材

必要保有水平耐力計算の手順

必要保有水平耐力を計算するには部材の構造特性係数（D_S）を算出する必要があります。

構造特性係数(D_S)の概念表

架構の性状 ＼ 架構の形式	ラーメン構造	壁やブレースが多い構造
(1) 塑性変形の度が特に高いもの	0.3	0.35
(2) 塑性変形の度が高いもの	0.35	0.4
(3) 耐力が急激に低下しないもの	0.4	0.45
(4) (1)から(3)までに掲げるもの以外のもの	0.45	0.5

注：上表は昭和55年建設省告示1792号をわかりやすくしたもので正確には同告示を参照のこと。

数値が低いほうがエネルギー吸収能力の高い建物だよ。

建物が吸収するエネルギーの概念図

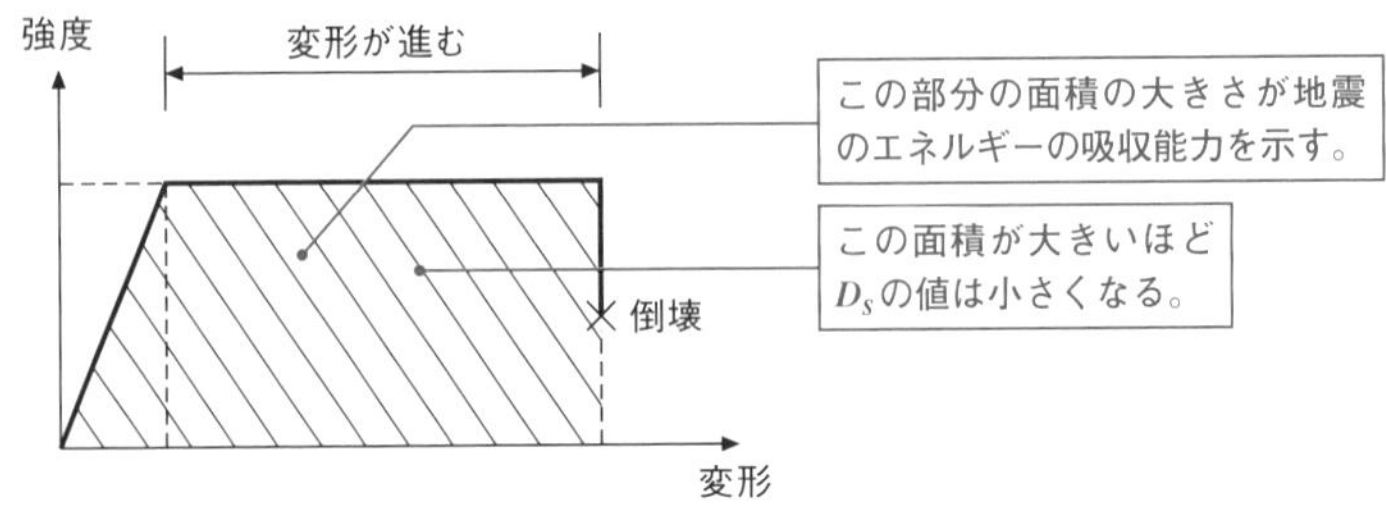

の**構造特性係数**（D_S）を算出する必要があります。構造特性係数とは、地震を受けたときの建物のねばり強さ（塑性変形能力）やひび割れなどで消費されるエネルギーを考慮して算出されます。塑性変形能力が高いほど、構造特性係数は小さくなります。このように構造特性係数によって必要保有水平耐力が決まるのですが、部材が降伏した後の塑性変形を実際に算出し確認する場合もあります。

実務では、許容応力度計算（1次設計）と保有水平耐力計算（2次設計）を行います。高層建築では保有水平耐力を求めますが、低層建物では許容応力度計算のみを行うことがほとんどです。

保有水平耐力を電卓1つで計算できる節点振り分け法

節点振り分け法は、保有水平耐力を算出する方法の1つです。コンピューターの能力が発達して荷重増分法が主流となっているので、あまり使われることはありません。とはいえ、部材の耐力をもとに保有水平耐力を算出するため計算は簡単で、かつ、建物が壊れることをイメージしやすいので、初学者が勉強するにはちょうどよい方法です。

　接点振り分け法ではまず最初に、部材の耐力を算出しておきます。次に架構をモデル化し、崩壊時のヒンジ位置とモーメント分布を想定します。各部材は、降伏してヒンジになった部分では、耐力以上の曲げモーメントにはなりません。この曲げモーメント分布から荷重（保有耐力）Pが算出できます。

　次頁図のような中央集中荷重の両端固定梁を考えます。ヒンジ位置はいろいろ考えられるので、ここでは2つのケースを考えます。

　最初に、載荷位置にヒンジが生じた場合です（次頁図中①）。曲げモーメント分布を単純梁と同じ分布と仮定します。中央の曲げモーメントM_cは、$M_c=P_1L/4$となります。中央のモーメントにより降伏することから、部材の曲げ耐力M_pは、$M_p=M_c$となり、荷重（保有耐力）P_1は、$P_1=4M_p/L$という結果になります。次にヒンジが載荷位置のほか、梁の両端部に生じた場合です。曲げモーメント分布は、次頁図中②のようになります。中央・端部ともに同じモーメントなので、同時に降伏します。部材の曲げ耐力M_pで降伏するので、前回と同じように$M_c=M_e=M_p$より$P_2=8M_p/L$となります。

　2つの保有耐力を比較すると、前者より後者が大きい値ですが、真の崩壊荷重は後者です。前者は、中央がヒンジになっても、不安定構造になっていないので、まだ余裕があるため低い数値となっています。

構造計算の実務

許容応力度計算

保有水平耐力計算

- 保有水平耐力計算の定義
  （建築基準法施行令82条）
  　計算方法
  　（平19年国土交通省告示594号）
- 層間変形角の検討
  （施行令82条の2）
- 保有水平耐力の算出
  （施行令82条の3）
  建物の各階の構造特性（D_s）と
  建物の各階の変形特性（F_{es}）
  （昭和55年建設省告示1792号）など

保有水平耐力の計算については、建築基準法施行令82条を確認しておこう！

節点振り分け法で両端固定梁の保有耐力を求めよう

例題

下記の図のような中央集中荷重P_1を受ける両端固定梁の崩壊荷重Pを求めましょう。

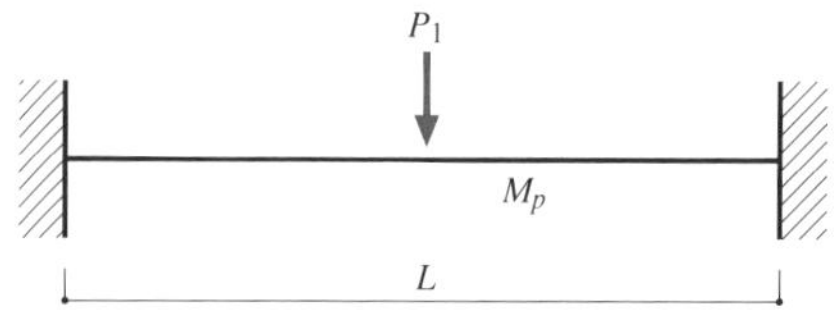

M_p:部材の曲げ耐力

解答

①中央にヒンジを想定した場合

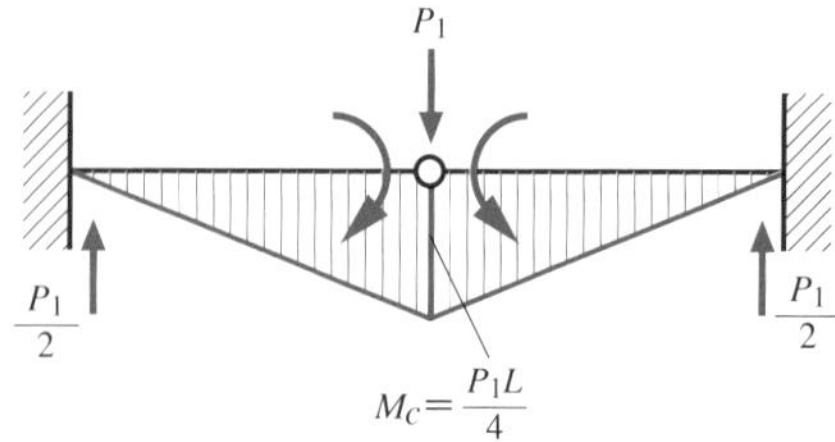

$$M_c=\frac{P_1}{2}\times\frac{L}{2}=\frac{P_1L}{4}$$

$M_c=M_p$　より

$P_1=\frac{4M_p}{L}$　…保有耐力

②端部および中央部にヒンジを想定した場合

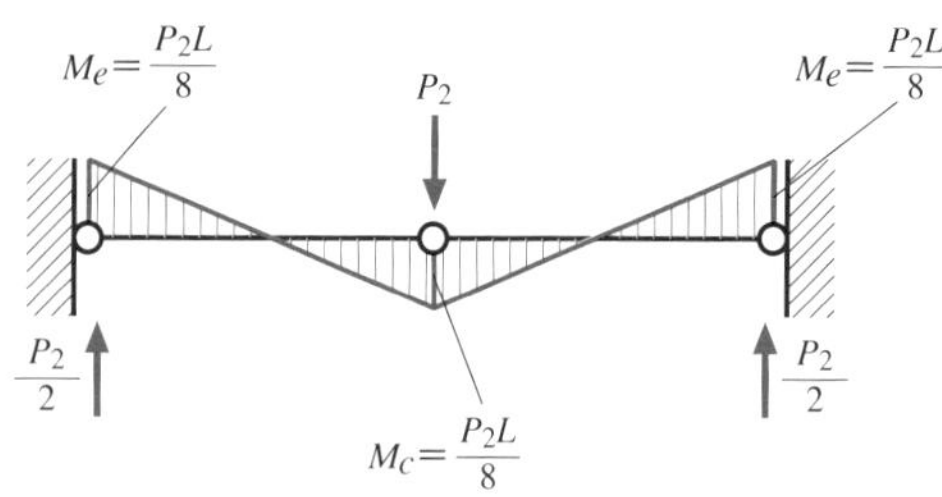

$$M_c=\frac{P_2}{2}\times\frac{L}{2}-\frac{P_2L}{8}=\frac{P_2L}{8}$$

$M_c=M_e=M_p$　より

$P_2=\frac{8M_p}{L}$　…保有耐力

①で得た保有耐力P_1よりP_2の値が大きいので、P_2が真の崩壊荷重となる。

節点振り分け法は、建物が崩壊するためのヒンジが形成されたという前提で保有水平耐力を算出する方法なんだ。荷重増分法とともに押さえておくんだよ！

節点振り分け法でラーメン架構の保存水平耐力を求めよう

例題

下記の図のような水平荷重がかかるラーメンの保有水平耐力Pを求めましょう。

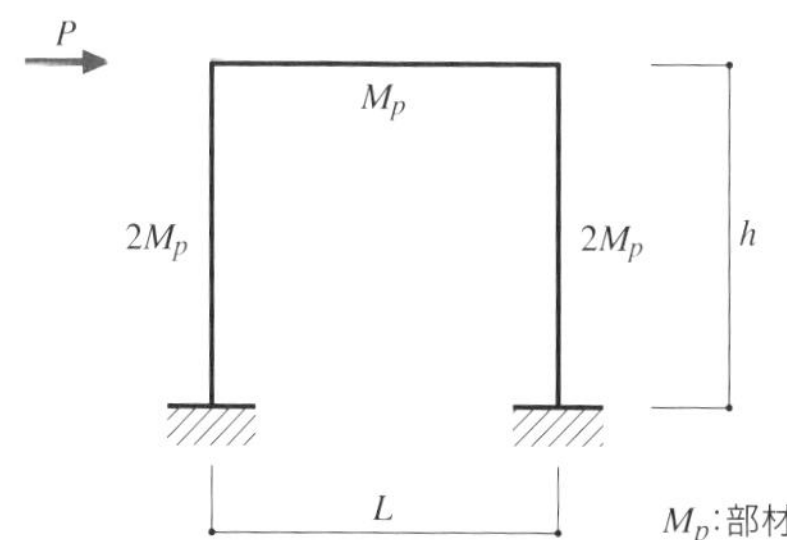

M_p:部材の曲げ耐力

解答

①塑性ヒンジの決定をする

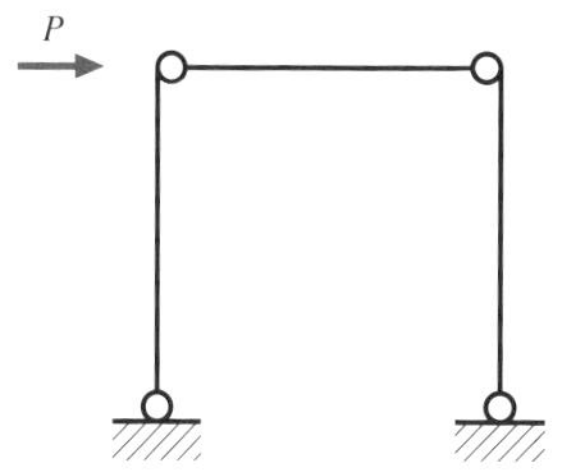

柱と梁の曲げ耐力を比較し、曲げ耐力が小さい方にヒンジが発生するので、この場合、梁にヒンジを入れる。

②梁と柱のモーメントをそれぞれ求める

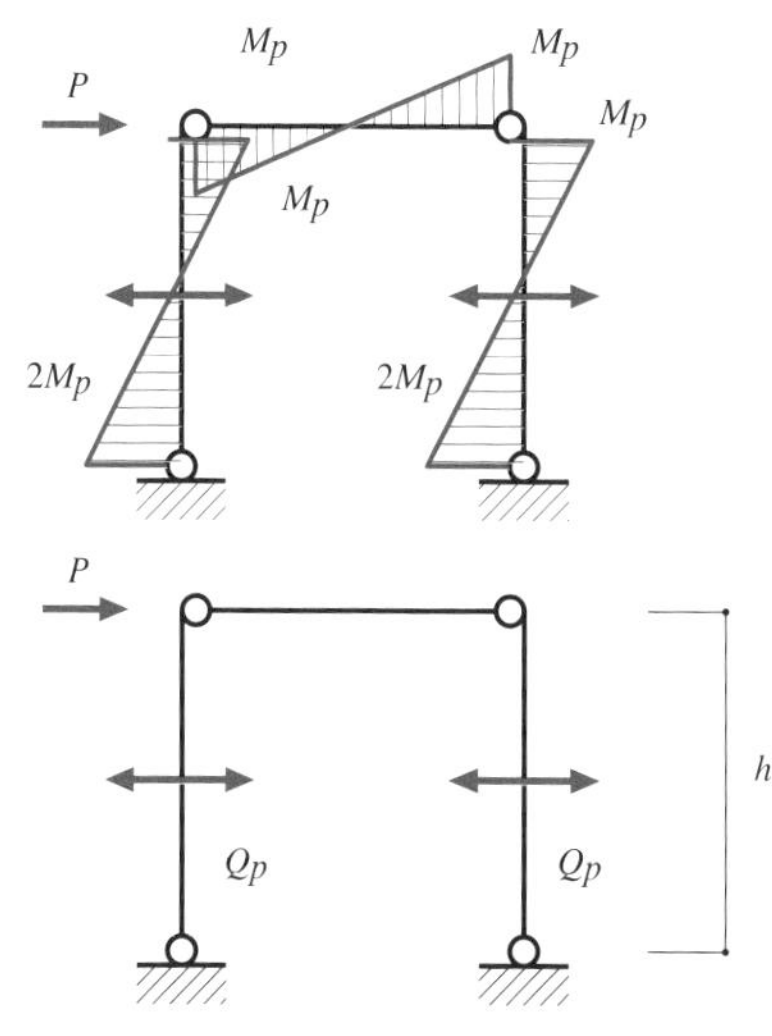

せん断力をモーメントから求める。

$$Q_p=\frac{M_p+2M_p}{h}=\frac{3M_p}{h}$$

$$P=2Q_p=\frac{6M_p}{h}$$

仮想仕事法を用いた崩壊荷重の求める（両端固定梁）

①仮想仕事法ではまず塑性ヒンジの位置を想定

下図で梁の全塑性モーメントをM_pとする。この梁は2次の不静定構造であるので、塑性ヒンジ3カ所で崩壊する。右図より塑性ヒンジができる可能性があるのはA、B、Cの3カ所。

外力による仕事と内力による仕事が等しいということは、建物に作用している力がつり合っている、いい換えれば、力の総和が0ということだね！

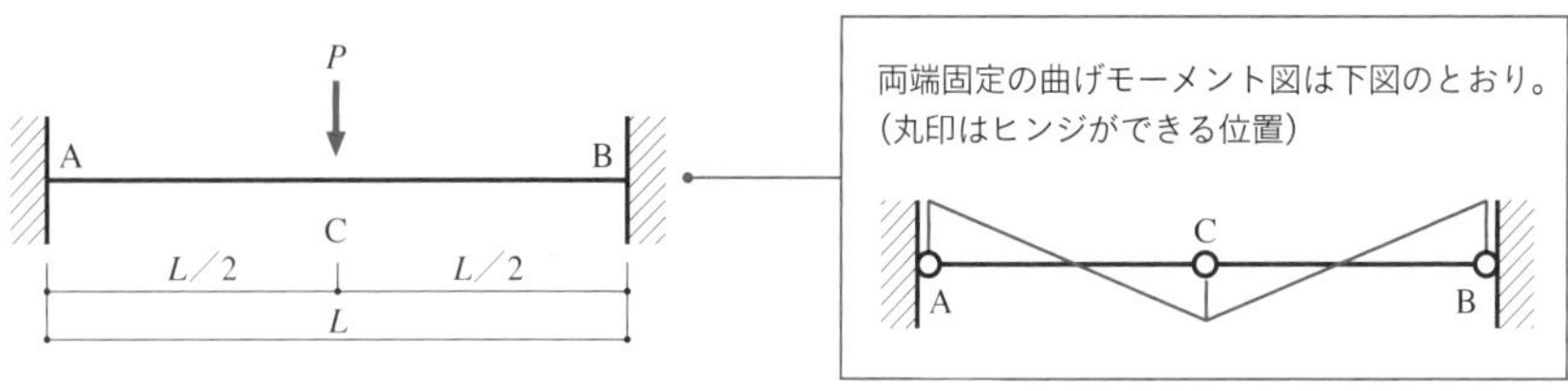

②仮想仕事法を用いて崩壊荷重を求める

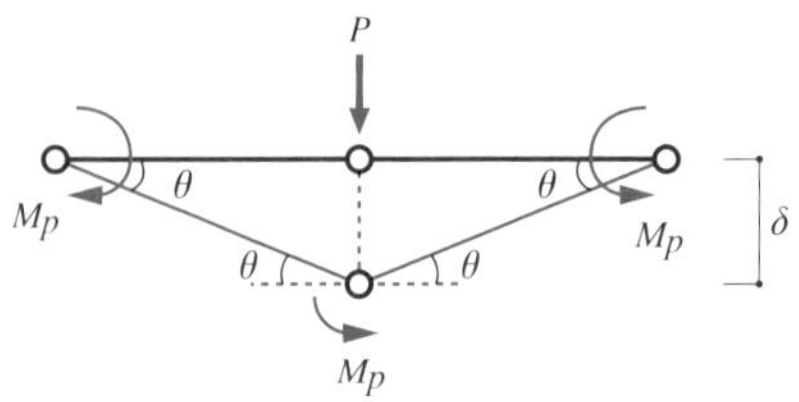

外力仕事：$W_1=P\dfrac{L}{2}\theta$　…①

内力仕事：$U_1=M_p\theta+M_p2\theta+M_p\theta$　…②

外力$W1$＝内力U_1　より

$P=\dfrac{8M_p}{L}$

となり崩壊荷重は$\dfrac{8M_p}{L}$となる。

外力と内力の仕事が等しくなることを利用する仮想仕事法

構造体が終局的にはどのぐらいの外力に持ちこたえるのかを計算する方法の1つに**仮想仕事法**があります。コンピューターが発達した現代では、荷重増分法が主流ですが、自分で壊れ方をイメージして計算を行う仮想仕事法は有効です。

コンピューターで保有水平耐力を計算できるようになる前は、保有水平耐力計算は、仮想仕事法と節点振り分け法を用いて計算されました。ラーメン部分は節点振り分け法、耐震壁部分は仮想仕事法で算出して、それらを足し合わせて、耐震壁付きラーメン構造の保有水平耐力を計算していました。

仮想仕事法は、外力Wが行った仕事と内力Uによる仕事量が等しくなることを利用して計算を行います。高校の物理を履修している人は習っているはずですが、仕事は〝力×変位〟です。曲げモーメント

仮想仕事法を用いて崩壊荷重を求めよう（ラーメン架構）

例題

仮想仕事法を用いて、下記ラーメン架構の崩壊荷重Pを求めましょう。

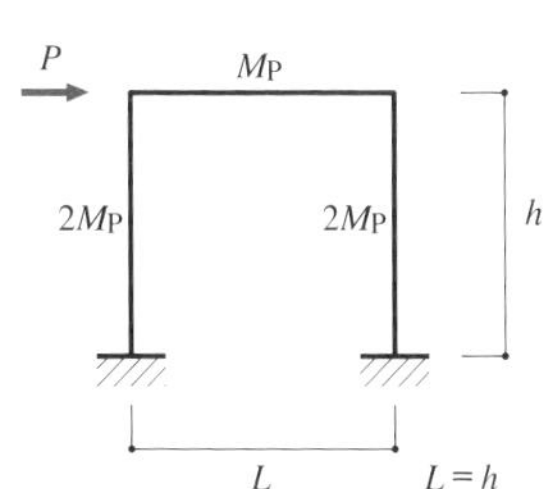

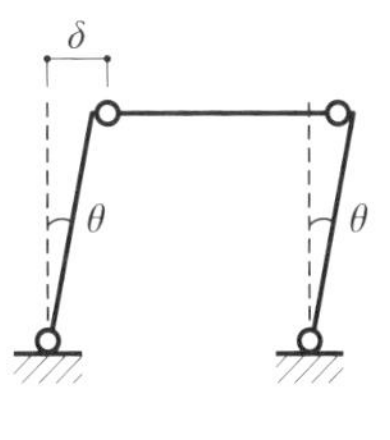

仮想仕事法では、外力と内力が等しくなることを利用するんだ。

解答

外力仕事：$W_1=P\delta$ ―― ①力と変位から外力を求める。

内力仕事：$U_1=(2M_P\theta+M_P\theta)\times 2$　　$\delta=L\theta=h\theta$ ―― ②次に曲げモーメントと変位角から内力を求める。

外力W_1＝内力U_1より

$$P\delta=(2M_P\theta+M_P\theta)\times 2$$
$$Ph\theta=3M_P\theta\times 2$$
$$Ph=3M_P\times 2$$
$$P=\frac{6M_P}{h}$$

③　①＝②（外力＝内力）より、崩壊荷重Ｐを求める。

でも同じで、“**曲げモーメントM×変形角θ**”です。これだけを覚えていれば、終局（崩壊）時の外力が算出できます。

前頁上図のような簡単な両端固定の梁を考えましょう。両端固定の梁が崩壊するには、3カ所がヒンジになる必要があります。両端固定の曲げモーメントを思い浮かべてください。端部と中央で曲げモーメントが大きくなるので、その部分がヒンジになることは感覚的にわかると思います。そこで、この3カ所にヒンジを想像します。

ヒンジ間は直線になるので、両端部の回転角をθとすると中央部は2θです。そして、梁中央の外力によりδの変形が生じています。ここで、δが微少な変形と仮定すると、δはL／2×θと同じになります。

外力の仕事は、前頁の①式です。一様な梁であれば、曲げ耐力は両端部、中央部で同じで、内力の仕事は前頁の②式となります。内力の仕事と外力の仕事が同じなので、①式と②式から崩壊荷重が算出されます。

荷重増分法の計算のしくみ

グラフを見ると、部材降伏する度に建物の剛性が小さくなり、グラフの線の傾きが大きくなっていくことがわかります。

荷重増分法で計算した保有水平耐力が必要保有水平耐力を上回っていれば、その建物は大丈夫となるけど、どのような崩壊過程を示すのかも重要なんだ！

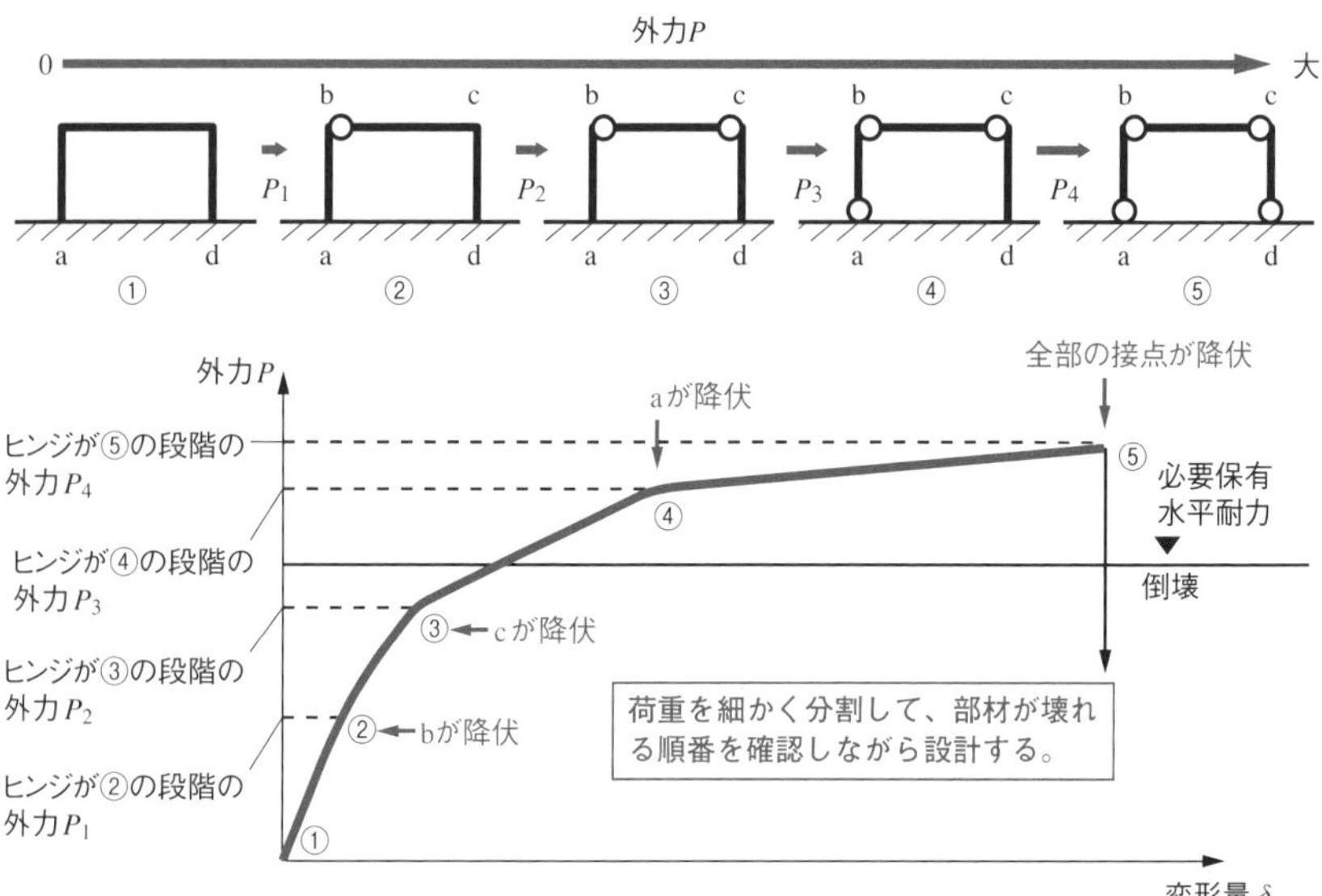

仮想仕事法は、必ずしも崩壊荷重の正解を算出する方法ではありません。**下界**（げかい）定理と呼ばれ、実際の耐力より大きくなる場合があることに注意しておく必要があります。

地震時の建物の安全性を検証するプログラム荷重増分法

荷重増分法は、大地震時の建物の安全性を把握するために有効な方法で、最もポピュラーな計算方法です。

荷重増分法を考えるうえで、構造物が壊れていく概念を理解する必要があります（176頁参照）。建物の部材は、大きな力（水平力）を受けると壊れます。一般的には曲げモーメントに対して壊れ、せん断力に対しては壊れないように部材を設計するので、曲げモーメントに対して壊れた部分は、ピン状態（ヒンジともいいます）になります。

荷重増分法のグラフの見方

荷重増分法のグラフは、ほとんどがなめらかな曲線になります。梁や柱が壊れるのにどうして？と思う人もいるでしょう。部材は、壊れても延びる能力があれば、負担していた力に対して抵抗し続けることができます。ブチッと切れてしまうと力を保持することができません。保有耐力を向上させようとするためには、ブチッと切れないで、延々と延びるように設計することが大切です。

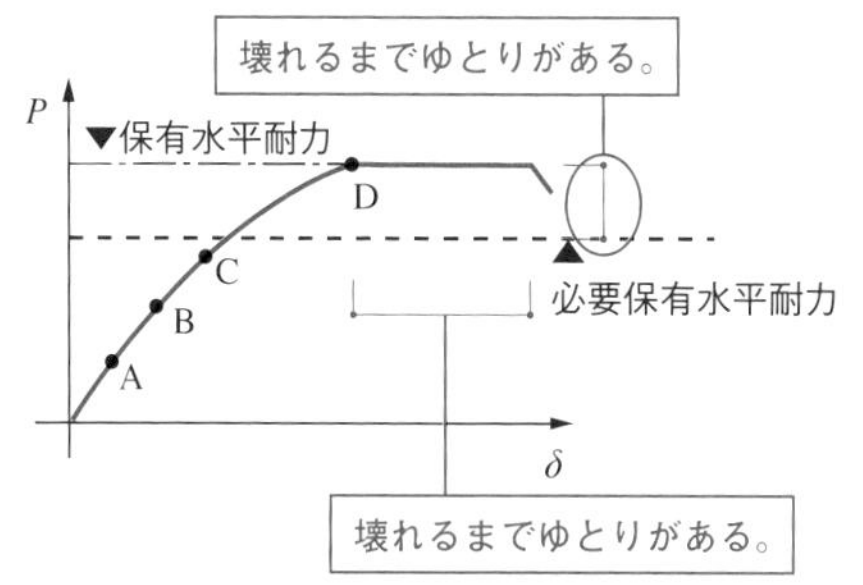

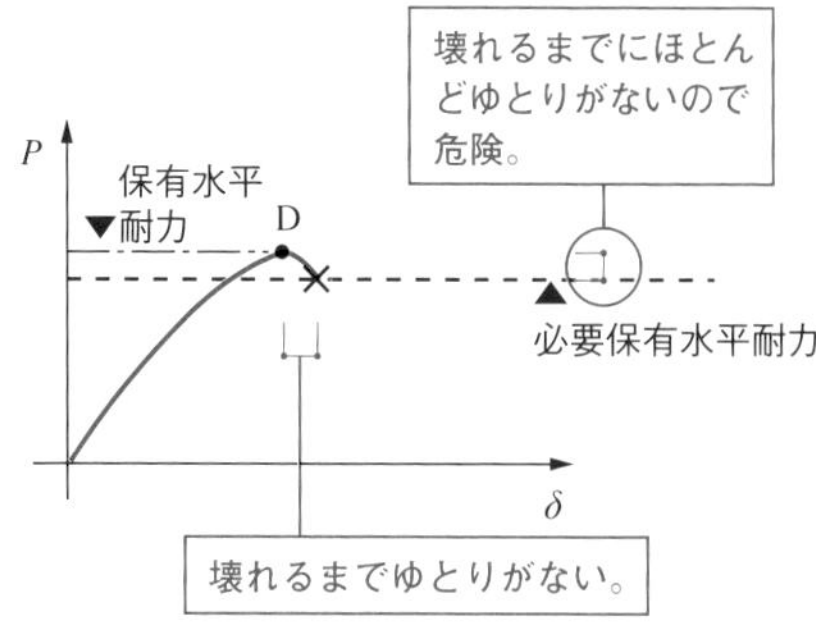

保有耐力が必要保有耐力とほぼ同じ場合は、安全性が低くなり、要注意。グラフを確認することも重要だ。

建物がどのような壊れ方をするのか、荷重増分法で検証して、よい壊れ方になるように設計するんだ！

具体的にいうと、大梁であれば両端部、柱であれば柱頭または柱脚にヒンジができます。単純な門型ラーメンで考えると、大梁両端と柱脚にヒンジが生じた時点で倒れます。この倒れる直前の荷重が保有水平耐力です。

荷重増分法では、外力を段階的に載荷することによって、部材にヒンジが生じる過程を追いかけます。いきなり大きな荷重で計算をすると多くの部分でヒンジが生じてしまい、計算機が止まってしまいます。できるだけ細かく荷重を分割して計算を行います。

段階を追うことにより、まず梁の一端にヒンジが生じて、最後には柱脚にヒンジが生じるというような崩壊過程がわかります。また、最終的にちょっと荷重が増えるといきなり大きく変形が進むのか、多少はゆとりがあるのかなど、必要保有水平耐力を満足していても実際の安全性がどれだけ違うかもわかります。

二次設計

022 地震時に建物は安全？

各層が水平方向にどれくらい変形するかを示す層間変形角が制限を超えないことが重要です。

層間変形角の制限数値を超えると危険

柱や大梁が変形能力に優れていれば、いくらでも変形する建物をつくることができ、建物が倒壊に至ることもないでしょう。しかし、建物の中あるいは外にいる人はそれで安全でしょうか。

層間変形角とは？

層間変形角とは、建物の安全性を確認するときの一つの目安で、地震力により、建物の各層が水平方向にどのくらい変形するかを各層の高さとの比率で表したものです。

地震で建物が大きく変形すると、ドアが歪んで開かなくなり、救助に入ることもできません。また、家具も倒れ、天井が落ちてきてしまうかもしれません。本当に危険なのは、外壁が落ちてくることです。乾式の外壁では、建物の層間変形角に追従するように

層間変形角と重心位置

変形が大きいと重心位置がずれるので、大きな曲げモーメントが生じることになることがあり、層間変形角はできるだけ小さくした方がよいです。

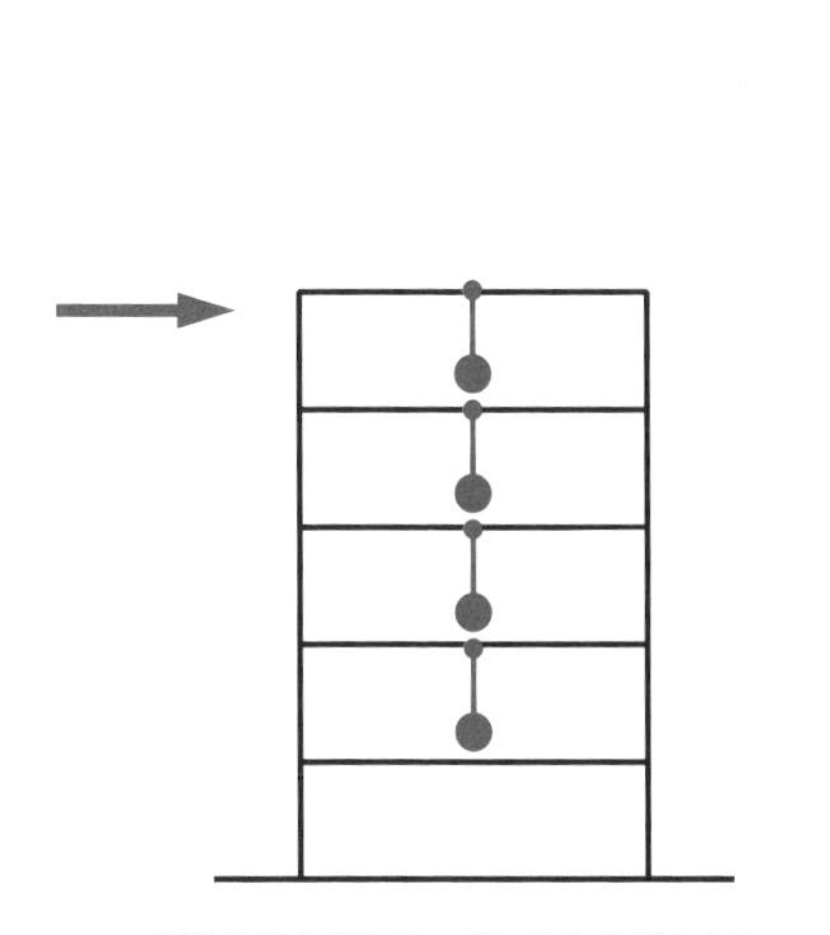
各階の重心がそろっていると曲がらない。

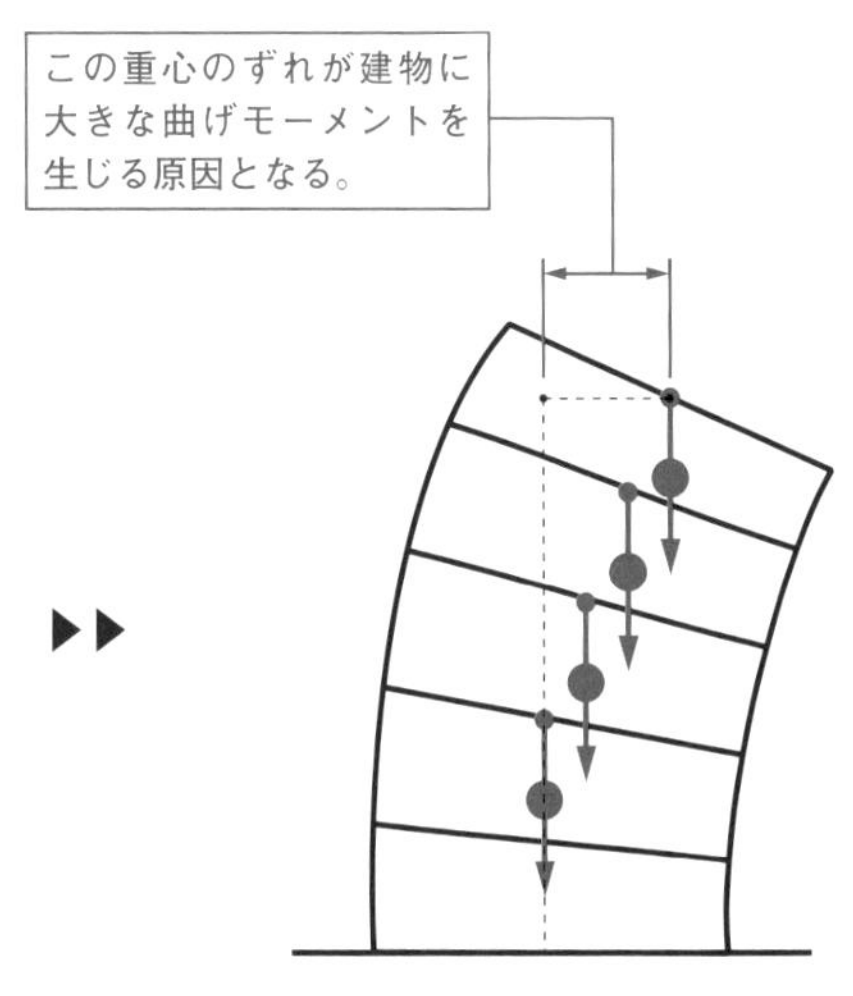

重心がずれると曲がりやすくなる。

つくられているので、その許容値を超えると外壁がはずれて落ちてきます。

層間変形角の算出のしかた

層間変形角は、水平方向の変位を層の高さで割って算出します。割ると小数点になるのですが、慣例的に分数で表します。算出にあたっては、大地震と中小地震時で分けて考えます。

中小地震では一般的に層間変形角が1／200以下となるよう建物を設計します。大地震時には規定はありませんが、外壁材等仕上げ材が1／100に追従できるようにつくられていることが多いので、1／100程度を目安にしています。小規模な鉄骨造など、大きな変形能力がある場合は、中小地震でも1／120程度で設計される場合もあります。

層間変形角は地震時の安全性に対する値ですが、ぎりぎりの値で設計すると風に吹かれただけで大きく揺れる建物になる場合もあります。必ずしも居住性が確保された設計とはならないので、気をつける必要があります。

層間変形角の求め方

層間変形角の計算式

**層間変形角γは次式により層ごとに求めます。

中小地震時の層間変形角は$\gamma \leqq 1/200$とする規定があり、大地震時の層間変形角は$\gamma \leqq 1/100$を目安とします。**

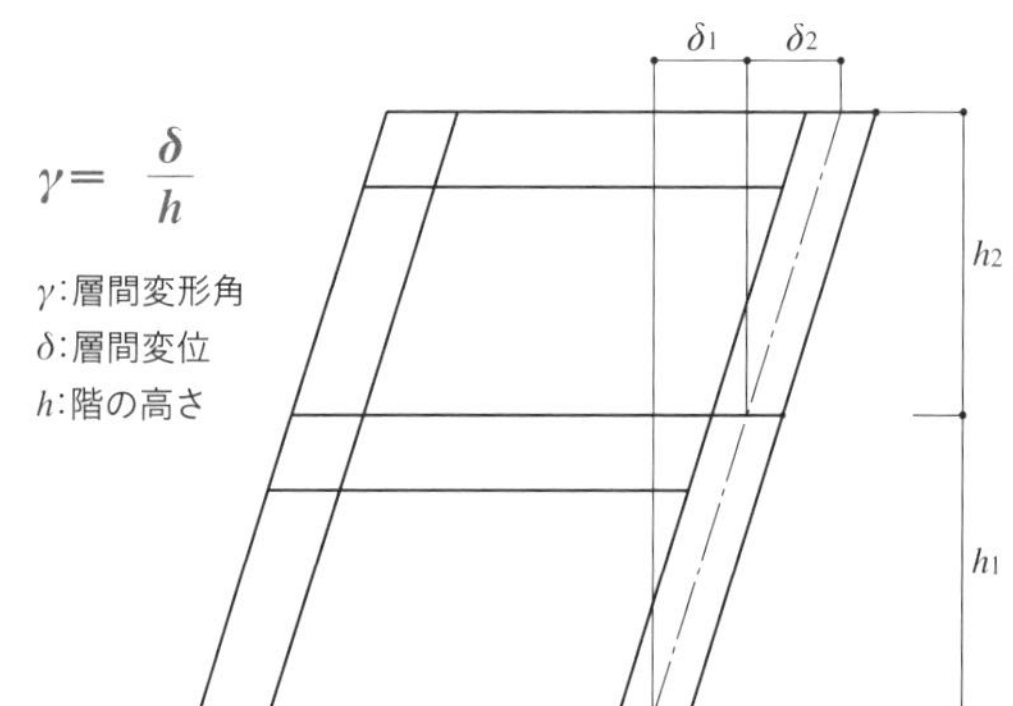

階の高さhのとり方

①基本

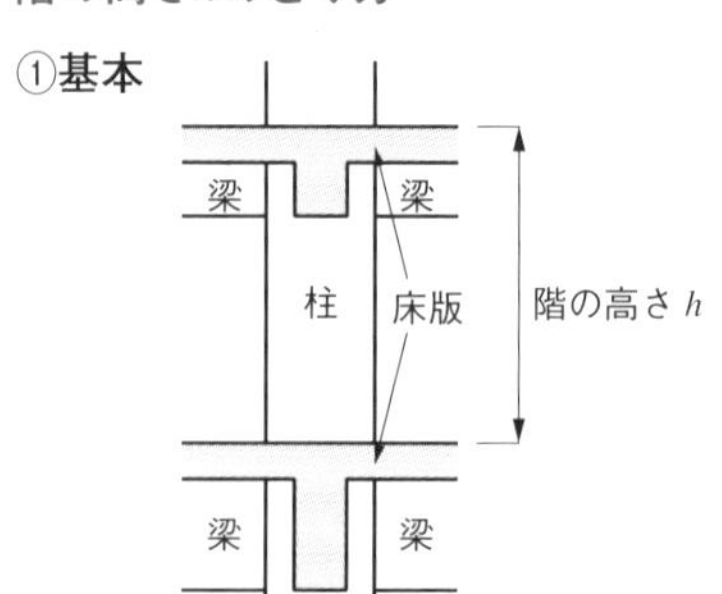

②逆梁の場合

梁　梁

直交方向の階の高さh（①と同じ）

柱　床版

階の高さh（逆梁の場合）

梁　梁

剛性のバランスが崩れると危険

剛性率は、建築物の高さ方向の固さ（剛性）のバランスを示す値。極端に剛性が小さい階があると、地震時にその階に力が集中し危険です。

剛性率を簡単に計算する方法

集合住宅では、1階部分を駐車場や駐輪場として外周部に壁がないピロティを計画し、上部は各戸の遮音や振動を考えて壁が多く計画されます。この場合、必然的に上が固く、下が柔らかい構造になります。阪神・淡路大震災では、このような集合住宅において、ピロティ階だけが潰れてしまう層崩壊が多く起こりました。このほか、下部がSRC造、上部がRC造といった混構造建物において、構造が切り替わる階で層崩壊が起きたケースもありました。SRC内部の鉄骨による剛性の影響や、SRC部分は非常に強度が大きいのに対しRC部分の強度が小

層間変位と剛性率の関係

建物の一部に剛性率の小さい階があると、そこに変形が集中します。
建物の剛性率を計算してバランスを確保します。

①剛性率Rsが同じ場合

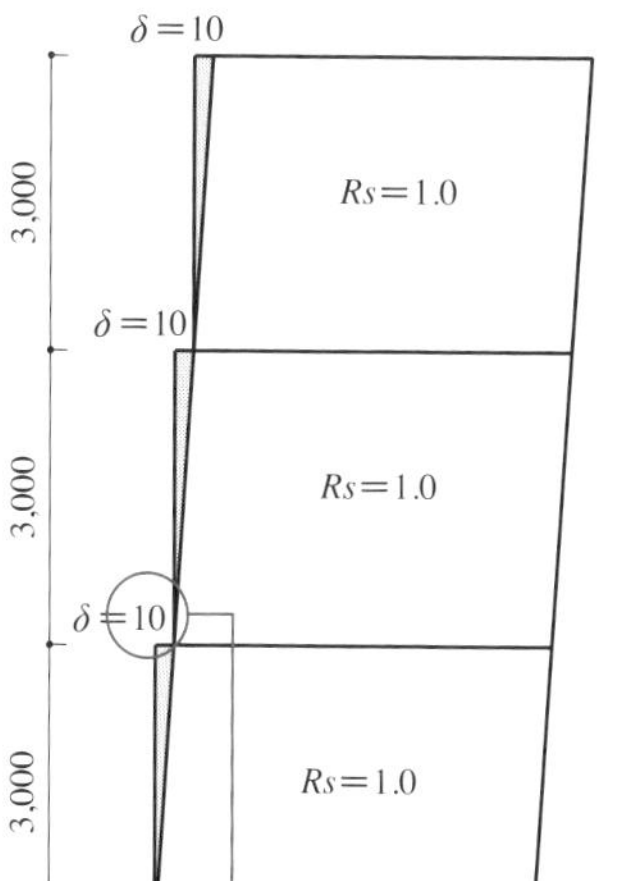

②剛性率Rsが異なる場合

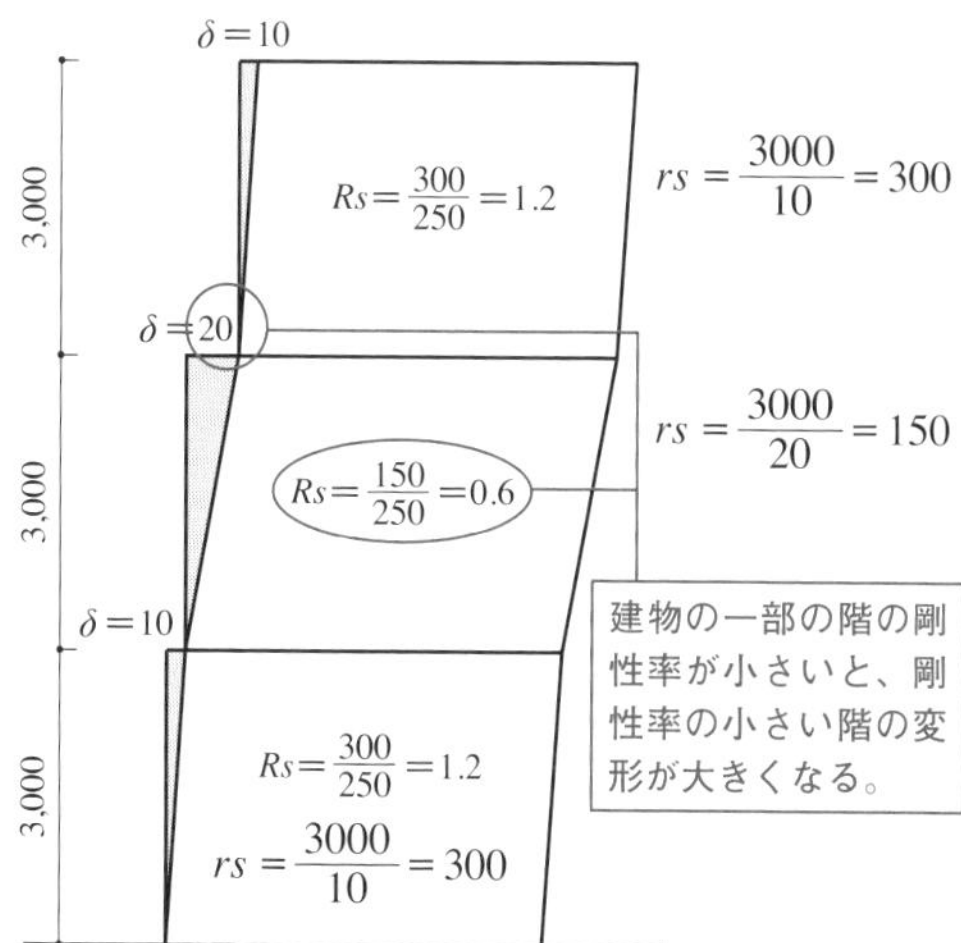

さいことも層崩壊を起こした原因ではないかといわれています。何事もバランスが肝心です。

剛性率R_sの計算は簡単です。各階、各方向の層間変形角（水平変位／階高）の逆数をその逆数の相加平均で割ると求められます。

$$Rs = \frac{rs}{\bar{r}s}$$

$$rs = \frac{h}{\delta}$$

$$\bar{r}s = \Sigma \frac{\bar{r}s}{n}$$

Rs：各階の剛性率
rs：各階の層間変形角(δ/h)の逆数
$\bar{r}s$：rsの相加平均
h：階高
δ：層間変位
n：地上部分の階数

剛性率R_sの値の目安としては、0.6以上です。0.6未満の場合、剛性のバランスの悪さを考慮して、割り増しした荷重に対して保有水平耐力計算を行わなければなりません。

なお、ピロティという用語は、構造で使う場合と意匠上での用語で使う意味が異なります。意匠上は、外部に開放された空間の意味ですが、構造では剛性の小さい階のことをいいます。1階ではなくても剛性の小さい階のことを「ピロティ階」といいます。

崩壊形の例

剛性の低い建物は次の①〜④のような崩壊をします。ピロティ形式の建物は、
壊れ方を工夫して安全性を確保します。

OK：安全が保たれる壊れ方　NG：危険な壊れ方

①2階以上での全体曲げ降伏（1階は壊れない）

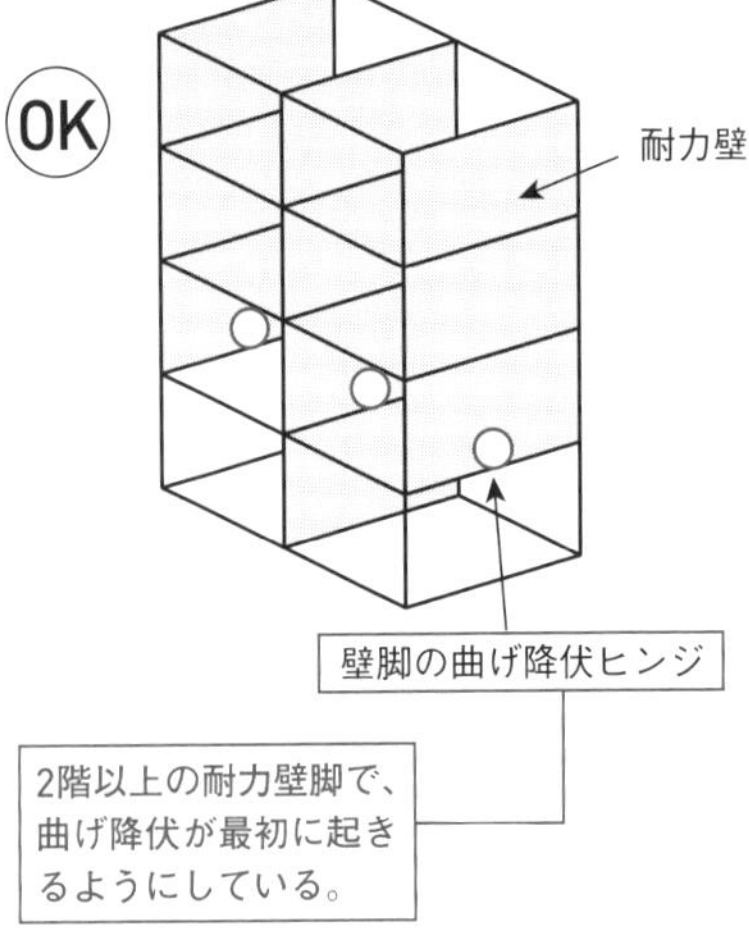

②人工地盤2階での耐力壁の曲げ降伏（1階は壊れない）

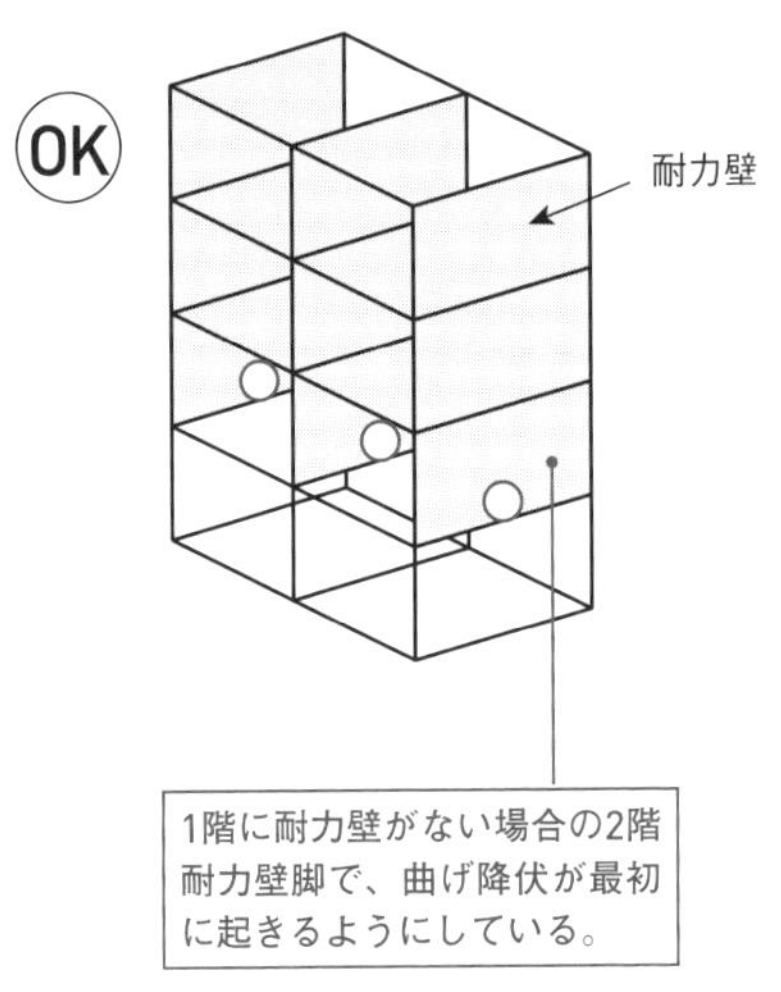

③全体崩壊形

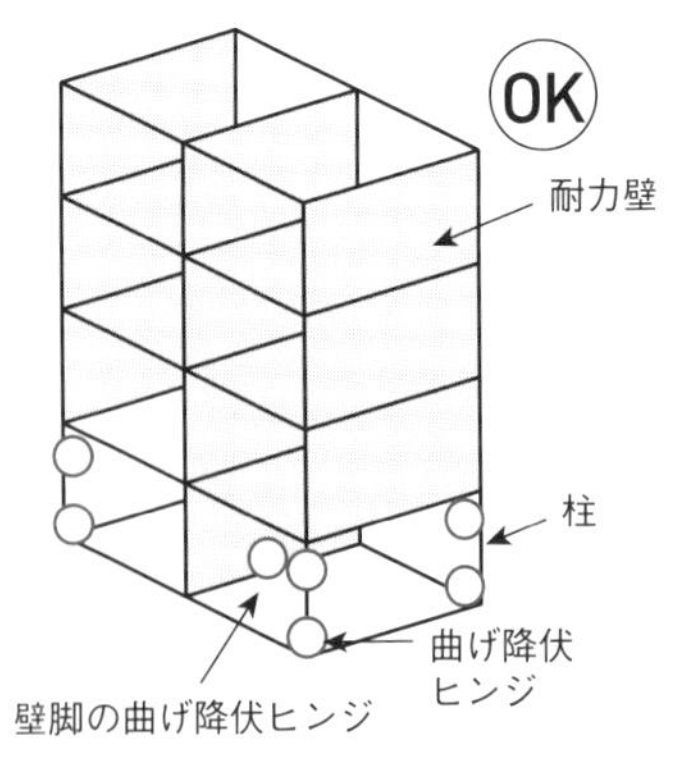

1階の柱頭・柱脚と耐力壁脚で、曲げ降伏が最初に起きる。

④1階部分が壊れてしまう

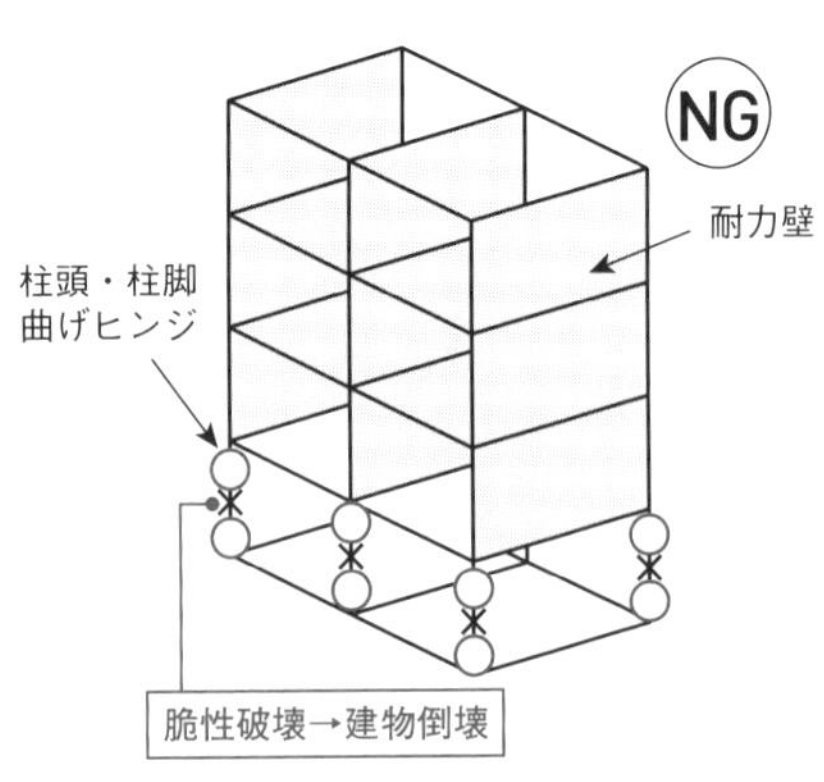

1階の柱で脆性破壊が起きると、建物倒壊につながる危険がある。

地震力に対する安全性とは別の話ですが、東日本大震災では、外部に開放されているピロティは、津波に対しては抵抗が少ないので、非常に有効な形式であったようです。

偏心率が大きいほど大きく変形し、壊れ方も変わる

耐力壁をいくら強化しても、バランスよく配置されていなければ地震力などの水平力を受けると倒壊する危険性があります。建物は重心（重さの中心）と剛心（剛性の中心）が近接するように耐力壁を配置しなければなりません。建物の重心と剛心がずれることを**偏心**（へんしん）といいます。

偏心が生じる建物では外フレームの変形が大きくなるだけではありません。柱梁のラーメン架構や耐震壁が負担する地震力の分布が均等ではなくなり、同じような耐力のフレームで建物が構成されていても壊れる順番が変わります。建物の安全性を確保するためには、偏心の影響を把握する必要があります。

偏心率の確認方法

偏心率は、重心と剛心の偏りに対するねじり抵抗の比率として定義され、その値が大きいほど偏心の影響が大きくなります。偏心率の計算はそれほど難しくありません（211頁参照）。建物の偏心率を求め、0.15以下であることを確認します。0.15超の場合は偏心による影響を考慮し、割り増しした地震力に対して保有水平耐力の検討を行います。

建築基準法の偏心率

ただし、建築基準法上の偏心率は、一次設計（各部材は弾性域にあることが前提）時の結果から算出することとなっています。つまり、耐力が非常に大きいフレームと小さいフレームが混在するなど、早期にフレームの一部が壊れる場合には急激に偏心が大きくなることもあるので、実務上では強度上のバランスの検討も重要です。

偏心率は重心と剛心のずれ

建物の重心と剛心の位置がずれていると、地震力などの水平力を受けたときに変形が大きくなり、剛心の周りを回転するように揺れます。

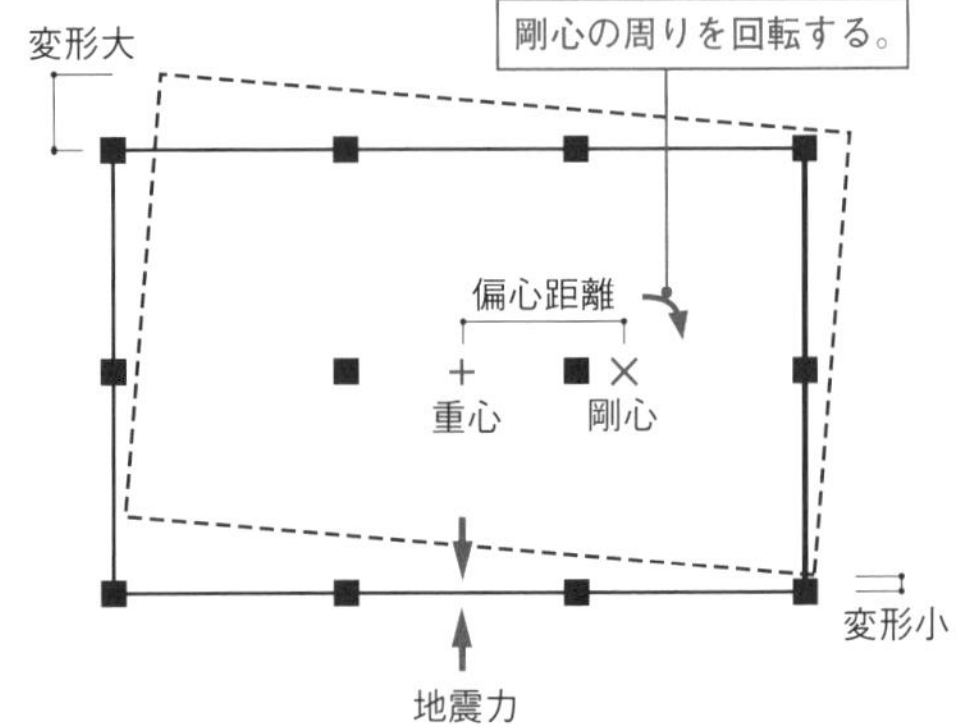

偏心なし

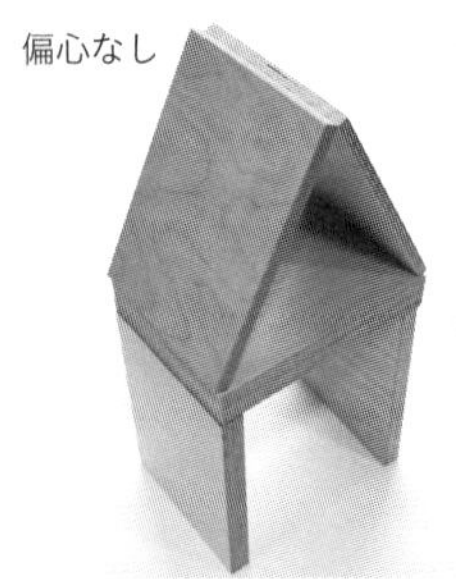

偏心あり

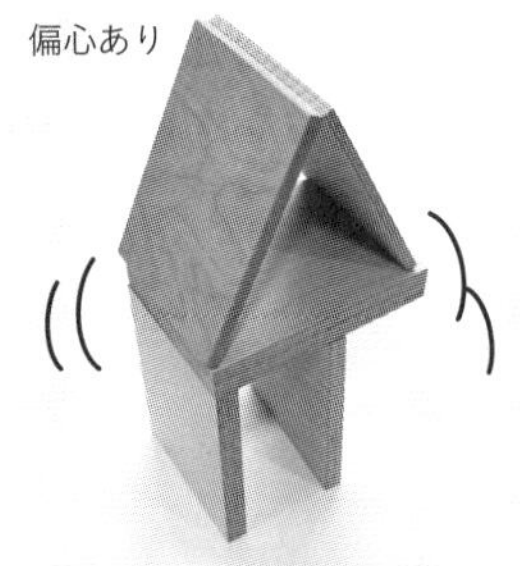

重心は建物の重さの中心のことで、地震力の作用の中心となります。剛心は耐力壁の剛性の中心のことで、建物が回転する（ねじれる）中心となります。

壁が偏っている積木の家は偏心していて変形しやすいことが、写真から分かる。

偏心率を算出するときは、建築基準法によるほか、慣例的な決まりごとがあります。

①地震力は一次設計時のものを用いる

②層間変形角は上下の床版に接する壁および柱のすべての鉛直部材について算定する

③剛床仮定（228頁参照）が成立し、偏心がない場合は代表する部材で制限値を満足することを確認できる場合は、当該部材の計算結果によって他の部材の検証が行われたとみなすことができる

建築基準法の偏心率算出上の注意

建築基準法における偏心率の考え方には、賛否両論あります。強度が大きい建物でも剛性が偏ると偏心率を抑える必要が生じ、耐震壁をなくす、耐震スリットを設けるなどして剛性を調整します。建物全体としての耐力は落ちる方向への調整となり、よくないのではという意見をもつ人もいます。また、国によっては剛性ではなく、左右の変形量の差により偏心に対する安全性を確保しているところもあります。

偏心率の計算方法

耐力壁のバランスの尺度となるのが偏心率です。偏心率の数値が大きいほど偏心の影響が大きく、倒壊の危険性も高まりますので、偏心率が0.15以下に収まっているかを以下の手順で確認します。

①重心位置(g_x、g_y)の算出

$$g_x = \frac{\Sigma(N \times X)}{W}$$

$$g_y = \frac{\Sigma(N \times Y)}{W}$$

$$W = \Sigma N$$

重心位置は、通常柱軸力からその中心位置を算出。

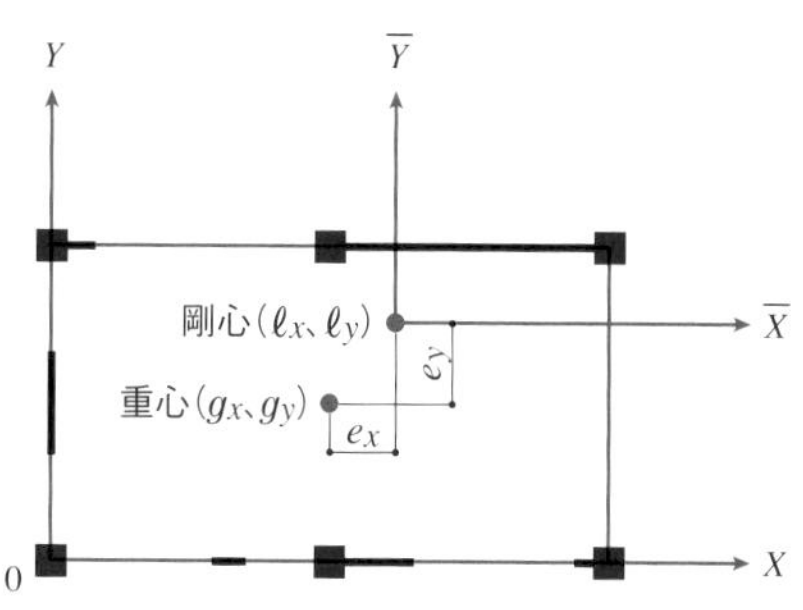

g_x，g_y　：x、yの重心の座標
N　：長期荷重による柱軸力
X，Y　：部材の座標
ℓ_x，ℓ_y：各階の剛心座標
K_x，K_y　：耐震要素の計算方向の水平剛性
$\overline{X}$、$\overline{Y}$　：剛心位置からの距離
W　：総重量

②剛心(ℓ_x、ℓ_y)の算出

$$\ell_x = \frac{\Sigma(K_y \times X)}{\Sigma K_y}$$

$$\ell_y = \frac{\Sigma(K_x \times Y)}{\Sigma K_x}$$

剛心位置については、各フレーム（または各柱）の剛性から求める。近年ではコンピューターによる応力解析が主流なので、各柱の負担せん断力と変形から水平剛性を算出する。

③偏心距離(e)の算出

$$e_x = |\ell_x - g_x|$$

$$e_y = |\ell_y - g_y|$$

④ねじり剛性(K_R)の算出

$$\overline{X} = X - \ell_x$$

$$\overline{Y} = Y - \ell_y$$

$$K_R = \Sigma(K_x \times \overline{Y}^2) + \Sigma(K_y \times \overline{X}^2)$$

ねじり剛性はX、Y各方向とも、各フレーム剛性に剛心位置からの距離の2乗を掛け合わせた数値を集計して得られる。

⑤弾力半径(re)の算出

$$r_{ex} = \sqrt{\frac{K_R}{\Sigma K_x}} = \sqrt{\frac{\Sigma(K_x \times \overline{Y}^2) + \Sigma(K_y \times \overline{X}^2)}{\Sigma K_x}}$$

$$r_{ex} = \sqrt{\frac{K_R}{\Sigma K_y}} = \sqrt{\frac{\Sigma(K_x \times \overline{Y}^2) + \Sigma(K_y \times \overline{X}^2)}{\Sigma K_y}}$$

ねじり剛性を各方向の水平剛性で割った数字の平方根が、ねじり難さを示す弾力半径となる。偏心率は、偏心距離と弾力半径の比で表される。

⑥偏心率(Re)の算出

$$R_{ex} = \frac{e_y}{r_{ex}}$$

$$R_{ey} = \frac{e_x}{r_{ey}}$$

最後の偏心率を求める式は、求める方向と偏心距離の方向（添字）が逆になっているから、要注意です！

特殊な計算方法

023 地震や風を考慮した計算とは？

限界耐力計算は建物が損傷限界を超えられる性能があるかどうかを計算で判断します。

損傷限界を超えられない。

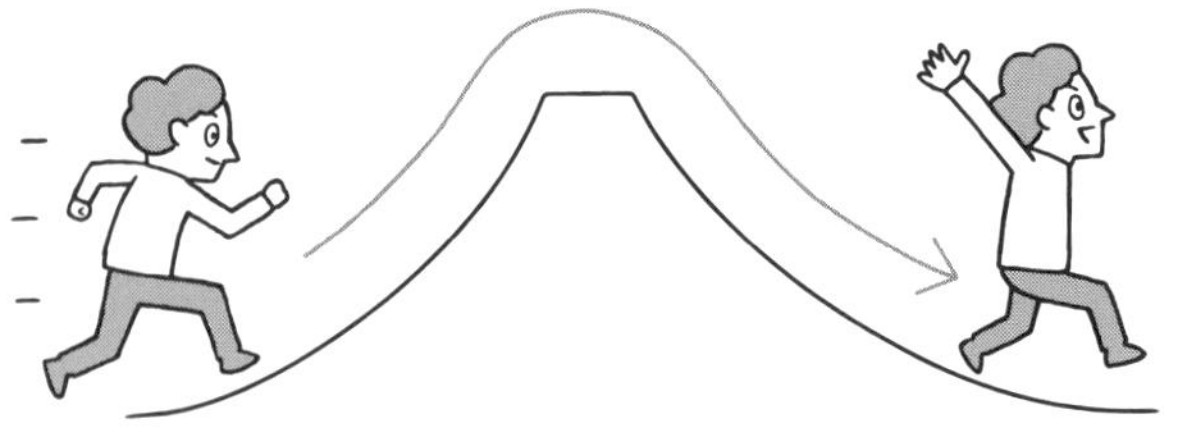

損傷限界を超えられる。

高度な計算方法で安全性を確認

高層建築や複雑な形状の建物、特殊な材料や構法などを用いた建築には、応力度計算よりも高度な計算方法によって、詳しく安全性の確認をしなければなりません。その計算方法には、限界耐力計算やエネルギー法、時刻歴応答解析があります。

目標値を満たす性能があるかを計算する限界耐力計算

限界耐力計算とは、2000年の建築基準法改正時に、従来の構造計算（許容応力計算・保有水平耐力計算）と同等の計算として規定された計算法です。「性能設計」という概念が取り入れられ、設計の目標値を設定して構造体や部材がその目標値を満たすだけ

損傷限界を検討する方法

損傷限界時の層間変形角を1/200に設定して、計画建物が損傷限界時にそれ以下の変形に納まるかどうかを確認します。

層間変形角 $\leqq \dfrac{1}{200}$ を確認する

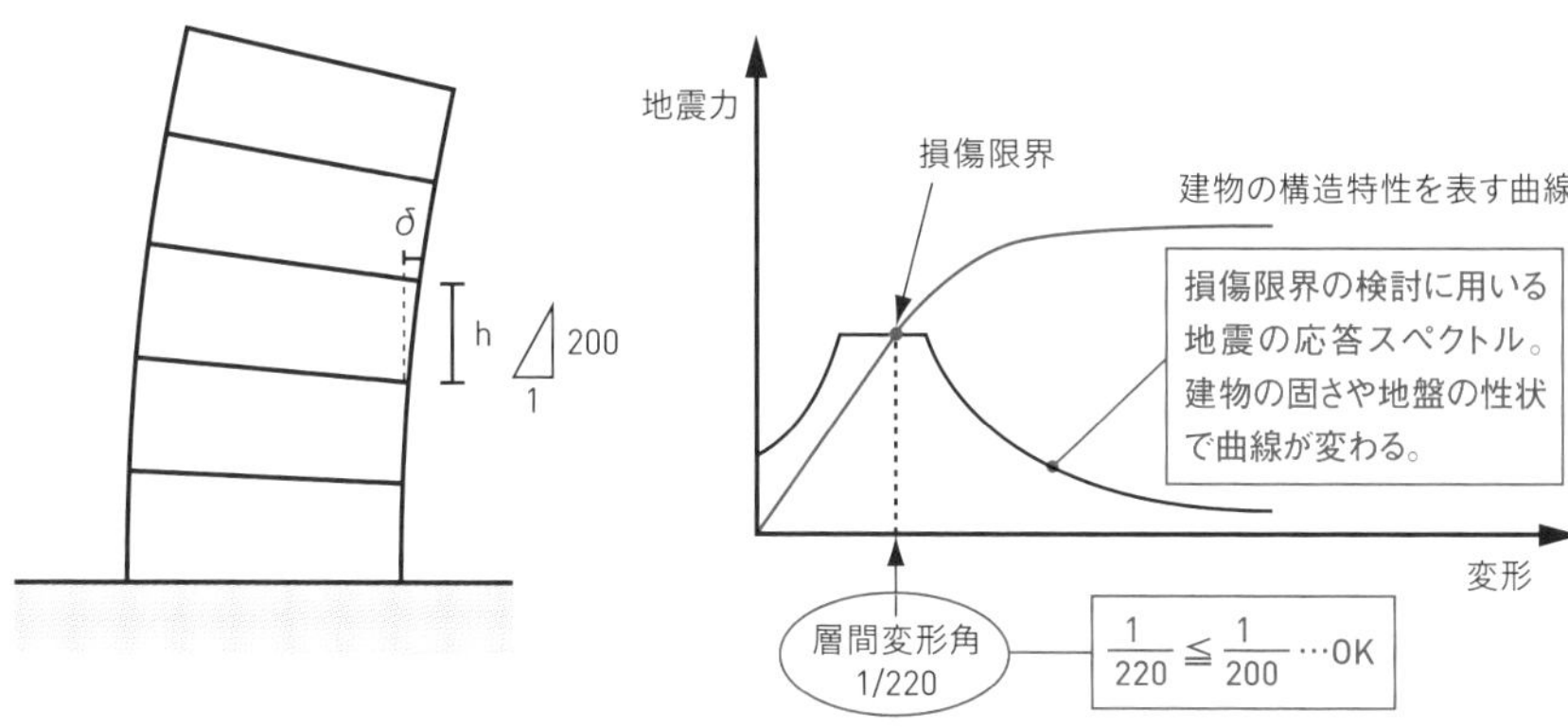

損傷限界の具体的な計算のしかたは、建築基準法に基づく主要な告示1457号に示されているから、実際に検討してみよう。

の性能をもっているかを計算で確認します。

損傷限界と安全限界を検討する

基本的な要求性能（目標値）は2つあります。

1つ目は、建築物に常時作用する荷重に対する安全性の目標値です。その目標性能は建物が建っている期間中（存在期間中）に数回程度遭遇する可能性の高い積雪、暴風、まれに発生する地震動などに対して損傷しない範囲内（限界）であることで、この限界値を損傷限界（損傷限界耐力）といいます。損傷限界時に各部材の耐力が短期許容応力度以下で、建物の層間変形角が1／200以下に収まることなどを確認します（損傷限界検討）。

2つ目の目標性能は、積雪や暴風時にごくまれに発生する最大級の荷重・外力、およびごくまれに発生する地震動に対して、建物が倒壊・崩壊しない範囲内（限界）であることで、この限界値を安全限界（安全限界耐力）といいます。保有水平耐力に相当する水平力に対する層間変形角を確認します（安全限界検討）。

安全限界を検討する方法

限界耐力計算の安全限界は、設計者の判断で設定されますが、保有水平耐力計算と違い、建物が柔らかくなればなるほど、水平力が小さくなります。したがって、部分的に壊れるほど水平力が小さくなるので、層間変形角を小さく設定することが一見合理的に思えるのですが、最初に壊れた部材がその間に落下してしまう可能性があり危険です。実際の設計では、層間変形角は1/75程度で計算が行われます。

設定した変形時の部材の降伏の有無を検討する

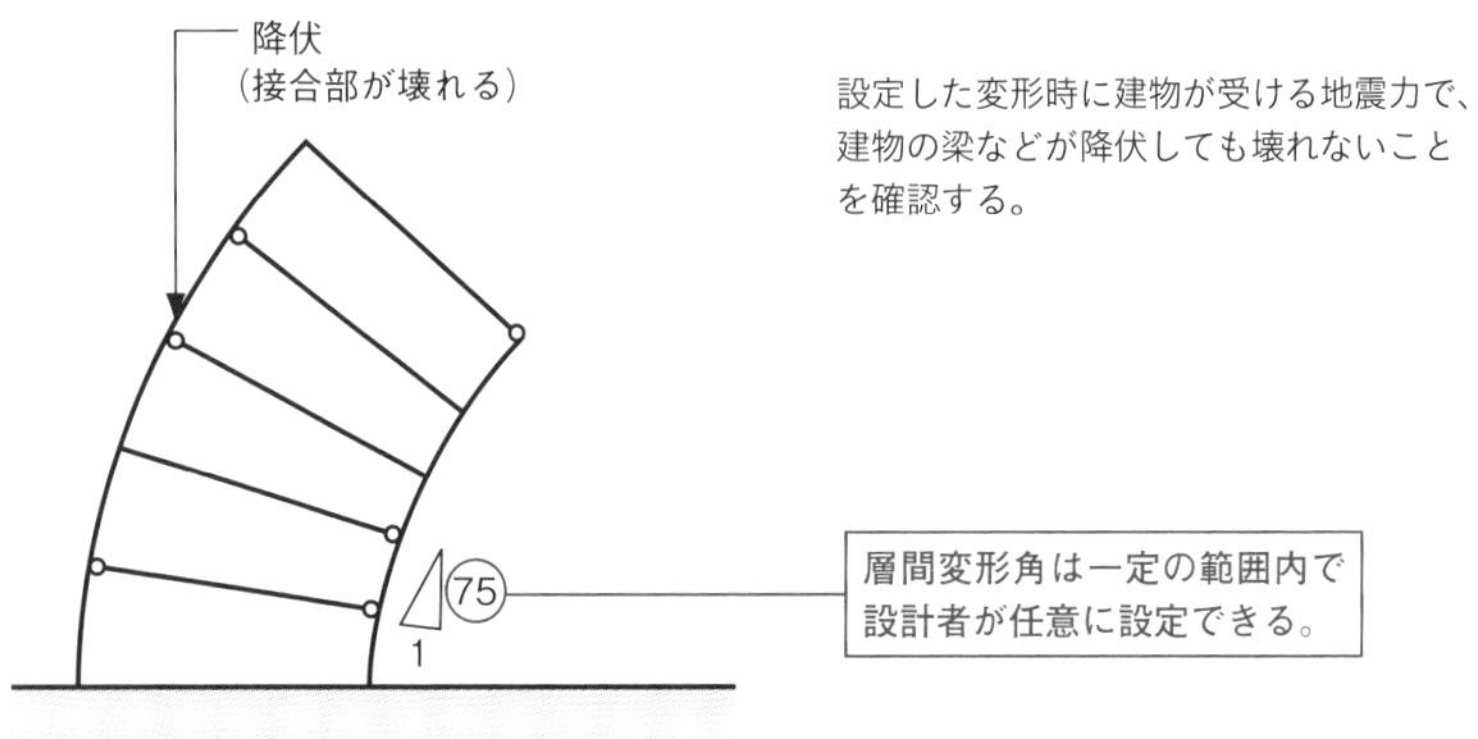

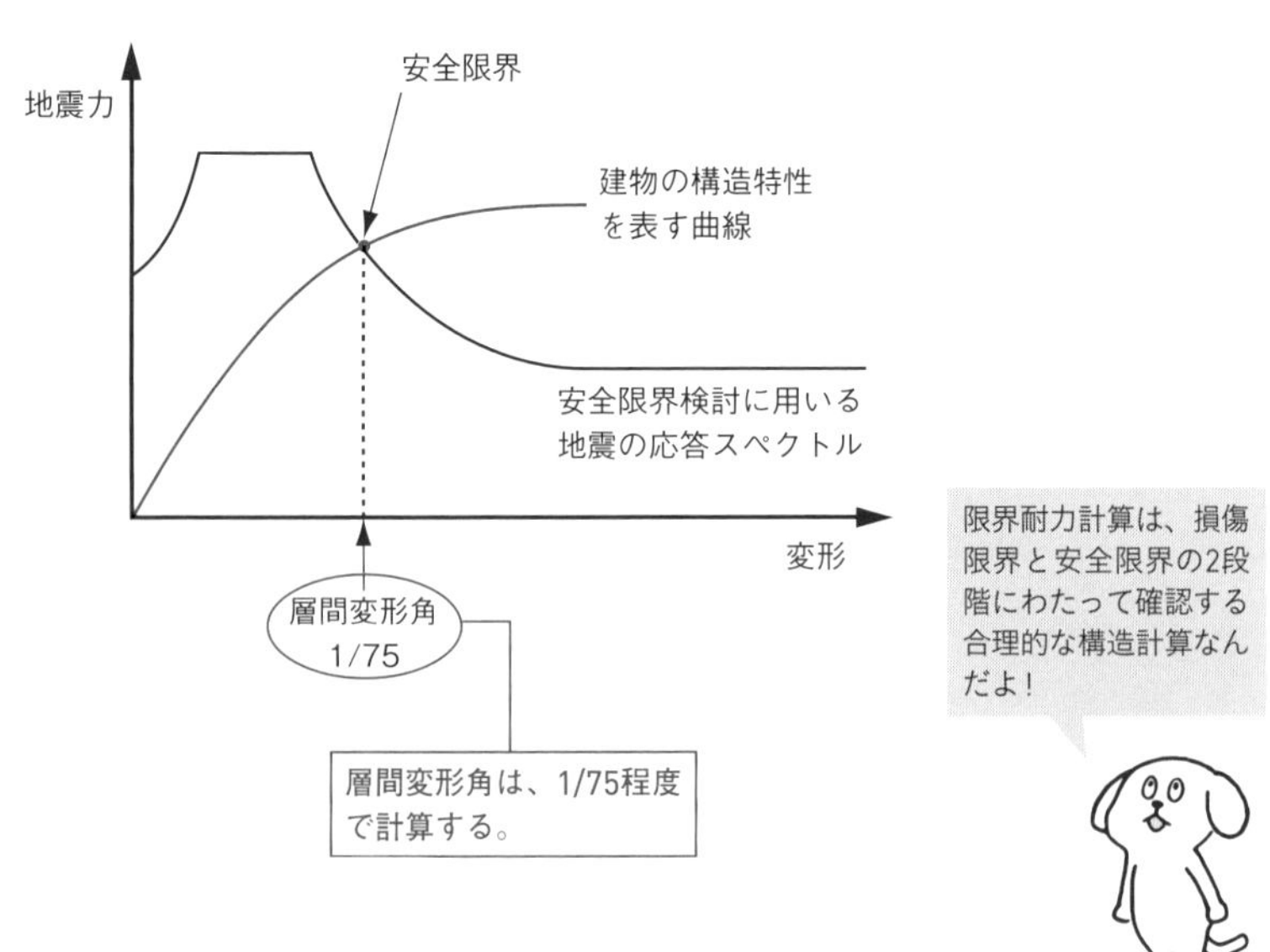

限界耐力計算は、許容応力度等計算と異なり、地盤の性状と建物の固有周期を適切に評価して、建物に作用する地震力を設定するので、より合理的な手法といえます。また、耐久性に関する仕様規定（材料の品質や部材の耐久性など）を除き、許容応力度計算で要求される規定を適用しなくてもよいので、伝統木造のような仕様規定を満足しづらい建物の構造計算にも有効な手法です。

ただし、限界耐力計算は、整形でバランスのよい建物を前提としているため、どんな建物でも適用できるわけではありません。

エネルギー法は限界耐力計算と同等の新しい構造計算方法

「エネルギーの釣り合いに基づく耐震計算法（**エネルギー法**）」が平成17年国土交通省告示631号で規定されました。許容応力度計算や限界耐力計算に準じる計算として法規上は取り扱われます。

エネルギー法で安全性を確認するしくみ

現状では、まだ許容応力度計算や保有水平耐力計算が最もポピュラーで、限界耐力計算やエネルギー法が建物の安全性を確認するために用いられることは少ないのが現状です。しかしながら、地震により建物に入力されるエネルギーは、建物の総質量と1次固有周期に依存した量であることから、他の手法より明解な側面があります。また近年、急速に普及し始めている制振ダンパーの取り扱いもエネルギー法の計算法によると簡単です。エネルギー法は、制振装置を設置する建物には非常に有効な計算方法ですが、免震装置を採用する建物には適用できません。

安全性の確認方法は、まず、地震により建物に入力されるエネルギー量E_dと建物が塑性化するまでに吸収できるエネルギー量W_e（エネルギー吸収能力）を比較します。これにより建物に塑性ひずみを生じさせるエネルギー量がわかります。なお、建物のエネ

3つのエネルギー

弾性振動エネルギーは弾性域での吸収エネルギー、蓄積塑性ひずみエネルギーは部材が降伏変形していくときの塑性域での吸収エネルギー、元帥によるエネルギーは粘性減衰による吸収エネルギーです。

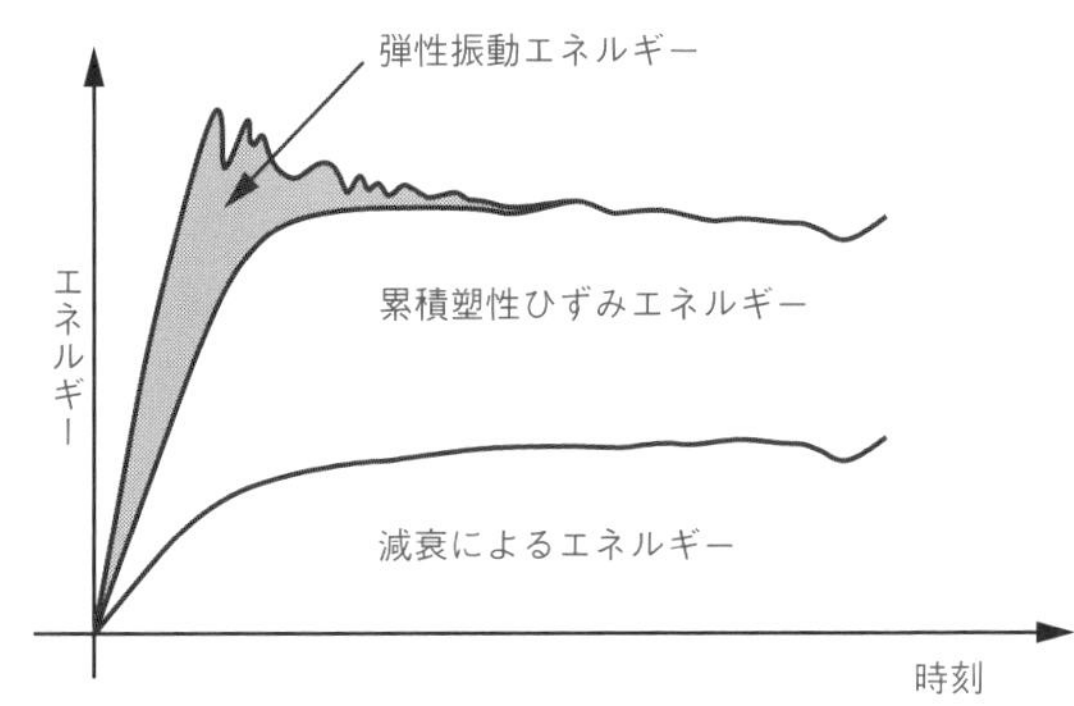

エネルギー法による構造計算のしくみ

エネルギー法では、地震により建物に入力されるエネルギー量E_dから建物が吸収できるエネルギー量W_eを差し引いて塑性ひずみを生じさせるエネルギーE_sを求めます。

塑性ひずみを生じさせるエネルギー量Esの算定

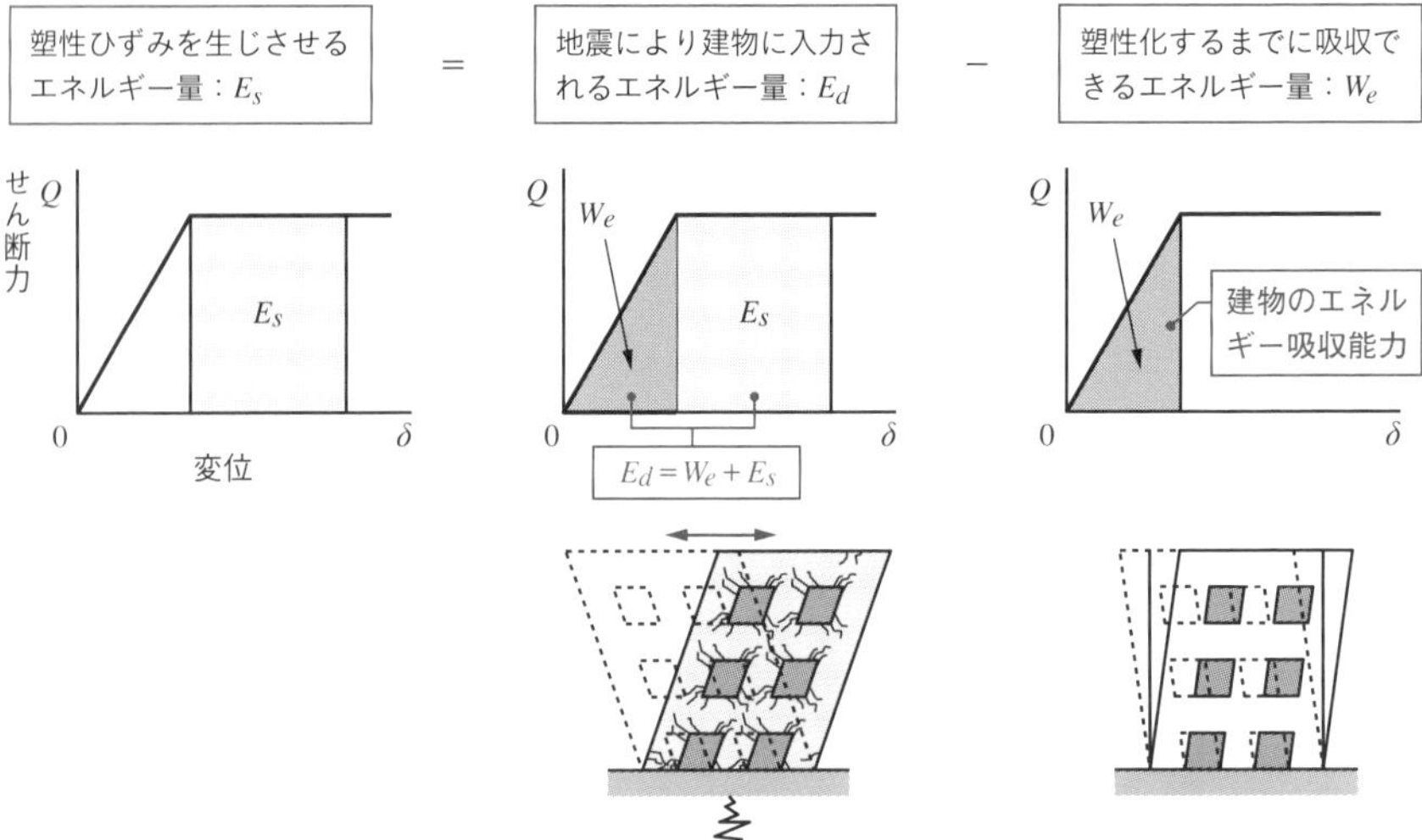

建物に入力されるエネルギー量Edの計算式

$$E_d = \frac{1}{2} M \cdot V_d^2$$

E_d：建物に作用するエネルギー量
M：建物の地上部分の質量
V_d：建物に作用するエネルギー量の速度換算値

エネルギー法は、高校の物理で皆さんも習ったことのある$1/2MV^2$がもとになっているよ。

建物の必要エネルギー吸収量*Es*

トータルのエネルギー吸収能力を各階に振り分けをして考えます。必要エネルギー吸収量（塑性ひずみエネルギー）の各階への配分は下図のとおりです。

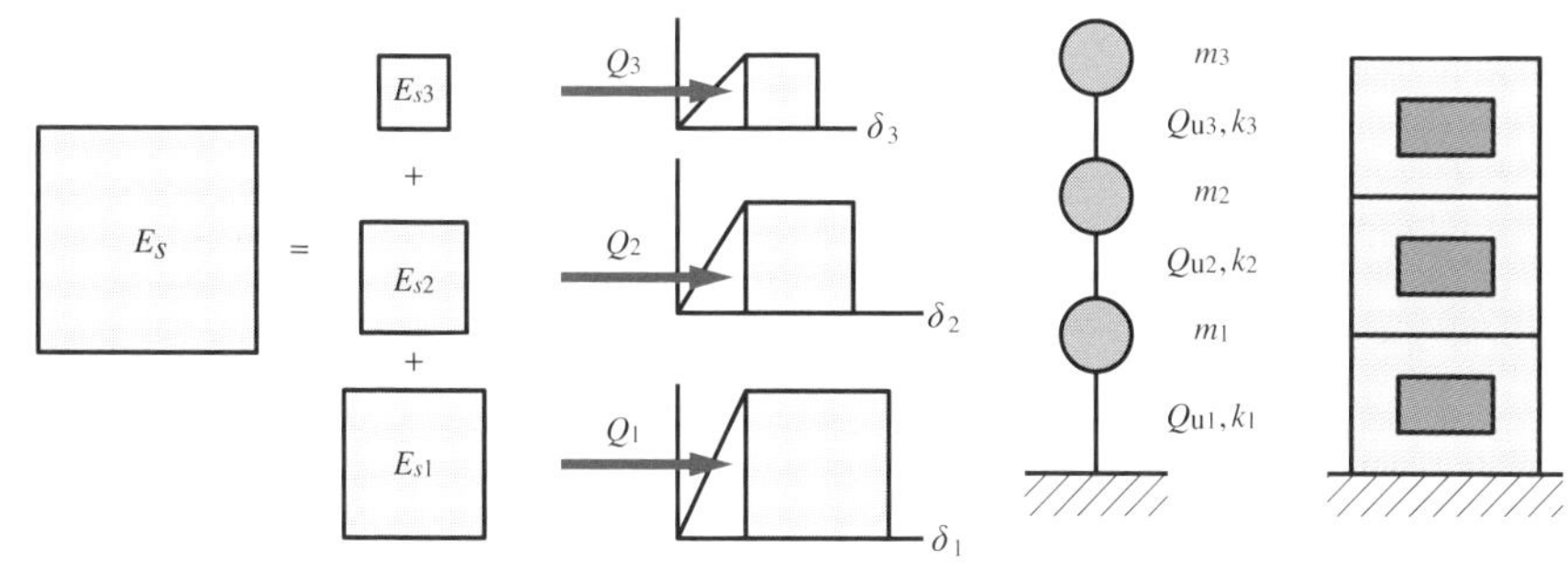

m：質量、Q：せん断力、k：ばね定数

全体で吸収すべきエネルギー量を各階の剛性と耐力に応じて振り分ける。

ルギー吸収能力には3つの要因があります。まずは**弾性振動エネルギー**、**累積塑性ひずみエネルギー**、**減衰によるエネルギー**です。弾性振動エネルギーは建物の弾性域での吸収エネルギーで、累積塑性ひずみエネルギーは建物部材が降伏し変形をしていくときの塑性域での吸収エネルギー、減衰によるエネルギーは、粘性減衰による吸収エネルギーです。

建物に入力されるエネルギー量E_dは、建物全質量と地盤の種類を考慮した地震時の入力速度により算出します。次に、塑性ひずみを生じさせるエネルギー量E_sを、各階の剛性や耐力に応じて各階で必要とされるエネルギーに分割します。この各階の必要とされるエネルギー量と各階のエネルギー吸収能力を比較して安全性を確認します。なお、各階のエネルギー吸収能力を算出するにあたっては、**静的増分解析法**を用いて算出します。

エネルギー法はあまり普及していないのが現状ですが、制振装置のダンパーを降伏させるといった考え方はエネルギー法独特のもの。もっと利用されてもいい計算法と言えます。

写真でわかる固有周期

静止状態の3つの球。片方の球を揺らすと、同じヒモの長さの球が大きく揺れます。
これは周期の同じものが共振する例です。

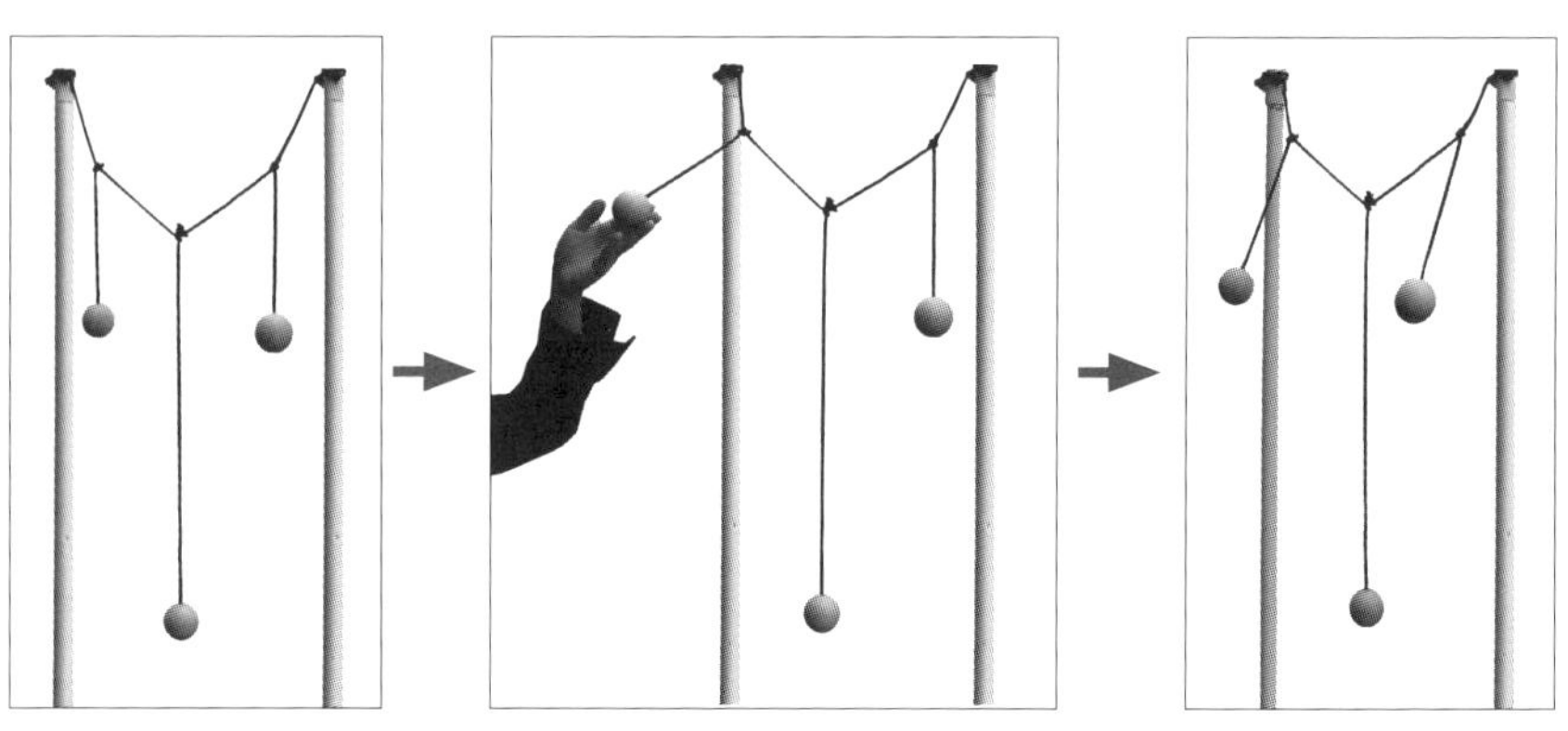

建物の固有周期が地震の揺れと同じだと大きな揺れに！

一つのヒモでつながれた長さの違う振り子の実験では、一つの振り子を揺らすと同じ長さの振り子が大きく揺れます。これが共振です。

建物の固有周期をつかめ！

地震は一見ランダムに揺れているように見えますが、波動です。地震は、いろいろな周期の波が一緒に混ざり合って地盤の中を伝搬してきますが、その波は力の強い周期もあれば弱い周期もあるのです。

建物も実は、揺れやすい周期（固有周期）をもっています。東西方向に揺れやすい周期、南北方向に揺れやすい周期と、同じ建物でも方向や部分によって異なる固有周期をもっています。**固有周期**は、建物の安全性にとって非常に重要な性質です。もし建物の固有周期と地震の強い周期（卓越周期）（107頁参照）

周期とは?

建物が1回揺れる時間が周期です。固有周期は建物が高くなるほど長くなります。

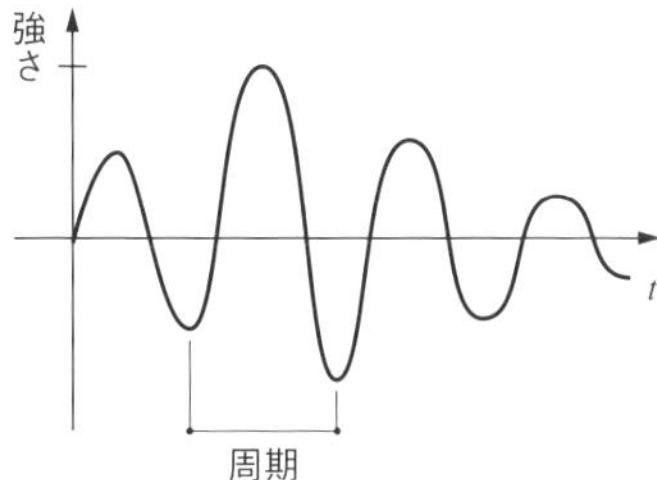

建物の固有周期を求めよう!

固有周期は建物にも地盤にもあるものです。地震力を算出するときは、それらを考慮します。建物の固有周期（T）は次の式で求められます。

$$T = 2\pi\sqrt{\frac{M}{K}}$$

M：重さ
K：水平剛性

建物の固有周期は構造種別によりおおむね建物高さ（H）に比例することから、RC造の場合は「建物高さ（m）×0.02」、S造の場合は「建物高さ（m）×0.03」で建築基準法上では算出します。
(例)
RC造の建物で高さ10mの場合は、$T = 10 \times 0.02 = 0.2$ 秒
S造の建物で高さ10mの場合は、$T = 10 \times 0.03 = 0.3$ 秒

構造による固有周期の違い

①壁（固い建物）

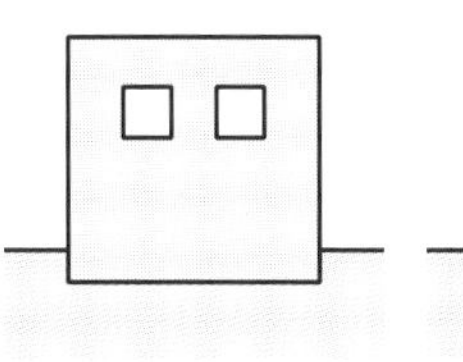

固有周期が小

②柱・梁（柔らかい建物）

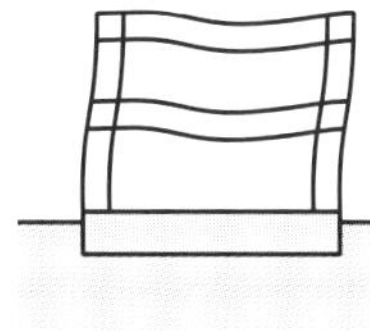

固有周期が大

地盤による固有周期の違い

①固い地盤

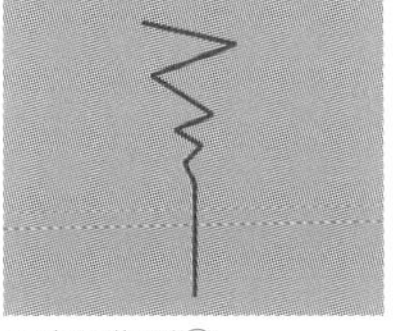

固有周期が小

②柔らかい地盤

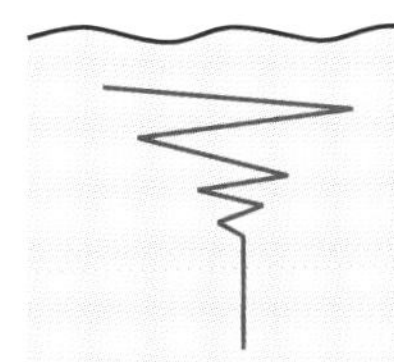

固有周期が大

固有振動数（f）は固有周期（T）の逆数になるよ！

$$f = \frac{1}{2\pi}\sqrt{\frac{K}{M}}$$

共振すると大きな揺れとなる

建物の固有周期と地震の卓越周期、地盤の固有周期と地震の卓越周期、建物の固有周期と地盤の卓越周期が共振すると大きな揺れが起こります。

建物と地震波の共振

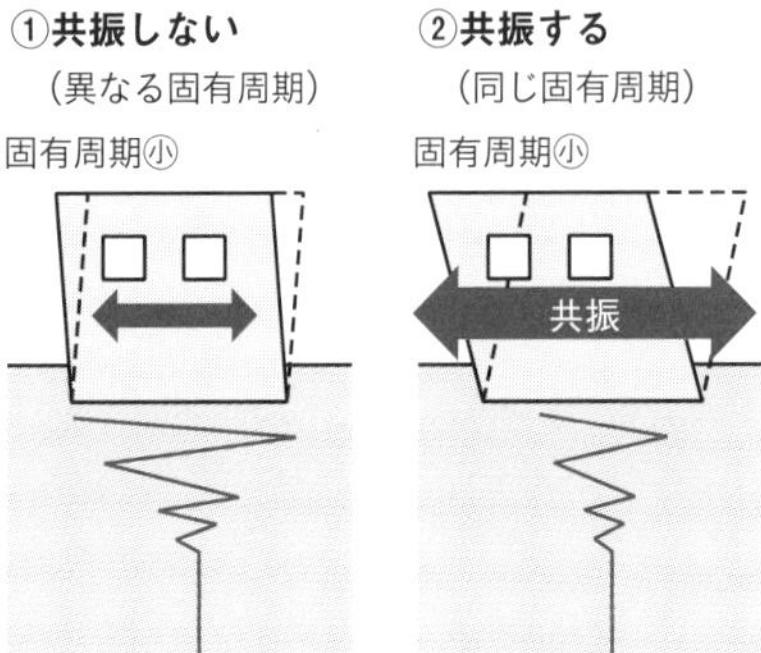

地震の卓越周期(大)　　地震の卓越周期(小)

地盤と地震波の共振

①共振しない（異なる周期）

固い地盤(固有周期(小))　柔らかい地盤(固有周期(大))

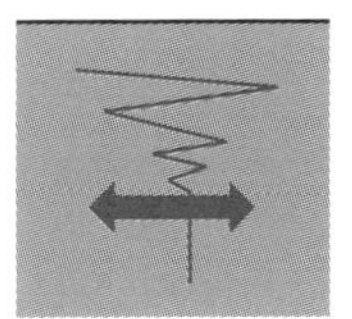

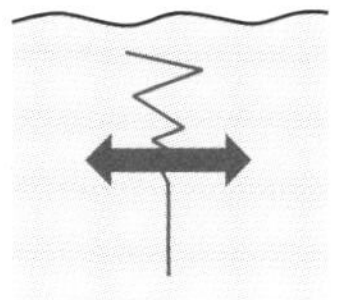

地震の卓越周期(大)　地震の卓越周期(小)

②共振する（同じ周期）

固い地盤(固有周期(小))　柔らかい地盤(固有周期(大))

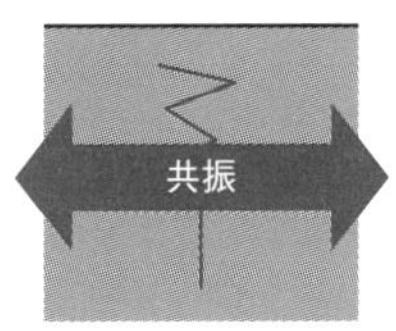

地震の卓越周期(小)　地震の卓越周期(大)

建物と地盤の共振

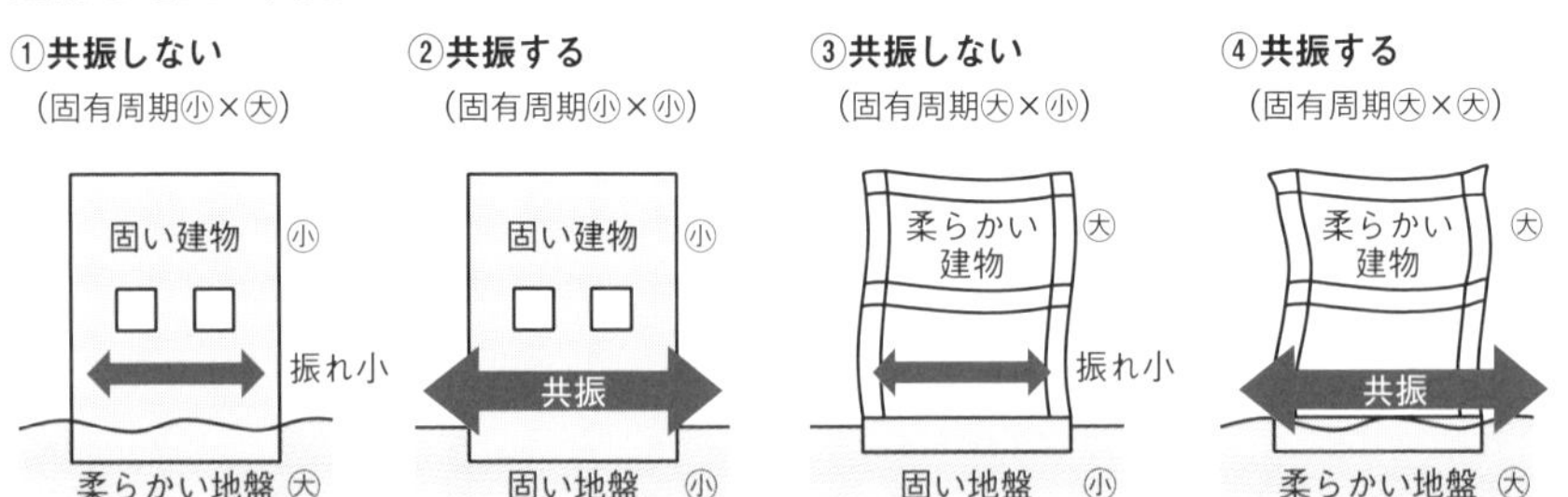

が一致したらどうなるでしょうか。同じ地震を受けても、固有周期が地震の周期と一致した建物のほうが大きな揺れ（共振）となり、壊れてしまいます。

実は、この固有周期は地盤にもあります。固い地盤、柔らかい地盤では当然異なります。建物の被害は、地震の卓越周期・地盤の固有周期・建物の固有周期が関連して起こります。

建築基準法では、地震力を算出するときに、建物や地盤の固有周期を考慮して算出します。実際にはさまざまですが、構造の種類に応じて高さに比例するものとして固有周期を算出します。厳密にいうと、建物の固有周期は高さだけで決まるのではなく、柱の大きさ・梁の大きさ・床上の載荷物によっても変わります。超高層ビルなどは個別に建物の固有周期を算出し、コンピューター上で、地震の波を用いて建物の安全性を検討します。

床にも固有振動数があり、その固有振動数に合わせてジャンプすると非常に大きく揺れます。韓国のオフィスビルで、エアロビクスをしていたら建物が大きく揺れだし、仕事をしていた人たちが逃げ出したのは有名な話です。

時刻歴応答解析で、建物の安全性を計算できる！

時刻歴応答解析は、時々刻々と変化する地震力により建物が変化するさまを数値（応答値）に変えて、構造の安全性を確認する計算方法です。

時刻歴応答解析が必要な理由

許容応力度等計算では、地震力を量や方向が変化しない静的な荷重に置き換えて計算しますが、本来地震動は、強い周期（卓越した周期）や弱い周期などの複数の周期の波でできています。時刻歴応答解析では、変化する地震波を反映させて構造の安全性を確認する計算法なので、より詳細に建物の挙動や性状を確認できます。

地震波は場所により変わりますが、近年、地震波

時刻歴応答解析とは?

時刻歴応答解析の概念

①計画建物のモデル化を行い、構造計算を行う

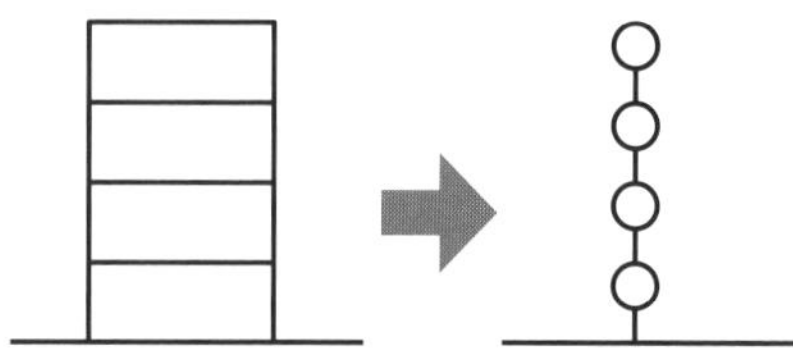

②構造計算された計画建物に地震動を与え、シミュレーションする

デジタル化された地震動をコンピューターに入力。コンピューター上で建物を揺らして建物の安全性を確認する。

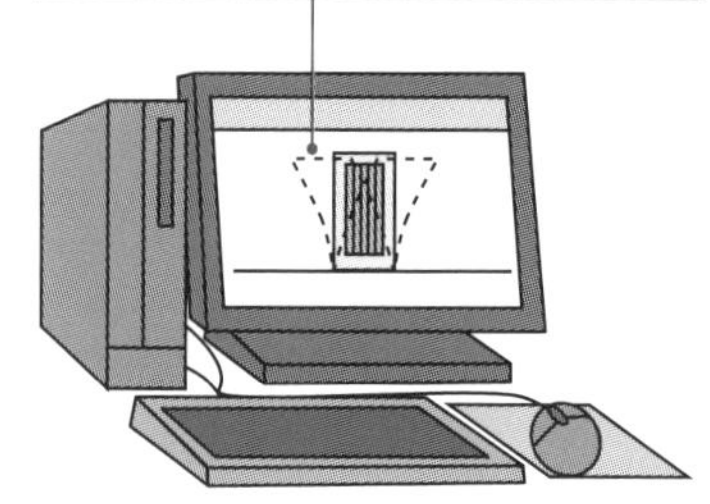

時刻歴応答解析に用いる運動方程式

$$[M]\{\ddot{y}\}+[C]\{\dot{y}\}+[K]\{y\}=-[M]\{\ddot{y}0\}$$

↑加速度　↑速度　↑変位　↑地震波

M：質量。建物の用途に応じて適切に設定
C：減衰
（例）鉄筋コンクリート造建物＝0.03％
鉄骨造建物＝0.02％
K：剛性

上の方程式から、どのような条件を入力して、時刻歴応答解析が計算されているかを理解しよう。

時刻歴応答解析の流れ

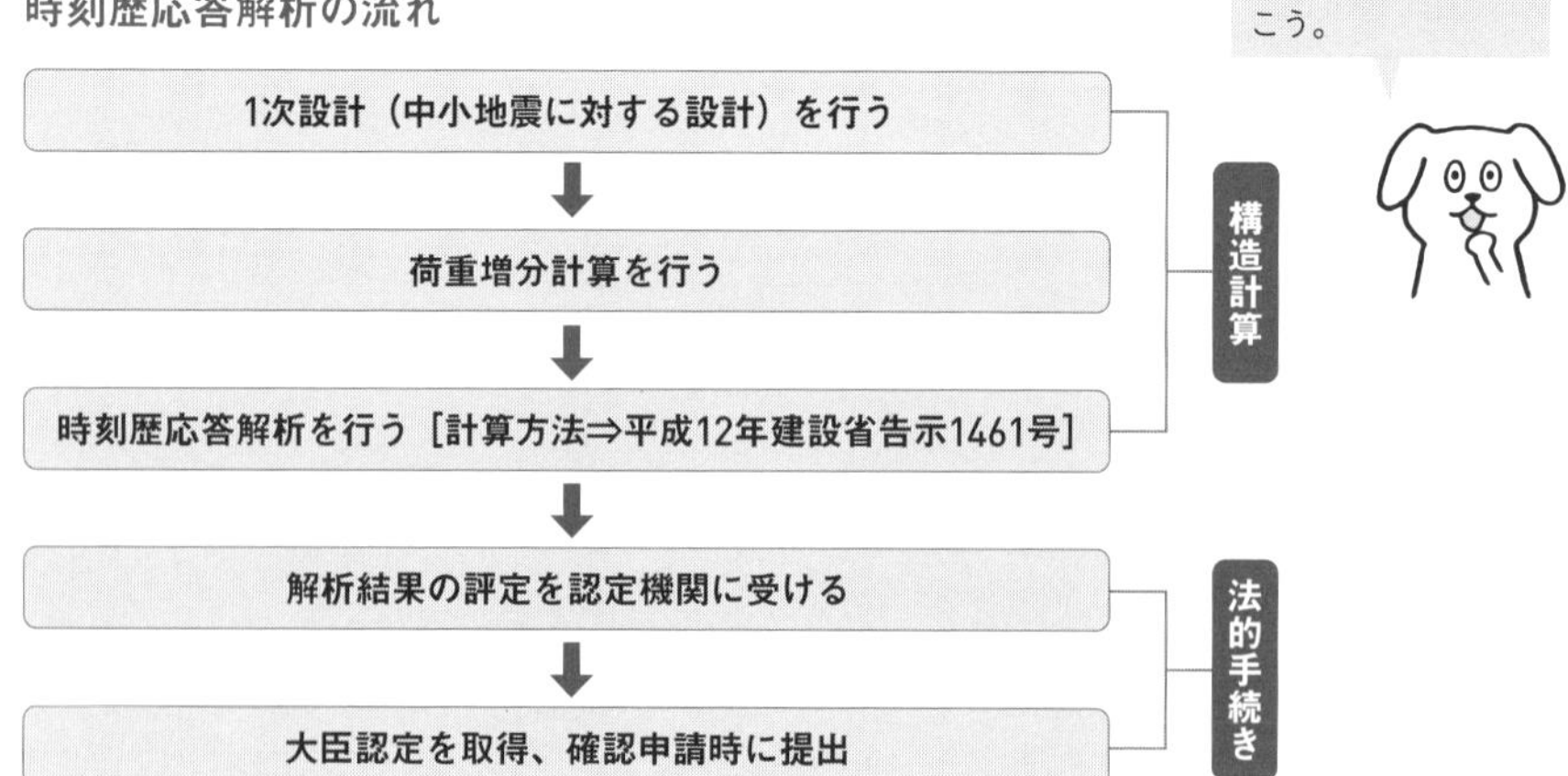

地震動以外の振動

歩行振動

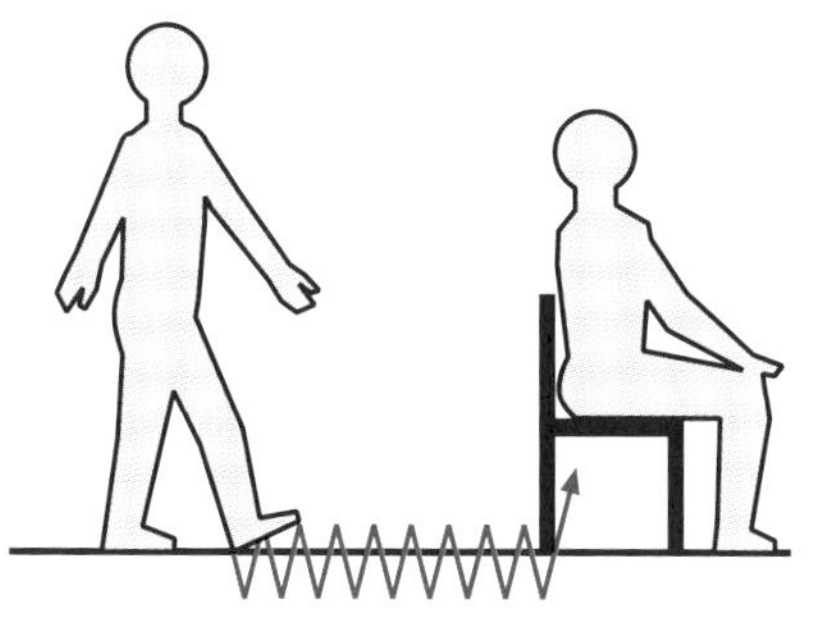

歩行振動は人が建物の中で歩行して床が鉛直方向に揺れることで、床振動ともいうよ。基礎の沈下や不適切な床の設計・施工や床材の選択などによって起こるんだ。風による振動は強風による水平振動のことだね！

風による振動

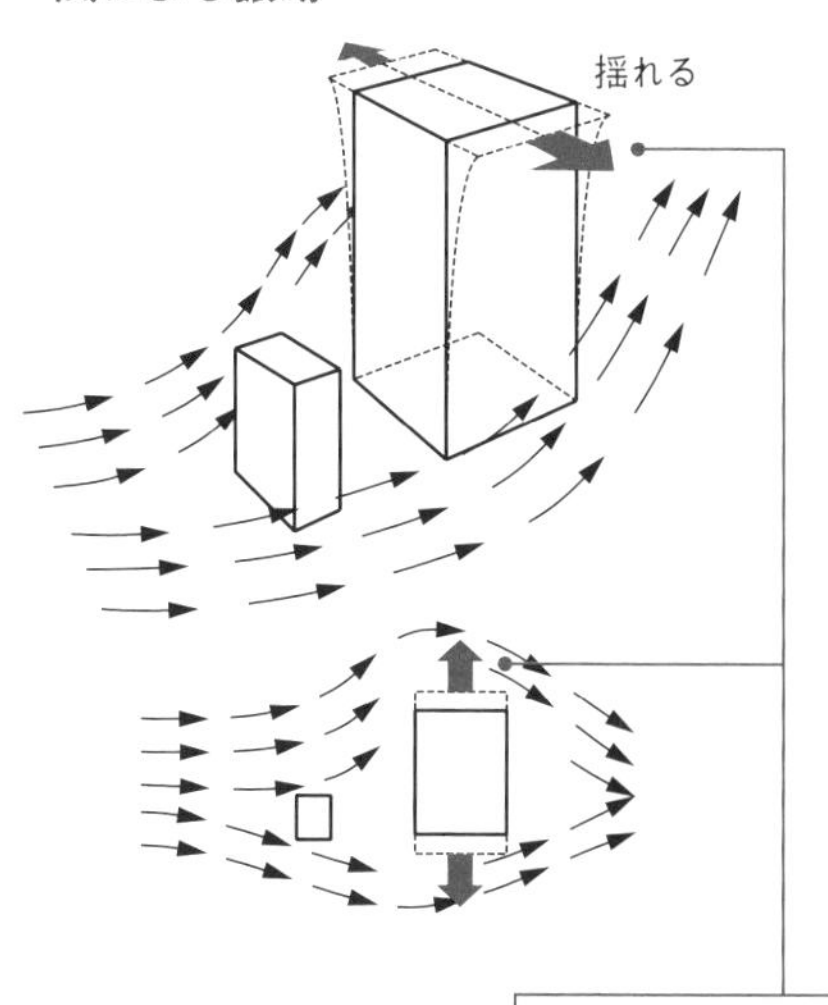

揺れる
強風により建物が水平方向に揺らされる。

に関する研究が進み、地盤調査結果からその場所の模擬的な地震波（サイト波）をつくる手法が確立され、採用されています。また、過去に観測された地震波も使用します。よく使われる波にエルセントロ波（1940年アメリカ・エルセントロで観測された地震動）やタフト波（1952年アメリカ・タフトで観測された地震動）があります。

なお、地震のエネルギーが建物に伝わると、建物が揺れることで熱エネルギーなどに変換されます。この現象を**減衰**といいます。時刻歴応答解析では減衰を考慮して解析が行われます。

時刻歴応答解析も建築基準法上、構造計算法として認められています。たとえば、現行の建築基準法では、60m超の高層ビルの構造の安全性は、許容応力度等計算や限界耐力計算では不十分です。時刻歴応答解析で構造計算し、「大臣認定」を取得することで初めて、この規模の建物の建設が可能となります。高層の建物以外でも、建築基準法上の仕様規定を満たすことができない建物なども、時刻歴応答解析で構造の安全性を確認することが建築基準法では認め

震源と震源との距離

東北地方太平洋沖地震の震源は太平洋沖。各都市の揺れ始めの時間は震源からの距離とリンクしています。

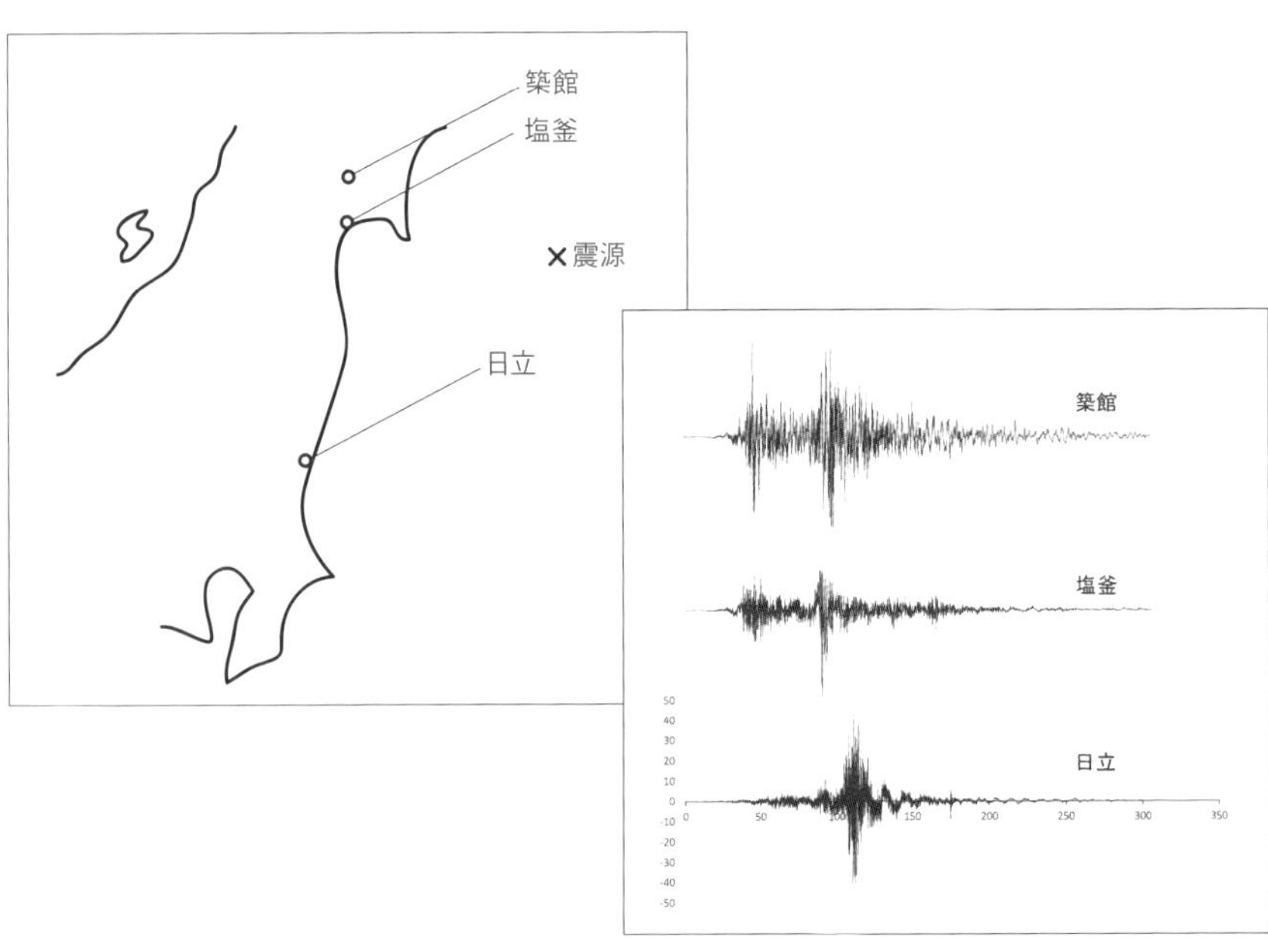

られています。

時刻歴応答解析などの振動解析はコンピューターの発達とともに急速に普及しました。今では、高層ビルの設計を行うときには、活断層の位置や大きさがわかるとその活断層の地震波形を人工的につくり出し、解析を行っています。

速度応答スペクトル図で地震動の揺れの強さがわかる

地震が起きたときには、震度・マグニチュードという用語をよく耳にします。少し建築の専門家になると、加速度（ガル）・速度（カイン）という用語を用いて地震について話をします。これらは、いずれも地震の大きさを表す尺度です。

地震波のスペクトル図の見方

皆さんは**地震波**という言葉を日常的に聞くことが

地震波はさまざまな周期の波の集合

地震波は断層で生じた波です。地盤の固さや波が伝わってきた経路によりさまざまな変化が与えられます。建築物は、これらの波が複合した状態で揺すられます。

地震波は各周期の波の重なり

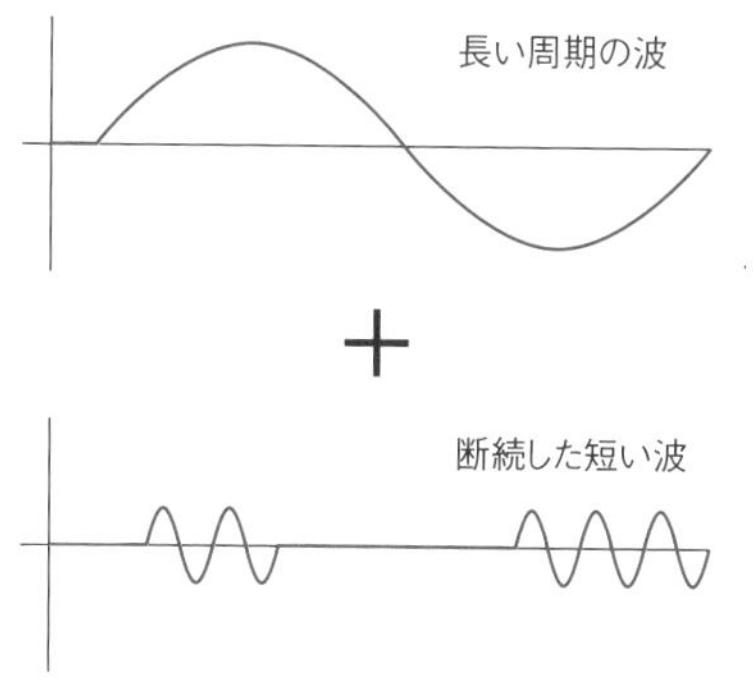

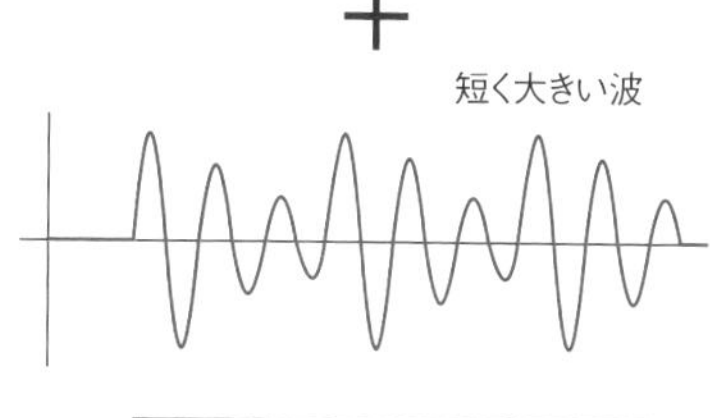

各周期毎の地震波の大きさはスペクトル図で確認できる。

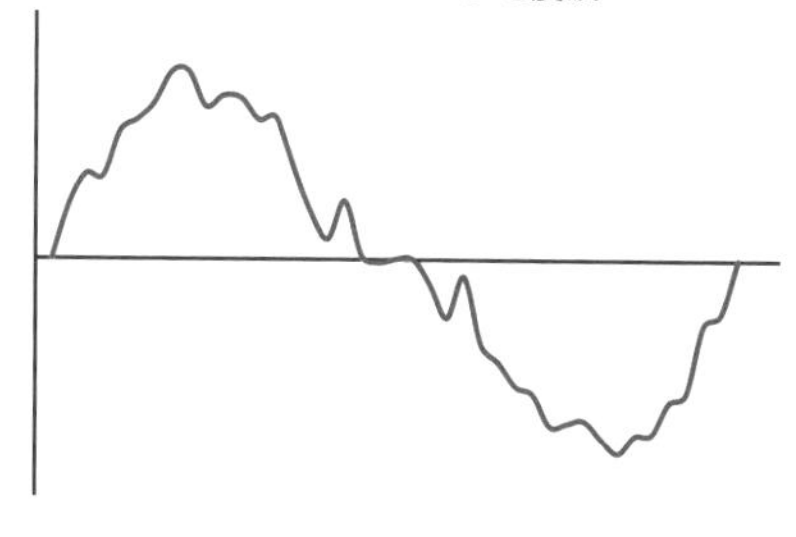

地震波とスペクトル図

①2011年東北地方太平洋沖地震の地震波速度波形（築館）

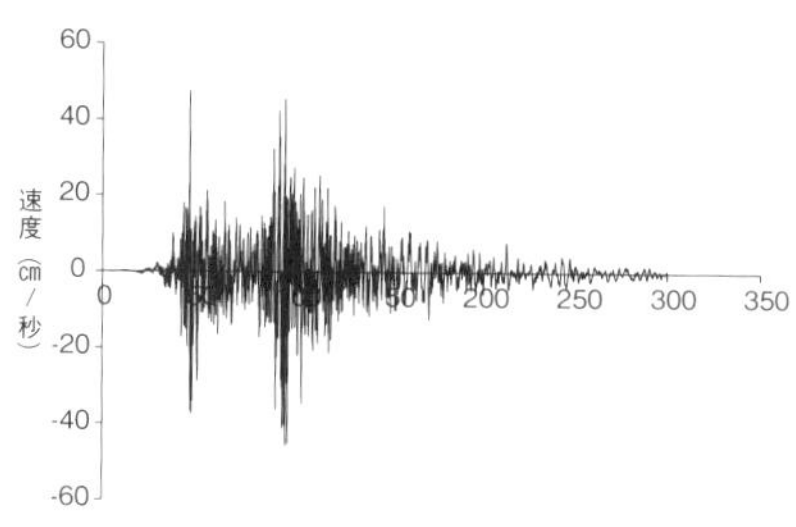

②2004年新潟県中越地震の地震波の速度波形（川口）

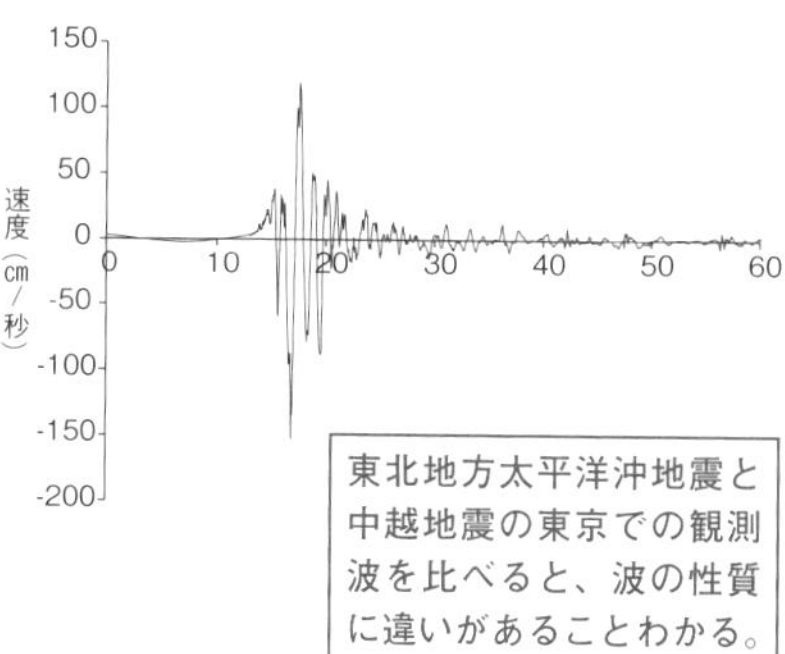

東北地方太平洋沖地震と中越地震の東京での観測波を比べると、波の性質に違いがあることわかる。

③3つの地震の地震波の速度応答スペクトル

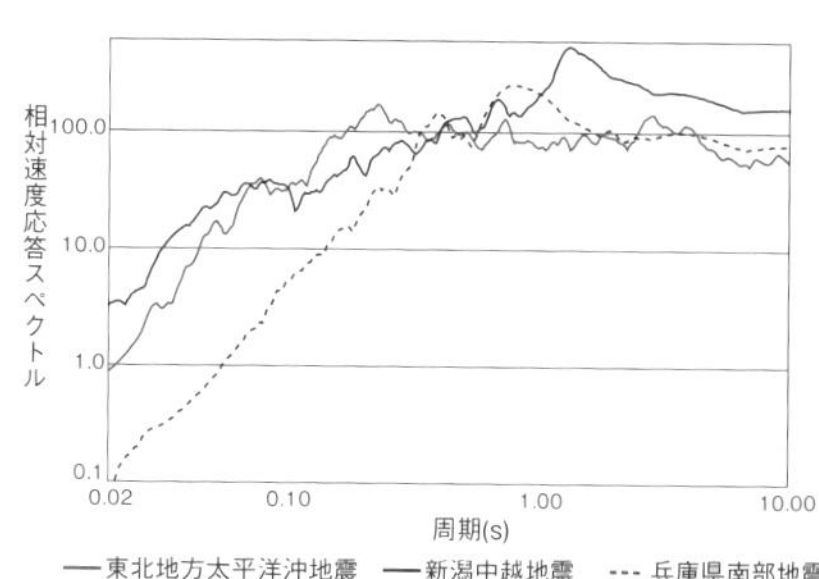

速度応答スペクトルと建物の固有周期

トリパタイト図（3軸応答スペクトル）

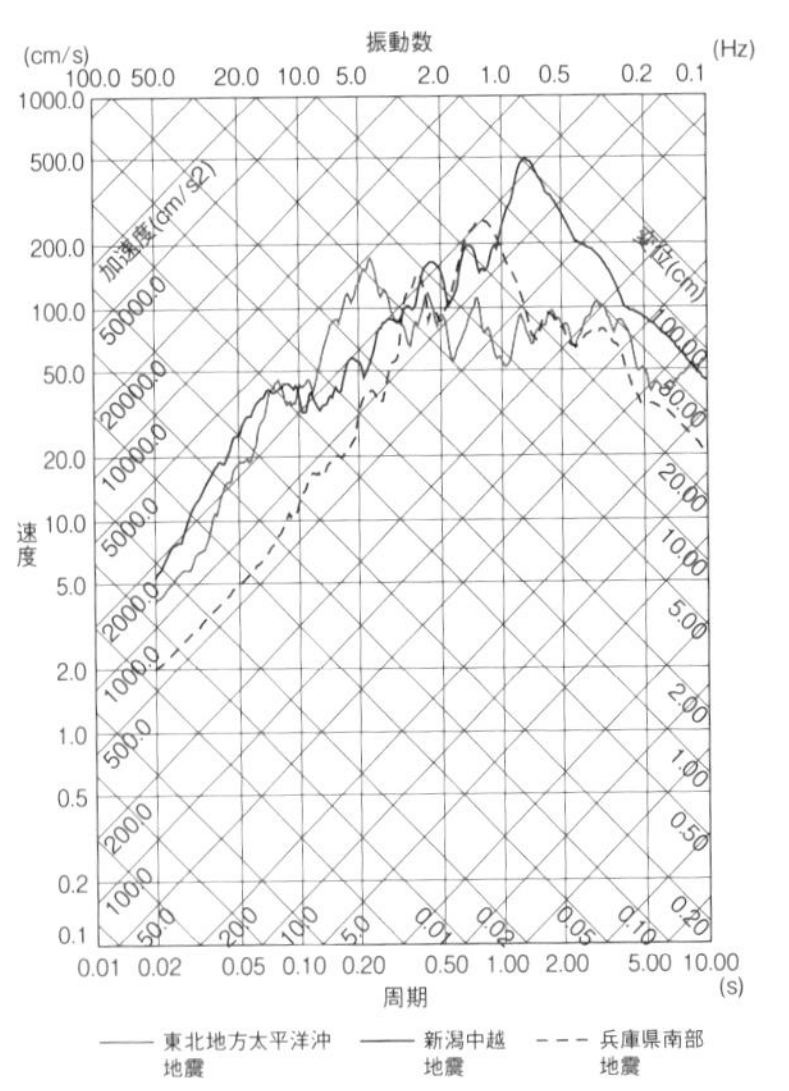

速度応答スペクトル図

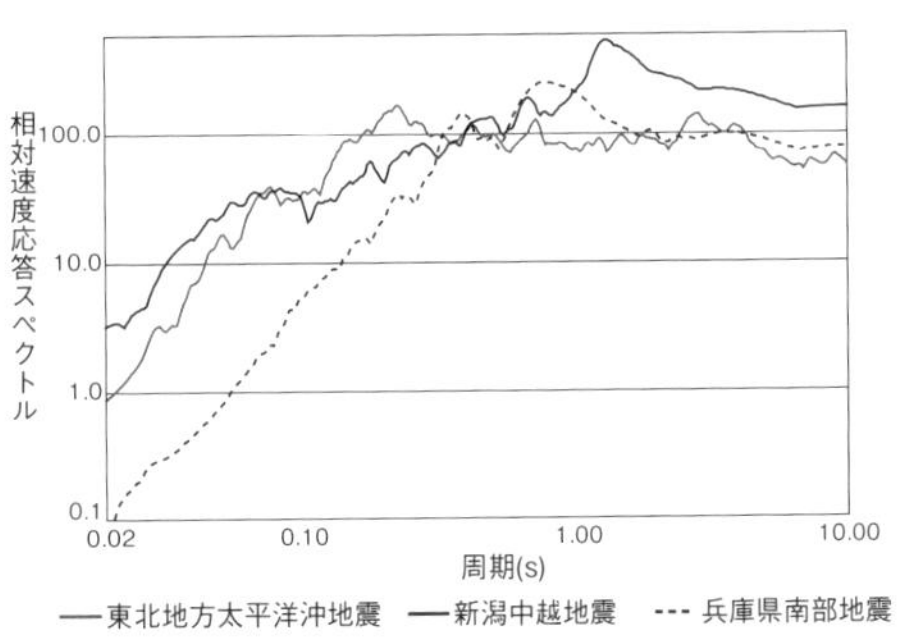

地震の周期と一般的な建物の周期を表したグラフ。建物の周期と地震の周期が一致すると、共振現象が起こり、被害が大きくなる。

あるのではないでしょうか。地震は、実は地盤を伝わる波動です。波は地盤の固さにより伝搬速度が速かったり、遅かったり、地盤の性質が変わるところでは、屈折や反射が起きたり、また波が重なり合い大きくなったり、小さくなったりとさまざまに変化します。地震波は、さまざまな周期の波の成分が重なり合った結果として観測されます（速度応答スペクトル図）。

周期ごとの地震波の強さに分解（フーリエ変換）し整理することにより、周波数に応じた建物の最大速度がわかります（速度応答スペクトル図）。スペクトル図を見るときに**減衰定数**hが記載されていますが、減衰（揺れ幅が小さくなること）は波のくり返しが多いほど大きくなります。

建物には揺れやすい周期（**固有周期**）があります。スペクトル図上で建物の固有周期が重なった場合は共振します。建物の固有周期と地震波の組み合わせにより、建物が受ける被害の大きさが変わるのです。

「建物は震度いくつで壊れますか」という質問をよく受けますが、以上のことから建物の固有周期と地震波の特性により変わるので、一概にいえないことがよくわかると思います（218頁参照）。

最近では、加速度・速度・変位・周期が一度に表現できる**三軸図**が応答スペクトル図が利用されています。

憶えておきたい地震の用語

震度	地震動の強さの程度を表すもので、正式には計測震度と呼ぶ。かつては体感および周囲の状況から推定していたが、1996年以降は計測震度計により自動的に観測し測定している
マグニチュード	地震の規模、大きさを表す指標
加速度	単位時間あたりの速度の変化率
速度	単位時間あたりの変位
まれに発生する地震動	超高層建築物等の構造耐力上の安全性を確認するための構造計算を行う場合の地震力の一つで、気象庁地震階として5程度の地震動のこと
極めてまれに発生する地震動	超高層建築物等の構造耐力上の安全性を確認するための構造計算を行う場合の地震力の一つで、気象庁地震階として6強～7程度の地震動のこと

column

剛床とはどんな床のこと?

床は鉛直方向の荷重を支えるだけではなく、水平力を鉛直耐震要素（耐震壁）に伝達する重要な役割を担っています。

床を剛床仮定で計算する

地震力や風圧力などの水平力を受けてもまったく変形しない床のことを剛床といいます。一般に剛床というとき、2つの意味で使われます。

一つは理論上の剛床（剛床仮定）で、構造計算を簡略化するために、実際の床の状況にかかわらず計算上、剛床と仮定することをいいます。

もう一つは、施工してつくる剛床があります。鉄筋コンクリート造や鉄骨造でのコンクリート床のことで、実質的に剛性が高く、変形をしません。剛床であれば、耐震壁や柱に地震力を伝達することができます。先にあげた床は剛床で計算を行うことが一般的なのですが、プラン上剛床とならない場合などは、十分に耐震要素に地震力が伝わらないので注意を要します。

木造の場合は、材質が柔らかいこともあって剛床を成立させるのは簡単ではありませんが、構造用合板を梁や大引、土台に直接留めた床であれば剛床となります。

床は耐震壁に力を伝える重要な耐震要素ですが、近年、電気配管が多くスラブに打ち込まれるために、実際には水平力を伝えきれないこともあります。あまり意識されていませんが、設備も構造性能に大きな影響を与える要素です。

吹き抜けを設計するコツは?

吹き抜けは、剛床に大きな影響があります。というのも、吹き抜けは一部分が抜けている床のことだからです。吹き抜け部分は床がないため水平力の伝達ができず、構造的な弱点になります。吹き抜けに面して耐震壁を設けても、床とつながっていなければ、耐震要素としてはほとんど意味がありません。

吹き抜けを設ける場合は、吹き抜けに面した耐震壁の一部を床と接続するか、吹き抜け部分の梁を補強して応力のやりとりができる仕様とすることが重要となります。

構造基礎
構造力学
構造計算
地盤
耐震設計
構造実務

剛床と非剛床の違い

建物が水平力を受けるとき、床が重要な役割をします。

剛床（応力計算上の剛床）

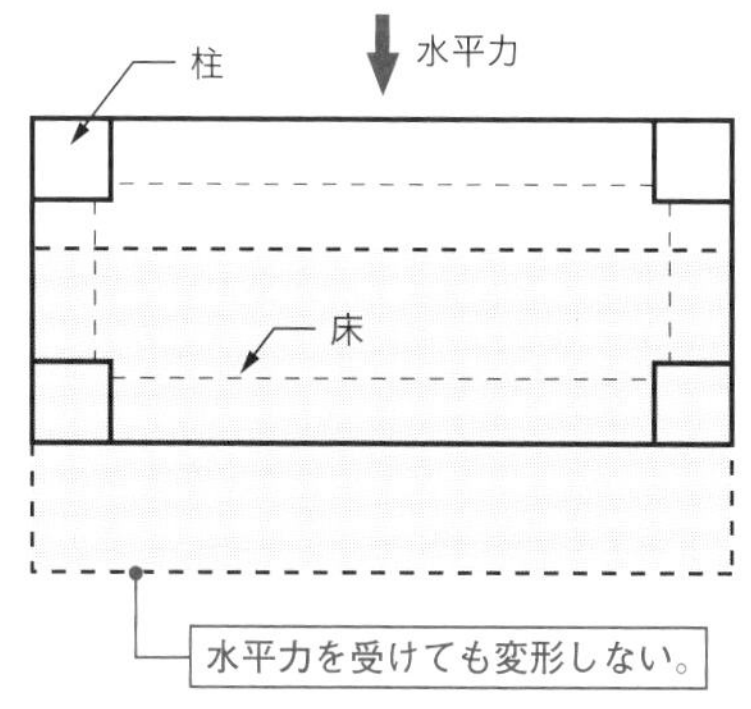

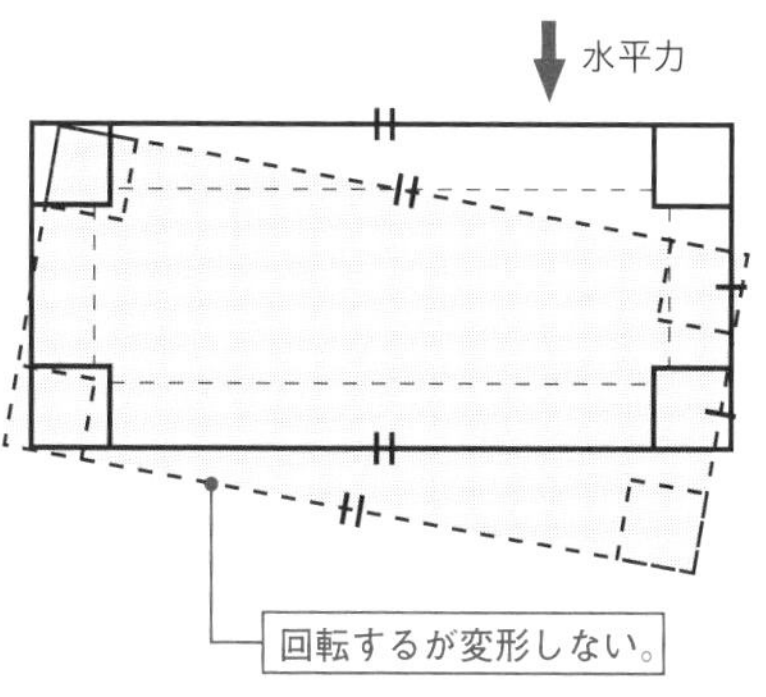

非剛床

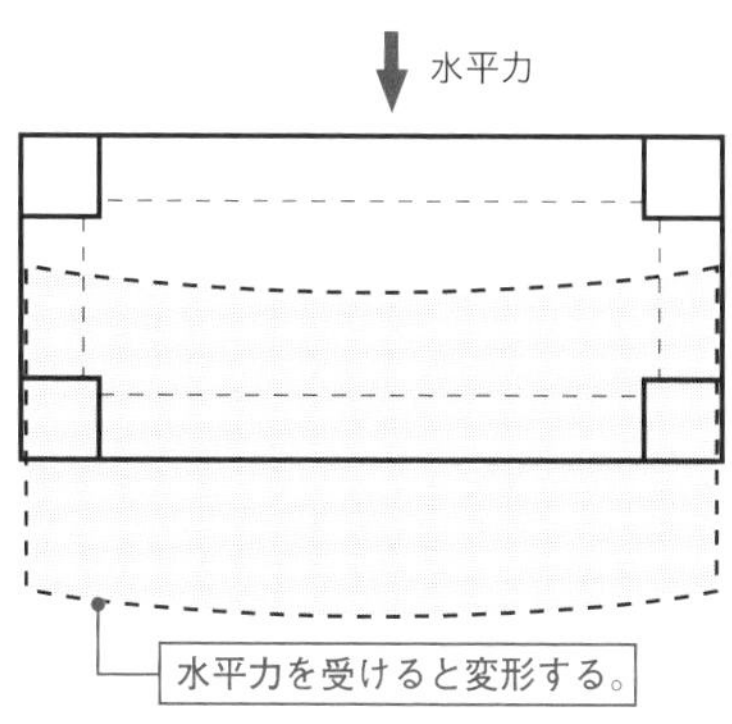

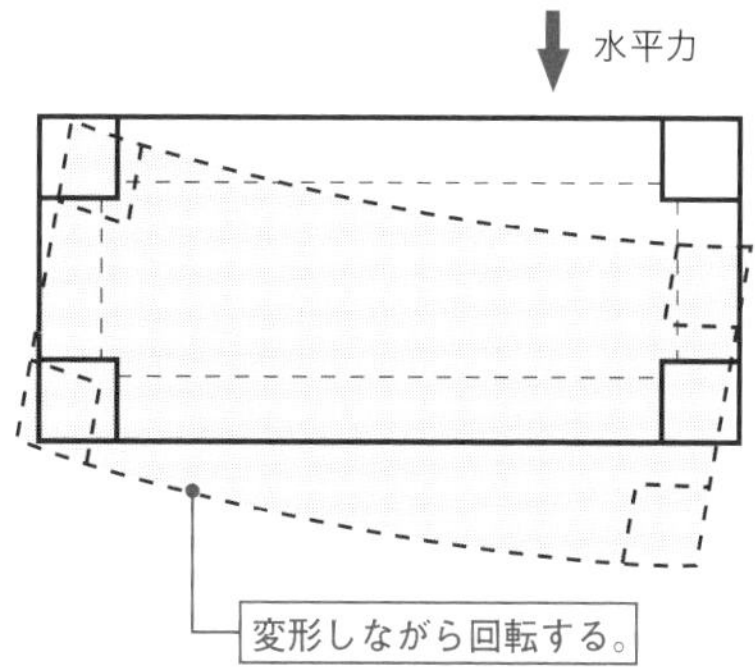

水平力に対してまったく変形しないのが剛床の特徴だね。RC造の設計では剛床を前提として構造計算を行うんだ。木造の場合は水平剛性が低いため、できるだけ剛床に近づけるように部材や工法を考えるんだ！

吹き抜けの設計のしかた

吹き抜けがあると水平力の伝達メカニズムが複雑になるので、力が確実に伝えられるようにします。

吹き抜けの構造的弱点と対処

①水平力を受けたときの挙動（左：水平力を受ける前、右:受けた後）

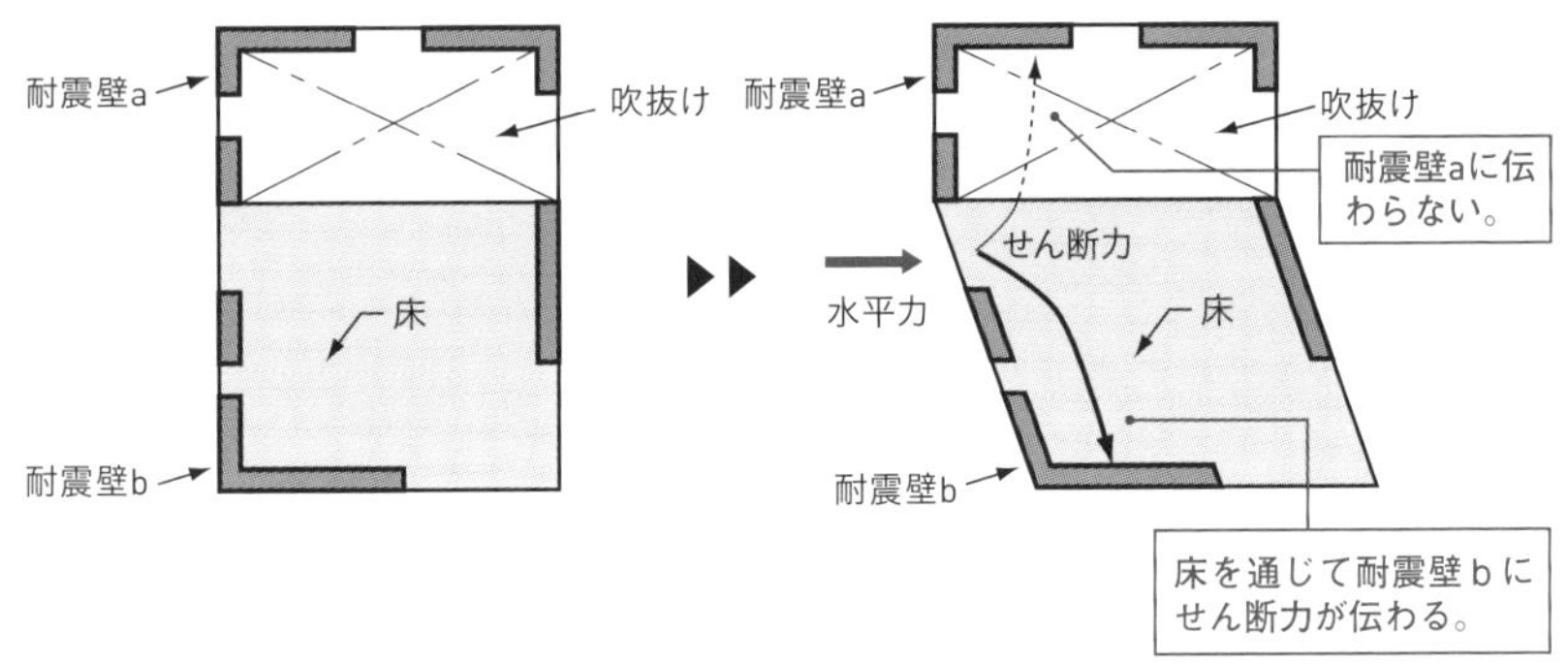

②床をつなげて力の伝達能力を上げる

③梁幅を広くして力の伝達能力を上げる

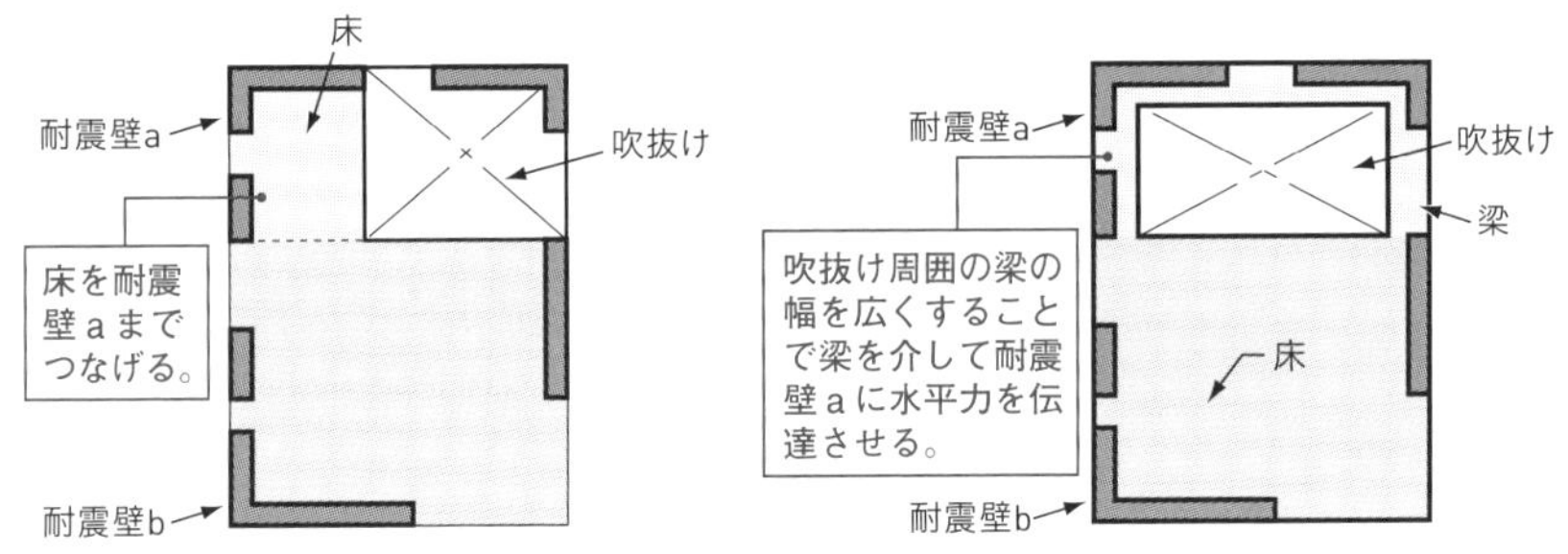

床の設計では一貫構造計算プログラムで計算することが多いんだ。しかし、このプログラムは剛床仮定を基本としているから、吹き抜けがある場合は剛床仮定の設定を解除しないと正しい計算ができない。要注意だよ！

3章 構造計算

024 断面算定って何だ?

断面算定は柱や梁などの部材の安全性を計算して確めることです。

部材の断面性能を計算することで安全性を確保する!

断面算定とは、基本的には柱や梁といった部材の安全性を確認することです。安全性に対しては、部材の断面性能が大きく影響するために断面算定と呼ばれています。部材が「どれくらいの荷重で壊れるのか」もしくは、「想定される荷重に対して安全か」を計算して確かめます。

なお、本項では「部材の安全性=壊れるか壊れないか」の説明を行っています。しかし、壊れることに対する安全性だけではなく、居住性に大きく影響するたわみに対する性能も確保する必要があります。たわみが大きいと机が傾き、鉛筆が転がったり、人が歩くだけで揺れたりするなどの障害が生じます。

断面算定の方法

断面算定の手順は以下のとおりです。まずは応力

材種ごとの断面算定のポイント

断面算定とは、断面に作用する応力をもとに柱や梁の寸法・配筋・断面形状を計算して、大きさや配筋を確定することです。材種によって断面算定の方法が異なります。断面算定では次にあげる項目（仕様）を決めていきます。

RC造の場合

①鉄筋の仕様
②鉄筋径・本数
③断面寸法
④コンクリートの仕様
⑤部材の長さ

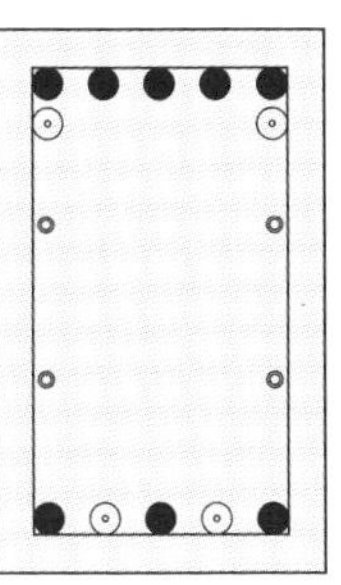

木造の場合

①樹種
②断面寸法
③部材の長さ

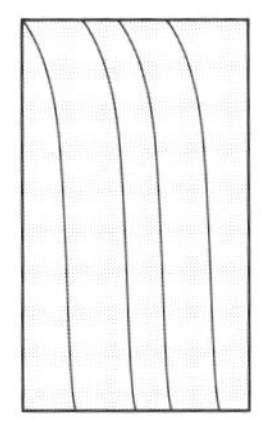

鉄骨造の場合

①材種
②断面寸法
③部材の長さ

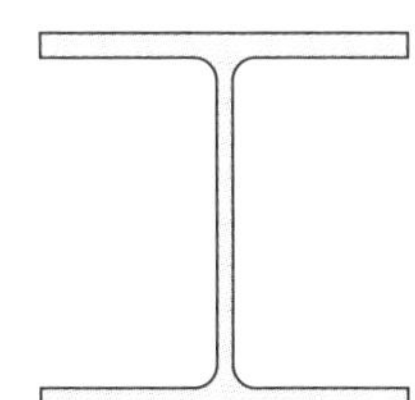

応力は部材に生じる力のことで、応力度は部材の局部に生じる力でしたね！

計算により対象とする部材断面にどの程度応力が生じているかを確認します。次に、計算された応力に対して、部材の断面性能が上回っているかを確認します。

詳しくは各材種ごとの断面算定の項（RC造は236、木造は252、鉄骨は260頁参照）で説明しますが、ここでは各材種ごとの断面算定方法の違いを解説します。

木材と鋼材と鉄筋コンクリート材種による断面算定の違い

鉄骨造の断面算定は、座屈が生じない前提であれば比較的簡単です。圧縮力や引張り力に対して、断面積や断面係数を用いて応力度を算出し、許容応力度以下であることを確認します。木造の断面算定も同じです。

鉄筋コンクリート造（RC造）では、コンクリート断面の中に鉄筋があるので算定は少し難しくなります。基本的には圧縮力についてはコンクリートが負担をし、引張り力については鉄筋に負担をさせます。

木材や鋼材の断面算定の方法

曲げ応力度σ_bが長期（短期）許容応力度f_b以下となるような部材断面としなければなりません。

$$\sigma_b = \frac{M}{Z} \leqq f_b$$

M：曲げ応力
Z：断面係数
f_b：曲げ許容応力度（下表）

材種		曲げの長期許容応力度	曲げの短期許容応力度
鉄鋼	SS400	f_b=160 N/㎟[※]	f_b=240 N/㎟[※]
木材	ベイマツ 無等級	f_b=10.3 N/㎟	f_b=18.8 N/㎟

※：鉄鋼の場合は座屈止めの設け方により、許容応力度の数値が変わる。

長期と短期による断面算定の違い

断面算定を行う場合、日本の基準では、長期と短期に分けて安全性の確認を行います。長期は主として重力による鉛直荷重によって生じる応力に対する安全性で、短期は地震力や風荷重のように短期的に建物に加わる荷重に対する安全性の確認です。

断面検定とは？

断面算定に似た言葉に、「断面検定」があります。部材の性能に対して、部材に生じている応力（存在応力）がどの程度であるかを確認することを断面検定といいます。検定値が1.0未満であることを確認します。

鉄筋コンクリートの断面算定の方法

曲げモーメントMを受ける梁の断面算定では、引張り許容応力度から必要鉄筋量a_tを求め、配筋を決めます（238頁参照）。

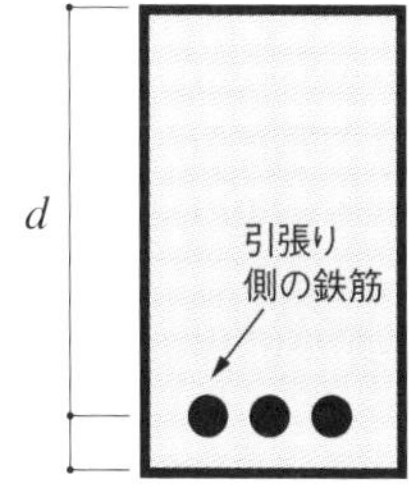

$$a_t = \frac{M}{f_t \times \underline{0.875d}}$$

└ 応力中心間距離 j

a_t ：必要鉄筋量
M ：曲げ応力
f_t ：引張り許容応力度
d ：最外縁から鉄筋の中心までの距離

よく使用される鉄筋の種類	引張りの許容応力度（長期）	引張りの許容応力度（短期）
D13、D10、SD295A	f_t=196 N/㎜²	f_t=295 N/㎜²
D22、D19、D16、SD345	f_t=215 N/㎜²	f_t=345 N/㎜²

主な鉄筋の断面積 （㎜²）

D10	D13	D16	D19	D22
71.3	127	199	287	387

必要鉄筋量をおもな鉄筋の断面積で割れば、必要本数が求まる。

025 RC造の梁や柱を設計するポイント

RC造では、梁では曲げモーメントとせん断力を、柱ではさらに軸力を考慮して設計を行います。

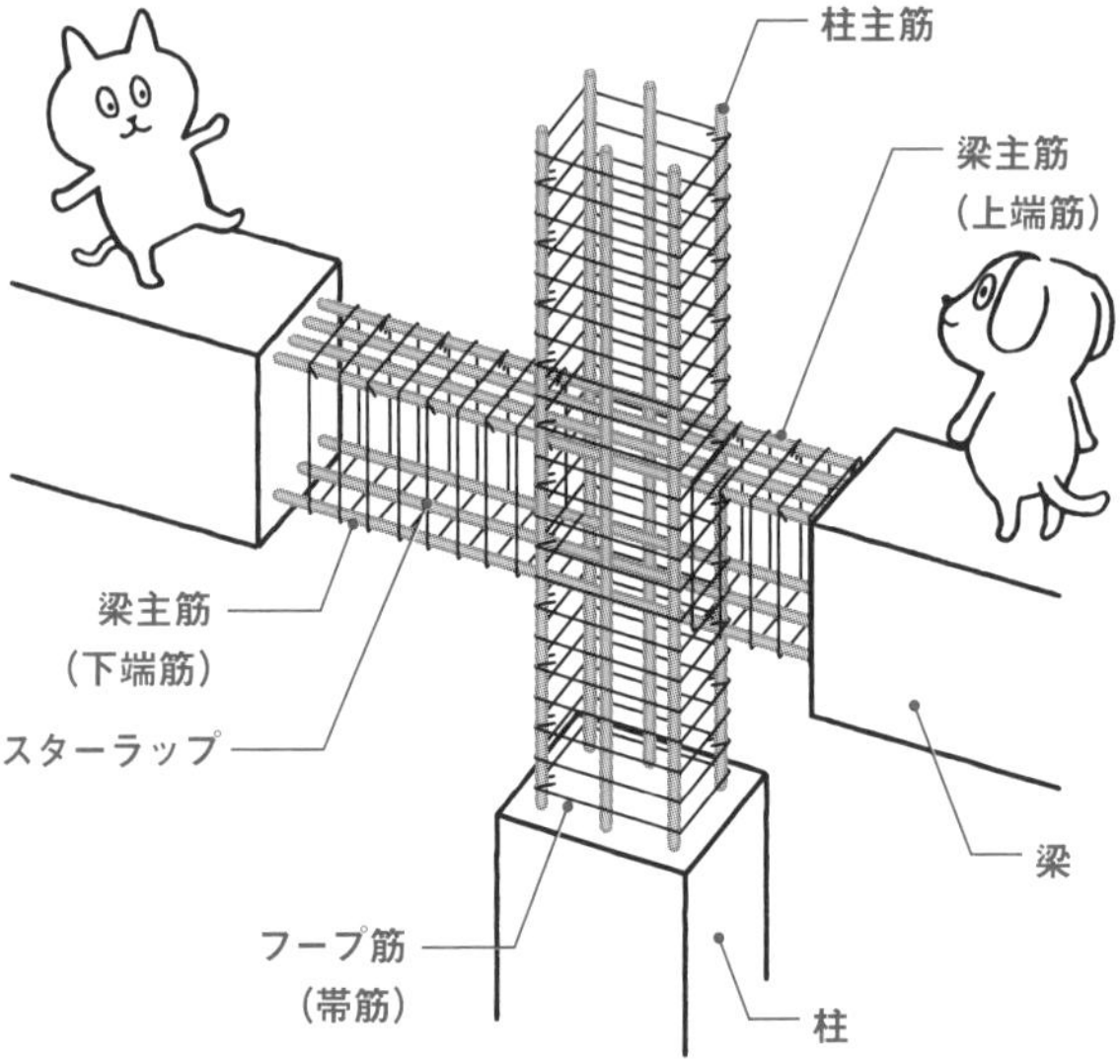

RC梁を設計するポイントは鉄筋の径と本数を決める断面算定

鉄筋コンクリート梁（RC梁）は曲げモーメントを受けるとき、圧縮部分をコンクリート、引張り部分を鉄筋が負担をしています。梁の断面算定には、曲げモーメントとせん断力を考えます。

RC梁の安全性を確認する方法

RC梁の安全性を確認するには、基本的には引張り鉄筋の量（断面積）を考えます。引張り鉄筋の断面積に許容応力度（235頁参照）を乗じると、鉄筋部の許容引張り応力度になります。一方、圧縮側のコンクリートでは、鉄筋の許容引張り応力度に応じて次頁上図のように長方形の面積部分に応力が分布すると考えます。この圧縮力が分布した長方形部分の中心と引張り鉄筋間の距離は**応力中心間距離**（j）と呼ばれ、**（7／8）d**（d：圧縮縁から鉄筋までの距離）で

曲げが生じたRC梁

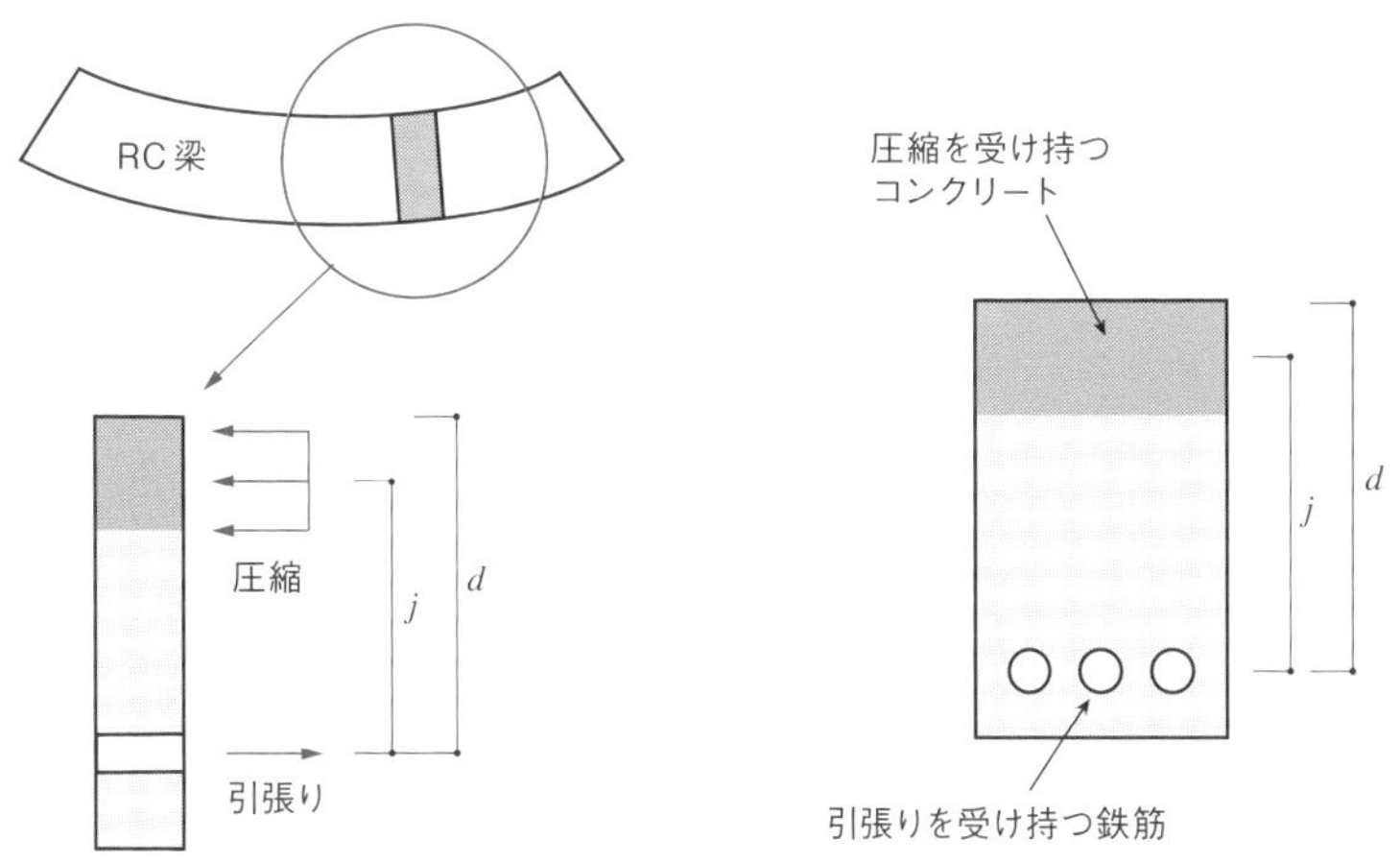

写真で見るRC梁

コンクリートを流す前のRC梁の様子。主筋にあばら筋が結束されているのがわかります。

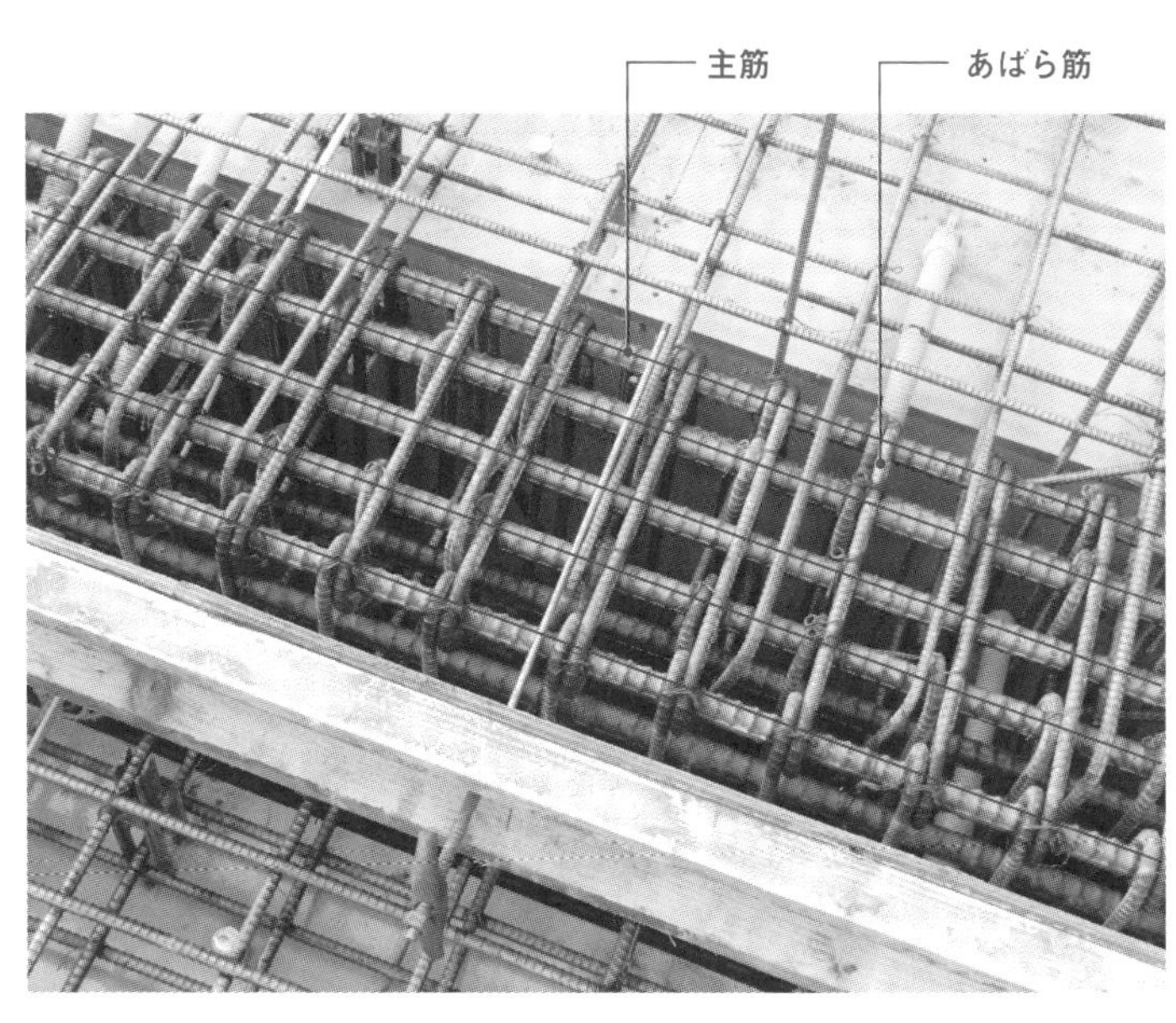

RC梁の断面算定

RC梁に曲げが生じる場合、梁断面内に圧縮力と引張り力が生じます。圧縮にはコンクリート・鉄筋が抵抗、引張りには鉄筋が抵抗します。そのため、梁の曲げ強度は鉄筋位置・径・本数から決定されます。

断面算定における基本仮定

①コンクリートは引張り抵抗力がない（実際はあるが無視）

②各断面は材の湾曲後も平面を保ち、コンクリートの圧縮応力度は中立軸からの距離に比例する（平面保持の仮定）

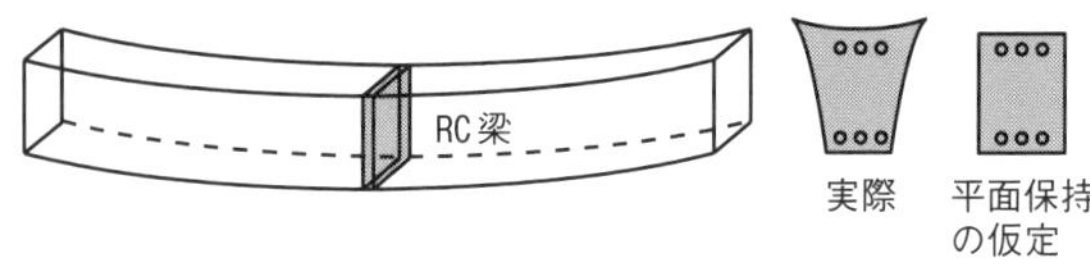

③鉄筋とコンクリートのヤング係数の比率（ヤング係数比n）は、コンクリートの種類、荷重の長期・短期にかかわらず同一とし、コンクリートの設計基準強度F_cに応じて右表の値とする

鉄筋のヤング係数比n

コンクリート設計基準強度 F_c(N/㎜^{2})	ヤング係数比
$F_c \leqq 27$	15
$27 < F_c \leqq 36$	13
$36 < F_c \leqq 48$	11
$48 < F_c \leqq 60$	9

注:ヤング係数は材料の固さを表す数値であり、鉄筋は一定値

コンクリートはF_cによりヤング係数が異なるため、鉄筋とコンクリートのヤング係数の比率（＝ヤング係数比）が異なる。

梁の断面算定方法

許容曲げモーメントM_aの確認

想定する梁断面に対し、つり合い鉄筋比以下で設計を行う場合は次式より梁の許容曲げモーメントMを求め、これにより必要鉄筋量を求める。

$$M_a = a_t \times f_t \times j \qquad j = \frac{7}{8} \times d$$

M_a：梁の許容曲げモーメント
a_t：引張り鉄筋断面積　f_t：鉄筋の許容引張り応力度
j：応力中心間距離
d：圧縮縁から引張り鉄筋重心までの距離（有効せい）

▶

配筋条件の確認

さらに、梁の配筋は以下の条件も満たすようにする。

- 引張鉄筋比（a_t/bd）は**0.004以上**とする（または**存在応力の4/3倍の小さい方の値以上**）。
- 主要な梁は、全スパンにわたり複筋梁とする。
- 主筋は異形鉄筋D13以上とする。
- 主筋のあきは25㎜以上、かつ異形鉄筋の径の1.5倍以上とする。
- 主筋の配置は特別の場合を除き、2段以下とする。
- かぶり厚を確保して設計を行う。

つり合い鉄筋比を超えた場合の必要鉄筋量

引張り鉄筋比がつり合い鉄筋比を超えると、コンクリートの許容圧縮応力度によって必要鉄筋量が決まります。

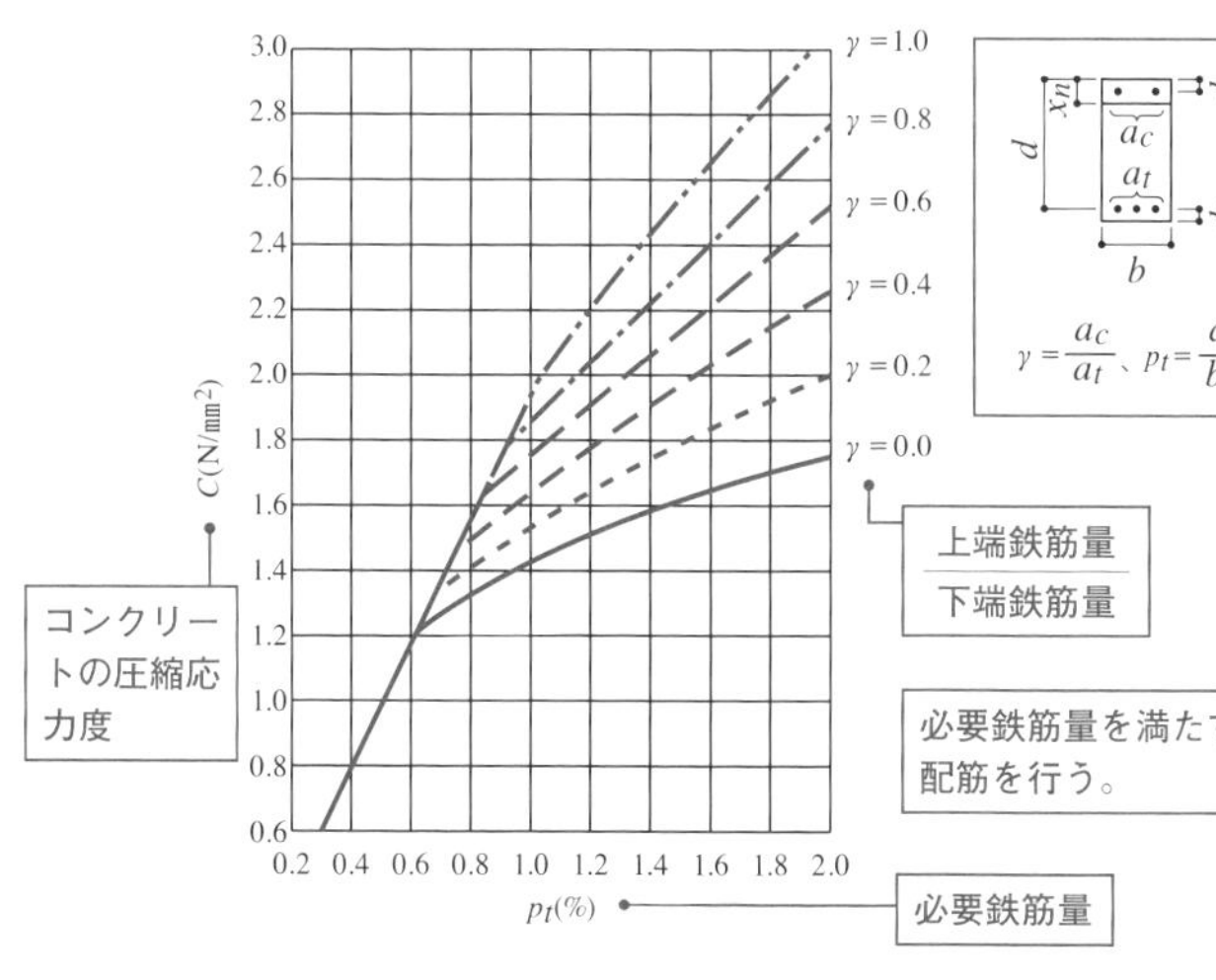

長方形梁の必要鉄筋量p_t
(F_c =24 N/㎟、SD 345、d_c=0.1d、ヤング係数比n = 15)

出典:『鉄筋コンクリート構造計算規準・同解説』(日本建築学会、2018年)

コンクリートの圧縮縁応力度と引張り鉄筋の応力度が同時に許容応力度になる引張り鉄筋の量をコンクリート断面積と鉄筋の断面積の比で表した数値をつり合い鉄筋比と呼ぶよ。

算出されます。梁の**許容曲げモーメント**を求めるには、「鉄筋の許容引張り応力度」に「応力中心間距離」を乗じます。この許容曲げモーメントに対して当該梁に生じている応力が小さければ安全性が確認できます。非常に簡単な式ですが配筋を定めるRC梁の断面算定では本式が多用されています。圧縮側のコンクリートの応力は、実際には単純な分布ではありませんが、(7／8)dの数値を用いていれば、圧縮応力の分布を考えなくても概ね問題ありません。

しかし、右記の梁の許容曲げモーメントの算出方法は、鉄筋の許容引張り力に対して、圧縮側のコンクリートが強い場合(つり合い鉄筋比以下の場合)に使うものです。コンクリートの断面に対して鉄筋量が多くなると、圧縮側の応力度(**圧縮縁応力度**)がコンクリートの許容応力度を超えてしまうため、RC梁の許容曲げモーメントはコンクリートの許容圧縮応力度で決まります。その場合、上図のグラフを利用すると、RC梁の必要鉄筋量を算出することができます。

近年、コンクリートの開発が進み、鉄鋼の強度を超えるような超高強度コンクリートも出てきました。現状では、まだ、ほとんどのコンクリート構造物は、引張り力を異形鉄筋で負担させています。しかし、コンクリートの中にガラス繊維や鉄線を混ぜて引張り力に対する性能を補った繊維補強コンクリートも開発されています。

RC柱の設計では軸力と曲げモーメントを同時に考える

鉄筋コンクリート造（RC造）の柱の断面算定は、梁と異なり複雑になります。ポイントは、軸力と曲げモーメントを同時に考慮して断面算定（配筋）を行うことにあります。

梁と柱の断面算定の違い

梁に発生する応力はせん断力と曲げモーメントですが、柱の場合には、せん断力・曲げモーメントに加えて、建物重量による大きな軸力が生じます。これが梁との大きな違いです。この軸力により断面算定の式が複雑になります。実務ではほとんど手計算を行うことがなく、コンピューターで計算を行っていますが、以前は関数電卓や242頁上のグラフを利用して断面算定を行っていました。本書では、式の詳細は省きます。

M－*N*曲線を利用したRC柱の断面算定

コンクリート柱の性質を知っておくとよいので、模式化したグラフを次頁に掲載しておきました。グラフは***M*－*N*曲線**と呼ばれています。このグラフを見てわかるようにRC造の柱は、引張り側では許容応力度が小さくなります。圧縮側については、コンクリート断面が大きいので許容圧縮力が大きいこと、および圧縮側の鉄筋も抵抗要素になるので必然的に圧縮側の許容応力が大きくなります。応力計算を行い、柱の軸力が引張りになっている場合は要注意です。基本的には、全断面に引張り力は生じさせない設計と

RC柱の断面算定方法

RC柱は、軸方向向力 N と曲げモーメント M が同時に作用します。

⇒中立軸の位置が軸力の影響により変わる

⇒ N と M を同時に考慮して断面算定を行う

X 方向、Y 方向それぞれについて長期、短期で検討し断面を決定します。

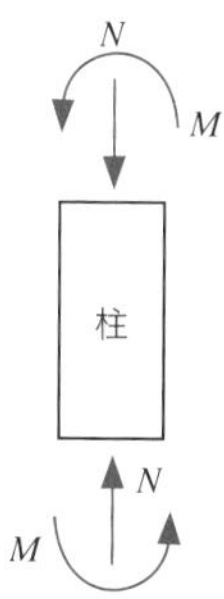

応力の確認

柱は、軸方向向力と曲げモーメントを同時に受けるので、許容軸方向力Nと許容曲げモーメントMは連成して、下図のようなM - N曲線※として得られる。

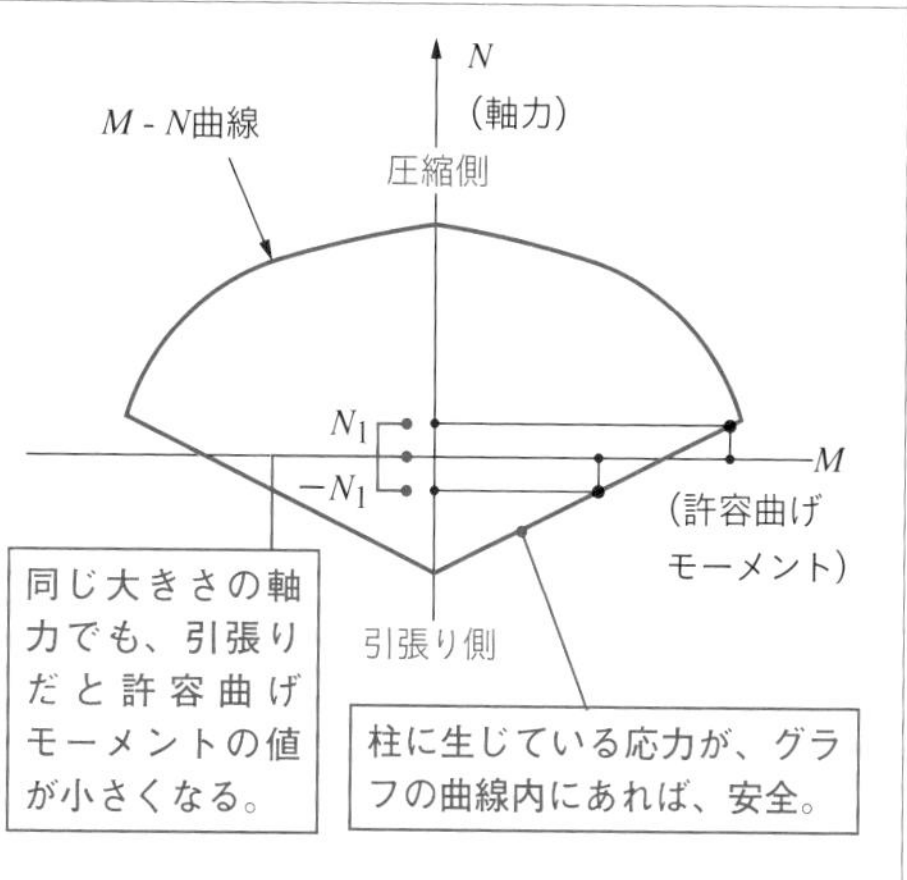

条件の確認

断面算定に加え、以下の条件も満たすようにする。

・コンクリート全断面積に対する主筋全断面積の割合は、0.008以上とする。

・材の最小径とその主要支点間距離の比は、普通コンクリートを使用する場合は1/15以上、軽量コンクリートは1/10以上とする。
（上記数値以下の場合は、応力を割りまして設計する）

・主筋は異形鉄筋D13以上、かつ4本以上とし、主筋は帯筋により相互に連結する。

・主筋のあきは25㎜以上、かつ異形鉄筋の径の1.5倍以上とする。

・かぶり厚を確保して設計を行う。

※：M - N 曲線は，軸方向力を先に定めて許容曲げモーメントを求める方法や、偏心距離e（原点を通る直線の勾配）を先に定めて柱の許容軸方向力を求め、許容曲げモーメントを$M=N_e$ として求める方法などがある。

昔はグラフから断面算定を行っていた

RCの柱は手計算の場合、グラフを用いて計算を行います。柱形状と鉄筋の本数、軸力と曲げモーメント、これらを同時に考えて鉄筋量を算出します。

柱の長期曲げモーメント–軸方向力の関係

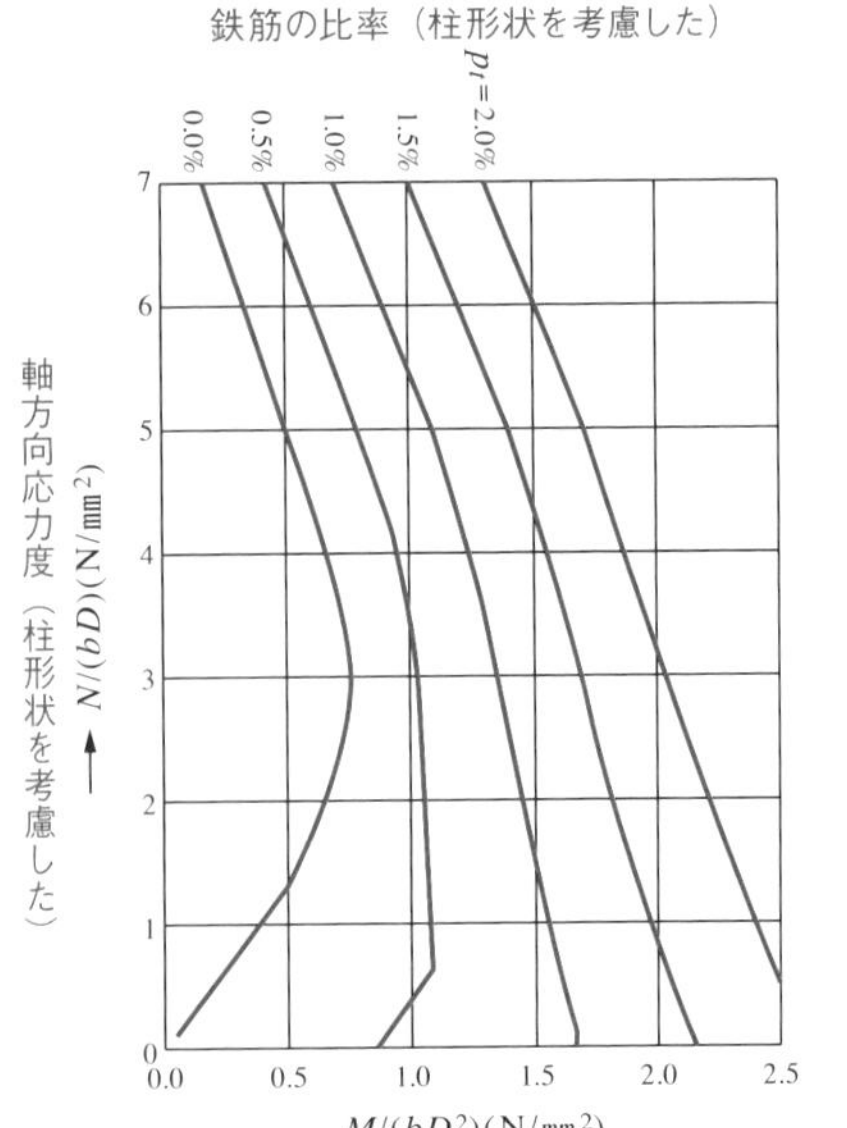

D

a_t

b

$$pt = \frac{a_t}{bD}$$

左のグラフは長期のものだけど、短期のX・Y方向についても検討するんだ！

圧縮力に有効な軸鉄筋

高層ビルでは圧縮に対して軸鉄筋が有効である。

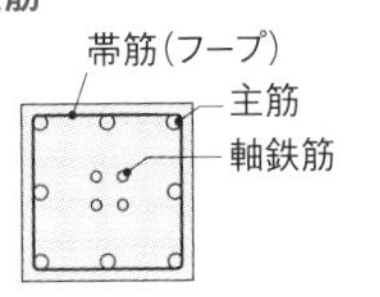

出典:『鉄筋コンクリート構造計算規準・同解説』、『鉄筋コンクリート構造計算用資料集』（ともに日本建築学会、2018年、2002年）

します。

圧縮側は比較的安全であると前段で述べていますが、超高層ビルの場合は軸力が非常に大きくなり、圧縮側で柱の性能が決定します。軸力に対して性能が確保できない場合には、**軸鉄筋**といって柱の中央に鉄筋を配置する場合もあります。

RC柱の基本仮定

RC造の柱を設計する際は、以下の3つの仮定をもとに計算していきます。

①コンクリートは引張り抵抗力がない（実際はあるが

複雑な柱の応力計算

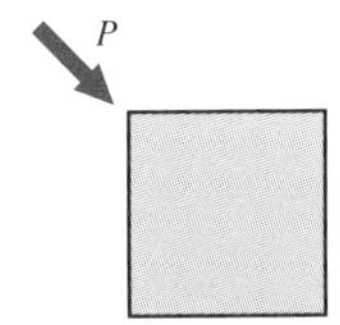

RC柱の断面算定は、実はさらに複雑です。梁は鉛直方向の力のみ考えればよいのですが、柱の場合、45度方向から地震がきた場合も考えなければなりません。応力が大きい方向のモーメントを$\sqrt{2}$倍したり、下記のような式で、柱に発生する応力を想定して設計を行います。

$$M_s = \sqrt{{M_x}^2+{M_y}^2}$$

無視）

②各断面は材の湾曲後も平面を保ち、コンクリートの圧縮応力度は中立軸からの距離に比例する（平面保持の仮定）

③鉄筋とコンクリートのヤング係数の比率（ヤング係数比 n）は、コンクリートの種類、荷重の長期・短期にかかわらず同一とし、コンクリートの設計基準強度 Fc に応じて梁の場合と同じ値とする。

RC床の設計は応力とたわみ量を4辺固定で計算

床スラブの変形とたわみ量の算出方法

RC造の床スラブは、通常、4辺が梁で囲まれています。ほとんどの場合、梁は床よりも剛性が高いので、床スラブは4辺が固定されたもの（4辺固定スラブ）として応力と変形（たわみ量）を計算します。応力から、床スラブの強度確保に必要な鉄筋量が決まります。また、たわみ量は、図表などを用いて求めることができ、スパンに応じたたわみ量が建築基準法上の許容値（1／250）以下となるように断面を設計します。

なお、たわみ量の算出の際には**クリープ**が重要です。クリープとは、時間が経つにつれてたわみが進行する現象です。基準法では、鉄筋コンクリートの場合、算出したたわみ量を16倍した値が「クリープを考慮した床のたわみ量」であり、この値がスラブスパンの1／250以下とするように決められています。

床設計の注意点

床と梁の境界条件が変わると計算式も変わるので注意が必要です。たとえば、床スラブの短辺方向と長辺方向のスパン比が1：2以上になる場合や、デッキ合成スラブを用いる場合は、4辺の梁に固定されていると考えるのではなく、1方向の梁に固定されたスラブ（1方向スラブ）として応力や変形（たわみ量）を算出する必要があります。

床スラブ設計のしかた

応力を求める(4辺固定スラブの公式)

注:「鉄筋コンクリート構造計算規準」(日本建築学会)による規準式

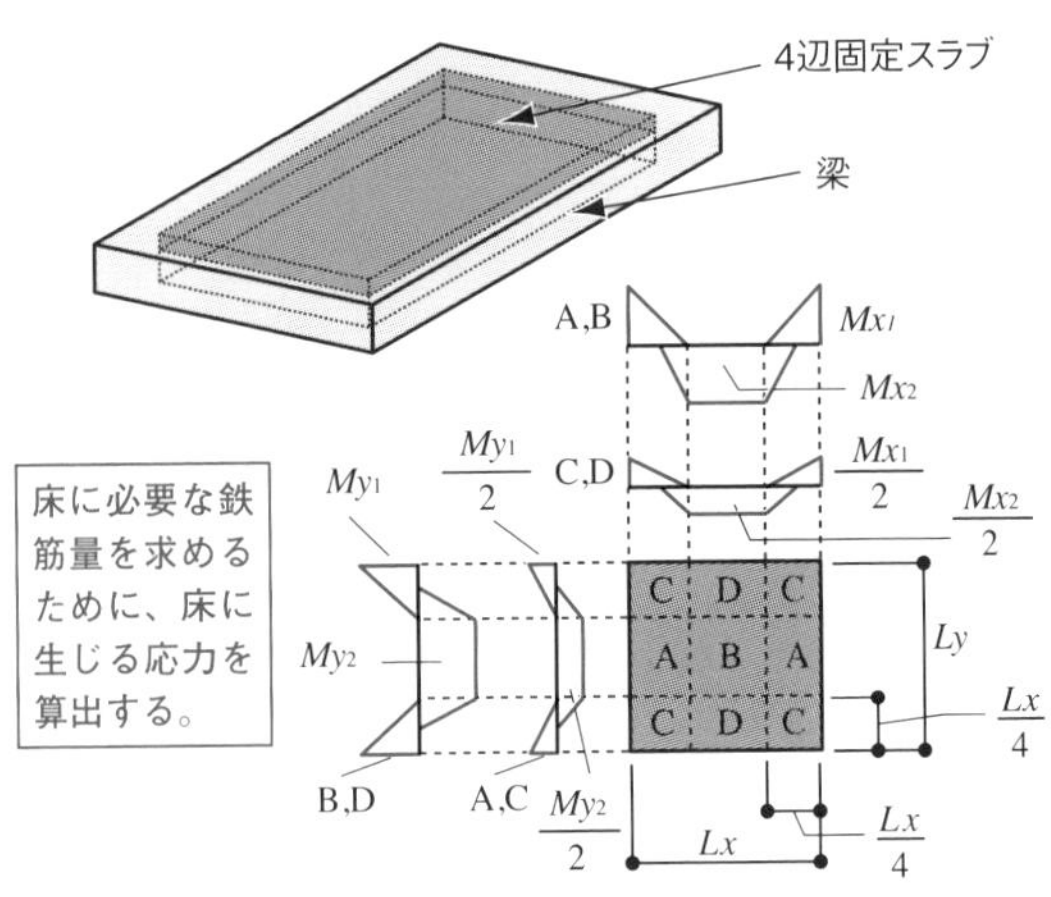

$$M_{x1}=-\frac{1}{12}w_x\times L_x^2$$

$$M_{x2}=\frac{1}{18}w_x\times L_x^2=-\frac{2}{3}M_{x1}$$

$$M_{y1}=-\frac{1}{24}w\times L_x^2$$

$$M_{y2}=\frac{1}{36}w\times L_x^2=-\frac{2}{3}M_{y1}$$

$$w_x=\frac{L_y^4}{L_x^4+L_y^4}w$$

M (x_1, x_2, y_1, y_2)：x_1, x_2, y_1, y_2の曲げモーメント（N・m）
L_x：床の短辺の長さ（m）
L_y：床の長辺の長さ（m）
w：等分布荷重（N/m²）

たわみ量を確認する(RC造の場合)

クリープを考慮したたわみ量を算出し、δ/Lが許容値以下となるよう設計する。

$$\delta=16\times\delta_e$$

$$\frac{\delta}{L}\leqq\frac{1}{250}$$

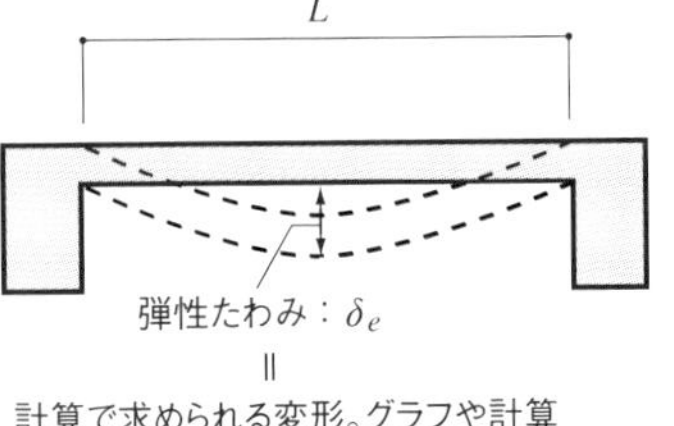

＝
計算で求められる変形。グラフや計算プログラムを用いて算出する

RC床の設計で最も一般的なのが4辺固定スラブだね。その公式は確実に使えるようにしておくんだよ。床の設計には注意点もいくつかあるから、これも押さえておこう！

連続していないスラブ

コンクリートの床スラブは、4辺固定で設計することがほとんどです。しかし、ちょっと注意が必要です。スラブが連続している場合はよいのですが、建物際等で連続していない場合は、梁が大きくねじられることになるので、梁のねじれに対する設計が必要になります。

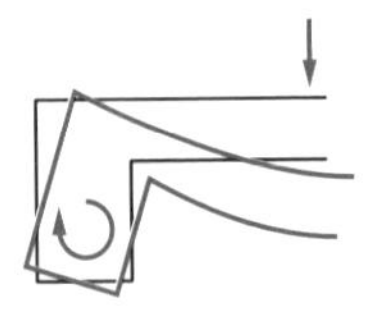

スラブが梁を回転させようとする

1方向スラブの例

右図のようにスパン比が1：2以上の場合は、1方向スラブとして応力やたわみを算出します。

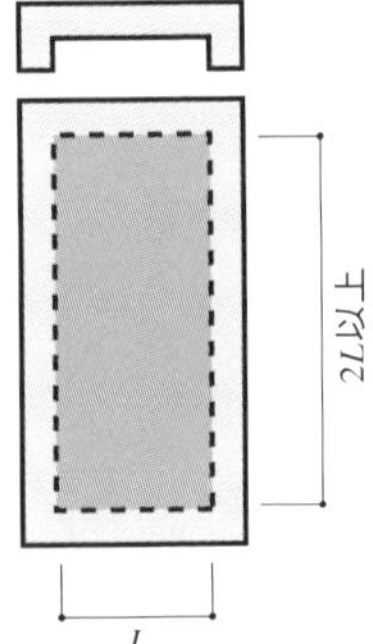

長方形スラブの応力図とたわみ

昔は、コンピューターが発達していなかったので、図表を用いてスラブの応力計算を行っていました。
右図は、4辺固定の理論解と学会式のグラフですが、短辺と長辺の比が2を超えると応力が一定になることがよくわかります。

断面算定は現在ではコンピューターで計算しているけど、長方形スラブでは右図のような「応力図とたわみ」を参考に算出しているよ。

等分布荷重時4辺固定スラブの応力図と中央点のたわみδ（$\nu=0$）

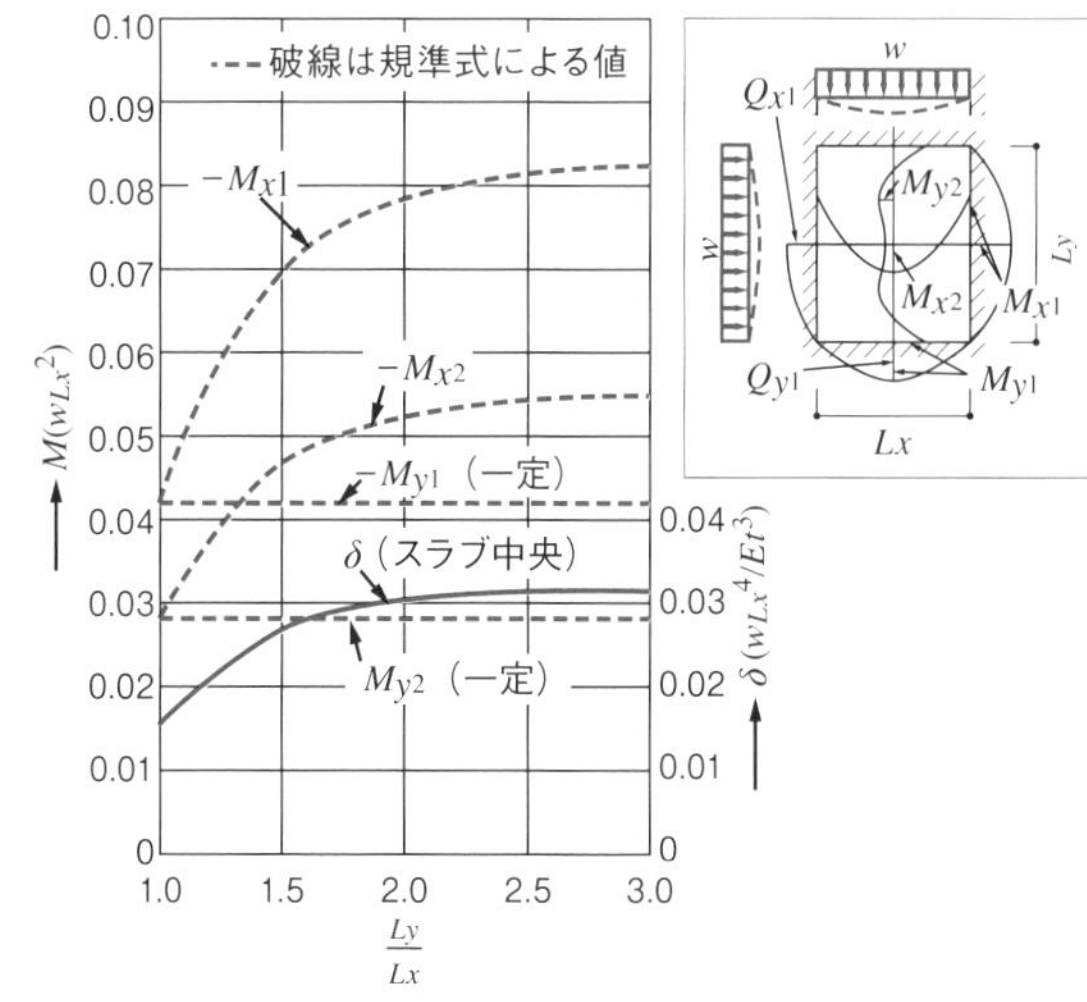

出典:『鉄筋コンクリート構造計算用資料集』(日本建築学会)

また、ハーフPCa（プレキャスト）スラブやデッキ合成スラブを用いる場合など、梁よりも床の剛性が高い場合は、床の端部はピン接合として応力を計算する場合があります。なお、これらのスラブの場合、仮設時はコンクリートが打設されていないため、設計で想定しているものより剛性が低くなります。そのため作業床などに用いる場合は、仮設時の強度や変形量も確認する必要があります。

付着力とは、鉄筋の力をコンクリートに伝える力！

設計による鉄筋の付着力の違い

鉄筋どうしを圧接や溶接、ねじ継手によって接続するのであれば、力の伝達は明解です。しかし、すべての鉄筋を直接つなげると施工が大変なので、比較的応力が小さいスラブや壁における径の小さな鉄

付着強度設計のポイント

曲げ材の引張り鉄筋ではスパン内において、付着検定をする部分の付着長さ ℓ_d が必要付着長さ ℓ_{db} に部材有効せい d を加えた長さ以上となることを確かめます。

$$\ell_d \geqq \ell_{db} + d$$

必要付着長さは次式によります。

$$\ell_{db} = \frac{\sigma_t \times A_s}{K \times f_b \times \Phi}$$

σ_t：付着検定断面位置における短期、長期荷重時の鉄筋の存在応力度とし、鉄筋端にフックを設ける場合にはその値の2/3とする。
A_s：当該鉄筋の断面積
Φ：当該鉄筋の周長
f_b：許容付着応力度（次頁参照）
K：鉄筋配置と横補強筋による修正係数で2.5以下とする。（248頁参照）

付着力による応力伝達

①重ね継手の場合

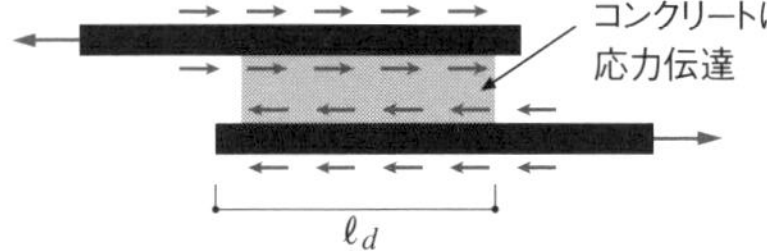

②柱梁接合部の場合

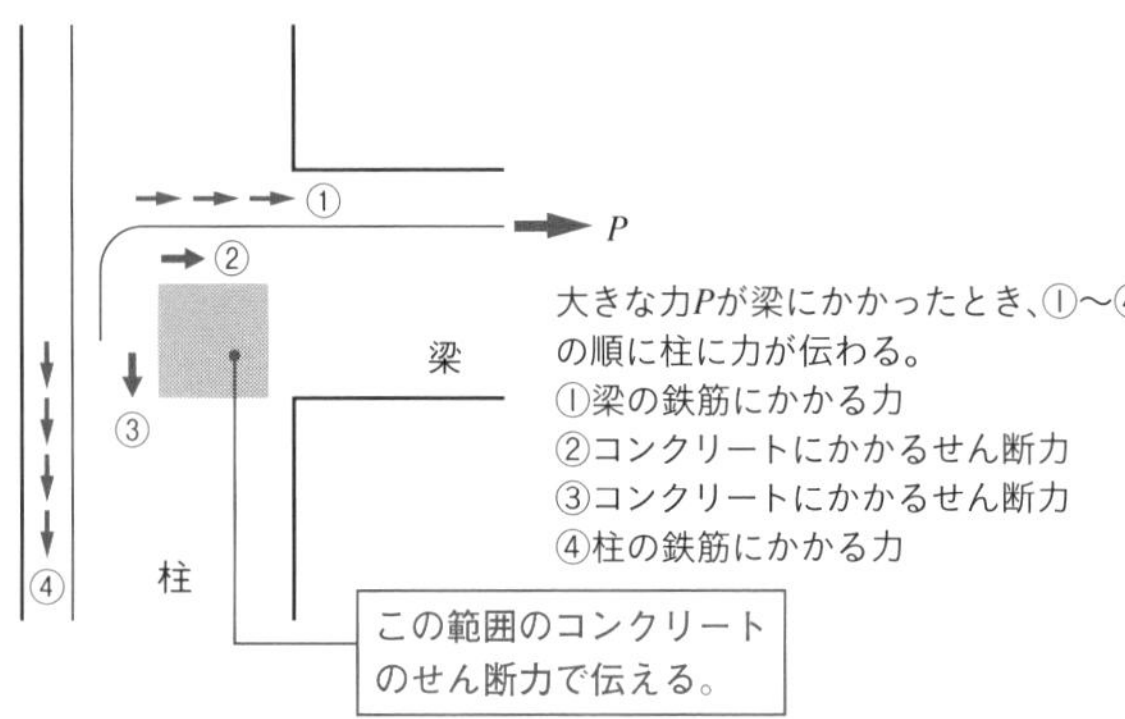

付着設計の方法については、「RC規準（2018年版）」16条に指摘してあるから、確認しておくといいよ！

丸鋼を用いる場合

左頁の説明は、異形鉄筋の付着について説明しています。現代では、土間コンクリートのひび割れ防止筋などを除いて、ほとんど異形鉄筋が用いられます。丸鋼を用いる場合は、付着のメカニズムはさらに複雑で、フック部分の集中荷重としてコンクリートに力が伝えられます。

異形鉄筋の許容付着応力度の求め方

①RC規準2018年版（日本建築学会）の場合　(N/mm²)

	安全性確保のための検討	
	上端筋	その他の鉄筋
普通コンクリート	$0.8\times\left(\frac{F_C}{40}+0.9\right)$	$\frac{F_C}{40}+0.9$
軽量コンクリート	普通コンクリートに対する値の0.8倍	

②建築基準法施行令91条　(N/mm²)

	長期		短期
	上端筋	その他の鉄筋	
$F_C\leqq22.5$	$1/15F$	$1/10F$	長期の2.0倍
$F_C>22.5$	$0.9+2/75F$	$1.35+1/25F$	

$F_C=F=$コンクリートの設計基準強度。表は平成12年建設省告示1450号による。

日本建築学会の「RC規準」（鉄筋コンクリート構造計算規準・同解説）と建築基準法施行令91条で定める許容付着応力度には違いがあるよ。通常は許容付着応力度の値が小さい「RC規準」を採用しているんだ。

筋は、重ね継手にして、コンクリートへの付着力を介して力の伝達を行います。

また、大梁でも端部と中央部は応力に応じて鉄筋を増減して配置しますが、連続していない鉄筋は、コンクリートを介して付着力により応力が鉄筋へと伝達されていきます。さらには、柱にのみ込まれた大梁鉄筋は、コンクリートへの付着を介して柱鉄筋へ力を伝達します。

付着強度の算定のしかた

付着強度に対しては、前頁の上式（必要付着長さの式）で示されるように、鉄筋に生じている力を鉄筋の周長と付着の許容応力度を乗じた数値で割ることにより付着長さを求めて設計します。Kという係数がありますが、鉄筋間のあきなどを考慮した修正係数です。それほど複雑な式ではありませんが、付着の伝達には長さを必要とするので、実務で実際に付着設計をする場合は、圧縮力から引張り力に切り替わる位置も重要となります。圧縮領域で引張り鉄筋の力の伝達はできないので、応力図の読み取りも必

鉄筋配置と横補強筋による修正係数 K の求め方

$$K = 0.3 \times \frac{C+W}{d_b} + 0.4$$

C ：鉄筋間のあき、もしくは最小かぶり厚さの3倍のうちの小さいほうで、鉄筋径の5倍以下とする。

d_b ：曲げ補強鉄筋径

W ：付着割裂面を横切る横補強筋効果を表す換算長さで、以下の式で与えられる。鉄筋径の2.5倍以下とする。

$$W = 80 \times \frac{A_{ST}}{sN}$$

A_{ST} ：付着割裂面を横切る1組の横補強筋全断面積

S ：1組の横補強筋の間隔

N ：付着割裂面における鉄筋本数

付着に関する構造規定

- 引張り鉄筋の付着長さは300mmを下回ってはならない。
- 柱および梁（基礎梁を除く）の出隅部分および煙突においては、鉄筋の末端に必ず標準フックを設ける。

要になります。

なお、許容付着応力度は、日本建築学会のいわゆる「RC規準」と建築基準法とで求め方が異なります。「RC規準」のほうが安全側なので、設計者にもよりますが、一般的に使用されています。

この付着のメカニズムについては、完全に解明されたとはいえません。かなり解明されてきたとはいえ、まだ発展途上で、付着の検討式は今後も、多少変わる可能性があります。

仕口には大梁に生じた力を柱に伝える大きな役割がある

RC造の柱と梁の接合部（**仕口**）は、構造体にとって非常に重要な部分です。大梁に生じた力を柱に伝える役割を担っています。柱の主筋は鉛直方向ですが、大梁の上下筋の方向は水平です。大梁の鉄筋に生じた引張り力を仕口部分のせん断力として柱の主

柱梁接合部のポイント

構造規定

①帯筋は、D 10以上の異形鉄筋を用いる。
②帯筋比は0.2%以上とする。
③帯筋間隔は150㎜以下とし、かつ隣接する柱の帯筋間隔の1.5倍以下とする。

パネルゾーンの力の伝わり方

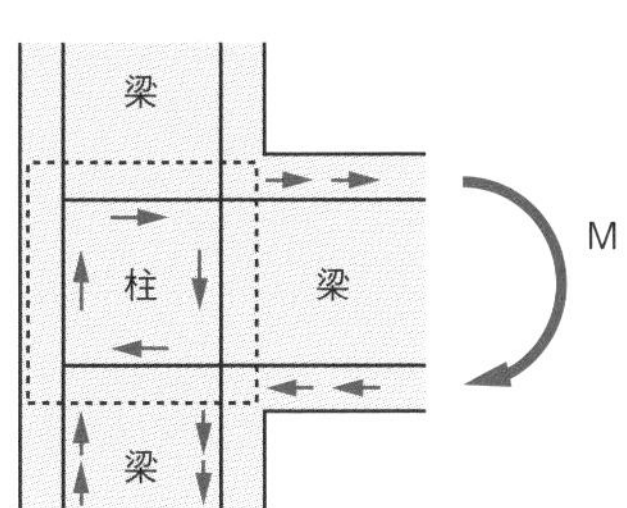

柱と梁の鉄筋の定着

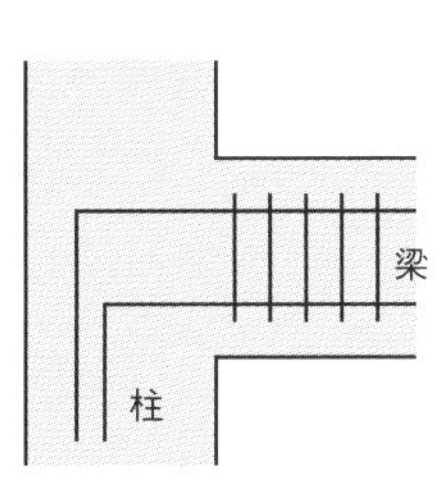

この間で柱へ全応力を伝達する。
梁
柱
梁
柱

筋方向の引張り力に変えることになります。コンクリートのせん断力に対する性能で、柱と大梁の力の伝達能力が決まります。

RC造仕口設計の心得

大地震時の建物の安全性は、RC造大梁の変形能力に依存します。梁の上下筋が降伏する位置は、柱と大梁の接合面となります。柱に埋め込まれた部分がしっかりと保持されて、降伏した部分が延びていく必要があります。したがって、仕口を設計する場合には、大梁の降伏曲げモーメントに対して、仕口が絶対に壊れない状態である必要があります。もしも仕口が壊れると梁主筋が抜けてしまい、大梁の落下（＝人命の危険）につながります。

近年、大梁が降伏した状態での安全性を考えると、大梁下端筋にも大きな引張り応力となることから、下端筋主筋は上方向にアンカーする（固定する）ようになりました。さらには、柱へ定着されている大梁上下筋の折り曲げ部には大きな力が生じることから、定着長さは折り曲げた部分を無視して水平部分のみで

柱梁接合部短期許容せん断力 Q_{Aj} の算定

柱接合部の安全性を確保するには、
接合部の短期許容せん断力 Q_{Aj} ＞短期設計用せん断力 Q_{Dj}
でなくてはなりません。

柱梁接合部の短期許容せん断力 Q_{Aj} の算定のしかた

$$Q_{Aj} = \varkappa_A (fs - 0.5)\, bj \times D$$

$\varkappa_A$: 接合部の形状による係数

	十字形	T形	ト形	L形
$\varkappa_A$	10	7	5	3

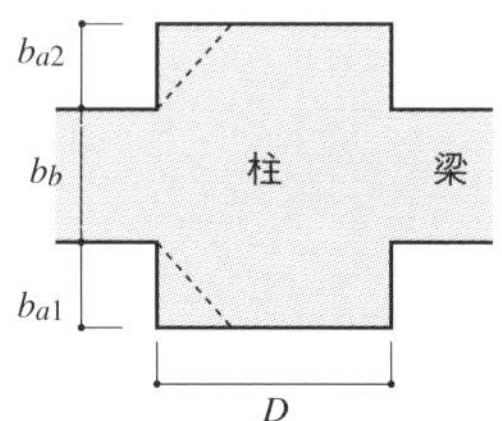

f_S :コンクリートの短期許容せん断応力度
b_j :接合部の有効幅($b_j = b_b + b_{a1} + b_{a2}$)
　b_bは梁幅、b_{ai}はb_i /2またはD/4の小さいほうとし、
　b_iは梁両側面からこれに並行する柱側面までの長さ
D :柱せい

柱梁接合部の短期設計用せん断力 Q_{Dj} の算定のしかた

①基本

$$Q_{Dj} = \sum \frac{M_y}{j} \times (1 - \xi)$$

②水平荷重時せん断力の割増係数を1.5以上とした場合

$$Q_{Dj} = Q_D \times \frac{1-\xi}{\xi}$$

$\sum \frac{M_y}{j}$: 接合部の左右の梁の降伏曲げモーメントの絶対値をそれぞれのjで除した和。ただし、梁は一方が上端引張り、他方が下方引張りとする。
j ：梁の応力中心距離。ξを求める際には接合部の左右の梁の平均値とする。
ξ ：架構の形状に関する係数

$$\xi = \frac{j}{H \times \left(1 - \frac{D}{L}\right)}$$

H ：接合部の上下の柱の平均高さで、最上階の接合部では最上階の高さの1/2とする。柱の高さは梁の芯々間距離とする。
D ：柱せい
L ：接合部の左右の梁の平均長さで、外端の接合部では外端の梁の長さとする。梁の長さは柱の芯々間距離とする。
Q_D: 柱の短期設計用せん断力で、一般階の接合部では接合部の上下の柱の平均値、最上階の接合部では接合部直下の柱の値とする。

RC造の仕口部を設計するには、柱梁接合部短期許容せん断力を算定する知識が必要なんだ。RC規準15条も確認しながら、基本を身につけておこう！

複雑化する仕口の配筋

近年、RC造柱大梁仕口部の性能が重要視されるようになりました。それとともに、仕口部の配筋が複雑になることから、機械式定着が多く使われるようになってきています。

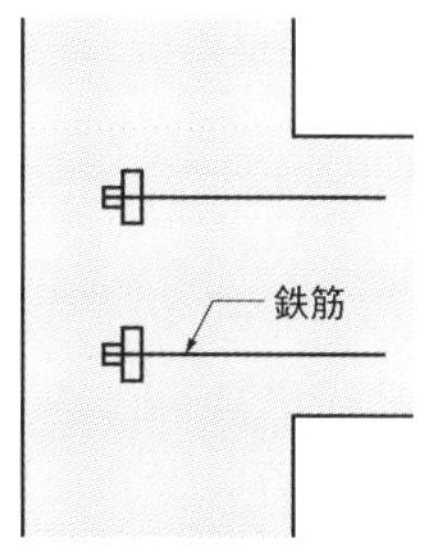

降伏した部分が延びるとは?

降伏した部分が延びる

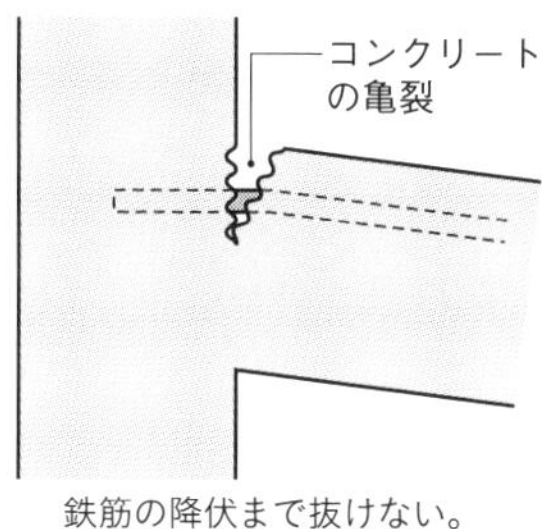

鉄筋の降伏まで抜けない。

降伏した部分が延びない

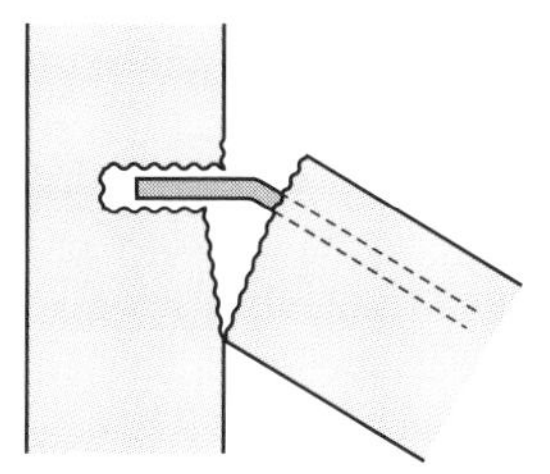

鉄筋が降伏する前に抜けてしまう。

考えるようになりました。
　しかし、施工が大変なことや慣例的に下向きアンカーであったことから、現在でも耐震壁が多く配置された強度型のRC造建物では、下向きアンカーで施工されています。特に規定はありませんが、低層建物でも変形能力に期待する建物(純ラーメン構造)では、鉄筋の定着方向など仕口の性能を考えて設計した方が安全性が高まります。

木造の断面算定

026

木造の梁や柱を設計するポイント

木造の設計は応力の計算に加えて、金物の検討も重要です。

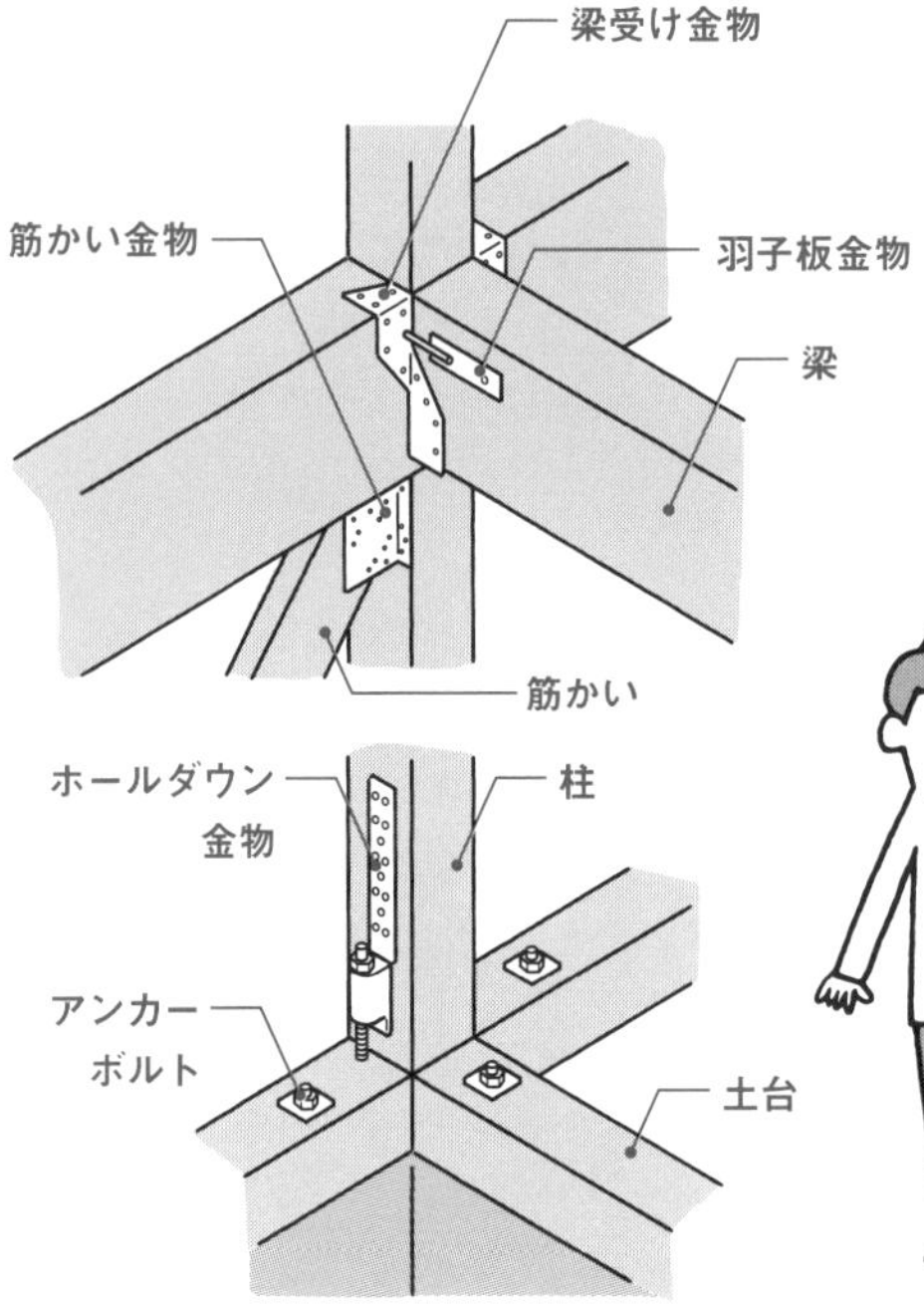

梁受け金物
筋かい金物
羽子板金物
梁
筋かい
ホールダウン金物
柱
アンカーボルト
土台

木造梁は単純梁で応力やたわみを算出して断面算定を行う

木造の梁は、ほとんど両端部がピンとなります。連続している場合もありますが、柱ほぞの欠損などもあるために、慣例的には単純梁として応力やたわみを算出し、断面算定を行います。

木造梁を断面算定する手順

断面算定を行うには、まず初めに応力を算出します。設計の荷重については、254頁の例では等分布荷重としていますが、根太のピッチにあわせ集中荷重として梁に荷重がかかる場合もあるので、実情に合わせて荷重のモデルを考えます。

断面性能の算出と同時に応力も計算します。断面性能としては、せん断応力に関係する断面積、曲げ応力に関係する断面係数、たわみの算出に関係する断面2次モーメントを算出しておく必要があります。

応力度とたわみの確認のしかた

木梁のたわみについては、建物の使用上支障が出ることなどから、平成12年建設省告示1459号で $\frac{1}{250}$ 以下と決められています。

応力度の確認		たわみの確認
いま考えている断面が安全かどうかを確認するには、梁に生じている最大の応力度（曲げ・せん断）を求めて、許容応力度と比較し、これ以下であれば安全としています。 **最大応力度≦許容応力度**	▶	木造梁はクリープにより変形が進むので、次式で1/250以下であることを確認します。 $\frac{2\times\text{弾性たわみ}}{\text{スパン長}} \leqq \frac{1}{250}$ 弾性たわみは、計算で算出されるたわみです。クリープを考えると2倍になります。

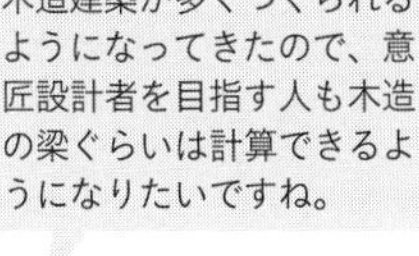

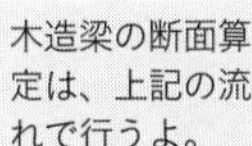

許容応力度については、建築基準法で定められているので、採用する樹種に対する許容応力度（次頁表）を確認します。

曲げ応力度・せん断応力度・たわみの確認のしかた

曲げモーメントに対する応力度は、算出された曲げモーメントを断面係数Ｚで除して算出します。この応力度が許容曲げ応力度以下であることを確認します。せん断応力度の確認は、ちょっと注意が必要です。梁の端部は、ほぞで柱に接合されている場合や、梁の横に溝をほって接合されている場合など形状に応じて有効な断面積を算出しておく必要があります。

たわみについては、クリープによるたわみの増大を考慮する必要があります。通常2倍を見ておきます。なお、木造住宅は、勾配屋根の場合も多く、多少たわんでも問題がない場合もあるので、屋根については使用上の障害がなければ１／250の規定を摘要する必要はありません。

木造梁の断面算定を行ってみよう

例題

下図のようなベイマツの梁材の曲げ応力度・せん断応力度・たわみが問題ないか確認しましょう。

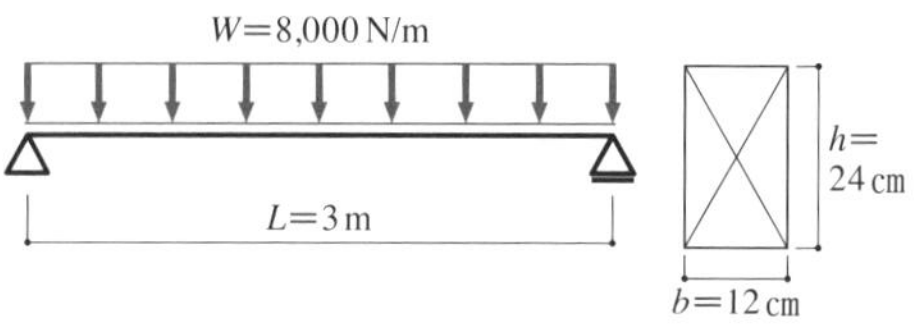

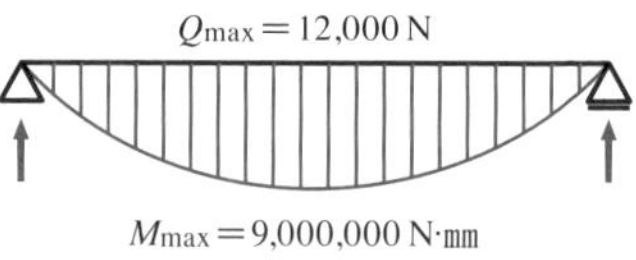

事前にせん断力と曲げモーメントと断面性能を確認する。

断面積 $A=bh=28{,}800\ \text{mm}^2$
断面係数 $Z=bh^2/6=1{,}152{,}000\ \text{mm}^3$
断面２次モーメント $I=bh^3/12=138{,}240{,}000\ \text{mm}^4$

木材の許容応力度 [単位：N/mm²]

木材種別（無等級材の場合）		長期 圧縮 $1.1F_c/3$	長期 引張り $1.1F_t/3$	長期 曲げ $1.1F_b/3$	長期 せん断 $1.1F_s/3$	短期
針葉樹	アカマツ、クロマツ、ベイマツ	8.14	6.49	10.34	0.88	基準強度のそれぞれの数値の2/3倍
針葉樹	ヒノキ、ヒバ、カラマツ、ベイヒ	7.59	5.94	9.79	0.77	
針葉樹	ツガ、ベイツガ	7.04	5.39	9.24	0.77	
針葉樹	スギ、ベイスギ、モミ、エゾマツ	6.49	4.95	8.14	0.66	
広葉樹	カシ	9.90	8.80	14.08	1.54	
広葉樹	クリ、ナラ、ブナ、ケヤキ	7.70	6.60	10.78	1.10	

(注) F_c、F_t、F_b、F_sはそれぞれ圧縮、引張り、曲げ、せん断に対する基準強度、数値は省略。

解答

①曲げ応力度 σ を確認する

$$\sigma_{max}=\frac{M}{Z}=7.81\ \text{N/mm}^2$$
$$\leqq 10.34\ \text{N/mm}^2\quad\cdots\text{OK}$$

許容曲げ応力度 f_b（上表より）

②せん断応力度 τ を確認する

$$\tau=\frac{Q}{A_e}=0.41$$
$$\leqq 0.88\ \text{N/mm}^2\quad\cdots\text{OK}$$

許容せん断応力度 fs（上表より）

実際には、A_e はほぞと切り欠きの形状を考慮する。

ここでは $A_e=A$ として計算

③たわみ δ を確認する

$$\delta=\frac{5}{384}\times\frac{wL^4}{EI}$$
$$=5.09\ \text{mm}$$

ベイマツのヤング率 $E=12.0\text{kN/mm}^2$

木造梁はクリープによるたわみの増大を考慮するので

$$2\times\frac{\delta}{L}=2\times\frac{5.09}{3000}$$
$$=\frac{1}{295}$$
$$\leqq\frac{1}{250}\quad\cdots\text{OK}$$

$$\frac{2\times\text{弾性たわみ}\ \delta}{\text{スパン長}}\leqq\frac{1}{250}$$

柱の小径に関する規定

柱 建築物		張り間・けた行方向に相互の間隔が10m以上の柱または学校・保育所・劇場・映画館・演芸場・観覧場・公会堂・集会場・物品販売業を含む店舗（床面積合計＞10m²）、公衆浴場の用途に供する建築物の柱		左欄以外の柱	
		最上階又は階数が1の建築物の柱	その他の階の柱	最上階又は階数が1の建築物の柱	その他の階の柱
(1)	土蔵造の建築物など壁の重量が特に大きい建築物	1/22	1/20	1/25	1/22
(2)	(1)に掲げる建築物以外の建築物で屋根を金属板、石板、石綿スレート、木板など軽い材料で葺いたもの	1/30	1/25	1/33	1/30
(3)	(1)・(2)に掲げる建築物以外の建築物	1/25	1/22	1/30	1/28

柱の長さに対して表の値を掛けて、柱の最小径を確認する（例：柱の最小径≧柱の長さ×（表の値）［mm］）。（建築基準法施行令43条）

柱の大きさを確認する際、計算によらない場合は上表の規定を守る必要があります。

最近では、集成材や乾燥材（ドライ材）が使われるので、たわみや応力度の計算は、長方形の断面として計算を行って問題はないのですが、間伐材や未乾燥材を用いる場合は、注意が必要です。梁上下面の軸方向に割れればよいのですが、横腹に割れが生じると、断面性能は著しく低下します。

木造柱の設計の基本は軸方向力

木造住宅の柱は、長期においては鉛直荷重を支える役割を担っています。地震時には、筋かいや合板耐力壁の枠となっている柱に大きな圧縮力や引張り

柱の背割れ

柱には背割れを設けている場合があります。鉛直荷重については、それほど大きな影響はありませんが、面外の曲げに対しては大きな影響があります。下図のaの方向には強いのですが、bの方向に弱いので、外壁に背割れのある材を使うときには注意が必要です。

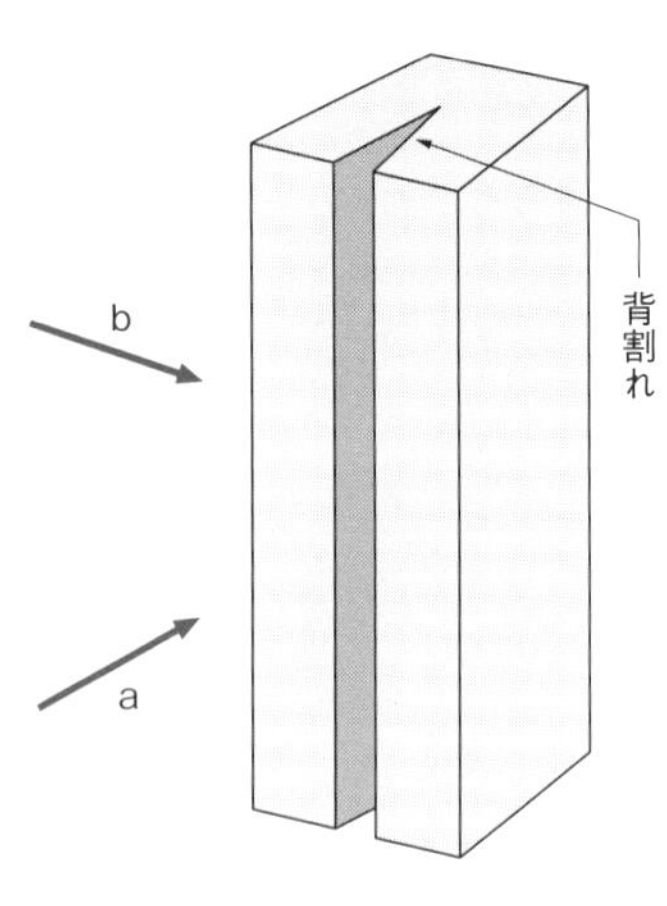

木造柱は座屈する

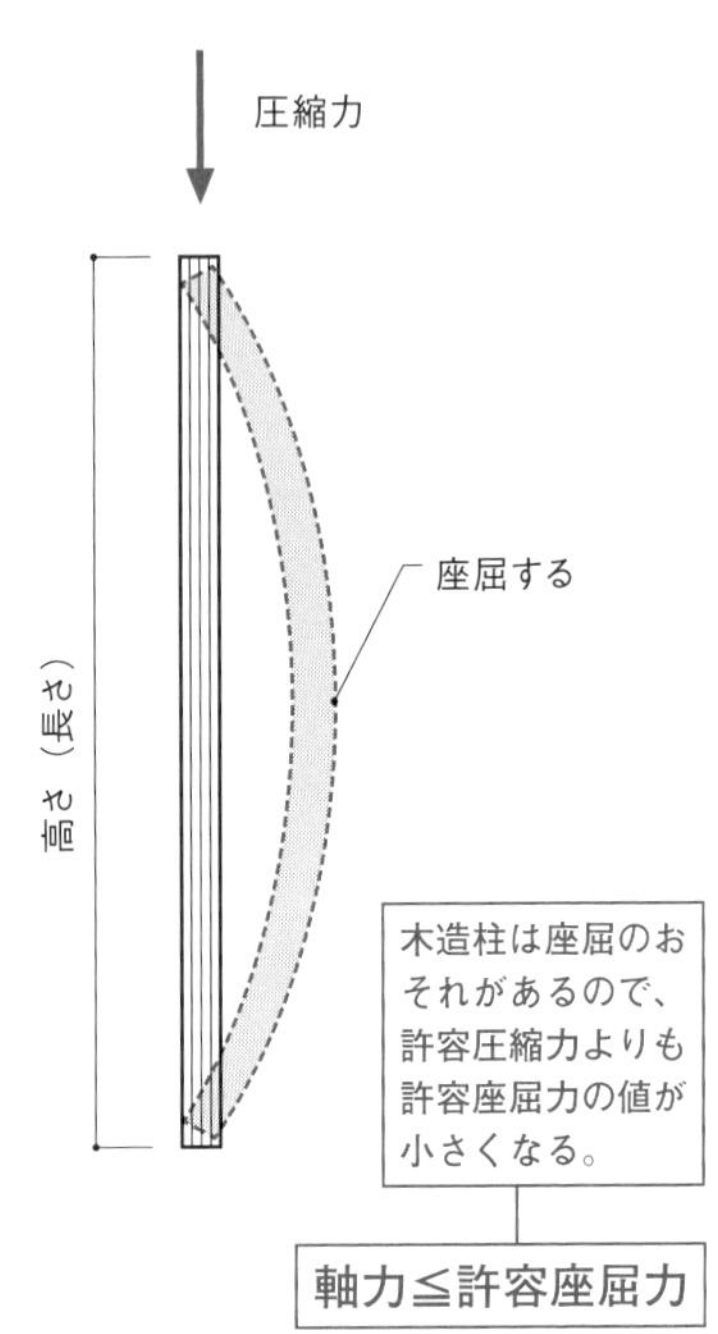

力が生じます。また、風荷重時には、外壁側柱は大きな風圧力に抵抗しなければなりません。木造建築の部材で一番の働き者なので、安全性の確認は重要です。

木造柱は座屈を考慮する

木造で一般的に用いられる柱には、105㎜角か120㎜角と比較的小さい断面が使われます。小断面の柱は圧縮力に対する抵抗力が弱いので、座屈の検討が重要になります。

座屈とは、一定以上の圧縮力によって部材の一部が急に曲がる現象です。座屈を防ぐため建築基準法では柱の最少径（小径）の規定があります。一般部はそれに準じればよいのですが、吹き抜け部などは非常に大きな断面となってしまいます。そのため、断面算定を行うことが有効になるのです。

木造柱の断面算定のしかた

いま考えている断面が安全かどうかを確認するには、柱が負担する長期軸力や地震時の軸力を求めて、

柱に生じる応力の考え方

柱に生じる応力の考え方は、内柱と外柱で異なります。いずれも基本は「軸方向力」ですが、外柱については「軸方向力」のほか「風圧による曲げモーメント（風による応力）」も同時に検討します。

内柱の応力	**①柱軸方向圧縮力N** N_L：長期柱軸方向力（鉛直荷重） N_H：水平荷重時の柱軸方向力（地震力または風圧力により生じる軸方向力、耐力壁の柱に生じる） N_S：短期柱軸方向力　$N_S=N_L+N_H$	内柱に生じるN_Hは相対的に小さいので、内柱は一般的には長期N_Lにて設計することになる。
外柱の応力	**①柱軸方向圧縮力** N_L：長期柱軸方向力（鉛直荷重） N_H：水平荷重時の柱軸方向力（地震または風圧力により生じる軸方向力。耐力壁の柱に生じる） N_S：短期軸方向力　$N_S=N_L \pm N_H$	外柱は、相対的に短期軸方向力にて設計することになる。
	②直接風圧による曲げモーメント $M_S=\dfrac{W \cdot \ell^2}{8}$ M_S：風圧力により生じる曲げモーメント[kN･mm] W：風圧力[kN] W＝速度圧×風力係数×見付面積 ℓ：柱の長さ（ℓ_k）[mm]	外周の柱は管柱が多いので両端ピンとして応力を算出する。

柱軸方向力は、圧縮を＋、引張りを－とします。

柱に生じる応力の考え方（軸力のみ作用した場合）

計算で柱の圧縮力に対する性能を確かめる場合は、柱の最大応力度σが許容圧縮応力度f_c以下であることを確認します。ただしf_cの値は座屈を考慮し、柱の有効細長比の値によって低減します（座屈低減係数）。

応力度の確認

$$\sigma=\frac{N}{A}$$

N：柱軸方向圧縮力[N]
A：全柱断面積[mm²]

$$\sigma \leqq \eta \cdot f_c$$

座屈許容応力度

η：座屈低減係数
Lf_c：長期許容圧縮応力度[N/mm²]

なお、上記より

$$\frac{N}{A}\cdot\frac{1}{\eta \cdot f_c} \leqq \begin{matrix}1\ (\text{長期})\\ 2\ (\text{短期})\end{matrix}$$

柱断面算定式

座屈低減係数ηの求め方

座屈低減係数 ηは材の細長比λ（柱の座屈長さℓ_k[mm]／断面2次半径i[mm]）に応じて次式により算出する。

細長比λの値	座屈低減係数 η
$\lambda \leqq 30$	$\eta=1$
$30<\lambda \leqq 100$	$\eta=1.3-0.01\lambda$
$100<\lambda$	$\eta=\dfrac{3,000}{\lambda^2}$

細長比が30以下の場合は、許容圧縮度を低減しないでよいことを示している。

柱軸方向の力＋風圧による曲げモーメントが作用する柱（外柱）の断面算定

応力度の確認

$$\left(\frac{{}_sN}{A}\cdot\frac{1}{\eta\cdot{}_sf_c}\right)+\left(\frac{{}_sM}{Z}\cdot\frac{1}{{}_sf_b}\right)\leqq 1.0$$

${}_sN$ ：柱軸方向力[N]
A ：柱断面積[㎟]
η ：座屈低減係数
${}_sf_c$ ：短期許容圧縮応力度[N/㎟]
${}_sM$ ：風圧力により生じる曲げモーメント（短期）[N･mm]
Z ：有効断面係数[mm^3]
${}_sf_b$ ：短期許容曲げ応力度[N/mm^3]

なお、座屈低減係数ηは材の細長比λに応じて上表の式により算出する。

実際に柱に生じる応力（軸力・曲げ）をそれぞれの許容応力度で除して、安全性を確認します！

座屈の許容応力度以下であれば安全となります。

風荷重に対して外壁側では、風圧力により外壁の面外に曲げモーメントが生じます。曲げモーメントに対する断面算定は、梁と同じ方法ですが、風荷重の場合は短期の許容応力度を用います。

また、柱脚部や柱頭部は、ほぞや欠き込みがあり断面欠損しているので、せん断力に対しても許容せん断力以下であることを確認する必要があります。鉛直方向には、ほとんど変形しませんが、風荷重時には面外に変形するので、梁と同じようにたわみも検討しなければなりません。

なお、詳細は省きますが、木造は応力の計算以外にも力を他方の部材に伝達する役割を持つ接合部の金物の検討も重要です。

内柱の断面算定に挑戦しよう

例題

下記条件の木造の内柱に軸力 N=20.0kN がかかっているとします。
その場合の長期の安全性を確認しましょう。

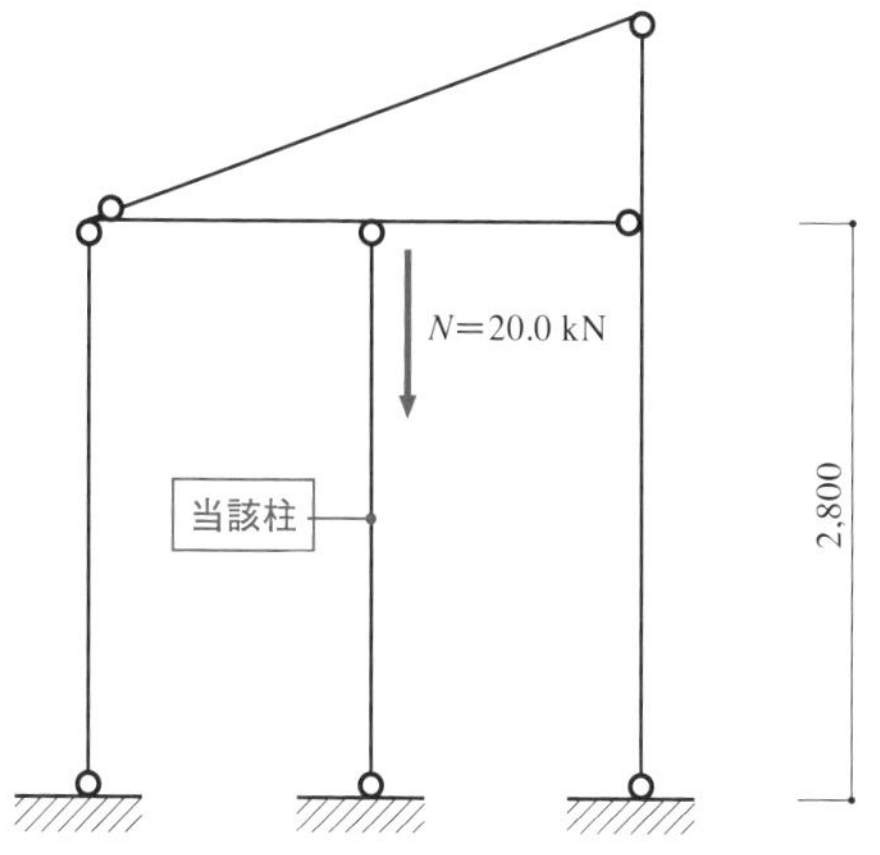

[条件]
柱断面：120×120㎜、ベイマツ
断面積A：14,400㎜^{2}
断面2次半径i：34.7㎜
断面係数Z：288×103㎜^{3}
許容応力度：
$_Lf_c$ =8.14 N/㎜^{2}
$_Lf_b$ =10.34 N/㎜^{2}
$_Lf_s$ =0.88 N/㎜^{2}
ヤング係数E：10×103 N/㎜^{2}

解答

柱断面算定式は次のとおり。

$$\frac{N}{A}\cdot\frac{1}{\eta\cdot{}_Lf_c}\leqq 1.0\text{(長期)}$$

柱の有効細長比λを算定し、座屈低減係数ηを求める。

$$\ell_k=2{,}800 \qquad \lambda=\frac{\ell_k}{i}=\frac{2{,}800\text{㎜}}{34.7\text{㎜}}=81$$

257頁の下表より、30＜λ≦100の場合、η=1.3−0.01λなので
η=0.49

上記柱断面算定式に代入すると

$$\frac{20{,}000\text{N}}{14{,}400}\cdot\frac{1}{0.49\times 8.14\text{N/㎜}^2}=0.35=1.0 \quad \cdots\text{OK}$$

S造の断面算定

027

鉄骨造の梁や柱を設計するポイント

鉄骨造では、梁は曲げモーメントとせん断力を、柱は曲げモーメントとせん断力、軸力を考えます。

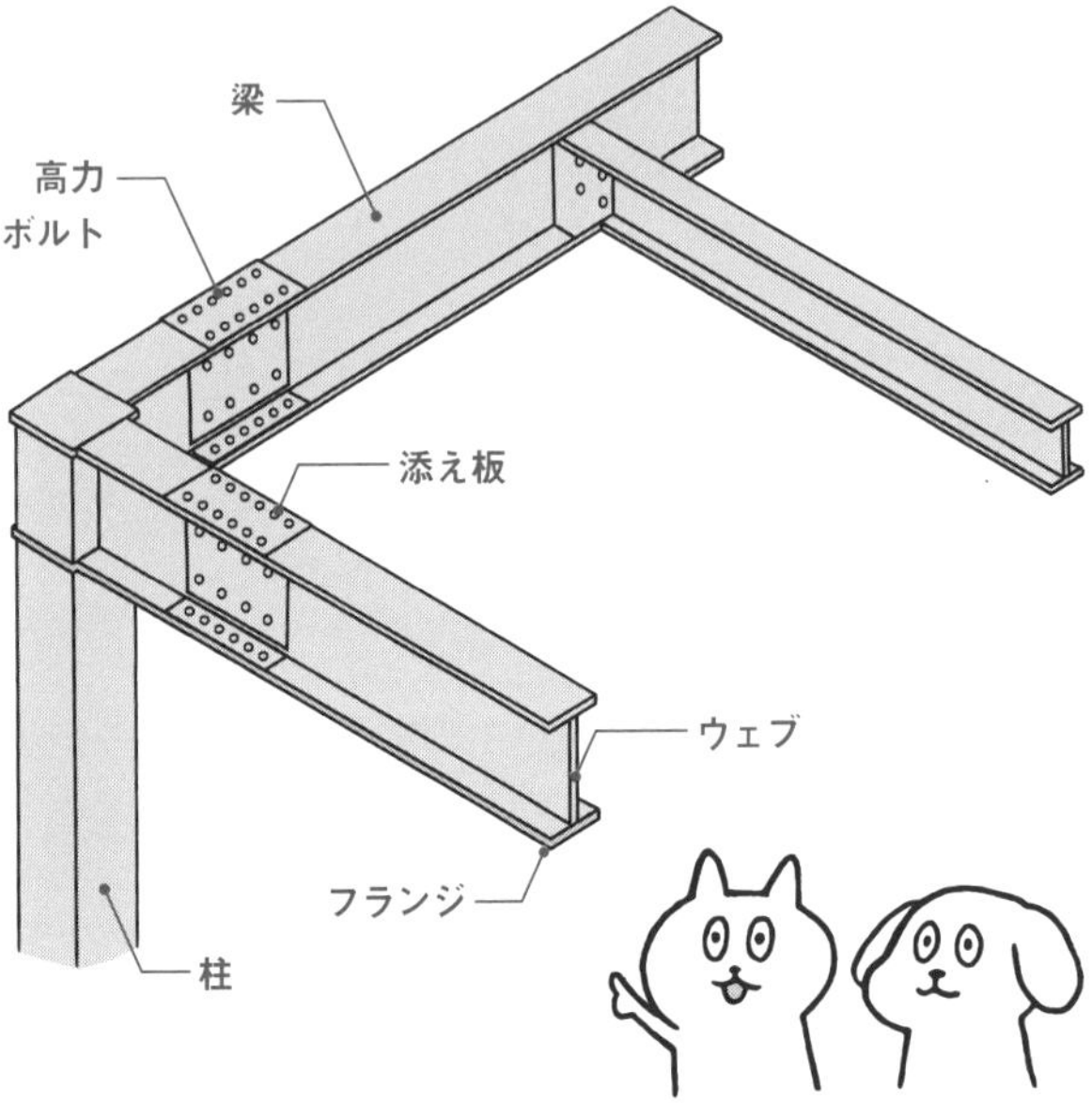

鉄骨梁は部材の許容応力度を超えないように断面算定をする

鉄骨大梁の断面算定では、まず長期荷重および地震時荷重による大梁応力を算出し、長期荷重による応力の長期の安全性の確認、および長期荷重による応力と地震時荷重による応力を組み合わせた短期の安全性の確認を行います。

曲げモーメントに対する許容応力度

次に許容応力度を算出しますが、鉄骨梁は薄い板を組み合わせた断面のため幅厚比が大きく横座屈しやすいので、曲げモーメントに対する許容応力度の考え方が重要です。曲げモーメントの分布によって、曲げモーメントによる座屈の許容応力度が変わります。コンクリート床を梁フランジに固定したり、小梁を設けて大梁が横に座屈しないよう、曲げの許容応力度が引張り許容応力度と同じになるように設計

梁の断面算定の手順

応力度の確認

梁の最大応力度が部材の許容応力度を超えないことを確認する。

最大応力度≦許容応力度

▼

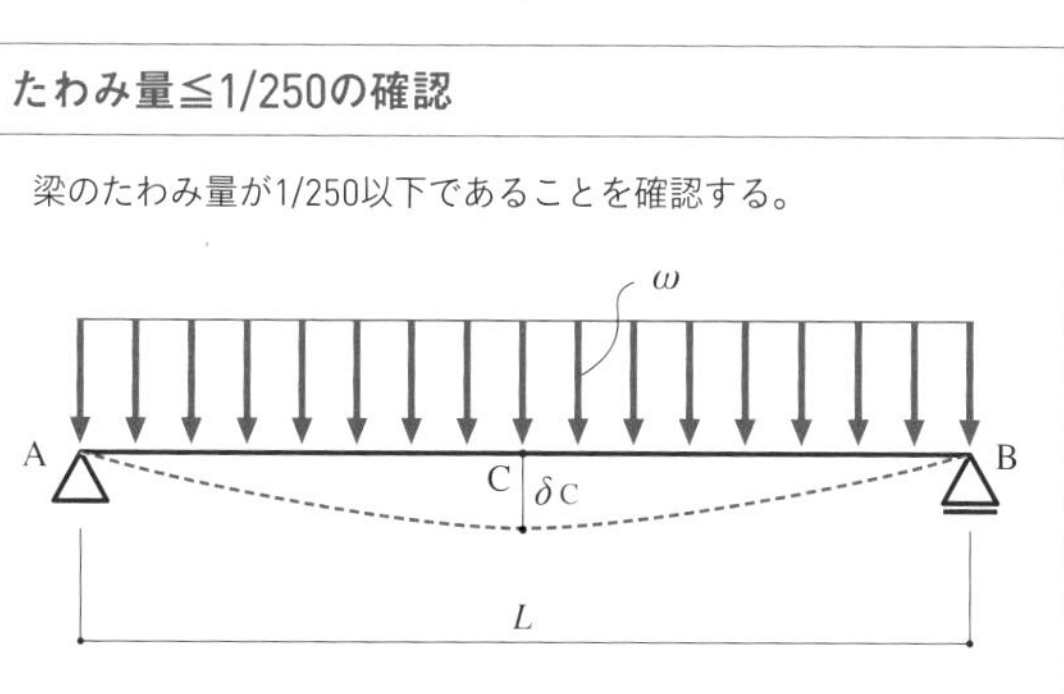

木造やRC造は不確定要素が多いのですが、鉄骨造は工業化された部材を使うので、計算どおりの安全性が得られます。

することも多くあります。

横方向の座屈を拘束しない場合は、曲げモーメント分布に応じた修正係数を算出し、許容応力度を算出します。通常、短期の許容応力度は長期の1.5倍で算出しますが、曲げモーメントの分布形状が短期と長期で変わり、座屈形状が変わるので、許容応力度も単純に1.5倍にならず、長期と短期で変わります。

せん断応力に対する断面算定のしかた

H形鋼大梁のせん断応力に対する断面算定時には、通常は大梁のウェブのみの断面積でせん断応力度を算出します。矩形断面の断面算定と異なるので注意が必要です。たわみも木造梁やRC造梁と同様に確認をしますが、鉄骨梁はクリープが生じないので、弾性たわみのみ検討を行います。

さらに、重要なことがあります。薄い板を組み合わせて部材ができているので、大きな圧縮力を受けると板の端が座屈します。終局時にも座屈をせず、十分な変形能力を確保するために横補剛材の必要本数を確認します。

鉄骨梁の断面算定に挑戦しよう

例題

下記のH鋼梁の曲げ応力度 σ、せん断応力度 τ について長期･短期とも問題ないか確認しましょう。

［条件］

長期曲げ許容応力度f_b ＝ 長期引張り許容応力度 f_t＝157 N/mm^2

（横方向への座屈は拘束されていると仮定）

長期せん断許容応力度f_s＝90.5 N/mm^2

H－400×200×8×13

断面積A_w＝83.37 cm^2　断面係数Z＝1,170 cm^3

η＝8.13　断面2次モーメントI＝1,740 cm^4

解答

①長期曲げモーメントより長期の応力度を確認する

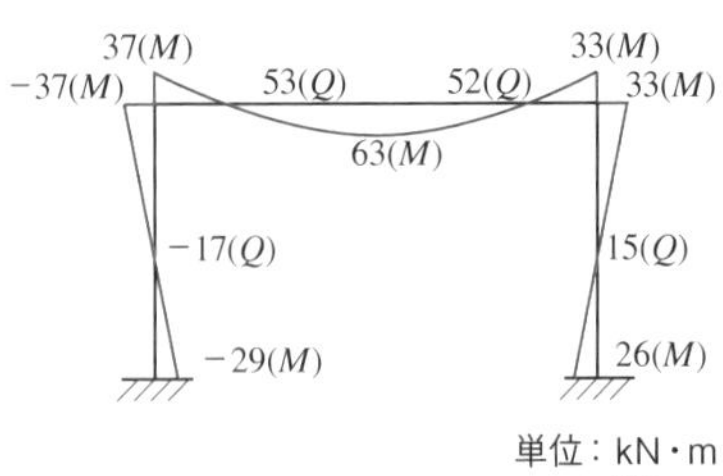

①曲げ応力度 σ の確認

梁中央の曲げモーメント M＝63 kN･ mなので、

$$\sigma_b = \frac{M}{Z} = 53.85 \text{ N/mm}^2$$

＜ 157　…OK

長期許容曲げ応力度f_b

②せん断応力度 τ の確認

梁のせん断力Q＝53 kNなので、

$$\tau = \frac{Q_m}{A_w} = 6.36 \text{ N/mm}^2$$

＜ 90.5　…OK

長期許容せん断応力度f_s

②地震時曲げモーメント図と長期曲げモーメント図より短期の応力度を確認する

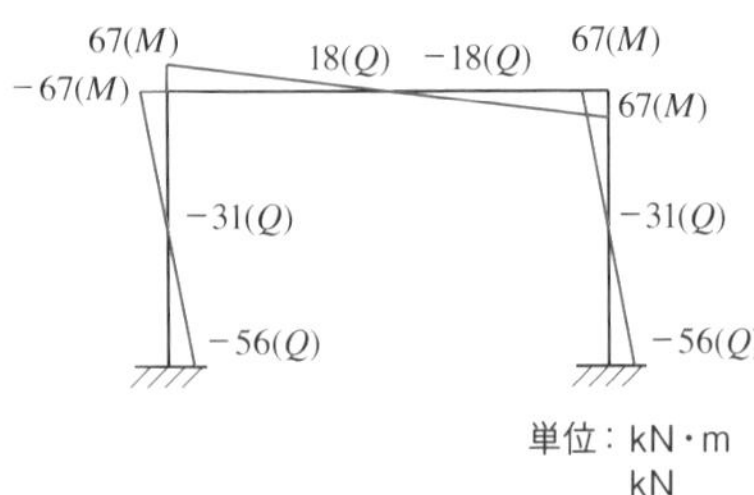

①曲げ応力度 σbの確認

端部の曲げモーメント M＝37＋67＝104 kN･mなので、

$$\sigma_b = \frac{M}{Z} = 88.9 \text{ N/mm}^2$$

＜ 235.5　…OK

短期の許容曲げ応力度＝f_b×1.5

②せん断応力度 τ の確認

梁のせん断力 Q＝53＋18＝71 kNなので、

$$\tau = \frac{Q_m}{A_w} = 8.52$$

＜ 135.75　…OK

短期の許容せん断応力度＝f_s×1.5

ここでの許容曲げ応力度は、次頁で説明する「曲げ座屈を無視した許容応力度」としているよ。

曲げ材の座屈の許容応力度

許容曲げ応力度は曲げ座屈が関係するので、引張り許容応力度の値より小さくなります。実際の計算方法は複雑なのですが、余力のある人のために、掲載しておきます。

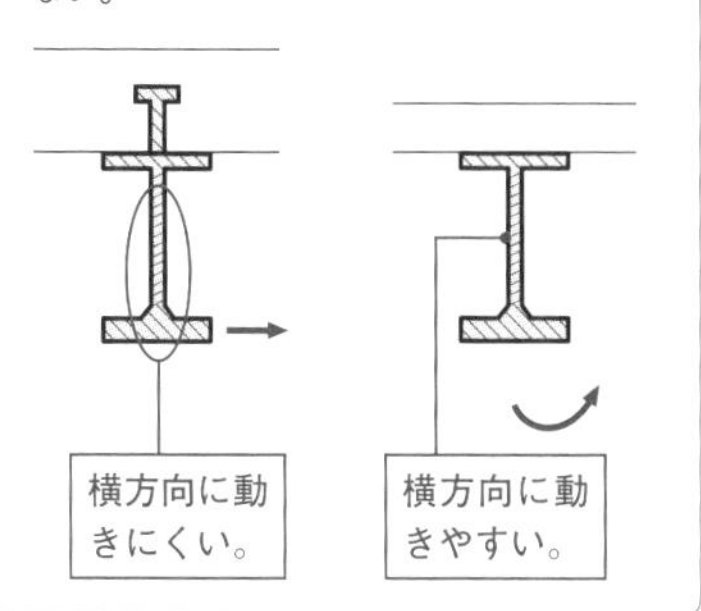

横方向の座屈を拘束しない場合
曲げモーメント分布に応じた修正係数を算出し、許容応力度を求めなくてはならない。
横方向に動きにくい。
横方向に動きやすい。

長期応力に対する曲げ材の座屈の許容応力度f_bは、(1)式によります。
短期応力に対する値は、長期応力に対する値の1.5倍とします。

$$f_b = \max(f_{b1}, f_{b2})$$

$$f_{b1} = \left\{\frac{2}{3} - \frac{4}{15} \times \frac{(\ell_b/i)^2}{C\Lambda^2}\right\} ft \quad \cdots(1)$$

$$f_{b2} = \frac{89{,}000}{\left(\dfrac{L_b h}{A_f}\right)}$$

$$C = 1.75 - 1.05 \cdot \left(\frac{M_2}{M_1}\right) + 0.3 \cdot \left(\frac{M_2}{M_1}\right)^2 \leqq 2.3 \quad \cdots(2)$$

L_b :圧縮フランジ支点間距離(横座屈長さ)
h :曲げ材のせい
A_f :曲げ材フランジの断面積
i :圧縮フランジの梁せいの1/6とからなるT形断面のウェブ軸まわりの断面2次半径
C :座屈区間端部の曲げモーメントによる修正係数(M_1, M_2は次頁)
Λ :限界細長比

f_{b1}は、梁の長さにより決定される許容応力で、f_{b2}は、フランジの性能により決定される許容応力を示すよ。

実務では、コンピューターで計算をしますが、昔は手計算で上式より計算するとたいへんなので、グラフを利用して許容応力度を算出していました。

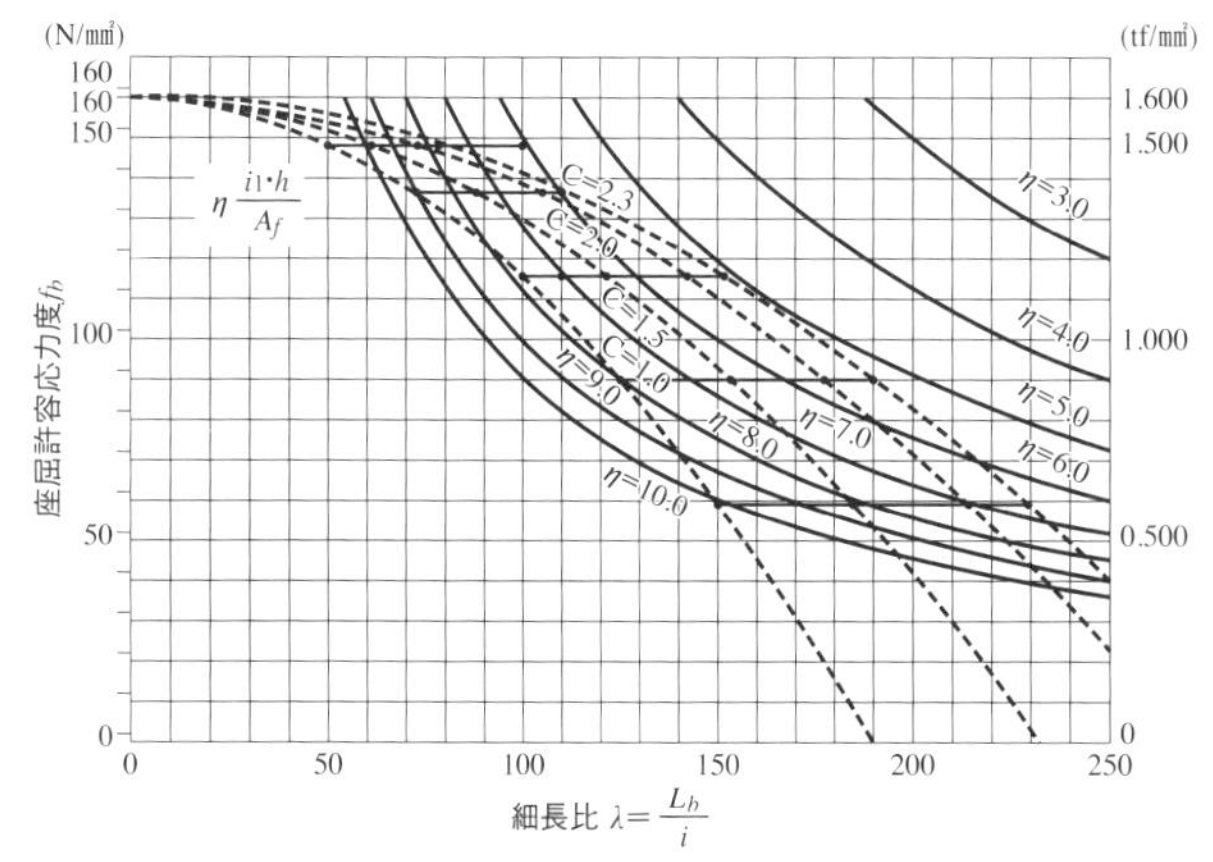

$$\eta = \left(\frac{L_b \cdot h}{A_f}\right)$$

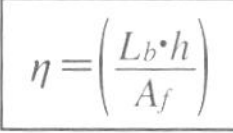

左のグラフから次のような傾向がわかります。
傾向① ηの値が小さいと許容応力度が大きくなる
傾向② 細長比λが大きくなると許容応力度が小さくなる

F=235 N/㎟ 鋼材の長期許容曲げ応力度f_b(N/㎟)
[SN400, SS400, SM400, SMA400, STK400, STKR400, (SSC400), BCP235, t≦40mm]

梁の曲げモーメント分布形状（M_1・M_2）

下図は梁のモーメント分布を示します。

Cを(2)式（前頁）より求める場合　　　　**C＝1の場合**

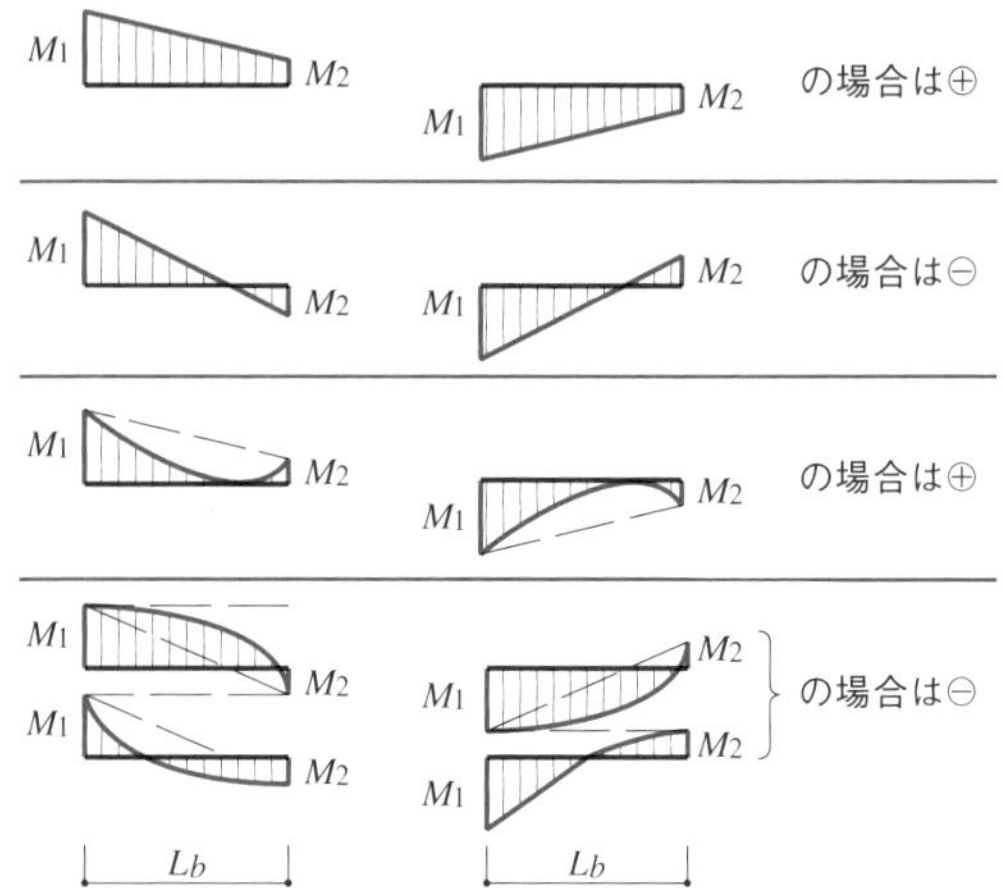

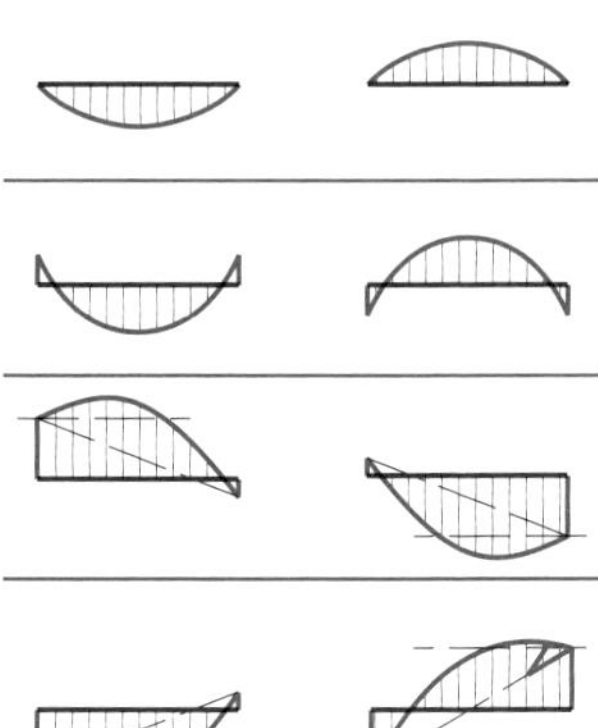

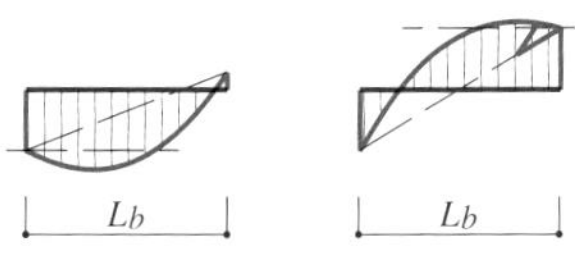

圧縮フランジは、横へ変形しようとする力が働きますが、梁の曲げモーメントの分布状態で横方向への力は変わる。

横補剛材の必要本数をチェックする

曲げモーメントが生じると圧縮剛フランジは、横に変形をするため、横に曲がることを防止する横補剛材を設けます。

横補剛材の確認の方法

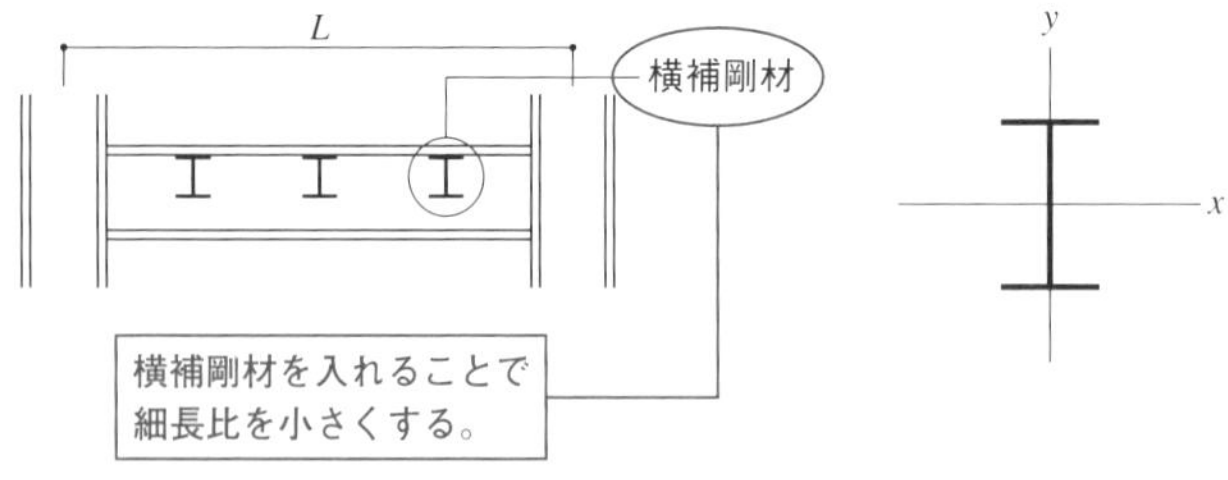

建築基準法上、細長比の制限があるので、横補剛材を入れないと長いスパンの梁が設計できないんだ。

大梁の弱軸方向への細長比λ_yが下記の式を満たすようにn（横補剛材の本数）を決める。

$\lambda_y \leqq 170 + 20n$　　$\lambda_y = \dfrac{L}{i_y}$　（SS400の場合）

λ_y：梁の弱軸に関する細長比　L：梁の長さ　i_y：弱軸に関する断面2次半径
（均等に横補剛材を設けた場合）

柱の断面算定の基本事項

応力度の確認

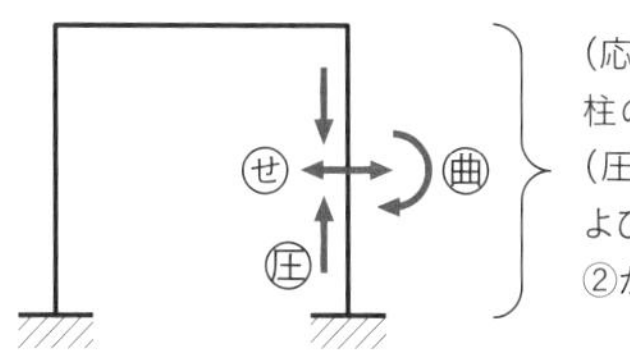

（応力）
柱の断面算定は、柱軸方向力（圧縮力）と曲げモーメントおよび、せん断力について下記①、②が成り立つことを確認する。

柱の断面算定時は応力度の確認とともに、座屈防止のために細長比を確認するよ。

①せん断応力度≦許容せん断応力度

② $\dfrac{\text{圧縮応力度}}{\text{座屈を考慮した許容圧縮応力度}} + \dfrac{\text{曲げ応力度}}{\text{許容曲げ応力度}} \leqq 1.0$

（短期許容応力度は長期許容応力度の1.5倍で確認）

細長比の確認（座屈防止）

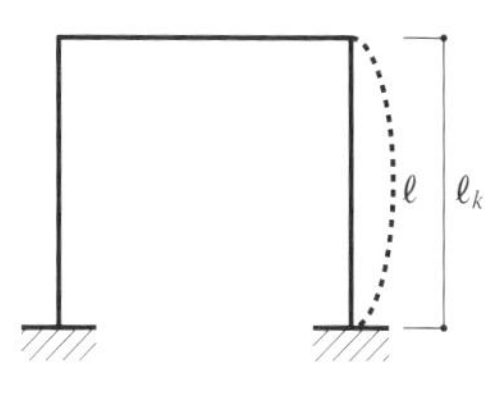

細長比 $\lambda \leqq 200$

細長比 $\lambda = \dfrac{\text{座屈長さ}\ \ell_k}{\text{断面2次半径}\ i}$

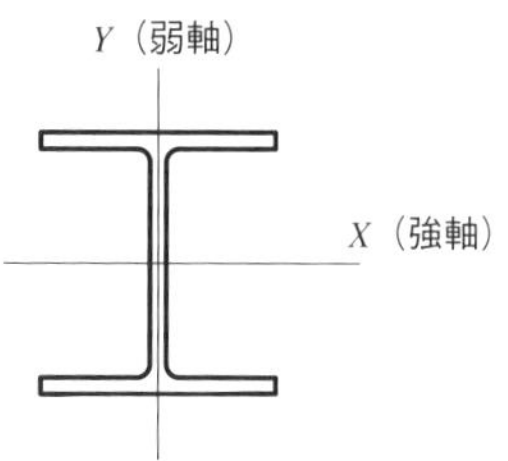

鉄骨柱は軸力についても断面算定を行う

鉄骨柱の断面算定は、軸力・曲げモーメント・せん断力の3つの応力に対して計算を行います。曲げモーメントやせん断力の計算方法は、大梁と同じですが、軸力に対して検討を行うために少し複雑な計算となります。

鉄骨柱の断面算定のしかた

柱部材断面の検討を行うには、まず設計荷重によるラーメンフレームの応力を算出します。そして、大梁と柱に生じる軸力による応力、曲げモーメントによる応力がそれぞれ許容圧縮応力、許容曲げ応力以下であることを確認するとともに、軸力と曲げモーメントを組み合わせた応力に対する安全性を確認します。軸力に対する許容応力度、曲げモーメントに対する許容応力度はそれぞれ違います。組み合わせ

2方向の曲げモーメントを受ける柱

柱の設計を行うときには、さらに注意しなければならないことがあります。建物中央部の柱はそれほど問題にはならないのですが、四隅の柱は、2方向に大きな曲げモーメントが生じます。通常は、下記の式を用いて2方向曲げを考慮します。

①圧縮力と2方向の曲げモーメントを受ける場合

$$\frac{\sigma_c}{f_c}+\frac{{}_c\sigma_{bx}}{f_{bx}}+\frac{{}_c\sigma_{by}}{f_{by}}\leqq 1$$

かつ

$$\frac{{}_c\sigma_{bx}+{}_c\sigma_{by}-\sigma_c}{f_t}\leqq 1$$

②引張り力と2方向の曲げモーメントを受ける場合

$$\frac{{}_c\sigma_{bx}}{f_{bx}}+\frac{{}_c\sigma_{by}}{f_{by}}+\frac{\sigma_t}{f_t}\leqq 1$$

かつ

$$\frac{\sigma_t+{}_t\sigma_{bx}-{}_t\sigma_{by}}{f_t}\leqq 1$$

${}_c\sigma_{bx}$、${}_c\sigma_{by}$：x方向、y方向曲げによる圧縮側曲げ応力度（N/㎜^{2}）
${}_t\sigma_{bx}$、${}_t\sigma_{by}$：x方向、y方向曲げによる引張り側曲げ応力度（N/㎜^{2}）
f_{bx}、f_{by}：x方向、y方向許容曲げ応力度（N/㎜^{2}）

応力を考える場合は、それぞれの存在応力度を許容応力度で除した値を足し合わせた値が1以下であることを確認します。厳密には次式により、せん断力も組み合わせる必要があります。

$$f_t^2\geqq\sigma_x^2+\sigma_y^2-\sigma_x\cdot\sigma_y+3\tau_{xy}^2$$

（垂直応力度とせん断応力度を受ける場合）

しかし、せん断力はウェブ面だけで負担し、かつ一般的には十分な余裕があるので通常無視する場合もあります。せん断力に対する検討方法は、大梁と同じです。

また、軸力に対する応力度の検討を行います。ひょろひょろした柱では、施工時の誤差などにより曲がりやすくなるので、細長比を200以下に抑えます。ラーメン構造の柱の細長比を算出するとき、大梁剛性が極端に大きければ、座屈長さは階高になるのですが、実際には大梁も回転してしまうので、座屈長さは階

鉄骨柱の断面算定のしかた

応力の確認

①圧縮応力度σ_cを確認

$$\sigma_c = \frac{N}{A} \leqq f_c$$

②曲げ応力度σ_{by}を確認

$$\sigma_{by} = \frac{M_y}{Z_x} \leqq f_b$$

③せん断応力度τを確認

$$\tau = \frac{Q}{A_w} \leqq f_s$$

④組み合わせ応力度を確認

$$\frac{\sigma_c}{f_c} + \frac{\sigma_{by}}{f_b} \leqq \begin{matrix} 1.0 \text{（長期）} \\ 1.5 \text{（短期）} \end{matrix}$$

かつ

$$\frac{\sigma_b - \sigma_c}{f_t} \leqq 1$$

N ：軸力
A ：断面積
f_c ：許容圧縮応力度

M_y：y方向曲げモーメント
Z_x ：x方向断面係数
f_b ：許容曲げ応力度

Q ：せん断応力
A_w：せん断応力度算定用断面積
f_s ：許容せん断応力度

f_t ：許容引張り応力度

F、f_t、f_sは材料に固有の値。
f_bは263頁参照。

長期許容圧縮応力度f_cの算定

$\lambda \leqq \Lambda$のとき

$$f_c = \frac{\left\{1 - \frac{2}{5}\left(\frac{\lambda}{\Lambda}\right)^2\right\}F}{\nu}$$

$\lambda > \Lambda$のとき

$$f_c = \frac{\frac{18}{65}F}{\left(\frac{\lambda}{\Lambda}\right)^2}$$

f_c：許容圧縮応力度
λ ：圧縮材の細長比
Λ ：限界細長比

$$\Lambda = \frac{1{,}500}{\sqrt{\frac{F}{1.5}}}$$

E ：ヤング係数
F ：材料強度

$$\nu = \frac{3}{2} + \frac{2}{3}\left(\frac{\lambda}{\Lambda}\right)^2$$

細長比の確認

細長比は強軸と弱軸方向の両方向を算出し、大きいほうの細長比を用いて検討（$\lambda \leqq 200$）する。

$\left(\lambda = \frac{\ell_{kx}}{i_x}\right)$ を面内座屈（強軸）

$\left(\lambda = \frac{\ell_{ky}}{i_y}\right)$ を面外座屈（弱軸）

ℓ_{kx}：強軸の座屈長さ
i_x ：強軸の断面2次半径
ℓ_{ky}：弱軸の座屈長さ
i_y ：弱軸の断面2次半径

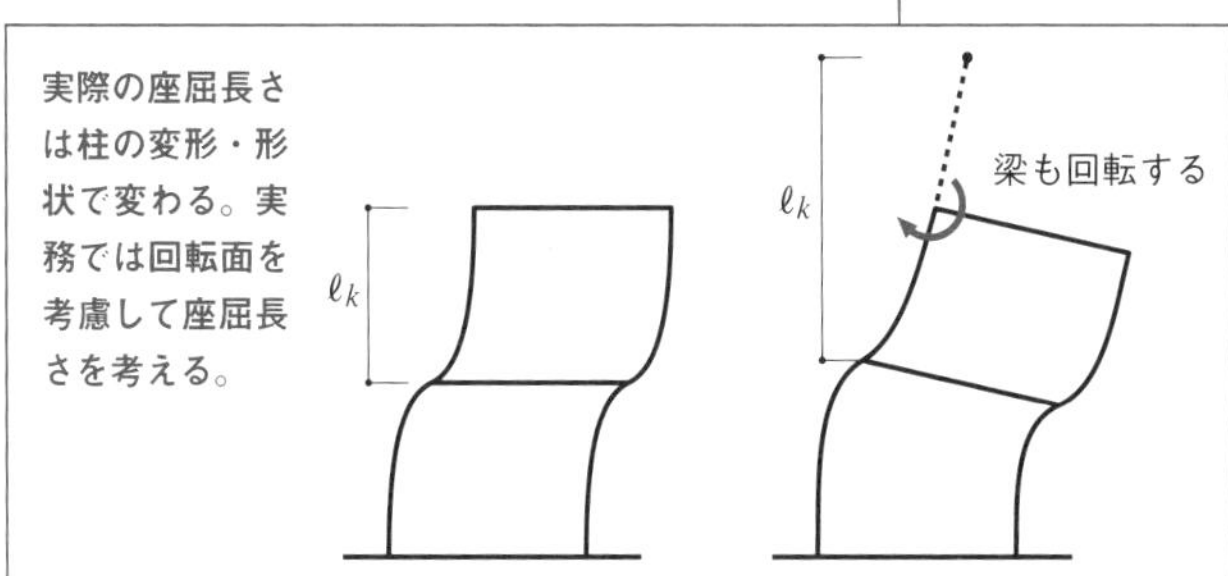

鉄骨柱の断面算定に挑戦しよう!

例題

鉄骨の門型フレームに下記条件のモーメントが生じるときの断面を確認しましょう。

[条件]

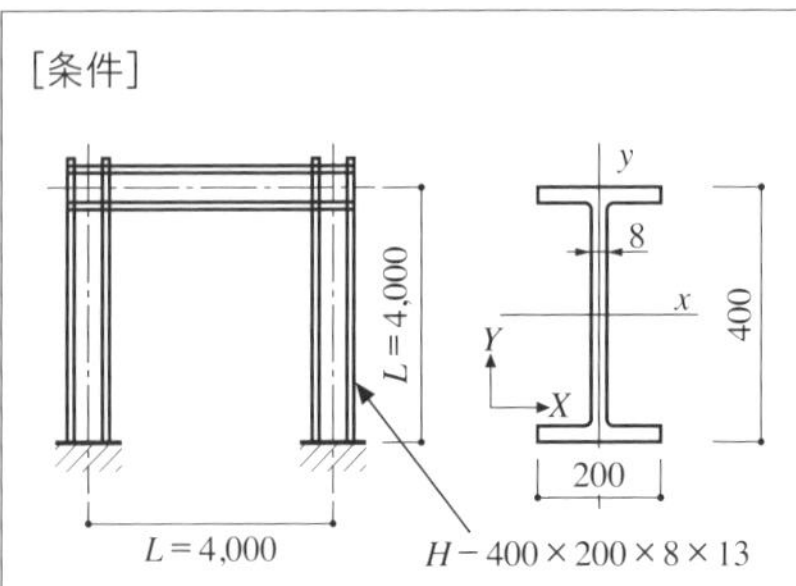

$H-400\times200\times8\times13$（SS400）

$A=83.37\ \text{cm}^2$	A：断面積
$A_w=31.37\ \text{cm}^2$	A_w：ウェブの断面積
$Z_x=1170\ \text{cm}^3$	Z_x：断面係数
$i_x=16.8\ \text{cm}$	i_x：強軸の断面2次半径
$i_y=4.56\ \text{cm}$	i_y：弱軸の断面2次半径
$\eta=8.13$	η：座屈低減係数
$F=235\ \text{N/mm}^2$	F：基準強度
$E=205{,}000\ \text{N/mm}^2$	E：ヤング係数

長期曲げモーメント図

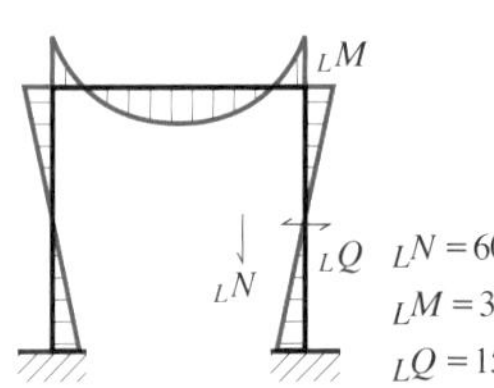

$_LN=60\ \text{kN}$
$_LM=35\ \text{kN・m}$
$_LQ=15\ \text{kN}$

地震時曲げモーメント図

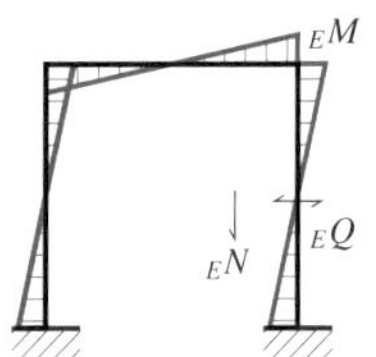

$_SN=100\ \text{kN}\ (={}_LN+{}_EN)$
$_SM=70\ \text{kN・m}\ (={}_LM+{}_EM)$
$_SQ=30\ \text{kN}\ (={}_LQ+{}_EQ)$

$f_b=f_t$ とし、
$f_b=157\ \text{N/mm}^2$
$f_S=90.5\ \text{N/mm}^2$

注:曲げ許容応力度は、曲げ座屈を無視した値

解答

①許容圧縮応力度 f_c の算定

限界細長比Λは、 $$\Lambda=\frac{1{,}500}{\sqrt{\dfrac{F}{1.5}}}=\frac{1{,}500}{\sqrt{\dfrac{235}{1.5}}}=119.84$$

細長比λは、 $$\lambda=\frac{\ell_{ky}}{i_y}=\frac{400\ \text{cm}}{4.56\ \text{cm}}=87.72$$

よって　$\lambda<\Lambda$となり

$$f_c=\frac{\left\{1-\dfrac{2}{5}\left(\dfrac{\lambda}{\Lambda}\right)^2\right\}F}{\nu}=\frac{\left\{1-\dfrac{2}{5}\left(\dfrac{87.72}{119.84}\right)^2\right\}235}{\dfrac{3}{2}+\dfrac{2}{3}\left(\dfrac{87.72}{119.84}\right)^2}=99.42\ \text{N/mm}^2$$

$$\nu=\frac{3}{2}+\frac{2}{3}\left(\frac{\lambda}{\Lambda}\right)^2$$

したがって、 f_c=99.42 N/mm²

②圧縮応力度σc の算定（長期）

$$_L\sigma_c = \frac{_LN}{A} = \frac{60{,}000\ \mathrm{N}}{8{,}337\mathrm{mm}^2} = 7.20\ \mathrm{N/mm^2} < f_c\ \ (f_c = 99.42)$$

③曲げ応力度σb の算定（長期）

$$_L\sigma_{bX} = \frac{_LM}{Z_X} = \frac{35{,}000{,}000}{1{,}170{,}000} = 29.91\ \mathrm{N/mm^2} < f_b$$

実際にはさまざまな応力の組み合わせを検討したほうがよいのですが、ここでは柱部材にとって一番不利になることが多い曲げモーメントと圧縮力の組み合わせ応力度を検証しています。

④組み合わせ応力度（長期）の算定

$$\frac{_L\sigma_c}{f_c} + \frac{_L\sigma_{bX}}{f_b} = \frac{7.20}{99.42} + \frac{29.91}{157} = 0.26 < 1.0 \qquad \cdots\mathrm{OK}$$

⑤せん断応力度τの算定

$$\tau = \frac{_LQ}{A_w} = \frac{15{,}000\mathrm{N}}{3137\mathrm{mm}^2} = 4.78\ \mathrm{N/mm^2} < f_s \qquad \cdots\mathrm{OK}$$

⑥圧縮応力度σc の算定（短期）

$$_S\sigma_c = \frac{_SN}{A} = \frac{100{,}000\mathrm{N}}{8337\ \mathrm{mm}^2} = 11.99\ \mathrm{N/mm^2} < 1.5 \times f_c \qquad \cdots\mathrm{OK}$$

⑦曲げ応力度σb の算定（短期）

$$_S\sigma_{bx} = \frac{_SM}{Z_X} = \frac{70{,}000{,}000}{1{,}170{,}000} = 59.83\ \mathrm{N/mm^2} < 1.5\ f_b \qquad \cdots\mathrm{OK}$$

⑧組み合わせ応力度式（短期）の算定

$$\frac{_S\sigma_c}{1.5 f_c} + \frac{_S\sigma_{bx}}{1.5 f_b} = \frac{11.99}{149.13} + \frac{59.83}{235.5} = 0.33 < 1.0 \qquad \cdots\mathrm{OK}$$

$$\frac{_S\sigma_c}{f_c} + \frac{_S\sigma_{bx}}{f_b} = \frac{11.99}{99.42} + \frac{59.83}{157} = 0.50 < 1.5$$

⑧の計算は上記でも良い

⑨せん断応力度τの算定

$$\tau = \frac{_SQ}{A_w} = \frac{30{,}000\ \mathrm{N}}{3137\mathrm{mm}^2} = 9.56\ \mathrm{N/mm^2} < 1.5 f_s \qquad \cdots\mathrm{OK}$$

⑩細長比の判定

$\lambda \leqq 200$ になることを確認する。

$$\lambda = \frac{\ell_{ky}}{i_y} = \frac{4{,}000}{45.6} = 87.72 \leqq 200 \qquad \cdots\mathrm{OK}$$

⑪幅厚比の検討が必要であるが、大梁に準じる。

引張りブレースと圧縮ブレースの違い

①ラーメン構造

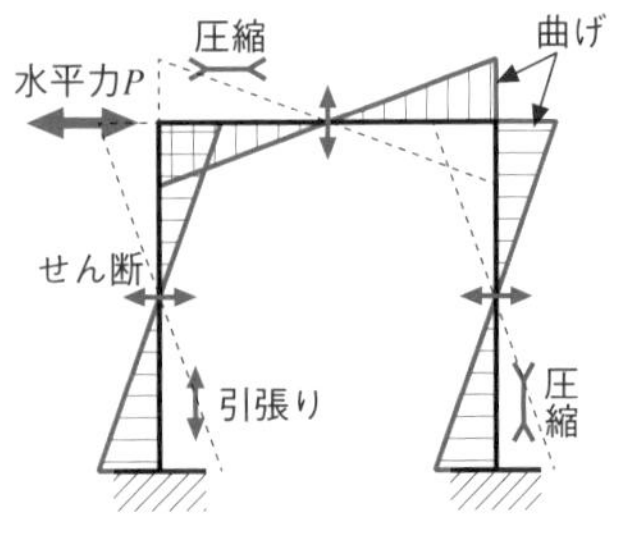

柱と梁に曲げモーメントが生じる。

②ブレース構造（引張りブレース）

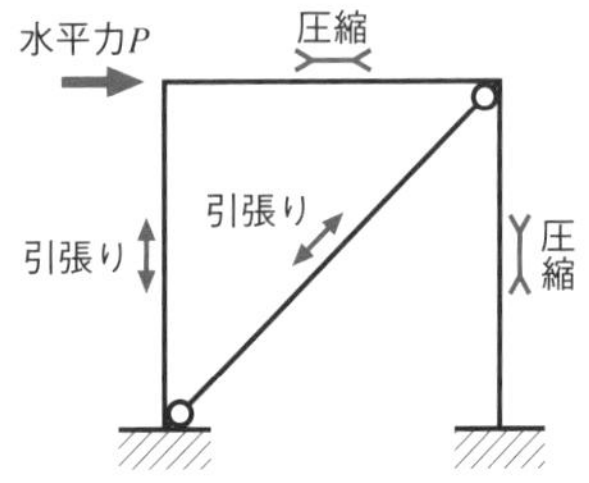

柱・梁に曲げモーメントが生じないが、大きな圧縮力と引張り力が生じる。ブレースには引張り力が生じている。

③ブレース構造（圧縮ブレース）

引張りブレースの場合と同様、柱・梁には圧縮力と引張り力が生じる。一方、ブレースも圧縮力・引張り力とも負担できる。

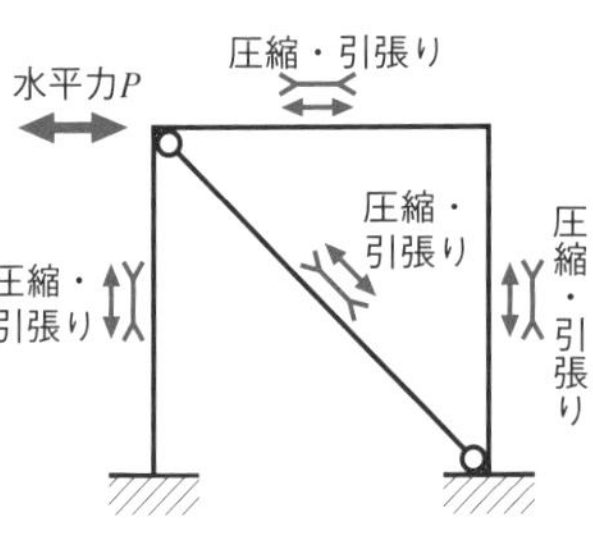

高よりも大きくなります。本項の計算では、剛な梁と仮定して座屈長さを算出しています。さらに、大地震時の変形能力を確保するために大梁と同様に幅厚比の確認も行います（本項では計算を省略）。

> ブレースは木造でいうところの筋かい

鉄骨ブレース構造は、建築計画は制限されますが、耐震強度を確保しやすい構造です。**引張りブレース**と**圧縮ブレース**があり、それぞれ断面算定の方法が異なります。

引張りブレースの断面算定のしかた

引張りブレースの断面算定は比較的簡単です。設計荷重によりブレース材に生じる応力を算出し、応力をブレース材の軸断面積で除して**引張り応力度**を算出します。この引張り応力度が許容引張り応力度

引張りブレースの断面算定

引張りブレースの断面算定では、引張りブレースにかかる引張り応力度がブレース材料の許容応力度を超えないことを確認します。引張り応力度σはブレースに生じる応力（軸力N）と断面積Aより求めます。

①ブレースの軸力と断面積を求める

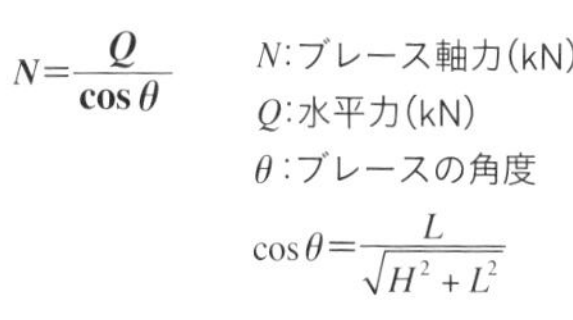

$$A=\pi\left(\frac{D}{2}\right)^2$$

A:ブレースの断面積(mm²)
D:ブレースの直径(mm)

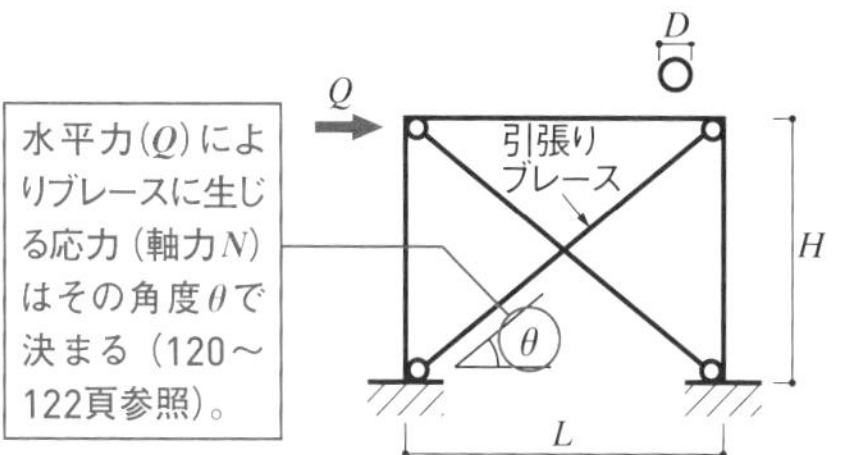

②引張り応力度≦許容引張り応力度を確認する

$$\sigma_t=\frac{1.5\times N}{A}\leqq f_t$$

安全率を考慮し、応力は1.5×Nで設計する。

σ_t：引張り応力度
N：軸力
A：断面積
f_t：材料の許容引張り応力度

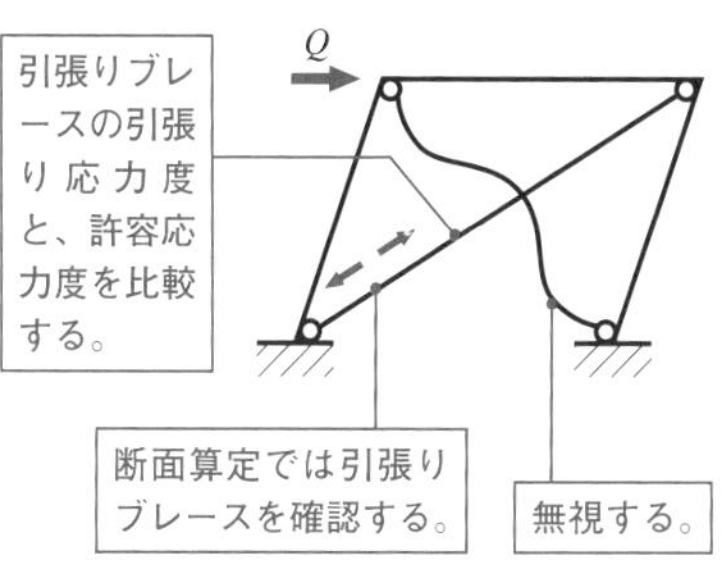

以下であれば、安全が確認されます。ただし、ブレースがクロス（交差）に設置されていても、引張りブレースは1方向にしか有効でありません。

なお、引張りブレースは、丸鋼が主流となっています。丸鋼の場合は、端部にねじを切ります。このねじ部が弱く、一般的にはこの部分の断面積で断面算定を行います。ねじは切り方（つくり方）により2種類あり、「転造ねじ」の場合は、軸部の断面積を用いて検討されますが、「切削ねじ」の場合は、最少断面部分の断面積や、軸部の0.75倍の断面積を用いて断面算定が行われます。引張りブレースをボルトで接合する場合は、ボルト孔の欠損に気をつける必要があります。

圧縮ブレースの断面算定のしかた

圧縮ブレースは、少し難しくなります。座屈するので、座屈を考慮した**許容応力度**を算出し、部材に生じる応力度と比較する必要があります。形鋼の場合、方向により座屈に関連する断面2次半径が異なります。また、クロスで設置された場合は座屈長さ

圧縮ブレースの断面算定

圧縮ブレースの断面算定では、座屈を考慮します。部材の引張り応力度が、座屈を考慮した許容応力度以下であることを確認（①〜④）したうえで、局部座屈を起こさないよう、幅厚比の確認（⑤）を行います。

①部材に生じる圧縮応力度σ_cの算出

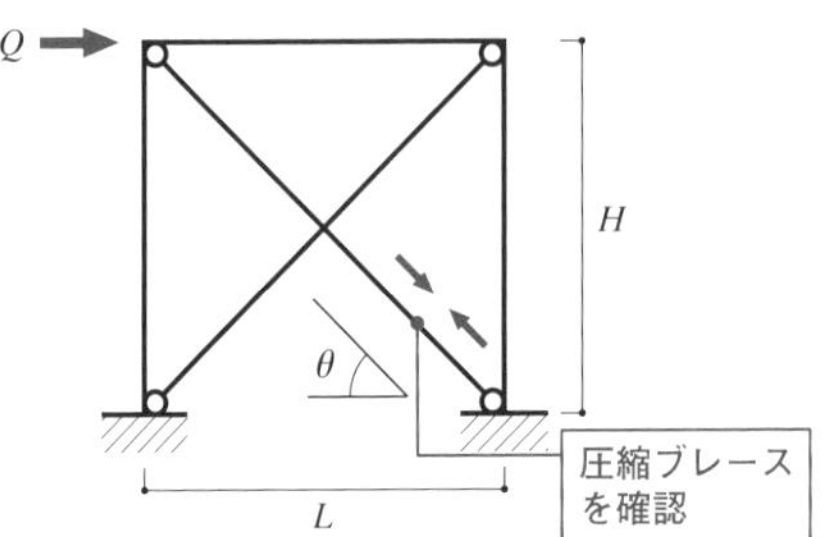

$$\sigma_c = \frac{1.5 \times N}{A} \leqq f_c$$

N:ブレース軸力(kN)

$$N = \frac{Q}{\cos\theta} \qquad \cos\theta = \frac{L}{\sqrt{H^2 + L^2}}$$

A:ブレース断面積

②細長比の確認

形鋼などの材料では強軸と弱軸が存在し、弱軸に対し直角方向に曲がる(座屈する)。そのため、X・Y方向の細長比λ_X・λ_Y（座屈長さ／断面2次モーメント）を比べ､値の大きい方向(座屈に弱い方向)を確かめる。

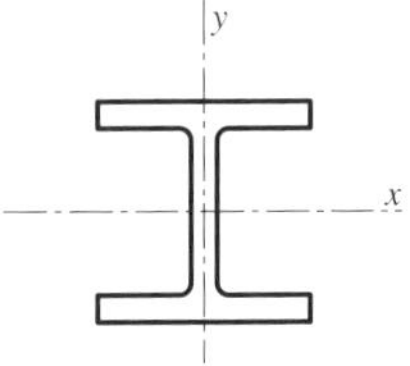

③許容圧縮応力度f_cの確認

$$f_c = \frac{\frac{3}{5}F}{\left(\frac{\lambda}{\Lambda}\right)^2} \qquad \lambda > \Lambda \text{ のとき}$$

F:材料強度
λ:(弱軸方向の)細長比
Λ:限界細長比

$$\Lambda = \frac{1{,}500}{\sqrt{\frac{F}{1.5}}}$$

E:ヤング係数

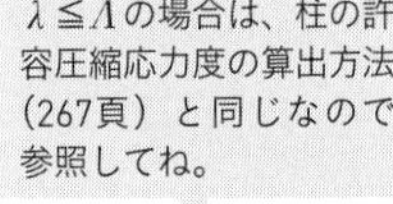

④圧縮応力度σ_c≦許容圧縮応力度f_cの確認

①と③で求めたσ_cとf_cの値を比較して確認する。

⑤幅厚比$(b/t_f, h/t_w)$の確認

幅厚比が次式を満たさない場合は､局部座屈が起きる。

フランジ $9\sqrt{\frac{235}{F}}$

ウェブ $60\sqrt{\frac{235}{F}}$

F:基準強度

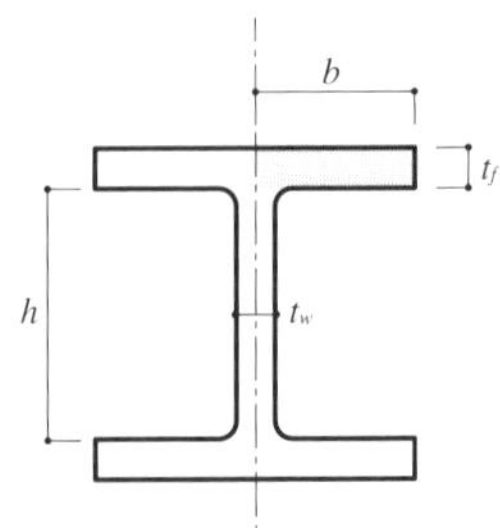

圧縮ブレースの断面算定をやってみよう

例題

図の圧縮ブレースの断面算定(圧縮応力度≦許容圧縮応力度の確認、細長比の確認)を行いましょう。

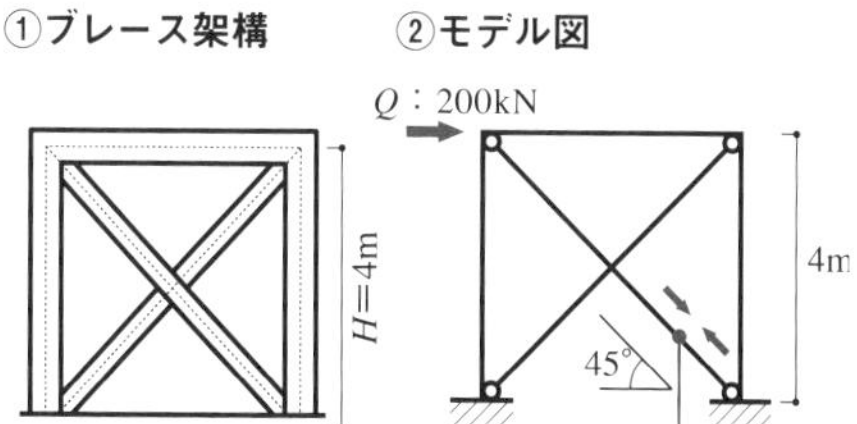

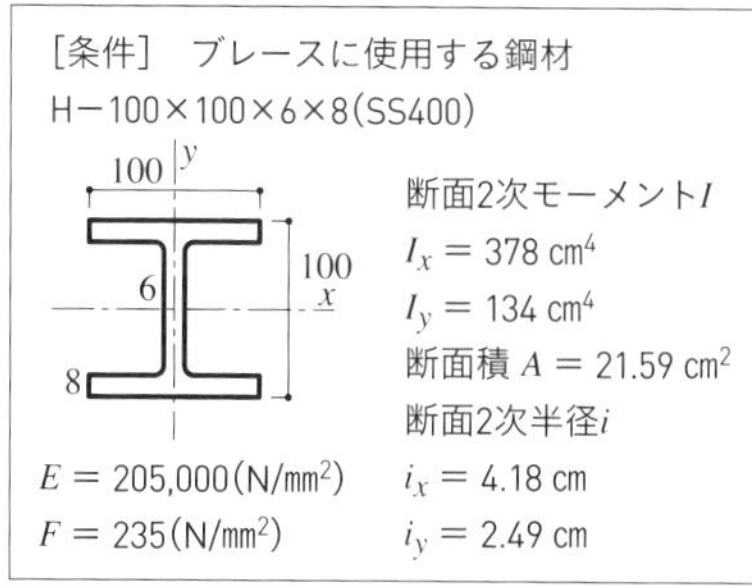

解答

①部材に生じる圧縮応力度σ_cの算出

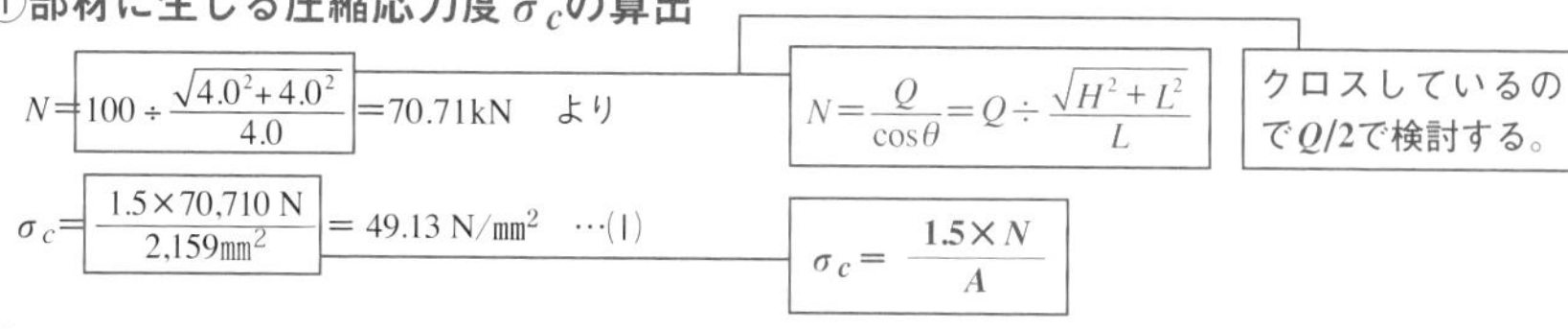

$N = 100 \div \dfrac{\sqrt{4.0^2+4.0^2}}{4.0} = 70.71\text{kN}$　より

$N = \dfrac{Q}{\cos\theta} = Q \div \dfrac{\sqrt{H^2+L^2}}{L}$

クロスしているのでQ/2で検討する。

$\sigma_c = \dfrac{1.5\times 70{,}710\text{ N}}{2{,}159\text{mm}^2} = 49.13\text{ N/mm}^2$　…(1)

$\sigma_c = \dfrac{1.5\times N}{A}$

②細長比の確認

$\lambda_x = \dfrac{\ell_x}{i_x} = \dfrac{\sqrt{400^2+400^2\text{cm}}}{4.18\text{cm}} = 135.33$

400　$\sqrt{400^2+400^2}$　400　$\ell_x = \ell$

$\lambda_y = \dfrac{\ell_y}{i_y} = \dfrac{\ell_x \div 2}{2.49} = 113.59$

クロスでブレースが配置されているので、座屈長さを半分とすることができる。
$\ell_y = \ell \div 2$

$\lambda_x > \lambda_y$ より、x軸に関する座屈を確認する。

③許容圧縮応力度f_cの確認

$\Lambda = \dfrac{1{,}500}{\sqrt{\dfrac{F}{1.5}}} = 119.84$　　よって、$\lambda_x > \Lambda$ なので次式に値を代入する。

$f_c = \dfrac{\dfrac{3}{5}F}{\left(\dfrac{\lambda}{\Lambda}\right)^2} = \dfrac{0.6\times 235}{\left(\dfrac{135.33}{119.81}\right)^2} = 110.56$ (N/mm^2)　…(2)

④圧縮応力度σ_c≦許容圧縮応力度f_cを確認

(1)(2)より、$\sigma_c < f_c$　…OK

⑤幅厚比(b/t_f, b/t_w)の確認

$\dfrac{b}{t_f} = \dfrac{50}{8} = 6.25$ …(3)　　$\dfrac{h}{t_w} = \dfrac{84}{6} = 14$ …(4)

b=50　t_f=8　h=84　t_w=6

フランジ　$9\sqrt{\dfrac{235}{F}}$ …(5)　　ウェブ　$60\sqrt{\dfrac{235}{F}}$ …(6)

(3)(5)より　$\dfrac{b}{t_f} < 9\sqrt{\dfrac{235}{F}} = 9.0$ …OK　　(4)(6)より　$\dfrac{h}{t_w} < 60\sqrt{\dfrac{235}{F}} = 60$ …OK

柱と梁の継手の方法

柱の継手

①高力ボルト摩擦接合

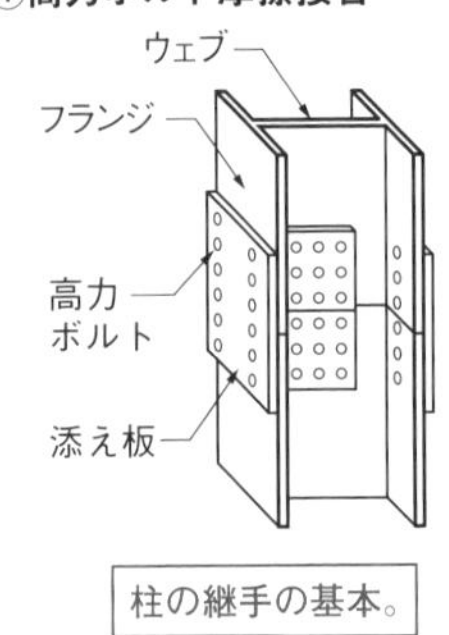

柱の継手の基本。

②溶接＋高力ボルト接合

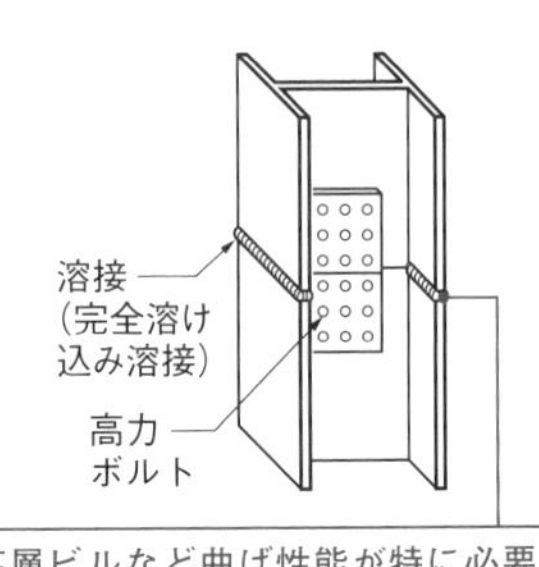

③溶接接合

高層ビルなど曲げ性能が特に必要な柱のフランジは、溶接接合とする。

大梁の継手

①高力ボルト摩擦接合

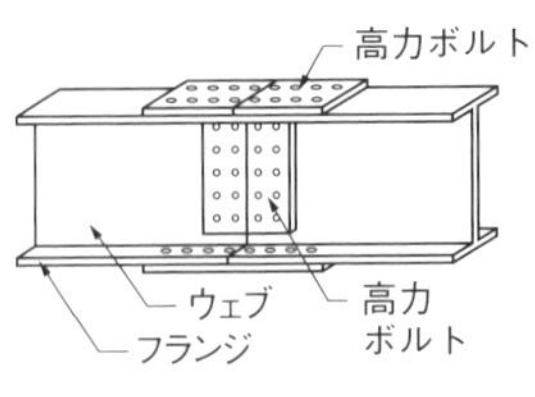

梁の継手の基本。継手は曲げ応力の小さな位置に設ける。

②溶接＋高力ボルト摩擦接合

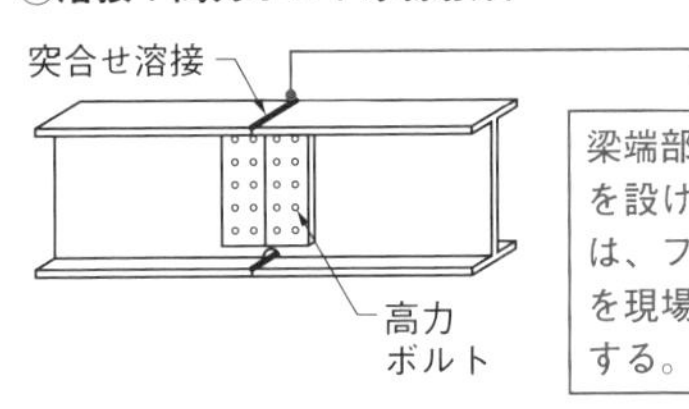

梁端部に継手を設ける場合は、フランジを現場溶接とする。

が異なるので、細長比を確認し、どの方向の座屈に弱いのか、確認をする必要があります。弱い方向の許容圧縮応力度を算出し、部材に生じる圧縮応力度と比較します。さらには、全体の座屈だけではなく、局部的な座屈が生じる可能性もあります。局部的な座屈に対しては、幅厚比により確認します。なお、圧縮ブレースがクロスで設置された場合は、片方は、圧縮ブレースですが、もう片方は、引張りブレースとなります。

本項では詳細な解説を省略しますが、ブレース構造は強度で抵抗します。鉄骨ブレース構造の建物は変形能力がないので、接合部の破断を防止する必要があり、標準せん断力係数が1.0に対して接合部が壊れないよう設計します。

継手で一番利用されているのは摩擦接合による接合

継手の接合方法のしくみ

高力ボルト摩擦接合での力の伝達

①高力ボルト摩擦接合（左：2面摩擦、右：1面摩擦）

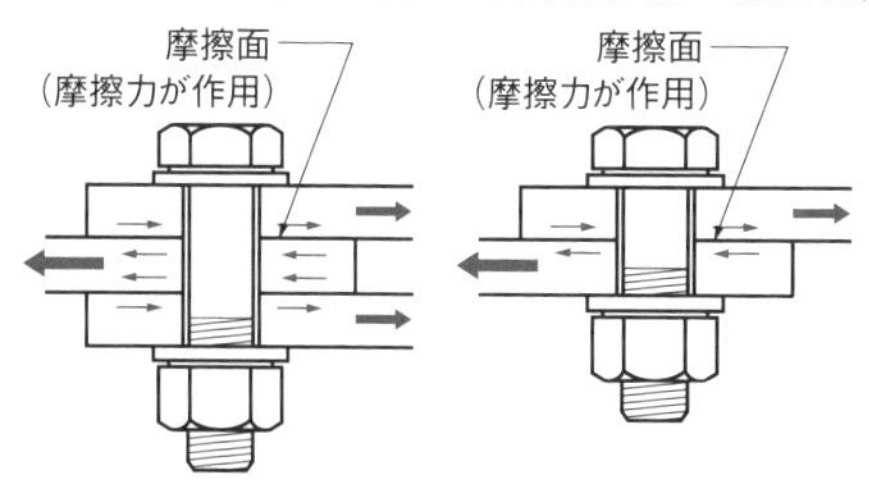

②高力ボルト摩擦接合のボルト1本あたりの許容耐力と最大耐力［kN］

強度区分	ねじの呼び	長期許容せん断耐力		短期許容せん断耐力	
		1面摩擦	2面摩擦	1面摩擦	2面摩擦
F10T	M12	17.0	33.9	25.4	50.9
	M16	30.2	60.3	45.2	90.5
	M20	47.1	94.2	70.7	141.0
	M22	57.0	114.0	85.5	171.0
	M24	67.9	136.0	102.0	204.0
	M27	85.9	172.0	129.0	258.0
	M30	106.0	212.0	159.0	318.0

その他の接合方法での力の伝達

①リベット接合

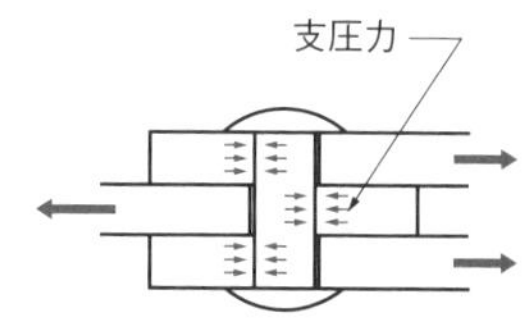

②ボルト接合

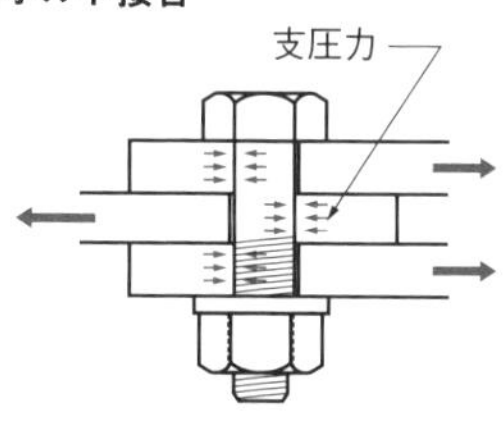

最近では、構造物には高力ボルト摩擦接合が使われることがほとんどなんだ。

継手の接合方法の種類

柱や梁を部材の途中で継いだ部分を継手（つぎて）といいます。鉄骨造の建物は、工場で加工し現場で組み立てるので、必ず継手が出てきます。継手は溶接接合とボルト接合に大別されます。溶接接合部の強度は母材と同じなのですが、現場での溶接は難しく、欠陥が出やすくなります。そのため、現場での接合は、ボルト接合のなかでも高力ボルトや特殊高力ボルトによる**摩擦接合**が一般的です。

その他の接合には、**リベット接合**、**せん断ボルト（中ボルト）**による接合があります。リベットによる接合は現代ではほとんどなく、せん断ボルトによる接合も脆性的な破壊を生じやすいためにあまり使われていないので、摩擦接合による接合を主として解説します。

摩擦接合による接合方法

前頁上図のように、柱の接合の場合は、フランジ、ウェブともに摩擦接合とすることも多いのですが、曲

接合部の応力計算のしかた

図のように格子配置された高力ボルトが、曲げモーメントMと軸力Nおよびせん断力Qを受ける場合のボルトに生じる最大せん断力は次の手順で求めます。

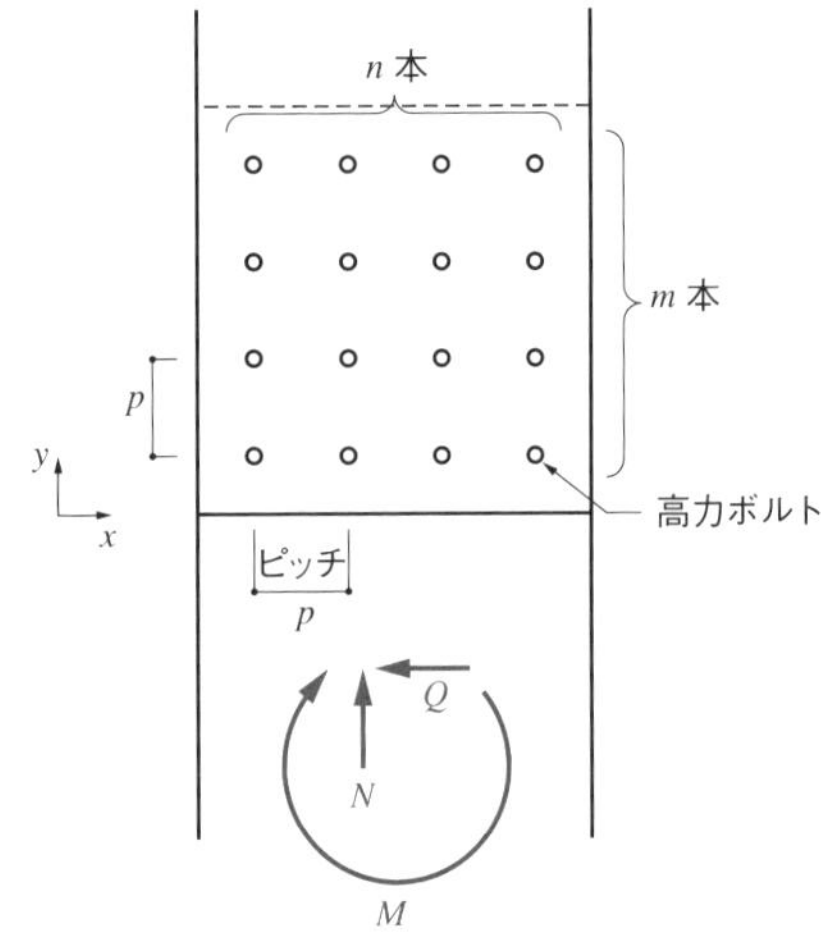

①軸力およびせん断力によってボルトに生じる応力(せん断力)を求める

軸力とせん断力はボルト1本1本に均等に分担されると仮定すると、軸力・せん断力によって生じるせん断力R_N、R_Qは下式(1)(2)となる。

$$R_N\text{(軸力によって生じるせん断力)}=\frac{N\text{(軸力)}}{m\cdot n\text{(ボルト本数)}} \quad \cdots\cdots(1)$$

$$R_Q\text{(せん断力によって生じるせん断力)}=\frac{Q\text{(せん断力)}}{m\cdot n\text{(ボルト本数)}} \quad \cdots\cdots(2)$$

R_N

R_Q

②曲げモーメントによって生じる応力(せん断力)を求める

曲げモーメントによって生じるせん断力R_{Mx}・R_{My}を次式で求める。

$$R_{Mx}=\frac{M}{S_x} \quad \cdots\cdots(3)$$

R_{Mx}

$$R_{My}=\frac{M}{S_y} \quad \cdots\cdots(4)$$

R_{My}

$$S_x=\frac{mn\left\{\left(n^2-1\right)+\alpha^2\left(m^2-1\right)\right\}}{6\left(n-1\right)}p \quad \cdots\cdots(5)$$

$$S_y=\frac{\left(n-1\right)}{\alpha\left(m-1\right)}\cdot S_x \quad \cdots\cdots(6)$$

$$\alpha=\frac{m}{n} \quad \cdots\cdots(7)$$

a:ボルトのピッチ比
R_{Mx}・R_{My}:モーメントによって生じるせん断力

継手部分は、ボルトが破断するといけないので、最大せん断力を求めてボルトの許容応力以下であることを確認するよ。

③ ①②より最大せん断力を求める

①で求めた応力と②で求めた応力を合わせて最大せん断力Rを考える。
曲げモーメント・軸方向力・せん断力と同時に受けるとき、

$$R=\sqrt{\left(R_{Mx}+R_Q\right)^2+\left(R_{My}+R_N\right)^2} \quad \cdots\cdots(8)$$

R:最大せん断

高力ボルトに生じる最大せん断力を求めよう

例題

右図のような高力ボルトに下記条件の応力が加わったとき、高力ボルトに生じる最大せん断力を求めよう。

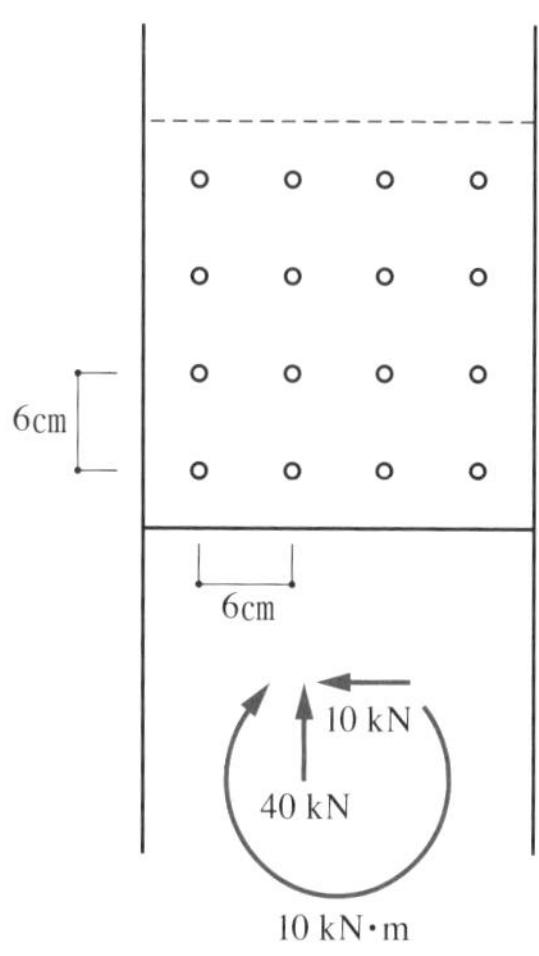

解答

①軸力およびせん断力によって生じる応力(せん断力)を求める

$$R_N = \frac{N}{m \cdot n} = \frac{40}{16} = 2.5\ \text{kN}$$ …前頁(1)式より

$$R_Q = \frac{Q}{m \cdot n} = \frac{10}{16} = 0.63\ \text{kN}$$ …前頁(2)式より

②曲げモーメントによって生じる応力(せん断力)を求める

$$S_x = \frac{mn\left\{\left(n^2-1\right)+\alpha^2\left(m^2-1\right)\right\}}{6\left(n-1\right)}p = \frac{16\left\{\left(4^2-1\right)+1\left(4^2-1\right)\right\}}{6\left(4-1\right)} \times 6 = 160\ \text{cm}$$ …前頁(5)式より

$$S_y = \frac{\left(n-1\right)}{\alpha\left(m-1\right)}S_x = \frac{\left(4^2-1\right)}{1\left(4^2-1\right)} \times 160 = 160\ \text{cm}$$ …前頁(6)式より

$$\alpha = \frac{m}{n} = \frac{4}{4} = 1$$

$$R_{Mx} = \frac{M}{S_x} = \frac{10 \times 100}{160} = 6.25\text{kN}$$ …前頁(3)式より

$$R_{My} = \frac{M}{S_y} = \frac{10 \times 100}{160} = 6.25\text{kN}$$ …前頁(4)式より

③　①②より最大せん断力を求める

$$R = \sqrt{\left(R_{Mx}+R_Q\right)^2 + \left(R_{My}+R_N\right)^2} = \sqrt{\left(6.25+0.63\right)^2 + \left(6.25+2.5\right)^2} = 11.13\text{kN}$$ …前頁(8)式より

∴　ボルトに11.13 kNの最大せん断力が生じる。

完全溶け込み溶接

完全溶け込み溶接は、母材と同等の耐力となります。

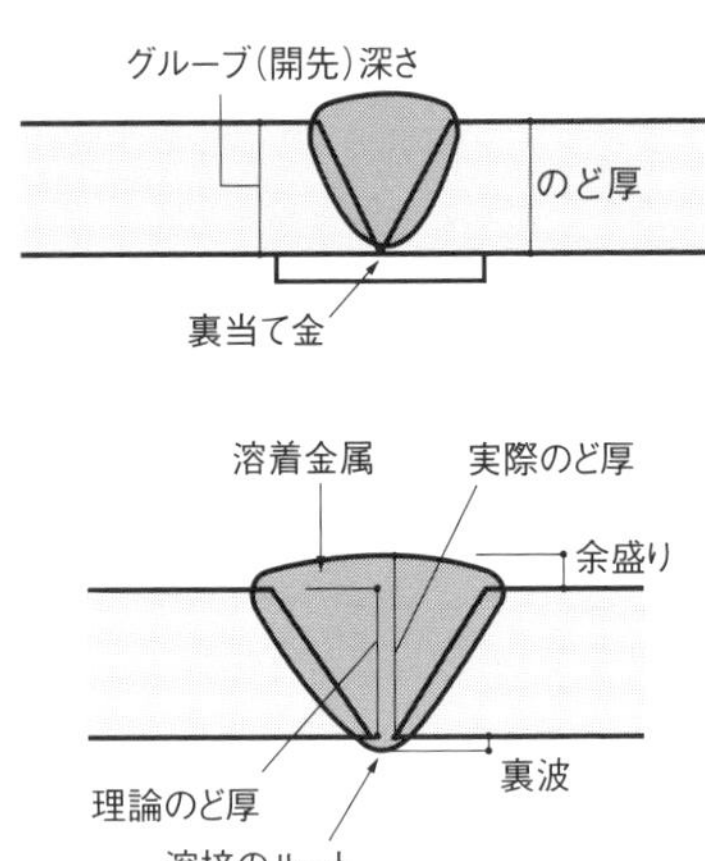

げモーメントが大きくなる高層ビルなどは、曲げ性能を可能な限り確保するために、フランジを溶接、ウェブを摩擦接合とします。角形鋼管では、ボルトを締めることができないことから、近年、機械式継手も出てきていますが、溶接による接合が主流です。

梁の接合の場合、できるだけ曲げ応力が小さい位置で、フランジ・ウェブともに摩擦接合とすることが主流です。しかし、施工上の理由で、柱に近い梁端部に継手を設ける必要がある場合は、継手部にも大きな塑性変形能力が求められることから、フランジ部を溶接することも多くあります。

高力ボルト摩擦接合では、ボルトの大きな張力を利用して板どうしに大きな摩擦力を発生させ、摩擦により固定します。板どうしの接触面の塗装はせず、断面欠損にならないよう錆を適度に発生させて、摩擦係数を確保します。

仕口は柱や梁と同じ剛性として応力計算する

鉄骨造の仕口のなかでも、次頁上図のような柱・梁接合部は、構造性能に重要な役割を果たします。大梁に生じた力を柱に伝達するのが仕口だからです。イメージ的には、柱や大梁が変形しても仕口部分は変形しない「剛」な状態である必要があります。なお、仕口部分は板（仕口パネル）のせん断力に対する性能で応力を伝達させるので、**パネルゾーン**とも呼ばれています。

鉄骨造の柱・梁仕口(剛接合)の種類

①角形鋼管柱（左：通しダイヤフラム、右：内ダイヤフラム）　②H形鋼柱

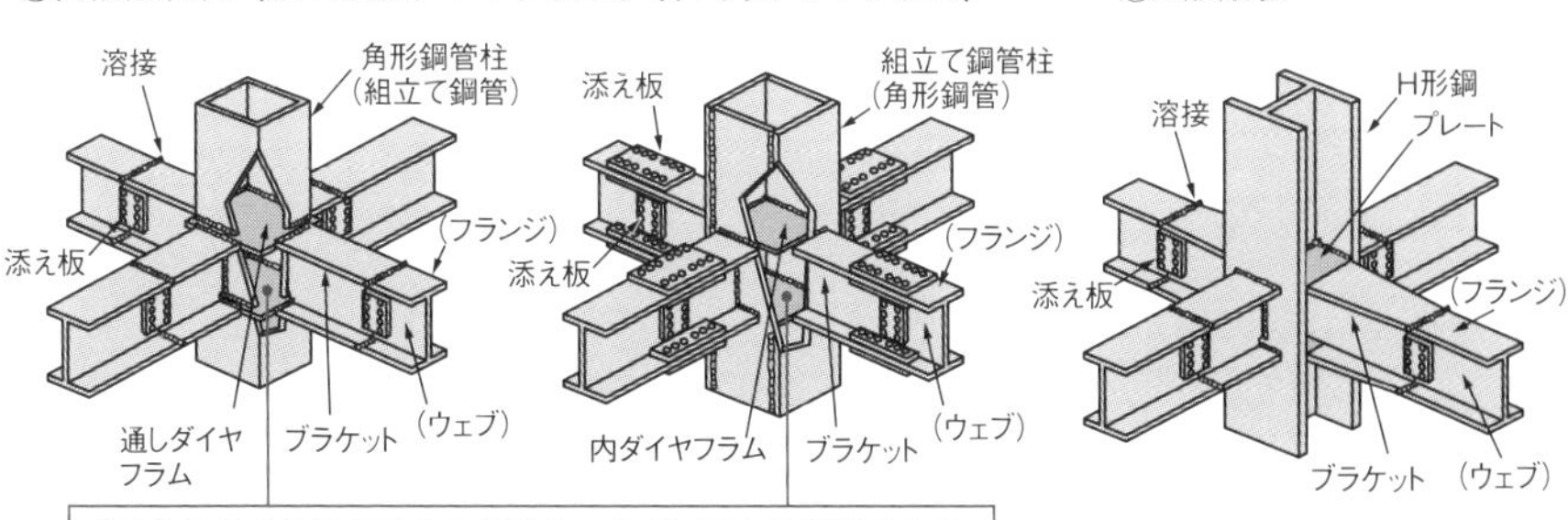

鉄骨造の仕口には「柱・梁」と「梁どうし」の接合部があります。柱・梁の接合部（パネルゾーン。下図①）は地震力の伝達を、梁どうしの接合部は主に長期の力を伝達する役割を果たします。右図の②～⑤は大梁と小梁の仕口の例です。

①柱と梁

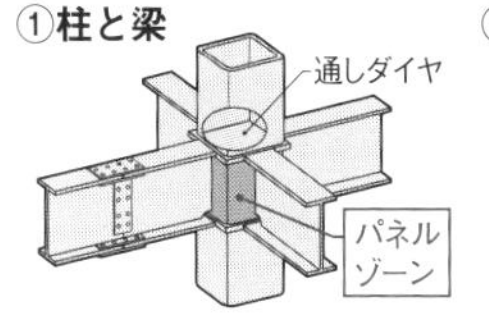

②大梁と小梁1

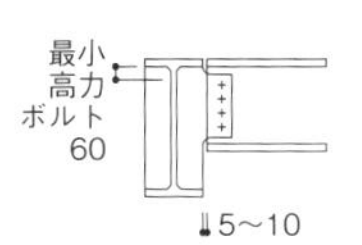

③大梁と小梁2

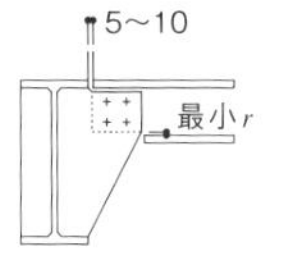

④大梁と小梁3

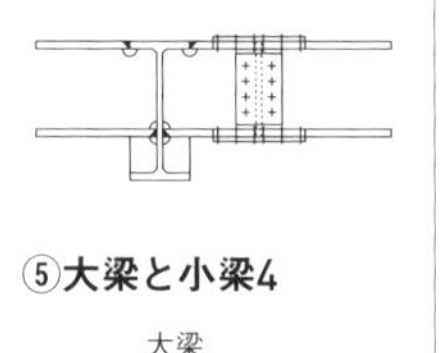

⑤大梁と小梁4

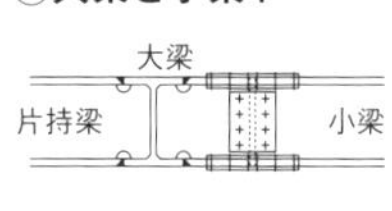

仕口の安全性を確認する方法

大梁の応力を柱に伝達させるためには、ディテールが重要となります。H形鋼の柱、箱形断面の柱はともにプレート（ダイヤフラム）を通して左右の梁をつなげます。大きな応力を伝達させるので、工場で突き合わせ溶接を行います。このプレートは、仕口パネルを拘束する役割もあります。通常は、大梁フランジの板厚より1～2サイズ大きな板として十分な性能を確保します。

パネルゾーンの安全性を確認するためには、地震時や暴風時に左右の大梁に生じる曲げモーメントにより生じるせん断力に対して、十分なせん断耐力が確保されていることを確認します。柱は実際には、曲げモーメントとせん断力のほかに軸力が生じています。ただし、軸力が降伏軸力に対して40%以下であれば、軸力による影響は小さいので無視をします。

仕口の応力計算のしかた

上記では、仕口部分について「剛」という表現を

パネルゾーンの設計のしかた

仕口パネル（パネルゾーン）に生じているせん断応力度が許容せん断応力度以下であることを確認します。これによりパネルゾーンの板厚に問題がないかがわかります。

応力度≦許容応力度の確認

$$\tau p = \frac{{}_bM_1 + {}_bM_2}{Ve} \leqq 2f_s$$

τ_p:パネルゾーンのせん断応力度

V_e :下記の式による。

$V_e = h_b \times h_c \times t_w$(H形鋼の柱のとき)

$V_e = \frac{16}{9} \times h_b \times h_c \times t_w$ （矩形中空断面の柱のとき）

$V_e = \frac{\pi}{2} h_b \times h_c \times t_w$ （内形鋼管断面の柱のとき）

f_s :長期許容せん断応力度(N/mm²)

他は図中の記号を参照

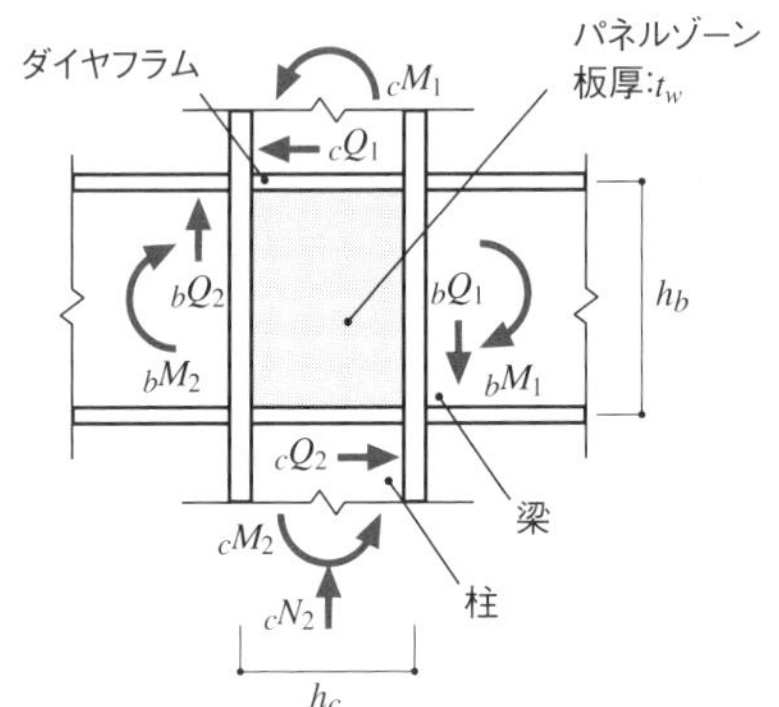

実際にパネルゾーンを確認してみよう

例題

下図のパネルゾーンのせん断応力度が許容せん断応力度以下であることを示し、板厚に問題ないことを確認せよ。

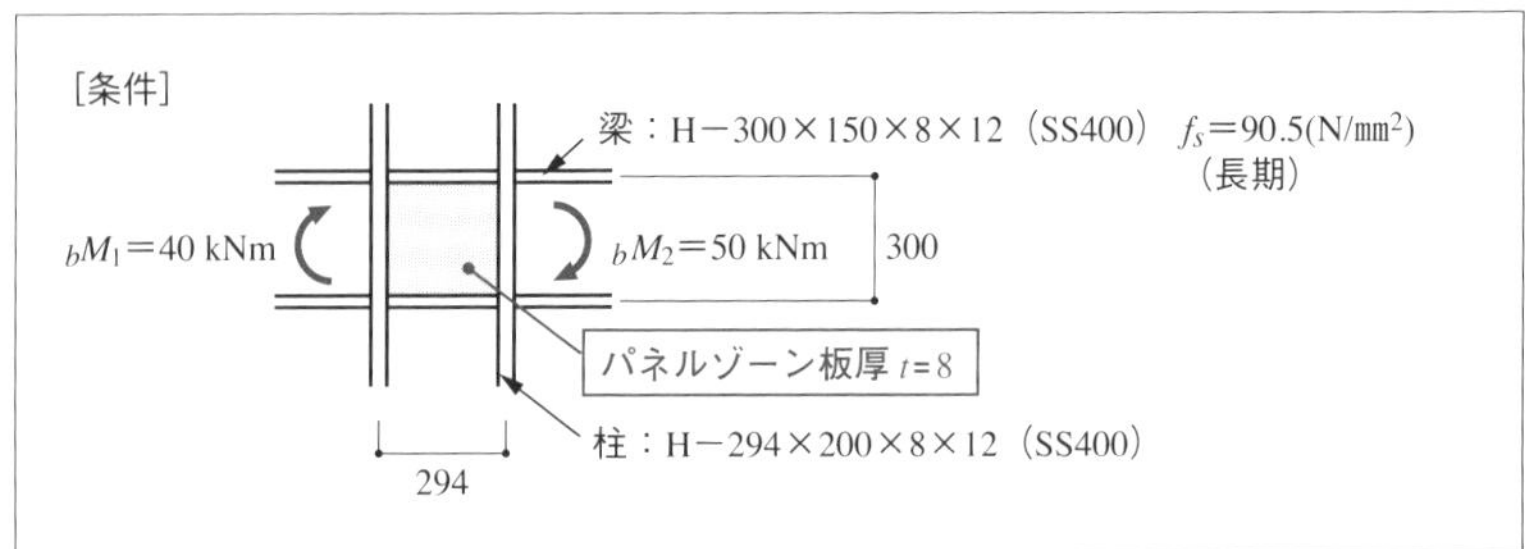

解答

$$\tau_p = \frac{{}_bM_1 + {}_bM_2}{22_e} = \frac{{}_bM_1 + {}_bM_2}{2h_b \cdot h_c \cdot t_w} = \frac{40\ \mathrm{kN \cdot m} + 50\ \mathrm{kN \cdot m}}{2 \times 300 \times 294 \times 8}$$

$$= \frac{90\ \mathrm{kN \cdot m}}{1{,}411{,}200\ \mathrm{mm^2}}$$

$$\frac{90{,}000{,}000\ \mathrm{N \cdot mm}}{1{,}411{,}200\ \mathrm{mm^2}}$$

$$= 63.78\ \mathrm{N/mm^2} < 1.5 \times 90.5 = 135.8\ \mathrm{N/mm^2}$$ …OK

したがって、8 ㎜の板厚でOK

幅厚比は局部座屈を防ぐための指標

各形鋼の幅厚比は右式で求めます。
幅厚比は一定の値以下とします。

$$幅厚比 = \frac{b}{t}$$ （b:幅、t:厚み）

bとtの求め方

①H形鋼

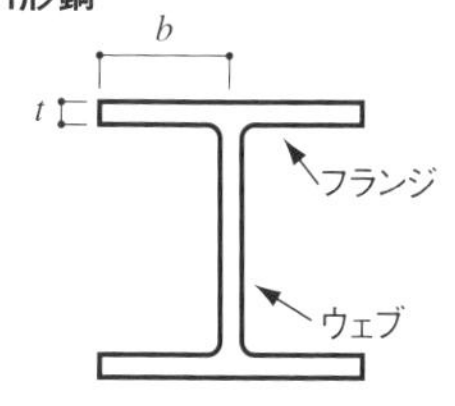

②角形鋼管

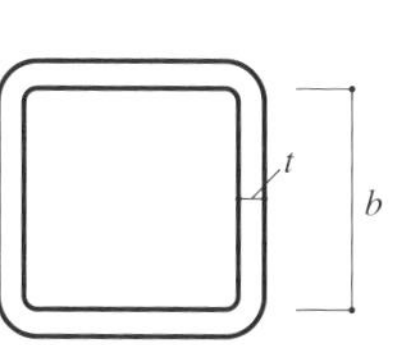

③円形鋼管

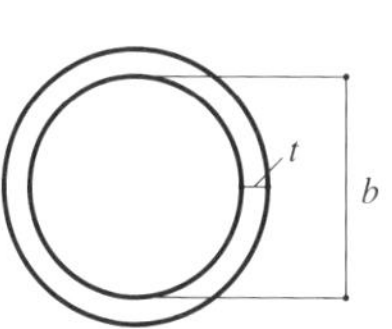

曲げモーメントが生じると圧縮側フランジが座屈する

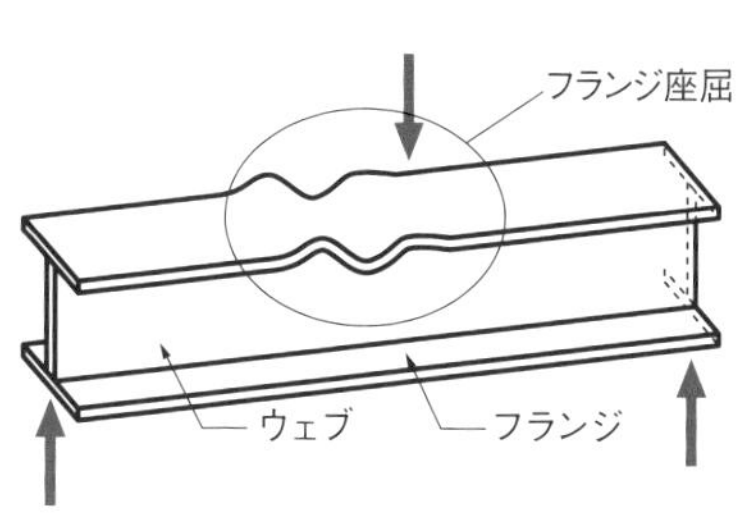

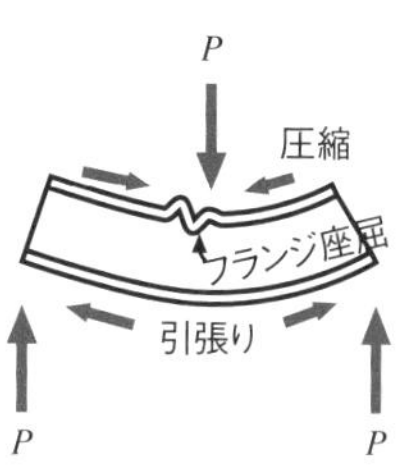

図のように局部的な座屈が起きないことを確かめるために、幅厚比を確認するよ。

しましたが、RC造の断面と違い、鉄骨造は薄い板で構成されているので実際は変形します。そのため、RC造では剛域を考慮しますが、鉄骨造では一般的には剛域を考えずに、柱と大梁の中心位置（節点）まで柱・梁と同じ剛性であるものとして応力計算を行います。また、前頁の計算式は、中小地震（許容応力度計算）に対する検討式なので、大地震時には若干の塑性変形が生じる可能性があるのでゆとりのある設計とします。

幅厚比の確認は局部座屈が生じる可能性があれば必須

鉄骨造は、薄い板を組み合わせた部材により構成されています。薄い板は、引張り力には強いのですが、圧縮力を受けた場合は折れてしまうので、引張り力より小さな耐力しかありません。

鉄骨造建物の終局状態を考えると、部材端部が降

幅厚比の違いによる変形能力

幅厚比の目安

部材	断面	部位	鋼種※	幅厚比	
柱	H形鋼	フランジ	400級	$9.5\sqrt{235/F}$	9.5
			490級		8
		ウェブ	400級	$43\sqrt{235/F}$	43
			490級		37
	角形鋼管	—	400級	$33\sqrt{235/F}$	33
			490級		27
	円形鋼管	—	400級	$50(235/F)$	50
			490級		36
梁	H形鋼	フランジ	400級	$9\sqrt{235/F}$	9
			490級		7.5
		ウェブ	400級	$60\sqrt{235/F}$	60
			490級		51

※:400級のF値=235、490級のF値=325

強度に応じて幅厚比の目安が変わる。

H形鋼の幅厚比による違い

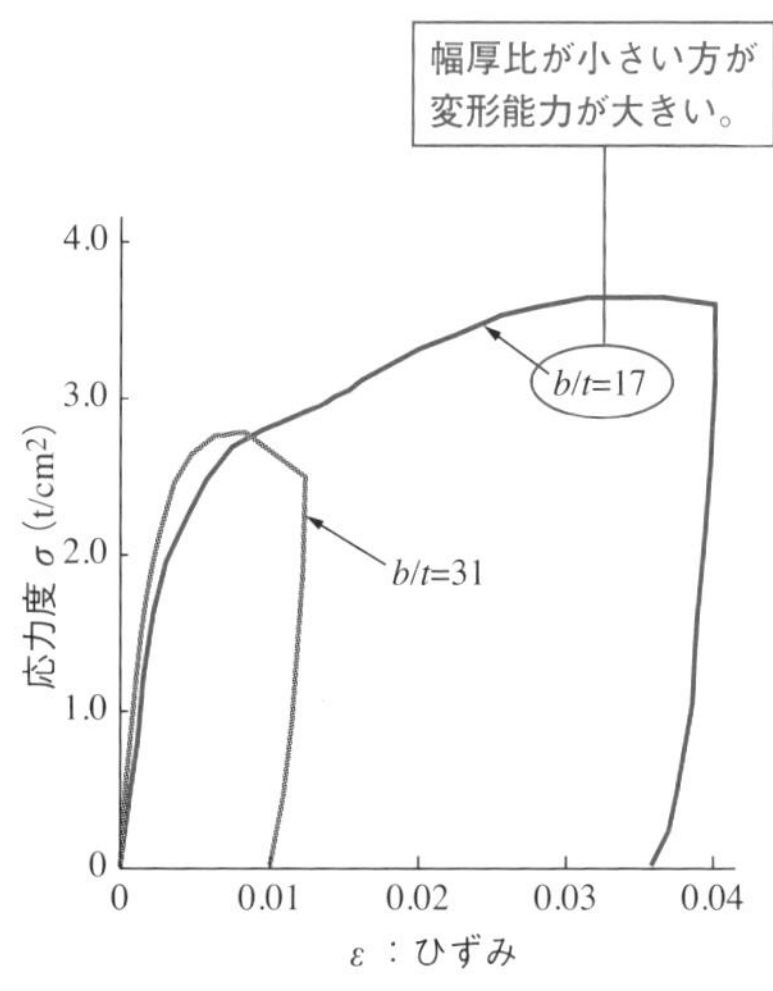

出典:『鋼構造塑性設計指針』(日本建築学会、2017年)

伏する前に圧縮部分で局部的に座屈してしまいます。そうなると、計算上の耐力が確保できないことになってしまいます。そこで、局部座屈を起こさせないことが重要です。

幅厚比の特性と変形能力の関係

幅厚比とは、局部的な座屈が起きないことを確認する指標です。値が大きいほど座屈しやすくなります。柱や梁といった構造体としての「部位」ごとと**形鋼**としての「部位」ごとにその値が定められています。

幅厚比は、柱と梁を比べると、圧縮応力と曲げモーメント応力が同時に生じる柱の方が厳しい値となっています。また、**H形鋼**はフランジ部分がウェブからの片持ち梁のようになっているので、その先端部分は座屈しやすく、厳しい値となっています。角形鋼管では面材の両端がつながっているので、H形鋼に比べると局部座屈が強い形状です。

幅厚比のほかに鉄骨造の**変形能力**に関係するのが、鋼材の材種です。SS材は変形能力が低く、SN材は変形能力があります。ブレース構造のような強度型の建物の場合はSS材が使われますが、ラーメン構造では、SN材により変形能力を確保する必要性があります。

なお、中高層ビルをブレース構造で設計する場合は、ブレースが壊れたときに、ラーメンフレームで倒壊を防止する必要があるために、SN材の使用が勧められます。

幅厚比は、絶対的な規定ではありません。建物の崩壊時の壊れ方を考慮して、局部座屈が生じないことが確認できれば、幅厚比の規定は緩和することができます。

デッキプレートとコンクリートを一体化した合成スラブ

鉄骨造建物の多くに**デッキ合成スラブ**が採用されています。施工時には型枠としてデッキプレートを使い、コンクリートが固まった時点では、デッキプレートとコンクリートが一体化されたスラブとなります。一昔前までは、デッキにシアコネクターを取り付けてコンクリートと一体化させていたのですが、現在使われているデッキのほとんどは、表面が凸凹形状で、この部分でコンクリートとの一体性を確保しています。

デッキ合成スラブの断面算定のしかた

デッキプレートの形状は、薄い鉄板に剛性をもたせるために連続した山形断面となっています。その上に生コンクリートが打設されるために、コンクリート断面下部も山形になります。

285頁上にデッキ合成スラブの断面設計の計算式を記載しています。まずはデッキプレート単体の剛性とコンクリート単体の剛性から中立軸を求め、コンクリートおよびデッキプレートの合成部材の断面2次モーメントを算出します。その後、合成部材の断面2次モーメントと中立軸の位置からデッキ検討用の引張り側の断面係数、そしてコンクリート断面検

デッキ合成スラブの基礎知識

デッキ合成スラブの応力概念

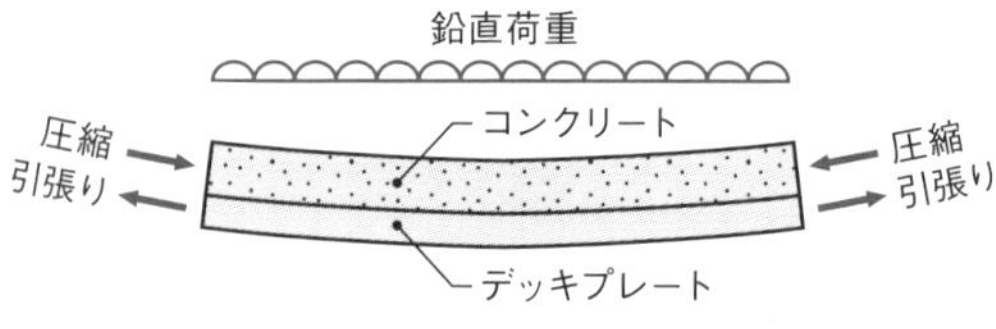

デッキ合成スラブの各部名称

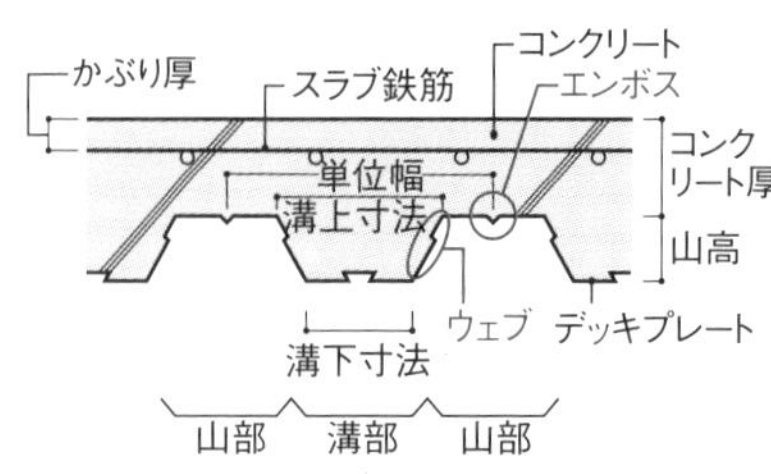

写真で見るデッキスラブ

デッキの上に鉄筋を配置した様子。このあとコンクリートを打設し、デッキ合成スラブとなる。

デッキプレートの一例

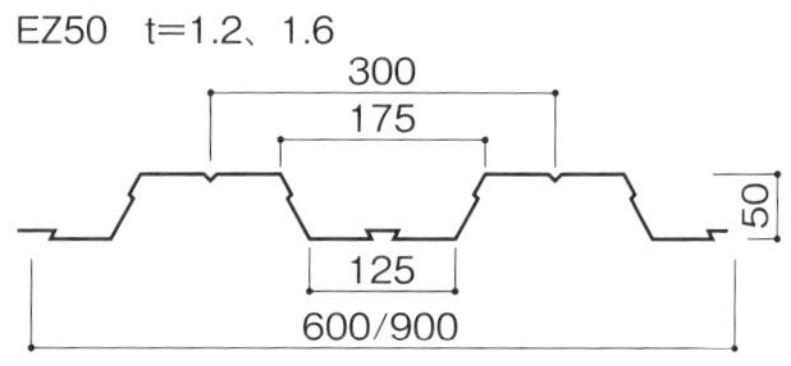

討用の断面係数を求めます。

合成断面の断面性能が算出されると、設計荷重に対して単位幅あたりの応力を算出し、断面の検討を行います。一般的にはデッキの割付が施工時に調整されるため、単純梁として安全側に応力を計算してデッキ合成スラブの設計を行っています。なお、たわみの検討を行うときには、鉄骨とコンクリートの合成構造なので、クリープ係数を1.5倍として検討します。

また、デッキ合成スラブは、施工時にはデッキ単体で、施工時の荷重や生コンクリートの重量を支えなければならないので、施工時の検討も重要です。

耐火建築物または準耐火建築物の建物の床や屋根にデッキ合成スラブを用いる場合は、耐火被覆を行えば問題はありませんが、デッキを露出する場合には建築基準法の耐火の規準を満たしている大臣認定品であるかを確認する必要があります。

デッキ合成スラブの断面設計と設計荷重

デッキプレートは単純梁として設計し、デッキの応力度とたわみを検討します（デッキの割り付けを考え、連続梁で計算する場合もあります）。

デッキプレートの応力度・たわみを求める

①応力度 $\sigma_t \leqq F/1.5$ を確認

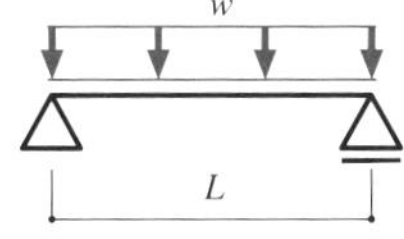

$$\sigma_t = \frac{M}{{}_cZ_t} \leqq \frac{F}{1.5}$$

M ：設計用曲げモーメント
${}_cZ_t$ ：引張側有効等価断面係数（mm^3/B）
F ：デッキプレートの基準強度

②たわみ量 δ を確認

$$\delta = \frac{5wL^4}{384{}_sE \times \frac{{}_cI_n}{n}}$$

$$\frac{1.58}{L} \leqq \frac{1}{250}$$

${}_sE$ ：デッキプレートのヤング係数
${}_cI_n$ ：有効等価断面2次モーメント（mm^4/B）
n ：鋼材のコンクリートに対するヤング係数比＝15

δ

上記のcZtやclnの値はデッキメーカーのカタログ等で計算されているものを使うこともできるよ。

合成梁の考え方

デッキ合成スラブと鉄骨梁をスタッドボルトを介して一体化することにより、梁の性能を向上させることができる（合成梁）。

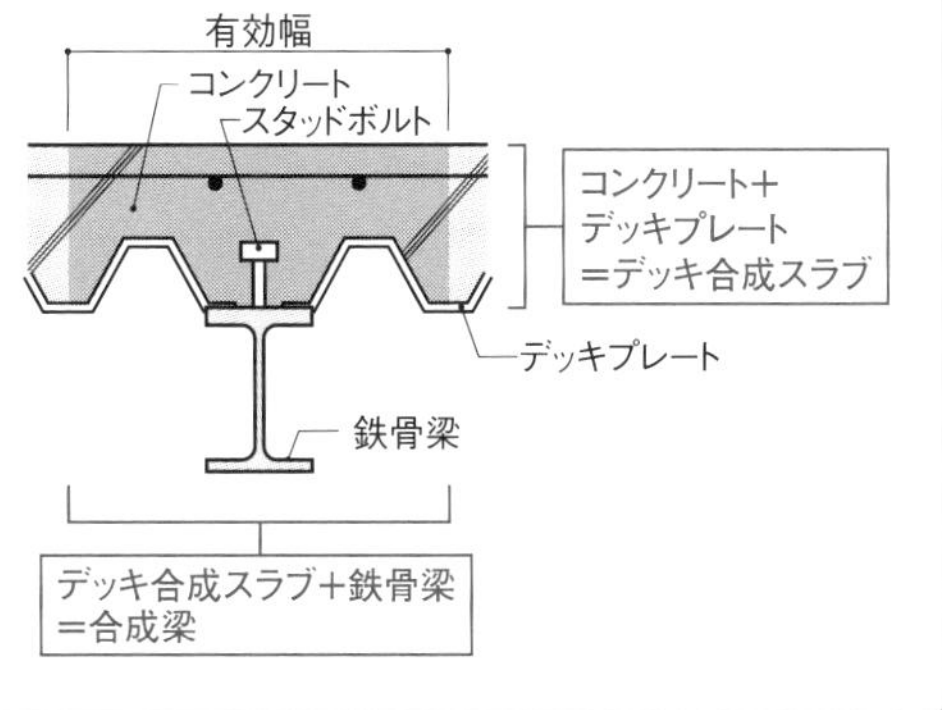

column

「階」と「層」の違い

建物の高さ方向の位置を説明するとき、日常的には「階」という言葉が使われますが、構造モデル等を説明するとき、「層」という言葉が使われるときがあります。たとえば風圧力等の水平力を考えるとき、1階（1層目）に加わる水平力は2階の梁（1層目の梁）が抵抗します。「階」という言葉を使うと少し紛らわしいので、「層」という言葉を使うとよいでしょう。

階のイメージ

日常的に使われる建物の階のイメージ。

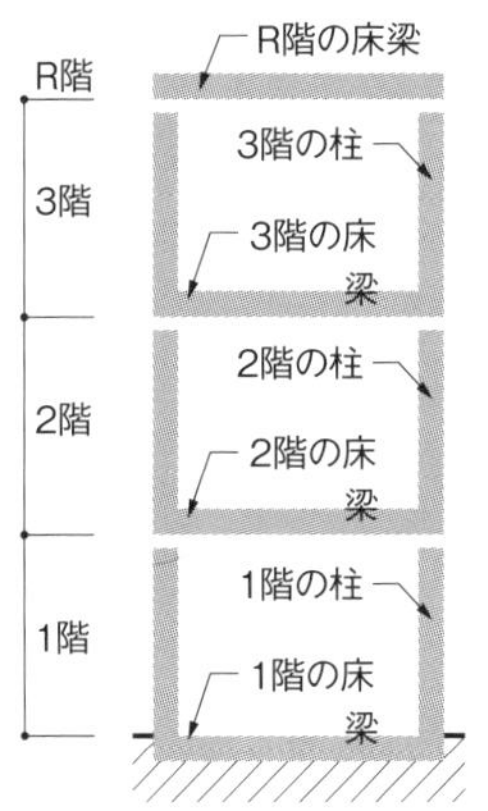

層のイメージ

構造計算で用いるモデル。水平荷重・鉛直荷重に対して、門型のフレーム（柱と梁）で抵抗。

3層目の梁
3層目の柱
3層目
2層目の梁
2層目の柱
2層目
1層目の梁
1層目の柱
1層目
3層にかかる水平力。
2層にかかる水平力。
1層にかかる水平力。

時刻歴応答解析モデル

荷重を考えるときは、階・層の考え方が少し異なる。

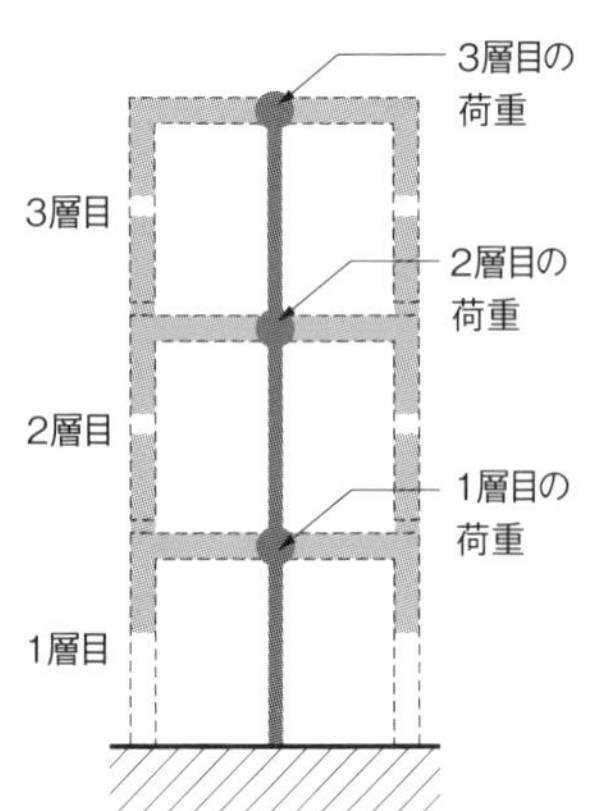

地盤 4章

地盤の種類

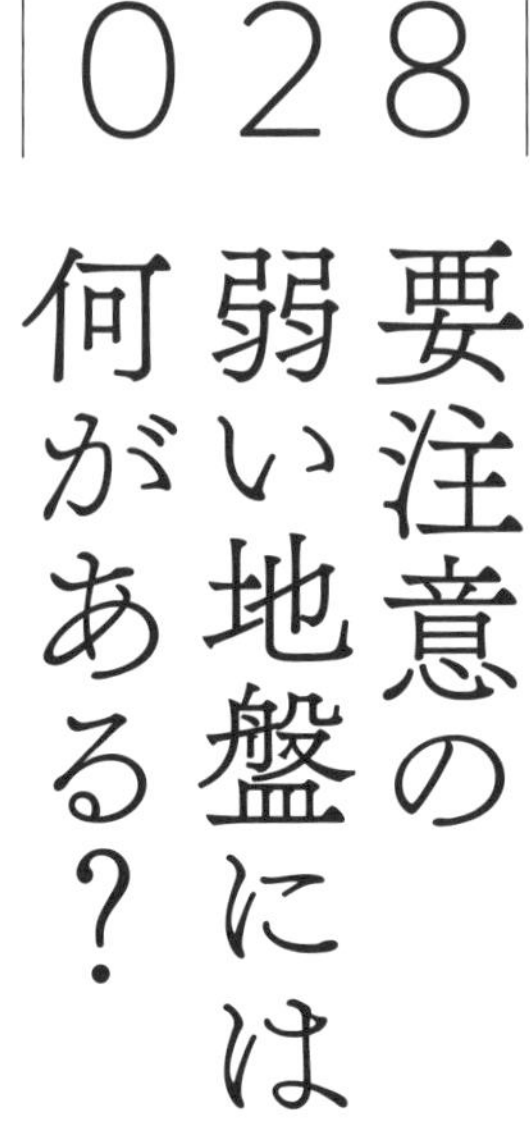

028 要注意の弱い地盤には何がある？

粘性土は新しい地盤の場合沈下するおそれがあります。

砂質土は地震時に液状化するおそれがあります。

地盤の種類は大きく3つ 砂・粘土・岩盤

建物は地盤の種類や状況によって、使用できる基礎形式や地盤改良の工法が異なります。そのため地盤の種類や性質を把握することは、建物の安全性を確保するうえで、非常に大切です。

主な地盤は**砂質地盤**、**粘土質地盤**、**岩盤**の3種類です。岩盤は強固で安定した地盤ですが、砂質地盤、粘土質地盤の場合は注意が必要です。

砂質土（砂質地盤）は混じっている礫や砂の粒子によって地盤の耐力が大きく異なります。砂が細かい（細砂）の場合や、砂質が均質で水分を多く含んでいる場合は地震時に液状化をするおそれがあります。

粘性土（粘土質地盤）は古い地層ならば強固で地盤の耐力は大きいですが、比較的新しい地層は地盤が十分に引き締まっておらず軟らかいため、土や建物の荷重によって土と土の間の水（間隙水）が徐々に排

土の名称と地盤の地耐力

土の粒形による土の名称

土の呼び名	粘土	シルト	砂		礫			石	
			細砂	粗砂	細礫	中礫	粗礫	粗石	巨石
粒径（mm）	～0.005	～0.075	～0.425	～2	～4.75	～19	～75	～300	300～

『地盤工学用語辞典』(社団法人 地盤工学会、2006年)をもとに作成

地盤の地耐力(建築基準法施行令93条)

建築基準法施行令93条では、地盤の許容応力度は国土交通大臣が定める方法で地盤調査を行い、その結果に基づいて定めることとしていますが、地盤の種類が分かっていれば下の表の数値によることができるとしています。

地盤	長期許容応力度（kN/m²）	短期許容応力度（kN/m²）
岩盤	1,000	長期の2倍
固結した砂	500	
土丹盤	300	
密実な礫層	300	
密実な砂質地盤	200	
砂質地盤（液状化のおそれがないもの）	50	
堅い粘土質地盤	100	
粘土質地盤	20	
堅いローム層	100	
ローム層	50	

水されて体積が減少する「**圧密**」と呼ばれる現象が起こり、長期にわたって沈下するおそれがあります。ローム層の地盤も粘性土に近い性質があります。このほか、シルト層は粘性土と砂質土との中間的な性質を持った地盤もあります。

地震による揺れ方は、地盤の種類・性質によって大きく変わり、建築基準法施行令88条でも建築物の振動特性を決める要因のひとつに「地盤の種類」を挙げています。一般に軟弱な地盤ほどゆっくりと揺れ、硬い地盤ほど細かく振動する傾向があります。同93条では、地盤ごとの許容応力度を定めています。

地下水位にも注意

地盤の種類・性質以外に注意しなければならないのは**地下水位**です。地下がある建物では地下水位が高いと浮き上がりの力が発生するため、建物に過大な力が生じることになるからです。

また、一見問題がないように見える土地でも元は川や崖地、地下孔を埋め立てている場合もあるので、古地図で地盤の履歴を知ることも重要です。

問題となる地盤

①軟弱地盤

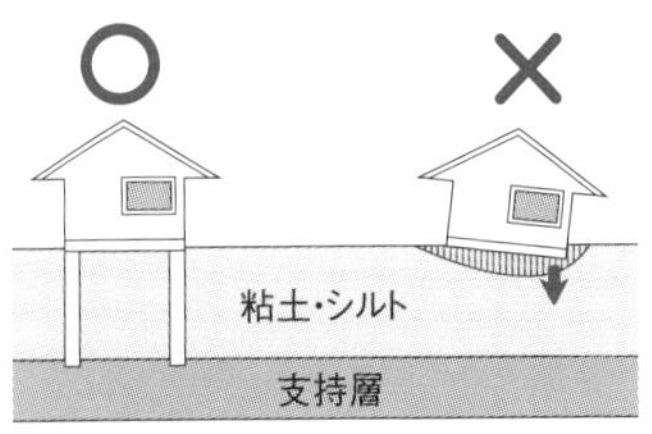

粘土やシルトの多い沖積層からなる地盤などは軟弱地盤が多く、不同沈下のおそれがある。

②盛土地盤

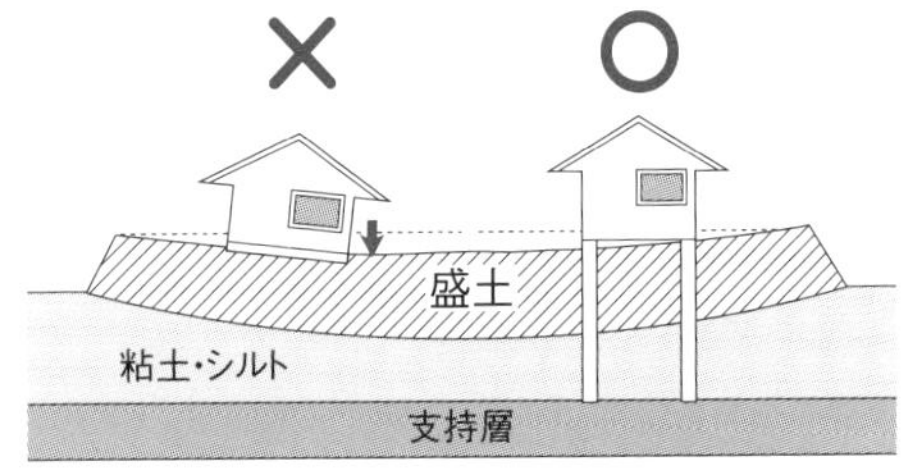

盛土による造成は地盤が安定しない場合が多い。盛土の重量で下層の軟弱地盤が沈下するおそれがある。

③異種地盤

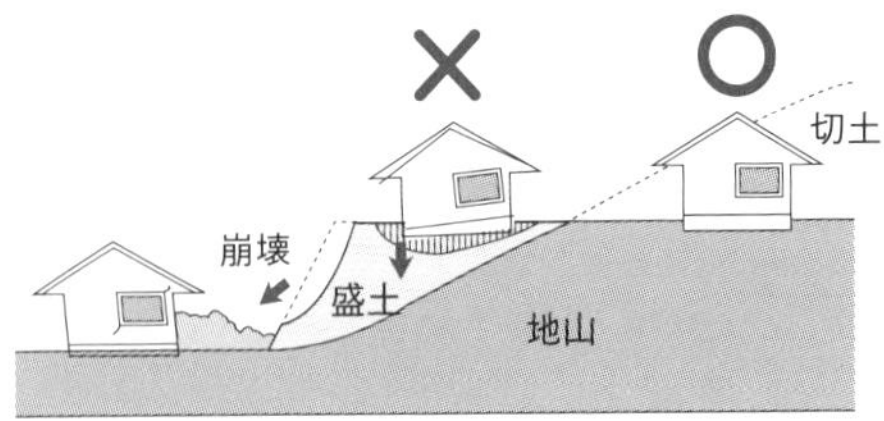

山地や丘陵地を造成した敷地は盛土部と切土部があり、盛土部は沈下の可能性がある。

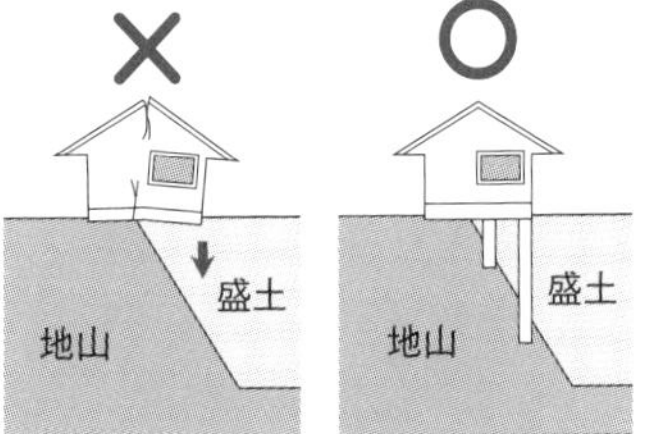

盛土部と地山部は地盤政情が異なるため、不同沈下が生じる可能性がある。

④崖・急傾斜地

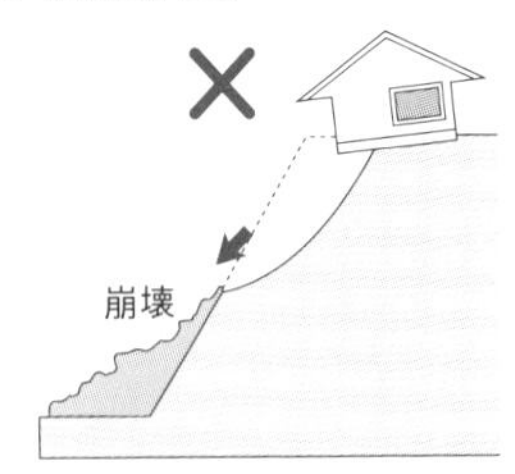

地震や集中豪雨によって、土砂崩れや擁壁崩壊のおそれがある。

⑤砂質地盤

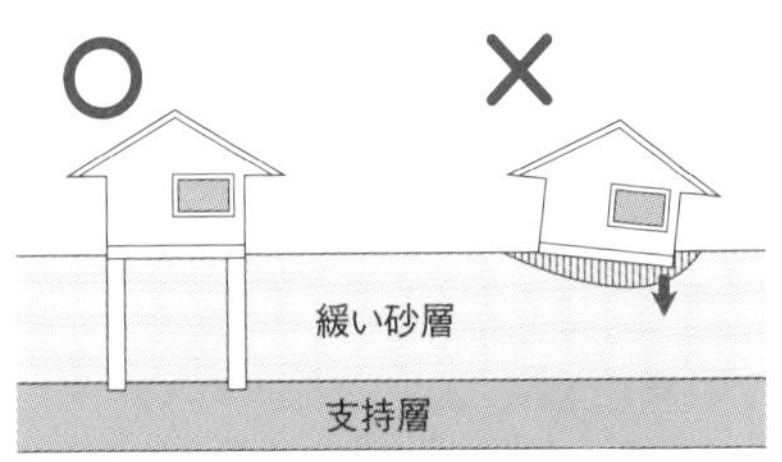

粒のそろった細かい砂質地盤で、地下水が飽和状態にあるところでは、液状化するおそれがある。

『小規模建築物を対象とした地盤・基礎』((社)日本建築学会刊)をもとに作成

代表的な地盤調査方法

①ボーリング調査＋②標準貫入試験

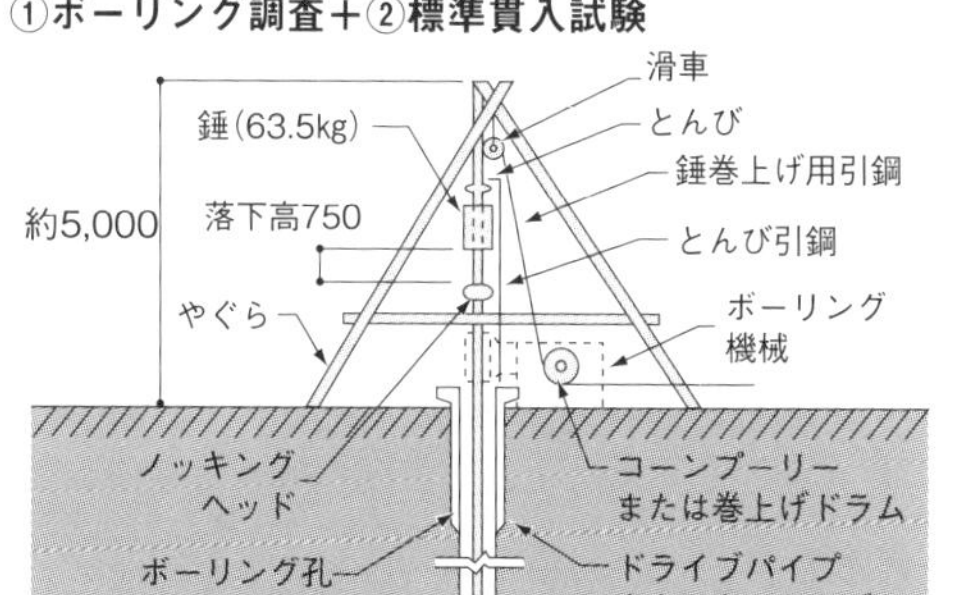

③平板載荷試験

④静的貫入試験（スクリューウェイト貫入試験）

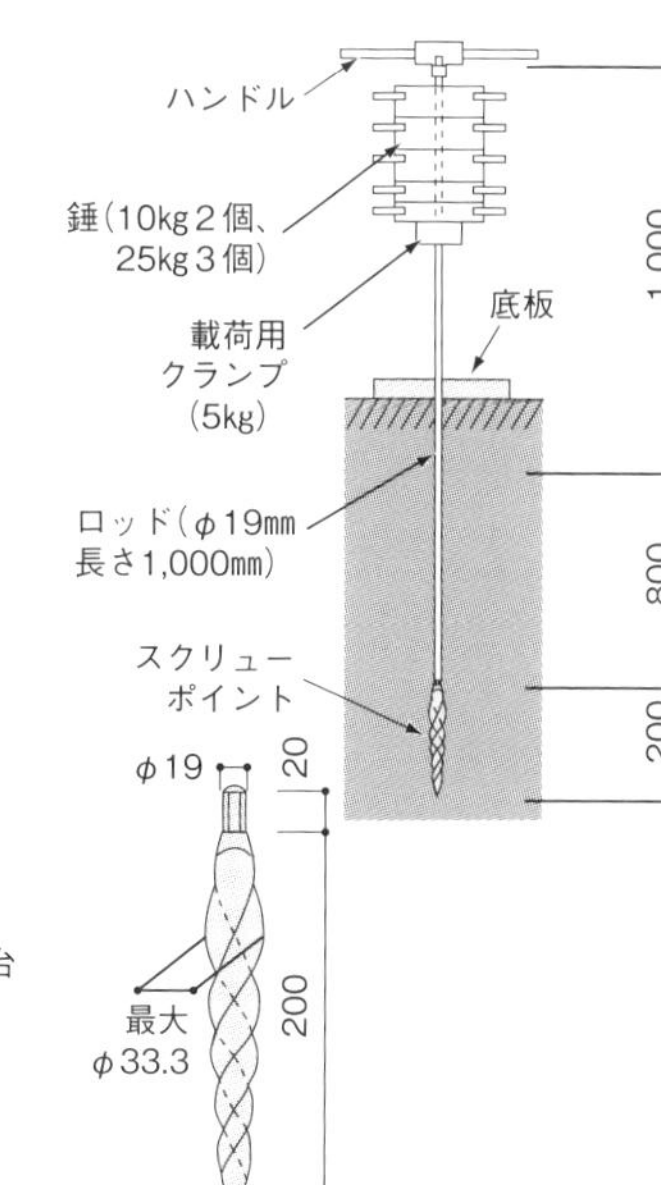

代表的な地盤調査方法はボーリング調査などの4種類

地盤は場所や深さによってさまざまな性質を持っています。そのため、敷地で地盤調査を行い、計画している建物の重量を地盤が支持できるかを確認しなければなりません。地盤調査には、**ボーリング調査、標準貫入試験、平板載荷試験、静的貫入試験、孔内水平載荷試験、現場透水試験、物理探査、液状化判定**など、さまざまな種類があります。なかでもよく用いられるのが、①ボーリング調査、②標準貫入試験、③平板載荷試験、④静的貫入試験の４つです。

①ボーリング調査

刃先のついた鋼管で地表面から採掘し、地盤の構成や地下水位の確認などを行う調査方法です。②の標準貫入試験と同時に行うことが多く、一般にボーリング調査というときは、標準貫入試験も含めた調査方法を指します。

②標準貫入試験

錘（63.5kg）を75cmの高さから落下させ、サンプラーと呼ばれる鉄管を地盤に30cm打ち込むのに必要となった打撃回数から、地盤の支持力を確認する調査方法です。この打撃回数を「N値」と呼びます。

③平板載荷試験

角状または丸板の部材で地盤に静的な荷重を加えて、地盤の支持力（耐力）などを確認する調査方法です。基礎の底盤を設ける深さまで掘削し、地盤の支持力を計測します。地盤の表層の耐力を知ることができますが、深層部分については確認することはできません。

④静的貫入試験

戸建て住宅など小規模の建築物で広く利用されている調査方法で、スクリューウェイト貫入試験（旧スウェーデン式サウンディング試験（SWS試験））もそのひとつです。先端がスクリュー状になっているロッドに錘（合計95kg）と載荷用クランプを取り付け、クランプを地盤に1mねじ込ませるのに要した半回転数で（180度）で地盤を評価する調査方法です。

地盤の耐力が足りない場合は地盤改良か杭基礎に

地盤調査の結果、地盤の耐力が期待できない場合は、杭基礎を選択します（301頁参照）。ただし、表層部は軟弱地盤なものの、比較的浅い位置に良好な地盤がある場合は、地盤改良を行うことで直接基礎を選択することもあります。

表層改良は表層だけを行うか深層まで行うかの大きく2種類

地盤改良とは、セメント系固化材を土に混ぜて固めることで地盤の耐力を高める工法です。以前は、玉砂利を粗骨材に用いたコンクリート（ラブルコンクリート）を支持層まで打ち込んで改良する工法が取られていましたが、現在はセメント系固化材で地盤の表層部分を改良する①浅層混合処理工法と、深層部分まで改良する②深層混合処理工法が一般的です。

代表的な地盤改良方法

①浅層混合処理工法

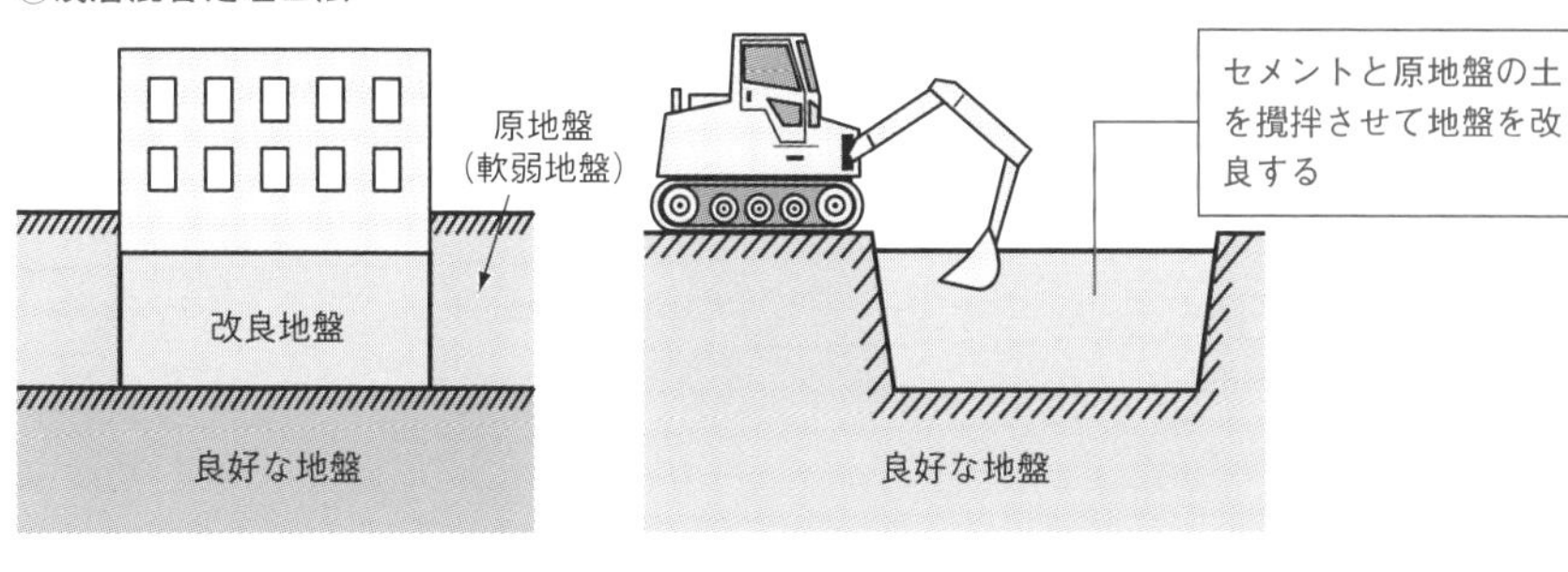

②深層混合処理工法

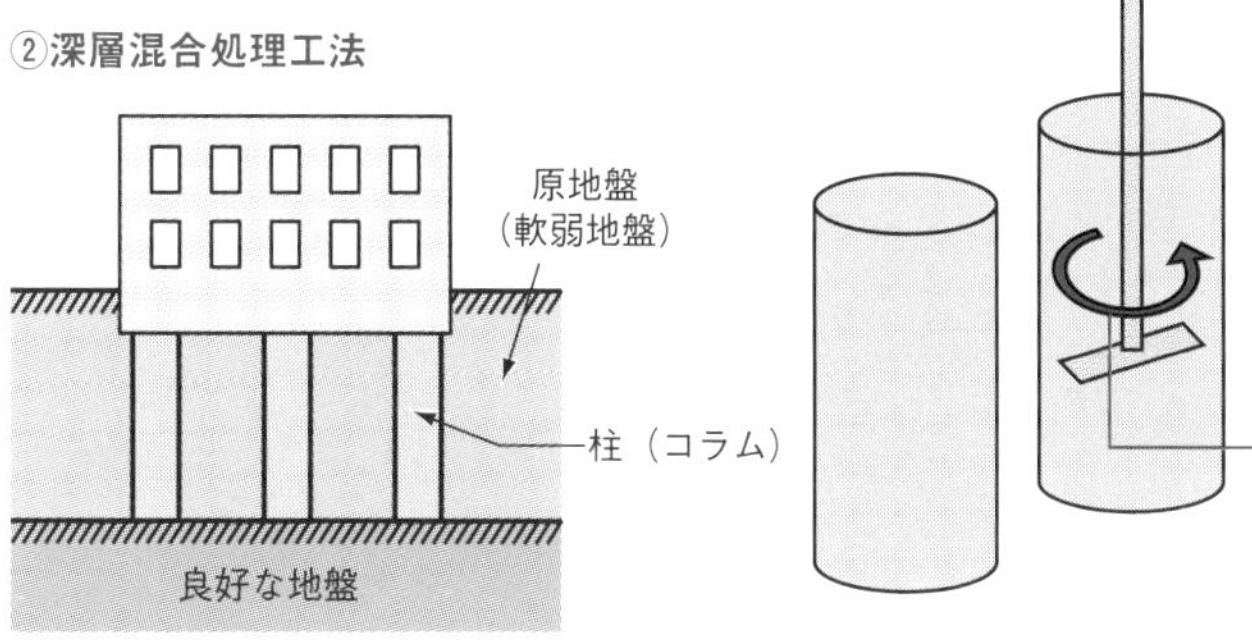

①浅層混合処理工法

地盤表層部分の土にセメント系固化材を混合し、転圧して固める工法です。地盤の表層部分のみを改良するため「表層改良工法」とも呼ばれます。面的に地盤を固めることで、建物の不同沈下を防ぎます。改良できる地盤の深さは、地表面から2m程度までが目安です。

②深層混合処理工法

セメント系固化材（地盤改良用セメント）と元の地盤（原地盤）の土を混ぜてつくった柱（コラム）を、深層にある安定した地盤まで届かせて地盤の耐力を高める工法です。「柱状改良工法」とも呼ばれます。コラムの配置には、杭形式、壁形式、ブロック形式の3つがあります。

このほかにも、細径鋼管を貫入させて、地盤の支持力とパイプの支持力の複合作用によって支持力の増加と沈下量の低減を図る「RES-P工法」や、鋼管杭を回転させながら強固な地盤に貫入させて建物を支持する「小口径鋼管杭」を使った改良方法など、さまざまな改良工法が考案されています。

代表的な地業の種類

①割栗地業

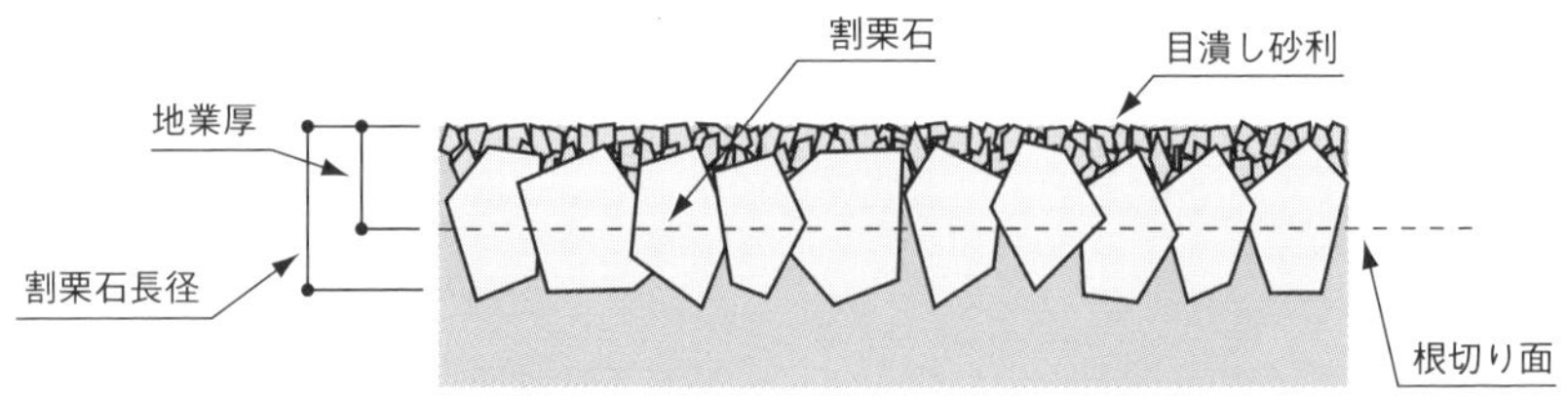

②砂利地業

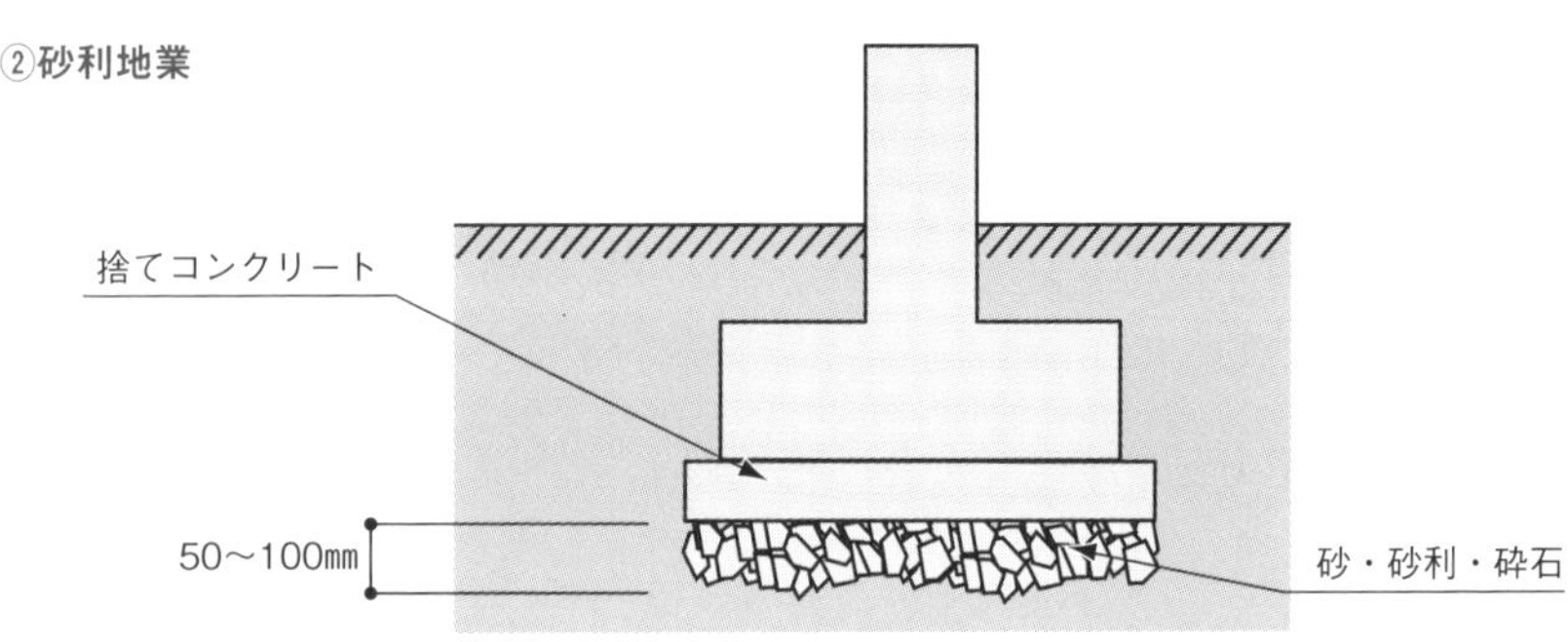

基礎に必須となる敷砂利と捨てコンクリートの地業

建物を建てる際、地面の掘削後は、砂利が敷設され、その上に薄いコンクリートが打設されます。この砂利を**敷砂利**、コンクリートを**捨てコンクリート**といい、両方併せて**地業**といいます。地業は建物の構造にとって非常に重要で、基礎や地中梁が固まるまでの重要な支持地盤となるとともに、基礎の位置を墨出しするための版にもなります。直接基礎では、地業そのものが上部の建物を支える一部になります。

地盤の地質によって選択できる地業の種類は異なります。一般には①割栗地業、②砂利地業、③直接地業の3つがあります。

①割栗地業

直径200～300㎜程度の硬質の石（割栗石）を小端立てに密に敷き込み、隙間を目潰し砂利で埋めて固める地業です。割栗石を密に並べることで、均質で硬い

標準的な地業

	地盤の地質	地業		捨てコンクリート
		種別	厚さ（㎜）	厚さ（㎜）
直接基礎床版下	岩盤・土丹	地肌	—	50
	砂礫・砂	砂利	100	50
		砂利	60	
	シルト 粘土 ローム	砂利	150	50
		砂利	60	
杭基礎床版した	—	砂利	60	50

『建築構造設計基準及び同解説　平成16年版』（建設省大臣官房長官営繕部整備課監修）をもとに作成

地業となりますが、割栗石を手作業で並べるため、手間がかかります。地質があまりよくない場合に用いますが、軟弱地盤は割栗石が沈下するので不向きです。伝統的な地業ですが、近年ではほとんど採用されなくなりました。

②砂利地業

最大の直径が45㎜程度の砕石や砂利を、厚さ60㎜以上確保しながら均等に敷き詰めて固める地業です。割栗地業のように手作業で石を並べる必要がないため、近年はよく採用されています。砕石の石の大きさにはばらつきがあるため、転圧を十分に行う必要があります。砂利地業は比較的地質がよい場合に用い、粘土地盤や砂地盤などの軟弱な地盤には不向きです。

③直接地業

割栗石や砕石を用いず、基礎の接地地盤を直接締め固める地業です。地盤が非常に密度の高い砂礫で構成されており、水はけがよく、地耐力が十分に確保されている場合にのみ採用できる方法です。

029 基礎の種類はどうやって選べばいい？

地盤表層部の耐力や建物の規模、構造形式などから総合的に判断します。

基礎の種類は大きく2つ、直接か杭か

基礎には、大きくは**直接基礎**と**杭基礎**があります。建物の重量に対して、地盤表層部が十分な耐力をもっていれば直接基礎とします。表層が柔らかい場合は、杭基礎により建物を支持します。表層はある程度耐力があっても下部層で液状化現象のおそれがある場合も、杭基礎が多く採用されます。このほかに、建物の高さや構造形式なども、基礎の形式を選択する際に考慮しなければなりません。

直接基礎は接地圧を地盤の許容応力度以下にする

直接基礎には、**布基礎**と**ベタ基礎**があります。布

基礎の種類と構造

基礎の形式

①直接基礎

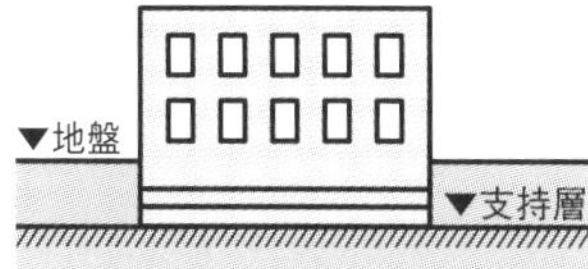

②杭基礎

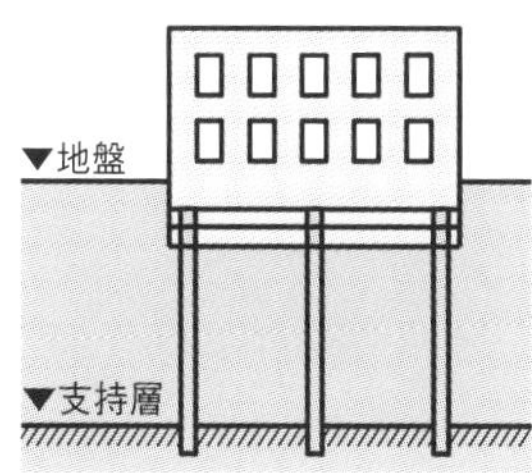

基礎の形式は、直接基礎と杭基礎に大きく分けることができます。直接基礎は布基礎・ベタ基礎・独立基礎の種類があり、杭基礎には場所打ちコンクリート杭・既製コンクリート杭・鋼管杭などの種類があります。

直接基礎の種類

①布基礎

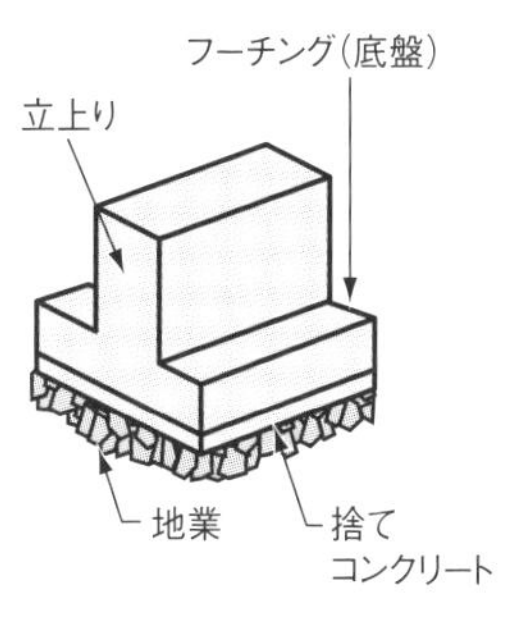

②ベタ基礎

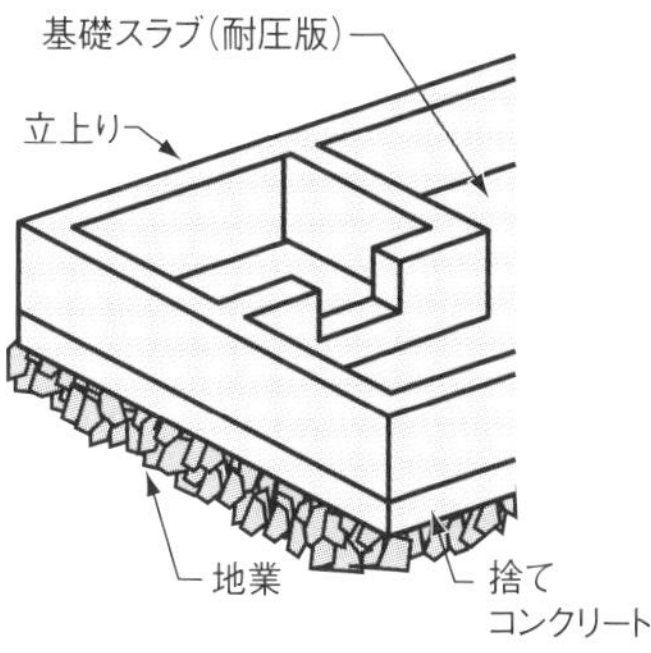

③独立基礎

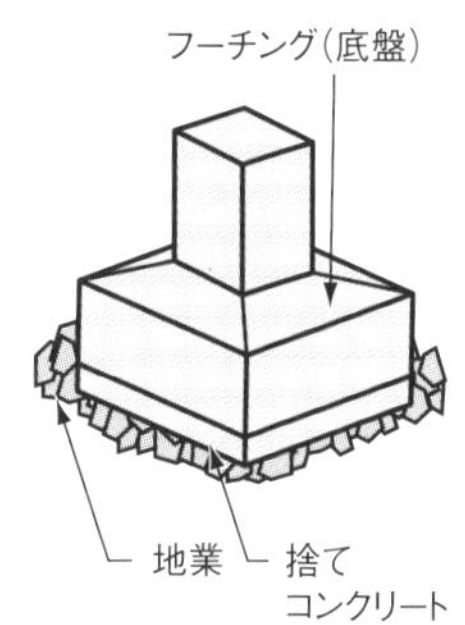

杭基礎のおもな種類

①場所打ち
コンクリート杭

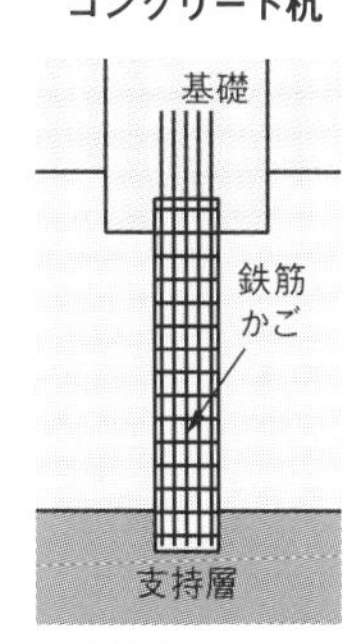

現場でコンクリートを打設

②既製
コンクリート杭

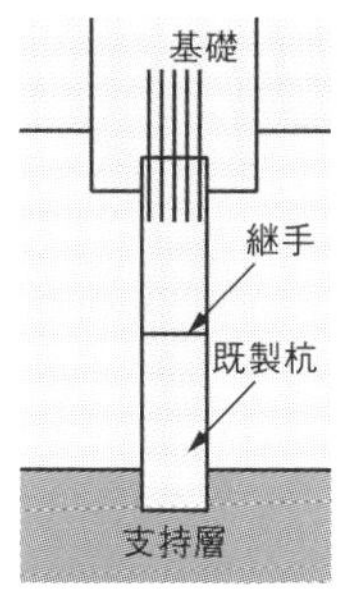

③鋼管杭

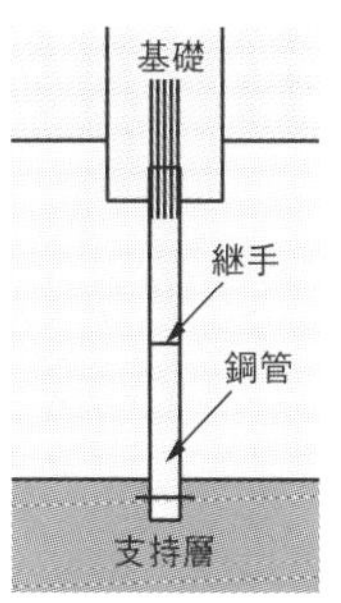

杭基礎の杭で多く用いられているのは木杭・コンクリート杭・鋼管杭。このうちコンクリート杭は、掘削したボーリング孔にコンクリートを流し込む場所打コンクリート杭と既製コンクリート杭があるんだ。

基礎とは、T字を逆にした形（またはL字形）の基礎で、フーチング（底盤）によって建物の荷重を地盤に伝えます。フーチングがつながっているため、**連続フーチング基礎**ともいいます。

一方ベタ基礎は、建物下部全体に設けた基礎スラブで荷重を地盤に伝える基礎です。コンクリート量が多く、布基礎よりコストが高くなりますが、不同沈下に強いので、最近では多く使われるようになりました。

なお、フーチングが連続せず、柱ごとに単独に設けられた基礎を**独立フーチング基礎**あるいは**独立基礎**といいます。独立基礎とする場合は、沈下が生じやすいために沈下量計算等で安全性を確認する必要があります。

直接基礎の設計ポイント

直接基礎の建物の安全性を判定するためには、建物重量を地盤が支えられるか確認をする必要があります。地盤の支持力（**許容地耐力**）は、平板載荷試験などの地盤調査結果よりわかります。

重力による建物重量は基礎の底盤から地盤面に伝えられます。建物重量を底盤の面積で割った単位面積あたりの重量のことを**接地圧**といいます。この接地圧が地盤の許容地耐力度（許容応力度）以下であれば、地盤は建物を支持することができます。

一方、底盤自体は、地盤から押された状態となります。この押された力により底盤には曲げモーメントが生じるので、床スラブと同様に必要鉄筋量を算出し、必要鉄筋量以上の鉄筋を配筋します。

底盤の応力を算出するときには、地盤からの反力は下から上向きに生じますが、底盤の自重は重力により上から下に生じるので、差し引くことができます。

なお、ベタ基礎の場合は、地中梁で囲まれた範囲の版（スラブ）として、周辺をピンまたは固定と仮定して応力を算出します。一方、布基礎の場合は地中梁から持ち出した片持ちスラブとして計算を行います。

ベタ基礎の設計手順

①建物重量W(基礎重量込み)を算定する

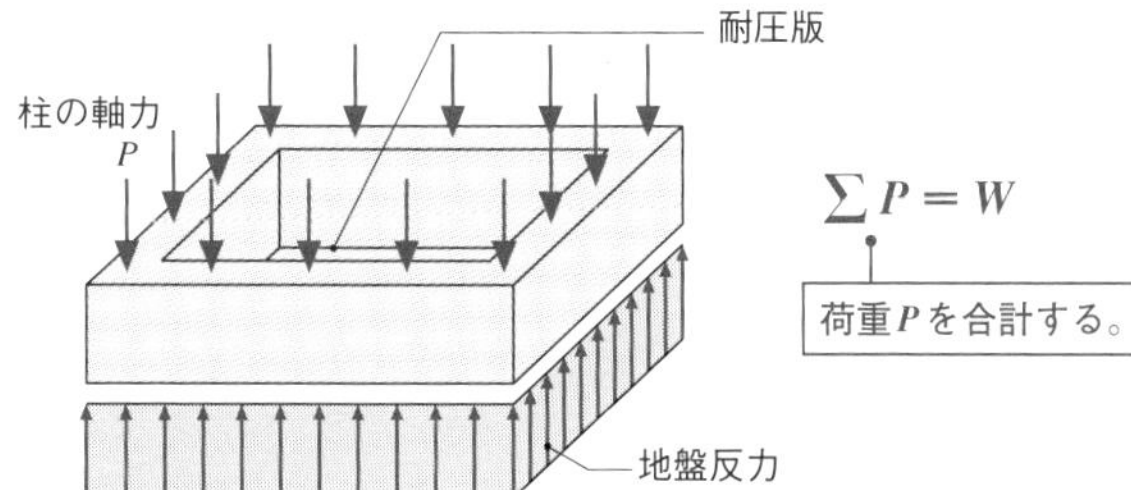

②接地圧σを計算する

建物重量を基礎スラブの底面積で割る

$$\sigma = \frac{W}{A}$$

σ：接地圧
A：基礎の底面積

③接地圧σと許容地耐力f_eを比較する

$$\sigma \leqq f_e$$

f_e：許容地耐力

接地圧が許容地耐力以下であればOK。

本項では、単純地中梁位置を支点として計算を行っていますが、実際の地盤はバネと同じで、地中梁近くは大きな接地圧が生じ、スラブの中央では小さな接地圧となります。比較的小さな建物では、本計算で問題ありませんが、大きな底盤の場合は、地盤をバネにモデル化して、接地圧の検討や底盤の設計を行います。

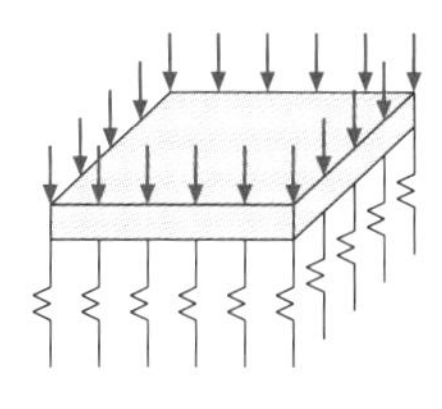

④耐圧版の設計(必要鉄筋量の算出)

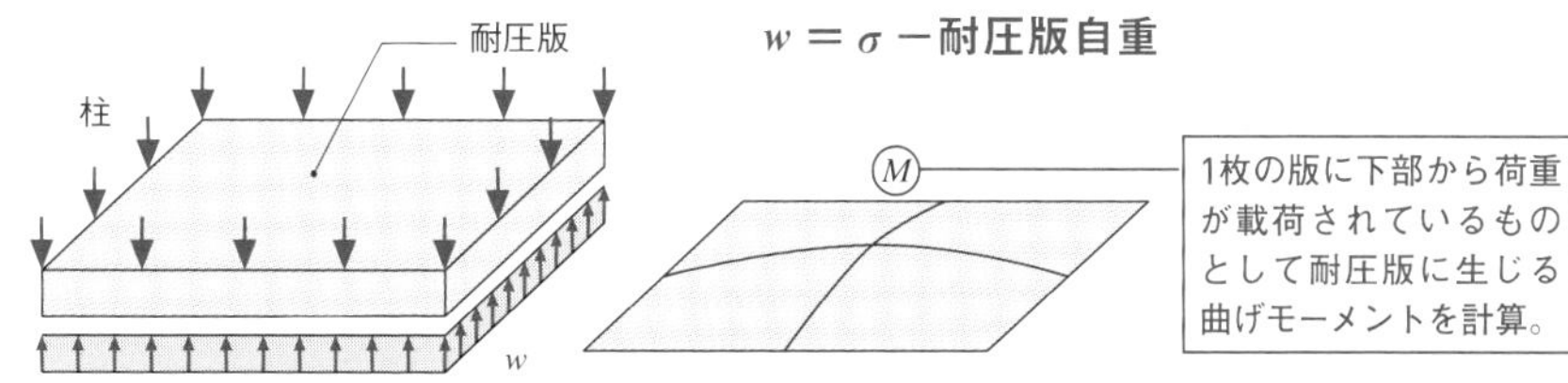

$$a_t = \frac{M}{f_t} \times j \ (\mathrm{mm}^2)$$

a_t：必要鉄筋量（㎜²）
f_t：鉄筋の許容応力度

$$j = \frac{7}{8} d$$

耐圧版の断面

d

コンクリート打設前

ベタ基礎の耐圧版と立上りの配筋状況。立上りの型枠が組まれている。

基礎が偏心した場合の接地圧σの算定表

基礎に曲げモーメントが生じると、接地圧の分布が一様ではなくなります。偏心距離を算出して、計算または右図を利用して最大接地圧を求めます。

接地圧係数α, α'
(長方形基礎の場合)

偏心量が大きくなると、接地圧が大きくなる。

P e L

$\alpha\frac{P}{A}$ $\alpha'\frac{P}{A}$

最大接地圧 σ

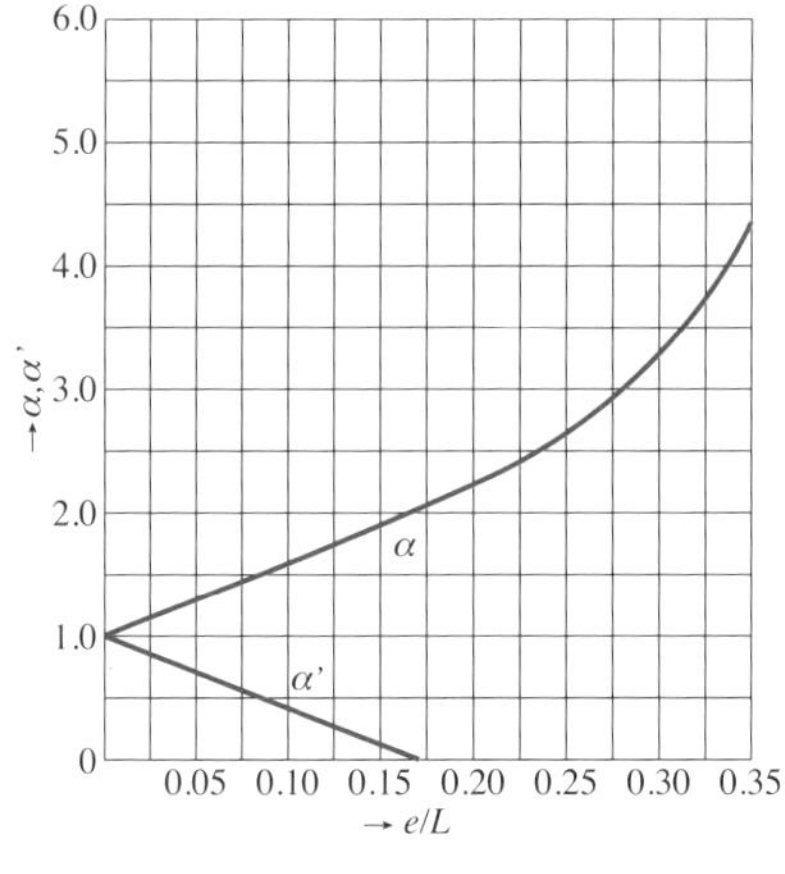

出典:『鉄筋コンクリート構造計算基準・同解説2018』(日本建築学会)

接地圧は耐圧版が地盤に伝える単位面積あたりの荷重だね。建物の荷重が同じだと、底盤の面積が大きいほど接地圧が小さくなるよ。

布基礎の設計ポイント

①接地圧の検討はベタ基礎と同じ(ベタ基礎の設計手順①〜③)

②底盤の設計では、

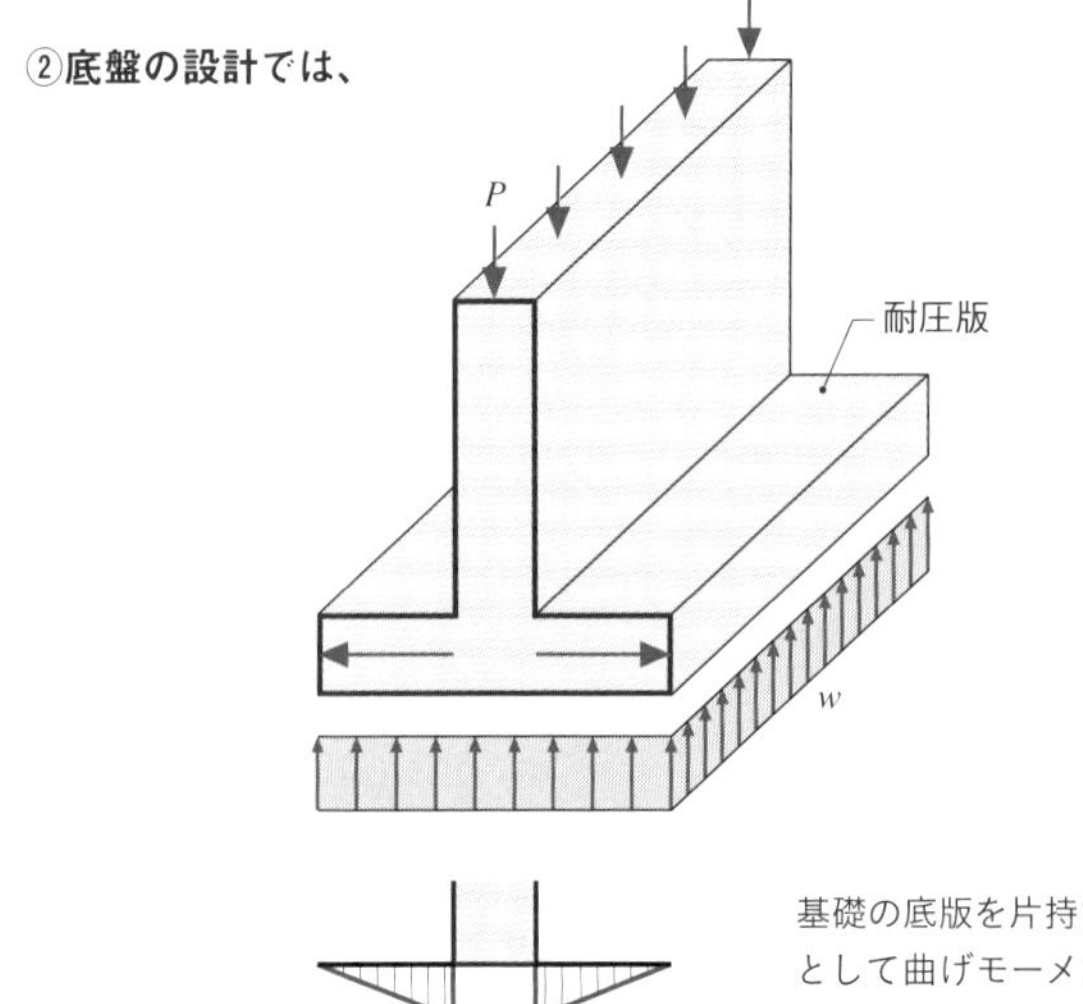

基礎の底版を片持ち梁として曲げモーメントを計算する。

杭基礎にはいくつもの種類がある

杭基礎は、地盤の表層部が軟弱な地盤で用いられる基礎形式です。建物の荷重を支えられる耐力のある地盤層（支持層）まで杭を延ばして、建物を支持します。杭の種類や工法は多数あり、施工方法では**場所打ち杭**と**既製杭**に、支持力の確保方法では**支持杭**と**摩擦杭**に分類されます。

平成12年建設省告示１３４７号で、地盤の長期の許容応力度によって選択できる基礎の形式が定められています。基礎を設計する際には計画地の地盤の許容応力度を調査する必要があります。地盤調査結果をもとに平成13年国土交通省告示１１１３号により地盤の支持力を算出することができます。

杭基礎の設計ポイント

杭は、施工法により分類されます。地面に孔を掘り、鉄筋かごを設置した後に生コンクリートを打設する**場所打ちコンクリート杭**は大きな建物の標準的な基礎形式です。径が大きく、大きな支持力があります。液状化地盤では、液状化したときに水平方向の力に対して地盤が抵抗できないために、杭頭部に鋼管を用いて耐震性を向上させた杭もあります。また、効率よく高支持力を得るために、杭底部を拡大させた**拡底杭**もよく用いられます。

小規模建築で多いのは、既製杭です。杭体には、**遠心力高強度プレストレストコンクリート（PHC杭）**が用いられることが大半です。かつては、モンケンで杭を地面にたたき込む打撃工法が主流でしたが、騒音のため、近年では、セメントミルクと一緒に地盤に固定するセメントミルク工法などが主流です。なお、最近では、木造住宅でも基礎の設計が行われるようになり、狭い敷地でも施工できる**鋼管杭**も多く使われます。

建物を支える杭の鉛直支持力は、杭の先端地盤の支持力と杭体周面の摩擦力の2つの効果を見込んで算出します。地盤の見えない部分での施工となるために、鉄骨やコンクリートと異なり、安全率を大き

杭基礎の種類と構造

杭基礎は、施工法や支持機構の違いによって大きく2つに分類できます。

施工法による分類

①場所打ちコンクリート杭

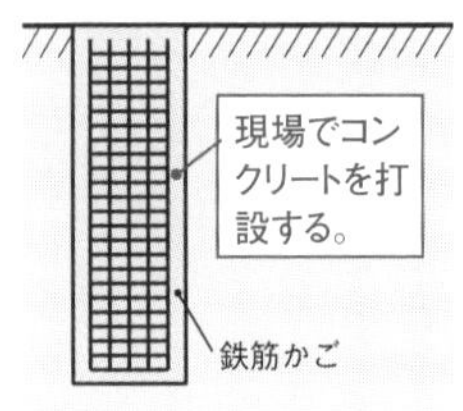

大規模建築に向く。

②埋込み杭（既製杭）
（左：既製コンクリート杭、右：鋼管杭）

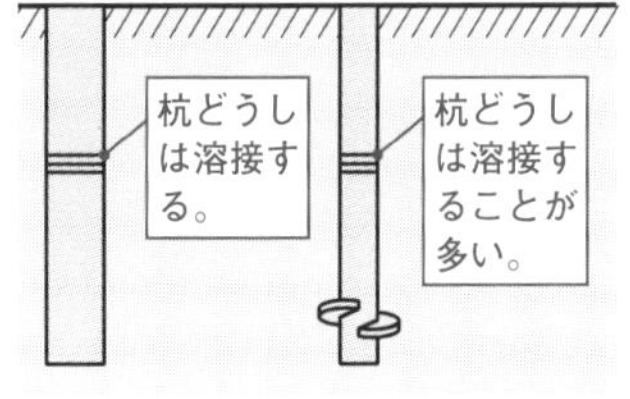

杭どうしは溶接する。
杭どうしは溶接することが多い。

小規模建築向き。　小規模建築向き。
狭小地施工可。

③打込み杭（既成杭）

杭基礎にはいろいろな種類があるから、地盤や用途、施工費用など状況によって適切な方法がとれるよう知識を蓄えておこう！

支持機構による分類

①支持杭

P
軟弱層
支持支盤

②摩擦杭

P
柔らかいまたは中位の土層

③パイルド・ラフト杭

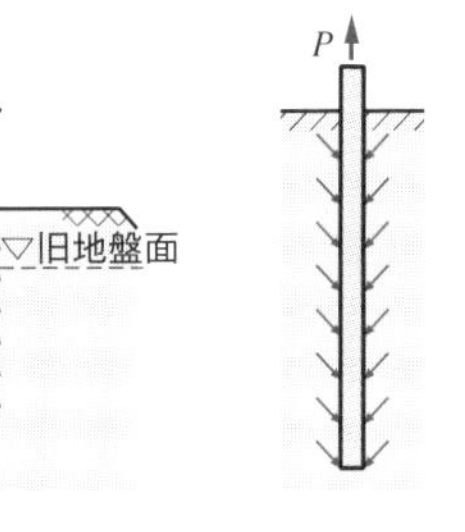

④引抜き抵抗杭

P

杭と基礎の固定

杭は支持層まで延ばして建物を支持しますが、実際には水平力にも抵抗します。

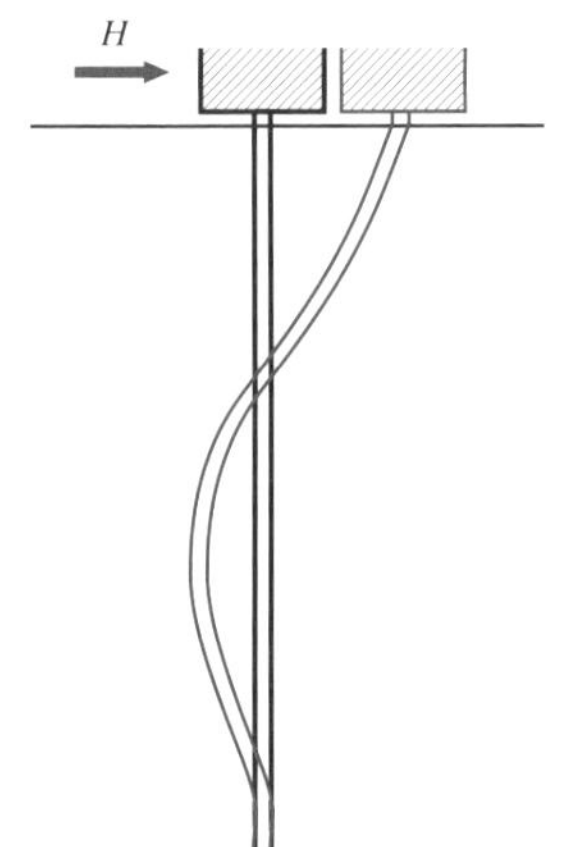

杭基礎については、種類や構造を理解するだけでなく、設計方法もマスターしよう！

杭の鉛直支持力の算出のしかた

杭の鉛直許容支持力 R_a ＝ 先端支持力R_P＋周面摩擦力R_F

長期：$_LR_a = \frac{1}{3}(R_P + R_F)$

短期：$_SR_a = \frac{2}{3}(R_P + R_F)$

R_a：杭の鉛直許容支持力 [kN]
R_P：杭の先端支持力 [kN]
R_F：杭の周面摩擦力 [kN]

杭の鉛直許容支持力を求めて、柱軸力または建物の重量と比べるよ。

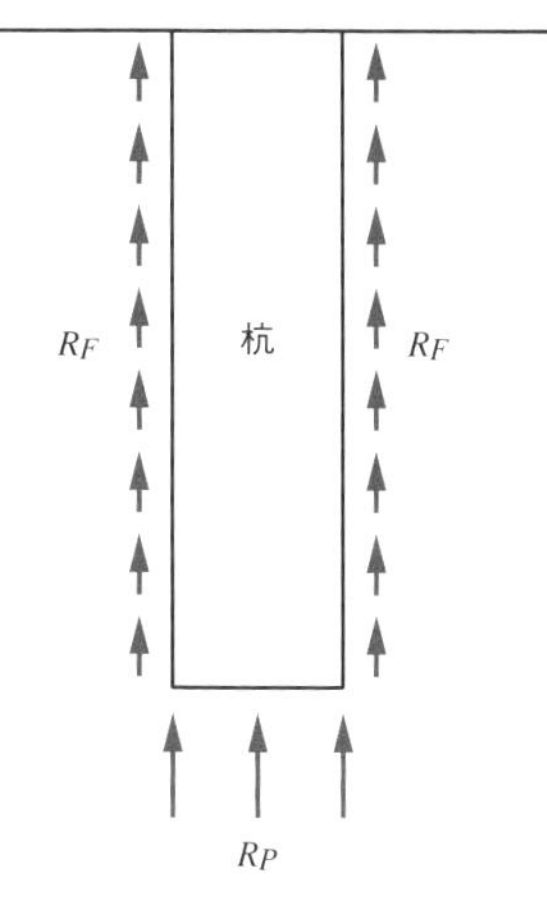

R_Pの算定

- 打込み杭　：$R_P = 300\bar{N}A_P$
- 埋込み杭　：$R_P = 200\bar{N}A_P$
- 場所打ち杭：$R_P = 150\bar{N}A_P$

$\bar{N}$：支持層の平均N値（≦50）
A_P：杭の先端面積 [m^2]

R_Fの算定

$$R_F = \frac{10}{3}\bar{N}_S L_S \varphi + \frac{1}{2} q_u L_c \varphi$$

$\bar{N}_S$：砂質土地盤の平均N値
L_S：杭の砂質土地盤に接する長さ [m]
φ：杭の周長 [m]
q_u：粘性土地盤の1軸圧縮強度の平均値 [kN/m^2]
L_c：杭が粘性土地盤に接する長さ [m]

く見ています。長期の鉛直支持力は、終局支持力の1／3、短期は2／3としています。

杭の水平力に対する検討も重要です。建物に生じた水平力は、杭を通じて地盤に伝達されますが、地盤が柔らかいと杭に生じる曲げモーメントが大きくなってしまいます。地盤の横方向のバネ効果を考慮して水平方向に対する設計が行われます。

杭頭部は基礎に固定します。以前は、杭の上に基礎を載せたような建物もありましたが、大きな地震のときに杭頭が壊れる被害があったので、杭頭を固定として応力計算を行い、しっかりと基礎に固定されるように鉄筋が配筋されたり、杭体そのものを基礎に埋め込んだりするようになりました。

異種基礎の併用

異なる構造の基礎（異種基礎）を併用することは、建築基準法で原則、禁じられていますが、地盤の状況からやむを得ず異種基礎を併用する場合は、建築基準法で定められた構造計算により、構造耐力上の安全性を確認しなければなりません。

不同沈下

030

沈下した建物や液状化した地盤は危険？

危険なこともあるので沈下や液状化を考慮する必要があります。

ピサの斜塔は、世界一有名な沈下の例。

沈下差が生じる不同沈下は特に危険！

建物は地盤に支持されていますが、地盤が柔らかいと建物は沈みます。沈むことを**沈下**（ちんか）といいます。沈下のしかたには2種類あります。建物にとって影響の大きい沈下が**不同沈下**です。建物の場所により沈下差が生じている状態で、基礎や建物にひび割れが生じます。次に建物本体にそれほど影響はありませんが、居住性に影響を与える沈下に**傾斜沈下**があります。建物に大きな応力は生じないのですが、建物全体が傾く沈下です。

沈下の原因と対策

地盤中には、コンクリートガラなどの地中障害物が埋まっていることがあります。直接基礎建物の地盤に地中障害物がある場合には、不同沈下が生じる可能性が高いので、必ず全撤去して土を埋め戻す必

押さえておきたい! 沈下の基礎知識

沈下の種類

正常

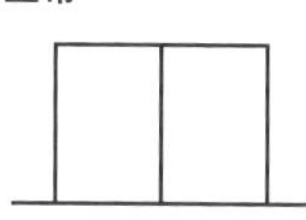

不同沈下

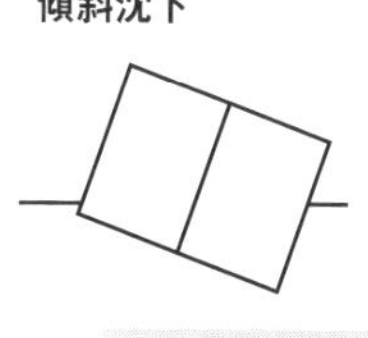

傾斜沈下

沈下の原因はさまざまあるよ。

沈下の原因

①盛土が沈下

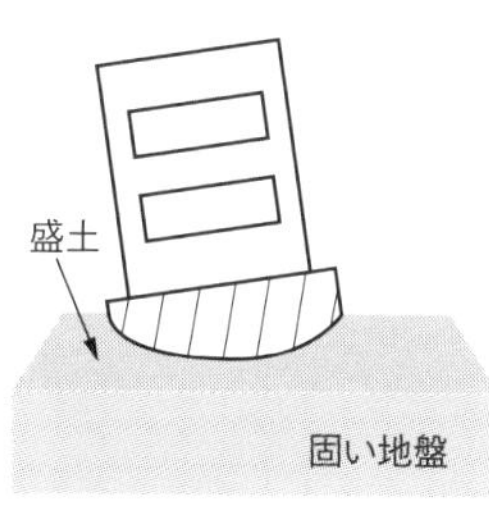

②軟弱地盤であったため沈下

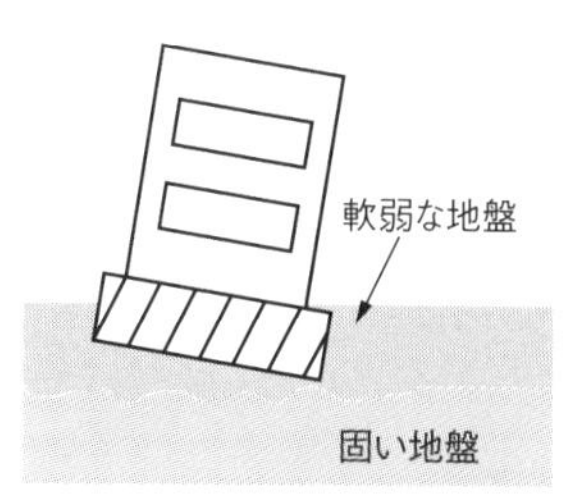

③支持地盤に杭が届かなかったため沈下

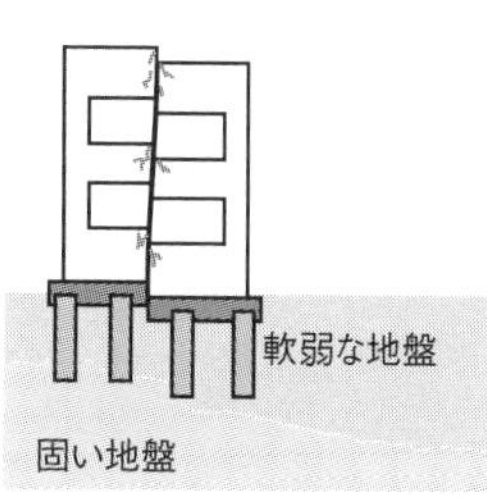

④地中内にガラが埋まっていたため沈下

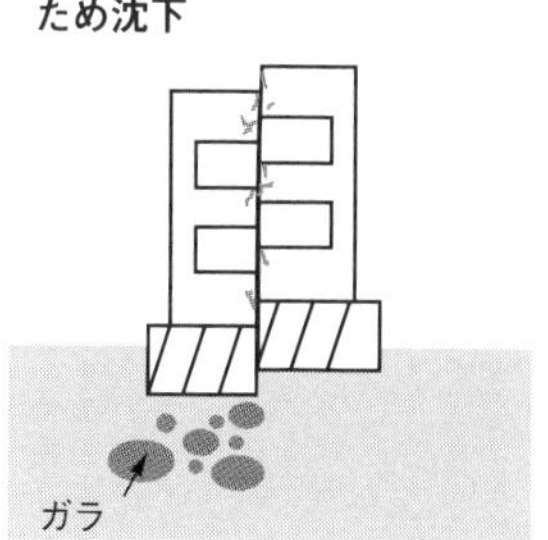

要があります。撤去後の地盤の締め固めが難しい場合などは、地盤補強が必要な場合もあります。

なかには不同沈下が発生して初めて、地中障害物の存在に気づくこともあります。木の根が基礎下にあると、いずれ腐朽し、その部分が軟弱になります。均質な地盤上の直接基礎の場合でも、上部建物の荷重が偏在していると不同沈下を起こしやすいので気をつける必要があります。

また、沈下は直接基礎だけではなく、杭基礎でも生じます。杭が支持層に達していなかったり、地震時などに杭が破損したりした場合にも不同沈下が生じます。小さい沈下量でも、杭が大破している場合があるので要注意です。

沈下対策としては、杭を増設することもありますが、部分的な不同沈下のときは、ウレタン樹脂などを注入して地中に生じた空隙を埋める対策も考えられます。しかしながら、地域全体が沈下を起こしていて、完全な対策ができない場合もあります。

防空壕や炭鉱跡、鍾乳洞などの空洞が敷地の地下に存在することがあります。そのような場所では空

構造別の沈下量の限界値（例）

不同沈下の種類や原因はさまざまありますが、不同沈下を確認するにはまず建物のレベルを計測します。そのうえで相対沈下量や総沈下量の限界値と比較します。

①相対沈下量の限界値（cm）

支持地盤	構造種別	CB造	RC造・壁式RC造		
	基礎形式	布	独立	布	ベタ
圧密層	標準値	1.0	1.5	2.0	2.0〜3.0
	最大値	2.0	3.0	4.0	4.0〜6.0
風化花崗岩（まさ土）	標準値	−	1.0	1.2	−
	最大値		2.0	2.4	
砂層	標準値	0.5	0.8	−	−
	最大値	1.0	1.5		
洪積粘性土	標準値	−	0.7	−	−
	最大値		1.5		
すべての地盤	構造種別	仕上材		標準値	最大値
	鉄骨造	非たわみ性仕上		1.5	3.0
	木造	非たわみ性仕上		0.5	1.0

(注)圧密層については圧密終了時の沈下量（建物の剛性無視の計算値）、そのほかについては即時沈下量。カッコ内は2重スラブなど十分剛性の大きい場合
木造の全体の傾斜角は標準で1/1,000、最大で2/1,000〜(3/1,000）以下

②総沈下量の限界値（cm）

支持地盤	構造種別	CB造	RC造・壁式RC造		
	基礎形式	布	独立	布	ベタ
圧密層	標準値	2	5	10	10〜(15)
	最大値	4	10	20	20〜(30)
風化花崗岩（まさ土）	標準値	−	1.5	2.5	−
	最大値		2.5	4.0	
砂層	標準値	1.0	2.0	−	−
	最大値	2.0	3.5		
洪積粘性土	標準値	−	1.5〜2.5	−	−
	最大値		2.0〜4.0		
	構造種別	基礎形式		標準値	最大値
圧密層	木造	布		2.5	5.0
		ベタ		2.5〜(5.0)	5.0〜(10.0)
即時沈下	木造	布		1.5	2.5

『建築基礎構造設計指針』（日本建築学会、2019年）をもとに作成

地下に空洞がある場合

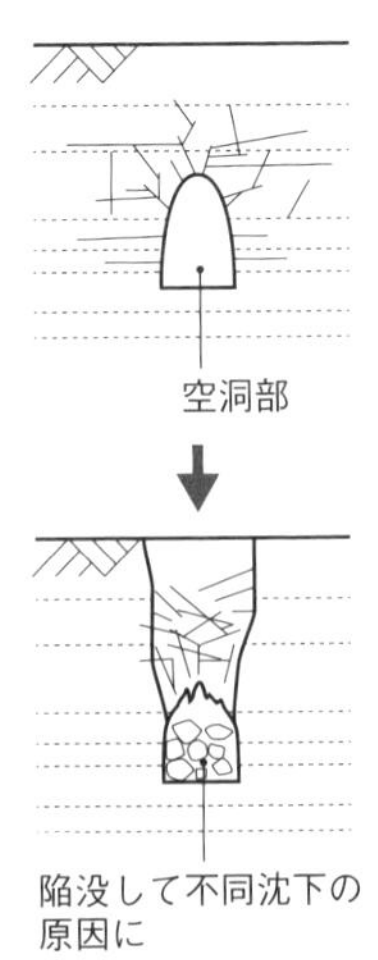

洞部に土が流れ、陥没することがあります。ボーリング試験で空洞があると判明したら、高流動処理土で埋めるか、空洞をまたぐ大きな基礎にすると不同沈下対策になります。

液状化を防ぐには地盤の圧力軽減や基礎の強化が有効

大きな地震が起きるたびに液状化の影響が新聞で話題になります。東日本大震災時にも、千葉県の沿

地中障害物による沈下への対策

地中にコンクリートガラなど障害物があると、長い年月の間に不同沈下が生じるおそれがあります。

沈下対策

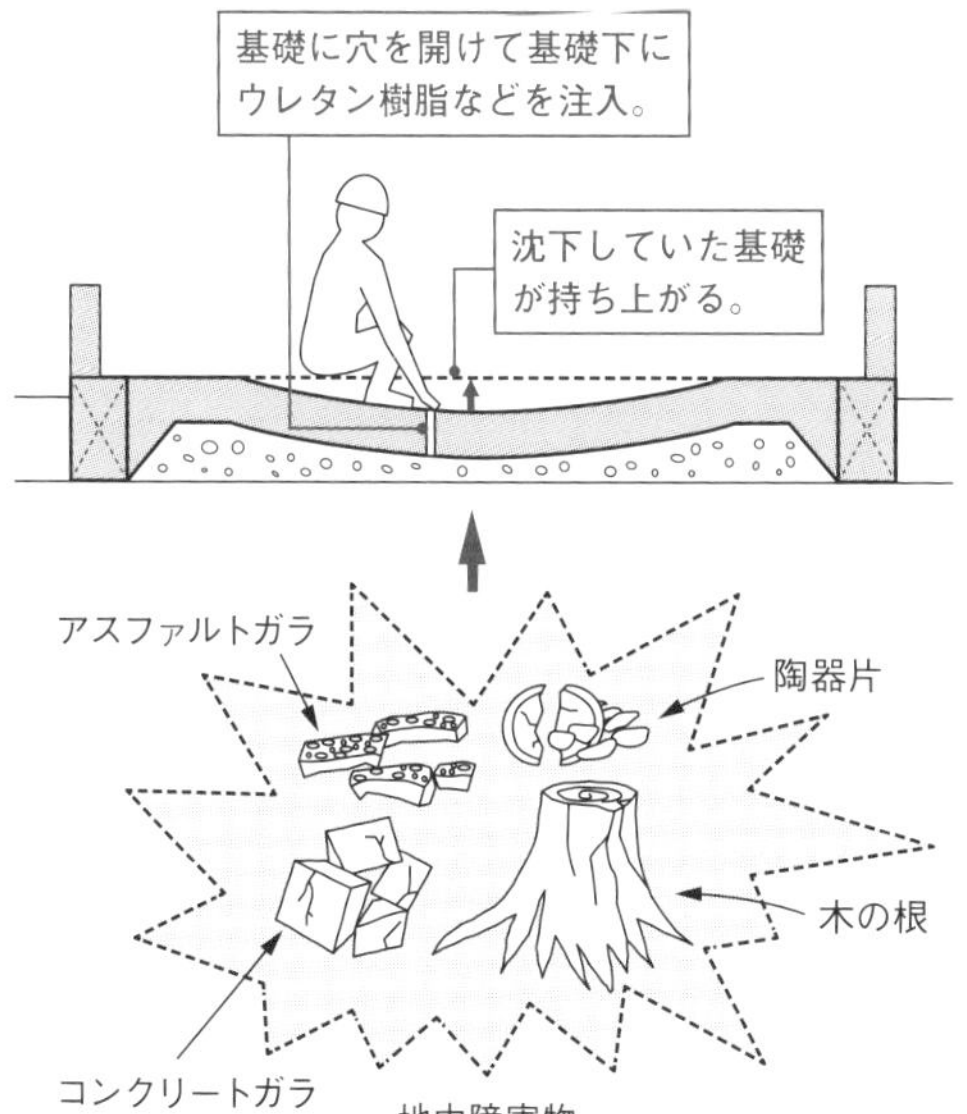

木の根が地中に埋まっていた例。

コンクリートガラが出てきた例。

岸部での液状化被害が多くありました。家が砂の中に埋もれた映像を見た人も多いのではないでしょうか。

液状化の被害と目安

液状化とは、地震で地盤が揺すられることによって砂が液体状になることで、粘土分の少ない砂で起きやすい現象です。地盤が液状化すると砂が地面に吹き出し、地盤が陥没したり、横抵抗を失った杭が折れたりしてしまいます。

建物自体の被害がなくても、道路が液状化すれば車が通行できなくなったり、水道管やガス管が分断されたりして被害が大きなものになります。また、液状化が起こると地盤沈下が起きるために、杭基礎の建物の1階部分が高い位置になってしまい、機能的な障害も生じます。

地震時に液状化のおそれのある地盤は、次の①～④に該当するような砂質地盤です（『建築構造設計指針2019』（東京建築士事務所協会、2019年）より作成）。

液状化が起こる過程としくみ

下記は、地震によって液状化が起こる過程です。砂質地盤の砂の粒と水が地震によって、変化するのがわかります。

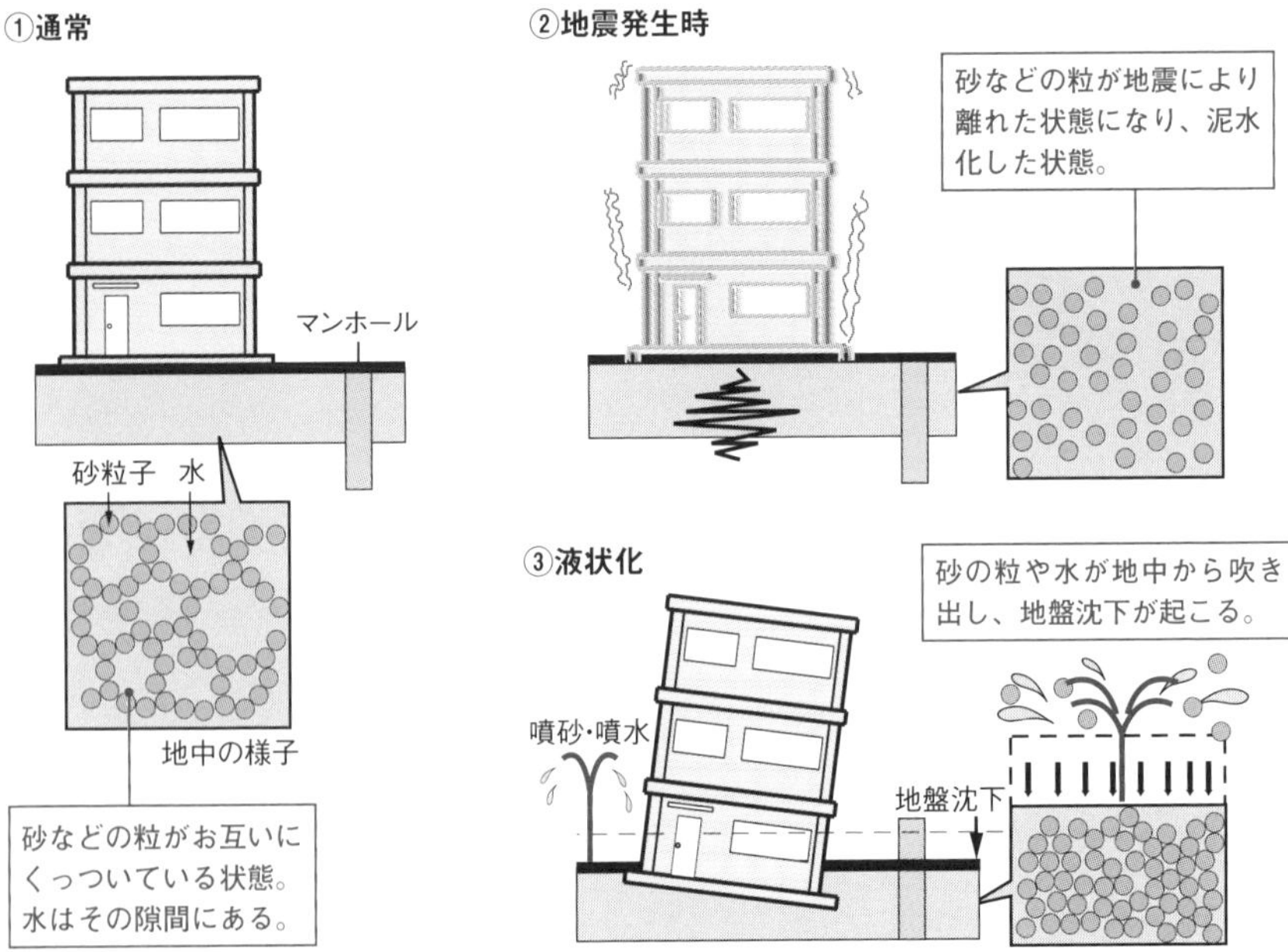

横抵抗とは

杭は周囲の土の横抵抗によって座屈は生じませんが、液状化すると、横抵抗を失い、座屈により杭が折れることがある。

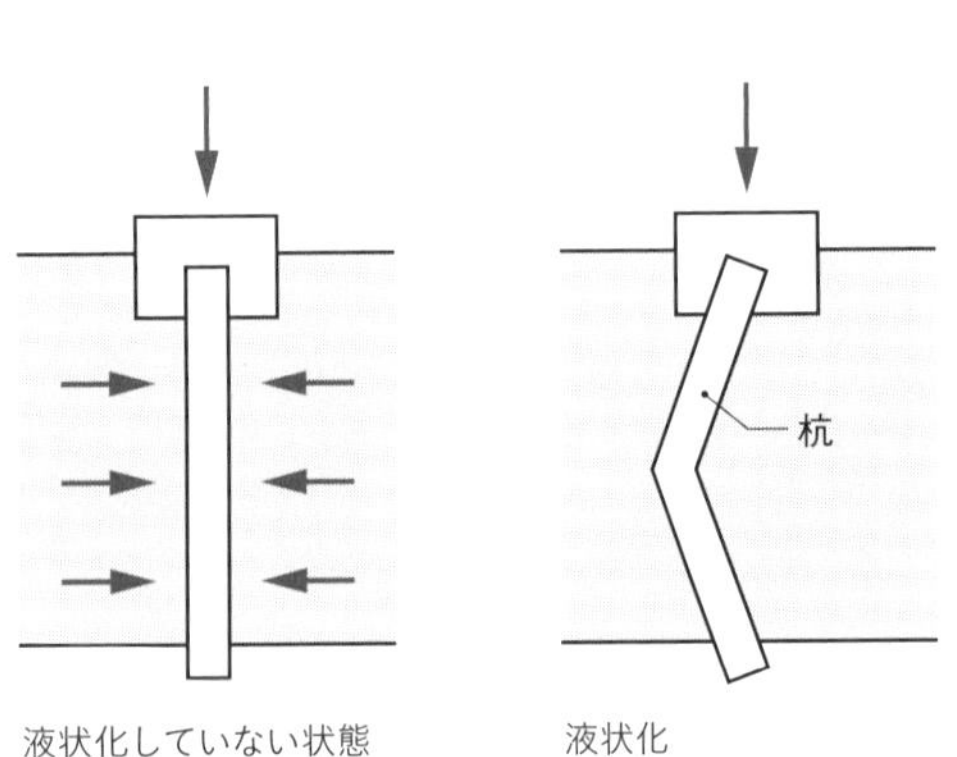

東日本大震災では、多くの場所で液状化の現象がみられました。特に河川敷や海の近くでは要注意です。

液状化予測図の活用法

近年、各自治体が、近隣の活断層や地盤の状況を調査して、地震による被害や液状化による危険性を地図上に示した資料を作成しています。
自分の住んでいるところの危険度を確認すれば、対策を事前に立てることが可能です。対策が立てられなくても、どの方向に逃げれば安全かもわかるので、防災上有効となります。

川崎市直下の地震の液状化危険度分布

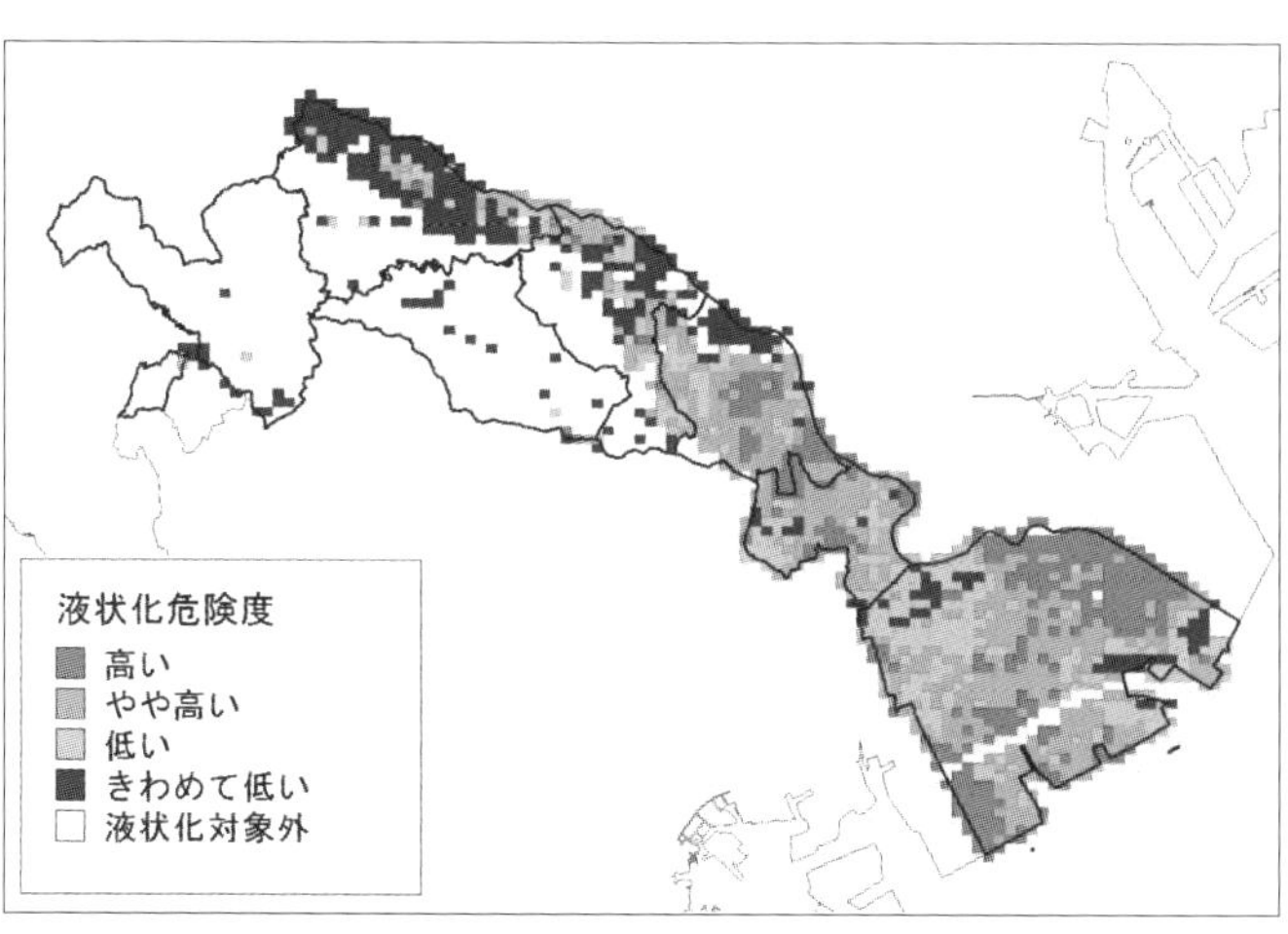

（出典:「川崎市地震被害想定調査報告書」(平成25年3月)）

自治体によってはこのような予測図を作成・公表されているので、住んでいる街のHPなどもチェックしてみよう。

①砂質土で地表面から20m以内の深さにある
②砂質土で粒径が比較的均一な中粒砂等からなる
③地下水で飽和している
④N値が概ね15以下

液状化に有効な対策は?

液状化に対しては、地震を受けたときに地盤の圧力を軽減するサンドドレーン工法や、鋼管杭による基礎の強化が有効ですが、個人住宅では対応できない金額になる場合は、地域的な液状化対策が必要となります。

液状化の程度にもよりますが、戸建て住宅では、ベタ基礎が有効であるともいわれています。これは、地盤に浮かぶ船のような効果を期待したものです。

液状化は危険な現象として報道されていますが、意外なことに大きな地震力を低減する効果もあります。液状化するとその先には地震が伝わらないので、液状化地域周辺の建物が助かった事例も多くあります。しかしながら、現代の技術では、まだ、地震対策に液状化を有効に利用できていません。

column

日本の構造設計の歴史

真島 健三郎

(1873〜1941)

柔構造。柔剛論争時、柔構造を支持した。

佐野 利器

(1880〜1956)

水平震度を提案し、地震に対する設計法の基礎をつくった。

内藤 多仲

(1886〜1970)

戦後、数多くの電波塔、観光塔の構造設計を行った。代表作：東京タワー

横山 不学

(1902〜1989)

建築家前川國男の建築作品の構造設計を数多く担当した。
代表作：東京文化会館

武藤 清

(1903〜1989)

当初、剛構造の提唱者であったが、柔構造理論により、日本初の超高層ビルの設計を行った。代表作：霞が関ビル（日本初の超高層ビル）

坪井 善勝

(1907〜1990)

構造とデザインを両立させた構造家。代表作：国立屋内総合競技場

松井 源吾

(1920〜1996)

ボイドスラブ工法などの数多くの研究開発を行った。代表作：早稲田大学理工学部51号館

木村 俊彦

(1926〜2009)

日本を代表する数多くの建築作品の構造設計を手掛けた。代表作：幕張メッセ、京都駅

青木 繁

(1927〜)

構造とデザインを両立させる現代の構造家。代表作：沖縄コンベンションセンター

構造設計の発展には、多くの先人たちの努力がありました。

5章 耐震設計

耐震補強

031

古い建物は安全に使えるの？

耐震診断を行い、*Iso*値が0.6以上であれば基本的には安全といえます。

まずは建物を調査して耐震性能を診断することから

すべての古い建物の耐震性が劣るということはありません。通常は耐震補強をする前に、**耐震診断**で建物の耐震性能を把握します。

耐震診断のためには設計図書など、建物の構造に関する資料を集めておく必要があります。ただし、耐震補強が必要な古い建物では資料が残っていないことが多く、建物を事前に調査し、耐震診断に必要な情報を整理します。

たとえば鉄筋コンクリート造（RC造）の場合、鉄筋では、はつり出して鉄筋径や錆の状態を確かめ、鉄筋探査機を使いピッチを確認します。コンクリートでは、各階ごとにコア（円筒状のコンクリート）を抜いて強度を測定します。設計図書が残っている場合でも、図面と現状が一致しているとは限りません。昔の施工は現代ほど厳密ではなく、現場で変更されて

耐震診断の種類

診断法	特　徴
1次診断	柱と壁の量やバランスなどから建物の耐震性を評価する。最も簡単な診断で、簡易診断ともいう。実際の部材の強度を確認しないため、判断が曖昧。特に壁の少ない建物では、壁の強度が実際の耐震性能を左右するため、1次診断のみで耐震補強を行うことは避けたほうがよい。
2次診断	1次診断の内容に加え、柱と壁の強度や靭性を調べ、破壊形式を考えながら耐震性能を確認する。最も広く使われている。
3次診断	最も精密な診断。2次診断の内容に加え、梁や基礎の強度や靭性から耐震性能を診断する。詳細に耐震性能を確認することができるが、手間やコストがかかるため、費用対効果を考えて診断するかどうかを決めるほうがよい。

いる可能性があります。また、確認申請が必要のない範囲で増改築が行われている可能性もあります。建物の劣化度も耐震性にかかわります。ひび割れの調査やフェノールフタレイン液を用いて中性化の測定を行います。

調査で資料を収集したら、次に耐震診断を行います。耐震診断では、構造耐震判定指標（建物が保有していなければならない数値）と構造耐震指標（計算によって算出された建物の強度指標）を比較し、建物耐震補強の必要性を計算により算出します。

耐震診断は1次診断、2次診断、3次診断の3つの方法があります。事前に集めることのできた資料の内容や求める安全性、コスト、建物の特性などから診断方法を決定します。**1次診断**は少ない資料で行う簡易的な診断で、構造耐震判定指標は2次や3次診断に比べて安全側に設定されています。**2次診断**は柱や壁の地震時の性能を把握し、破壊形式を考えながら耐震性能を計算します。**3次診断**は最も厳密な診断で、柱や壁だけではなく、梁の性能も考慮した耐震性能の計算を行います。

耐震診断のための事前調査

事前調査と各種試験

①現地調査

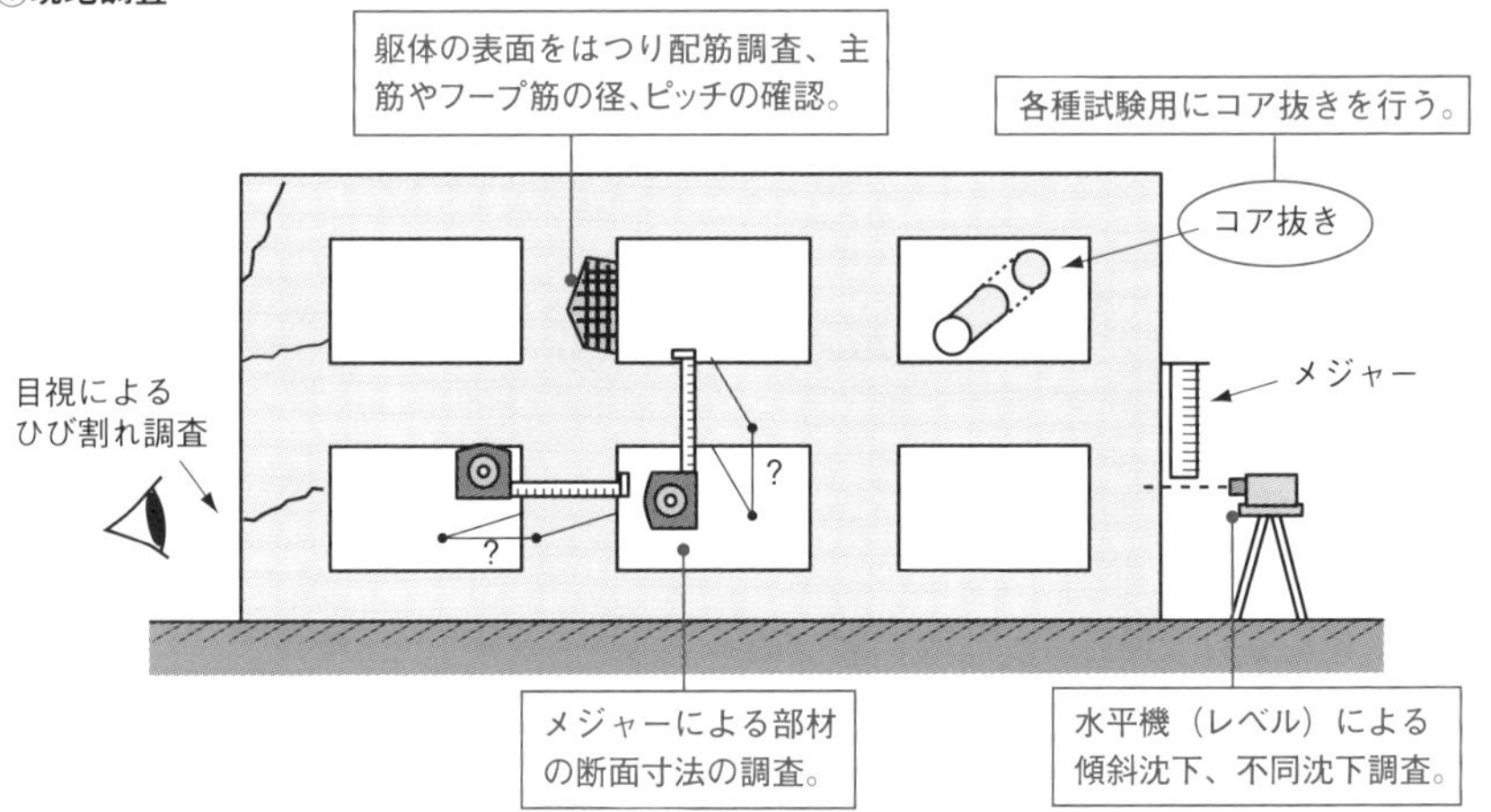

②コアを使った試験（RC造の場合）

躯体の一部を取り出す

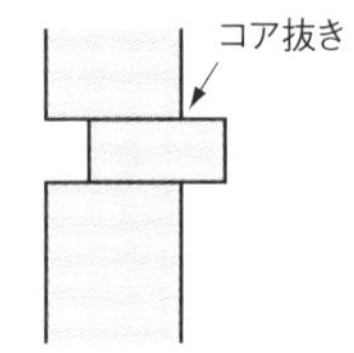

コアを使ったフェノールフタレインによる中性化の確認

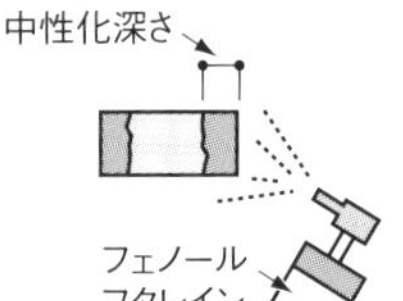

圧縮実験による強度の確認

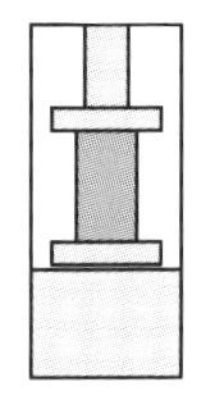

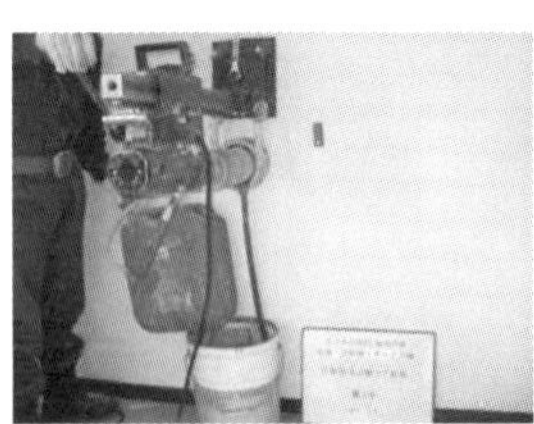

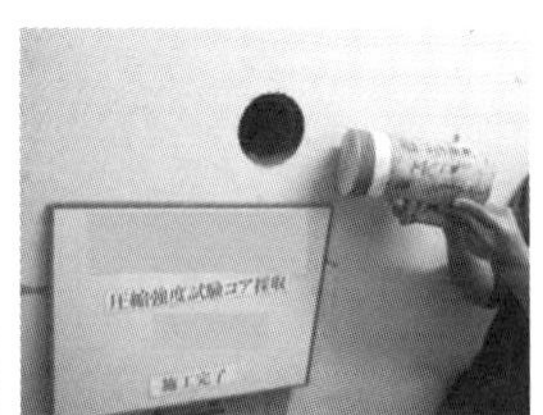

コア抜きの様子。施工中（左）と施工後（右）。

コアを使った圧縮試験の様子。

新耐震と旧耐震

阪神淡路大震災では、多くの古い建物が倒壊しました。そのほとんどの建物が、新耐震設計法といわれる1981（昭和56）年以前の建物（旧耐震）だといわれています。

建物は、現行の建築基準法（新耐震法）が施行される以前と以降で大きく異なります。新耐震法以降の建物では、多少劣化度が進んでいても、耐震診断を行うと概ね安全性は確保されている場合が多いようです。しかし、増改築が行われている場合もあるので、必要に応じて耐震診断は行う必要があります。

東日本大震災では津波の被害が大きく、多くの建物が被害にあいました。最近では、東海・東南海で大きな海洋性の地震、東京で直下型地震が生じる可能性が高いことが報道され、耐震補強が急務となっています。

新築増改築にも調査が必要？

新築の増改築を行う場合にも調査が必要になることがあります。

確認申請図書と完了検査済書がある場合、図面と現状が一致していると判断されますが、これらの書類がない場合は、現状と設計図書が合っていることを証明しなければなりません。各個別のケースにより変わりますが、耐震診断と同じような調査が必要となります。

耐震診断を行ったうえで、Is値とIso値とを比べて判定

耐震診断を行ったら、最終的な判定は、**構造耐震指標I_S**と**構造耐震判定指標I_{SO}**を比べることにより行います。I_S（Seismic Index of Structure）は構造体の耐震性能を表す指標で、水平力に対する建物の終局強度あるいは靭性が大きいほどこのI_S値は大きくなります。

I_{SO}は、想定した地震のレベルに対して建物が安全であるために必要とされる所要の耐震性能を表す指標のことです。通常、I_{SO}値は診断のレベルにより異なります。

耐震診断の方法（I_SとI_{SO}の算出方法）

建物の安全性の最終的な判定は、構造耐震指標 I_S の値と構造耐震判定指標 I_{SO} の値を比較します。I_{SO} 値は診断のレベルによって変わるので、注意が必要です。

I_S 値［構造耐震指標］の算出

①計算式

$$I_S = E_O \times S_D \times T$$

E_O：保有性能基本指標
S_D：形状指標（建物の形状などに応じた係数）
T：経年指標（経年変化などに応じた係数）

②S_D：形状指標とは

形状を考慮した指標で、1.0を基準に、建物形状や耐震壁の配置のバランスが悪いほど数値が小さくなる。

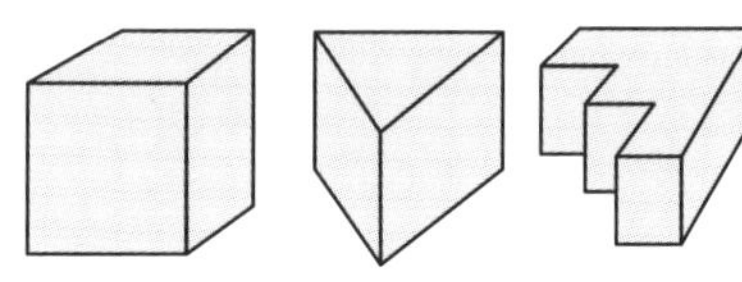

③T：経年指標とは

建物がどのくらい古いかを数値的に表したもの。

新しい

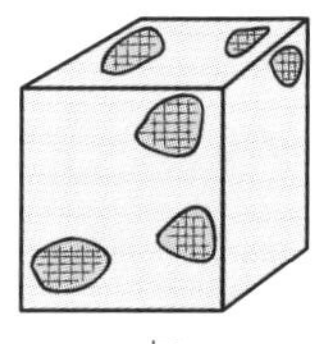
古い

I_{SO} 値［構造耐震判定指標］の算出

$$I_{SO} = E_S \times Z \times G \times U$$

E_S：耐震判定基本指標
（第1次診断：0.8、第2次診断・第3次診断：0.6）
Z：地域指標（地域の地震活動などに応じた係数）
G：地盤指標（地盤の増幅特性などに応じた係数）
U：用途指標（建物用途などに応じた係数）

総合評価を行う

$I_S \geqq I_{SO}$ 「安全」

$I_S < I_{SO}$ 「疑問あり」

耐震性能の目安（日本建築防災協会基準）

$I_S \geqq 0.8$（第1次診断） $I_S \geqq 0.6$（第2・3次診断）	現行の建築基準法と同等の耐震性能がある

耐震性能の基準にはいくつかあります。通常は日本建築防災協会の基準でいいのですが、学校の体育館など文化施設については文科省基準があります。

基礎から壁や接合部の補強などさまざまな耐震補強

木造・鉄骨造の耐震補強の方法

木造や鉄骨造の耐震補強の方法は、制振構造や耐震構造の建物を新築する場合の地震力に対する考え方と基本的に同じです。

在来軸組工法の木造住宅では、まずは柱と土台・基礎をつなぐ引寄せ金物などの金物を増やします。そして、構造用合板で壁を固める、筋かいを新たに設置するなどして、各部材の耐震性能を向上させます。最近では木造用の制振ダンパーを壁に入れ込むなどの補強方法も採用されています。

古い木造住宅では、基礎が無筋で施工されている場合も多く、その場合は基礎の増設や炭素繊維シートの貼り付けにより補強をしておく必要があります。

鉄骨造は、ブレースを増設したりバットレスを建物の外部に取り付けたりして、建物を補強します。鉄骨造の場合、柱脚の母材やアンカーボルトが腐食して欠損していることも多く、調査時に確認しておく必要があります。

日本には多くの木造住宅がありますが、個人住宅では資金の問題もあり、耐震補強が進んでいません。㈶日本建築防災協会（321頁参照）では、専門家ではなくてもできる簡易的な耐震診断方法も提案しています。

RC造の耐震補強の方法

一方、RC造は、建物が建てられた年代によって耐震性能が大きく異なります。1981年の新耐震以前の建築基準法で建てられた建物は、せん断力に対して十分な耐力をもっていない場合が多くあります。このような建物では、せん断破壊を防ぐために、アラミド繊維や炭素繊維を柱に巻き付けて補強するなどの方法がとられます。また、柱に取り付く垂れ壁などがある場合は、スリットを設けることで壁を非耐震要素に変えて、柱に力が集中しないようにします。躯体自身の強度を上げる場合は、X形やV形

耐震補強の方法

耐震補強のおもな方法には、
①壁を増やす（耐震壁や外部バットレスの増設）、
②鉄骨ブレースで補強する、
③柱や梁を補強する（鉄板や炭素繊維、ガラス繊維などで補強）、
④スリット（すき間）を設ける
――などがあります。

木造は金物や構造用合板、S造はブレース、RC造は繊維シートや鋼材フレームなどで補強するんだ！

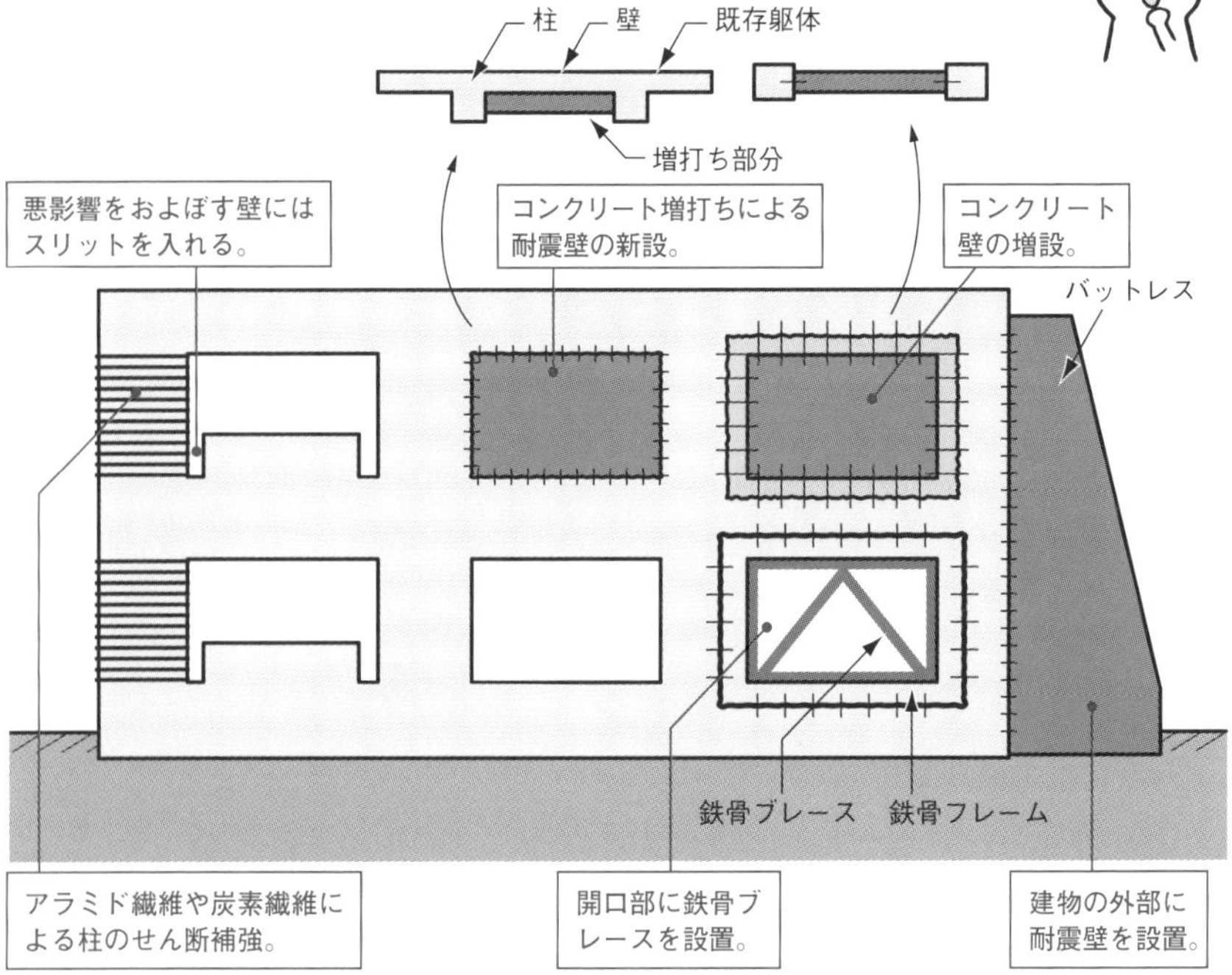

柱
壁
既存躯体
増打ち部分
悪影響をおよぼす壁にはスリットを入れる。
コンクリート増打ちによる耐震壁の新設。
コンクリート壁の増設。
バットレス
鉄骨ブレース
鉄骨フレーム
アラミド繊維や炭素繊維による柱のせん断補強。
開口部に鉄骨ブレースを設置。
建物の外部に耐震壁を設置。

写真で見る耐震補強

RC造の鉄骨ブレース補強例。

RC造の鉄骨ブレース補強例。

免震レトロフィットとは?

免震レトロフィットとは、デザイン上や機能上、ダンパーやブレースを設置することができない古い建物や歴史的建造物などの既存の建物に免震装置を取り付け、耐震性能を向上させることをいいます。

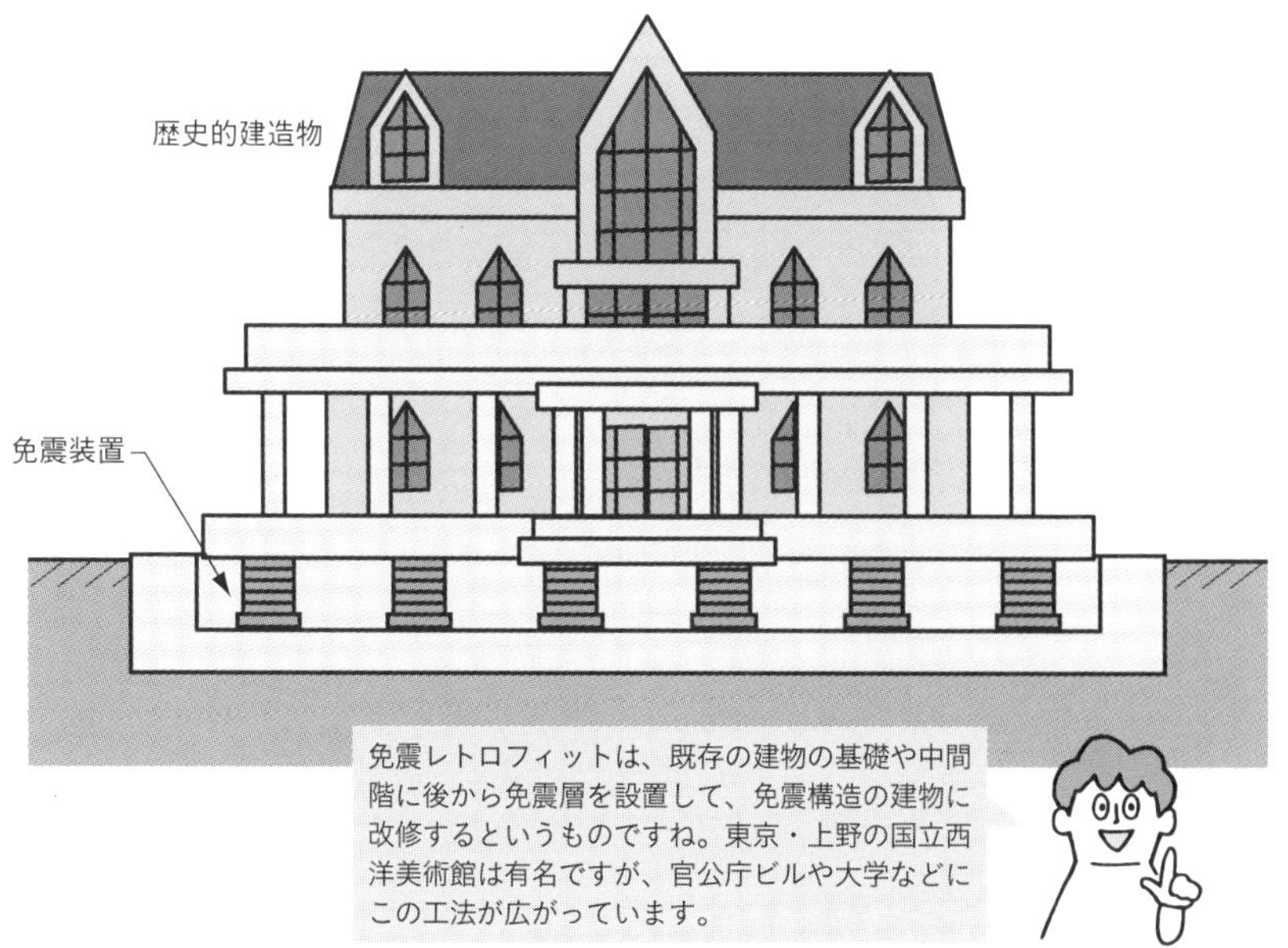

の鋼材フレームを外壁や開口部に配置したり、壁部分のコンクリートを増打ちしたりします。室内での補強が難しい場合は、外側に耐震壁を設ける外側耐震フレーム補強をする場合も多くあります。

歴史的建造物の耐震補強

歴史的建造物などは一般的な建物と違い、歴史的・芸術的な価値を考慮しながら耐震補強しなければなりません。

具体的には、躯体は補強せずに免震装置を用いた免震レトロフィットの採用や、限界耐力計算法で耐震性能を厳密に評価して、補強個所を最小限に抑えた耐震補強を行います。

また、近くの活断層や想定される地震を厳密に評価して耐震補強設計を行う場合もあります。

木造の耐震補強では、耐震性能の向上と居住性のバランスが大事です。

032 木造にふさわしい耐震補強とは？

木造筋かいの補強例。この壁が耐力壁として水平力に抵抗する。

木造の耐震診断には一般診断法と精密診断法の2つがある

木造住宅の耐震診断は、非常に急務です。木造住宅が密集している地域も多く、倒壊によってガス漏れして大きな火事を引き起こすことも考えられます。木造住宅は、鉄骨造や鉄筋コンクリート造（RC造）の住宅に比べると腐朽などにより劣化しやすく、古い建物では瓦屋根が重く、壁量が不足している場合や土台と柱が基礎にしっかりと緊結されていない場合も多くあります。

木造住宅の耐震診断のしかた

木造住宅の耐震診断には、一般診断法と精密診断法があります。

一般診断法は建築基準法の壁量計算とほぼ同じで、床面積から必要耐力を算出します。そして、劣化度や壁の配置を考慮して保有耐力を算出し、両者を比

木造住宅の耐震診断の基礎知識

木造住宅には、耐震性が確保されていない建物も多くあります。(一財) 日本建築防災協会のホームページ (http://www.kenchiku-bosai.or.jp/) に簡単に耐震性を確認できる資料があるので、利用してみて下さい。

(一財) 日本建築防災協会の「誰でもできるわが家の耐震診断」。

自分が住んでいる家の耐震チェックをしてみよう。

較して安全性を確認します。建築基準法と若干違い、腰壁や垂れ壁のラーメン効果（柱の耐力）を見込めます。偏心の検討は、建築基準法の壁量計算と同じで4分割法により確認します。

精密診断法では、保有水平耐力計算により安全性を確認します。ときには、限界耐力計算や時刻歴応答解析を行うこともあります。

RC造や鉄骨造の耐震診断と大きく違うことは、基礎の影響を考慮しないといけないことです。RC造や鉄骨造では、基礎は無視して耐震診断を行うことが多いのですが、木造の場合は、上部の耐力が基礎に大きく影響されるために基礎の影響を考慮する必要があります。

また、木造では一般的に、調査の段階で不同沈下などの計測を行い、基礎に問題がないかを確認します。木造住宅の場合は、不同沈下計測が難しい、玉石などの簡易的な基礎も多いことから基礎の影響を考慮する必要があります。

耐震補強の考え方と補強方法

補強が何を目的としているかを理解しておく必要があります。耐震補強の基本概念とそれに対応する木造の補強技術は下記のとおりです。

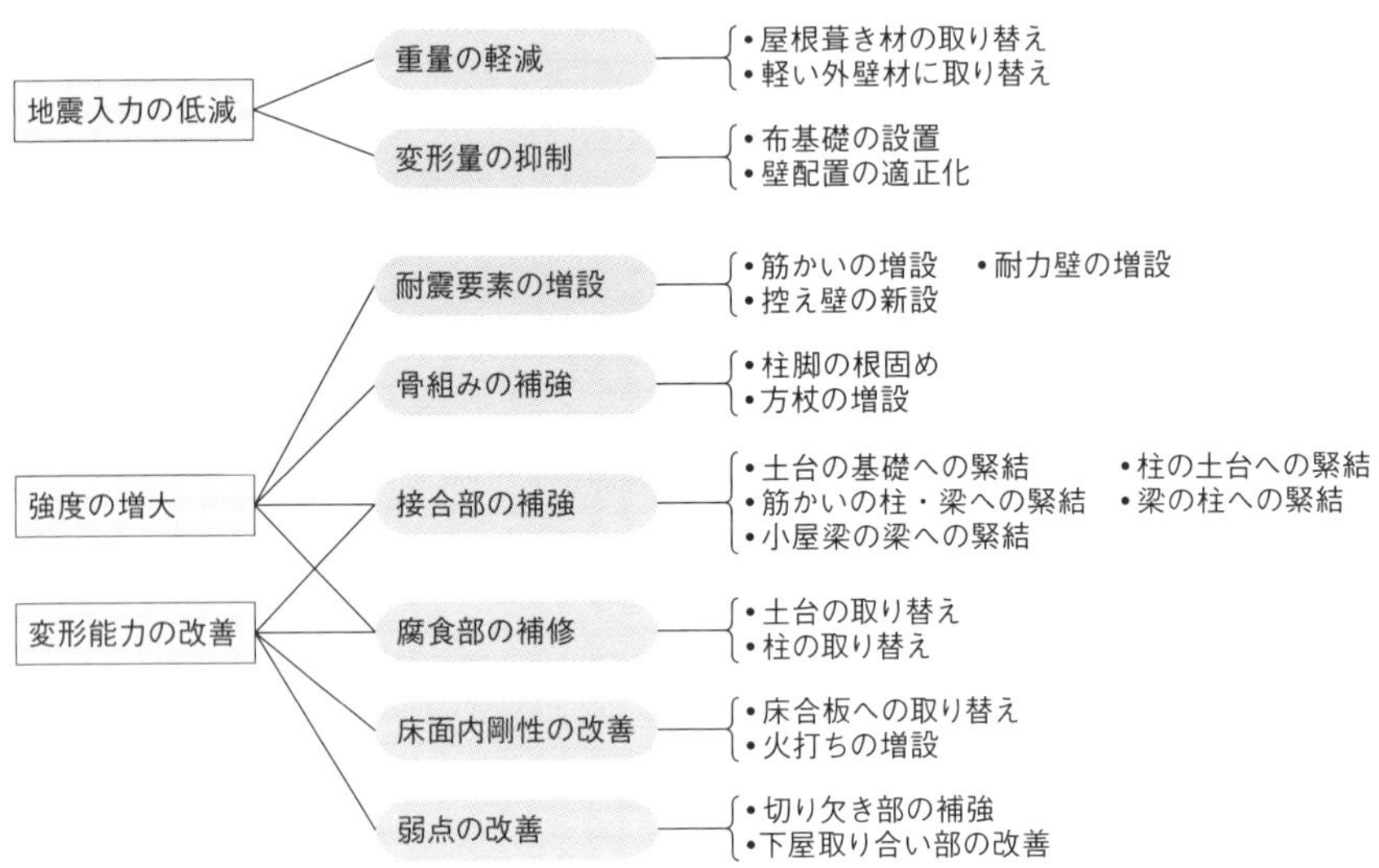

(日本建築構造技術者協会『木造住宅の補強マニュアル』より)

木造住宅にふさわしい耐震補強とは?

日本には多くの木造住宅があります。木造住宅は、耐震性が低い建物も多く、高齢化社会を考えると耐震補強が急務です。高齢者は迅速に逃げることが難しいので、建物自体が安全である必要があります。

木造住宅を耐震診断した結果として、大きく耐力が不足する場合は、筋かい材や面材耐力壁を増設する方法があります。古い建物では、筋かい材が金物で柱や梁に緊結されていないものも多く、その場合は金物を取り付けると耐力が向上します。

上部構造の耐震補強の方法

最近では、木造建物に建築家や構造設計者が関与するようになりました。また、プレファブ住宅も多いので、耐震性は確保されています。しかしながら、古い建物では大工さんが自分の感覚で建てた建物も

木造の耐震補強の方法

基礎の補強

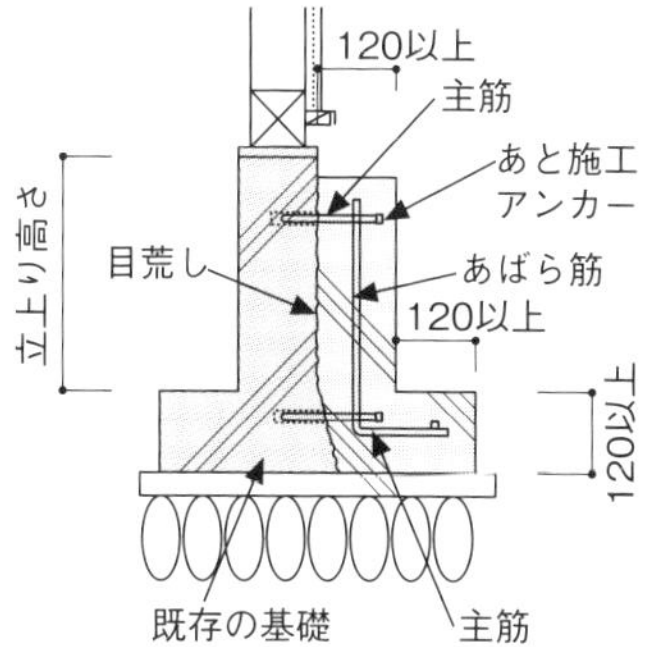

既存筋かいへの金物追加

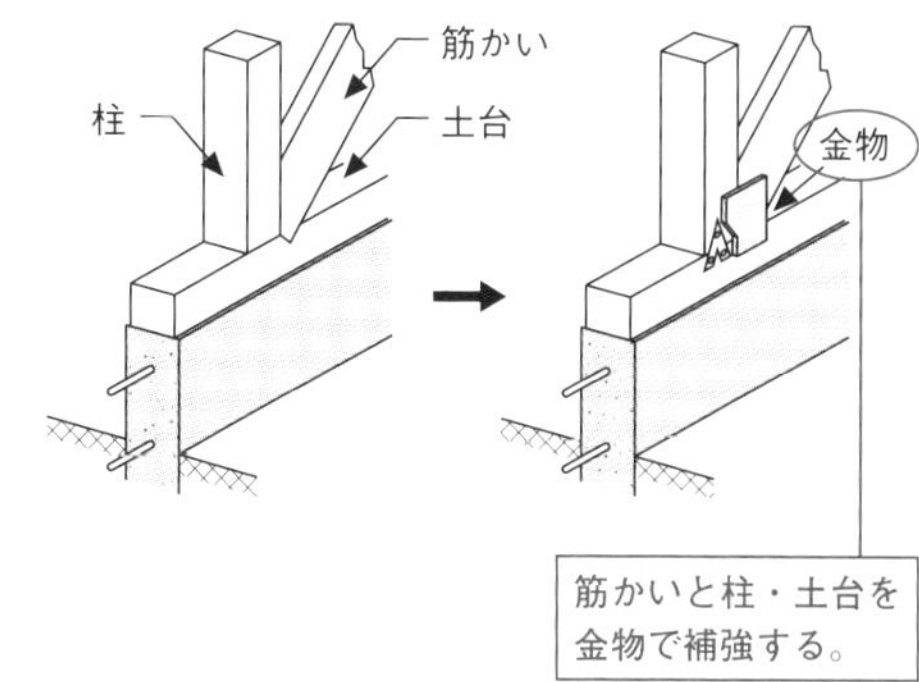

耐力壁の追加

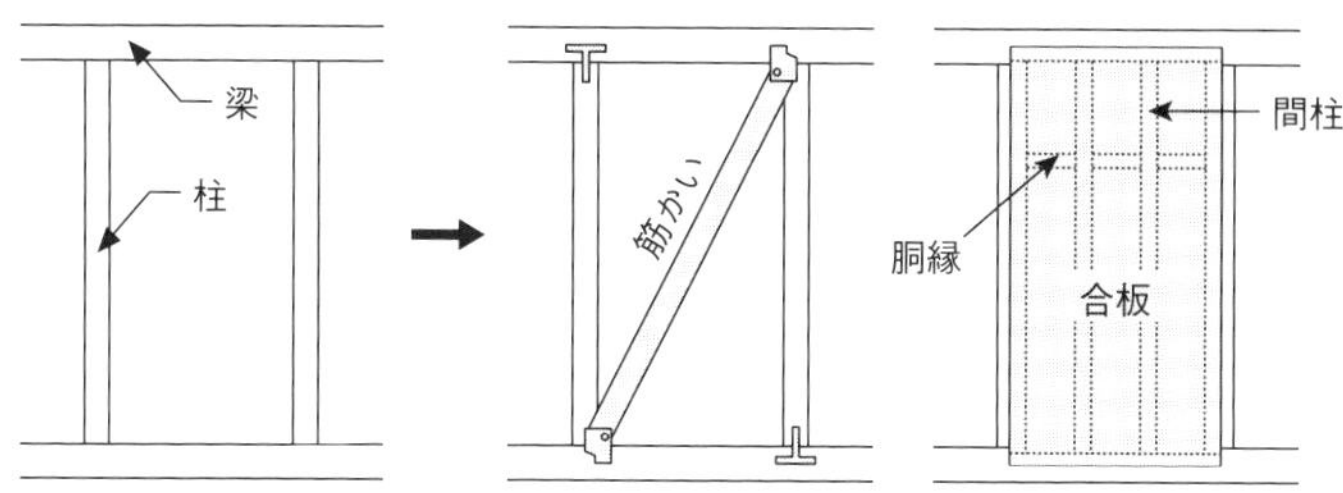

腐食した土台の補強

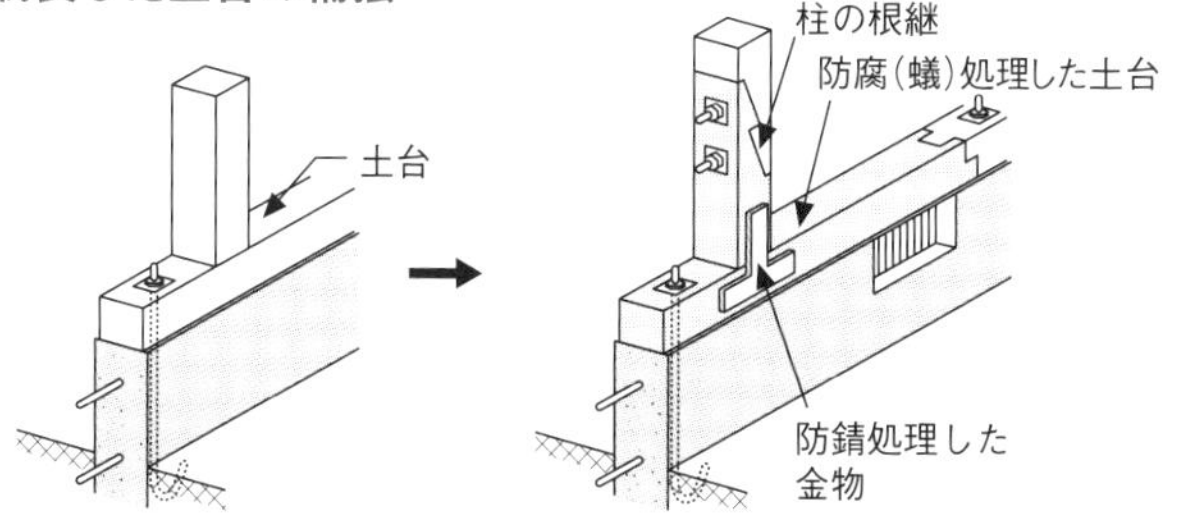

既存柱・梁接合部への金物追加

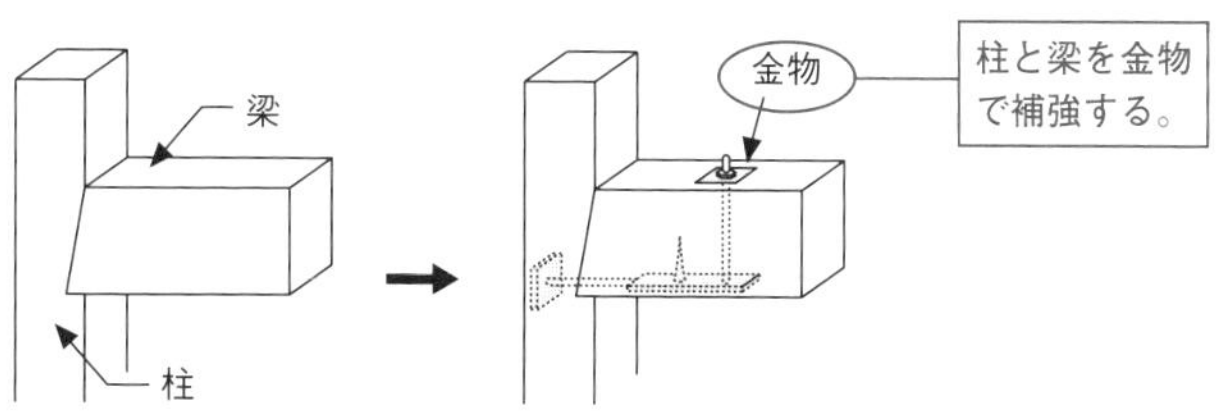

木造を鉄骨ラーメン補強する

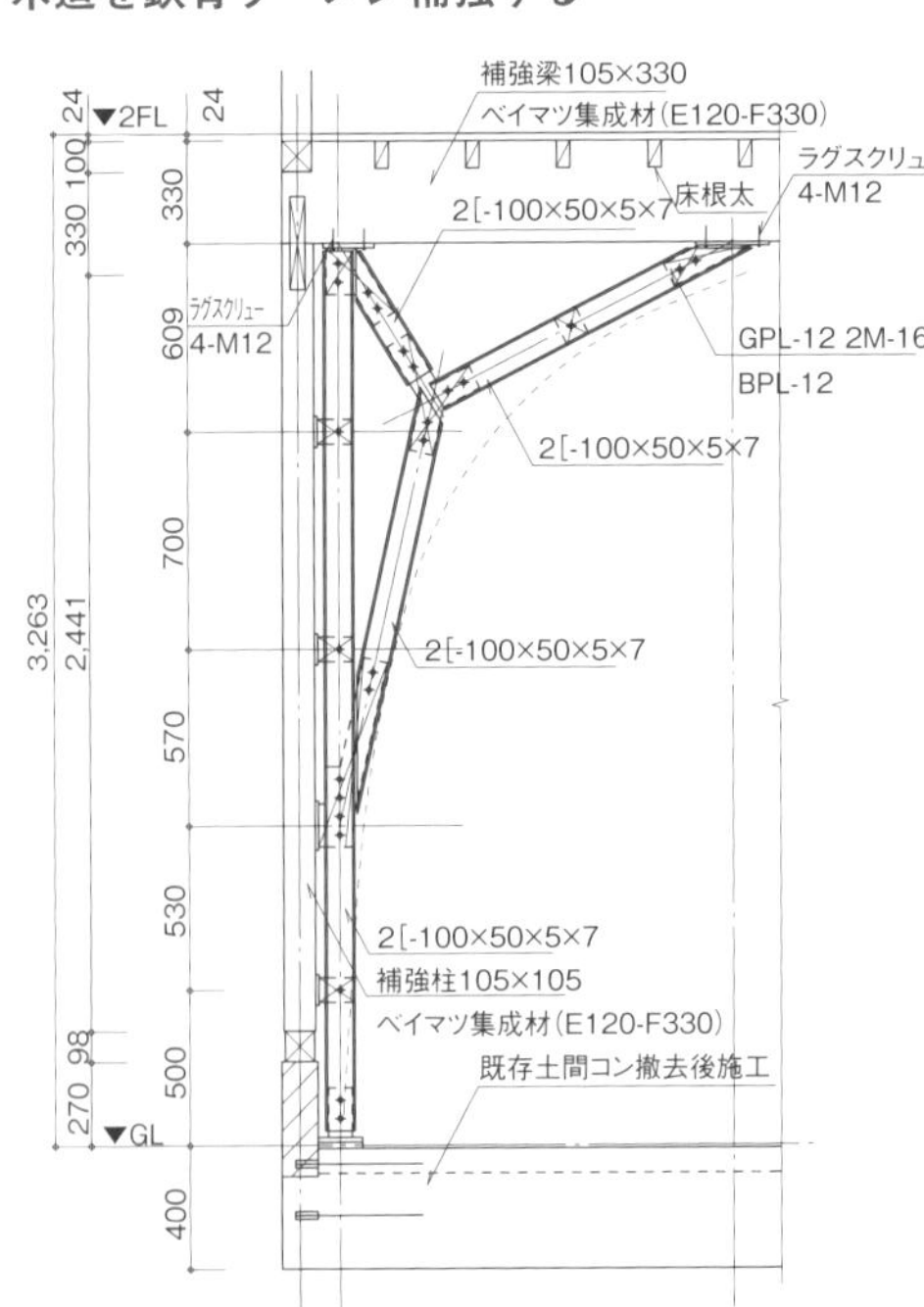

鉄骨のラーメン構造で、ファサードに影響が少ないように木造を補強している。

多く、無筋の基礎の建物もあります。

在来木造の建物は、居住性を考慮しなければ、上部構造体の耐震補強が比較的簡単です。構造用合板を必要量だけ貼り付ければ、耐震性は確保可能です。しかし、居住性を可能な限り犠牲にすることなく補強を考えると、非常に難しくなります。

開口を減らさずに耐震補強する場合は、鉄骨フレームを設けたり腰壁・垂れ壁を利用して耐震性を向上させたりと、さまざまな工夫が必要となります。昔の瓦の木造住宅では、屋根に土が葺かれている場合も多く、土を除去して軽い瓦に替えるだけでも耐震性が向上する場合もあります。

基礎の耐震補強の方法

木造住宅の耐震補強で難しいのが、基礎の補強です。無筋の基礎の場合は、新たに基礎を設けるとよいのですが、予算と住みながらの補強では、基礎補強まで手をつけることが難しい場合も多々あります。しかし、基礎補強が難しい場合でも、上部構造だけでも耐震性を向上させるべきです。

木造の耐震補強例

木造を鉄骨トラス梁で補強する

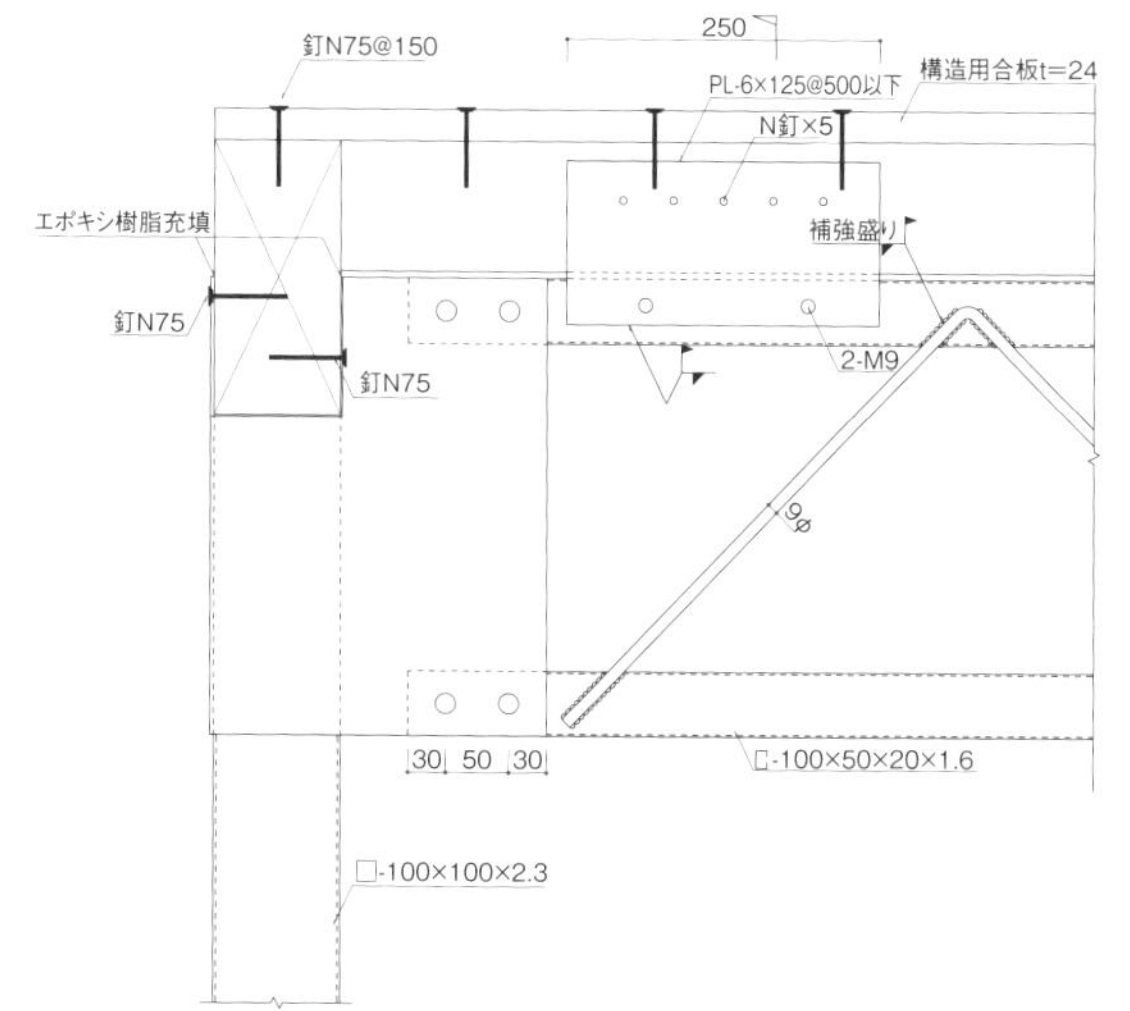

木梁を下部より鉄骨トラス梁で補強。スパンが飛んでいる部分も上下動の影響があるので要注意。

また、木造住宅の場合は、木部が虫害や腐朽により性能が落ちている場合も多いので、気をつける必要があります。

最近では、簡易的な制振装置も開発されているので、壁の中に制震装置を設置すれば、耐震性が大きく向上する可能性もあります。

伝統木造の耐震診断と補強のしかた

東日本大震災では、文化財建造物を含む多くの伝統的な木造建築物が倒壊しました。阪神・淡路大震災以降は伝統的な木造建築物も耐震診断を行い、補強されてきているのですが、まだ手がついていない建物も多くあります。

特に文化財など伝統的建造物では、一般の住宅と異なり多くの制約があります。建設当時の歴史を保存しなければならないため、むやみに合板を貼るこ

伝統的建造物の耐震診断

伝統的建造物では、大きな変形を許容して診断することが多く、一般の建物とはクライテリア（要求水準）が少し違います。

モデル化する

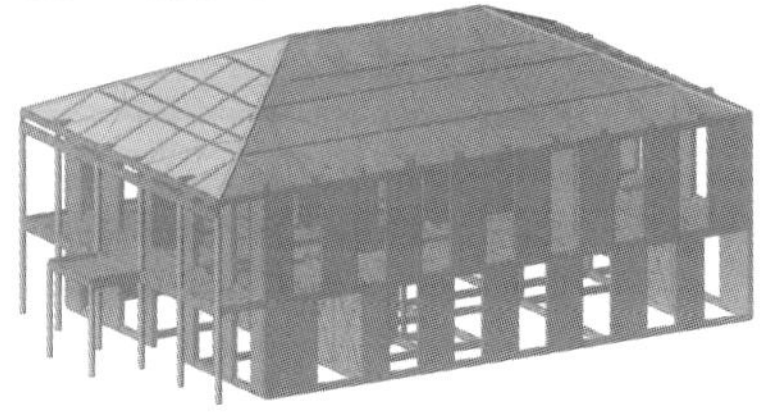

仕口部を確認する

仕口部には、ほぞやアリの欠き込みによる欠損がある。伝統建築でも柱や梁の性能に依存することが多いので、仕口部の確認は非常に重要。

荷重増分解析と等価線形化法による解析を行う

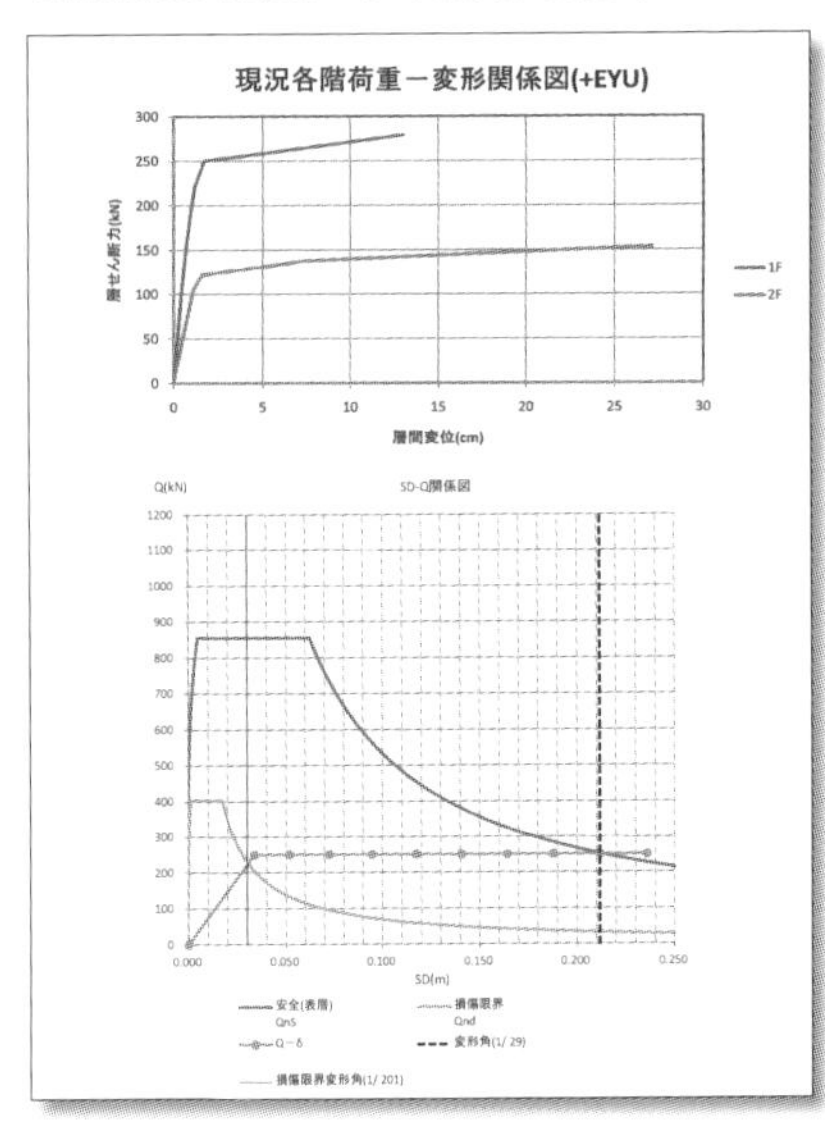

とができません。通常は、壁量が不足しているために、貫やほぞの曲げモーメントに対する性能を考慮して木造ラーメン構造として検討を行います。建物に人が入らなければ、多少地震力を低減して検討することも可能なのですが、多くの場合は、不特定多数の人が見学などでその建物を利用することになります。安全性を確保しつつも、できるだけ少ない補強量で耐震性能を高める必要があります。

そこで、地震力もできる限り適正な大きさとするために、建物の剛性に応じてある程度地震力を調整できる限界耐力計算法によって検討される場合が多くあります。さらには、超高層ビルと同じように、活断層を考慮した地震動解析により検討が行われる場合もあります。

伝統的建造物では、前述のようにできる限り補強を少なくする必要があります。そして、在来軸組工法のように金物でがちがち固めることもできません。そのため、ほぞの大きさを調整したり、柱の足下を固めたりしてラーメンの効果を向上させる場合もあります。床面も剛性が小さい場合が多く、部分ごと

耐震補強の実例

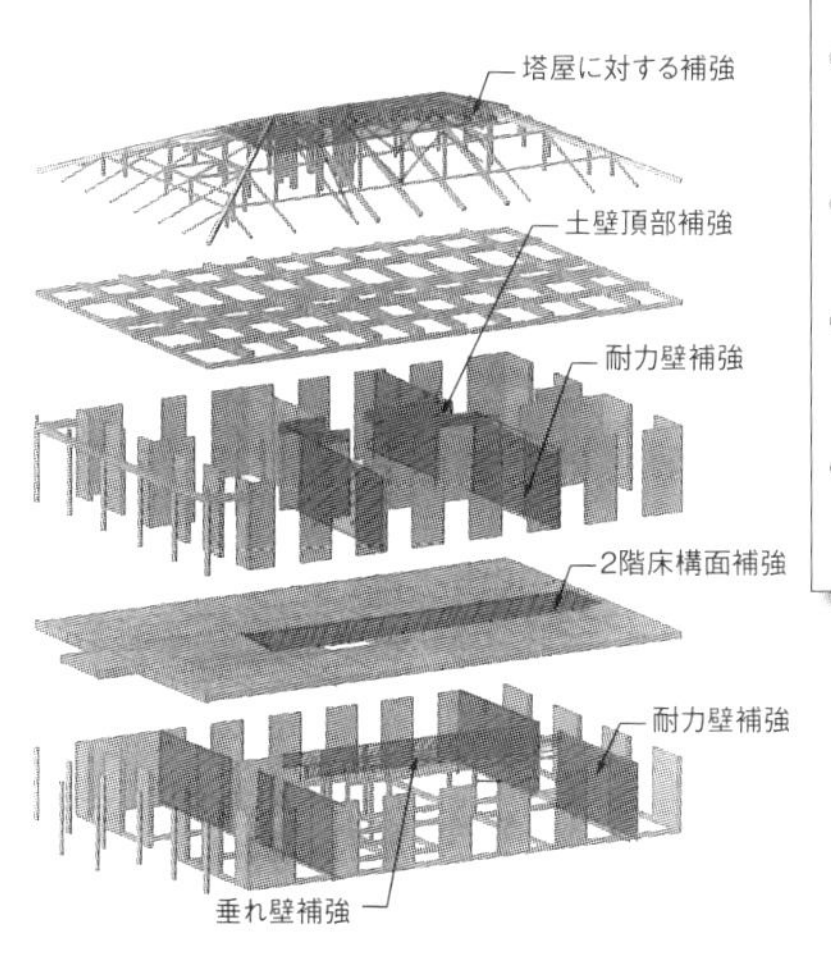

壁や床構面を利用した耐震補強例。補強のためのプランやディテール図面などをつくる。

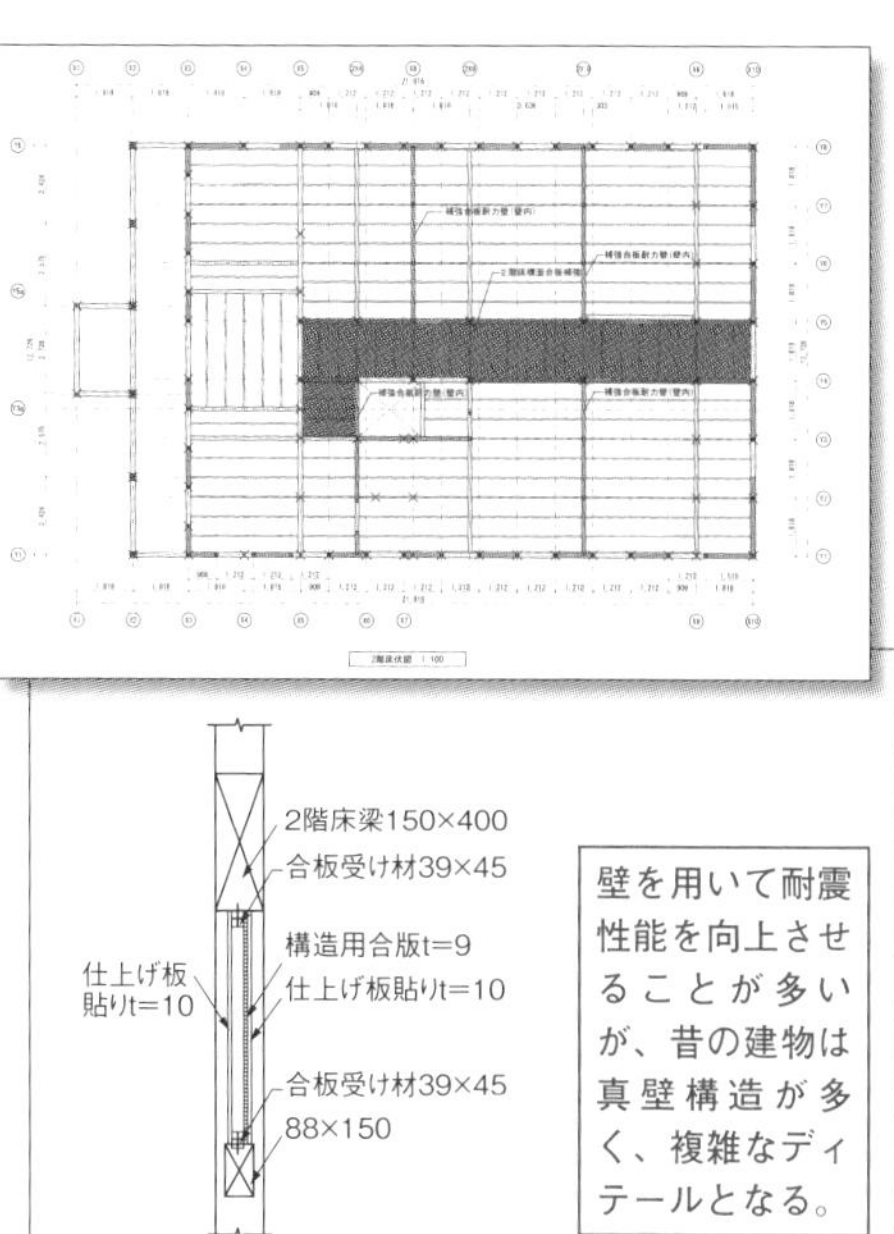

に地震力に対する安全性を検討したり、見えない部分に火打ち材などを追加したりして床面の剛性を確保します。

日本はスクラップ・アンド・ビルド的な考え方が多いために、伝統建築としての価値があるにもかかわらず、解体されたり、大幅な改修が行われたりしている建物も数多くあります。日本では、建設業に携わる職人も少なくなり技術の継承という点でも、今後は残しながら使うことも考えていかなければなりません。

033

RC造にふさわしい耐震補強とは？

RC造の耐震補強には強度型と靭性型があります。補強には鉄骨や炭素繊維シートなどを用いることもあります。

RC造の建物を鉄骨のブレースで補強した例。

RC造の多くは2次診断で行いI_sとI_{so}の比較で耐震性を判定

鉄筋コンクリート造（RC造）の耐震診断は、1次診断から3次診断までの3種類の方法があります。1次診断では、壁や柱の断面積により耐震性能を算出します。2次診断では、柱や壁の耐力を考慮して建物の耐震性を判定します。3次診断では、柱や壁、そして柱に取り付く大梁の耐力を考慮して建物の耐震性を判定します。

ほとんどの場合、診断は2次診断で行われています。

RC造の耐震性を判定する方法

耐震性は構造耐震指標I_Sと構造耐震判定指標I_{SO}の比較で判定されます（算出式は316頁参照）。I_S値を求めるのに基本となるのが保有性能基本指標E_Oですが、E_Oは、強度指標Cと靱性指標Fより算出されます。靱

RC造の耐震診断の基礎知識

柱や壁の耐力と破壊形式（壊れ方）から建物の耐力を求めます。耐力から保有耐力基本指標E_0を計算し、形状S_Dや経年指標Tを考慮してI_S値を算出します（$Is = E_0 \cdot S_D \cdot T$）。

破壊形式を確認する（軸組図（略））

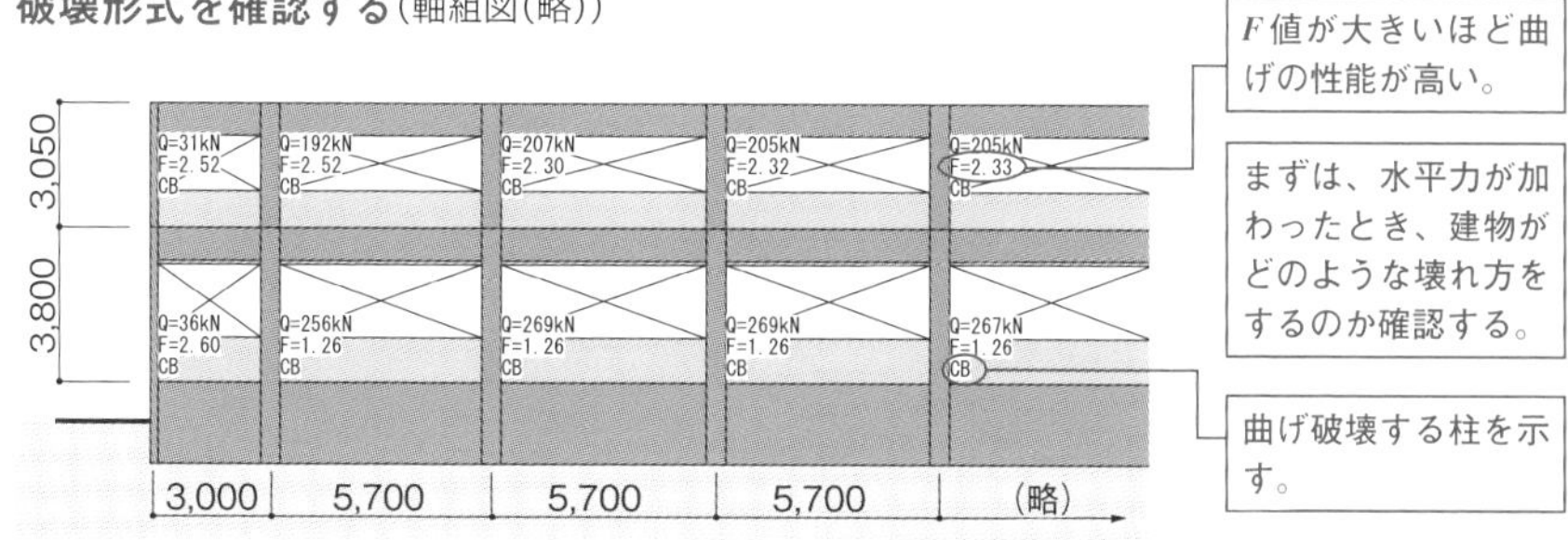

F値が大きいほど曲げの性能が高い。

まずは、水平力が加わったとき、建物がどのような壊れ方をするのか確認する。

曲げ破壊する柱を示す。

C-Fグラフで比較する

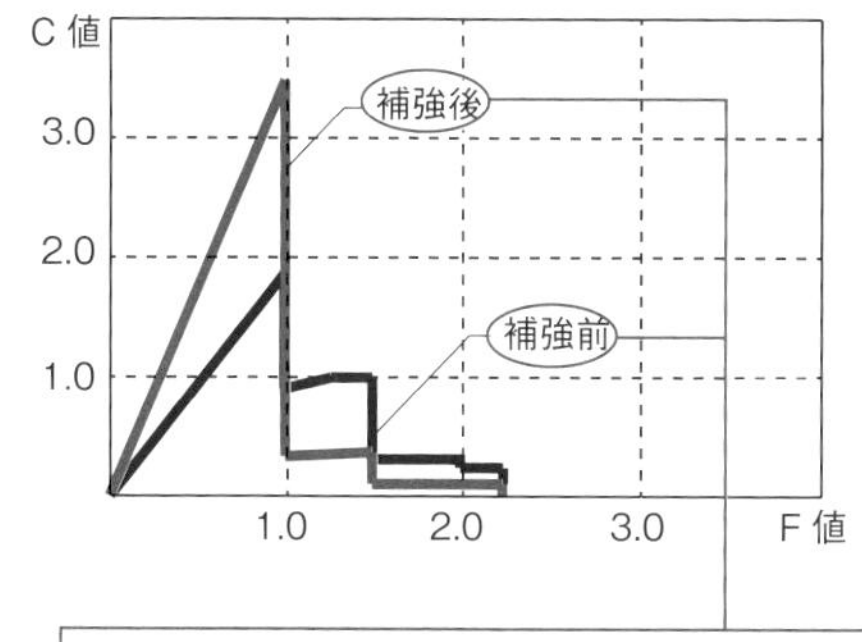

建物の耐震性能を補強前・後で確認・比較する。

耐震診断結果をもとに判断する

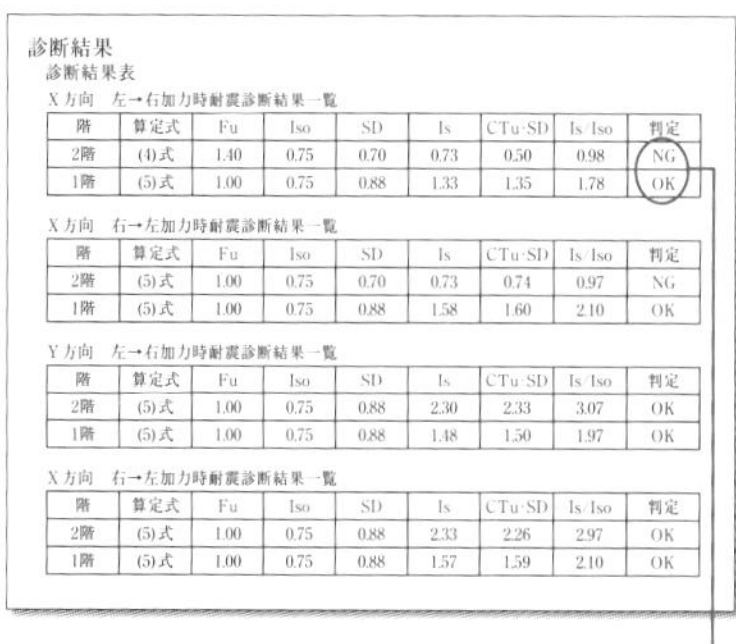

診断結果

診断結果表

X方向　左→右加力時耐震診断結果一覧

階	算定式	Fu	Iso	SD	Is	CTu·SD	Is/Iso	判定
2階	(4)式	1.40	0.75	0.70	0.73	0.50	0.98	NG
1階	(5)式	1.00	0.75	0.88	1.33	1.35	1.78	OK

X方向　右→左加力時耐震診断結果一覧

階	算定式	Fu	Iso	SD	Is	CTu·SD	Is/Iso	判定
2階	(5)式	1.00	0.75	0.70	0.73	0.74	0.97	NG
1階	(5)式	1.00	0.75	0.88	1.58	1.60	2.10	OK

Y方向　左→右加力時耐震診断結果一覧

階	算定式	Fu	Iso	SD	Is	CTu·SD	Is/Iso	判定
2階	(5)式	1.00	0.75	0.88	2.30	2.33	3.07	OK
1階	(5)式	1.00	0.75	0.88	1.48	1.50	1.97	OK

X方向　右→左加力時耐震診断結果一覧

階	算定式	Fu	Iso	SD	Is	CTu·SD	Is/Iso	判定
2階	(5)式	1.00	0.75	0.88	2.33	2.26	2.97	OK
1階	(5)式	1.00	0.75	0.88	1.57	1.59	2.10	OK

最終的に補強が必要かどうか確認する。

鉄筋の腐食度

鉄筋の腐食の度合いに対する規定はありませんが、補修の指針等を参考にし、鉄筋の経年劣化の判定の参考にするとよいでしょう。

グレード	評価基準
Ⅰ	黒皮の状態または錆は生じていないか全体に薄い緻密な錆であり、コンクリート面に錆が付着していることはない。
Ⅱ	部分的に浮き錆があるが、小面積の斑点状態である。
Ⅲ	断面欠損は目視観察では認められないが、鉄筋の周囲または全長にわたって浮き錆が生じている。
Ⅳ	断面欠損を生じている。

グレードⅠ

グレードⅡ

グレードⅢ

グレードⅣ

『コンクリートのひび割れ調査、補修・補強指針2013』（日本コンクリート協会編）より作成

RC造の耐震調査の方法

耐震診断は耐震調査の結果をふまえて行います。RC造の耐震調査は、コンクリートと鉄筋について実施します。

耐震調査のおもな内容

- **コア圧縮試験**
- **コアによる中性化試験**
- **コアによる塩分含有量試験**
- **鉄筋の腐食度測定**
- **シュミットハンマーによるコンクリート強度試験**
- **アルカリ骨材反応試験**
- **ひび割れ調査**

ひび割れ調査

圧縮試験

シュミットハンマー試験

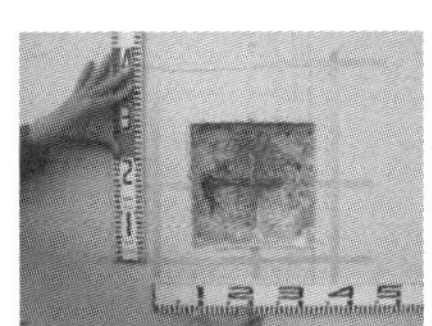
はつり出し

中性化試験

鉄筋探査

性指標Fは大きいほど靱性が大きい構造で、F値が1.0以下の場合は、強度型の構造といえます。この靱性指標や強度指標の値は、設計者が判断する必要があります。

　耐震診断では、鉛直荷重を伝達できない部材のことを**第2種構造要素**と呼びます。鉛直支持ができない部材があると建物は倒壊してしまうので、CやF値を判断する際は、その時点まで第2種構造要素がないことを確認しておく必要があります。

　なお、**第1種構造要素**とは、鉛直支持能力だけではなく、水平抵抗力が失われても建物が倒壊する重要な部材、**第3種構造要素**とは、鉛直支持能力と水平抵抗力の両方とも失っても建物の倒壊につながらない部材のことです。I_S値を決めるにあたっては、破壊形式を確認して決めます。

　耐震性の最終的な判定は、1次診断では、$I_{SO}=0.8$、2次および3次診断では、$I_{SO}=0.6$を採用し、各階・各方向のI_S値がそれ以下であるかどうかで確認します。

壁をつくらずにＲＣ造の建物を補強できる？

都市部には、多くのＲＣ造の建物があります。鉄骨鉄筋コンクリート造（ＳＲＣ造）は、比較的大地震時の被害例が少ないのですが、ＲＣ造の耐震壁付きラーメン構造では、被害例が多くあり、耐震補強が急務となっています。

また、１９８１年（昭和56年）の建築基準法の改正以前の建物については、特に耐震性が低いため、早急な補強が望まれます。

ＲＣ造建物の耐震補強方法には、大きく分類すると、強度を可能な限り大きく確保する「強度型」の補強方法や、建物が大きく変形できるようにする「靭性型」の補強があります。

耐震壁付きラーメン構造の耐震補強

耐震壁付きラーメン構造では、もともと強度型の建物が多く、そのため補強方法も強度型とする場合が多くあります。強度型の補強としては、既存のラーメンフレーム内に耐震壁を増やす方法や鉄骨のブレースを設置する方法があります。耐震壁を増やすと開口がなくなり、居住性に大きく影響するので、形状を工夫することで居住性を考慮できるブレース補強が主流になっています。集合住宅など既存建物内で補強を行えない場合などには、建物外部に耐震壁を新たに設ける**外側耐震補強**を採用する場合もあります。

純ラーメン構造の耐震補強

純ラーメン構造に近い建物は靭性型の建物ともいえ、袖壁や垂れ壁により柱や梁がせん断破壊を起こしてしまうと倒壊につながり危険です。このような場合は、袖壁や垂れ壁と柱の間にスリットを設けたり、柱や梁に炭素繊維シートや鋼板を貼り付けたりすることにより靭性を向上させて対応します。道路や電車の高架下の柱でこのような補強が多くあります。

RC造建物の3つの耐震補強方法

RC造建物の補強方法は、
①強度抵抗型
②靱性抵抗型
③強度・靱性抵抗型
の3つに大別されます。

補強方法の違い

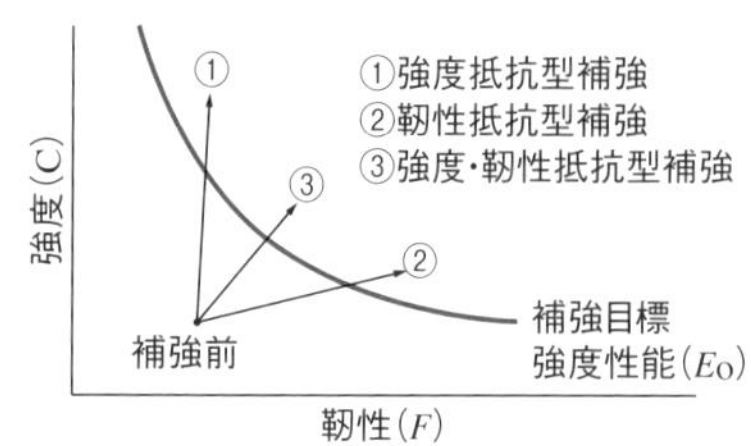

①〜③の補強方法はそれぞれ目標とする強度性能値が異なる。

3つの耐震補強方法の違いを押さえておこう。

強度抵抗型補強の特徴

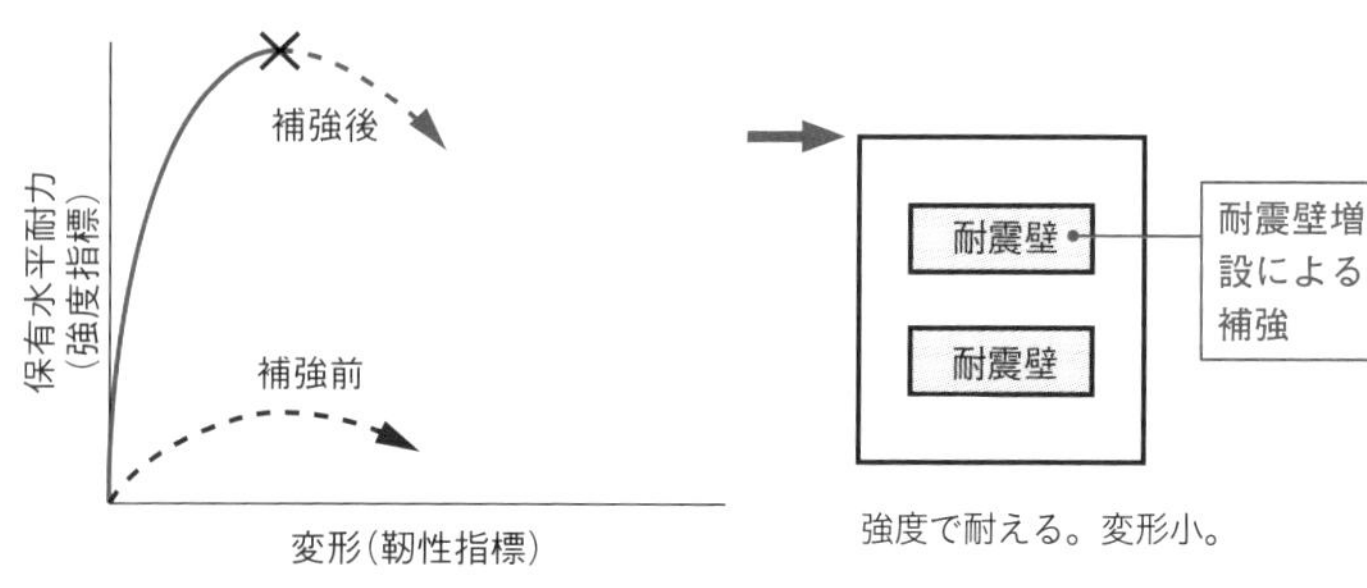

強度で耐える。変形小。

靱性抵抗型補強の特徴

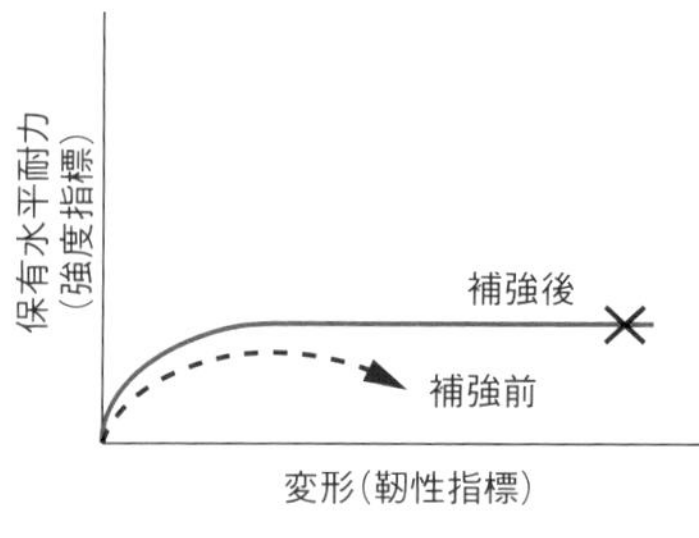

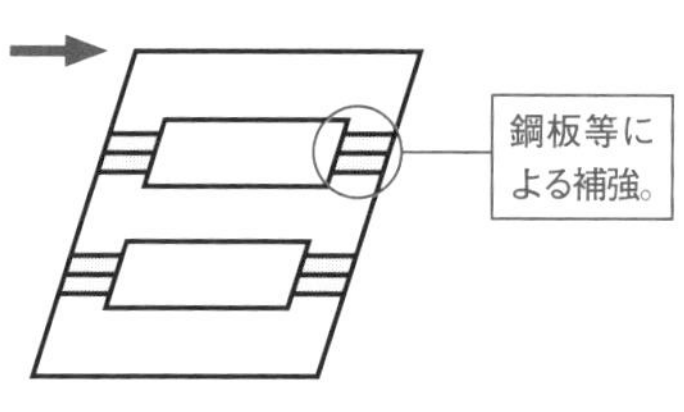

靱性で抵抗する。

強度・靱性抵抗型補強の特徴

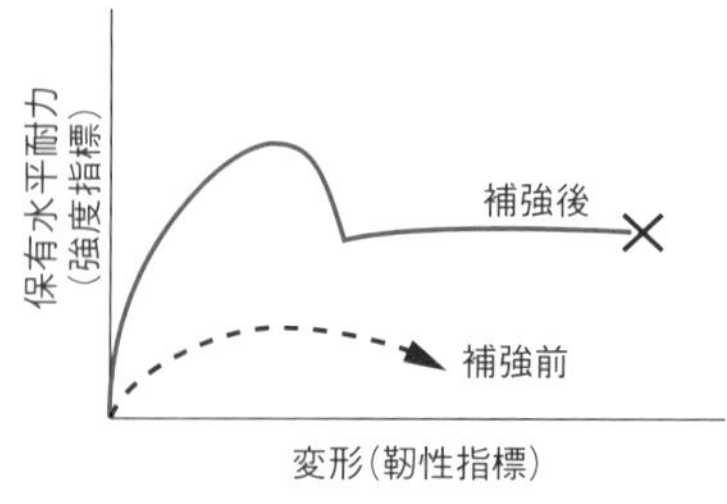

最初、強度で耐えて、後は靱性で抵抗する。

災害時などに建物が倒れて道路がふさがると、避難や被災後の復旧活動に影響が出ます。耐震補強によって建物を守ることは、避難や復旧活動の円滑化にもつながるんだ。

RC造建物の補強例

靭性型の補強例

①鋼板や炭素繊維シートを巻く

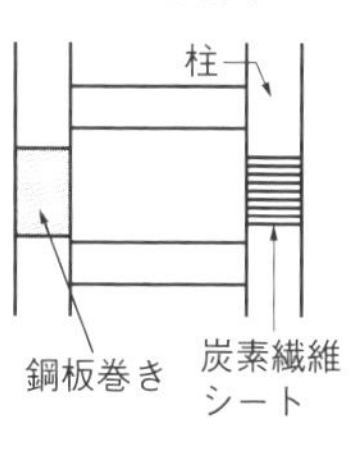

②スリットを設ける

強度型の補強例

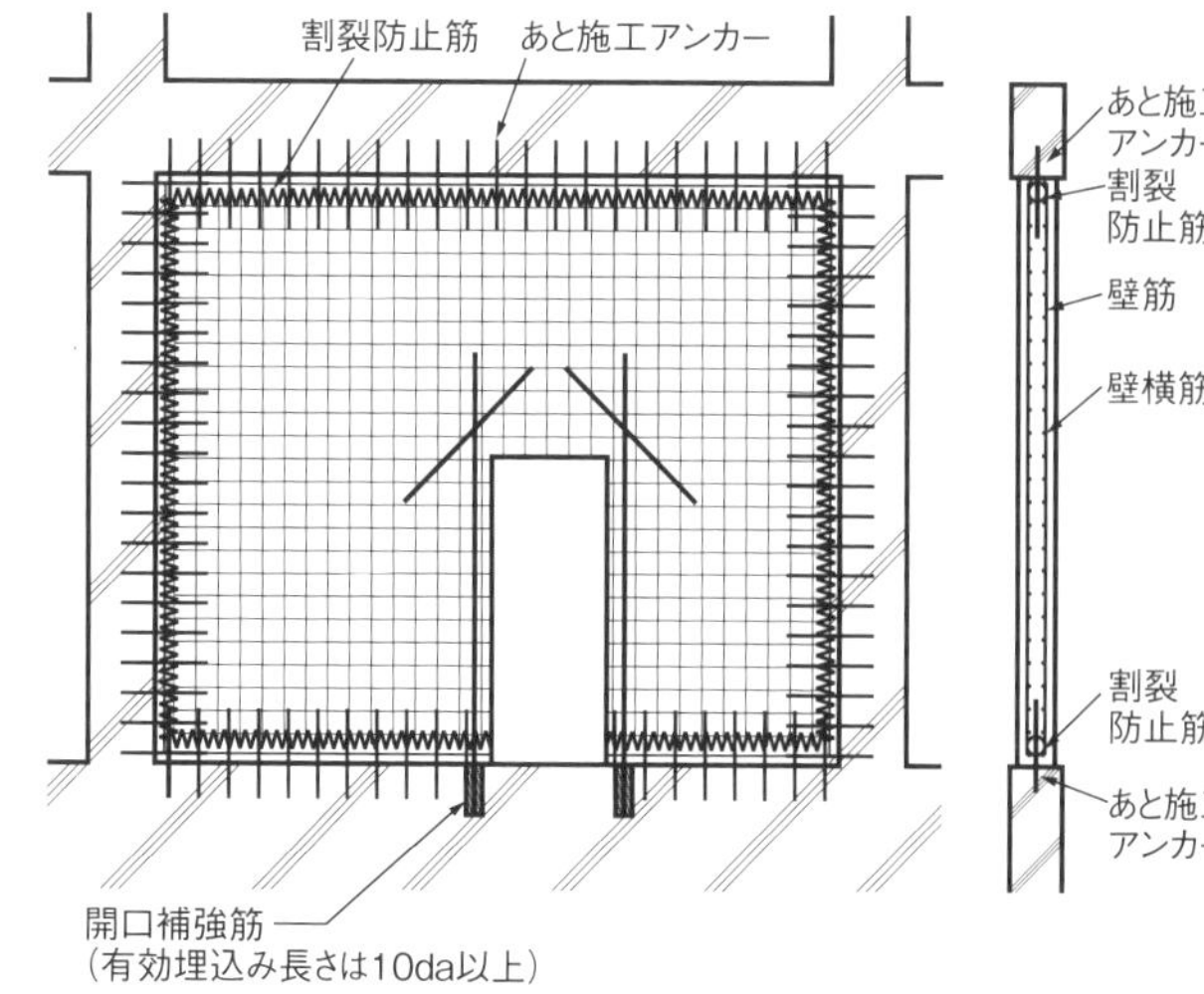

ただ、実際には、強度型と靭性型の中間的な建物も多く、これらの補強方法を組み合わせて耐震性を向上させます。

あと施工アンカー

耐震補強を行う場合、既存躯体と補強構造体をつなげる必要があるために、あと施工アンカーが重要な部品となります。あと施工アンカーには、接着系のアンカーと金属拡張型のアンカーがあります。接着系のアンカーはさらに、無機系の接着剤、有機系の接着剤によるアンカーがあるので、用途に応じて選ぶ必要があります。

S造の耐震補強

034 鉄骨造にふさわしい耐震補強とは？

鉄骨造は耐火被覆を削って補強する必要があります。

鉄骨造のフレームのなかに、さらに鉄骨のフレームを挿入することで耐震補強している。

鉄
鋼

S造では保有水平耐力から Is値を算出して判定する

鉄骨造（S造）の耐震診断は、鉄筋コンクリート造（RC造）と違い、診断方法に段階はありません。基本的には保有水平耐力を算出し、耐震性を判定します。RC造では、大梁部材の断面が不明でも耐震診断が可能ですが、鉄骨造の耐震診断では、構造性能にかかわる部材断面のすべてが判明している必要があります。

鉄骨造の耐震性を判定する方法

基本的には、次頁の式のように保有水平耐力からI_Sを算出するのですが、新築を設計する場合と大きく違うところは、溶接部分です。新築では、溶接部は母材耐力以上の耐力が確保されていると仮定して計算が行われます。

一方、古い建物では、溶接に欠陥があったり、現

鉄骨造の耐震診断の基礎知識

鉄骨造建物の耐震診断では、新築の建物と同様に「保有水平耐力」を求めてから「I_s」値を算出します。

保有水平耐力の計算

塑性ヒンジ位置

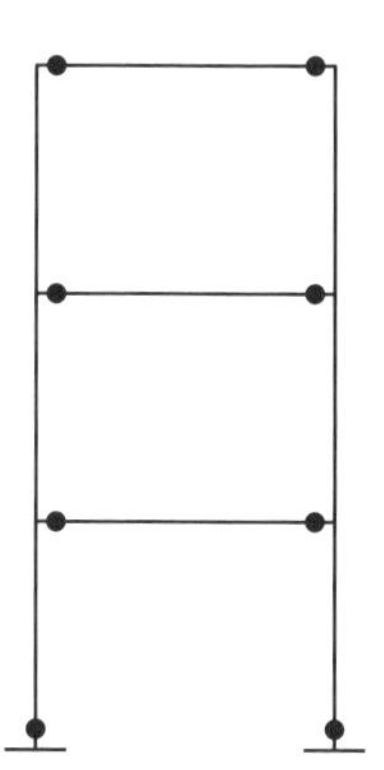

各接点の曲げ耐力 [kN・m]

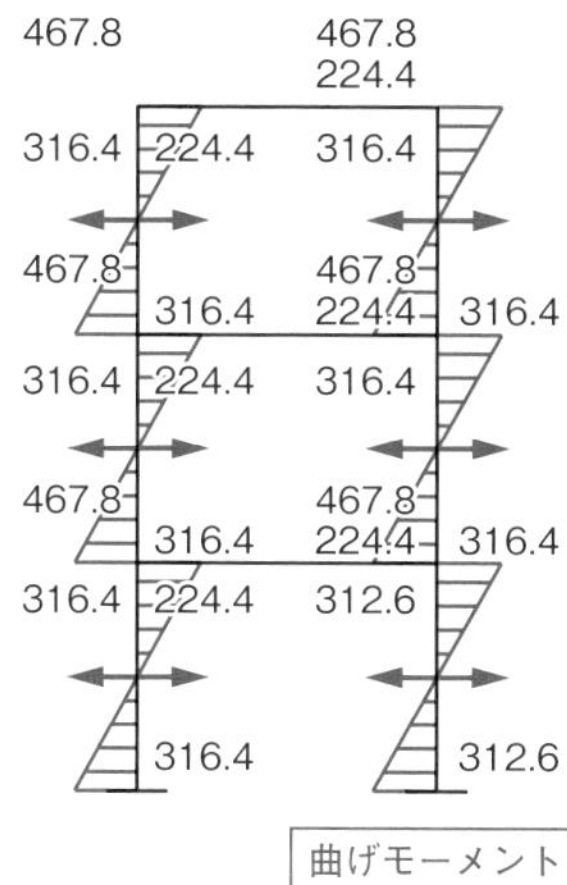

建物をモデル化して「曲げ耐力」と「塑性ヒンジの位置」を確認し、各層の保有水平耐力Q_{ui}を計算する。

構造耐震指標I_{si}とq_iの求め方

各層の構造耐震指標I_{si}および保有水平耐力に係わる指標q_iは、次式から求める。

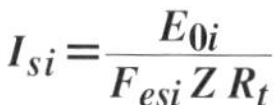

$$I_{si}=\frac{E_{0i}}{F_{esi}\,Z\,R_t}$$

$$E_{0i}=\frac{Q_{ui}F_i}{W_iA_i}$$

$$q_i=\frac{Q_{ui}}{0.25F_{esi}\,W_i\,Z\,R_t\,A_i}$$

I_{si}：i層の構造耐震指標
E_{0i}：i層の耐震性能を表す指標
F_{esi}：i層の剛性率および偏心率によって決まる係数$F_{esi}=F_{si}F_{ei}$
F_{si}：i層の層間変形角から求めた剛性率によって決まる係数
F_{ei}：i層の耐力および質量分布の平面上の非対称性が大きい場合の偏心率によって決まる係数
Z：地震地域係数で、建築基準法施行令に準ずる
R_t：振動特性係数で、建築基準法施行令に準ずる
Q_{ui}：i層の保有水平耐力
F_i：部材・接合部の塑性変形性能から層、方向別に決まる靭性指標
A_i：層せん断力の高さ方向分布で、建築基準法施行令に準ずる
W_i：i層が支える質量
q_i：i層の保有水平耐力に係わる指標

鉄骨造の耐震調査の方法

鉄骨造の調査では、鉄骨部材の状態や溶接がしっかりなされているかを確認することが、非常に重要です。

耐震調査のおもな内容

- **超音波探傷試験**
- **溶接形状**
- **溶接サイズ**
- **部材の発錆状況**

超音波探傷試験により、目視で確認できない溶接不良をチェックする。

鉄鋼は錆によって性能が低下するため、発錆状況を目視で確認する。

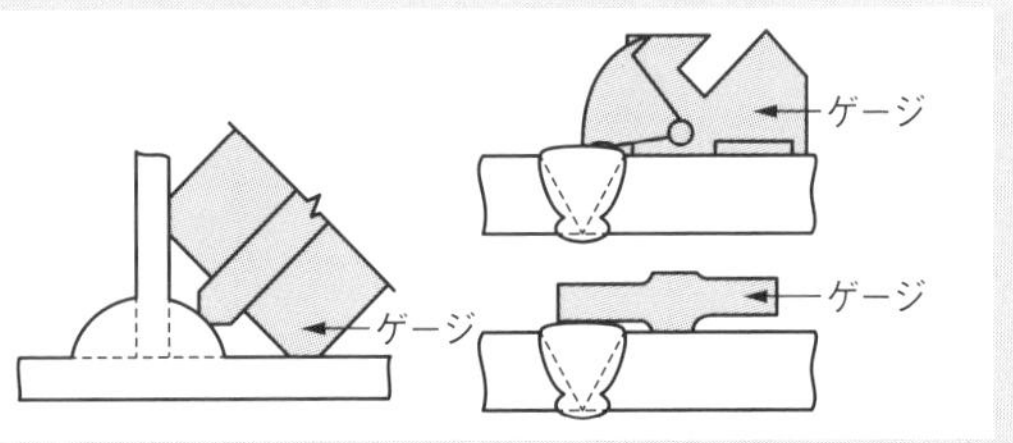

代の建物では突き合わせ溶接として設計される部分が隅肉溶接になっていたりします。そのため、仕口部分で耐力が決定される場合が多々あります。このようなときは、保有水平耐力計算時の耐力を母材ではなく仕口部の耐力とします。

したがって、診断前の調査で重要なことは、仕口部などの溶接の調査です。耐火被覆を除去しての調査なので、アスベスト問題で非常に難しい場合もあります。また、ディテールもさまざまなので、合わせて記録します。なお、調査時の制限により溶接部が不明なことも多くあります。そのようなときは、隅肉溶接として耐震診断を行います。

耐震指標を算出するうえで、直接的な影響はありませんが、鉄骨造建築には体育館などのような大スパン架構も多いので、屋根面で地震力が伝達できるかを確認することも重要です。伝達が難しい場合は、全フレームの協働効果を考慮しないで、各構面ごとに耐震指標を算出します。

耐震性の最終的な判定には、各層の構造耐震指標I_S値と保有水平耐力に係わる指標q_i値が必要です。

鉄骨造の柱と梁を補強する

鉄骨断面の性能を向上させるには、外側からプレートを溶接します。

柱の補強

①鋼板による補強

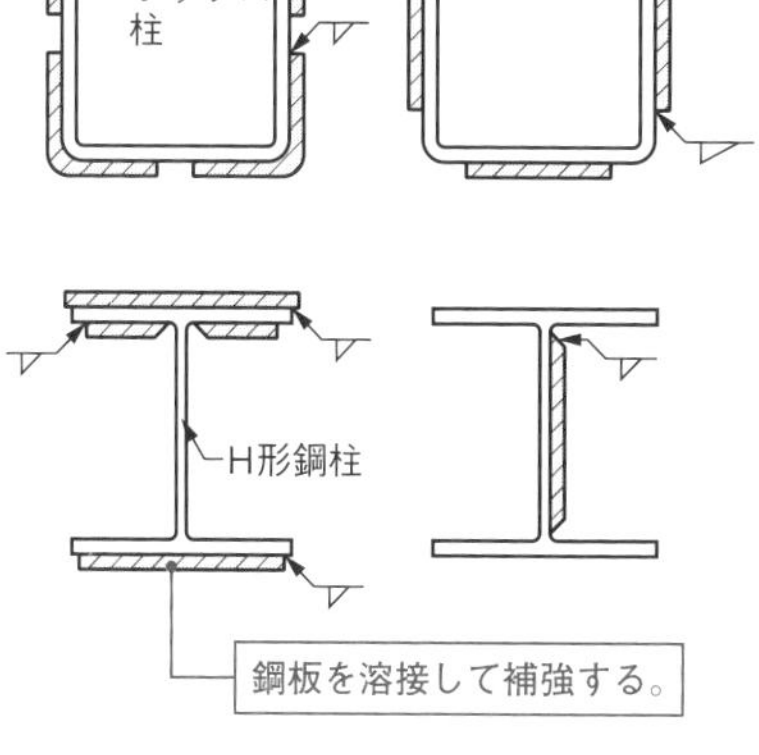

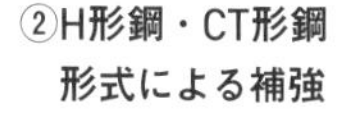

H形
鋼柱

H形鋼とCT形鋼を
柱に溶接して補強。

梁の補強

①カバープレートによる補強

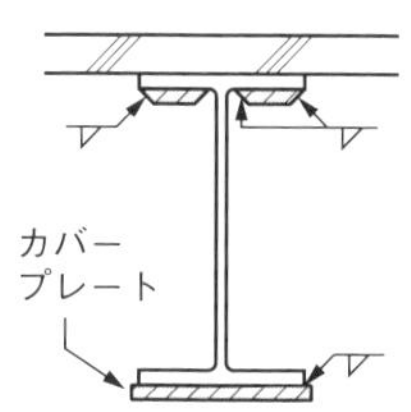

②増設ウェブによる補強

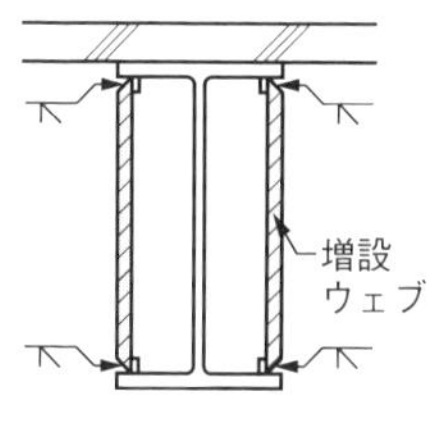

q_i値は、鉄骨造の靭性に対する指標で、建築基準法でのD_s（構造特性係数）値0・25を基準として算出します。判定としては、I_s値は**0.6以上**、q_i値は**1.0以上**であることを確認します。

座屈への補強などでS造の建物の耐震性能を向上できる

鉄骨造建物の耐震補強は、RC造に比べると難しい面があります。耐震補強を行うケースとして一番多いのは体育館です。体育館は災害時の避難場所で使われる場合も多く、耐震性の確認は重要です。体育館はRC造と組み合わされている場合も多く、耐震診断にも高い技術力が必要です。

古い鉄骨造の問題点

古い鉄骨造で多いのは接合部ディテールに不具合があり、計算どおりの応力伝達ができていない場合

補強診断の実例

鉄骨圧縮ブレースによる補強

人が通れるようにブレースを配置して補強した例。

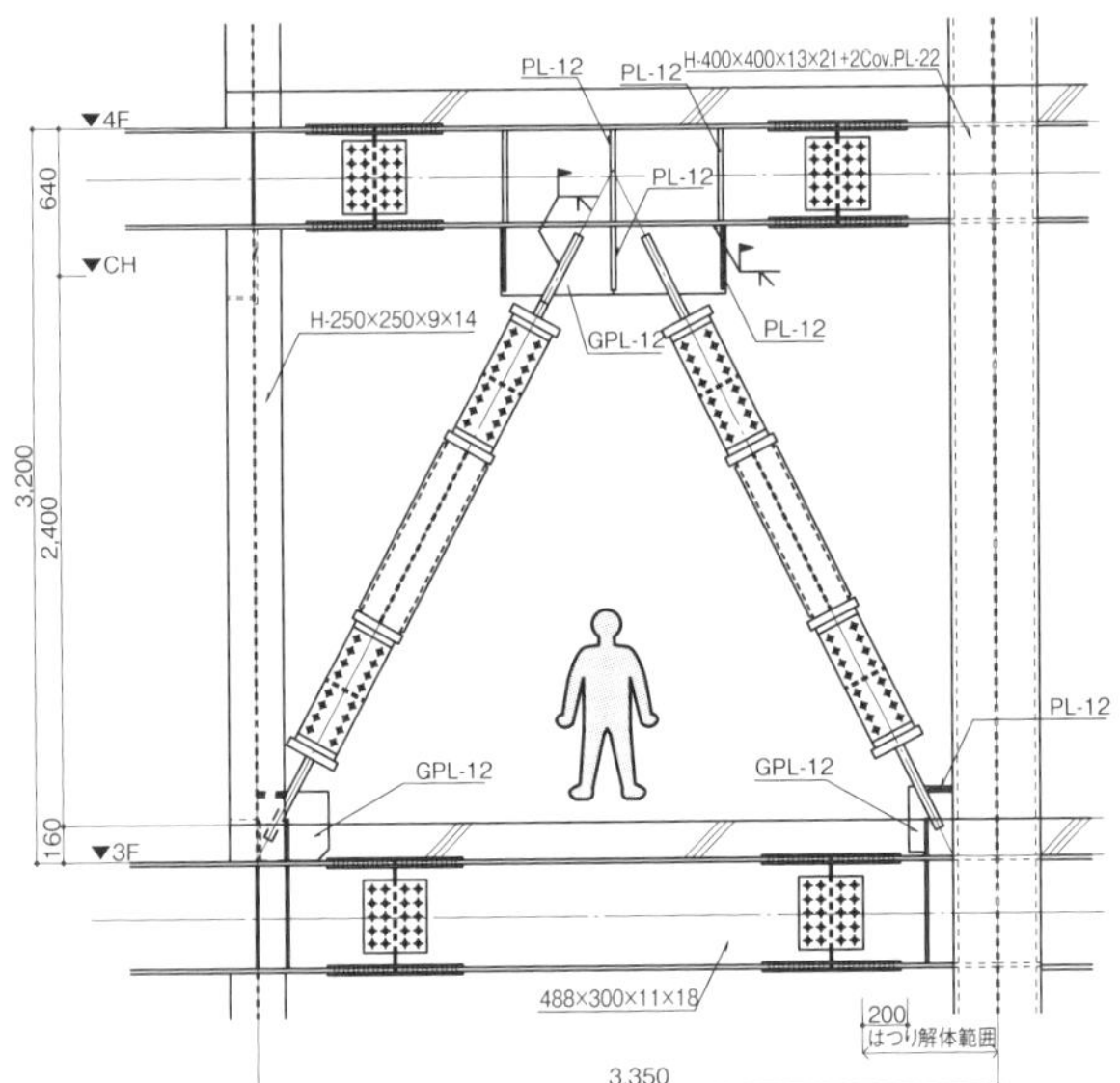

鉄骨引張りブレースによる補強

引張りブレースを配置して補強した例。

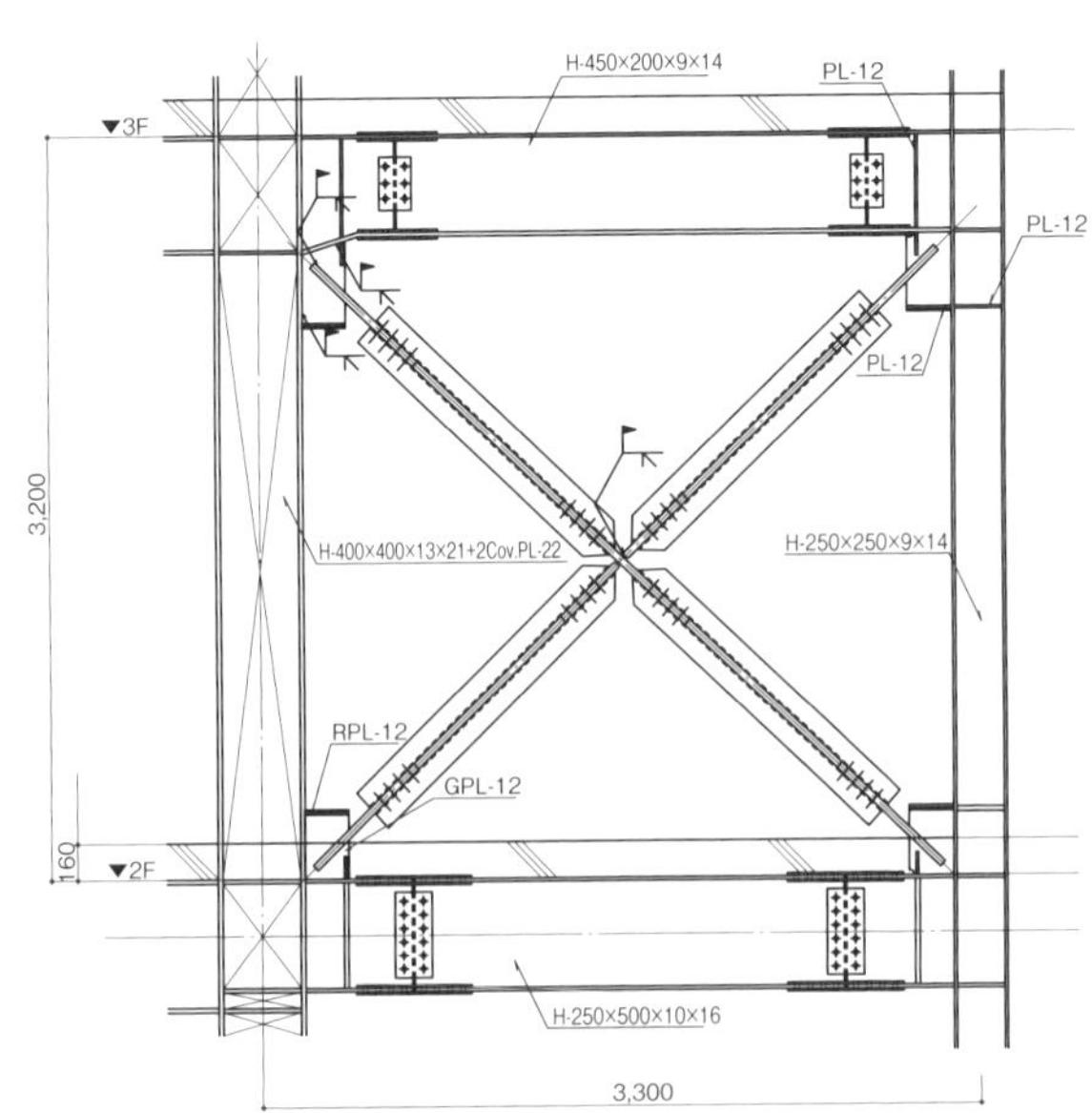

体育館の架構

体育館の鉄骨造の架構種別には次のようなものがあります。

S1
純鉄骨造・1層

鉄骨

RS1a
梁・床スラブがなく1層とみなせ、鉄骨柱は基礎まで通っており、鉄筋コンクリートで根巻きしてある。

鉄骨
鉄筋コンクリート

R1
鉄筋コンクリート造の上に鉄骨梁・屋根がのっている。

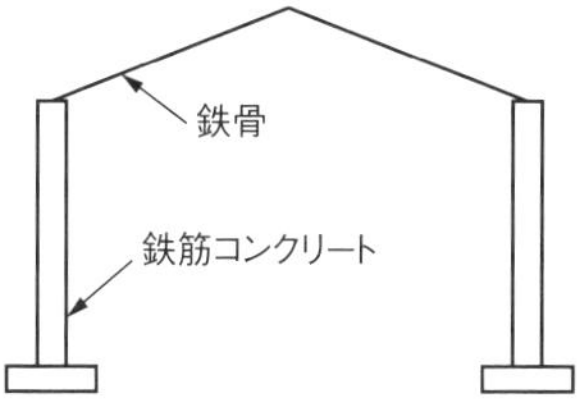

鉄骨
鉄筋コンクリート

や、部材端部の境界条件が実際と違い圧縮力により座屈してしまう場合などがあります。また、基本的な耐震性能が確保できていない例もあります。現代では、柱脚部分は延び能力のあるアンカーボルトを使用し、柱脚剛性を考慮して設計されているのですが、少し前までは、ピンや剛で単純にモデル化して設計を行っていたので、柱脚に不具合がある場合も多くあります。接合部ディテールの不具合に対しては、個別に確認をして修正するしかないので、本書では省略します。

鉄骨造を耐震補強する方法

座屈を生じやすい場合は、補強プレートをフランジ面に溶接したり、カバープレートで補強したりする方法があります。強度向上させる必要がある場合は、RC造と同じようにラーメンフレーム内にブレースを設ける方法が一般的です。しかしながら、現場で溶接をする必要があるため、構造計算よりディテールの設計が大変です。上向き溶接は溶接部分の性能確保が難しく、基本的には横向きまたは下向き溶接となるようにディテールを設計します。

施工時には、耐火被覆を除去後に溶接する必要があるので、アスベストの問題も絡んできます。

column

歴史的建造物を未来へつなぐ

――耐震診断と保存・活用の方法――

「歴史的建造物」とは、国宝や重要文化財として指定されている建築のほか、地域固有の歴史的・文化的価値を有する建築物のことをいいます［国土交通省「歴史的建築物の活用に向けた条例整備ガイドライン」（平成30年3月）］。かつては歴史的建造物の保存は、元の姿に修復して残すことが主流でしたが、近年は未来へ「保存・継承」することや、現代で「活用」するという潮流も広まってきました。

建築基準法では、条件を満たせば歴史的建造物に対して現行の建築基準法の適用は除外されます。とはいえ、なんでも自由にやっていいわけではなく、時には小さな歴史的建造物に対して限界耐力計算や時刻歴応答解析を行うなど、一般建築よりも厳しい条件で構造設計をすることもあります。

何を次代へ「保存・継承」するかは、文化財により異なります。「活用」も同様で、関係者の考え方、活用方法、地域の環境など、さまざまな要因を考え、一つずつ丁寧に設計することが重要です。ここでは内外観を従来のまま保存しながら耐震補強を行った清水寺本堂と善光寺経蔵と、活用に重点をおいて耐震補強と改修を行った富岡製糸場西置繭所を紹介します。

清水寺本堂

2008年から始まった清水寺の「平成の大改修」のトリとして、2017年から本堂の大改修が行われました。筆者らが調査に携わったのは、それより6年ほど前。構造調査の主な目的は耐震診断を行い、必要な補強計画を立てることです。

部材の寸法や劣化の確認、地盤調査、各荷重の設定、耐震診断用地震動の検討や静的弾塑性解析、固有値解析、動的弾塑性解析などを行いました。特に動的弾塑性解析では、本堂が斜面に建っていることから「重要文化財（建造物）耐震診断指針」で提示されているエネルギー法や等価線形化法ではなく、3次元立体モデルによる時刻歴応答解析を採用しました。

診断の結果、本堂の大部分の水平力を柱・貫によるラーメン構造で負担しているため、層間変形角1／15を超える変形にも十分追従することが判りま

清水寺本堂（京都、1693年再建、国宝、世界文化遺産）

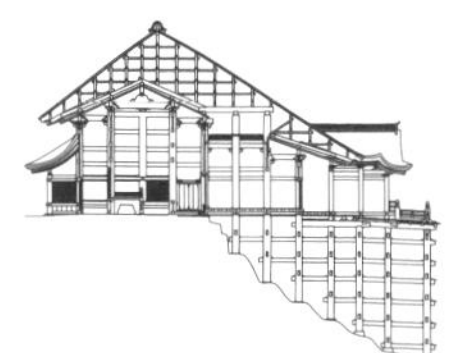

清水寺本堂断面図

水平ブレース
舞台床裏に設けた炭素繊維より線の水平ブレース。炭素繊維より線も軽く強く柔軟な材料で、鋼材を用いた筋交いよりも施工性が優れている。

根継ぎ
舞台を支える柱には、内部の根本が腐朽や虫害により空洞になっているものが。その部分は切り取り、新しい木材で根継ぎを行った。その際、絶縁のため礎石との間にチタンシートを敷いた。

善光寺経蔵（長野、1759年竣工、重要文化財）

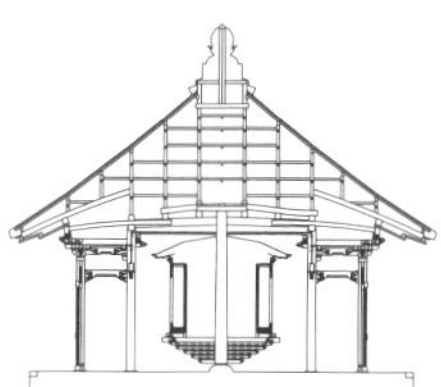

善光寺経蔵の断面図
中央部に回転する輪蔵がある。

屋根の大梁の補強
大梁の根元をチタンシートで巻いている。チタン箔シートは積層数によって強度を制御でき、軽く柔軟で熱伝導率も低いことから、既存の木材へ巻き付けても木材へのダメージが少ない。

天井裏の水平ブレース
水平ブレースは炭素繊維より線を採用。炭素繊維より線も軽く強く柔軟な材料で、鋼材を用いた筋交いよりも施工性が優れている。

Ⓒ善光寺

した。しかし、復元力を考慮して大地震時のクライテリアを最大変形角1／30以下を目標値としました。

善光寺経蔵

建物は約11.5m角の平屋、檜皮葺の宝形屋根を冠した柱・貫工法による木造建築で、内部に回転式の輪蔵を擁しています。保存修復を行うにあたり「重要文化財（建造物）耐震診断指針」に準拠した耐震診断を実施（機能維持水準：1／60、安全確保水準：1／20）。診断の結果、「中地震については倒壊しないが、大地震時には倒壊の恐れの可能性」が確認されました。

耐震化のためには、保存建物への負担が極力少なく、軽く強度の高い材料を探し、チタンシートや炭素繊維より線などの新素材を補強材として採用しました。

富岡製糸場西置繭所（群馬、1872年竣工、国宝、世界文化遺産）

外観

外壁の煉瓦は残し、目地をはつってアラミドロッドを埋め込んで強化を図った。

構法（模型写真）

ハウス・イン・ハウス（二重構造）

既存建物の床、壁、天井を極力保存するため、1階と2階の補強方法を変えている。1階は活用機能と建物保護、耐震補強を兼ねたガラスの箱を支持する鉄骨フレームとし、2階は梁間方向を炭素繊維より線を用いた鉛直ブレース、屋根面にも水平ブレースを配置。屋根の合掌材の補強には、チタン箔シートを用いている。

富岡製糸場西置繭所

建物は繭の乾燥や倉庫として1872年に建てられた木骨煉瓦造で、1987年の操業停止以降は保存管理されていました。今世紀に入ってから富岡市を中心に、文化財として保存活用することが策定され、その一環として耐震診断が行われました。

診断の結果、「大地震時に倒壊する可能性」が判明。数々の検討や実験を経て、単に創建当時の姿に戻すのではなく、その後の変化の経緯も判るような手法で耐震改修を行うことになりました。

1階はガラスの箱を内包した二重構造として、創建時以降の煉瓦壁や格子天井を保存。2020年にホールやギャラリーに生まれかわりました。

6章 構造実務

確認申請

035

確認申請での構造設計者の役割とは？

構造図や構造計算書を作成し確認申請時に提出。建物の規模や計算方法によっては構造計算適合性判定が必要となる場合もあります。

構造計算書などを提出し安全性を証明する確認申請

建築は設計と施工の過程を経て建てられます。設計が終了して施工段階に入る前に、その建物が法に適合したものであるかを確認しなければなりません。その作業が**確認申請**です。確認申請は建築主（通常は設計士が委任されて行います）が役所の建築主事または民間の指定確認検査機関（以降「確認検査機関等」）に申請して、審査を受けます。審査に合格すると**確認済証**が交付されます。これでようやく工事に取りかかれるのです。

すべての建築に確認申請の義務があるわけではありません。確認申請が必要な建物は建築基準法第6条で規定されています。申請の際に必要な書類は、構造関係では設計図書と構造計算書ですが、一般に「4号建築物」と呼ばれる比較的小規模な住宅などの建築は、構造審査は不要になる場合があります。

確認申請が必要な建築物（法6条）

適用区域	用途・構造	規模	工事種別	審査期間
全国	①特殊建築物[※1]（1号建築物）	用途に供する床面積が200m^2超	・建築（新築、増築、改築、移転） ・大規模な修繕 ・大規模な模様替え（増築してその規模になる場合を含む） ・①への用途変更	35日以内
	②木造建築物（2号建築物）	下記のいずれかに該当するもの ・階数が3階以上 ・延べ面積が500m^2超 ・高さが13m超 ・軒高が9m超		
	③木造以外の建築物（3号建築物）	下記のいずれかに該当するもの ・階数が2階以上 ・延べ面積が200m^2超		
都市計画区域 準都市計画区域 準景観地区 知事指定区域[※2]	④4号建築物	上記①②③以外の建築物	建築（新築、増築、改築、移転）	7日以内

注　防火地域・準防火地域以外で10m^2以内の増築、改築、移転の確認申請は不要。審査期間は法で規定
※1　法別表第1（い）欄の用途の特殊建築物　※2　都市計画区域・準都市計画区域は都道府県知事が都道府県都市計画審議会の意見を聴いて指定する区域を除く。準景観地区は市町村長が指定する区域を除く。知事指定区域は都道府県知事が関係市町村の意見を聴いて指定する区域

工事が終わったら完了検査を受けなければなりません。また、RC造で階数が3以上の共同住宅などの特定工程を含む建築は、工事中に中間検査を受ける必要があります。これらの検査に立ち会い、申請図書と工事内容に齟齬がないことを説明することも構造設計者の義務の一つです。完了検査に合格すると**検査済証**が交付され、その建築は使用可能となります。

規模や構造計算方法によっては必要な構造計算適合性判定

高さが60m以下で一定規模以上の建築や、複雑な構造の建築、構造計算ルート2・ルート3、限界耐力計算などの高度な計算方法（212頁参照）を用いた場合には、確認申請とは別に都道府県知事指定の構造計算適合性判定機関による**構造計算適合性判定**という審査を受けなければなりません。構造計算適合性

構造計算適合性判定を要する建物の要件例

区分	構造・方法	要件	期間
規模による区分	木造	高さ＞13m、軒高＞9m	判定期間: 14日間 最大49日 （法で規定）
	鉄骨造	①地上階≧4 ②地上階≦3 ・高さ＞13m、・軒高＞9m	
	鉄筋コンクリート造	①高さ＞20m ②高さ≦20m ・耐力壁や構造上主要な柱が一定量未満	
計算方法による区分	①許容応力度計算を行ったもの（ルート2） ②保有水平耐力計算を行ったもの（ルート3） ③限界耐力計算を行ったもの ④大臣認定プログラムにより構造計算したもの		

大臣認定を要する建築物・工作物

高さ60mを超える高層建築物・工作物 高さ60m以下の時刻歴応答解析による免震・制振建築物	審査期間: 2〜3カ月

判定では、高度な工学的判断を含む構造計算の適合性が判定されます。具体的には、①工学的な判断を伴うモデル化の妥当性、②構造計算に適用した解析法・算定式の妥当性、③演算の適正さ（演算結果の信頼性）の3点です。

構造計算適合性判定は、各都道府県知事が指定した指定構造計算適合性判定機関に建築主（一般的には代理となる建築士）が申請します。指定構造計算適合性判定機関は適合性を審査し、適合していると判定したら**適合判定通知書**を建築主に交付します。

この構造計算適合性判定は2006年に導入された比較的新しい制度です。誕生の背景には2005年に発覚した構造計算書偽装問題（358頁参照）があります。

確認申請と構造計算適合性判定の関係

確認申請の場合も構造計算適合性判定の場合も、いったん審査が始まると設計者は審査機関から内容について多くの質疑や説明を求められます。質疑に対する回答書や追加・修正資料は、建築主・確認申請機関・指定構造計算適合性判定機関の三者が共有し、それぞれの申請書に添付します。

審査では、設計者側と審査者側の間で構造設計に対する見解が異なることは少なくありません。定められた期間内に審査をスムーズに進めるには、本審査の前に審査機関と事前相談を行なったり、確認審査機関と適合性判定機関とが互いに照会や通知しあうことも重要です。構造計算適合性判定を申請した建築は、適合判定通知書がないと確認済証を得ることはできません。なお、最終的に、確認申請と構造計算適合性判定の図書は同一でなければなりません。

高度な技術で構造の安全性を確かめる大臣認定という方法

高さ60mを超える高層建築や、免震構造を採用している建築などは、国土交通大臣の定めた構造計算方法によって安全性を確かめて、大臣の認定を取得しなければなりません。その計算方法が**時刻歴応答解析**（221頁参照）です。

時刻歴応答解析は非常に高度な技術を要する計算で、これを審査するのは高度な専門知識を持つ評定委員会です。評定委員会は国土交通省令で指定された**指定性能評価機関**の中に置かれ、ここで構造安全性能に関する評価が行われ、**評価書**が発行されます。その後、**大臣認定**を申請し、大臣認定書を取得します。大臣認定を取得した建築は構造計算適合性判定の必要はなく、確認申請では構造計算書の提出が免除されます。

構造設計一級建築士

036

構造設計一級建築士しか設計できない建物

高さ60m超の建物や高さ20m超のRC造などは一級建築士を取得して5年の実務経験を経た構造一級建築士でないと構造設計はできません。

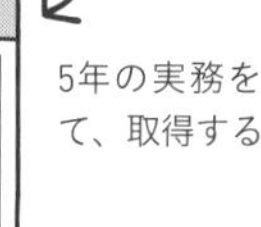

5年の実務を経て、取得する。

旧耐震から新耐震へ変化した構造の規定

構造に関する規定は、大正8（1919）年に建築基準法の前身となる**市街地建築物法**が制定されて以来、地震被害の歴史や計算機の発達とともに進化してきました。関東大震災を契機に水平震度の考え方が導入され、昭和22（1947）年には、想定する水平震度の値が引き上げられ、昭和25（1950）年に建築基準法（旧耐震）が定められました。さらに、新潟地震や十勝沖地震の経験からせん断補強に対する概念が導入されました。

その後、建築基準法が大きく改正されたのは昭和56（1981）年で、地震力の*Ai*分布、保有水平耐力の概念が導入されました。改正後の建築基準法は、**新耐震設計法**（新耐震）とも呼ばれています。新耐震以降の建物は、耐震診断を行っても概ね耐震性を確保されている結果が出ます。その後の大きな地震では、

建築構造規定の変遷

西暦(年)	構造規定の変遷	変更内容	おもな出来事
1919	市街地建築物法		
			関東大地震(1923)
1924	市街地建築物法施行規則の構造規定改正	地震力規定の新設(水平震度0.1) 水平震度0.1　$k=0.1$ 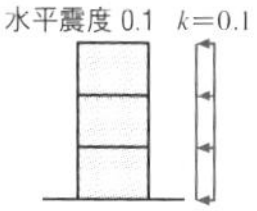	
			柔剛論争(1925〜1935)
1932	市街地建築物法施行規則の構造規定改正	コンクリートの許容応力度(水セメント比による強度式)・鉄骨の接合方法(リベット接合以外が認められる)	
			室戸台風(1934)
1937	市街地建築物法施行規則の構造規定改正	長期・短期許容応力度の導入	
			インペリアルバレー地震(1940)(エルセントロ地震波の観測)
1943〜44	臨時日本標準規格	地震力　通常地盤0.15　軟弱地盤0.20 長期・短期の応力の組み合わせ	 223頁のエルセントロ波は、このときの地震波だね。
1947	日本建築規格建築三〇〇一	地震力:通常地盤0.2 軟弱地盤0.3 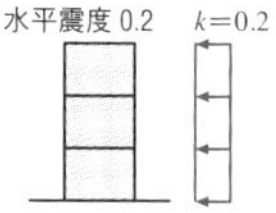 水平震度0.2　$k=0.2$	
1950	建築基準法制定(旧耐震)		
1959	建築基準法改正	補強コンクリートブロック造の規定の新設など	
			新潟地震(液状化)(1964) 霞が関ビルが竣工(1968) 十勝沖地震(脆性破壊)(1968)
1971	建築基準法改正	靭性とせん断力の確保	
1981	建築基準法改正(新耐震)	新耐震設計法(保有水平耐力計算の導入) 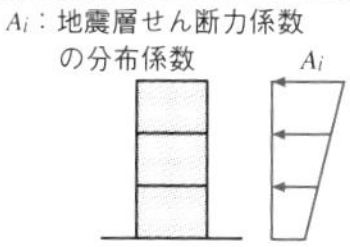 A_i:地震層せん断力係数の分布係数　A_i	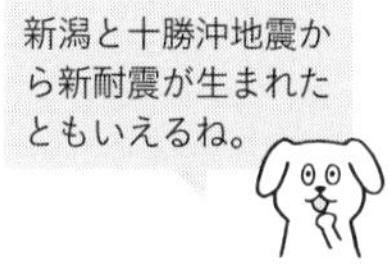 新潟と十勝沖地震から新耐震が生まれたともいえるね。
1987	建築基準法改正	木造建築物規定の新設	
1995	建築物の耐震改修の促進に関する法律		兵庫県南部地震(1995年1月)
2001	建築基準法改正	限界耐力設計法の導入 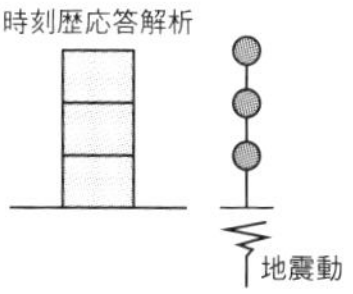 時刻歴応答解析 地震動	
			耐震強度偽装事件(2005)
2007	建築基準法改正	適合性判定機関の新設	
2008	建築士法改正	構造設計一級建築士の新設	
2010	公共建築物等における木材の利用促進に関する法律(制定)		
			東北地方太平洋沖地震(2011) 笹子トンネル天井板落下事故(2012)
2013	建築基準法改正	特定天井(天井落下防止)	
			免震材料・制振部材偽装問題(2015) 熊本地震(2016) 大阪北部地震(2018)
2019	建築基準法改正	CLTパネルの基準強度の拡充	
2020	建築基準法改正	免震材料・制振部材の品質管理強化	

構造設計一級建築士とは?

構造設計一級建築士は、一級建築士の資格を取得して5年以上の構造設計の実務の経験がないと取得できません。

資格要件と業務内容

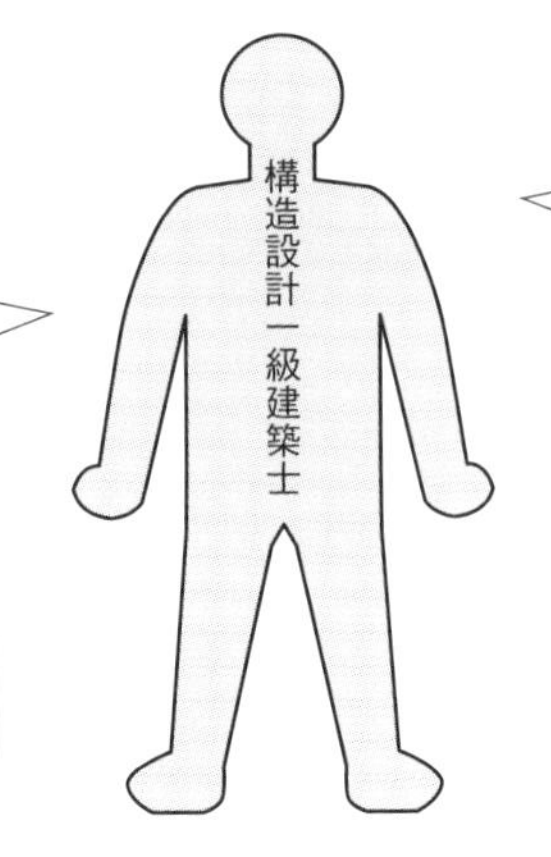

構造設計一級建築士が必要とされる業務内容
(建築士法20条の2)
建築基準法20条1号または2号で規定される建物(352頁図中①~⑤)は、構造設計一級建築士が構造計算を行う。構造設計一級建築士以外の一級建築士が構造計算する場合は、構造設計一級建築士が法適合性を確認する

資格要件
(建築士法10条の2)
一級建築士として5年以上の構造設計実務に従事し、登録講習機関が行う講習課程を終了したもの

人命の確保というレベルでは、ほとんど被害が生じていません。

新耐震設計法は、計算が非常に困難であったのですが、コンピューターの急速な発展に連動してプログラム開発が進み、誰でも難しい計算をこなせるようになりました。応力計算だけでなく、断面算定や図面作成まで可能となり、近年ではその情報が施工にまで利用される時代に入りました(BIM)。

このプログラムによる計算を背景として、耐震偽装事件が平成17(2005)年に起きました。プログラムの出力を故意に変えた事件でした。この偽装事件を受けて、構造計算適合性判定機関が新設され、構造設計一級建築士制度が導入されました。

一定規模以上の建物は構造設計一級建築士の資格が必要

構造設計一級建築士を定める建築士法は、建築基

建築士法の構造関係規定

建物の構造設計・監理を行うためには、建築士法によって資格ごとに定められています。下図を見ればわかるように、上位の建築士の資格ほど可能な設計・監理業務が広がります。

一級建築士

[可能な設計・監理業務]
①全構造
・特定用途
（学校・病院・映画館等）
→延べ面積＞500m²
・そのほかの用途
→階数≧2、
かつ延べ面積＞1,000m²
②木造
・高さ＞13m、軒高＞9m
③その他の構造
・延べ面積＞300m²
高さ＞13m、軒高＞9m

二級建築士

[可能な設計・監理業務]
①木造
・延べ面積＞300m²、
階数≧3
②その他の構造
・延べ面積＞30m²、
階数≧3

木造建築士

[可能な設計・監理業務]
①木造
・100m²＜延べ面積≦300m²
・高さ≦13m、
軒高≦9m、
かつ階数≦2

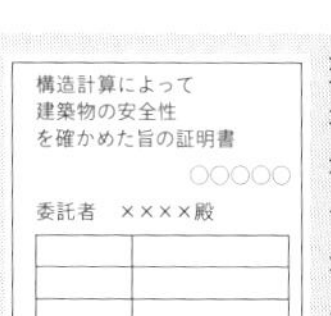

現在、構造計算書には安全証明書の添付が必要です。安全証明書は、有資格者が業務の委託者に対して発行します。

注：上位の建築士は下位の建築士の業務を行うことができる。

準法と同じ1950年に制定された法律で、「建築物の設計、工事監理等を行う技術者の資格を定めて、その業務の適正をはかり、もって建築物の質の向上に寄与させること」（建築士法1条）を目的としています。

建築士法が定義する建築士の資格には、国土交通大臣の免許を受けて業務を行う一級建築士、都道府県知事の免許を受けて業務を行う二級建築士・木造建築士があります。資格によって、建築できる建物の規模や用途が制限されています。

「構造設計一級建築士」とは？

2005年に発覚した耐震強度偽装事件を受けて、2007年に建築士法が大幅に改正されました。それまでは一級建築士であれば、構造の専門家でなくても、構造計算による安全性の確認を含めて行政手続きを行うことができましたが、改正により一定規模以上の建物には、「構造設計一級建築士」の資格が必要となりました。また、構造計算で建築物の安全性を確かめた旨の証明書を確認申請時に添付するこ

構造計算の際、構造設計一級建築士の資格が必要な建物

①
高さが60mを超える建築物

②
木造で、高さが13mまたは軒高9mを超えるもの

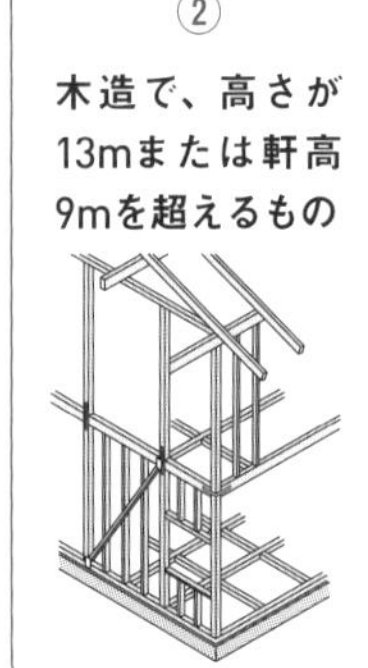

③
鉄骨造で、地階を除く階数が4以上のもの

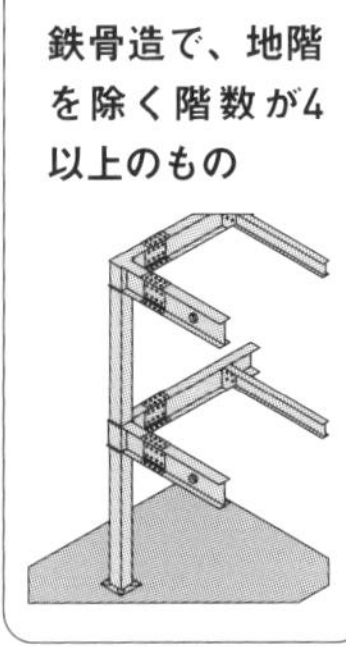

④
RC造やSRC造で、高さが20mを超えるもの

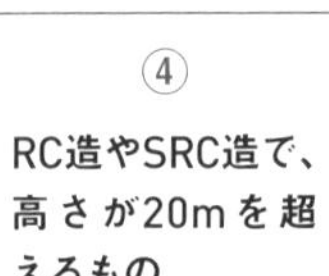

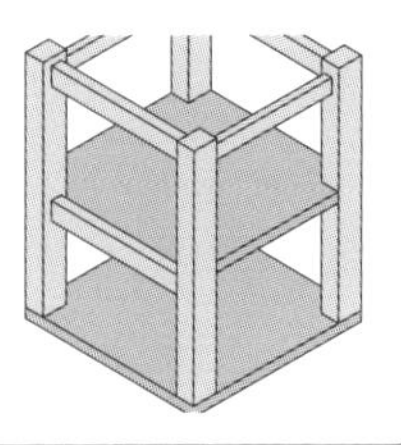

⑤
その他※

※：その他混構造、組積造などの規定については、建築基準法施行令36条の2を参照。

構造設計一級建築士は、国内のすべての建物の設計・監理ができるけど、その資格を得るには大変なんだ。構造設計一級建築士になるためには、まず一級建築士の資格が必要となります。

とになり、証明書の書式も建築士法施行規則17条の14の2に定められました。構造設計一級建築士と同時に、「設備設計一級建築士」も創設されています。

構造に関する資格としては、構造設計一級建築士のほかに、公的な資格ではありませんが、「JSCA構造士」があります。この資格はさらに高度な資格として、構造設計一級建築士の資格取得後2年以上責任ある立場での構造設計業務や構造監理業務の実務を経験後に受験資格を得られ、合格すると取得することができます。

意匠設計者と構造設計者との関係

かつては意匠設計者と構造設計者は明確には分かれていませんでした。高度経済成長とともに、建物が巨大化し、技術も大幅に進歩したために、設計者が単独で設計を行うことが難しくなり、意匠設計者

意匠設計者と構造設計者の仕事の役割

意匠設計者と構造設計者は、基本設計段階からさまざまな役割を担い、
連携し合って仕事を進めています。

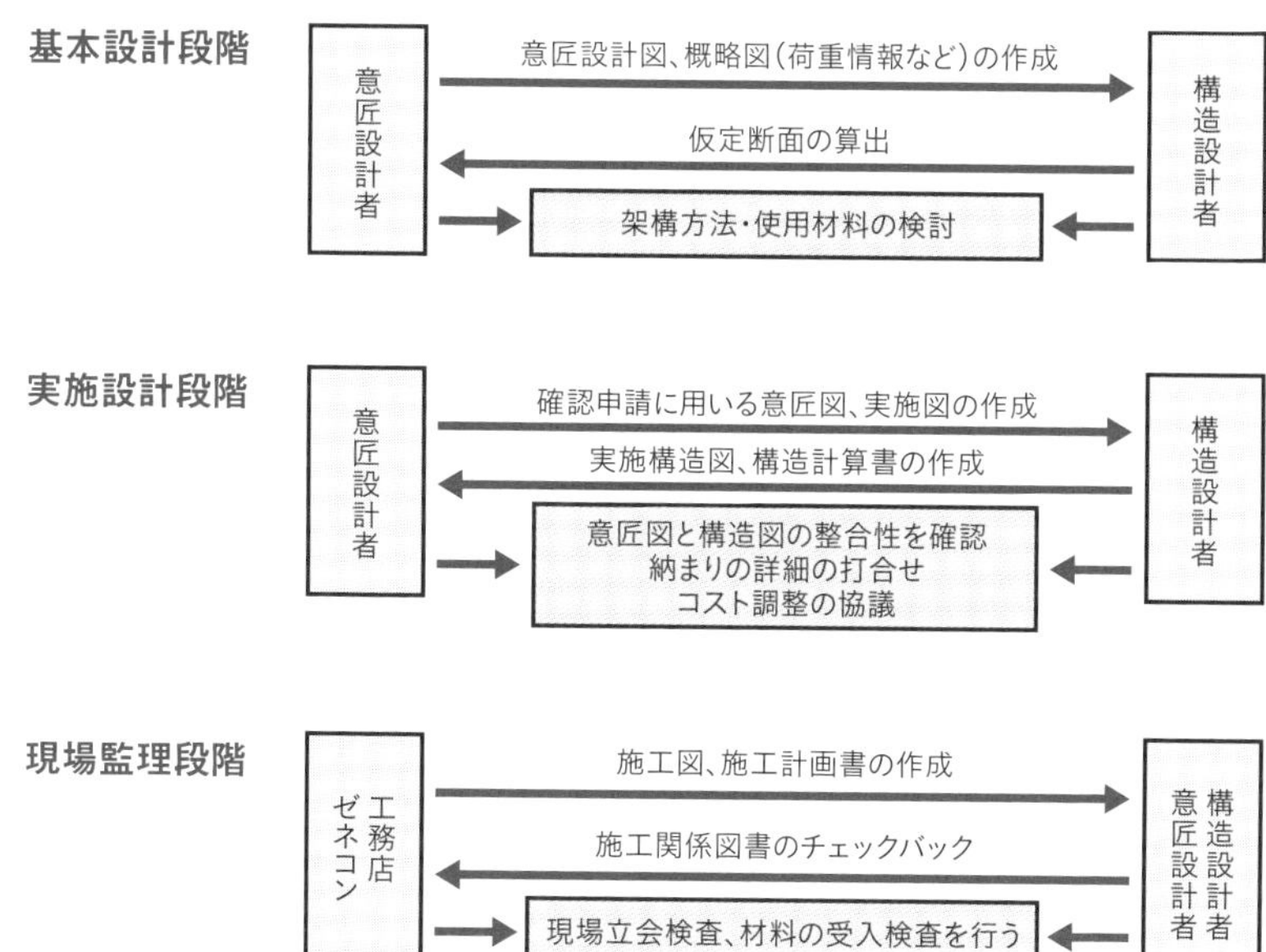

と構造設計者が明確に分かれるようになりました。設立過程から、意匠設計者は意匠設計を行うとともにプロジェクトマネージャーとして、設計業務を取りまとめる役割を担っています。一方、構造設計者は技術者として設計業務に携わります。

基本計画から施工までのそれぞれの役割

構造設計者は、意匠設計者と設計段階から施工時までのさまざまな場面で、打ち合わせを行います。たとえば、基本設計時には、両者はおもに架構の考え方について打ち合わせをして基本的な構造形式を決めます。意匠設計者は、構造設計者にプランの概要を伝え、構造設計者からプランにおける柱や梁、床（スラブ）の構造上の役割などを聞きます。動線や部屋の使い方、見え方、環境を考慮しながら、意匠設計者が大まかな構造部材の配置を決めていきます。ところが実際には、各階の平面図を積み上げてみると柱が通っていなかったり、床が空中に浮いていたりすることが少なくありません。この場合、意匠設計者は、構造設計者に確認しながら各部材の配置の変

建築をめぐる職能

実際の建築には、さらに数多くの職能の協働が必要となります。

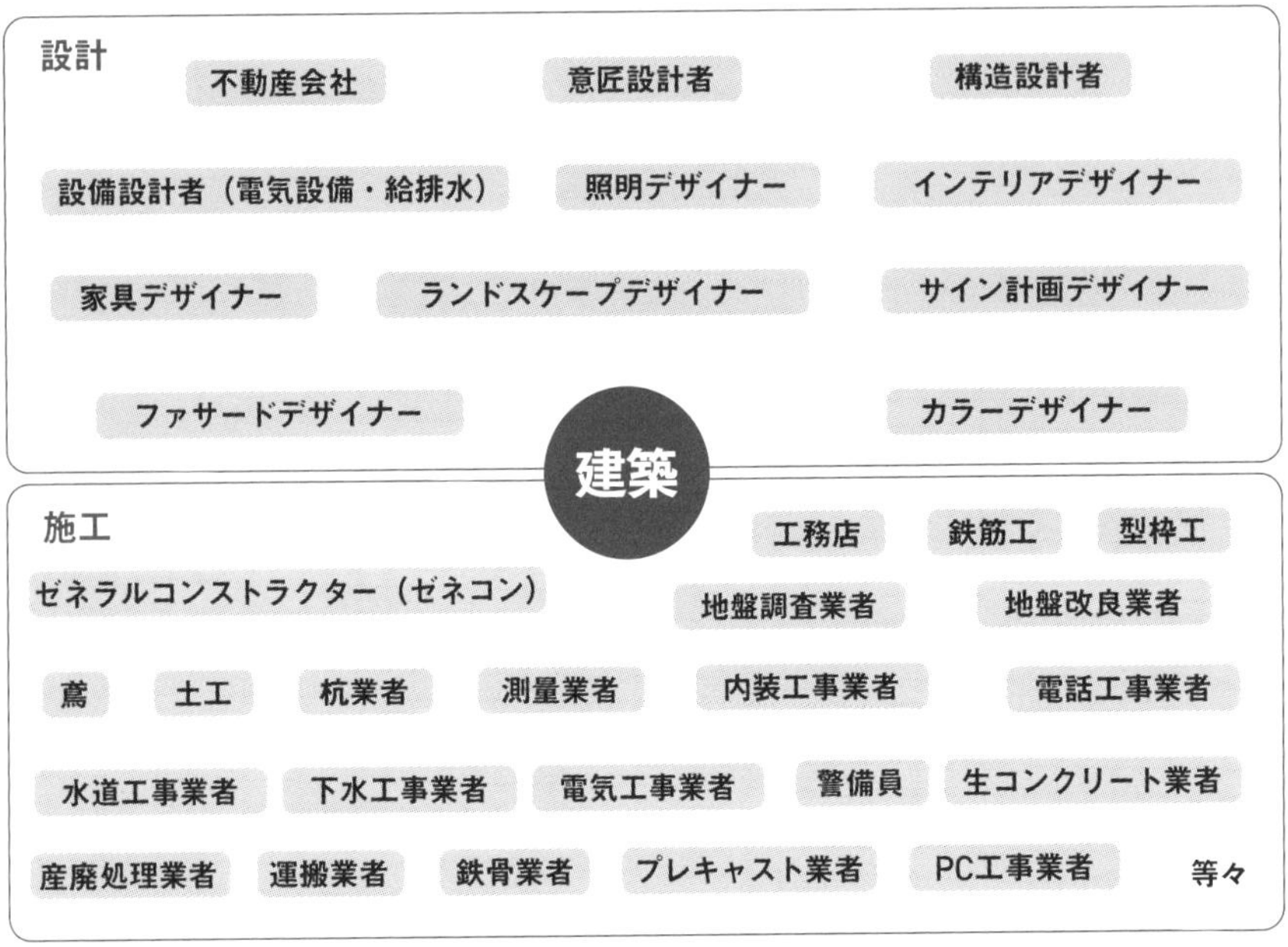

設計

不動産会社 / 意匠設計者 / 構造設計者 / 設備設計者（電気設備・給排水） / 照明デザイナー / インテリアデザイナー / 家具デザイナー / ランドスケープデザイナー / サイン計画デザイナー / ファサードデザイナー / カラーデザイナー

建築

施工

工務店 / 鉄筋工 / 型枠工 / ゼネラルコンストラクター（ゼネコン） / 地盤調査業者 / 地盤改良業者 / 鳶 / 土工 / 杭業者 / 測量業者 / 内装工事業者 / 電話工事業者 / 水道工事業者 / 下水工事業者 / 電気工事業者 / 警備員 / 生コンクリート業者 / 産廃処理業者 / 運搬業者 / 鉄骨業者 / プレキャスト業者 / PC工事業者 / 等々

更などを検討することになります。構造設計者は、部材の概略的な断面寸法（仮定断面）など、納まりに関する情報もこの段階で伝え、意匠・設備の設計が問題なく行えるようにします。

実施設計に入ると部材の位置や寸法が明確になるので、構造設計者は意匠図や設備図と構造的な整合を図りながら計算を行います。近年、確認申請では構造計算書と図面の整合性が重要視されるようになったため、確認申請前に構造計算書で使用した断面寸法などの数値や仕様、構造図と意匠図の整合を、意匠設計者と構造設計者が互いに確認することが重要な作業となります。

確認申請受理後、施工に移ると、施工業者が設計図書をもとに施工図や施工計画書を作成します。意匠設計者（監理者）は、施工図・施工要領が正しく作成できるように、仕様や各種形状・寸法を構造設計者に確認しながら施工業者に伝える必要があります。一方、構造設計者も、監理者として施工図や施工計画書と構造図を見比べ、設計図書と相違があれば意匠設計者や施工業者と協議し、是正します。

梁貫通孔の規定

	RC造の場合	S造の場合
	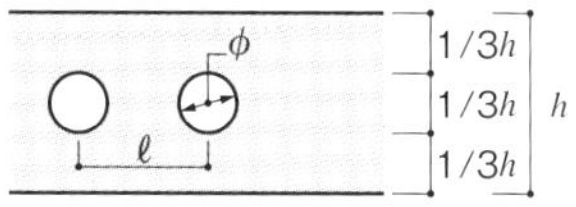	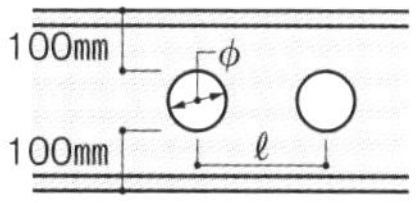
貫通孔の径（φ）	梁せいの1/3以下	梁せいの1/2以下
貫通孔の間隔（ℓ）	2つの径の平均の3倍以上	2つの径の平均の2倍以上
位置	梁せいの1/3の中央の範囲内	梁上端・下部から100mmを除く範囲
補強が省略できる場合	孔の径が梁せいの1/10以下かつ150mm未満	—
補強例	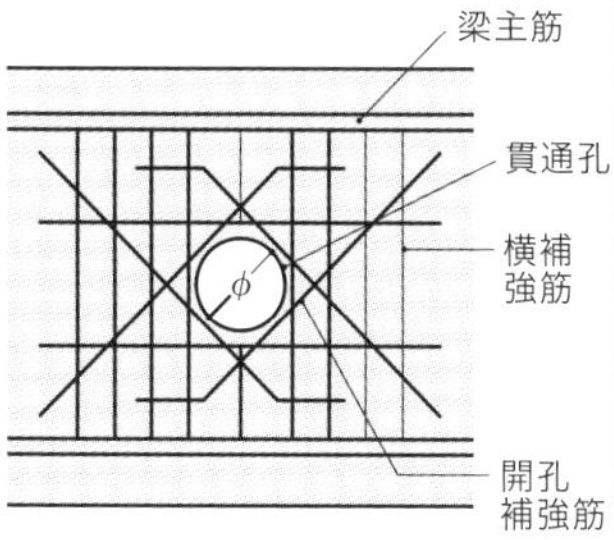	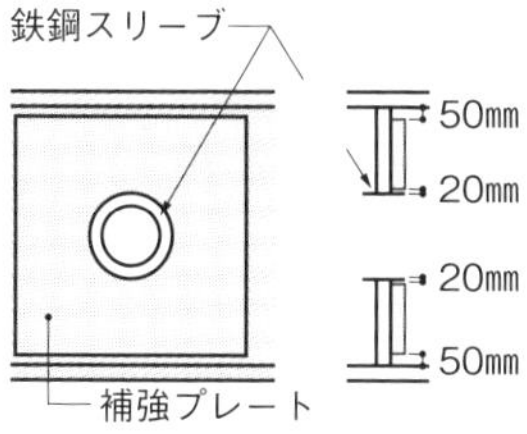

設備設計者と構造設計者の関係

設備設計者は、意匠設計者が描いた平面図や立面図をもとに使用する機器や配管ルートを検討し、設備図を作成します。設備配管は、構造体の欠損（断面欠損）を伴うので、構造と設備の調整をする必要があります。

断面欠損を伴う設備としては、空調のダクトや排水管などがあります。貫通する位置や大きさがさまざまなので、一般的なルールを取り決めて対応します。鉄筋コンクリート（RC）梁の貫通孔は、概ね梁せいの1／3の径以下とすることが慣例です。貫通孔を設けるとRC梁のあばら筋ピッチが大きくなり、せん断力に対する性能が落ちてしまうために、鉄筋で補強を行います。

鉄骨の梁では、比較的せん断力に対して余裕があ

詳細な調整が必要な個所

設備設計図と構造設計図では、構造と設備が取り合う部分の綿密な調整が必要となります。特に次のような個所では入念なチェックが必要です。

①梁と配管が取り合う個所

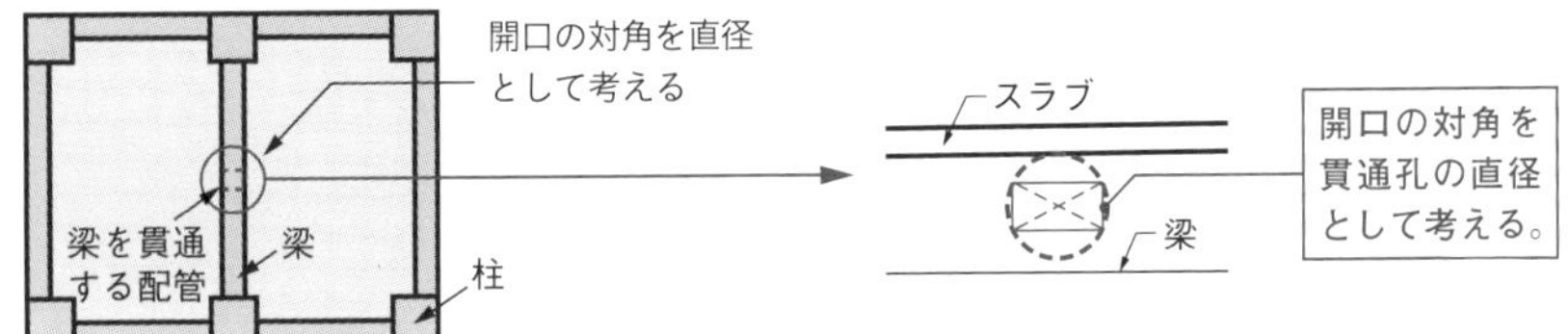

②電気用配管が集中する個所

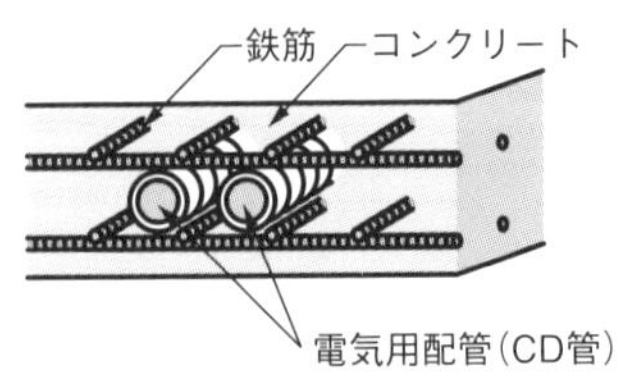

とくに規定値はないが、配管の本数が多くなる場合は、配管による欠損が問題にならないかを確認する。

③2つ以上の開口の場合

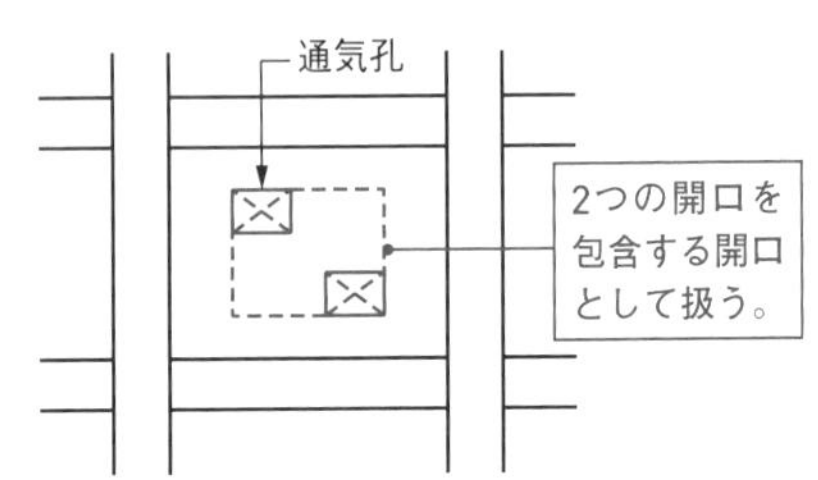

るので、貫通孔は梁せいの１／２の径以下が慣例で、プレートやパイプを溶接して補強を行います。四角い開口を設ける場合は、対角線を直径とした円として補強を検討します。

耐震壁に設ける開口は、建築基準法（平19年国交省告示594号）で定められた開口寸法以下である必要があります（84頁参照）。壁面積と開口面積の比のルートおよび長さ比により確認を行います。２つ以上の開口の場合は、開口の面積を足し合わせて検討する方法もありますが、危険側となる可能性もあるので、２つの開口を包含する開口として検討を行う場合が多いようです。

一方、電気配管は小さいので考慮しないというのが一般的なルールです。とはいえ、近年では、家庭内LANやIHクッキングヒーターを設けることも多く、電気配管の量も増えています。工事が始まってから構造計算上想定していない断面欠損が見つかる、というケースも少なくありません。構造計算上安全なスラブ厚や壁厚でも、電気配管を考えると十分でない場合があり、設計段階で意匠、設備、構造

構造躯体の欠損となるその他の設備

広範な意味での設備を考えると、次のように構造躯体の欠損が伴う設備が多くあります。

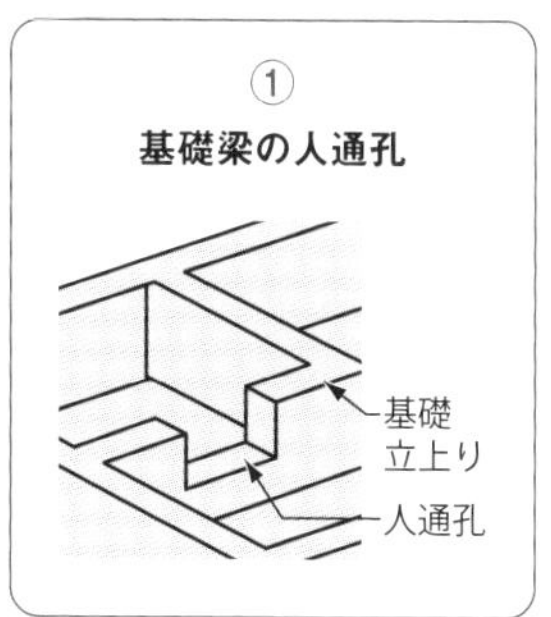

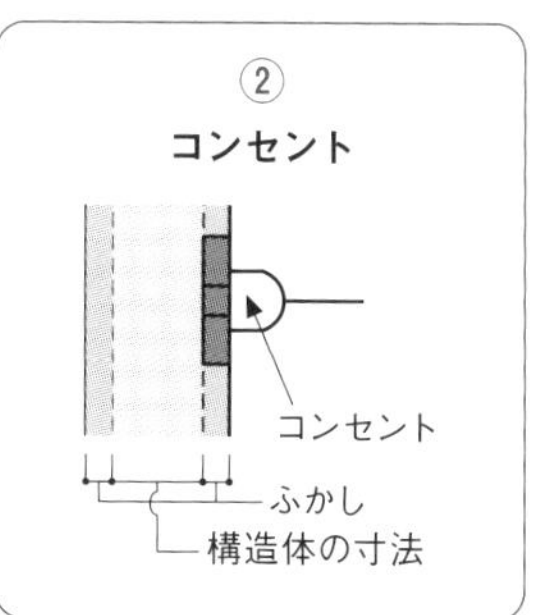

③ スイッチ

これらは適宜、構造耐力への影響がなく、小さい物は無視したり、躯体にふかし部分を設けてその中に設置したりして対応する。

設計の調整を行うことがより重要となります。

偽装をなくすために必要な厳格な倫理観

構造技術者は厳しい状況に立たされます。設計工期や建物の経済性、さらには自分たちが生活していくための対価を確保しなければなりません。あまりにも少ない金額で仕事を受注してしまうと、時間をかけないで設計を行わなければならなくなり、間違いが生じやすくなります。また、自分の技術力以上の建物の設計を受注してしまうと、自分でも気がつかない間違いを犯す可能性も生じます。

もっと複雑な状況では、建て主自らが自分の建物だからといって、不正を強要してくる可能性もあります。建て主がよいからといって技術者も不正をしてよいのでしょうか。もしかすると、建て主は完成した建物をすぐに売ってしまうかもしれません。買っ

構造設計者をとりまく状況

構造設計者は、安全を確保するためにさまざまな問題に向き合わなくてはなりません。

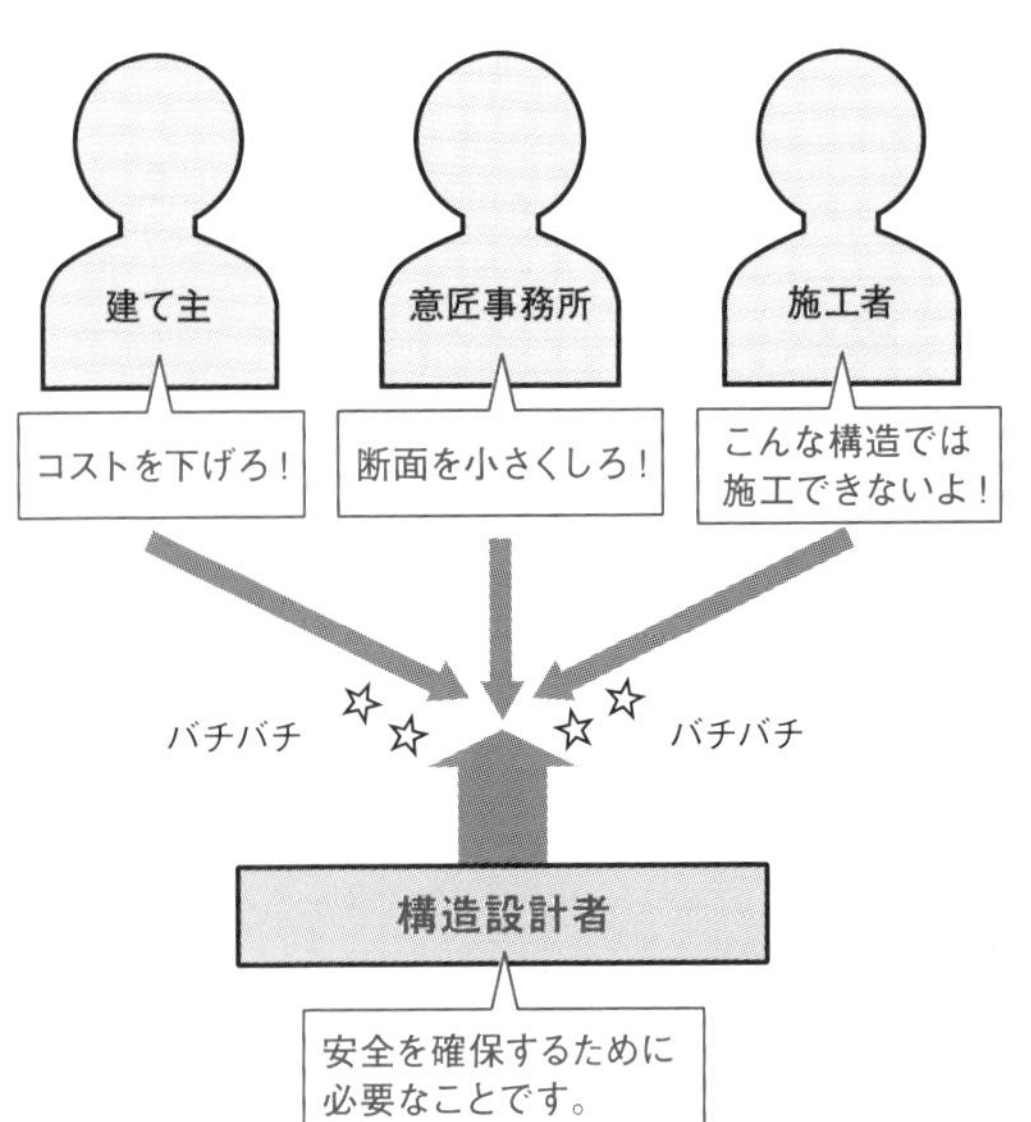

構造計算書偽造問題

①概要

2005年11月国土交通省は、千葉県のある一級建築設計事務所が構造計算を行った建築物について構造計算書を偽造していたことを公表。ここから一連の耐震偽装事件が明るみとなった。

②社会への影響等

- 構造技術者の信頼性の低下
- 建築基準法の改正
  （性悪説に基づく規制の強化）
- 構造設計一級建築士の設立
- 適合性判定機関の設立

た人は当然、建築基準法レベルの性能はあるものとして建物を購入します。また、売らなくても建て主の友人が建物にやってくる可能性もあります。お金を支払うのは建て主ですが、建物は半公共物なので、設計とは不特定多数の命にかかわる業務なのです。

建物の荷重に対する安全性は、技術者の技術力に大きく影響されるとともに倫理観念に大きく依存します。いくら建築基準法を厳しくしても、技術者が内緒で計算の桁数を変えたり、計算機出力の中身を変えたりしてしまうと、完成した建物の安全性は確保されません。

人類最古の法典といわれるハンムラビ法典にも、建築物を建てたものの責任が明記されています。「家を建てたものは、建築が適切に行われなかったことにより家が壊れ、その住人を死なせることがあった場合には、死罪に処す」（ハンムラビ法典229条）昔も今も、技術者は自らが建てた建築物の責任を持たなければなりません。建築設計に携わる技術者は、自分の利益に反する決断を迫られることもあるため、厳格な倫理観を持つ必要があります。

構造基礎
構造力学
構造計算
地盤
耐震設計
構造実務

日本建築学会の倫理綱領・行動規範

日本建築学会では、技術者の倫理を下記のように示しています。

日本建築学会の倫理綱領

日本建築学会はそれぞれの地域における固有の歴史と伝統と文化を尊重し地球規模の自然環境と培った知恵と技術を共生させ豊かな人間生活の基盤となる建築の社会的役割と責任を自覚し人々に貢献することを使命とする

日本建築学会の行動規範（1999年6月1日実施）

1. 人類の福祉のために、自らの叡智と、培った学術・技術・芸術の持ち得る能力を傾注し、勇気と熱意をもって建築と都市環境の創造を目指す。
2. 深い知識と高い判断力をもって、社会生活の安全と人々の生活価値を高めるための努力を惜しまない。
3. 持続可能な発展を目指し、資源の有限性を認識するとともに、自然や地球環境のために廃棄物や汚染の発生を最小限にする。
4. 建築が近隣や社会に及ぼす影響を自ら評価し、良質な社会資本の充実と公共の利益のために努力する。
5. 社会に対して不当な損害を招き得るいかなる可能性をも公にし、排除するよう努力する。
6. 基本的人権を尊重し、他者の知的成果、著作権を侵さない。
7. 自らの専門分野において情報を発信するとともに、会員相互はもとより他の職能集団を尊重し協力を惜しまない。

column

「構造計算ルート」とは何だ？

「計算ルート」という用語には、2通りの使われ方があります。

1つは、建築基準法で認められている計算方法（許容応力度計算、保有水平耐力計算、限界耐力計算、時刻歴応答解析）を指す場合です。もう1つは、耐震計算と呼ばれる一連の構造計算の過程を指す際に用いられます。

通常は、計算ルートというと耐震計算ルートを指します（下図）。

耐震計算ルートとは、許容応力度計算（1次設計）と保有水平耐力計算（2次設計）の2段階からなる計算方法です。計算の過程には、建築基準法施行令82条に規定された計算方法に加えて、地震に対する安全性を確保するための規定が含まれます。安全性の確認項目の違いによりルートは3つに分かれ、それぞれ「ルート1」「ルート2」「ルート3」と呼ばれます。

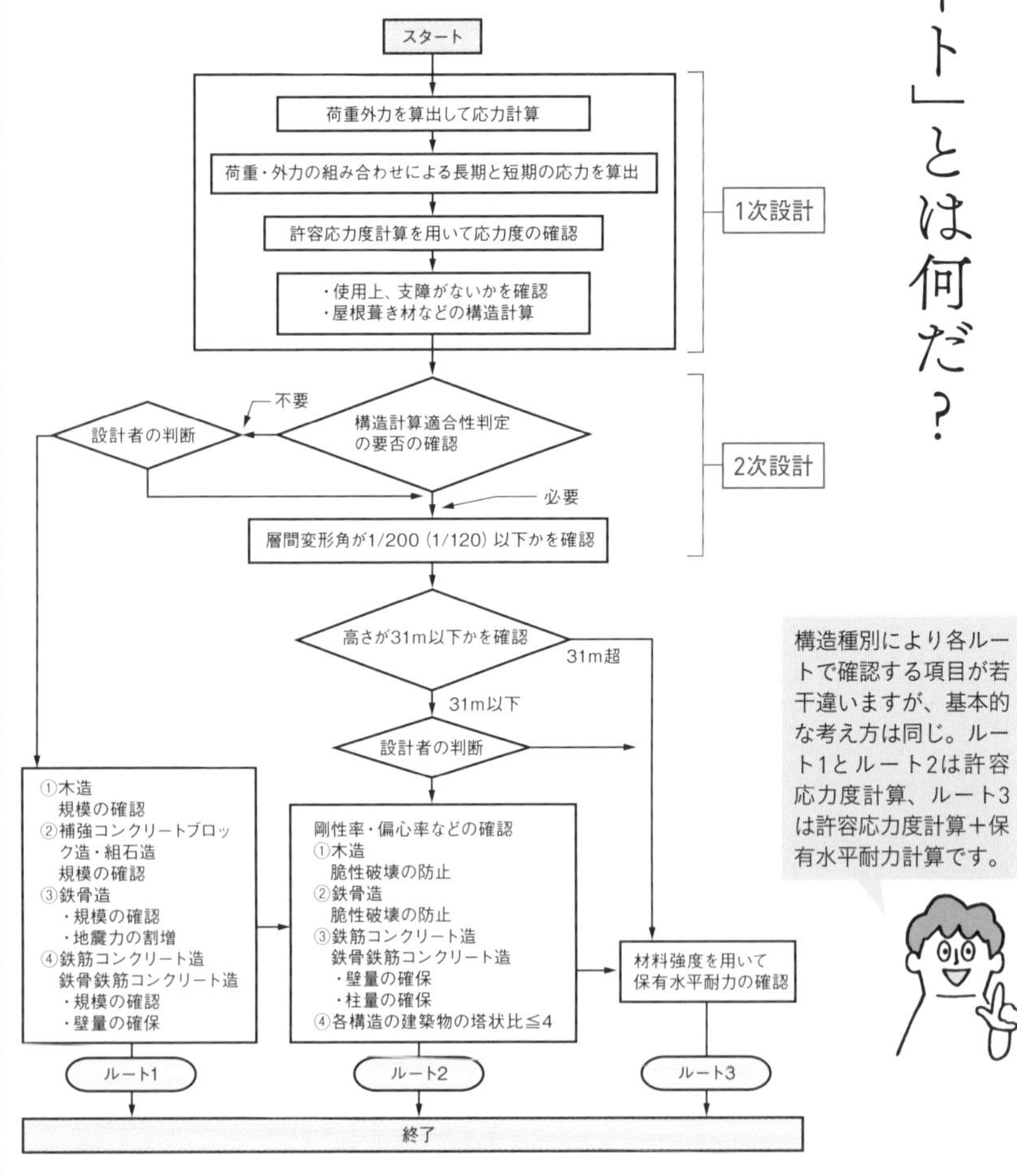

注：木造の場合、許容応力度計算（ルート1）も行わない「壁量計算ルート」と呼ばれる構造計算に準じた仕様規定による計算が認められている。

おわりに

2年近く続いたコロナ禍の間にこの本を手がけていました。会議は当たり前のようにオンラインで行われ、配筋検査もオンラインで行うようにもなりました。建築業界だけではなく世の中が著しく変化しています。この15年間、〝建築構造〟という限られた世界では、著しい分野化を伴う技術の高度化が進む反面、全体的には時々刻々と技術力が低下してきていると感じます。建築知識の方々と数々の構造の解りやすい解説本を作り始めたきっかけは、耐震偽装事件からでした。当初は意匠設計者に構造を知ってもらうことを主眼としていたのですが、分野化や技術力の低下を感じ始めていたので、いつしか、簡単に〝建築構造〟の世界を俯瞰できる本を目指していました。一見、バラバラに思える項目も構造という観点で一つのものを作り上げるという点からは、各項目は互いに大きく関係しているのです。

東京の事務所で沖縄の現場の配筋検査をするスタッフ

構造を目指そうとしている初学者の人は、俯瞰する視点を持つために、是非、一通り読んでほしいと思います。意匠設計者の方には、辞書的に使って必要とする項目を読めば理解できるように項目毎に簡潔させています。できるだけ簡単に表現をしようとしているため、違うのではと思われる部分があることをお許し頂きたい。日本全国で様々な人々と仕事をしてきた経験から、関係する技術者のスキルや地域の特徴等々により、解釈や答えが違うことを身に滲みて体験してきました。違うのではと思ったら、逆に、それをきっかけとし文献や資料を調べ、知識を深めて欲しいと思います。

コロナ禍で移動制限されていた時期ですが、学務と構造設計実務の両方に追われ私自身は、忙しく過ごしていました。この本を取りまとめるにあたり、延期に延期が重なってしまいました。ナレッジ編集部の筒井美穂氏には、その都度、多大なる心配をかけてしまったことをお詫びすると共に感謝の意を伝えたい。

２０２１年11月　江尻憲泰

INDEX

索引

あ

か

さ

た

な

は

ら・わ

123/ABC

ま

や

江尻憲泰［えじり・のりひろ］

1962年東京都生まれ。'86年千葉大学工学部建築工学科卒業、'88年同大学院工学研究科修士課程修了。同年青木繁研究室入社。'96年江尻建築構造設計事務所設立。2021年現在、日本女子大学家政学部住居学科教授、長岡造形大学・千葉大学非常勤講師。手掛けたプロジェクトにアオーレ長岡、富岡市新庁舎、清水寺修復工事など。著書に『世界で一番やさしい　建築構造　最新改定版』『世界で一番くわしい建築構造』（ともにエクスナレッジ刊）などがある

図解でよく分かる建築構造入門

2021年12月 2 日　初版第1刷発行
2022年12月23日　　　第2刷発行

著　者　江尻憲泰

発行者　澤井聖一

発行所　株式会社エクスナレッジ
〒106-0032 東京都港区六本木7-2-26
https://www.xknowledge.co.jp/

問合せ先　編集　Tel 03-3403-1381
Fax 03-3403-1345
info@xknowledge.co.jp
販売　Tel 03-3403-1321
Fax 03-3403-1829